本书获得 2022 年度江苏省社科基金项目“双向 FDI 协调发展对江苏碳减排的影响研究”（22EYB012）、国家自然科学基金面上项目“区域经济多极网络空间组织理论与实证研究”（72073045）、国家社科基金一般项目“全球价值链嵌入背景下汇率不确定与我国出口贸易‘稳中提质’研究”（19BJY189）资助

"十三五"江苏省高等学校重点教材（编号：2021-2-126）

国家级一流本科专业建设点配套教材

高等院校经济管理类专业"互联网+"创新规划教材

高级应用空间计量经济学

何新易　孙　攀　主编

北京大学出版社
PEKING UNIVERSITY PRESS

内 容 简 介

本书汇集了空间计量经济学所涉及的绝大多数知识点和前沿性议题，全书包括五章：空间计量经济学引论、空间统计与空间分析、空间权重矩阵、空间自相关检验、空间计量经济学模型。本书以“一个目的，两个原则，三个流程”为架构而展开，即紧紧围绕提高读者软件实操能力的目的；严格坚持理论与实操相结合的原则，空间计量与空间统计、空间分析相结合的原则；全景演示 ArcGIS 绘图的流程，实证回归的流程以及规范的空间计量论文的写作流程等。

本书可用作经济学高年级本科生、研究生空间数据分析和空间计量经济学课程教材或者参考书，也可以作为科研人员研究空间数据分析及空间计量经济学的参考书目。

图书在版编目（CIP）数据

高级应用空间计量经济学 / 何新易，孙攀主编 . -- 北京：北京大学出版社，2024.6

高等院校经济管理类专业“互联网 +”创新规划教材

ISBN 978-7-301-34800-0

Ⅰ．①高…　Ⅱ．①何…　②孙…　Ⅲ．①区位经济学—计量经济学—高等学校—教材
Ⅳ．① F224.0

中国国家版本馆 CIP 数据核字（2024）第 028831 号

书　　名	高级应用空间计量经济学 GAOJI YINGYONG KONGJIAN JILIANG JINGJIXUE
著作责任者	何新易　孙　攀　主编
策划编辑	王显超
责任编辑	许　飞
标准书号	ISBN 978-7-301-34800-0
出版发行	北京大学出版社
地　　址	北京市海淀区成府路 205 号　100871
网　　址	http://www.pup.cn　新浪微博：@ 北京大学出版社
电子邮箱	编辑部 pup6@pup.cn　总编室 zpup@pup.cn
电　　话	邮购部 010-62752015　发行部 010-62750672　编辑部 010-62750667
印 刷 者	河北滦县鑫华书刊印刷厂
经 销 者	新华书店
	787 毫米 ×1092 毫米　16 开本　22.25 印张　480 千字 2024 年 6 月第 1 版　2024 年 6 月第 1 次印刷
定　　价	68.00 元

前　言

中国经济的集聚和分散是在世界上最大的准自然实验场进行的一次准自然实验，具有鲜明的中国特色。一些西方经济学理论可能无法解释中国经济现象，基于这样的事实，经济学理论在中国被革新已经成为趋势。推动上述革新的力量源泉之一是经济学和管理学在解释中国化的经济、管理问题时对于空间计量经济学存在着巨大的需求，这也促使近二十年来应用空间计量经济学在中国得到了蓬勃发展，呈现出欣欣向荣之势。

目前出版的空间计量经济学教材主要以理论讲解为主，实际操作演示为辅。在空间计量经济学被引进中国的初期，此类教材对空间计量经济学在中国的发展起到了很好的理论科普和实证展示作用。现有市场上还没有发现将空间计量与空间统计、空间分析进行深度结合，以实际操作演示为主，理论讲解为辅的教材①。本教材的出现可以填补上述空白。

本教材历时六年完成，汇集了空间计量经济学所涉及的绝大多数知识点和前沿性议题。本教材包括五章：第一章为空间计量经济学引论，第二章为空间统计与空间分析，第三章为空间权重矩阵，第四章为空间自相关检验，第五章为空间计量经济学模型。之所以如此安排主要是考虑了以下因素：一是知识的递进关系，以实现逻辑上的自洽；二是知识的“裙带关系”，以实现解读上的深入。本教材以“一个目的，两个原则，三个流程”为架构而展开。即紧紧围绕提高读者软件实操能力的目的；严格坚持理论与实操相结合的原则，空间计量与空间统计、空间分析相结合的原则；全景演示 ArcGIS 绘图的流程，实证回归的流程以及规范的空间计量类论文的写作流程。通过这一架构，本教材旨在实现以下几点功效。

① 可以让零基础的读者在短时间内掌握采用 ArcGIS 绘制规范地图文件的技术，从矢量地图中提取经纬度以及从卫星遥感地图中提取栅格数据的技术。

② 可以让零基础的读者在短时间内掌握采用 GeoDa 生成各种空间权重矩阵，并基于上述空间权重矩阵计算全局莫兰指数和绘制莫兰散点图的技术；把 GeoDa 生成的 gal 格式和 gwt 格式的空间权重矩阵转换成 Stata、MATLAB 等软件可识别的空间权重矩阵的技术。

③ 可以让零基础的读者在短时间内掌握采用 Stata 的 spmatrix 命令生成各种空间权重矩阵的技术；基于上述空间权重矩阵，采用 Stata 的 spatgsa 命令计算全局莫兰指数和采用 spatlsa 命令、splagvar 命令及 moranplot 命令绘制莫兰散点图，采用 MATLAB 绘制高级的莫兰散点图的技术。

---

①这也引出了本教材被命名为《高级应用空间计量经济学》的主要原因：与传统的应用空间计量经济学相比，本教材将空间计量与空间统计、空间分析深度结合，能够全方位地服务 ESDA 和模型设定，这需要更多、更强、更高的 ArcGIS 技术支持。因此，从技术层面上来看，本教材比较高级。

④ 可以让零基础的读者在短时间内掌握10种常见的空间面板数据模型（空间单方程、空间联立方程模型）的实证回归流程——各种检验及对其的解读。

⑤ 可以让零基础的读者在短时间内掌握规范的空间计量类论文的写作范式、多种空间分析技术。

除此之外，本教材还有一些边际贡献：一是将空间计量与空间统计、空间分析相结合，在空间地图绘制和栅格数据提取方面，为后续可视化研究和模型设定提供牢固的研究基础；二是与国内外其他教材相比，本教材首次较为详细地介绍了全新的绘制莫兰散点图的 moranplot 命令；三是校正和拓展了 gs3sls 命令。具体而言，主要表现在以下几个方面。

① 对 gs3sls 命令源代码存在的问题进行了校正。order(1) 回归中会自动在所有 $\boldsymbol{x}$（解释变量）前面乘以 $\boldsymbol{w}$（空间权重矩阵）的一阶、二阶，并将其作为工具变量参与回归。实际上，order(1) 回归中应该自动在所有 $\boldsymbol{x}$（解释变量）前面乘以 $\boldsymbol{w}$（空间权重矩阵）的一阶，并将其作为工具变量参与回归。本教材对该错误进行了校正。

② 将 GS3SLS 估计扩展至空间面板数据模型，突破了 gs3sls 命令之前只能局限于估计空间截面数据模型的不足。

③ 扩展了原有程序中的空间权重矩阵的滞后阶数——原有 order(1)、order(2)、order(3)、order(4)，本教材加入了 order(0)。order(0) 代表不对解释变量进行空间滞后。

本教材的适用对象：大学本科二年级及以上本科生、硕士研究生、博士研究生及相关科研工作者。教材各章数据可以在应用空间计量经济学论坛（APPL_SPAT_ECONOMET）微信公众号互动消息界面“教材数据”菜单中找到下载链接（https://mp.weixin.qq.com/s/6T1M3AiHMy2WKkQIcCZUvQ），进行下载。

在创作本教材的过程中，我们得到了很多领导、同事及朋友的支持，特表谢意。在这里不再一一列举他们的名字。

由于编者水平有限，空间计量经济学又处于蓬勃发展态势之中，错误和疏漏之处在所难免，恳请同行专家和读者批评指正，以便再版时修正。联系邮箱：315577102@qq.com、teechee_sun@ntu.edu.cn。

编者
于南通大学啬园校区
2024 年 6 月 18 日

目　　录

第 1 章　空间计量经济学引论

1.1　空间计量经济学发展概述

Paelinck（1979）、Paelinck and Nijkamp（1975）及 Hordijk（1979）等关于空间计量经济学的早期探索，系统地阐述了空间计量经济学的研究对象、研究内容及基本模型，为 Paelinck and Klaassen（1979）首次正式提出"空间计量经济学"这一概念和系列化研究方法奠定了坚实的基础。随后，Anselin（1988a）、Haining（1990）及 Cressie（1993）等一批学者深入拓展了早期空间计量经济学探索者的研究思路，并设定了更加有效的空间计量经济学模型，这使得空间计量理论日益完善。但是，空间计量理论中抽象的数学矩阵理论同现实问题研究之间存在明显的不易理解和应用的隔阂。于是，这为应用空间计量经济学的诞生创造了条件。Anselin and Hudak（1992）、Anselin et al.（1996）及 LeSage（1999）在空间计量经济学计算方法的软件实现方面做了很多努力，这大大推动了空间计量经济学在房地产经济、区域经济、环境和资源经济（Bockstael，1996；Geoghegan et al.，1997）及发展经济（Nelson and Gray，1997）中的发展。需要特别指出的是，在这个过程中，以 Fujita et al.（2001）为代表的新经济地理学对空间计量经济学的发展起到了不可忽视的促进作用。

Anselin 是空间计量经济学的代表性学者之一，他的贡献不仅表现在空间计量经济学软件的开发方面，还表现在将理论模型应用于实证研究，解释现实生活中的经济现象方面。他早在 2001 年就指出了空间计量经济学的理论问题、应用问题及发展方向。而后，以 Florax et al.（2003）、Anselin et al.（2004）、Arbia（2006）及 LeSage and Pace（2009）为代表的学者，在空间计量经济学理论基础方面进行了延伸，自此，应用空间计量经济学犹如"经济学帝国主义"一般席卷了经济、管理、地理、环境等研究领域，备受瞩目。空间计量经济学在上述领域的研究拓展，象征着它应用的泛化。空间计量研究技术或方法的泛化，在一定程度上导致了乱用、误用探索性空间数据分析及空间计量经济学模型的问题出现。一方面，以 Elhorst（2010）、Corrado and Fingleton（2012）及 LeSage and Pace（2014）为代表的学者，对上述问题进行了澄清；另一方面，以 Anselin（2010）、Gibbon and Overman（2012）及 Partridge et al.（2012）为代表的学者，指出了空间计量经济学的发展方向。在这种历史大背景下，以 Griffith and Paelinck（2011）、Anselin and Rey（2012）及 Elhorst（2014a，2014b）为代表的学者，在空间计量经济学理论表述方面更加规范，在理论观点方面更加综合，促进了此领域文献大量涌现。

目前，应用空间计量经济学已经应用到经济体制改革、宏观经济管理与可持续发展、环境科学与资源利用、金融、农业经济、工业经济、贸易经济、数学、财政与税收、企业经济、服务业经济、投资、人才学与劳动科学、信息经济与邮政经济、交通运输经济、旅游、人口学与计划生育、经济理论及经济思想史、农业基础科学、证券等 20 个学科中。

1.2 国内外空间计量模型设定及估计方法文献综述

空间计量经济学模型简称空间计量模型，是空间计量经济学的重要内容，它处理的是不同地理单位之间的空间互动效应。此外，它还被用来解释经济代理人的行为。空间计量模型至少有两种划分形式：一是按照数据形式及模型为静态还是动态进行划分；二是按照空间计量模型所含方程的个数情况进行划分。

目前，按照数据形式及模型为静态还是动态可以将空间计量模型划分为三代：基于截面数据（Cross-Sectional Data Sets）的空间计量模型、基于面板数据（Panel Data）的静态空间计量模型及基于面板数据的动态空间计量模型。① 按照空间计量模型所含方程的个数情况可以将其分为单方程空间计量模型、含有两个或两个以上方程的方程组模型（空间联立方程模型、空间似不相关回归模型和空间结构方程模型）。下面较为详细地介绍两种空间计量模型的划分形式以及常见的估计方法。

首先，介绍第一种空间计量模型划分形式，它将空间计量模型划分为三代。第一代空间计量模型由基于截面数据的模型所构成。此领域的主要贡献者有 Anselin（1988）、Griffith（1998）、Haining（1990）、Cressie（1993）、Anselin and Bera（1998）、Arbia（2006）及 LeSage and Pace（2009）。

空间计量模型的发展一般会遵循从具体到一般的规律。换言之，在大多数空间分析中，标准方法来源于非空间线性回归模型，得出标准方法后才会检验这种所谓的基准模型是否需要扩展为具有空间交互效应的模型。这种非空间线性回归模型的形式为：

$$\boldsymbol{Y}=\alpha\boldsymbol{I}_N+\boldsymbol{X}\boldsymbol{\beta}+\boldsymbol{\varepsilon} \tag{1-1}$$

其中，$\boldsymbol{Y}$为一个$N\times1$阶向量，它由样本中的每一个单位$(i=1,2,...,N)$的被解释变量的观测值所构成；$\boldsymbol{I}_N$为$N\times1$阶单位向量，它与被估计的常数项参数α相关；$\boldsymbol{X}$为一个$N\times K$阶外生解释变量矩阵；$\boldsymbol{\beta}$是与之相关的$K\times1$阶需要估计的未知参数向量；$\boldsymbol{\varepsilon}=(\varepsilon_1,\varepsilon_2,...,\varepsilon_N)$是随机扰动项（也称随机误差项）的向量，其中，对所有的i来说，假设ε_i服从独立同分布，其均值为零且方差为σ^2。由于这种线性回归模型通常都使用普通最小二乘法（Ordinary Least Square，OLS）进行估计，故它也被称为 OLS 模型。

以标准的线性回归模型为起点，空间计量模型的三种不同的交互效应模型可以被区分为：被解释变量（$\boldsymbol{Y}$）之间存在的内生交互效应、解释变量（$\boldsymbol{X}$）之间的外生交互效应及误

① 参见中国人民大学出版社于 2015 年出版的，荷兰经济学家 J. 保罗・埃尔霍斯特(J. Paul Elhorst)著，肖光恩译的空间计量经济学经典作品——《空间计量经济学：从横截面数据到空间面板》(*Spatial Econometrics: From Cross-Sectional Data to Spatial Panels*)。

差项（ε）之间的交互效应。起初，空间计量模型关注的基本焦点是空间误差模型（Spatial Error Model, SEM）与空间滞后模型（Spatial Lag Model, SLM）[①]，这两种模型都包含一种类型的交互效应，即 SEM 模型包含了误差项之间的交互效应，SLM 模型包含了内生交互效应。

下面是所有类型的交互效应的完整模型的形式：

$$\begin{cases} \boldsymbol{Y} = \rho \boldsymbol{WY} + \alpha \boldsymbol{I}_N + \boldsymbol{X\beta} + \boldsymbol{WX\theta} + \boldsymbol{u} \\ \boldsymbol{u} = \lambda \boldsymbol{Wu} + \boldsymbol{\varepsilon} \end{cases} \tag{1-2}$$

其中，ρ为空间自回归系数；λ为空间自相关系数；$\boldsymbol{WY}$是被解释变量之间存在的内生交互效应；$\boldsymbol{WX}$是解释变量之间存在的外生交互效应；$\boldsymbol{Wu}$是不同单位的误差项之间存在的交互效应。式（1-2）被称为一般嵌套空间（General Nesting Spatial, GNS）模型。图 1-1 总结了常见的截面数据的不同空间依赖模型之间的关系。

第二代空间计量模型由基于面板数据的静态模型所构成。这些模型只是简单地把截面数据与时间序列混合在一起。与截面背景下的单方程模型相比，空间面板数据模型为研究者扩展空间模型提供了更多的可能性，这正是长期以来空间计量经济学文献关注的焦点。

通过添加下标t，可以把式（1-2）中的具有N个观察值的截面数据的一般嵌套空间模型扩展成具有N个观察值且跨T个时期的空间 - 时间模型，其中时间t的取值为从 1 到T，它适用于这个模型的所有变量和误差项。该模型为：

$$\begin{cases} \boldsymbol{Y}_t = \rho \boldsymbol{WY}_t + \alpha \boldsymbol{I}_N + \boldsymbol{X}_t\boldsymbol{\beta} + \boldsymbol{WX}_t\boldsymbol{\theta} + \boldsymbol{u}_t \\ \boldsymbol{u}_t = \lambda \boldsymbol{Wu}_t + \boldsymbol{\varepsilon}_t \end{cases} \tag{1-3}$$

可以将式（1-3）继续扩展为具有特定空间效应或特定时间效应的模型：

$$\begin{cases} \boldsymbol{Y}_t = \rho \boldsymbol{WY}_t + \alpha \boldsymbol{I}_N + \boldsymbol{X}_t\boldsymbol{\beta} + \boldsymbol{WX}_t\boldsymbol{\theta} + \boldsymbol{\mu} + \xi_t \boldsymbol{I}_N + \boldsymbol{u}_t \\ \boldsymbol{u}_t = \lambda \boldsymbol{Wu}_t + \boldsymbol{\varepsilon}_t \end{cases} \tag{1-4}$$

其中，$\boldsymbol{\mu} = (\mu_1, \mu_2, ..., \mu_N)^{\mathrm{T}}$包含了特定的空间效应$\mu_i$。类似地，$\boldsymbol{\xi} = (t = 1, 2, ..., T)$是特定的时间效应；其中$\boldsymbol{I}_N$是一个$N \times 1$且元素为 1 的单位向量，它控制了所有特定时间效应和非空间单元变化的变量。可以把上述空间和时间上的特定效应视为固定效应或随机效应。

第三代空间计量模型是基于面板数据的动态空间计量模型。在空间和时间上的一个广义的动态模型可以表示为：

$$\begin{cases} \boldsymbol{Y}_t = \tau \boldsymbol{Y}_{t-1} + \rho \boldsymbol{WY}_t + \eta \boldsymbol{WY}_{t-1} + \boldsymbol{X}_t\boldsymbol{\beta}_1 + \boldsymbol{WX}_t\boldsymbol{\beta}_2 + \boldsymbol{X}_{t-1}\boldsymbol{\beta}_3 + \boldsymbol{WX}_{t-1}\boldsymbol{\beta}_4 + \boldsymbol{Z}_t\boldsymbol{\pi} + \boldsymbol{v}_t \\ \boldsymbol{v}_t = \alpha \boldsymbol{v}_{t-1} + \lambda \boldsymbol{Wv}_t + \boldsymbol{\mu} + \xi_t \boldsymbol{I}_N + \boldsymbol{\varepsilon}_t \\ \boldsymbol{\mu} = k\boldsymbol{W\mu} + \boldsymbol{\xi} \end{cases} \tag{1-5}$$

其中，$\boldsymbol{Y}_t$是一个$N \times 1$的向量，由时间$t(t = 1, 2, ..., T)$上的样本中每个空间单位$(i = 1, 2, ..., N)$的被解释变量的一个观测值所构成；$\boldsymbol{X}_t$是$N \times K$的外生解释变量矩阵；$\boldsymbol{Z}_t$是$N \times L$的内生解释变量矩阵。带有下标$t-1$的向量或矩阵是其序列滞后值，前面乘以$\boldsymbol{W}$的向量或者矩阵是其空间滞后值。$N \times N$的矩阵$\boldsymbol{W}$是一个非负的已知常数矩阵，用来描述样本中空间观测单位的空间依赖关系安排。假设其对角线元素为零，原因是：没有一个空间观测单位是以自己为邻居的。参数τ、ρ及η分别为被解释变量在时间上的滞后值$\boldsymbol{Y}_{t-1}$、被解释变量在空间上的滞后值$\boldsymbol{WY}_t$及被解释变量在空间和时间上的滞后值$\boldsymbol{WY}_{t-1}$的响应参数。$K \times 1$的向量$\boldsymbol{\beta}_1$、$\boldsymbol{\beta}_2$、$\boldsymbol{\beta}_3$及$\boldsymbol{\beta}_4$分

① 在本教材的第五章对经典的 SLM 模型及其衍生模型有较为详细的介绍。

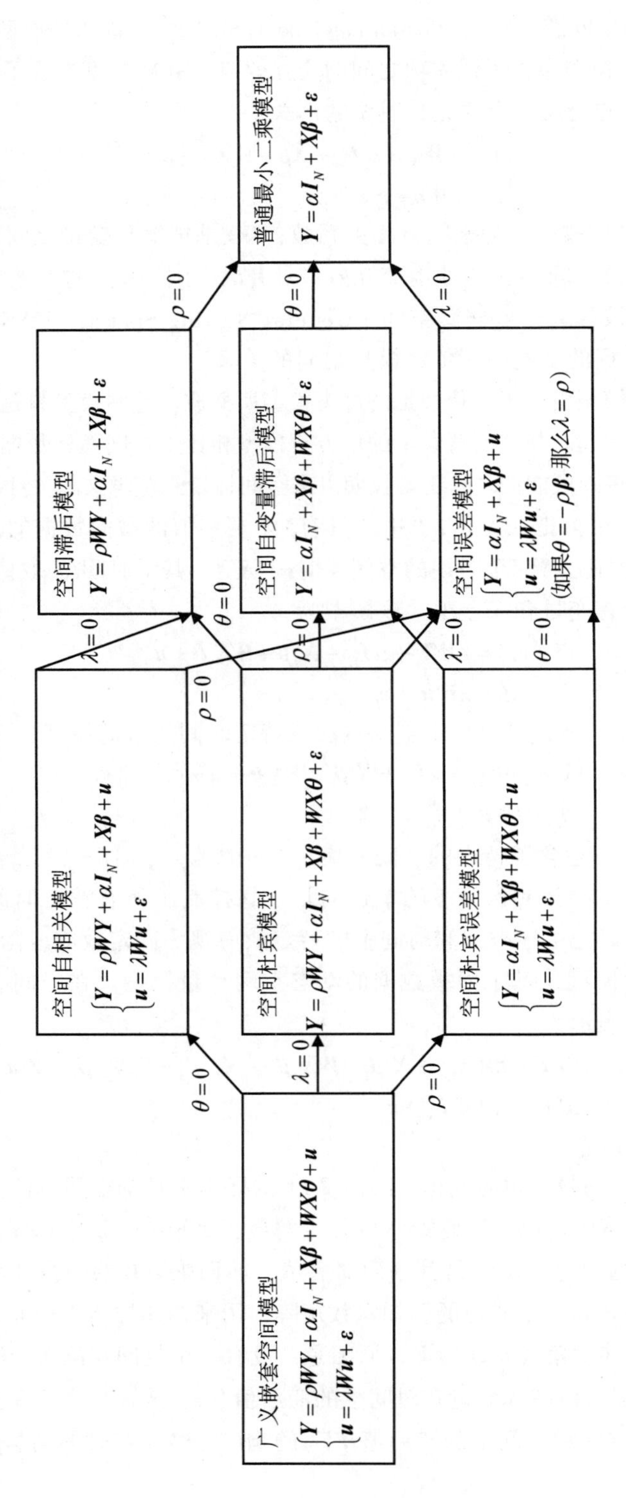
广义嵌套空间模型
$Y = \rho WY + \alpha I_N + X\beta + WX\theta + u$
$u = \lambda Wu + \varepsilon$
$\theta = 0$
$\lambda = 0$
$\rho = 0$
空间自相关模型
$Y = \rho WY + \alpha I_N + X\beta + u$
$u = \lambda Wu + \varepsilon$
空间杜宾模型
$Y = \rho WY + \alpha I_N + X\beta + WX\theta + \varepsilon$
空间杜宾误差模型
$Y = \alpha I_N + X\beta + WX\theta + u$
$u = \lambda Wu + \varepsilon$
$\lambda = 0$
$\rho = 0$
$\theta = 0$
$\rho = 0$
$\lambda = 0$
$\theta = 0$
空间滞后模型
$Y = \rho WY + \alpha I_N + X\beta + \varepsilon$
空间自变量滞后模型
$Y = \alpha I_N + X\beta + WX\theta + \varepsilon$
空间误差模型
$Y = \alpha I_N + X\beta + u$
$u = \lambda Wu + \varepsilon$
(如果$\theta = -\rho\beta$，那么$\lambda = \rho$)
$\rho = 0$
$\theta = 0$
$\lambda = 0$
普通最小二乘模型
$Y = \alpha I_N + X\beta + \varepsilon$

图 1-1

别为外生解释变量的响应参数，且$\boldsymbol{\pi}$是模型中内生解释变量的$L\times1$的响应参数向量。

$N\times1$的向量$\boldsymbol{v}_t$反映了模型中随机扰动项的设定形式，假设它同时存在序列相关和空间自相关；α是序列相关系数；λ是空间自相关系数。此外，可以假设空间固定效应是空间自相关的，其空间自相关系数为k。$\boldsymbol{\varepsilon}_t=\left(\varepsilon_{1t},\varepsilon_{2t},\ldots,\varepsilon_{Nt}\right)^{\mathrm{T}}$和$\boldsymbol{\xi}$都服从独立同分布，其元素的均值为零且有限方差分别为σ^2、σ_ξ^2。

下面介绍空间面板数据模型。

空间面板数据模型的一般形式如下：

$$\begin{cases}\boldsymbol{y}_{it}=\boldsymbol{\alpha}+\tau\boldsymbol{y}_{it-1}+\rho\sum_{j=1}^{n}w_{ij}\boldsymbol{y}_{jt}+\sum_{k=1}^{K}\boldsymbol{x}_{itk}\beta_k+\sum_{k=1}^{K}\sum_{j=1}^{n}w_{ij}\boldsymbol{x}_{jtk}\theta_k+\boldsymbol{\mu}_i+\boldsymbol{\gamma}_t+\boldsymbol{v}_{it}\\ \boldsymbol{v}_{it}=\lambda\sum_{j=1}^{n}m_{ij}\boldsymbol{v}_{jt}+\boldsymbol{\varepsilon}_{it},i=1,2,\ldots,n;\ t=1,2,\ldots,T\end{cases} \tag{1-6}$$

当$\tau=0$时，模型为静态面板模型；当$\tau\neq0$时，模型为动态面板模型。假如$\theta_k=0$，则该模型即为面板数据空间自相关模型（Spatial Autocorrelation Panel Data Model，SACPDM）；假如$\lambda=0$，则该模型即为面板数据空间杜宾模型；假如$\theta_k=0,\lambda=0$，则该模型即为面板数据空间自回归模型（Spatial Autoregressive Panel Data Model，SARPDM），又称面板数据空间滞后模型；假如$\tau=\rho=\theta_k=0$，则该模型即为面板数据空间误差模型；假如$\tau=\rho=\theta_k=0$且$\mu_i=\phi\sum_{j=1}^{n}w_{ij}\mu_j+\eta_i$，则该模型即为广义空间面板随机效应（Generalized Spatial Panel Random Effects，GSPRE）模型。

其次，介绍第二种空间计量模型划分形式。前面所说的单方程空间计量模型常见的有 SEM 模型、SLM 模型、SDM 模型（Spatial Durbin Model，空间杜宾模型）等。空间联立方程模型常见的有基于广义空间三阶段最小二乘法（Generalized Spatial Three Stage Least Squares，GS3SLS）进行估计的模型，又被称为 GS3SLS 模型。

空间联立方程模型的估计方法已经较为成熟了，不仅能够进行面板数据估计（孙攀等，2021），还能进行效应值分解。空间似不相关回归模型和空间结构方程模型的估计方法还不成熟，需要进一步完善。

最后，对空间计量模型的估计方法进行简要回顾。对单方程动态面板数据模型进行回归的方法主要有三种：一是偏误修正的最大似然（Maximum Likelihood，ML）估计量或准最大似然（Quasi-Maximum Likelihood，QML）估计量（Yu et al.，2008）；二是基于工具变量（Instrumental Variable，IV）或广义矩（Generalized Method of Moments，GMM）的估计量（Elhorst，2010b）；三是使用贝叶斯马尔可夫链蒙特卡洛（Markov Chain Monte Carlo，MCMC）实验（Parent and LeSage，2011）。

第一种估计方法的主要缺陷是：Elhorst（2010b）对 Arrelano and Bond（1991）的差分 GMM 估计量进行了扩展，使其包含了一个内生交互效应，且同时发现此估计量仍然可能存在严重的偏误，特别是相对于变量$\boldsymbol{WY}_t$的ρ参数的估计。他指出此种偏误为 0.061。Lee and Yu（2010b）也有类似发现。

第二种估计方法的主要缺陷：Elhorst（2010b）使用 Bhargava 和 Sargan（1983）的近似方法，把第一个时期中的截面视为内生的。他发现正确对待这些（内生的而不是外生的）初始值是很重要的，特别在T很小的情况下。因为 Yu et al.（2008）和 Elhorst（2010b）发现，最大化对数似然函数会导致变量$\boldsymbol{WY}_t$的空间自回归参数ρ的有偏估计，当前者研究观测值的第一个截面的对数似然条件，且当后者研究无条件的对数似然函数时，贝叶斯 MCMC 估计量可能会出现偏误。

第三种估计方法的主要缺陷：存在内生变量可能会导致最大似然估计量产生偏误。但是，这种风险已经得到了有效化解。Yu et al.（2008）、Lee and Yu（2010c）分别对上述问题进行了修正和进一步扩展，即构建了一个用于具有空间固定效应的动态模型（$\boldsymbol{Y}_{t-1}$，$\boldsymbol{WY}_t$）的偏误修正估计量，将空间固定效应拓展为空间固定效应与时间固定效应。当模型中删除了变量$\boldsymbol{Y}_{t-1}$或$\boldsymbol{WY}_t$时，也可以使用这种偏误修正的最大似然估计量。

总而言之，通过对各种估计方法进行比较，发现采用偏误修正的最大似然估计量进行参数估计更为稳健、可靠。目前，对空间联立方程模型进行估计的常用方法有：2SLS、3SLS 等。3SLS 是将 2SLS 与 SUR（Seemingly Unrelated Regressions，似不相关回归）相结合的一种估计方法。对于一个多方程系统，如果方程中都不包含内生解释变量，则对每个方程进行 OLS 估计，则上述每个方程估计结果都是无偏的，但却不是最有效率的。因为，对单一方程进行 2SLS 估计忽略了不同方程的扰动项之间可能存在的相关性。此时采用 3SLS 对整个联立方程系统同时进行估计是最有效率的。

1.3 空间效应

空间效应是空间计量经济学作为一个单独领域而存在的根本原因。空间效应包括：①空间自相关（Spatial Autocorrelation）；②空间异质性（Spatial Heterogeneity）。反映空间自相关的主要工具有两种：①空间权重矩阵（Spatial Weights Matrix 或 Spatial Weighting Matrix）；②空间滞后算子（Spatial Lag Operator）。

1.3.1 空间自相关

空间自相关又被称为空间依赖性（Spatial Dependence）。空间自相关是指在特定年份不同空间单元的同一个变量间呈现出的一种正相关或负相关关系（参见图 1-2）。衡量空间自相关的指标很多，例如，Getis-Ord 指数 G（Getis-Ord General G）、吉尔里指数（Geary's C）、莫兰指数（Moran's I）等。其中，最流行的指标是莫兰指数。

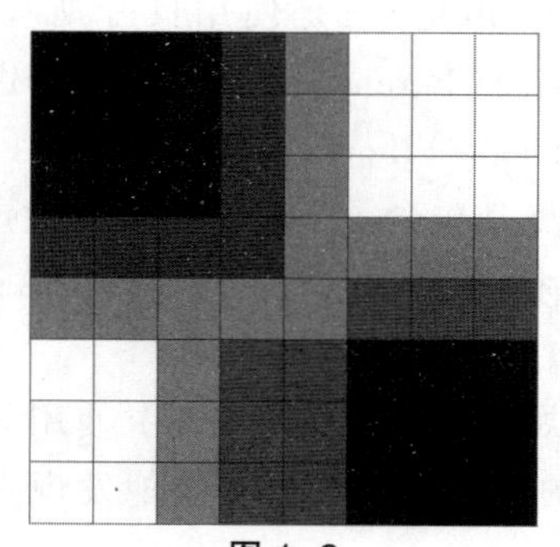

图 1-2

莫兰散点图指的是，所有观测值分布在由 x 轴（被标准化后的观测值）和 y 轴（被标准化后的观测值的空间滞后值，即 $\boldsymbol{W}$* 被标准化后的观测值）构成的二维空间里所形成的可能具有一定集聚特征的图像。其中，被标准化后的观测值（即标准化值）=（观测值 - 平均值）/ 标准差，见式（1–7）：

$$标准化值=\frac{观测值-平均值}{标准差} \tag{1–7}$$

需要指出的是：全局莫兰指数（Global Moran's I）就是莫兰散点图回归线的斜率。

从 GeoDa 和 Stata 给出的官方莫兰散点图示范（demo）来看，规范的莫兰散点图必须满足三大特征：一是要有 $\boldsymbol{x}$ 的标准化值及其空间滞后项 $\boldsymbol{Wx}$ 的值域（$\boldsymbol{W}$ 为空间权重矩阵），$\boldsymbol{x}$ 的标准化值对应 x 轴，$\boldsymbol{wx}$ 对应 y 轴，这实际上构成了第一个二维坐标系；二是要有以（0,0）点为原点的二维坐标系，这是第二个坐标系；三是拟合曲线要经过（0,0）点。凡是不满足这三个特征的莫兰散点图都是不规范的。

1.3.2 空间异质性

空间异质性是指行为或者空间中的其他关系缺乏的稳定性，如图 1–3 所示。

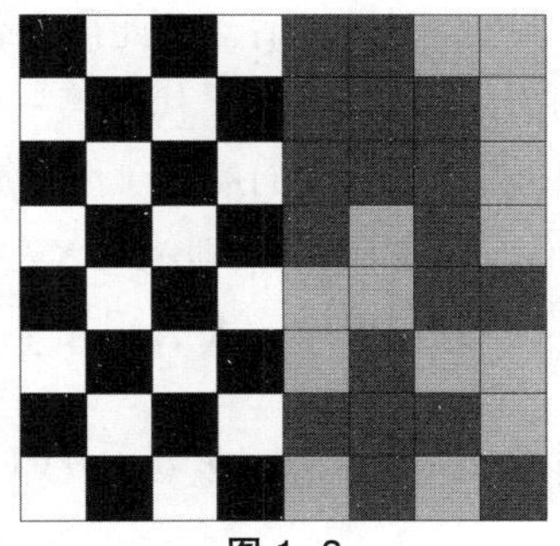

图 1–3

在涉及区域科学和经济地理学的文献中，有相当多的证据表明空间效应缺乏一致性（Anselin, 1988）。造成空间异质性的原因主要有两点：一是中央和地方之间的等级制度，发达和落后地区的存在，城市发展中的复古效应等；二是空间现象缺乏结构平稳性。它通常可以用式（1–8）表示：

$$\boldsymbol{y}_{it}=f_{it}\left(\boldsymbol{x}_{it},\boldsymbol{\beta}_{it},\boldsymbol{\varepsilon}_{it}\right) \tag{1–8}$$

其中，i表示所观测对象的一个空间单元；t表示时间段；f_{it}是一个表示时间和空间的函数关系式，主要阐释被解释变量向量$\boldsymbol{y}_{it}$与解释变量向量$\boldsymbol{x}_{it}$之间的关系；$\boldsymbol{\beta}_{it}$为参数向量；$\boldsymbol{\varepsilon}_{it}$为误差向量。

1.4 空间效应概述

为了解决空间计量模型系数难以解释的问题，LeSage and Pace（2009）提出了直接效应（Direct Effects）、间接效应（Indirect Effects）及总效应（Total Effects）的概念。

下面以空间滞后模型［也被称为空间自回归（Spatial Autoregressive，SAR）模型］为例简述直接效应、间接效应及总效应的推导。常见的空间滞后模型见式（1-9）：

$$\boldsymbol{y}=\lambda\boldsymbol{W}\boldsymbol{y}+\boldsymbol{X}\boldsymbol{\beta}+\boldsymbol{\varepsilon} \tag{1-9}$$

其中，$\boldsymbol{y}$是被解释变量；λ是被解释变量的空间滞后系数，一般简称为空间滞后系数；$\boldsymbol{W}$是空间权重矩阵；$\boldsymbol{X}$是解释变量，$\boldsymbol{\beta}$是解释变量$\boldsymbol{X}$对被解释变量$\boldsymbol{y}$的回归估计系数；$\boldsymbol{\varepsilon}$是随机扰动项，$\boldsymbol{\varepsilon}\sim N(0,\sigma^2\boldsymbol{I}_n)$。

式（1-9）可以改写为

$$\boldsymbol{A}\boldsymbol{y}\equiv(\boldsymbol{I}-\lambda\boldsymbol{W})\boldsymbol{y}=\boldsymbol{y}-\lambda\boldsymbol{W}\boldsymbol{y}=\boldsymbol{X}\boldsymbol{\beta}+\boldsymbol{\varepsilon} \tag{1-10}$$

其中，$\boldsymbol{A}\equiv\boldsymbol{I}-\lambda\boldsymbol{W}$。由于雅可比行列式$J\equiv\left|\frac{\partial\boldsymbol{\varepsilon}}{\partial\boldsymbol{y}}\right|=\left|\frac{\partial(\boldsymbol{A}\boldsymbol{y}-\boldsymbol{X}\boldsymbol{\beta})}{\partial\boldsymbol{y}}\right|=\left|\frac{\partial\boldsymbol{A}\boldsymbol{y}}{\partial\boldsymbol{y}}\right|=|\boldsymbol{A}'|=|\boldsymbol{A}|$，因此根据多维正态的密度函数公式，可以写出样本的似然函数：

$$L(\boldsymbol{y}\mid\lambda,\sigma^2,\boldsymbol{\beta})=(2\pi\sigma^2)^{-\frac{n}{2}}\left\{\mathrm{abs}|\boldsymbol{A}|\exp\left[-\frac{1}{2\sigma^2}(\boldsymbol{A}\boldsymbol{y}-\boldsymbol{X}\boldsymbol{\beta})'(\boldsymbol{A}\boldsymbol{y}-\boldsymbol{X}\boldsymbol{\beta})\right]\right\} \tag{1-11}$$

其中，$\mathrm{abs}|\boldsymbol{A}|$表示行列式$|\boldsymbol{A}|$的绝对值。对式（1-11）两边同时取对数，得到式（1-12）：

$$\ln L(\boldsymbol{y}\mid\lambda,\sigma^2,\boldsymbol{\beta})=-\frac{n}{2}\ln(2\pi)-\frac{n}{2}\ln\sigma^2+\ln(\mathrm{abs}|\boldsymbol{A}|)-\frac{1}{2\sigma^2}(\boldsymbol{A}\boldsymbol{y}-\boldsymbol{X}\boldsymbol{\beta})'(\boldsymbol{A}\boldsymbol{y}-\boldsymbol{X}\boldsymbol{\beta}) \tag{1-12}$$

类似于对古典线性回归模型的最大似然估计，此最大化问题可分两步进行：第一步，在给定λ的情况下，选择最优的$\boldsymbol{\beta}$、σ^2；第二步，代入第一步的$\boldsymbol{\beta}$、σ^2，选择最优的λ。

在第一步，选择$\boldsymbol{\beta}$、σ^2使得$\ln L(\boldsymbol{y}\mid\lambda,\sigma^2,\boldsymbol{\beta})$最大。由于$\boldsymbol{\beta}$只出现于式（1-12）的最后一项，因此这等价于使$(\boldsymbol{A}\boldsymbol{y}-\boldsymbol{X}\boldsymbol{\beta})'(\boldsymbol{A}\boldsymbol{y}-\boldsymbol{X}\boldsymbol{\beta})$最小，即$\boldsymbol{A}\boldsymbol{y}$对$\boldsymbol{X}$进行回归：

$$\hat{\boldsymbol{\beta}}=(\boldsymbol{X}'\boldsymbol{X})^{-1}\boldsymbol{X}'\boldsymbol{A}\boldsymbol{y}=(\boldsymbol{X}'\boldsymbol{X})^{-1}\boldsymbol{X}'(\boldsymbol{I}-\lambda\boldsymbol{W})\boldsymbol{y}=(\boldsymbol{X}'\boldsymbol{X})^{-1}\boldsymbol{X}'\boldsymbol{y}-\lambda(\boldsymbol{X}'\boldsymbol{X})^{-1}\boldsymbol{X}'\boldsymbol{W}\boldsymbol{y}\equiv\hat{\boldsymbol{\beta}}_0-\lambda\hat{\boldsymbol{\beta}}_L \tag{1-13}$$

其中，$\hat{\boldsymbol{\beta}}_0\equiv(\boldsymbol{X}'\boldsymbol{X})^{-1}\boldsymbol{X}'\boldsymbol{y}$表示$\boldsymbol{y}$对$\boldsymbol{X}$的回归系数，$\hat{\boldsymbol{\beta}}_L$表示$\boldsymbol{W}\boldsymbol{y}$对$\boldsymbol{X}$的回归系数。因此，只要知道$\lambda$，即可计算$\hat{\boldsymbol{\beta}}$。在式（1-12）中，对$\sigma^2$求偏导可得$\sigma^2$的最大似然估计：

$$\hat{\sigma}^2=\frac{\boldsymbol{e}'\boldsymbol{e}}{n}=\frac{(\boldsymbol{M}_x\boldsymbol{A}\boldsymbol{y})'(\boldsymbol{M}_x\boldsymbol{A}\boldsymbol{y})}{n} \tag{1-14}$$

其中，$\boldsymbol{e}$表示$\boldsymbol{A}\boldsymbol{y}$对$\boldsymbol{X}$回归的残差向量，$\boldsymbol{M}_x\equiv\boldsymbol{I}_n-\boldsymbol{X}(\boldsymbol{X}'\boldsymbol{X})^{-1}\boldsymbol{X}'$表示消灭矩阵。由于$\boldsymbol{A}\boldsymbol{y}\equiv(\boldsymbol{I}-\lambda\boldsymbol{W})\boldsymbol{y}$，因此：

$$\boldsymbol{e}=\boldsymbol{M}_x\boldsymbol{A}\boldsymbol{y}=\boldsymbol{M}_x(\boldsymbol{I}-\lambda\boldsymbol{W})\boldsymbol{y}=\boldsymbol{M}_x\boldsymbol{y}-\lambda\boldsymbol{M}_x\boldsymbol{W}\boldsymbol{y}\equiv\boldsymbol{e}_0-\lambda\boldsymbol{e}_L \tag{1-15}$$

其中，$\boldsymbol{e}_0\equiv\boldsymbol{M}_x\boldsymbol{y}$表示$\boldsymbol{y}$对$\boldsymbol{X}$的回归残差，$\boldsymbol{e}_L\equiv\boldsymbol{M}_x\boldsymbol{W}\boldsymbol{y}$表示$\boldsymbol{W}\boldsymbol{y}$对$\boldsymbol{X}$的回归残差。将式（1-15）代入式（1-14）可得式（1-16）：

$$\hat{\sigma}^2=\frac{\boldsymbol{e}'\boldsymbol{e}}{n}=\frac{(\boldsymbol{e}_0-\lambda\boldsymbol{e}_L)'(\boldsymbol{e}_0-\lambda\boldsymbol{e}_L)}{n} \tag{1-16}$$

因此，只要知道λ，就可以计算出$\hat{\sigma}^2$。

在第二步，将$\hat{\boldsymbol{\beta}}(\lambda)$、$\hat{\sigma}^2(\lambda)$代入似然函数式（1-12），则可得到“集中对数似然函数”（Concentrated Log Likelihood Function），它只是λ的函数。然而，λ出现在行列式$|\boldsymbol{A}|=|\boldsymbol{I}-\lambda\boldsymbol{W}|$中，这会给计算带来不便。因此，可利用等式$|\boldsymbol{A}|=\prod_{i=1}^{n}(1-\lambda v_i)$来计算，其中

$v_1, v_2, ..., v_n$为矩阵$\boldsymbol{A}$的特征值。另外，为了保证扰动项协方差矩阵为正定的，还须限制λ的取值范围为$\frac{1}{v_{\min}}<\lambda<\frac{1}{v_{\max}}$，其中$v_{\min}$和$v_{\max}$分别为矩阵$\boldsymbol{A}$的最小特征值、最大特征值，且$v_{\min}<0$。

一般通过信息矩阵来估计最大似然估计量的渐近协方差矩阵，即：

$$\boldsymbol{I}(\theta)^{-1} \equiv -\left\{E\left[\frac{\partial^2 \ln L}{\partial\theta\, \partial\theta'}\right]\right\}^{-1} \tag{1-17}$$

其中，$\theta \equiv \left(\lambda, \sigma^2, \boldsymbol{\beta}\right)$。需要特别注意的是，对于 SAR 模型，解释变量$\boldsymbol{X}$对$\boldsymbol{y}$的边际效应并非$\boldsymbol{\beta}$，因为$\boldsymbol{X}$对$\boldsymbol{y}$产生作用后，$\boldsymbol{y}$之间还会相互作用，即不同区域的$\boldsymbol{y}$互相影响，直至达到一个新的均衡。将式（1–10）的方程两边同时乘以$(\boldsymbol{I}-\lambda\boldsymbol{W})^{-1}$，得到式（1–18）：

$$\boldsymbol{y} \equiv (\boldsymbol{I}-\lambda\boldsymbol{W})^{-1}\boldsymbol{X\beta}+(\boldsymbol{I}-\lambda\boldsymbol{W})^{-1}\boldsymbol{\varepsilon} \tag{1-18}$$

由等比数列求和公式容易验证，$(\boldsymbol{I}-\lambda\boldsymbol{W})^{-1}=\boldsymbol{I}+\lambda\boldsymbol{W}+\lambda^2\boldsymbol{W}^2+...+\lambda^n\boldsymbol{W}^n$。假设$\boldsymbol{X}$中包含$K$个解释变量，并记第$r$个解释变量为$\boldsymbol{x}=\left(x_{1r}, x_{2r}, ..., x_{nr}\right)^{\mathrm{T}}$（$n\times1$列向量），则$\boldsymbol{X\beta}=\left(x_1, x_2, ..., x_n\right)^{\mathrm{T}}\left(\beta_1, \beta_2, ..., \beta_n\right)=\sum_{r=1}^{K}\beta_r x_r$。因此，式（1–18）可以改写为：

$$\boldsymbol{y}=\sum_{r=1}^{K}\beta_r\left(\boldsymbol{I}-\lambda\boldsymbol{W}\right)^{-1}x_r+\left(\boldsymbol{I}-\lambda\boldsymbol{W}\right)^{-1}\boldsymbol{\varepsilon} \equiv \sum_{r=1}^{K}S_r\left(\boldsymbol{W}\right)x_r+\left(\boldsymbol{I}-\lambda\boldsymbol{W}\right)^{-1}\boldsymbol{\varepsilon} \tag{1-19}$$

其中，$S_r\left(\boldsymbol{W}\right) \equiv \beta_r\left(\boldsymbol{I}-\lambda\boldsymbol{W}\right)^{-1}$是依赖于$\beta_r$和$\boldsymbol{W}$的$n\times n$矩阵。于是，式（1–19）可以改写为：

$$\begin{pmatrix} y_1 \\ y_2 \\ \vdots \\ y_n \end{pmatrix}=\begin{pmatrix} S_r\left(\boldsymbol{W}\right)_{11} & S_r\left(\boldsymbol{W}\right)_{12} & \cdots & S_r\left(\boldsymbol{W}\right)_{1n} \\ S_r\left(\boldsymbol{W}\right)_{21} & S_r\left(\boldsymbol{W}\right)_{22} & \cdots & S_r\left(\boldsymbol{W}\right)_{2n} \\ \vdots & \vdots & & \vdots \\ S_r\left(\boldsymbol{W}\right)_{n1} & S_r\left(\boldsymbol{W}\right)_{n2} & \cdots & S_r\left(\boldsymbol{W}\right)_{nn} \end{pmatrix}\begin{pmatrix} x_1 \\ x_2 \\ \vdots \\ x_n \end{pmatrix}+\left(\boldsymbol{I}-\lambda\boldsymbol{W}\right)^{-1}\boldsymbol{\varepsilon} \tag{1-20}$$

其中，$S_r\left(\boldsymbol{W}\right)_{ij}$为$S_r\left(\boldsymbol{W}\right)$的$(i, j)$元素。由式（1–20）可知：

$$\frac{\partial y_i}{\partial x_{jr}}=S_r\left(\boldsymbol{W}\right)_{ij} \tag{1-21}$$

由此可见，区域j的变量x_{jr}对任意区域i的被解释变量都可能有影响，这正是所谓的空间计量模型的真谛。特别地，如果$j=i$，则有：

$$\frac{\partial y_i}{\partial x_{ir}}=S_r\left(\boldsymbol{W}\right)_{ii} \tag{1-22}$$

式（1–22）表明，区域i的变量x_{ir}对本区域被解释变量y_i的直接效应为$S_r\left(\boldsymbol{W}\right)_{ii}$，即矩阵$S_r\left(\boldsymbol{W}\right)$主对角线上的第$i$个元素。因此，如果将矩阵$S_r\left(\boldsymbol{W}\right)$主对角线上的所有元素进行平均，即可得到$x_r$的平均直接效应，见式（1–23）：

$$\text{平均直接效应}=\frac{1}{n}\operatorname{tr}\left[S_r\left(\boldsymbol{W}\right)\right] \tag{1-23}$$

其中，$\operatorname{tr}\left[S_r\left(\boldsymbol{W}\right)\right]$表示矩阵$S_r\left(\boldsymbol{W}\right)$的迹，即主对角线上元素之和。另一方面，假设所有区域的变量x_r都变化一个单位，其对区域i被解释变量y_i的总效应为矩阵$S_r\left(\boldsymbol{W}\right)$的第$i$行元素之和，即$\sum_{j=1}^{n}S_r\left(\boldsymbol{W}\right)_{ij}$。如果对所有区域的总效应进行平均，则可得到变量$x_r$的平均总效应，即矩阵$S_r\left(\boldsymbol{W}\right)$所有元素的平均：

$$平均总效应=\frac{1}{n}\sum_{i=1}^{n}\sum_{j=1}^{n}S_r(\boldsymbol{W})_{ij}=\frac{1}{n}i_n'S_r(\boldsymbol{W})i_n \tag{1-24}$$

其中，$i_n=(1,1,...,1)^{\mathrm{T}}$为$n\times1$列向量。最后，用变量$x_r$的平均总效应减去其平均直接效应即可得到其平均间接效应：

$$平均间接效应=\frac{1}{n}\left\{i_n'S_r(\boldsymbol{W})i_n-\mathrm{tr}\left[S_r(\boldsymbol{W})\right]\right\} \tag{1-25}$$

由于空间滞后模型是空间杜宾模型的特殊形式，因此按照此方法也可以推导出空间杜宾模型的直接效应、间接效应及总效应。

假如存在这样一个空间杜宾模型（LeSage and Pace，2008）：

$$\boldsymbol{Y}=\rho\boldsymbol{WY}+\alpha\boldsymbol{\iota}_N+\boldsymbol{X\beta}+\boldsymbol{WX\theta}+\boldsymbol{\varepsilon} \tag{1-26}$$

其中，矩阵$\boldsymbol{W}$是一个$n\times n$的非随机、非负空间权重矩阵。矩阵$\boldsymbol{W}$的元素用于指定观测值之间的空间依赖结构。如果观测区域i与观测j有关，则通过$\boldsymbol{W}_{ij}$表示。$\boldsymbol{Y}$是一个$n\times1$的因变量，$\boldsymbol{X}$是$n\times k$的解释变量，包含k个解释变量，但不包括截距向量。$\boldsymbol{X}$对应的$\boldsymbol{Y}$的分位点的偏效应矩阵如下：

$$(\boldsymbol{I}-\rho\boldsymbol{W})^{-1}=\begin{bmatrix}\beta_k & \omega_{12}\theta_k & \cdots & \omega_{1N}\theta_k\\ \omega_{21}\theta_k & \beta_k & \cdots & \omega_{2N}\theta_k\\ \vdots & \vdots & \ddots & \vdots\\ \omega_{N1}\theta_k & \omega_{N2}\theta_k & \cdots & \beta_k\end{bmatrix} \tag{1-27}$$

记$S_k(\boldsymbol{W})=(\boldsymbol{I}-\rho\boldsymbol{W})^{-1}(\boldsymbol{I}\beta_k+\boldsymbol{W}\theta_k)$，式（1-27）中$\omega_{ij}$表示位于权重矩阵$\boldsymbol{W}(i,j)$位置上的元素值。根据式（1-27）的分解结构可知，某一单位中的特定解释变量发生变化，会对此单位自身的被解释变量产生影响，这被称为直接效应，表现为$S_k(\boldsymbol{W})$的主对角线元素之和的平均值：

$$\bar{M}(k)_{\text{direct}}=\frac{\mathrm{tr}\left[S_k(\boldsymbol{W})\right]}{n} \tag{1-28}$$

同时还会对其他单位的被解释变量产生影响，这被称为间接效应，表现为$S_k(\boldsymbol{W})$的非主对角线元素之和的平均值：

$$\bar{M}(k)_{\text{indirect}}=\frac{i_n'S_k(\boldsymbol{W})\boldsymbol{\iota}_n}{n}-\bar{M}(k)_{\text{direct}} \tag{1-29}$$

标准计量经济学模型中个体的解释变量对因变量的边际影响会通过系数直接反映，空间计量模型在空间乘子矩阵$(\boldsymbol{I}-\rho\boldsymbol{W})^{-1}$的作用下发生了改变，空间计量模型的直接效应为空间乘子矩阵与解释变量估计系数的乘积，空间乘子矩阵的展开式为：

$$(\boldsymbol{I}-\rho\boldsymbol{W})^{-1}=\boldsymbol{I}+\rho\boldsymbol{W}+\rho^2\boldsymbol{W}^2+\rho^3\boldsymbol{W}^3+... \tag{1-30}$$

上述展开式的第一项是非对角线元素为 0 的单位矩阵$\boldsymbol{I}$，该项代表了变量$\boldsymbol{X}$对本区域$\boldsymbol{Y}$的直接影响，直接效应与其相对应的估计系数不同主要是因为存在空间传导反馈效应（林春艳等，2016）；展开式第二项$\rho\boldsymbol{W}$中包含区域之间的空间关系，用来反映周边区域的变量$\boldsymbol{X}$对本区域$\boldsymbol{Y}$的间接影响；展开式第三项及以后的项代表高阶空间关系中的直接效应和间接效应，这是反馈效应的结果。反馈效应描述了通过周边区域传递效应，并最终传递到本区域自身这一过程。可以看出反馈效应是直接效应中系数估计值未能反映出的部分。因此可以得出反馈效应的计算式为：

$$\bar{M}(k)_{\text{feedback}} = \bar{M}(k)_{\text{direct}} - \beta_k \quad (1\text{-}31)$$

综上可知，直接效应表示的是本地区解释变量X对该地被解释变量Y_l的影响大小，其包括两个部分：反馈效应、空间计量模型回归系数，如图 1 -4 所示。换言之，直接效应 = 空间计量模型回归系数＋反馈效应。反馈效应表示的是本地区解释变量X对周边地区被解释变量Y_n施加影响后，Y_n反过来对本地区Y_l产生的影响。

间接效应，又称为空间溢出效应（Spatial Spillover Effects），用于度量周边地区解释变量X，即WX对本地区被解释变量Y_l的影响。需要指出的是，不能仅仅依靠空间滞后系数ρ的显著与否来判断空间效应是否存在。

总效应，等于直接效应和间接效应之和，在空间杜宾模型下可表示为空间杜宾模型回归系数、反馈效应、间接效应之和。其可以解释为本地区解释变量X的变动对所有地区（包含本地区和周边地区）的被解释变量（Y_l、Y_n）的平均影响。

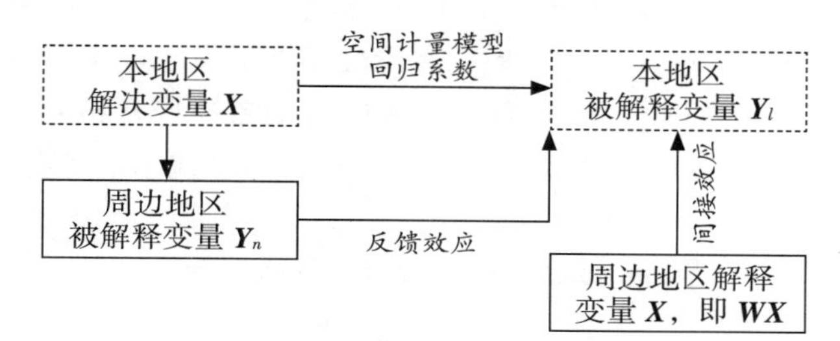

反馈效应 = 直接效应 - 空间计量模型回归系数
总效应 = 反馈效应 + 空间计量模型回归系数 + 间接效应
总效应 = 直接效应 + 间接效应
图 1-4

1.5　空间计量经济学的三大核心知识

空间计量经济学有三大核心知识：空间权重矩阵、空间自相关检验及空间计量模型。

1.5.1　空间权重矩阵

创建空间权重矩阵的依据是地理学第一定律（Tobler's First Law 或者 Tobler's First Law of Geography），即任何事物都是与其他事物相关的，只不过相近的事物关联更紧密。

传统的空间权重矩阵主要包括：邻接空间权重矩阵、距离空间权重矩阵、n 个最近邻居矩阵 [knn(#)，其中“#”可以为大于 1 的正整数]。其中，邻接空间权重矩阵包括：线性邻接（Linear Contiguity）空间权重矩阵、车邻接（Rook Contiguity）空间权重矩阵、象邻接（Bishop Contiguity）空间权重矩阵、后邻接（Queen Contiguity）空间权重矩阵。距离空间权重矩阵包括：地理距离空间权重矩阵、经济距离空间权重矩阵、产业距离空间权重矩阵、技术距离空间权重矩阵等。

由于传统的空间权重矩阵存在的主观随意性交替问题较为突出，在其基础上发展起来的将地理、经济两种因素同时考虑进来的高级空间权重矩阵——地理经济空间权重矩阵技术性地处理了传统空间权重矩阵的问题。高级空间权重矩阵有六种：一是 Case et al.（1993）的地理经济之和空间权重矩阵；二是林光平等（2006）的地理经济之积空间权重矩阵；三是改进的林光平等（2006）的地理经济之积空间权重矩阵；四是 Fingleton and Gallo（2008）的经济距离空间权重矩阵；五是 Jeanty（2010）的反经济距离空间权重矩阵；六是二次嵌套地理经济之和空间权重矩阵。

1.5.2 空间自相关检验

空间自相关是指一些变量在同一个分布区内的观测数据之间存在的潜在的相互依赖性。衡量空间自相关的指标很多，例如，全局莫兰指数、Getis-Ord Gi* 及 Anselin 局部莫兰指数（Anselin Local Moran's I）等。其中，最为流行的是全局莫兰指数。全局莫兰指数（I）的值域是 $I \in [-1, 1]$，其中，当 $-1 \leqslant I < 0$ 时，属于空间负相关，此时，I 的值越小，空间负相关越强；当 $0 < I \leqslant 1$ 时，属于空间正相关，此时，I 的值越大，空间正相关越强；当 I=0 时，则说明变量是随机分布的，不存在空间自相关。基于 MATLAB 绘制的莫兰散点图，即图 1-5 中，全局莫兰指数为 0.17716，属于空间正相关。

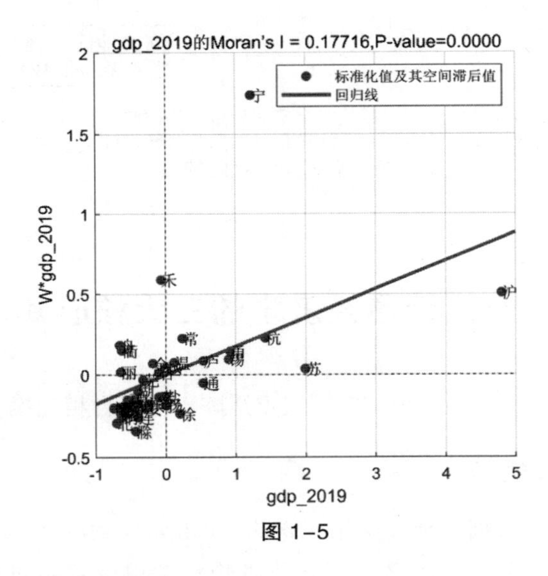

图 1-5

1.5.3 空间计量模型

空间计量模型是在传统计量模型基础上发展起来的，将空间因素纳入模型设定之中，同时考虑地区效应、时间效应的计量经济学模型。常见的空间计量模型有以下 15 种。

① 含有因变量时间滞后项、因变量空间滞后项的 SAR 模型（the SAR Model with Lagged Dependent Variable）。

② 含有因变量时空滞后项、因变量空间滞后项的 SAR 模型（the SAR Model with Time and Space Lagged Dependent Variable）。

③ 完全动态 SAR 模型（the Full Dynamic SAR Model）——含有因变量时间滞后项、因变量时空滞后项、因变量空间滞后项的 SAR 模型。

④ 经典的 SAR 模型（the Classical SAR Model）——含有因变量空间滞后项的 SAR 模型。

⑤ 含有因变量时间滞后项、因变量空间滞后项的 SDM 模型（the SDM with Lagged Dependent Variable）。

⑥ 含有因变量时空滞后项、因变量空间滞后项的 SDM 模型（the SDM with Time and Space Lagged Dependent Variable）。

⑦ 完全动态 SDM 模型（the Full Dynamic SDM）——含有因变量时间滞后项、因变量时空滞后项、因变量空间滞后项的 SDM 模型。

⑧ 经典 SDM 模型（the Classical SDM）——含有因变量空间滞后项的 SDM 模型。

⑨ 空间自相关（Spatial Autocorrelation，SAC）模型，此模型又被称为 SARAR（Spatial Autoregressive Model with Spatial Autoregressive Disturbances）模型——空间自相关误差自相关模型。

⑩ SEM 模型。

⑪ 空间杜宾误差模型（Spatial Durbin Error Model，SDEM）。

⑫ GSPRE 模型。

⑬ 空间滞后 X 模型（Spatial Lag of X Model，SLX）。

⑭ 空间面板地理加权回归（Spatial Panel Geographically Weighted Regressions Model，SPGWRM）模型。

⑮ GS3SLS 模型。

1.6　空间计量经济学的主要分析软件和写作范式

1.6.1　空间计量经济学的主要分析软件

进行空间计量分析时常用的软件包括：Stata、MATLAB、ArcGIS、GeoDa 等。本教材主要采用 Stata、MATLAB、ArcGIS、GeoDa 进行操作演示。

Stata 属于高级计量软件，在进行空间计量分析时，它主要用于计算全局莫兰指数、绘制莫兰散点图、进行空间计量分析。Stata 的 spatgsa 命令一次可以计算出某一个变量 n（$n \geqslant 1$）年的全局莫兰指数，moranplot 命令一次可以绘制出某一个变量 n（$n \geqslant 1$）年的莫兰散点图，且可以实现 graph combine。另外，Stata 还有两个命令——spatlsa、splagvar，它们可以绘制莫兰散点图。采用 splagvar 绘制的莫兰散点图见图 1-6。可以采用 Stata 实现现有任何空间计量模型的回归。

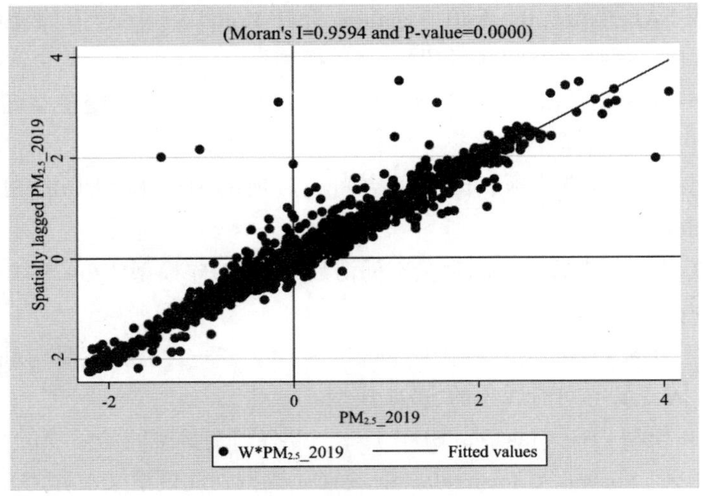

图 1–6

同 Stata 一样，MATLAB 也属于高级计量软件，在进行空间计量分析时，它主要用于计算复杂的空间权重矩阵、计算全局莫兰指数、绘制莫兰散点图、进行空间计量分析。在计算全局莫兰指数、绘制莫兰散点图方面，MATLAB 可以实现的功能与 Stata 基本一致。采用 Stata 可以实现的空间计量模型基本上也可以采用 MATLAB 实现。

ArcGIS 在地理专业绘图方面非常专业和强大，主要用于进行空间统计和空间分析。在进行空间统计方面，ArcGIS 可以计算全局莫兰指数、提取经纬度、绘制空间分位图、绘制热点图、绘制聚类和异常值分析图、绘制方向分布图、进行分组分析等。在进行空间分析方面，ArcGIS 可以提取遥感卫星地图中的栅格数据。

GeoDa 是空间计量学习者起步时要掌握的基础软件，主要用于计算全局莫兰指数和绘制莫兰散点图；同时，也可用于生成 gal、gwt 格式的空间权重矩阵。1.5.1 小节提及的空间权重矩阵可以基于 GeoDa 转换成可以供其他软件（Stata、MATLAB 等）使用的空间权重矩阵。

1.6.2 规范的空间计量论文写作范式

一般而言，与标准计量论文相似，规范的空间计量论文框架包括六个部分：第一部分为引言（或问题的提出），第二部分为文献综述（述评），第三部分为机理分析，第四部分为研究设计（变量选择、模型设定及数据说明），第五部分为回归结果讨论，第六部分为结论和政策启示。有时会把文献综述（述评）与引言（或问题的提出）合并。一般而言，要在引言或文献综述（述评）部分明确地给出创新点（或边际贡献）。

含有效应值的空间计量模型论文涉及的相关检验比较多，以 SDM 模型为例进行说明。一般而言，一篇基于 SDM 模型的规范的空间计量论文包括以下八个检验：①空间自相关检验；②模型选择检验［通过比较各模型的赤池信息准则（Akaike Information Criterion，AIC）、贝叶斯信息准则（Bayesian Information Criterion，BIC）、对数似然值等，确定选择 SDM 模型合理］；③豪斯曼检验或稳健的豪斯曼检验（固定效应模型和随机效应模型选择检验）；④个体固定效应、时间固定效应及双固定效应模型选择检验［似然比（Likelihood Ratio，LR）检验或 Wald 检验］；⑤SDM 模型是否会退化为 SLM 模型或 SEM 模型检验；⑥稳健性检验；⑦内生性检验；⑧空间异质性检验。

非含有效应值的空间计量模型论文涉及的相关检验比较少，以 SEM 模型为例进行说明。一般而言，一篇基于 SEM 模型的规范的空间计量论文包括以下七个检验：①空间自相关检验；②模型选择检验（通过比较各模型的 AIC、BIC、对数似然值等，确定选择 SEM 模型合理）；③豪斯曼检验或稳健的豪斯曼检验（固定效应模型和随机效应模型选择检验）；④个体固定效应、时间固定效应及双固定效应模型选择检验（LR 检验或 Wald 检验）；⑤稳健性检验；⑥内生性检验；⑦空间异质性检验。

综上所述，整体而言，采用空间计量模型进行论文写作要进行的检验较多，一般不会少于七个。

习　题

1. 空间计量经济学源于哪些学科？主要以哪些理论为支撑？当前，空间计量经济学的代表性人物有哪些？

2. 什么是直接效应、间接效应及总效应？

3. 什么是车邻接空间权重矩阵、象邻接空间权重矩阵、后邻接空间权重矩阵？

4. 空间计量经济学的三大核心知识是什么？

5. 单方程的空间计量模型有哪些？含有两个或两个以上方程的方程组模型有哪些？

6. 计量经济学按照是否引入空间因素可以划分为标准计量经济学和空间计量经济学。标准计量经济学就是我们常见的传统计量经济学。空间计量经济学是在传统计量经济学的基础上发展起来的。空间计量经济学与标准计量经济学的不同之处有哪些？

第 2 章　空间统计与空间分析①

在空间计量、空间统计及空间分析中，shapefile 形式的地图很重要。本教材中的地图来源于中华人民共和国自然资源部官方网站（http://bzdt.ch.mnr.gov.cn），审图号：GS（2020）3189 号。

2.1　设定中国标准地图投影坐标系

2.1.1　在原有 shp 文件基础上修改投影坐标系

ArcGIS 没有给出绘制中国标准地图的投影坐标系，需要绘图者手工修改。我们可以基于 ArcCatalog 对目标地图 shp 文件进行投影坐标系的修改。具体而言，打开 ArcCatalog，双击拟修改投影坐标系的 shp 文件，在 Projected Coordinate System 中找到 Asia_North_Albers_Equal_Area_Conic 投影坐标系进行参数修改即可。

1. 投影坐标系

Projected Coordinate System②

Asia_North_Albers_Equal_Area_Conic

WKID: 102025 Authority: ESRI

Projection: Albers

False_Easting: 0.0

False_Northing: 0.0

Central_Meridian: 95.0 → 105.0③

Standard_Parallel_1: 15.0 → 25.0

Standard_Parallel_2: 65.0 → 47.0

Latitude_Of_Origin: 30.0 → 0.0

---

①空间统计与空间分析的区别：ArcGIS 的空间统计模块主要用于研究和分析矢量数据，空间分析模块主要用于研究和分析栅格数据。因为空间统计模块所有的工具，都以矢量数据为输入和输出，而空间分析模块的输入或者输出里面，至少有一个是栅格数据——或者以栅格数据为输入，或者以栅格数据为输出，也有输入输出都是栅格数据的。

② 东伪偏移（False Easting），北伪偏移（False Northing），原点纬度（Latitude of Origin）。

③ 将中央子午线（Central Meridian）由东经 95.0 度修改为东经 105.0 度；将标准纬线 1（Standard Parallel 1）由 15.0 度修改为 25.0 度，标准纬线 2（Standard Parallel 2）由 65.0 度修改为 47.0 度；投影原点纬度（Latitude of Origin）由 30.0 修改为 0.0。

Linear Unit: Meter (1.0)

2. 地理坐标系

Geographic Coordinate System（XY Coordinate System）

GCS_WGS_1984

WKID: 4326 Authority: EPSG

Angular Unit: Degree (0.0174532925199433)

Prime Meridian: Greenwich (0.0)

Datum: D_WGS_1984

Spheroid: WGS_1984

Semimajor Axis: 6378137.0

Semiminor Axis: 6356752.314245179

Inverse Flattening: 298.257223563

2.1.2　创建新的“中国标准地图投影坐标（包括地理坐标系）”

建立新的投影坐标系和地理坐标系的步骤如下。

首先，打开 ArcCatalog，双击任意一个 shp 文件，见图 2-1。

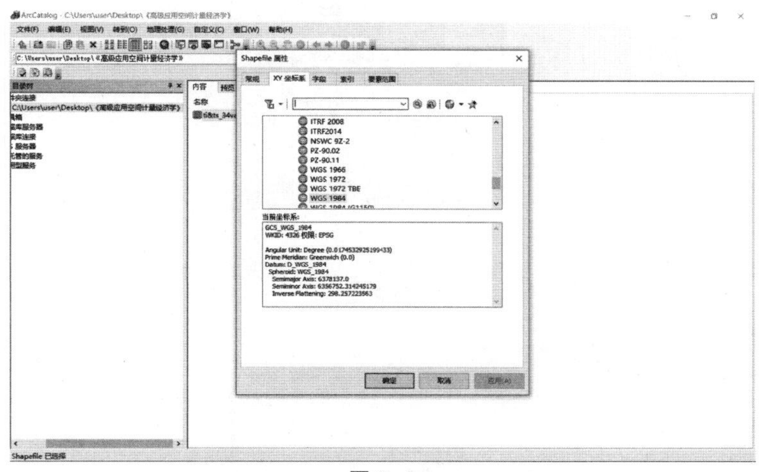

图 2-1

其次，单击图 2-2“Shapefile 属性”对话框中的地球形状的图案进行投影坐标系的添加，选择“新建（N）”→“投影坐标系 (P)...”，这时会出现图 2-3“新建投影坐标系”对话框。将该对话框填写完整。具体而言，在“常规”模块中，将新建投影坐标系的名称命名为：“中国标准地图投影坐标系”；在“投影”模块中，将“名称”选择为“Albers”；需要修改的参数有 4 个：Central_Meridian、Standard_Parallel_1、Standard_Parallel_2、Latitude_Of_Origin。分别将其参数修改为 105.0、25.0、47.0、0.0，其他参数不变，“线性单位”和“地理坐标系”不变。

最后，单击“确定”，这时在“投影坐标系”的“自定义”中会出现“中国标准地图投影坐标系”，将新建投影坐标系添加到收藏夹中，见图 2-4。

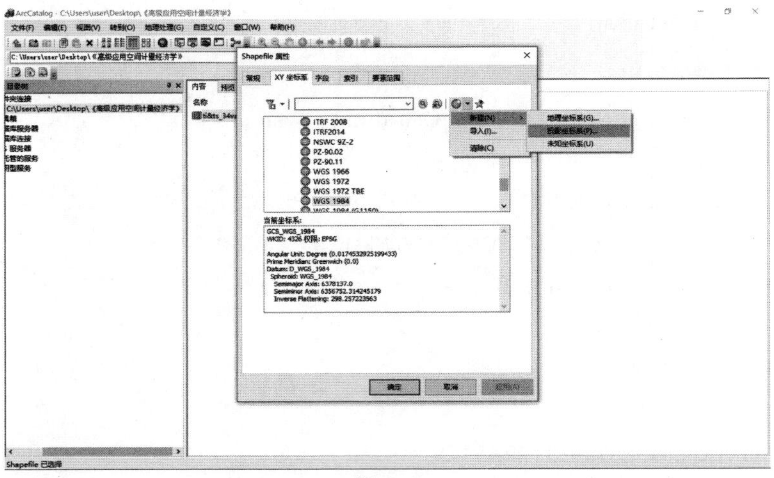

图 2-2

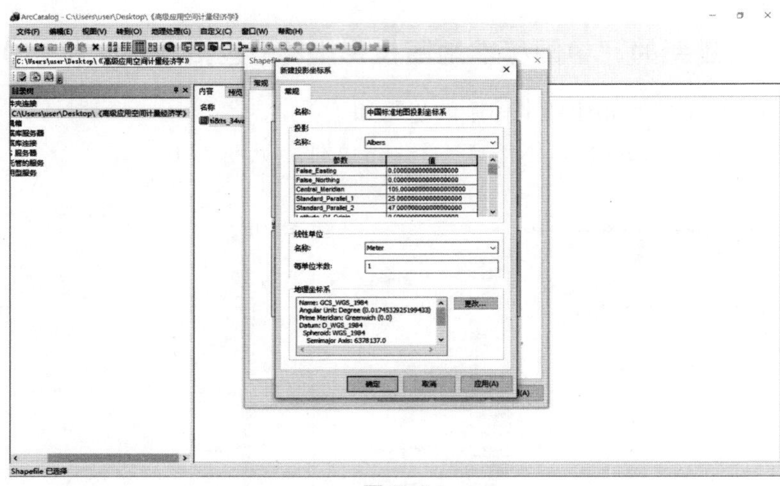

图 2-3

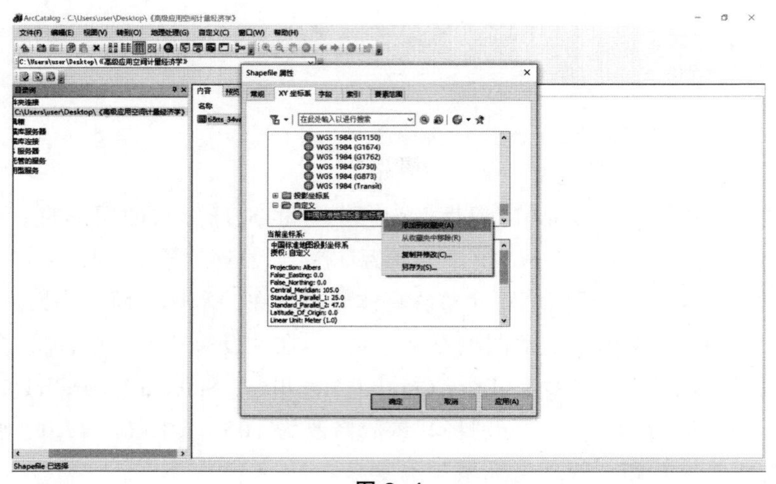

图 2-4

注：将鼠标放在图 2-4“Shapefile 属性”对话框中的“中国标准地图投影坐标系”上，右键单击会出现下拉菜单，单击该下拉菜单中的“添加到收藏夹 (A)”。

2.2　时空数据的制作

第一步，首先，打开 ArcGIS，将鼠标放在图 2-5 中 ArcGIS 界面左上边的“内容列表”的“图层”上，右键单击会出现下拉菜单，选择该下拉菜单中的“属性（I）...”，此时会出现图 2-6 中的“数据框 属性”对话框。其次，选择“收藏夹”中的“中国标准地图投影坐标系”，见图 2-6。最后，单击“确定”。

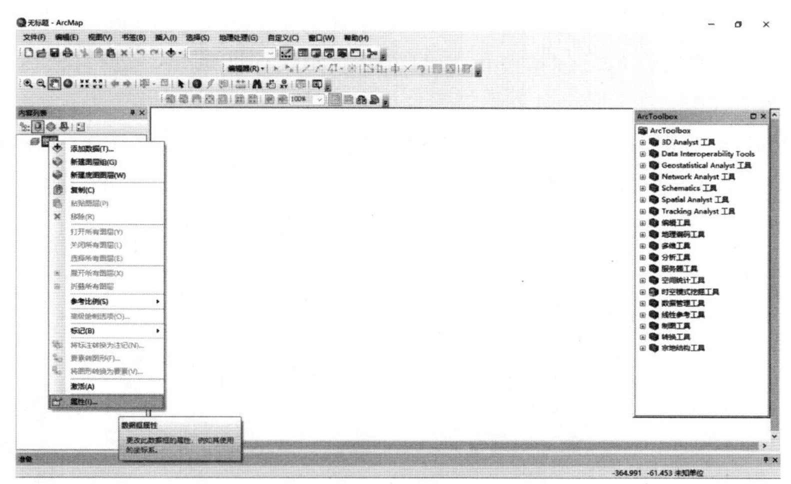

图 2-5

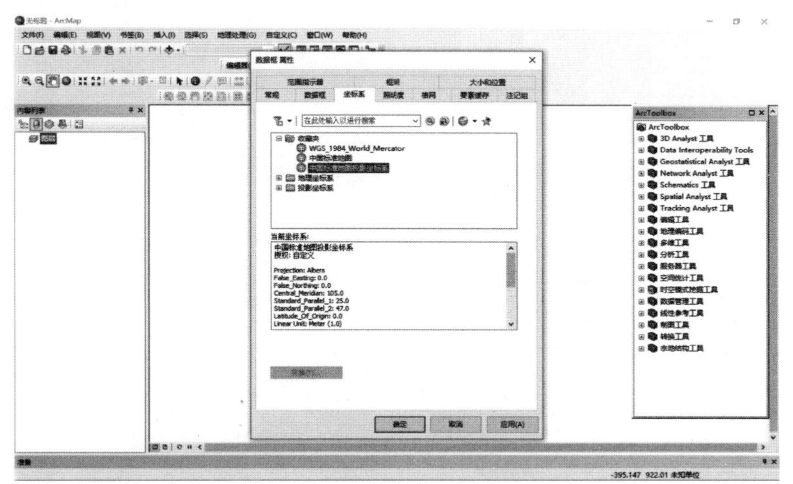

图 2-6

第二步，首先，在图 2-7 的“文件 (F)”下拉菜单中添加“yrd_ti&ts.shp”文件，过程见图 2-7 和图 2-8；图 2-9 为 yrd_ti&ts.shp 文件添加成功后的效果；将鼠标放在该文件上，右键单击会出现“打开属性表”，单击之，数据结构见图 2-10；拟将“ti&ts.xlsx”的时间数据添加到 shp 文件中，该文件的时间数据结构，见图 2-12。其次，单击图 2-10 表最左上方按钮后会出现图 2-11-1，选择图 2-11-1 中的“连接和关联

(J)” → “连接 (J)…”，此时会出现图 2-11-2 中的“连接数据”对话框。图 2-11-3 和图 2-11-4 对相关操作步骤进行了补充说明。

再次，将图 2-11-2 中的对话框选填完毕。具体而言，“1. 选择该图层中连接将基于的字段 (C)”，选择 yrd_ti&ts.shp 文件中的“CHN_NAME”；“2. 选择要连接到此图层的表，或者从磁盘加载表 (T)”，选择“ti&ts.xlsx” → “yrd_ti&ts (test)$”。一般而言，ArcGIS 会根据操作者选择的 dbf 中的变量自动匹配 xlsx 中与之相同的变量。特殊情况下，需要操作者进行手动匹配工作。

最后，单击“确定”，完成所有 join 流程。通过图 2-15、图 2-16 及图 2-17 图注中的操作，将时空数据进行规范化处理，完成最终流程。需要注意的是，在图 2-14 中需要单击“否”，否则原有图层会保留 join 后的数据。需要说明的是，进行图 2-11-4 中的操作后会出现图 2-13。

为了确保时空数据 join 的正确性，我们随机选取淮南市变量 ti_2017 数据进行正确性验证。在 xlsx 文件中，该数据值为 0.09175，见图 2-12；在 join 后的 dbf 文件中淮南市变量 ti_2017 数据值为 0.09175，见图 2-18。因此，数据 join 是正确的。

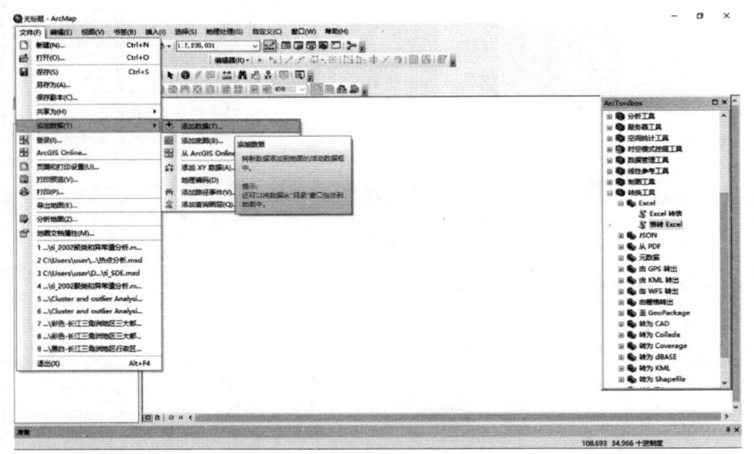

图 2-7

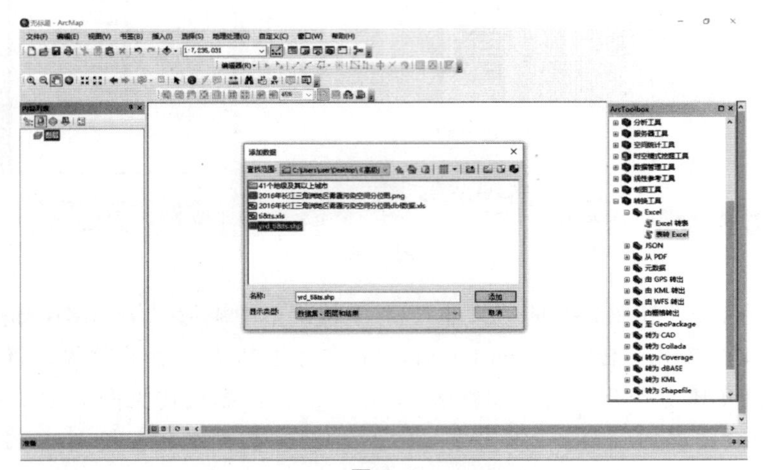

图 2-8

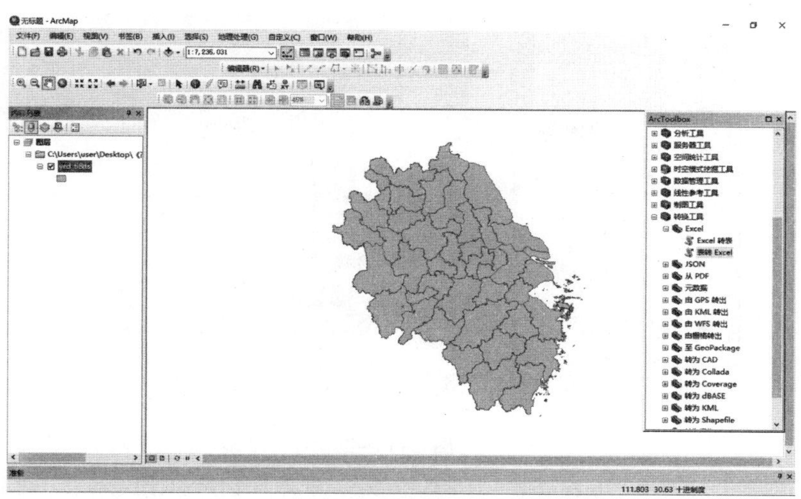

图 2-9

FID	Shape *	ENG_NAME	CHN_NAME
0	面	Anqing City	安庆市
1	面	Bengbu City	蚌埠市
2	面	Bozhou City	亳州市
3	面	Chizhou City	池州市
4	面	Chuzhou City	滁州市
5	面	Fuyang City, Anhui Province	阜阳市
6	面	Hefei City	合肥市
7	面	Huaibei City	淮北市
8	面	Huainan City	淮南市
9	面	Huangshan City	黄山市
10	面	Lu'an City	六安市
11	面	Maanshan City	马鞍山市
12	面	Suzhou City, Anhui Province	宿州市
13	面	Tongling City	铜陵市
14	面	Wuhu City	芜湖市
15	面	Xuancheng City	宣城市
16	面	Changzhou City	常州市
17	面	Huaian City	淮安市
18	面	Lianyungang City	连云港市
19	面	Nanjing City	南京市
20	面	Nantong City, Jiangsu Province	南通市
21	面	Suzhou City, Jiangsu Province	苏州市
22	面	Suqian City	宿迁市
23	面	Taizhou City, Jiangsu Province	泰州市
24	面	Wuxi City	无锡市
25	面	Xuzhou City	徐州市
26	面	Yancheng City	盐城市
27	面	Yangzhou City	扬州市
28	面	Zhenjiang City	镇江市
29	面	Shanghai Municipality	上海市
30	面	Hangzhou City	杭州市
31	面	Huzhou City	湖州市
32	面	Jiaxing City	嘉兴市
33	面	Jinhua City	金华市
34	面	Lishui City	丽水市
35	面	Ningbo City	宁波市
36	面	Quzhou City	衢州市
37	面	Shaoxing City	绍兴市
38	面	Taizhou City, Zhejiang Province	台州市
39	面	Wenzhou City	温州市
40	面	Zhoushan City	舟山市

(0 / 41 已选择)

图 2-10

查找和替换(D)...
按属性选择(B)...
清除所选内容(C)
切换选择(S)
全选(A)
添加字段(F)...
打开所有字段(T)
显示字段别名(W)
排列表(R)
恢复默认列宽(U)
恢复默认字段顺序(O)
连接和关联(J)
连接(J)...
移除连接(E)
关联(R)...
移除关联(M)
关联表(T)
创建图表(G)...
将表添加到布局(L)
重新加载缓存(H)
打印(P)...
报表(E)
导出(X)...
外观(N)...
连接(J)
基于共同属性、空间位置或现有关系将数据连接到此图层或单独的表。

FID	Shape *	ENG_NAME	CHN_NAME
30	面	Hangzhou City	杭州市
31	面	Huzhou City	湖州市
32	面	Jiaxing City	嘉兴市
33	面	Jinhua City	金华市
34	面	Lishui City	丽水市
35	面	Ningbo City	宁波市
36	面	Quzhou City	衢州市
37	面	Shaoxing City	绍兴市
38	面	Taizhou City, Zhejiang Province	台州市
39	面	Wenzhou City	温州市
40	面	Zhoushan City	舟山市

(0 / 41 已选择)

图 2-11-1

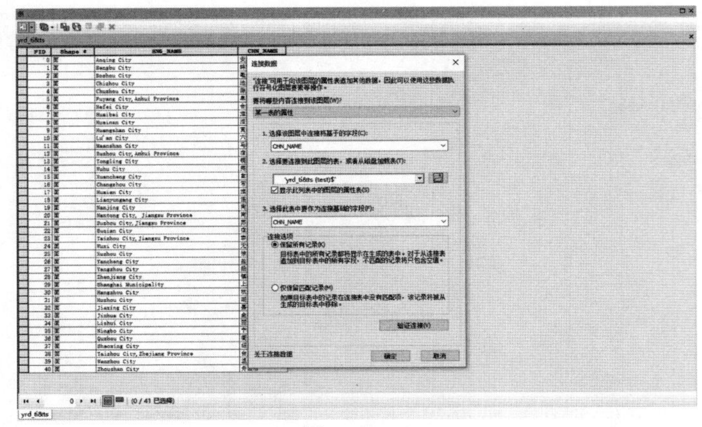

图 2-11-2

注：单击图 2-11-2 中的“连接数据”对话框中的“2. 选择要连接到此图层的表，或者从磁盘加载表 (T):”下方的文件夹，选择要连接的 Excel 文件，此时 Excel 中的变量会自动与“1. 选择该图层中连接将基于的字段 (C):”中已经选择的字段（变量）进行关联。

FID	Shape *	ENG_NAME	CHN_NAME	ID	CHN_NAME
0	面	Anqing City	安庆市	1	安庆市
1	面	Bengbu City	蚌埠市	2	蚌埠市
2	面	Bozhou City	亳州市	3	亳州市
3	面	Chizhou City	池州市	4	池州市
4	面	Chuzhou City	滁州市	5	滁州市
5	面	Fuyang City, Anhui Province	阜阳市	6	阜阳市
6	面	Hefei City	合肥市	7	合肥市
7	面	Huaibei City	淮北市	8	淮北市
8	面	Huainan City	淮南市	9	淮南市
9	面	Huangshan City	黄山市	10	黄山市
10	面	Lu'an City	六安市	11	六安市
11	面	Maanshan City	马鞍山市	12	马鞍山市
12	面	Suzhou City, Anhui Province	宿州市	13	宿州市
13	面	Tongling City	铜陵市	14	铜陵市
14	面	Wuhu City	芜湖市	15	芜湖市
15	面	Xuancheng City	宣城市	16	宣城市
16	面	Changzhou City	常州市	17	常州市
17	面	Huaian City	淮安市	18	淮安市
18	面	Lianyungang City	连云港市	19	连云港市
19	面	Nanjing City	南京市	20	南京市
20	面	Nantong City, Jiangsu Province	南通市	21	南通市
21	面	Suzhou City, Jiangsu Province	苏州市	22	苏州市
22	面	Suqian City	宿迁市	23	宿迁市
23	面	Taizhou City, Jiangsu Province	泰州市	24	泰州市
24	面	Wuxi City	无锡市	25	无锡市
25	面	Xuzhou City	徐州市	26	徐州市
26	面	Yancheng City	盐城市	27	盐城市
27	面	Yangzhou City	扬州市	28	扬州市
28	面	Zhenjiang City	镇江市	29	镇江市
29	面	Shanghai Municipality	上海市	30	上海市
30	面	Hangzhou City	杭州市	31	杭州市
31	面	Huzhou City	湖州市	32	湖州市
32	面	Jiaxing City	嘉兴市	33	嘉兴市
33	面	Jinhua City	金华市	34	金华市
34	面	Lishui City	丽水市	35	丽水市
35	面	Ningbo City	宁波市	36	宁波市
36	面	Quzhou City	衢州市	37	衢州市
37	面	Shaoxing City	绍兴市	38	绍兴市
38	面	Taizhou City, Zhejiang Province	台州市	39	台州市
39	面	Wenzhou City	温州市	40	温州市
40	面	Zhoushan City	舟山市	41	舟山市

(0 / 41 已选择)

yrd_ti&ts

图 2-11-3

注：单击图 2-11-2“连接数据”对话框中的“确定”后，打开 yrd_ti&ts 图层的“属性”会出现图 2-11-3。

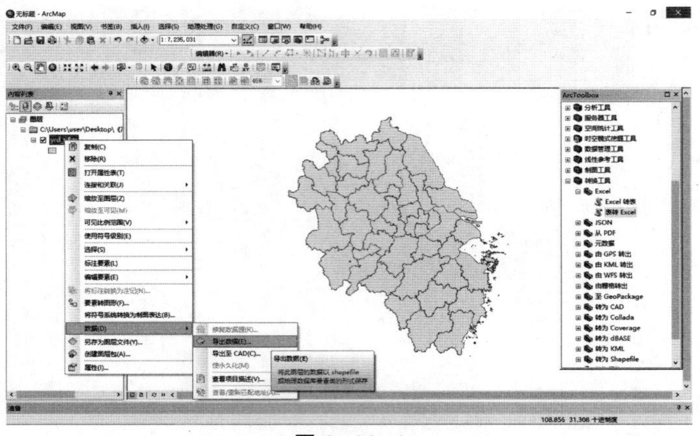

图 2-11-4

注：导出已经 join 后的数据。第一步：将鼠标放在 yrd_ti&ts 图层上，右键单击会出现下拉菜单，选择该下拉菜单中的“数据 (D)”→“导出数据 (E)...”后会出现图 2-13 中的“保存数据”对话框。

ID	CHN_NAME	city_abbr	ENG_NAME	ti_2017	ts_2017	ti_2018	ts_2018
1	安庆市	宜	Anqing City	0.133889	0.828479	0.149332	0.796125
2	蚌埠市	蚌	Bengbu City	0.23113	0.974651	0.250585	0.976636
3	亳州市	亳	Bozhou City	0.093243	1.136693	0.105263	1.147323
4	池州市	池	Chizhou City	0.185562	1.062131	0.191267	1.105776
5	滁州市	滁	Chuzhou City	0.129216	0.688422	0.147118	0.699894
6	阜阳市	阜	Fuyang City,Anhui Province	0.050406	0.957631	0.063336	0.965275
7	合肥市	庐	Hefei City	0.08084	0.96066	0.065032	1.088814
8	淮北市	北	Huaibei City	0.220992	0.643775	0.216387	0.703613
9	淮南市	淮	Huainan City	0.09175	0.8718	0.104848	0.915273
10	黄山市	徽	Huangshan City	0.170492	1.497768	0.184496	1.624768
11	六安市	皋	Lu'an City	0.143352	0.982396	0.138139	1.08639
12	马鞍山市	马	Maanshan City	0.236545	0.690135	0.195388	0.781441
13	宿州市	蕲	Suzhou City,Anhui Province	0.098333	1.244143	0.100851	1.292156
14	铜陵市	铜	Tongling City	0.329973	0.551754	0.302379	0.646527
15	芜湖市	芜	Wuhu City	0.211606	0.745466	0.193019	0.838785
16	宣城市	宣	Xuancheng City	0.166536	0.85515	0.158535	0.8419
17	常州市	常	Changzhou City	0.058073	1.085225	0.061016	1.112598
18	淮安市	安	Huaian City	0.090287	1.125612	0.091358	1.150075
19	连云港市	连	Lianyungang City	0.104648	0.972175	0.104136	1.025965
20	南京市	宁	Nanjing City	0.043266	1.57089	0.04395	1.657352
21	南通市	通	Nantong City, Jiangsu Province	0.104757	1.019872	0.095175	1.033808
22	苏州市	苏	Suzhou City,Jiangsu Province	0.042166	1.075981	0.03718	1.057865
23	宿迁市	宿	Suqian City	0.105482	0.84988	0.102806	0.914657
24	泰州市	泰	Taizhou City,Jiangsu Province	0.091233	1.001872	0.088684	0.983385
25	无锡市	锡	Wuxi City	0.03223	1.090189	0.032249	1.070558
26	徐州市	徐	Xuzhou City	0.109689	1.082084	0.078534	1.177737
27	盐城市	盐	Yancheng City	0.047734	1.002243	0.048313	1.016737
28	扬州市	扬	Yangzhou City	0.055501	0.939878	0.049845	0.979548
29	镇江市	镇	Zhenjiang City	0.040484	0.955468	0.041241	0.978954
30	上海市	沪	Shanghai Municipality	0.020662	2.27117	0.01959	2.347071

图 2-12

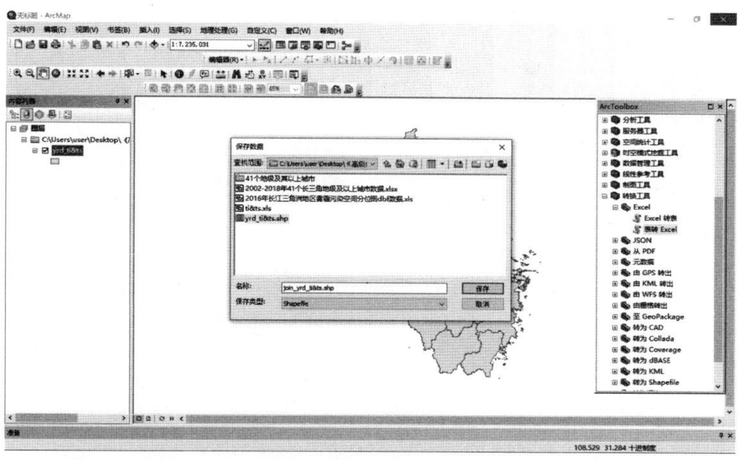

图 2-13

注：将拟导出的已经 join 后的文件命名为“join_yrd_ti&ts”，保存到当前活动文件夹里。

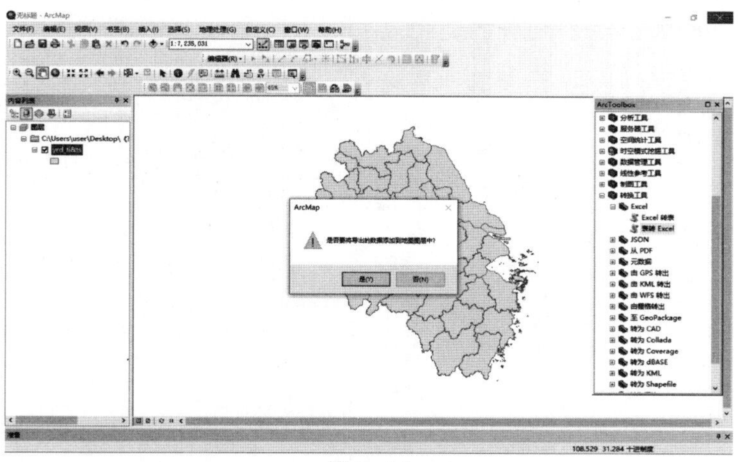

图 2-14

注：单击“否 (N)”，否则原有图层会保留 join 后的数据。

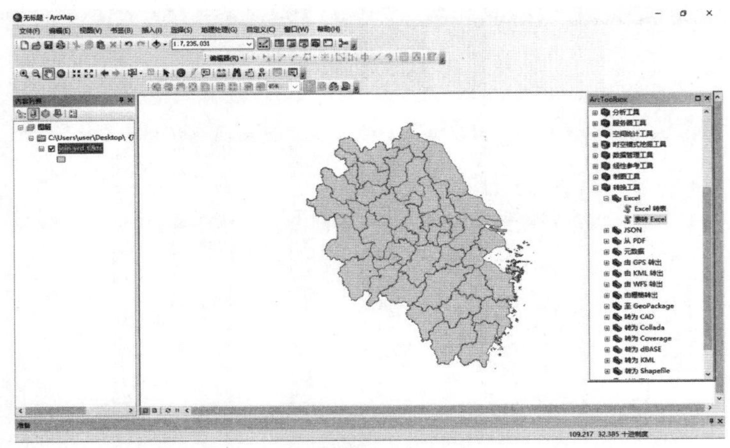

图 2-15

注：打开新 join 的 shapefile，见图 2-16。新 join 的 shapefile 中至少会有一条重复的 field，见图 2-17，将重复的 field 保留一个即可——其他作为冗余信息全部删除。

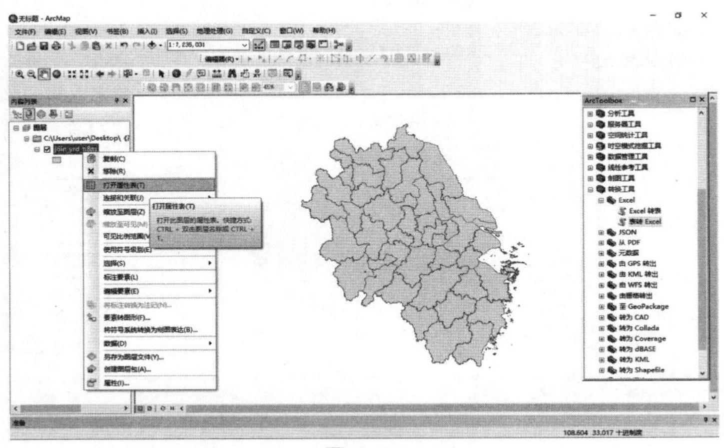

图 2-16

join_yrd_ti&ts

FID	Shape *	ENG_NAME	CHN_NAME	ID	CHN_NAME_1	city_abbr	ENG_NAME_1	ti_2017	tu_2017	ti_2018
0	面	Anqing City	安庆市	1	安庆市	宜	Anqing City	0.132889	0.929479	0.149332
1	面	Bengbu City	蚌埠市	2	蚌埠市	蚌	Bengbu City	0.23113	0.974651	0.250585
2	面	Bozhou City	亳州市	3	亳州市	亳	Bozhou City	0.093243	1.136693	0.105263
3	面	Chizhou City	池州市	4	池州市	池	Chizhou City	0.185562	1.062131	0.191267
4	面	Chuzhou City	滁州市	5	滁州市	滁	Chuzhou City	0.129216	0.888422	0.147118
5	面	Fuyang City, Anhui Province	阜阳市	6	阜阳市	阜	Fuyang City, Anhui Province	0.050406	0.957631	0.063336
6	面	Hefei City	合肥市	7	合肥市	庐	Hefei City	0.05094	0.96066	0.065032
7	面	Huaibei City	淮北市	8	淮北市	北	Huaibei City	0.220992	0.643775	0.216387
8	面	Huainan City	淮南市	9	淮南市	淮	Huainan City	0.09175	0.8718	0.104849
9	面	Huangshan City	黄山市	10	黄山市	黄	Huangshan City	0.170492	1.497768	0.184496
10	面	Lu'an City	六安市	11	六安市	皋	Lu'an City	0.143352	0.982396	0.138139
11	面	Maanshan City	马鞍山市	12	马鞍山市	马	Maanshan City	0.236545	0.690135	0.195388
12	面	Suzhou City, Anhui Province	宿州市	13	宿州市	宿	Suzhou City, Anhui Province	0.098333	1.244143	0.100851
13	面	Tongling City	铜陵市	14	铜陵市	铜	Tongling City	0.329973	0.551754	0.302379
14	面	Wuhu City	芜湖市	15	芜湖市	芜	Wuhu City	0.211606	0.745466	0.193019
15	面	Xuancheng City	宣城市	16	宣城市	宣	Xuancheng City	0.166536	0.85515	0.158535
16	面	Changzhou City	常州市	17	常州市	常	Changzhou City	0.058073	1.085225	0.061016
17	面	Huaian City	淮安市	18	淮安市	安	Huaian City	0.090287	1.125612	0.091358
18	面	Lianyungang City	连云港市	19	连云港市	连	Lianyungang City	0.104648	0.972175	0.104136
19	面	Nanjing City	南京市	20	南京市	宁	Nanjing City	0.043266	1.57069	0.04395
20	面	Nantong City, Jiangsu Province	南通市	21	南通市	通	Nantong City, Jiangsu Province	0.104757	1.019872	0.095175
21	面	Suzhou City, Jiangsu Province	苏州市	22	苏州市	苏	Suzhou City, Jiangsu Province	0.042166	1.075981	0.03718
22	面	Suqian City	宿迁市	23	宿迁市	宿	Suqian City	0.105482	0.84988	0.102806
23	面	Taizhou City, Jiangsu Province	泰州市	24	泰州市	泰	Taizhou City, Jiangsu Province	0.091233	1.001872	0.088684
24	面	Wuxi City	无锡市	25	无锡市	锡	Wuxi City	0.03223	1.090189	0.032249
25	面	Xuzhou City	徐州市	26	徐州市	徐	Xuzhou City	0.109889	1.082084	0.078534
26	面	Yancheng City	盐城市	27	盐城市	盐	Yancheng City	0.047734	1.002243	0.048313
27	面	Yangzhou City	扬州市	28	扬州市	扬	Yangzhou City	0.055501	0.939879	0.049845
28	面	Zhenjiang City	镇江市	29	镇江市	镇	Zhenjiang City	0.040484	0.955468	0.041241
29	面	Shanghai Municipality	上海市	30	上海市	沪	Shanghai Municipality	0.020662	2.27117	0.01959
30	面	Hangzhou City	杭州市	31	杭州市	杭	Hangzhou City	0.050015	1.617728	0.039099
31	面	Huzhou City	湖州市	32	湖州市	湖	Huzhou City	0.031564	1.002996	0.03484
32	面	Jiaxing City	嘉兴市	33	嘉兴市	禾	Jiaxing City	0.027935	0.83137	0.031273
33	面	Jinhua City	金华市	34	金华市	金	Jinhua City	0.147354	1.276486	0.154143
34	面	Lishui City	丽水市	35	丽水市	丽	Lishui City	0.20198	1.268926	0.203388
35	面	Ningbo City	宁波市	36	宁波市	甬	Ningbo City	0.00002	0.962749	0.000259
36	面	Quzhou City	衢州市	37	衢州市	衢	Quzhou City	0.256127	1.11894	0.264763
37	面	Shaoxing City	绍兴市	38	绍兴市	越	Shaoxing City	0.057709	0.970002	0.064387
38	面	Taizhou City, Zhejiang Province	台州市	39	台州市	台	Taizhou City, Zhejiang Province	0.062811	1.125477	0.067051
39	面	Wenzhou City	温州市	40	温州市	温	Wenzhou City	0.080301	1.449988	0.08593
40	面	Zhoushan City	舟山市	41	舟山市	舟	Zhoushan City	0.014236	1.679136	0.015556

(0 / 41 已选择)

join_yrd_ti&ts

图 2-17

注：删除图 2-17 中冗余的 filed——“CHN_NAME1”“ENG_NAME1”。最终的处理后的时空数据内部结构见图 2-18。

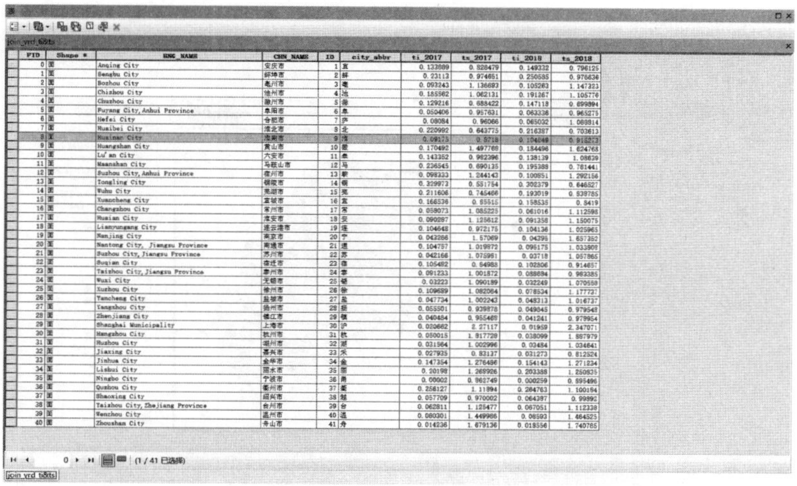

表

join_yrd_ti&ts

FID	Shape *	ENG_NAME	CHN_NAME	ID	city_abbr	ti_2017	ts_2017	ti_2018	ts_2018
0	面	Anqing City	安庆市	1	宜	0.133889	0.828479	0.149332	0.796125
1	面	Bengbu City	蚌埠市	2	蚌	0.23113	0.974651	0.250585	0.976636
2	面	Bozhou City	亳州市	3	亳	0.093243	1.136693	0.105263	1.147323
3	面	Chizhou City	池州市	4	池	0.185562	1.062131	0.191267	1.105776
4	面	Chuzhou City	滁州市	5	滁	0.129216	0.688422	0.147118	0.699894
5	面	Fuyang City, Anhui Province	阜阳市	6	阜	0.050406	0.957631	0.063336	0.965275
6	面	Hefei City	合肥市	7	庐	0.08084	0.96066	0.065032	1.068814
7	面	Huaibei City	淮北市	8	北	0.220992	0.643775	0.216387	0.703613
8	面	Huainan City	淮南市	9	淮	0.09175	0.5718	0.104849	0.915273
9	面	Huangshan City	黄山市	10	黄	0.170492	1.497769	0.184496	1.624768
10	面	Lu'an City	六安市	11	皋	0.143352	0.982396	0.138139	1.08629
11	面	Maanshan City	马鞍山市	12	马	0.236545	0.690135	0.195388	0.781441
12	面	Suzhou City, Anhui Province	宿州市	13	蕲	0.098333	1.244143	0.100851	1.292156
13	面	Tongling City	铜陵市	14	铜	0.329973	0.551754	0.302379	0.646527
14	面	Wuhu City	芜湖市	15	芜	0.211606	0.745466	0.193019	0.839785
15	面	Xuancheng City	宣城市	16	宣	0.166536	0.65515	0.158535	0.8419
16	面	Changzhou City	常州市	17	常	0.059073	1.085225	0.061016	1.112598
17	面	Huaian City	淮安市	18	安	0.090287	1.125612	0.091358	1.150075
18	面	Lianyungang City	连云港市	19	连	0.104648	0.972175	0.104136	1.025965
19	面	Nanjing City	南京市	20	宁	0.043266	1.57069	0.04395	1.657352
20	面	Nantong City, Jiangsu Province	南通市	21	通	0.104757	1.019872	0.095175	1.033909
21	面	Suzhou City, Jiangsu Province	苏州市	22	苏	0.042166	1.075961	0.03718	1.057865
22	面	Suqian City	宿迁市	23	宿	0.105482	0.64988	0.102806	0.914657
23	面	Taizhou City, Jiangsu Province	泰州市	24	泰	0.091233	1.001872	0.088684	0.983385
24	面	Wuxi City	无锡市	25	锡	0.03223	1.090189	0.032249	1.070558
25	面	Xuzhou City	徐州市	26	徐	0.109689	1.082064	0.078534	1.177737
26	面	Yancheng City	盐城市	27	盐	0.047734	1.002243	0.048313	1.016737
27	面	Yangzhou City	扬州市	28	扬	0.055501	0.939878	0.049845	0.979548
28	面	Zhenjiang City	镇江市	29	镇	0.040484	0.955469	0.041241	0.979954
29	面	Shanghai Municipality	上海市	30	沪	0.020662	2.27117	0.01959	2.347071
30	面	Hangzhou City	杭州市	31	杭	0.050015	1.817729	0.038099	1.887979
31	面	Huzhou City	湖州市	32	湖	0.031564	1.002996	0.03484	1.034641
32	面	Jiaxing City	嘉兴市	33	禾	0.027935	0.83137	0.031273	0.812524
33	面	Jinhua City	金华市	34	金	0.147354	1.276486	0.154143	1.271234
34	面	Lishui City	丽水市	35	丽	0.20198	1.269926	0.203388	1.250835
35	面	Ningbo City	宁波市	36	甬	0.00002	0.862749	0.000259	0.895496
36	面	Quzhou City	衢州市	37	衢	0.258127	1.11894	0.284763	1.100164
37	面	Shaoxing City	绍兴市	38	越	0.057709	0.970002	0.064387	0.99892
38	面	Taizhou City, Zhejiang Province	台州市	39	台	0.062811	1.125477	0.067051	1.112338
39	面	Wenzhou City	温州市	40	温	0.080301	1.449986	0.08593	1.464525
40	面	Zhoushan City	舟山市	41	舟	0.014236	1.679136	0.018556	1.740765

0 (1 / 41 已选择)

join_yrd_ti&ts

图 2-18

虽然制作时空数据的操作技术非常简单，但是它非常重要。它是基于空间计量、空间统计技术进行相关研究的学者必须要掌握的基础性的操作技术。只有学会了这项技术，才有可能学好空间计量、空间统计。

2.3 输出地图的上下标、尺寸设置和地图数据的转换

2.3.1 标注 ArcGIS 输出的地图中的上下标、输出任意尺寸的图片及设置输出图片的清晰度

1. 标注 ArcGIS 输出的地图中的上下标

在某些情况下，基于 ArcGIS 绘制地图时需要在图例中使用上下标，例如 $PM_{2.5}$（此处的“2.5”为下标）。遇到这种情况应该如何处理呢？以下为示例。

· 上标：^a[①]

· 下标：_a

例如，如果想写 $PM_{2.5}$，应该这样写：PM_{2.5}，效果见图 2-19。同理，如果想写 x^2，应该这样写：x²。

①sup 是 superscript 的简写，是“上标”的意思；sub 是 subscript 的简写，是“下标”的意思。

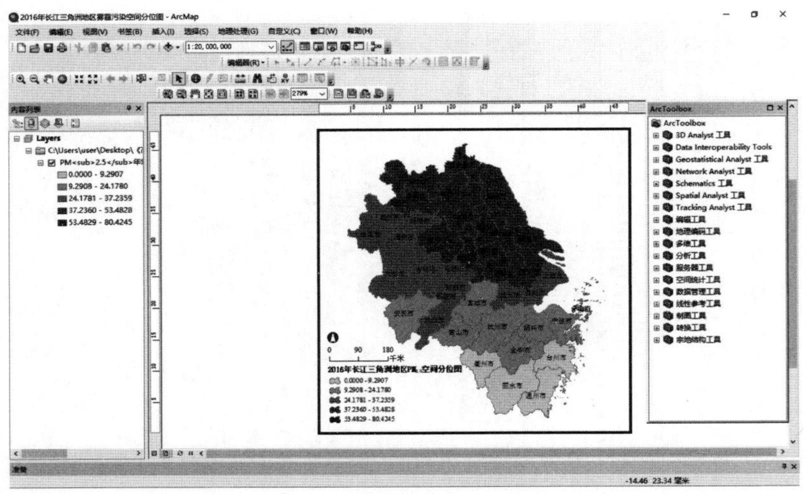

图 2–19

2. 输出任意尺寸的图片

(1) 页面和打印设置

要想输出任意尺寸的图片需要完成两项设置：一是进行页面和打印设置；二是进行图层大小设置。进行页面和打印设置的步骤：单击图 2–20“文件 (F)”下拉菜单中的“页面和打印设置 (U)...”，单击后会出现图 2–21 中的“页面和打印设置”对话框，选填此对话框。具体步骤：第一步，取消勾选图 2–21“页面和打印设置”对话框中的“使用打印机纸张设置 (P)”前面方框中的“√”；第二步，“标准大小 (Z)”选填“自定义”，“宽度 (W)”选填“48”毫米，“高度 (H)”选填“48”毫米；第三步，单击“确定”。

注意：读者可以根据自己的实际需要设置“宽度 (W)”“高度 (H)”，但是应该与后面图层设置中的宽度和高度保持绝对一致；否则，会造成图层和打印页面不统一，打印出来的图片会有缺失。

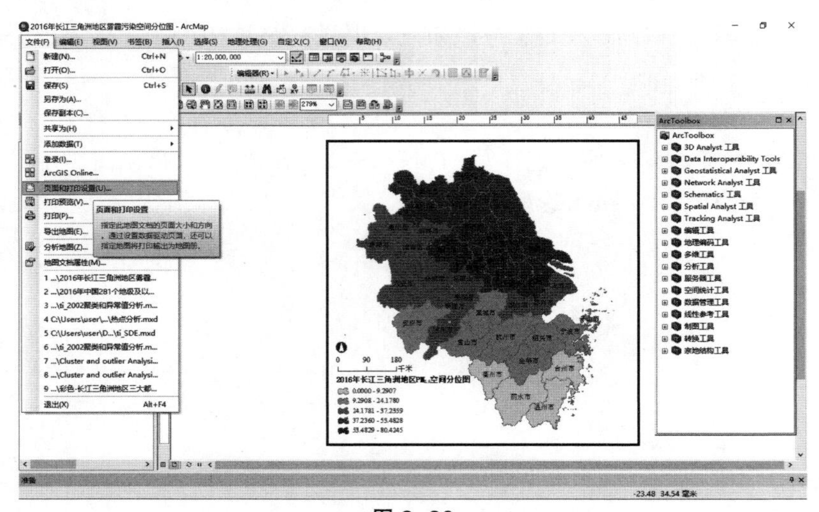

图 2–20

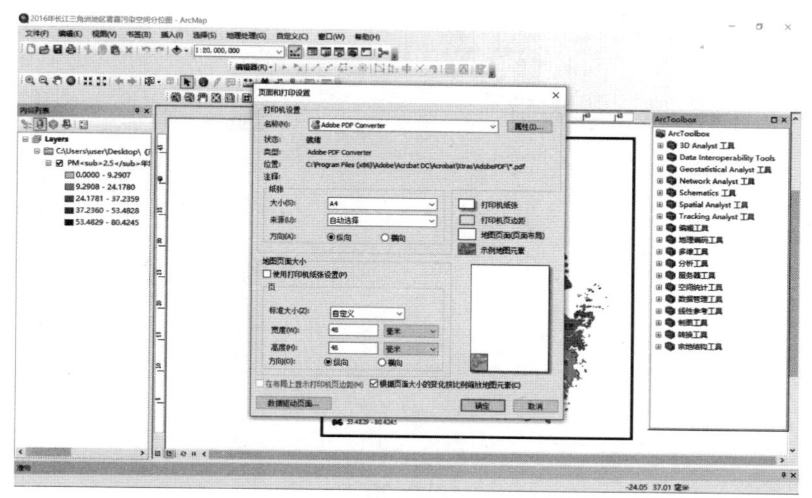

图 2-21

（2）图层大小设置

进行页面和打印设置的步骤：首先，将鼠标放在图 2-22 要设置的图层上；其次，右键单击，此时会出现下拉菜单，单击“属性 (I)”后会出现“数据框 属性”对话框（见图 2-23），选填此对话框。选择图 2-23“数据框 属性”对话框中的“大小和位置”模块，将“宽度”调为“48mm”，“高度 (H)”调为“48mm”；最后，单击“确定”。

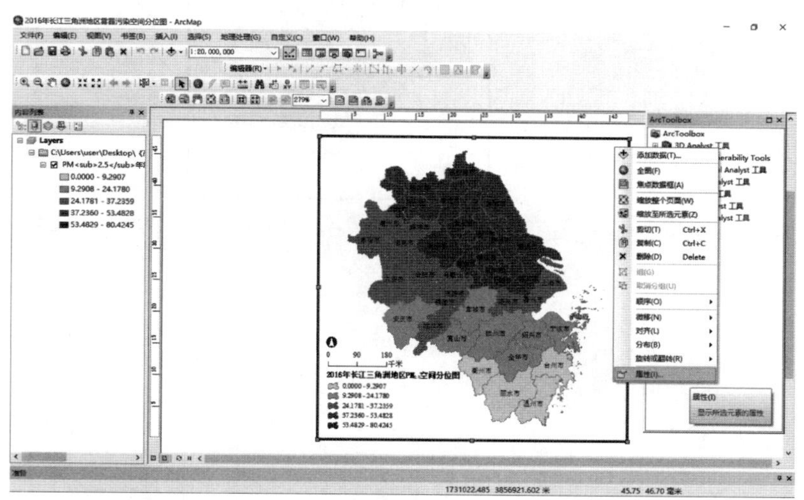

图 2-22

3. 设置输出图片的清晰度

首先，单击图 2-24“文件 (F)”下拉菜单中的“导出地图 (E)...”，见图 2-24，单击后会出现“导出地图”对话框，见图 2-25。选填此对话框。将“分辨率 (R)”调为“1200dpi”（读者可以根据自己的实际情况设置分辨率）。其次，命名图片名称（本案例中为“2016 年长江三角洲地区雾霾污染空间分位图”），“保存类型 (T)”选为“PNG”，将其保存到当前活动文件夹里。最后，单击“确定”。最后的成图见图 2-26。

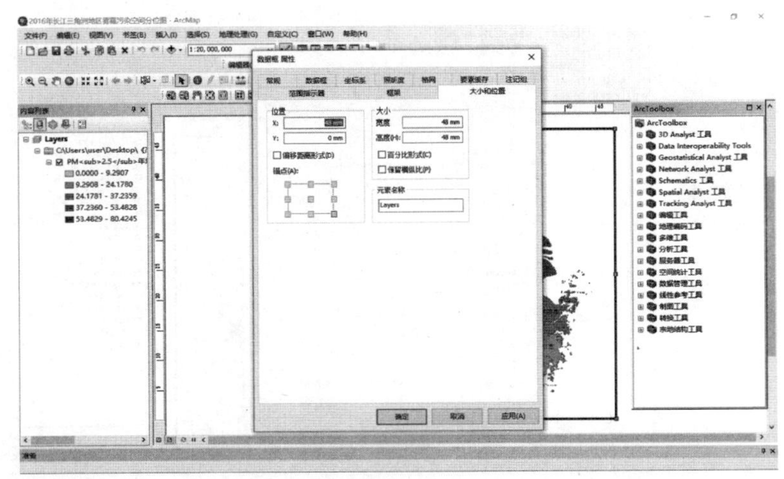

图 2-23

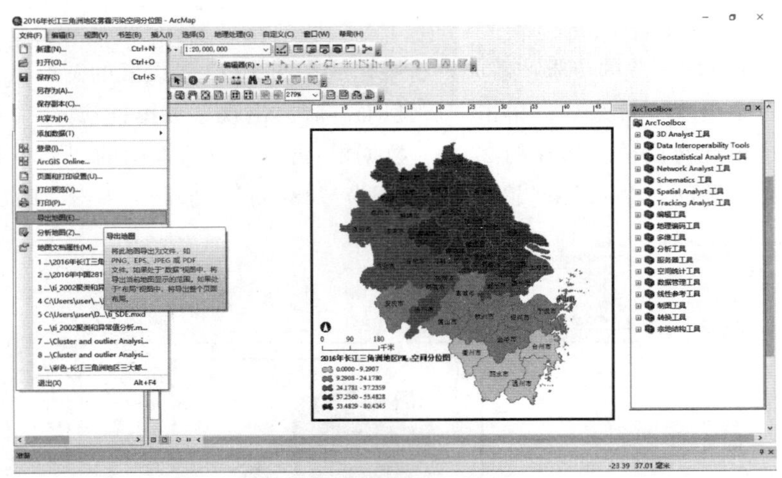

图 2-24

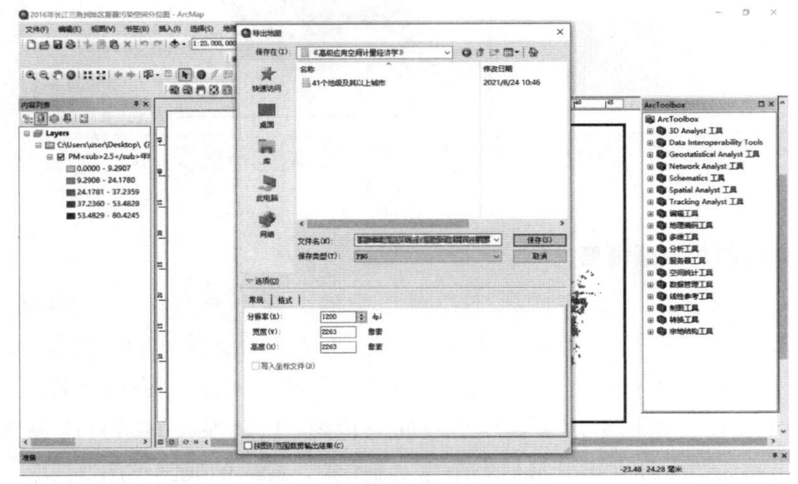

图 2-25

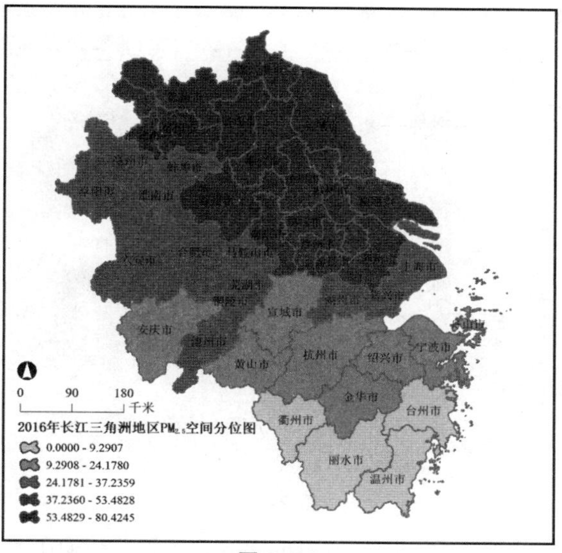

图 2–26

2.3.2　如何使用 ArcGIS 把 dbf 文件数据转换成 Excel 文件数据

把 dbf 文件数据转换成 Excel 文件数据的操作，共有三大步。

第一步，使用 ArcMap 打开相关 shp 文件，然后将鼠标放在“PM_{2.5} 年均浓度”图层上，右键单击后会出现下拉菜单，见图 2–27。单击上述下拉菜单中的“打开属性表 (T)”后会出现“表”对话框，见图 2–28。

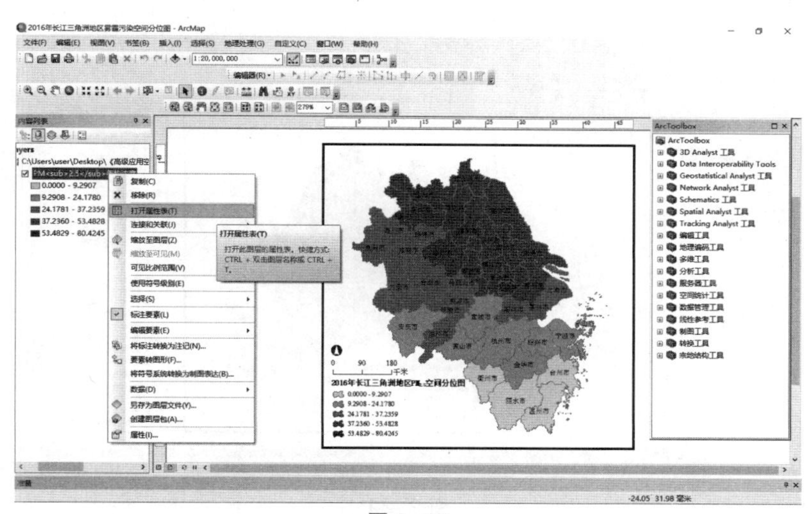

图 2–27

2016年长江三角洲地区雾霾污染空间分位图

FID	Shape *	PERIMETER	BOUNT_	BOUNT_ID	ADCODE99	NAME99	SH2	DI2	X2	CENTROID_Y	CENTROID_X	AREA	NAME99_100	PM2_5_1998
23	面	1.224336	1593	1688	310100	上海市	31	01	00	31.230965	121.63612	6253.009071	Shanghai	25.4182
14	面	2.160986	1463	1559	320101	南京市	32	01	01	32.118034	118.82426	6594.915551	Nanjing	34.462
21	面	1.111692	1553	1649	320201	无锡市	32	02	01	31.485924	120.19116	4643.367903	Wuxi	29.6837
1	面	0.598905	1247	1342	320301	徐州市	32	03	01	34.271622	117.2056	11228.337016	Xuzhou	34.9093
17	面	0.564937	1517	1613	320401	常州市	32	04	01	31.776186	119.96211	4348.813392	Changzhou	30.5482
24	面	0.621189	1596	1691	320501	苏州市	32	05	01	31.309048	120.60307	8459.781514	Suzhou	27.897
18	面	0.08613	1524	1620	320600	南通市	32	06	00	31.822573	121.05148	8643.531327	Nantong	27.044
0	面	2.016673	1189	1284	320701	连云港市	32	07	01	34.617832	119.32757	7407.180717	Lianyungang	24.3446
6	面	2.070103	1311	1406	320882	淮安市	32	08	82	33.503426	119.28065	9992.889646	Huai' an	30.0738
7	面	2.084953	1340	1435	320901	盐城市	32	09	01	33.307758	120.05428	14910.612222	Yancheng	27.1059
13	面	0.580477	1451	1547	321001	扬州市	32	10	01	32.406239	119.44527	6606.63803	Yangzhou	38.1031
15	面	0.890755	1465	1561	321101	镇江市	32	11	01	32.203049	119.46107	3826.421566	Zhenjiang	33.9778
12	面	0.516855	1441	1537	321200	泰州市	32	12	00	32.513149	119.90398	5785.315248	Taizhou	37.1279
2	面	2.153046	1274	1369	321300	宿迁市	32	13	00	33.963242	118.31242	8579.247249	Suqian	28.8037
32	面	1.095594	1770	1902	330101	杭州市	33	01	01	30.234724	120.11971	16796.188658	Hangzhou	20.5097
34	面	2.09371	1849	1996	330201	宁波市	33	02	01	29.914629	121.7058	8592.180835	Ningbo	20.7779
40	面	0.882743	2206	2388	330301	温州市	33	03	01	28.000713	120.67084	11332.791175	Wenzhou	18.3672
26	面	1.673763	1647	1753	330401	嘉兴市	33	04	01	30.744509	120.74684	3955.438682	Jiaxing	27.0966
27	面	2.0162	1649	1755	330501	湖州市	33	05	01	30.7843	120.18024	5805.761329	Huzhou	24.111
35	面	0.443109	1850	1997	330601	绍兴市	33	06	01	30.005997	120.58965	7951.80872	Shaoxing	21.7231
36	面	1.00015	2027	2195	330701	金华市	33	07	01	29.113298	119.63856	10928.274693	Jinhua	19.8216
37	面	0.765852	2063	2225	330801	衢州市	33	08	01	28.93738	118.89316	8835.60869	Quzhou	19.4994
33	面	1.279648	1824	1971	330901	舟山市	33	09	01	30.066942	122.13485	1216.685791	Zhoushan	20.9868
39	面	2.109224	2115	2284	331001	台州市	33	10	01	28.591475	121.16811	9318.507437	Taizhou	15.9286
38	面	2.744516	2114	2283	332501	丽水市	33	25	01	28.440746	119.83422	17182.486555	Lishui	16.8542
16	面	1.305106	1504	1600	340101	合肥市	34	01	01	31.834412	117.26617	11902.739923	Hefei	35.448
22	面	0.562084	1576	1672	340201	芜湖市	34	02	01	31.37933	118.3774	5712.289815	Wuhu	31.2335
9	面	0.858206	1388	1484	340301	蚌埠市	34	03	01	32.923462	117.38713	5903.798622	Bengbu	36.8265
10	面	1.697099	1396	1492	340401	淮南市	34	04	01	32.724743	116.903	2124.210162	Huainan	36.8775
19	面	0.791981	1533	1629	340501	马鞍山市	34	05	01	31.699459	118.54375	4392.870139	Maanshan	34.3029
3	面	0.801827	1277	1372	340601	淮北市	34	06	01	33.997581	116.9626	2739.018985	Huaibei	41.3149
28	面	0.364706	1652	1758	340701	铜陵市	34	07	01	30.901108	117.78062	1035.977419	Tongling	30.1349
30	面	0.922459	1697	1809	340801	安庆市	34	08	01	30.582964	117.12266	15408.766865	Anqing	37.5065
31	面	3.197351	1748	1874	341001	黄山市	34	10	01	30.155739	118.13473	9639.346191	Huangshan	19.5662
11	面	2.472443	1439	1535	341100	滁州市	34	11	00	32.320415	118.19735	13571.737073	Chuzhou	36.3869
8	面	2.649699	1378	1473	341200	阜阳市	34	12	00	32.953465	115.82138	10091.213357	Fuyang	33.3228
5	面	2.367629	1282	1377	341281	亳州市	34	12	81	33.78112	115.79775	8588.247214	Bozhou	39.0134
4	面	3.188731	1279	1374	341301	宿州市	34	13	01	33.726669	117.15691	9946.169456	Suzhou	38.1455
20	面	0.26137	1534	1630	342401	六安市	34	24	01	31.753401	116.51408	18396.31159	Lu' an	28.6928
25	面	2.763318	1601	1696	342501	宣城市	34	25	01	30.93977	118.78503	12372.834374	Xuancheng	22.9324
29	面	2.592018	1681	1787	342901	池州市	34	29	01	30.508928	117.49567	8466.464282	Chizhou	42.0474

(1 / 41 已选择)

2016年长江三角洲地区雾霾污染空间分位图

图 2-28

第二步，首先，打开图 2-29 中的 ArcToolBox，找到“转换工具”→“Excel”→“表转 Excel”。其次，双击图 2-29 中的“表转 Excel”后会出现“表转 Excel”对话框，见图 2-30 和图 2-31。选填“表转 Excel”对话框。具体而言，“输入表”选填“2016 年长江三角洲地区雾霾污染空间分位图”，“输出 Excel 文件”设置输出文件路径为当前活动文件夹，并命名为“2016 年长江三角洲地区雾霾污染空间分位图 dbf 数据”，见图 2-31。最后，单击“确定”。转换成功后，见图 2-32，该图右下角会有“√表转 Excel”出现。

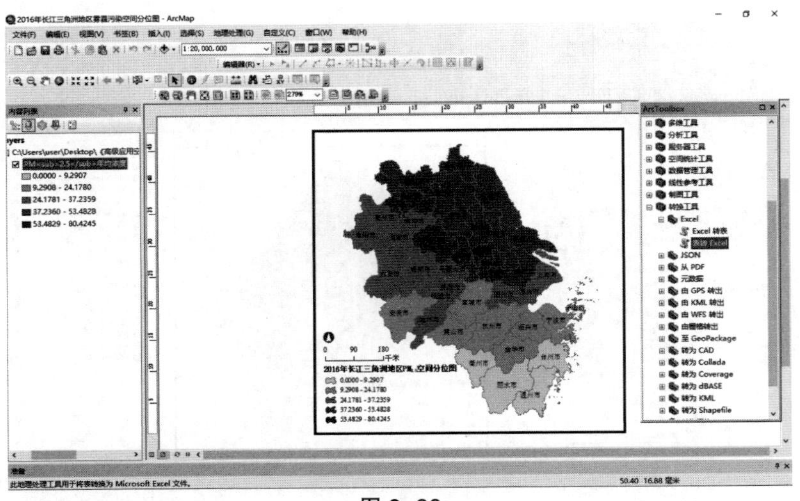

图 2-29

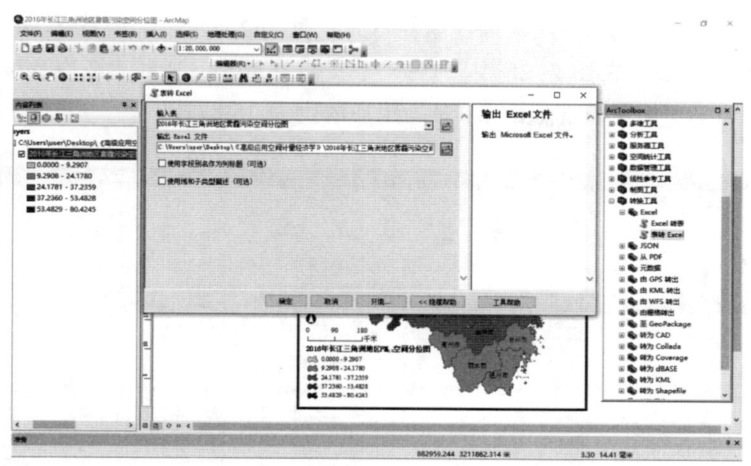

图 2-30

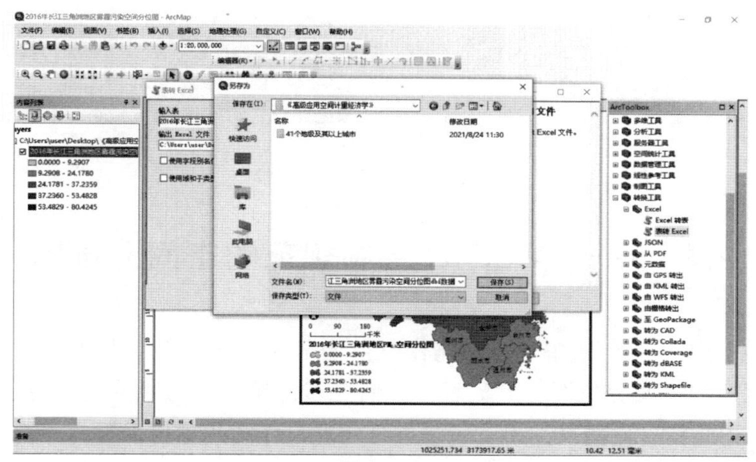

图 2-31

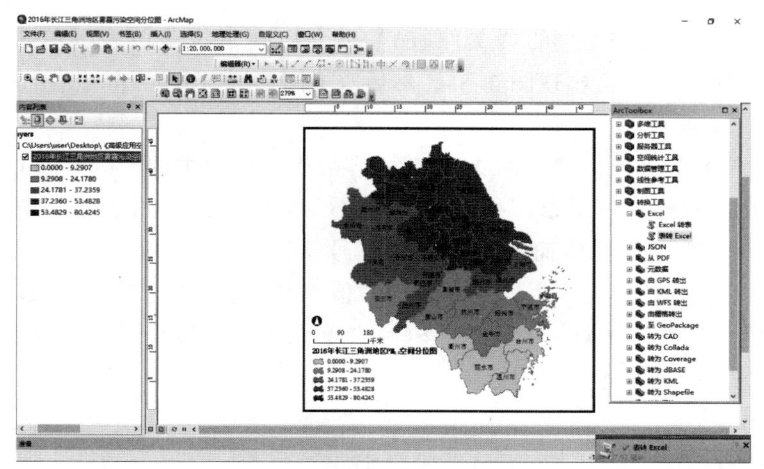

图 2-32

注：留意图 2-32 右下角的“√表转 Excel”弹窗。

第三步，得到想要的 Excel 文件数据并打开，见图 2-33。图 2-28 是 dbf 文件中的数据，两者一致。例如，在图 2-28 中，1998 年安徽省淮南市 $PM_{2.5}$ 年均浓度为 36.8778；在图 2-33 中，1998 年安徽省淮南市 $PM_{2.5}$ 年均浓度为 36.8778。

	BOUNT_	BOUNT_ID	ADCODE99	NAME99	SH2	DI2	X2	CENTROID_Y	CENTROID_X	AREA	NAME99_100	PM2_5_1998	PM2_5_1999
5	1277	1372	340601	淮北市	34	06	01	33.997581	116.8626	2739.018985	Huaibei	41.3148	48.4985
6	1279	1374	341301	宿州市	34	13	01	33.726669	117.15691	9946.169456	Suzhou	38.1455	46.1869
7	1282	1377	341281	亳州市	34	12	81	33.78112	115.79775	8588.247214	Bozhou	39.0134	47.2666
8	1311	1406	320882	淮安市	32	08	82	33.503426	119.28065	9992.669646	Huai'an	30.0738	39.4016
9	1340	1435	320901	盐城市	32	09	01	33.307758	120.05428	14910.61222	Yancheng	27.1059	35.5869
10	1378	1473	341200	阜阳市	34	12	00	32.953465	115.82138	10091.21336	Fuyang	33.3228	41.1351
11	1388	1484	340301	蚌埠市	34	03	01	32.923462	117.36713	5903.798622	Bengbu	36.8265	49.7879
12	1396	1492	340401	淮南市	34	04	01	32.724743	116.903	2124.210162	Huainan	36.8778	48.9371
13	1439	1535	341100	滁州市	34	11	00	32.320415	118.19735	13571.73707	Chuzhou	36.3669	47.4318
14	1441	1537	321200	泰州市	32	12	00	32.513149	119.90396	5785.315248	Taizhou	37.1279	42.1253
15	1451	1547	321001	扬州市	32	10	01	32.406239	119.44527	6606.63803	Yangzhou	38.1031	43.0236
16	1463	1559	320101	南京市	32	01	01	32.118034	118.82426	6594.915551	Nanjing	34.462	44.3968
17	1465	1561	321101	镇江市	32	11	01	32.203049	119.46107	3826.421566	Zhenjiang	33.9778	43.3603
18	1504	1600	340101	合肥市	34	01	01	31.834412	117.26617	11902.73992	Hefei	35.446	45.9759
19	1517	1613	320401	常州市	32	04	01	31.776186	119.96211	4348.813392	Changzhou	30.5482	42.046
20	1524	1620	320600	南通市	32	06	00	31.822573	121.05148	8643.531327	Nantong	27.044	33.1168
21	1533	1629	340501	马鞍山市	34	05	01	31.699488	118.54375	4382.870139	Maanshan	34.3029	44.2467
22	1534	1630	342401	六安市	34	24	01	31.753401	116.51408	18396.31159	Lu'an	28.6928	38.0323
23	1553	1649	320201	无锡市	32	02	01	31.485924	120.19116	4643.367903	Wuxi	29.6837	37.4546
24	1576	1672	340201	芜湖市	34	02	01	31.37933	118.3774	5712.269815	Wuhu	31.2335	37.7147
25	1593	1688	310100	上海市	31	01	00	31.230965	121.63612	6253.009071	Shanghai	25.4182	36.4411
26	1596	1691	320501	苏州市	32	05	01	31.309048	120.60307	8459.781514	Suzhou	27.897	35.5623
27	1601	1696	342501	宣城市	34	25	01	30.93977	118.78503	12372.83437	Xuancheng	22.9324	30.2245
28	1647	1753	330401	嘉兴市	33	04	01	30.744509	120.74684	3955.438682	Jiaxing	27.0966	34.7226
29	1649	1755	330501	湖州市	33	05	01	30.7843	120.18024	5805.761329	Huzhou	24.111	32.1747
30	1652	1758	340701	铜陵市	34	07	01	30.901108	117.78062	1035.977419	Tongling	30.1349	34.1635
31	1681	1787	342901	池州市	34	29	01	30.508928	117.49567	8466.464282	Chizhou	42.0474	50.0101
32	1697	1809	340801	安庆市	34	08	01	30.582964	117.12266	15408.76687	Anqing	37.5085	39.517
33	1748	1874	341001	黄山市	34	10	01	30.155739	118.13473	9639.346191	Huangshan	19.5662	21.1174
34	1770	1902	330101	杭州市	33	01	01	30.234724	120.11971	16796.18866	Hangzhou	20.5097	23.5743

2016年长江三角洲地区雾霾污染空间分位图dbf数据

就绪 平均值: 236.6847732 计数: 32 求和: 6153.804103 100%

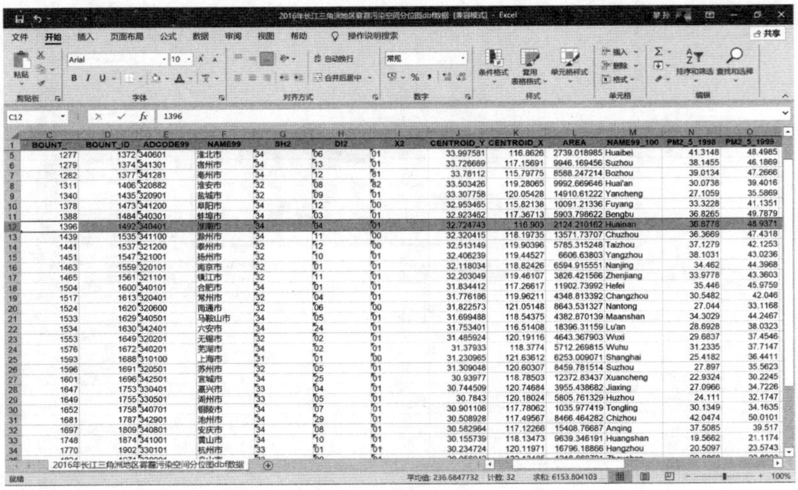

图 2-33

2.4 基于 ArcGIS 绘制规范的空间分位图

在 2.2 节和 2.3 节我们讲解了如何制作时空数据、输出任意尺寸地图。本节，我们讲解如何制作规范的空间分位图。此流程共计有三步：第一步是生成空间分位图；第二步是添加图例、指北针、比例尺；第三步是进行任意尺寸图片输出设置，并输出无损图片。

2.4.1 生成空间分位图

第一步，单击图 2-34 中的“文件 (F)”后会出现下拉菜单，再单击此下拉菜单中的“添加数据 (T)...”会出现图 2-35，然后双击图 2-35 中的“join_yrd_ti&ts.shp”后出现图 2-36。

第二步，首先，将鼠标放在图 2-37“内容列表”模块中的“join_yrd_ti&ts”图层上，右键单击会出现下拉菜单，打开“属性 (I)...”后会出现图 2-38“图层属性”对话框。选填此对话框。具体而言，单击“符号系统”，在“显示 (S)”中，单击“数量”→“分级色彩”；“字段”（即变量）中“值 (V)”选择“ti_2017”（2017 年产业结构合理化指标），在“分类”中，“类 (S)”选择“5”，即为选择 5 分位图。单击“确定”，会出现图 2-39。

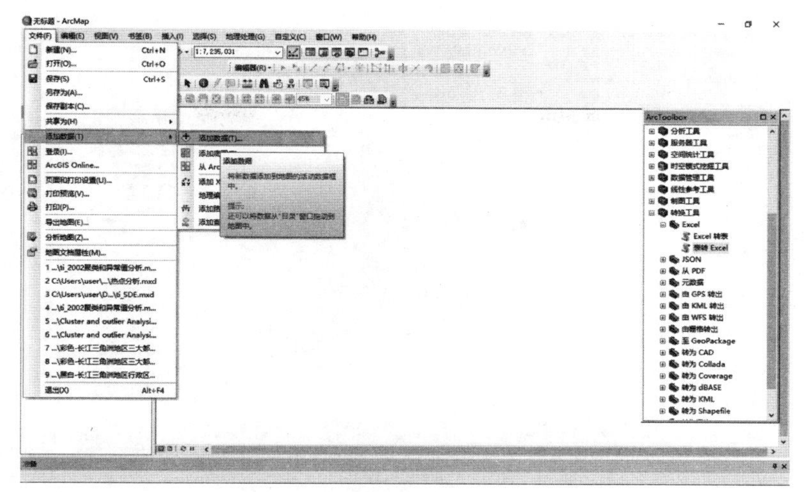

图 2-34

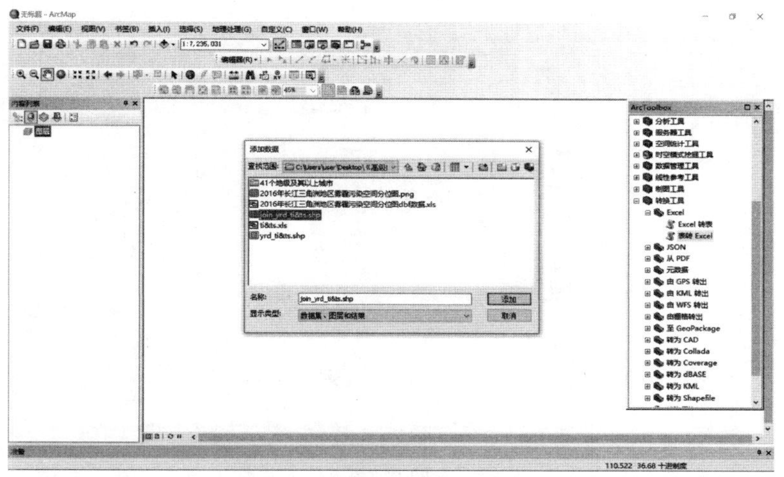

图 2-35

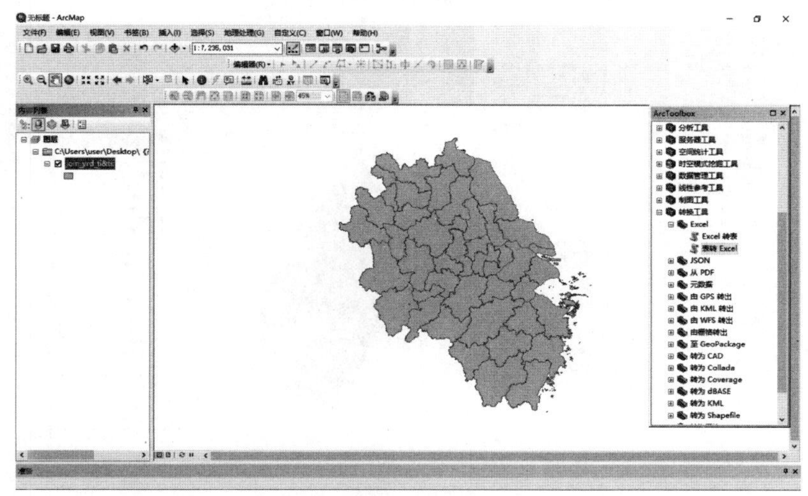

图 2-36

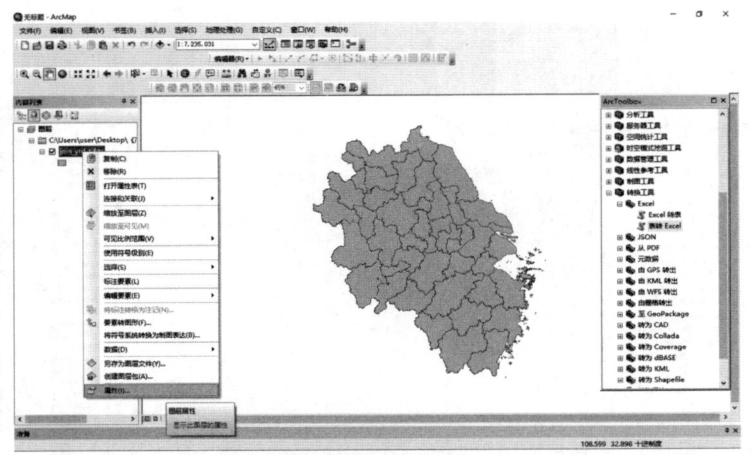

图 2-37

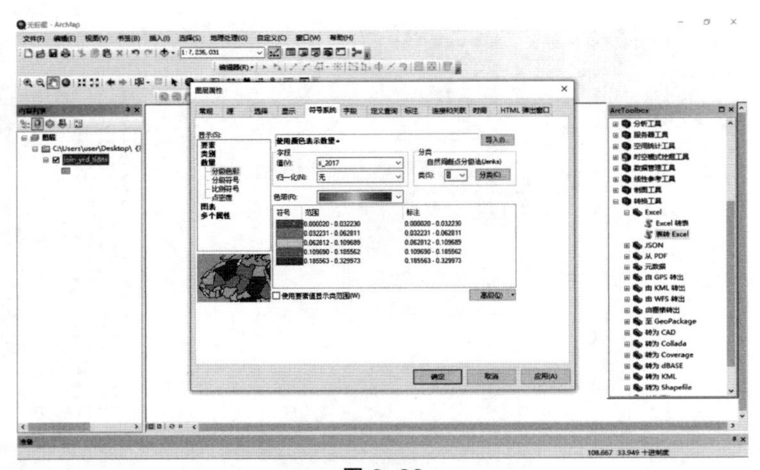

图 2-38

注：图 2-28 中“分类”中的“类 (S)”，读者可以根据自己的实际情况设定。

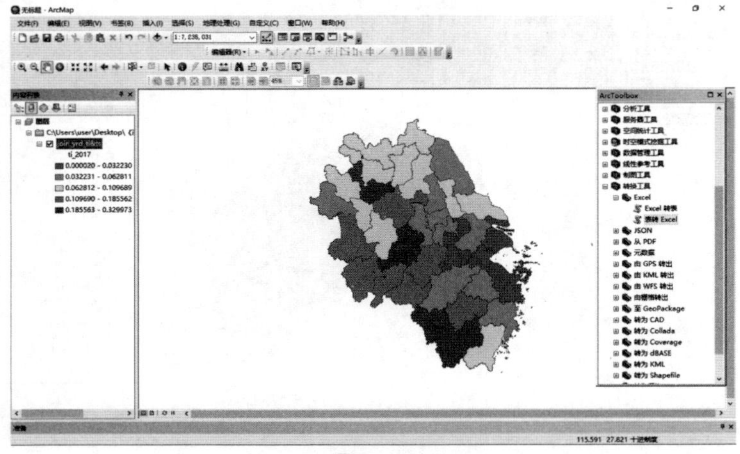

图 2-39

其次，在图 2-40 “视图 (V)” 下拉菜单中，将 “数据视图 (D)” 切换为 “布局视图 (L)” 后会出现图 2-41。

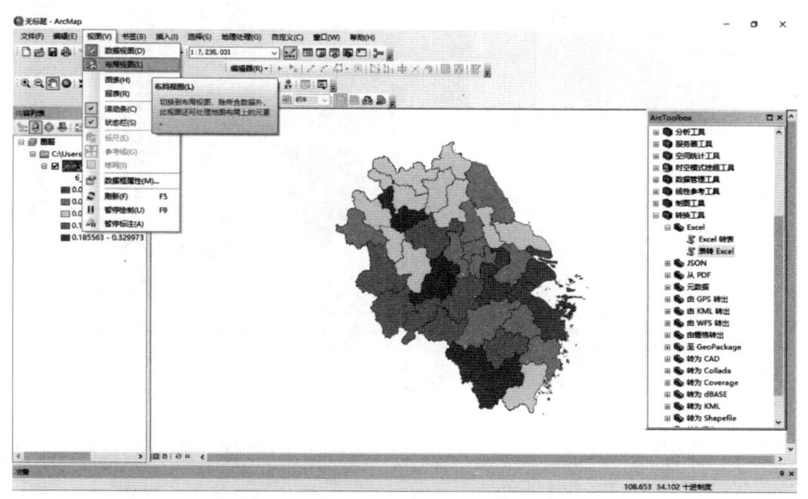

图 2-40

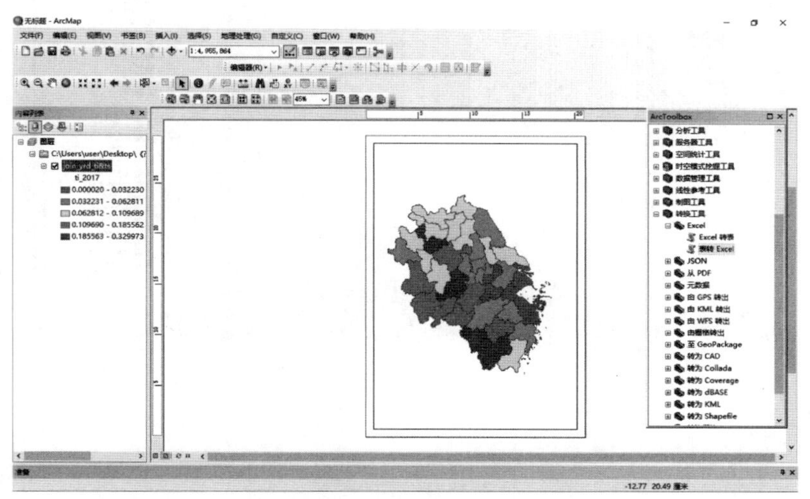

图 2-41

再次，设置图层大小。将鼠标放在图 2-41 中的 “join_yrd_ti&ts” 的图层上，右键单击会出现下拉菜单，见图 2-42；单击图 2-42 下拉菜单中的 “属性 (I)...” 后会出现图 2-43 “数据框 属性” 对话框。选填此对话框。具体而言，将 “大小和位置” 中 “大小” 的 “宽度” 和 “高度 (H)” 都调整为 “4.8cm”；单击图 2-43 中的 “确定” 会出现图 2-44。

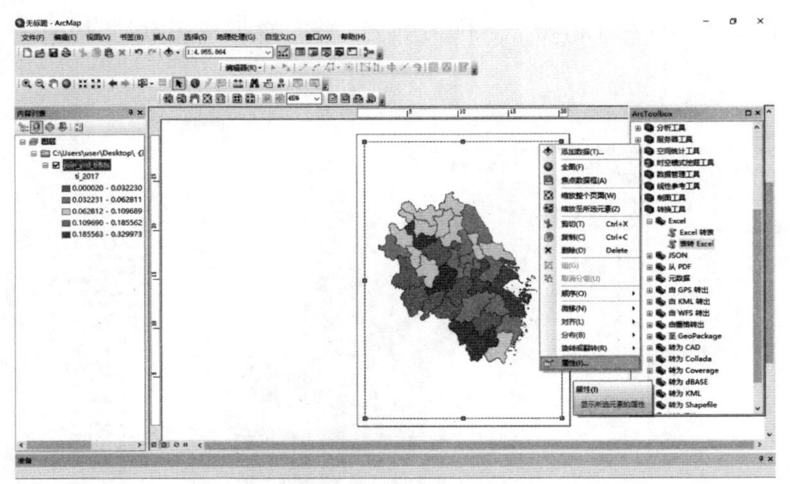

图 2-42

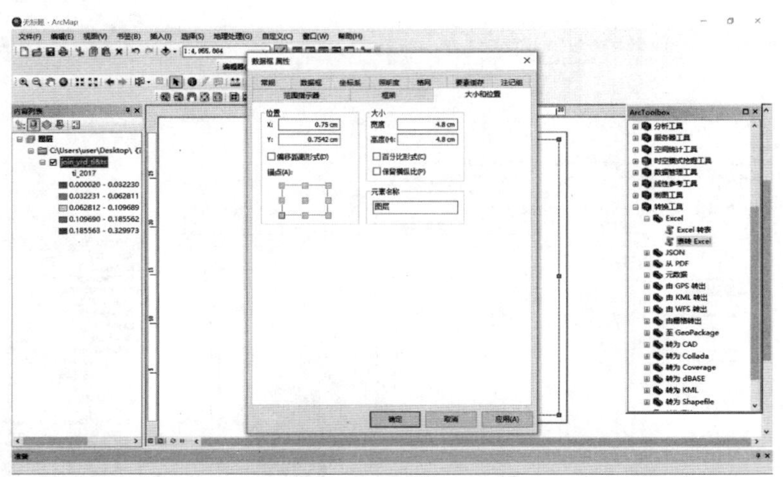

图 2-43

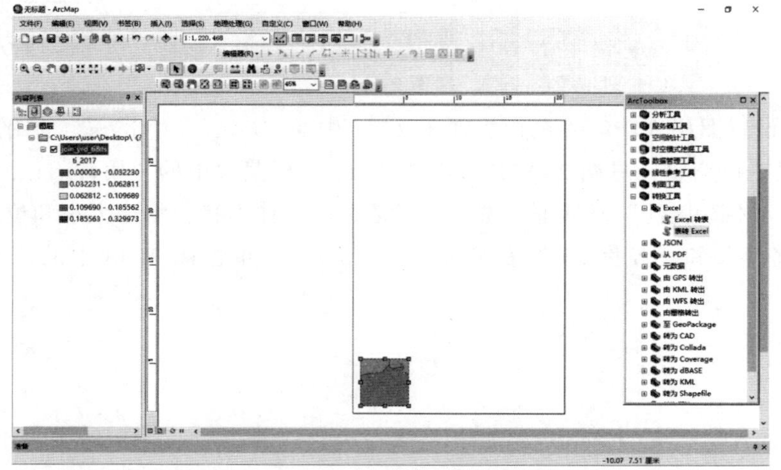

图 2-44

最后，设置输出纸张的页面大小，共有以下五个步骤。

① 单击图 2–45 “文件 (F)” 下拉菜单中的 “页面和打印设置 (U)…” 后会出现图 2–46 “页面和打印设置” 对话框。

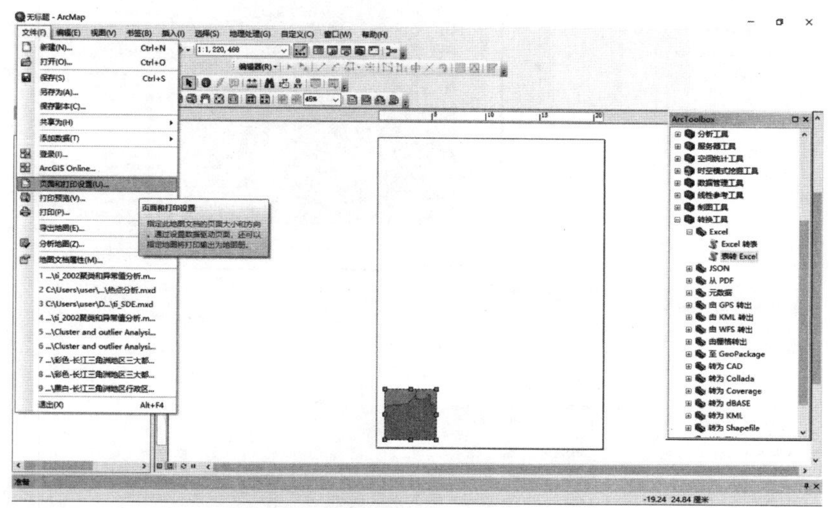

图 2–45

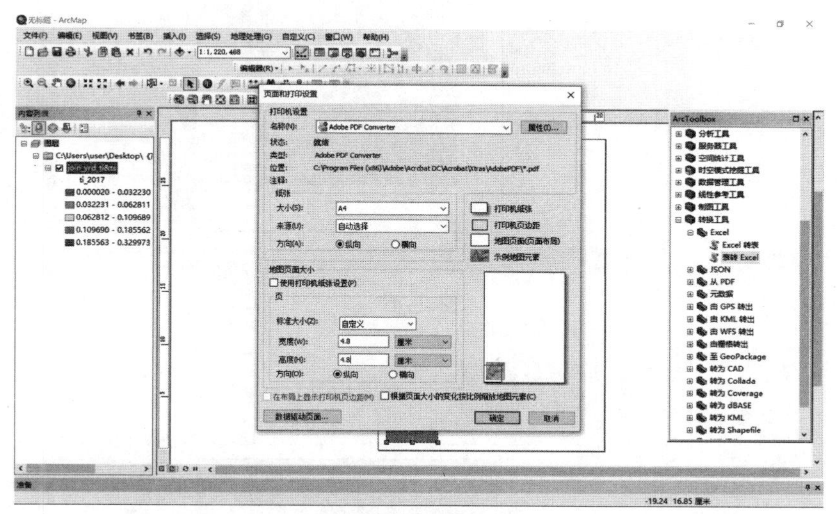

图 2–46

选填图 2–46 中的 “页面和打印设置” 对话框。具体而言，取消勾选图 2–46 中的 “使用打印机纸张设置 (P)” 前面框中的 “√”；在 “标准大小 (Z)” 中选择 “自定义”；“宽度 (W)”“高度 (H)” 都输入 “4.8”（默认单位为厘米），单击 “确定” 后会出现图 2–47。

② 将鼠标放在图 2–48 的图层上，右键单击会出现下拉菜单，选择该下拉菜单中的 “分布 (B)” → “调整到页边距大小 (M)” 后会出现图 2–49；将 “地图比例”［位于图 2–49 “选择 (S)” 下方］调为 “1∶20,000,000” 后会出现图 2–50。

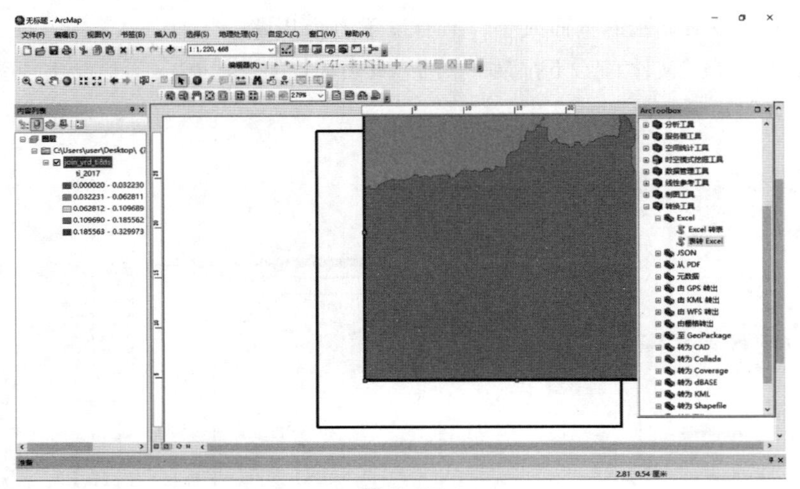

图 2-47

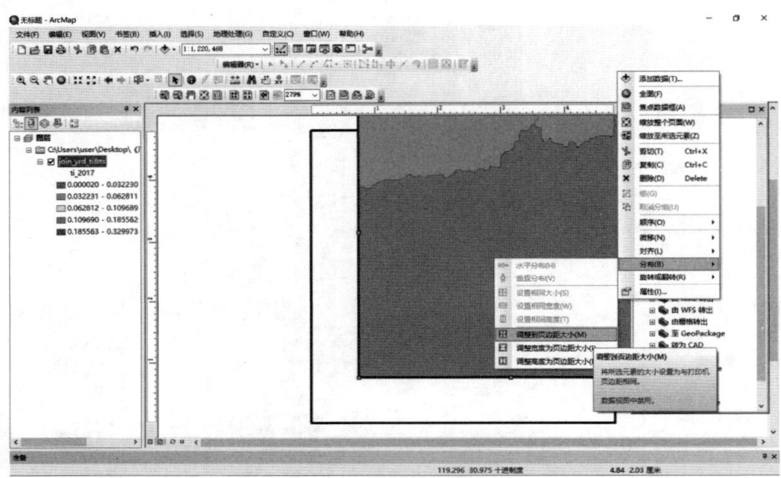

图 2-48

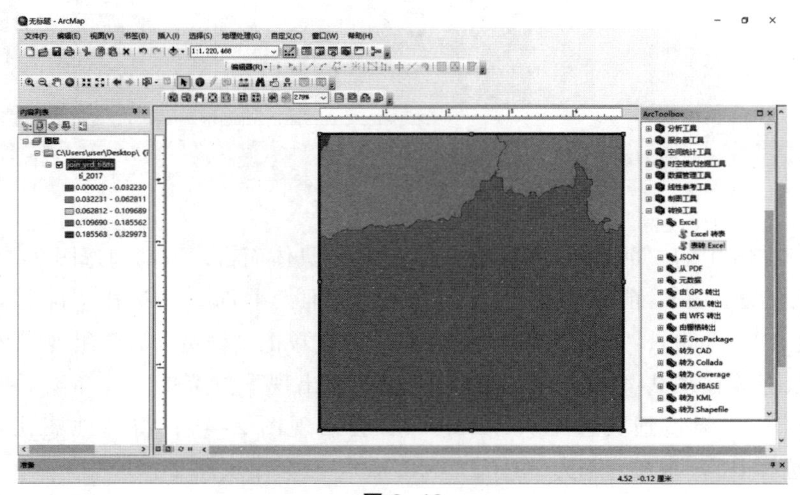

图 2-49

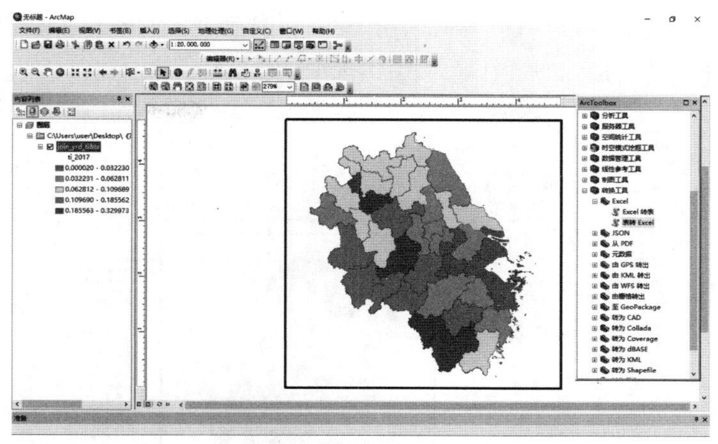

图 2–50

③ 将鼠标放在图 2–51 中的“join_yrd_ti&ts”图层上，右键单击会出现下拉菜单；单击图 2–51 下拉菜单中的“属性 (I)...”后会出现图 2–52，将图 2–52 中“图层属性”对话框中“标注”“文本字符串”中的“标注字段 (F)”选填“CHN_NAME”，“文本符号”的字体调为“3”，单击“确定”。

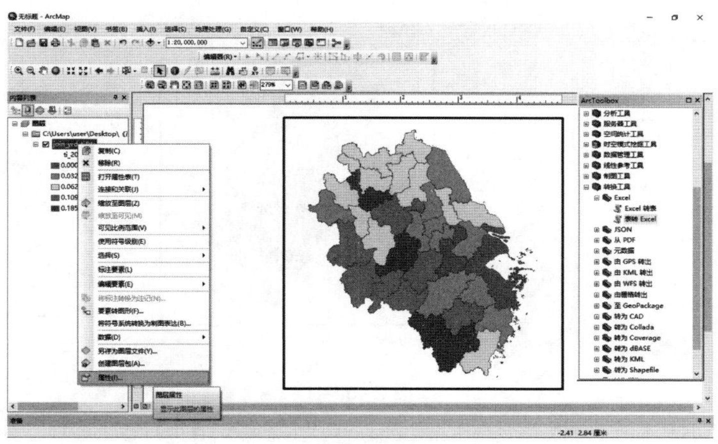

图 2–51

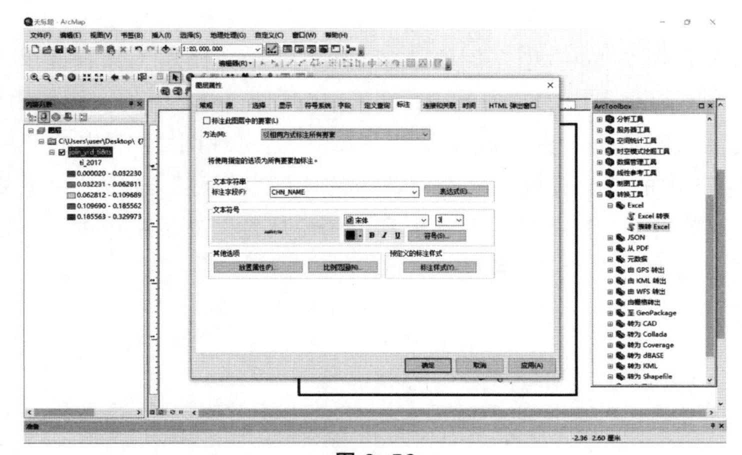

图 2–52

④ 将鼠标放在图 2–53 中的“join_yrd_ti&ts”图层上，右键单击会出现下拉菜单，单击该下拉菜单中的“标记要素 (L)”后会出现图 2–54–1。

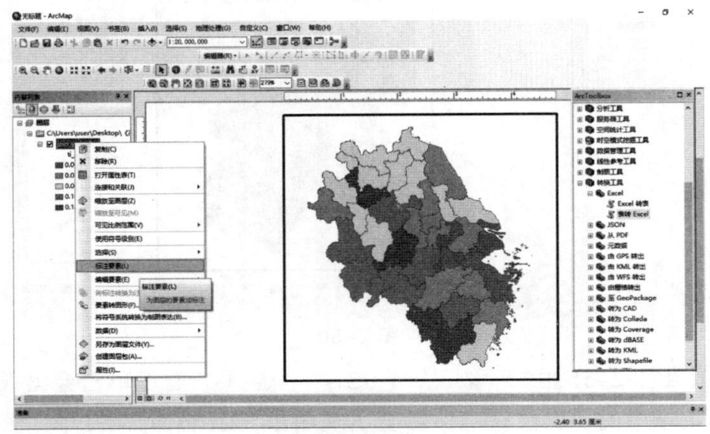

图 2–53

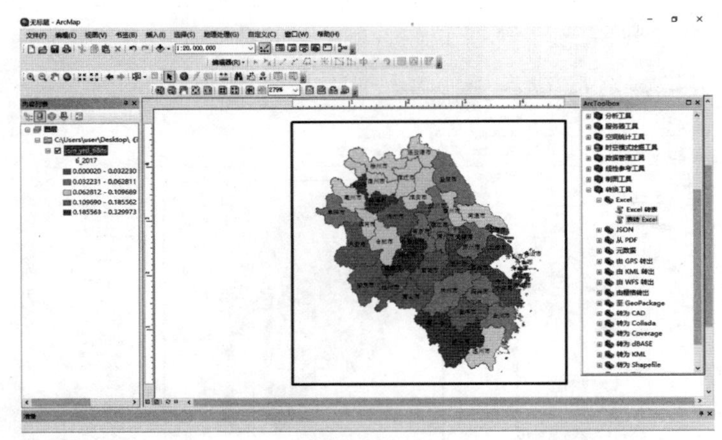

图 2–54–1

注：注意图 2–54–1 中存在 7 个“舟山市”的标注，下面会对其进行技术处理，只保留一个“舟山市”标注。

⑤ 将鼠标放在图 2–54–2 中左侧的“join_yrd_ti&ts”图层上，右键单击后会出现下拉菜单，单击该下拉菜单中的“属性 (I)...”会出现图 2–55 中的“图层属性”对话框；单击“图层属性”对话框中的“放置属性 (P)...”会出现图 2–55 中的“放置属性”对话框；将图 2–55 中的“放置属性”对话框中的“同名标注”选填“每个要素放置一个标注 (F)”；分别单击“放置属性”对话框和“图层属性”对话框中的“确定”后会出现图 2–56。此时，舟山市仅有一个标注。

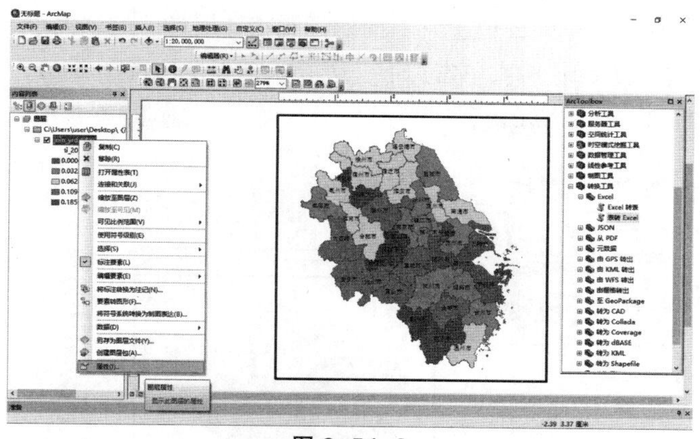

图 2–54–2

图 2–55

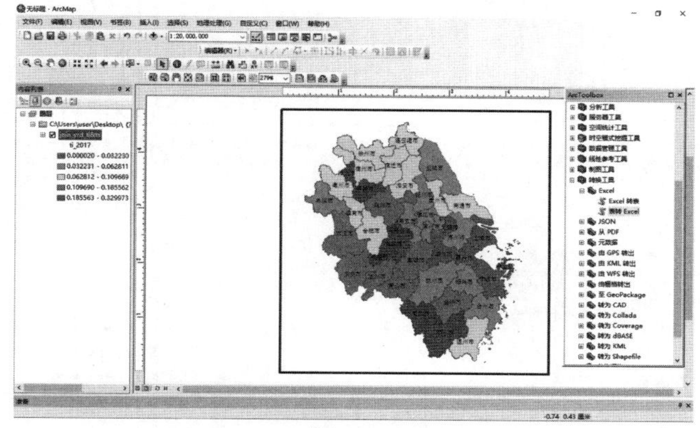

图 2–56

注：如果想让图 2–56 中的城市名称不是水平放置的而是根据该城市区域形状选择适合的放置方式，则可以选中图 2–55 的“放置属性”对话框中的“先水平，如不合适则平直 (T)”。

2.4.2　添加图例、指北针、比例尺

添加图例、指北针、比例尺的操作共计有以下六个步骤。

第一步，打开图 2–57 中的“插入 (I)”下拉菜单，单击“图例 (L)...”会出现图 2–58，单击图 2–58 中的“下一页 (N)”会出现图 2–59；将图 2–59 中的“图例标题”内容修改为

“2017 年长江三角洲地区 ti 空间分位图”，“图例标题字体属性”的“大小”选填“4”，单击“下一页 (N)”会出现图 2–60；一直单击“下一页 (N)”，直至出现图 2–61，单击图 2–61 中的“完成”会出现图 2–62。

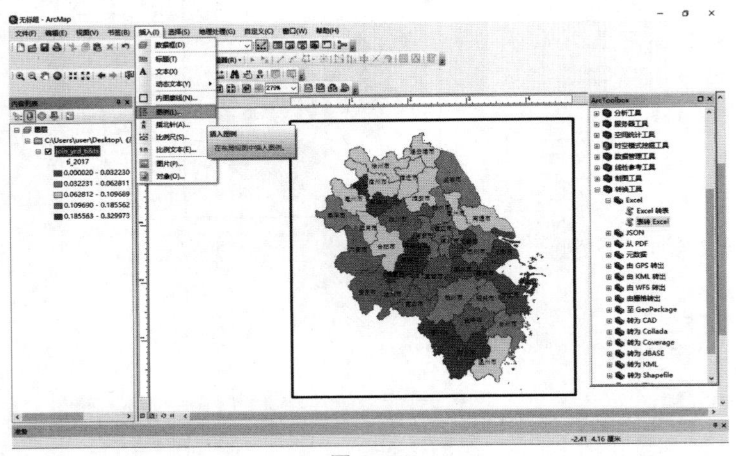

图 2–57

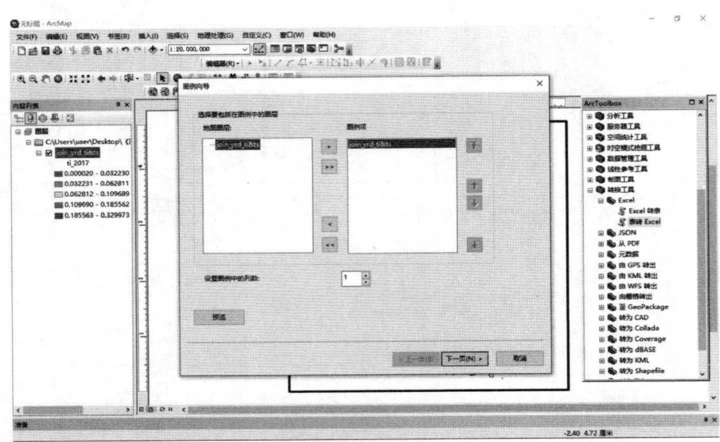

图 2–58

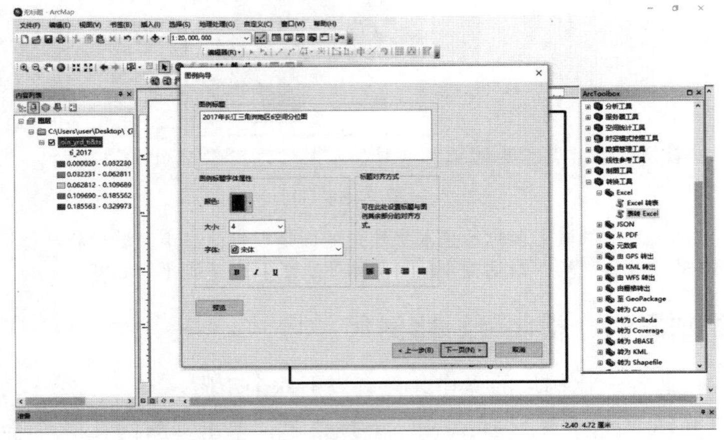

图 2–59

注：读者可以根据自己的实际情况设置“图例标题字体属性”的“颜色”“大小”“字体”等。

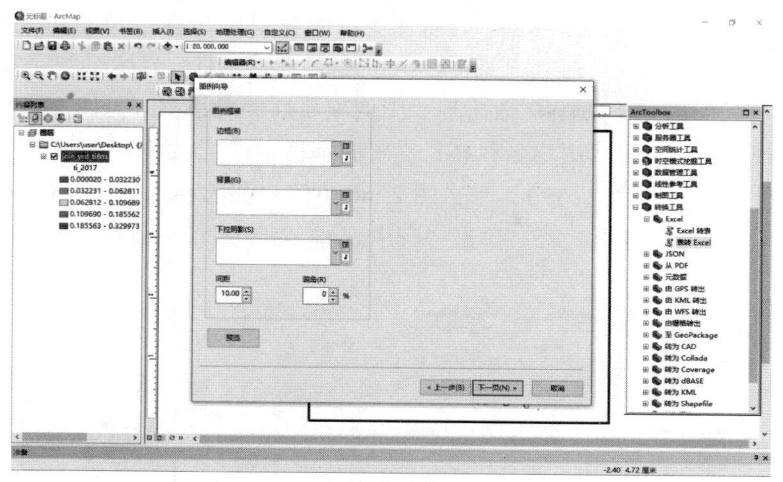

图 2-60

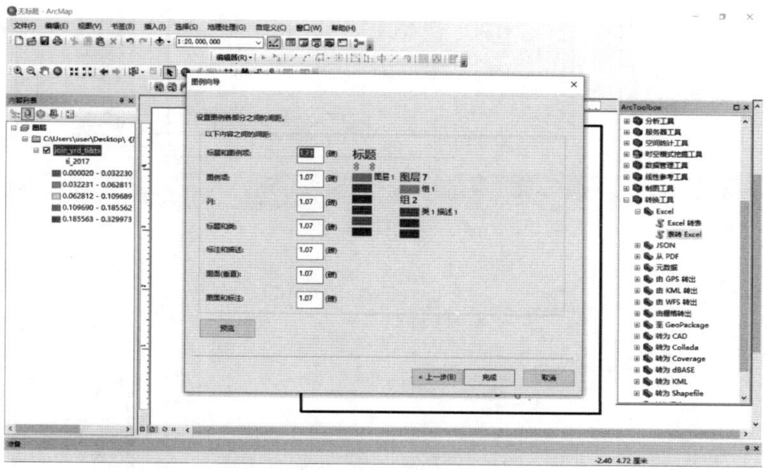

图 2-61

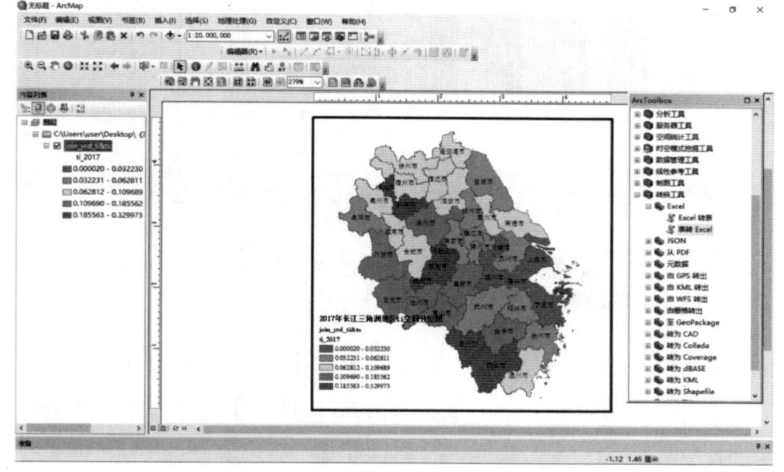

图 2-62

第二步，将鼠标放在图 2-62 中的图例上，右键单击出现下拉菜单，单击“属性 (I)...”打开“图例 属性”对话框，见图 2-63。选填此对话框。具体而言，选择“项目”，双击图 2-63 的“join_yrd_ti&ts”会出现“图例项属性”对话框，见图 2-64。取消勾选图 2-64“常规”中的“显示图层名称 (N)”“显示标题 (H)”前面框中的“√”，单击“确定”会出现图 2-65（同图 2-63）；单击图 2-66 中的“全选 (A)”，“字体”选填“Times New Roman”，“字号”选填“3”，单击“应用 (A)”会出现图 2-67。

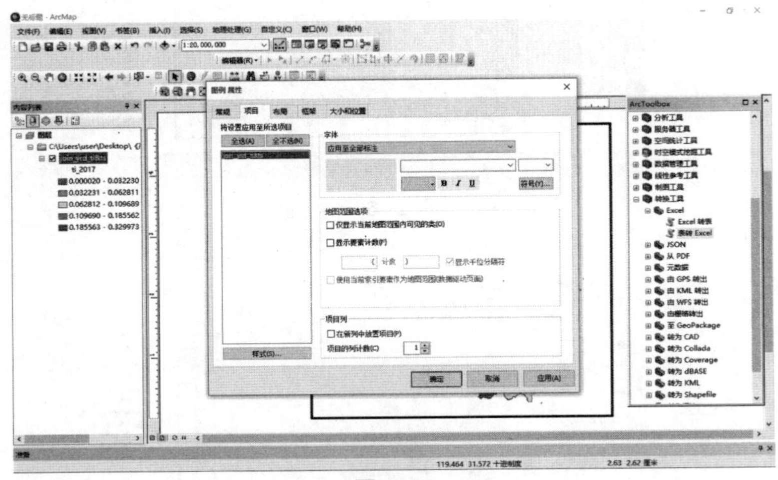

图 2-63

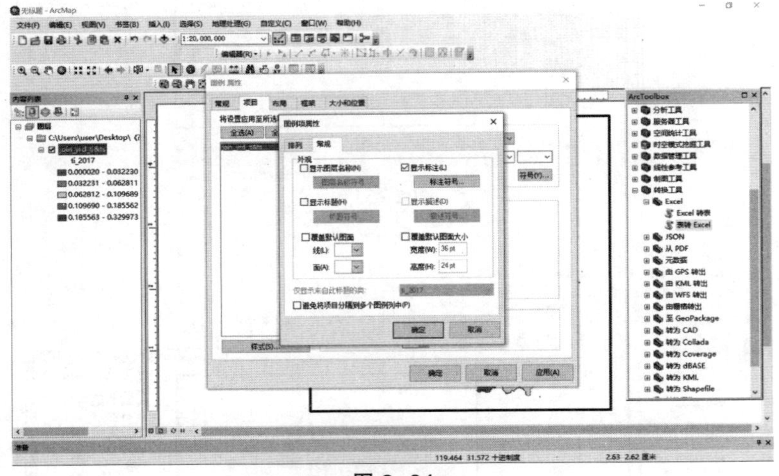

图 2-64

注：读者可以根据自己的实际情况决定图 2-64“图例项属性”对话框“常规”中“外观”的选择——“显示图层名称 (N)”“显示标注 (L)”“显示标题 (H)”等。

第三步，将鼠标放在图 2-67 的图例上，右键单击出现下拉菜单，单击“属性 (I)...”打开图 2-68 中的“图例 属性”对话框，单击其中的“布局”，将“布局”中“默认图面”中的“面 (A)”选为“自然区域”，单击“确定”后的效果见图 2-69。

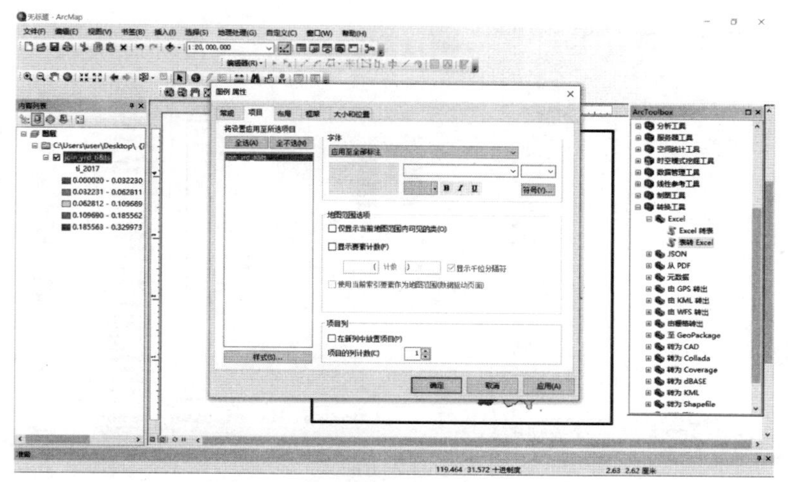

图 2–65

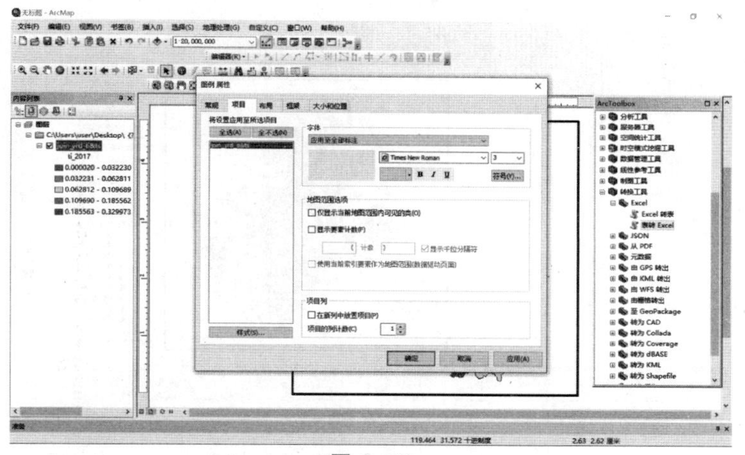

图 2–66

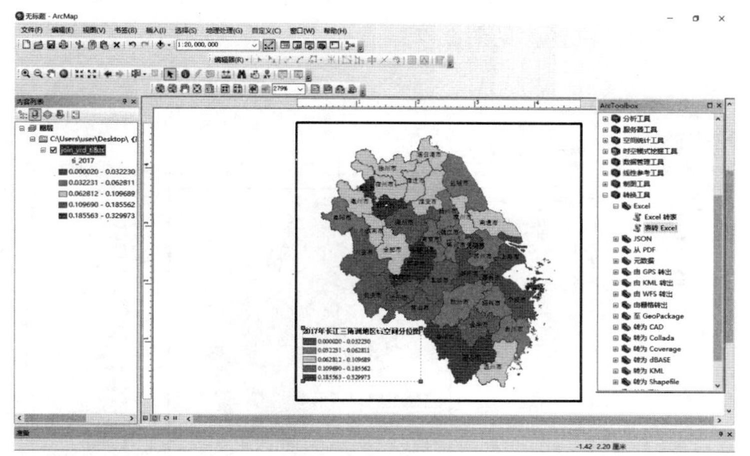

图 2–67

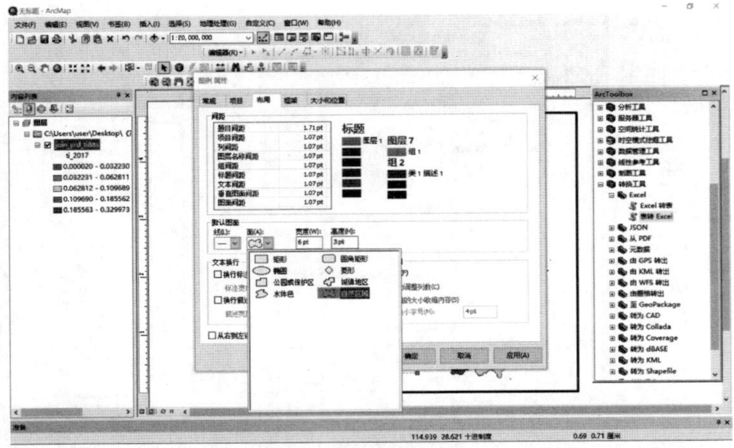

图 2-68

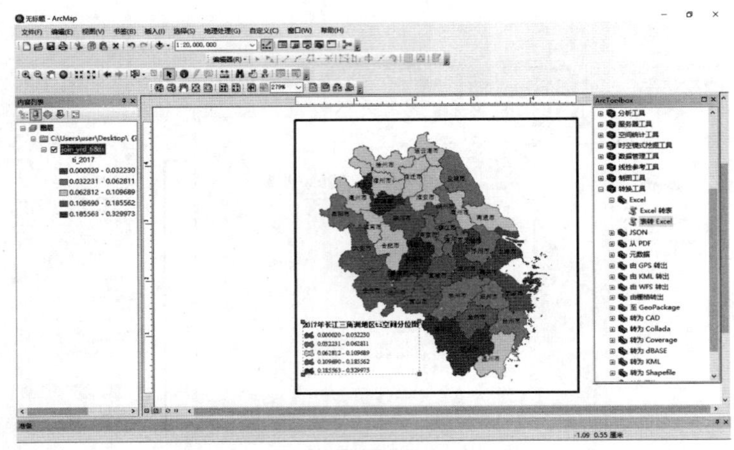

图 2-69

第四步，单击图 2-70 中的“插入 (I)”后会出现下拉菜单，单击该下拉菜单中的“指北针 (A)...”后会出现图 2-71，根据自己的偏好选择一款指北针，插入后会出现图 2-72；调节指北针大小并移动其位置，见图 2-73。

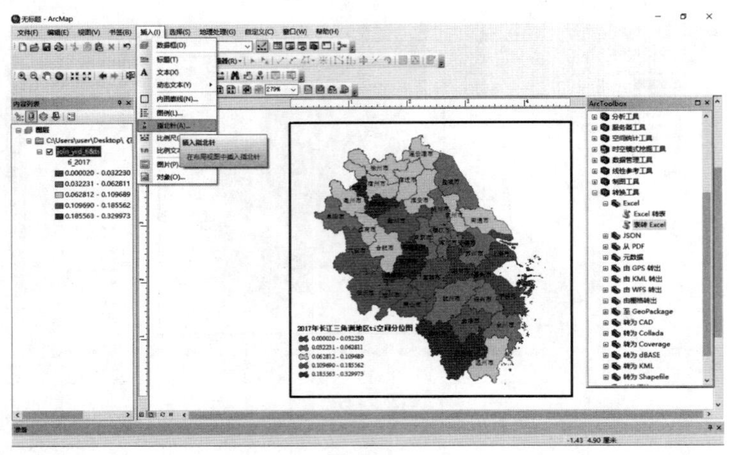

图 2-70

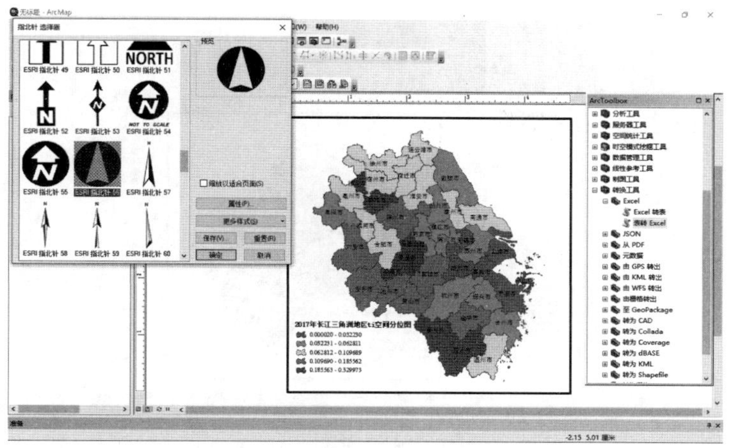

图 2-71

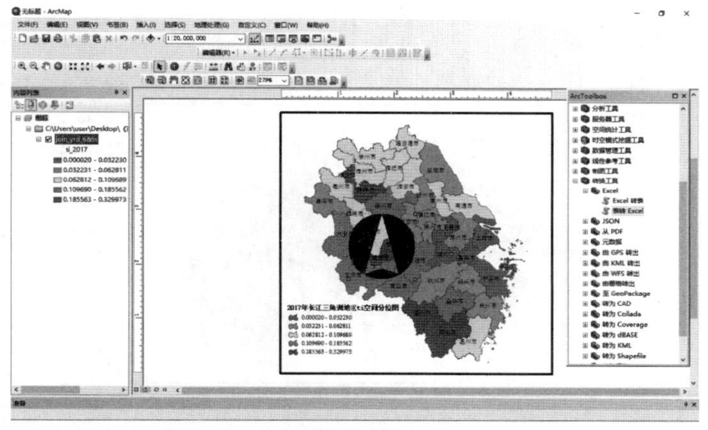

图 2-72

注：读者可根据实际需要对指北针大小进行设置。

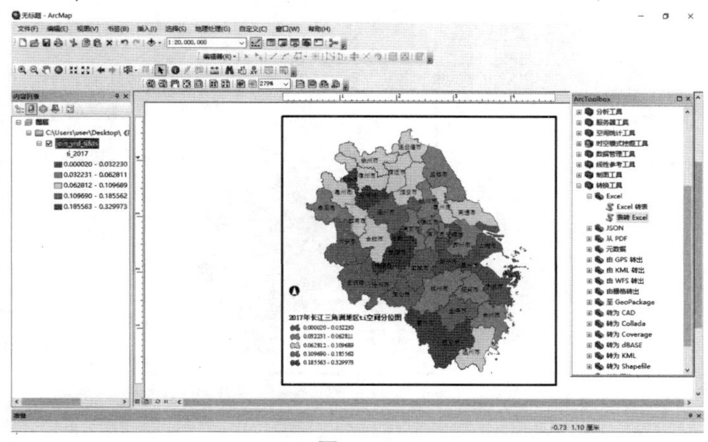

图 2-73

第五步，单击图 2-74 中“插入 (I)”后会出现下拉菜单，选择该下拉菜单中的“比例尺 (S)...”后会出现图 2-75，根据自己的偏好选择一个比例尺后单击图 2-75 中的“确定”会出现图 2-76。

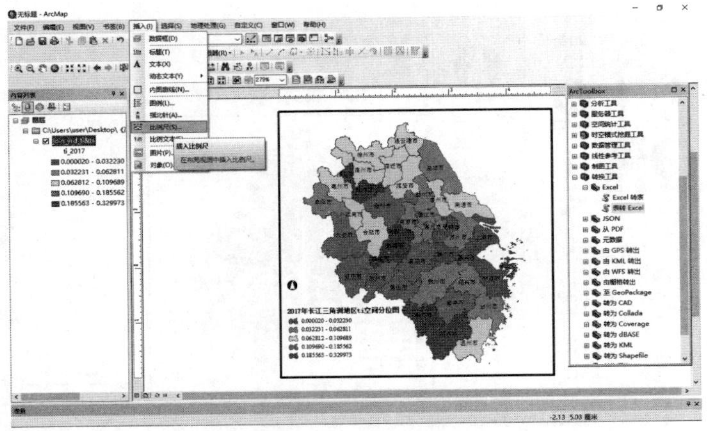

图 2–74

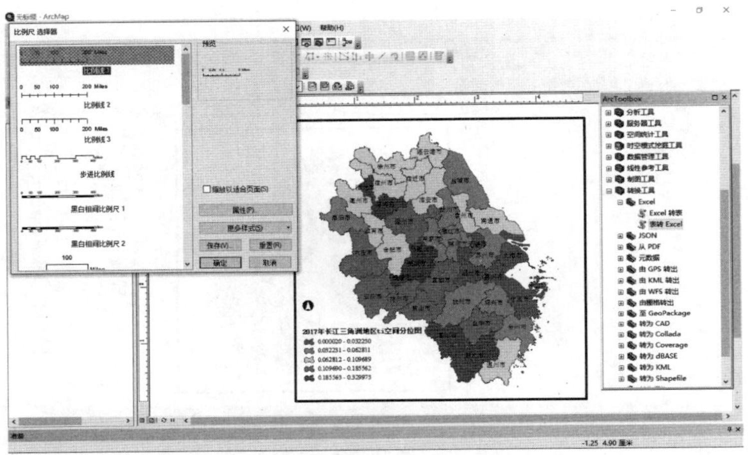

图 2–75

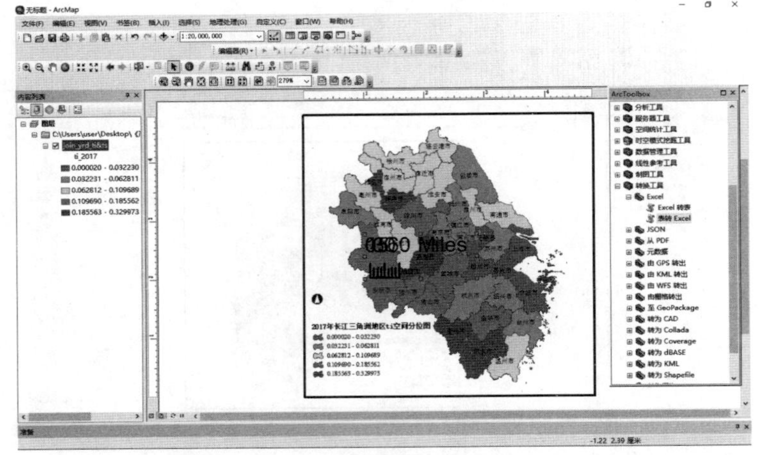

图 2–76

第六步，将鼠标放在图 2–77 的比例尺图层上，右键单击会出现下拉菜单，单击图 2–77 下拉菜单中的“属性 (I)…”会出现图 2–78。选填图 2–78 中的“Scale Line 属性”对话框。具体而言，将图 2–78 比例尺的“Scale Line 属性”对话框中“比例和单位”模块的“主刻度数(V)”调为“1”，“分刻度数(S)”调为“2”，“主刻度单位(D)”调为“千米”，“标注位置(P)”调为“条之后”，见图 2-79；单击“应用(A)”后会出现图 2-80。将“数字和刻度”模块的“主刻度高度(D)”“分刻度高度(S)”都调为“2pt”，见图 2-81；分别单击“主刻度高度(D)”后的“符号(S)”和“分刻度高度(S)”后的“符号(S)”，出现“符号选择器”对话框，将其中的“宽度(W)”都调为“0.10”，单击“符号选择器”中的“确定”并单击“Scale Line 属性”中的“应用(A)”后会出现图 2-82。

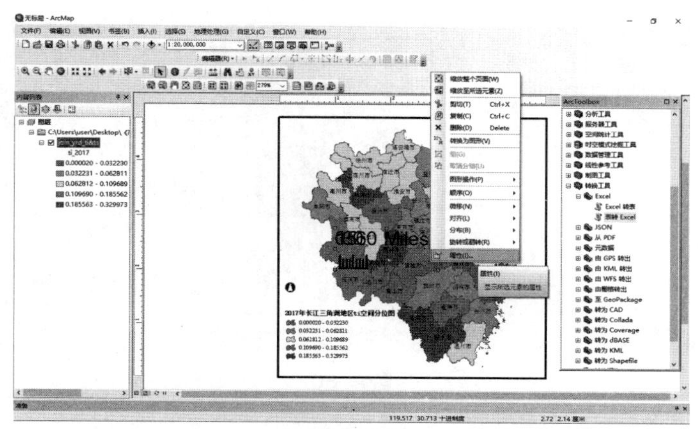

图 2-77

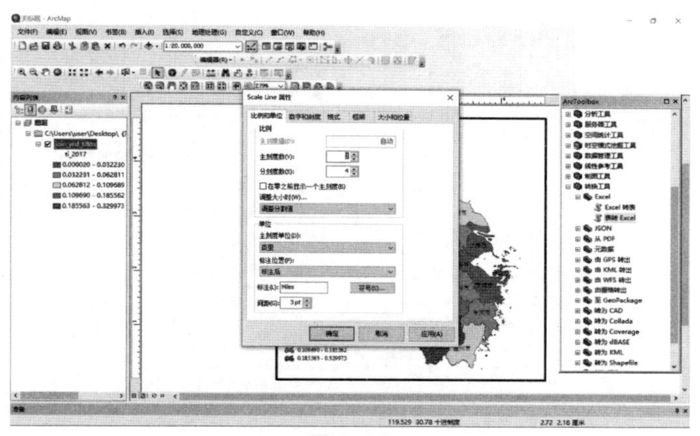

图 2-78

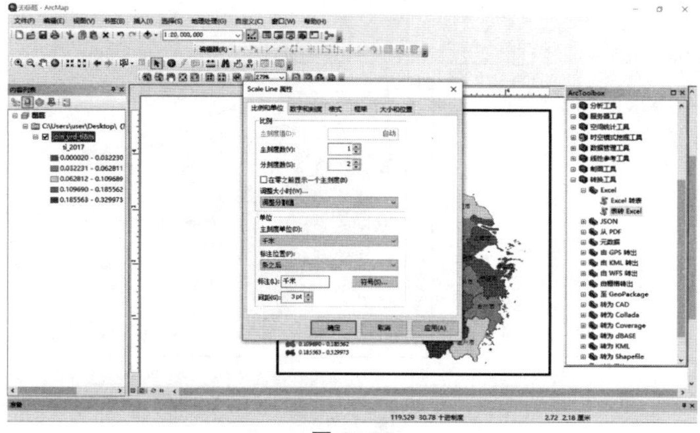

图 2-79

将图 2–83“格式”模块中“文本”的“大小 (S)”调为“3”，单击“条块”下的“符号 ...”，将“符号选择器”中的“宽度 (W)”调为“0.10”；单击“确定”并单击“应用 (A)”后会出现图 2–84。调整图 2–84 中的比例尺大小，即在“大小和位置”模块中将“宽度”调为“1.2 cm”，“高度 (H)”调为“0.25 cm”，效果见图 2–85。

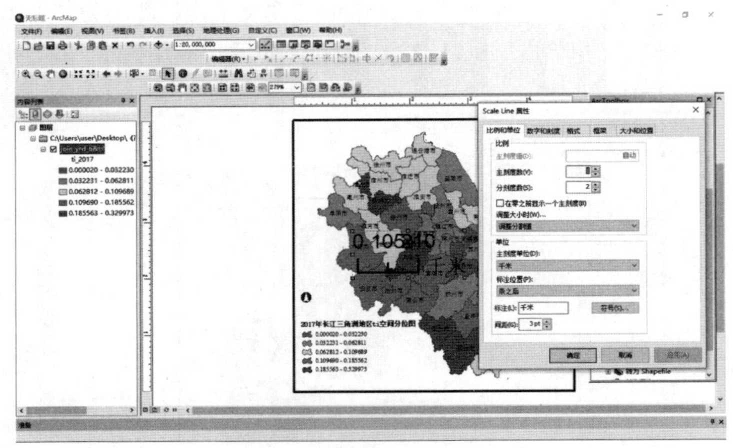

图 2–80

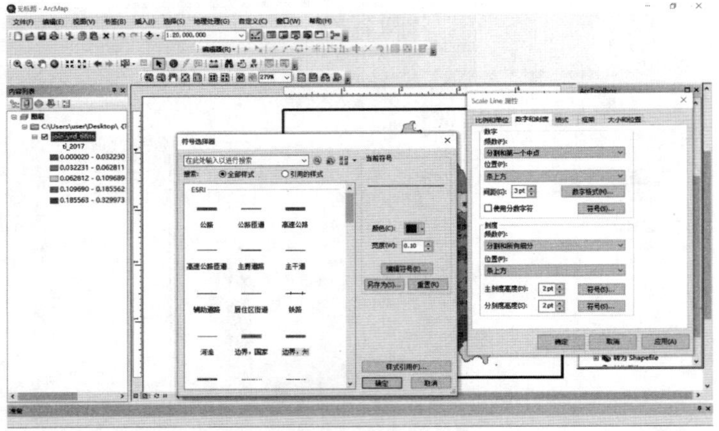

图 2–81

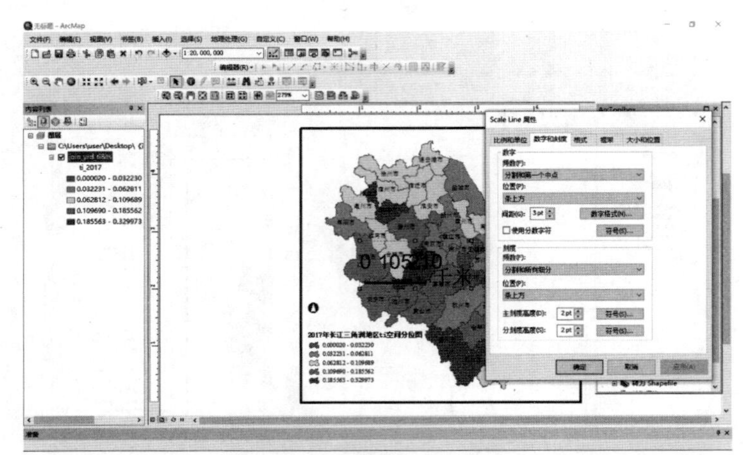

图 2–82

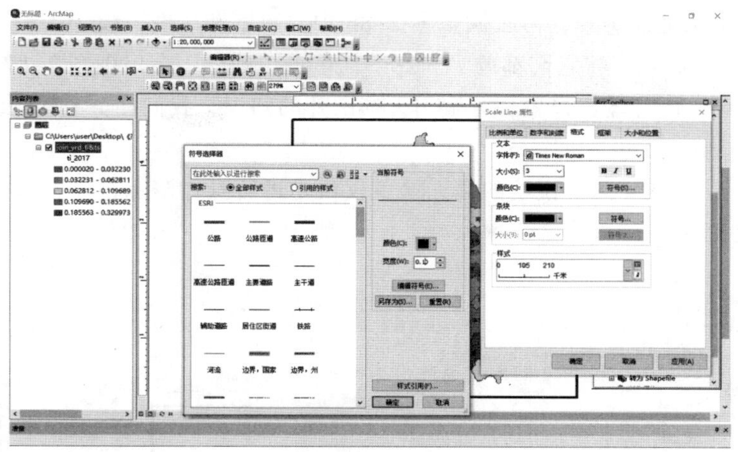

图 2-83

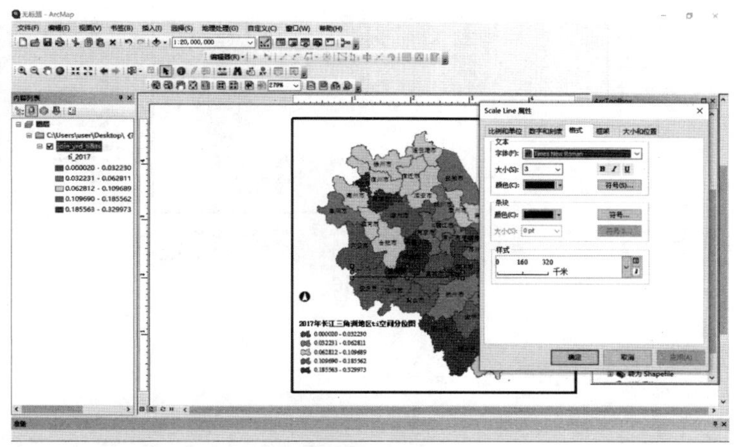

图 2-84

注：将“Scale Line 属性”对话框的“格式”模块中“文本”的“字体(F)”调为“Times New Roman”，“大小(S)”调为“3”。

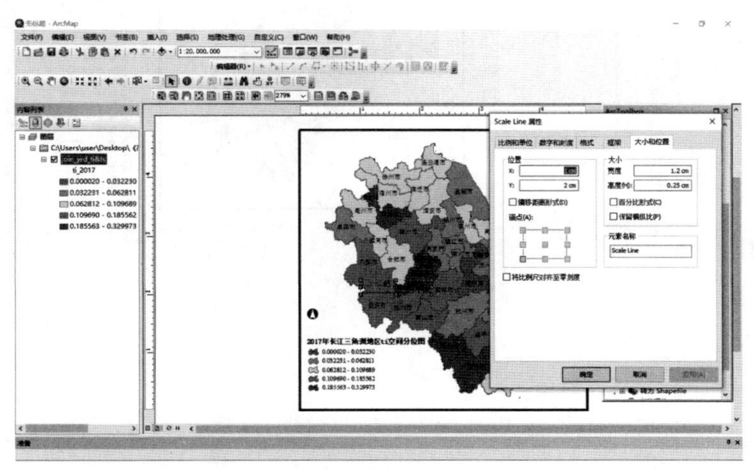

图 2-85

为了让效果图更加美观，再次调整图 2-86 中“数字和刻度”模块中的“主刻度高度(D)”“分刻度高度 (S)”，将它们都调为“2pt”，单击“确定”会出现图 2-87。

进行任意尺寸图片输出设置，并输出无损图片的知识，我们在 2.3 节已经讲解过，这里便不再赘述。

最终成图见 2-88。需要说明的是，这里仅仅是进行操作演示，读者可根据实际需要进行个性化设置。

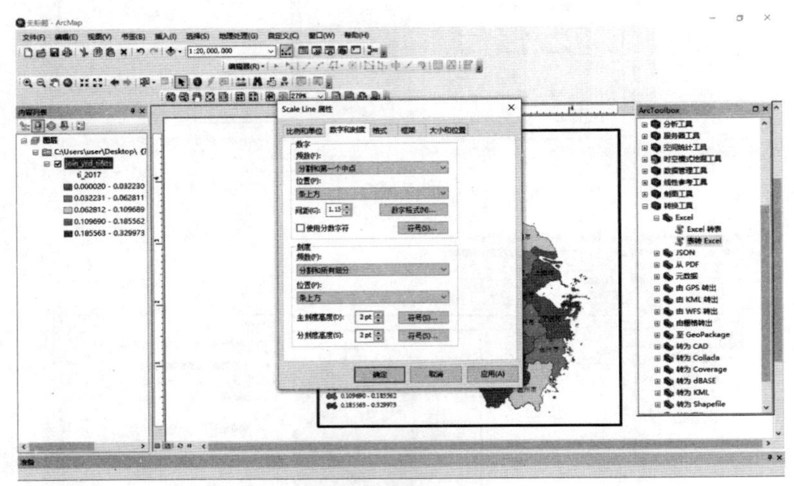

图 2-86

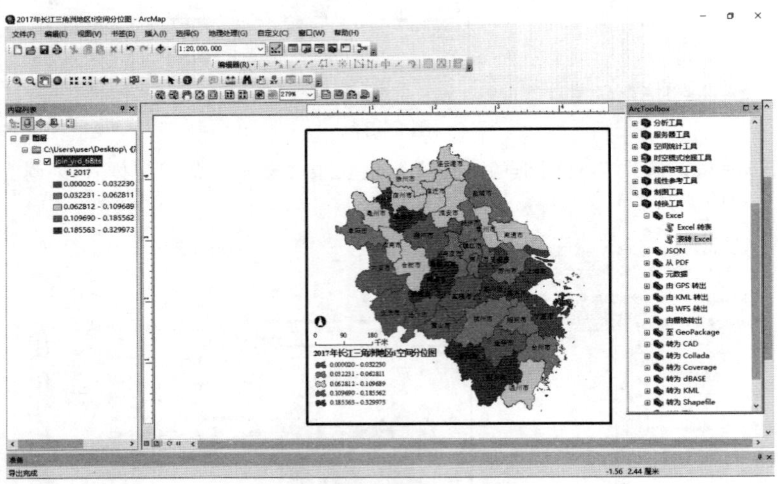

图 2-87

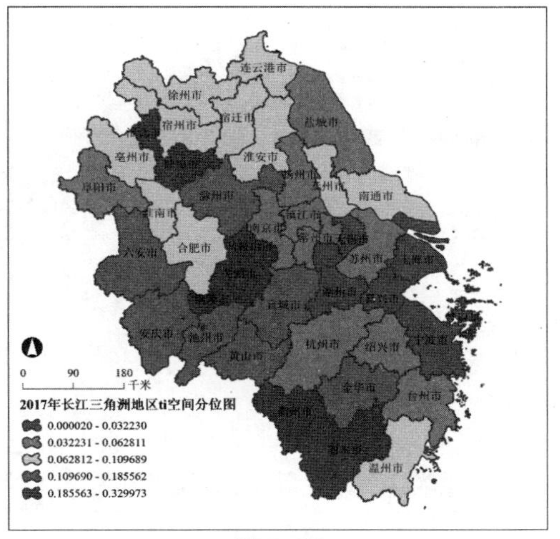

图 2-88

2.5　基于 ArcGIS 绘制热点分析图

基于 ArcGIS 绘制热点分析图共计有以下四个步骤。

第一步，首先，打开 ArcMap，见图 2-89；其次，在图 2-90 中单击“文件 (F)”下拉菜单中的“添加数据 (T)”→“添加数据 (T)...”，随后，会出现图 2-91 中的“添加数据”对话框；再次，单击图 2-92“添加数据”对话框中带有“+”号的文件夹，选择当前活动文件夹——“如何基于 ArcGIS 绘制热点分析图？”，见图 2-93；最后，双击图 2-93“添加数据”对话框中的“ti&ts_34variables_ 去除汉字 .shp”后会出现图 2-94。

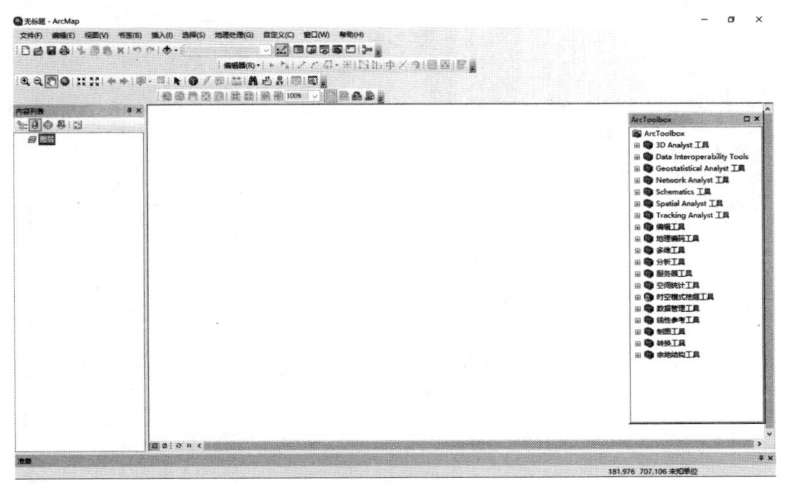

图 2-89

注：读者可以根据自己的实际情况设置底图的投影坐标系。具体设置的方法：将鼠标放在左侧“内容列表”中的“图层”上，右键单击后会出现下拉菜单，单击此下拉菜单中的“属性 (I)...”后会出现“数据框 属性”对话框，选择自己收藏夹中的坐标系或其他坐标系均可。随后，单击“数据框 属性”对话框中的“确定”完成投影坐标系的设定。

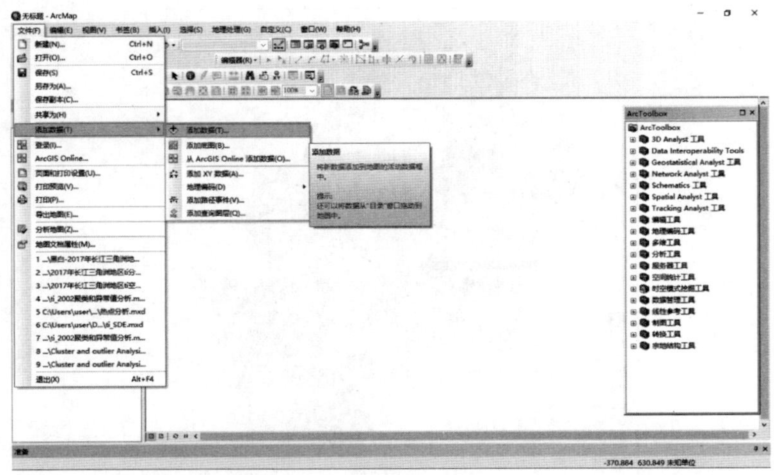

图 2-90

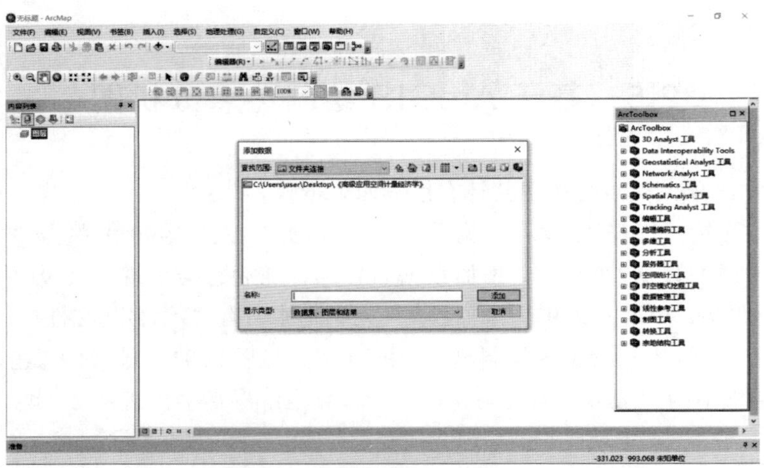

图 2-91

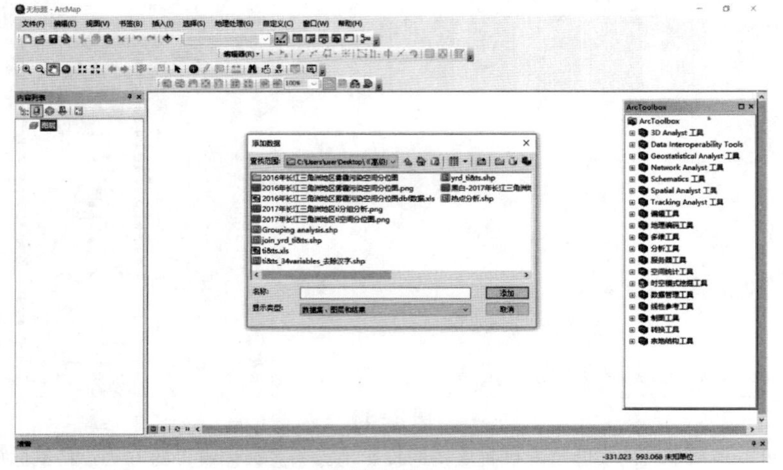

图 2-92

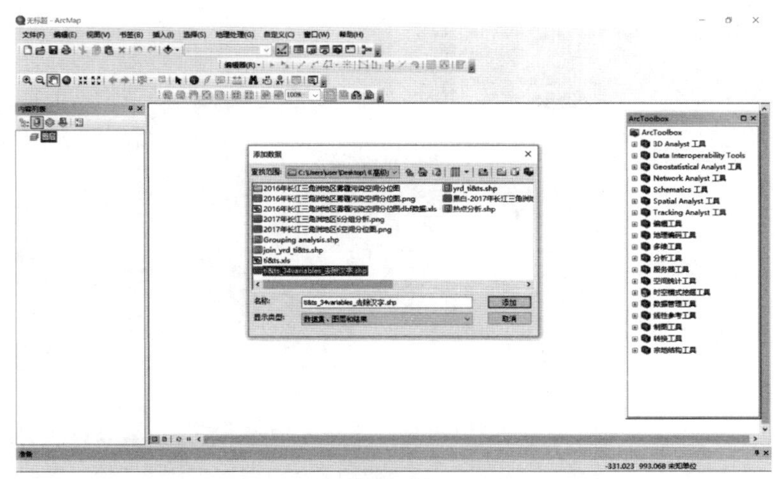

图 2–93

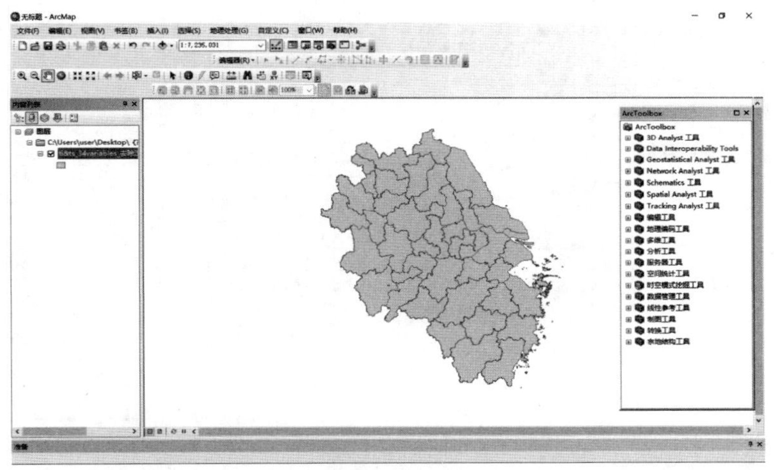

图 2–94

第二步，首先，在图 2–95 中按照“ArcToolbox”→“空间统计工具”→“聚类分布制图”的顺序依次点开，找到“热点分析 (Getis–Ord Gi*)”；其次，双击“热点分析 (Getis–Ord Gi*)”会出现图 2–96 中的“热点分析 (Getis–Ord Gi*)”对话框，选填此对话框。[①] 具体而言，“输入要素类”选填“ti&ts_34variables_ 去除汉字 .shp”；“输入字段”选填“d_2019”；单击“输出要素类”后面的文件夹图标，随后，会出现图 2–97 中的“输出要素类”对话框，输出路径选择“如何基于 ArcGIS 绘制热点分析图？”文件夹，双击“高级应用空间计量经济学”文件夹，将输出文件的“名称”定为“热点分析”（见图 2–98），单击“保存”；回到“热点分析（Getis–Ord Gi*）”对话框，“空间关系的概念化”选填“FIXED_DISTANCE_BAND”，“距离法”选填“EUCLIDEAN_DISTANCE”，“标准化”选填“NONE”，其他选择默认选项。最后，单击图 2–99“热点分析 (Getis–Ord Gi*)”对话框下方的“确定”后会出现图 2–100。

① 本节在最后给出了该对话框中各项的详细解释，以供参考。

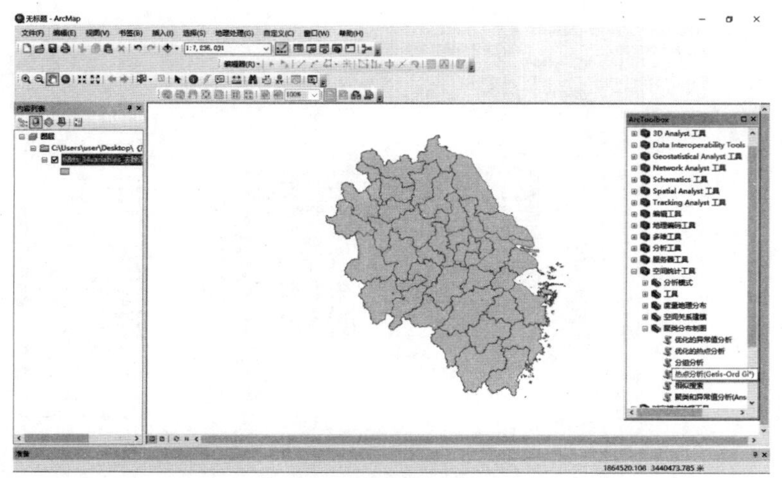

图 2-95

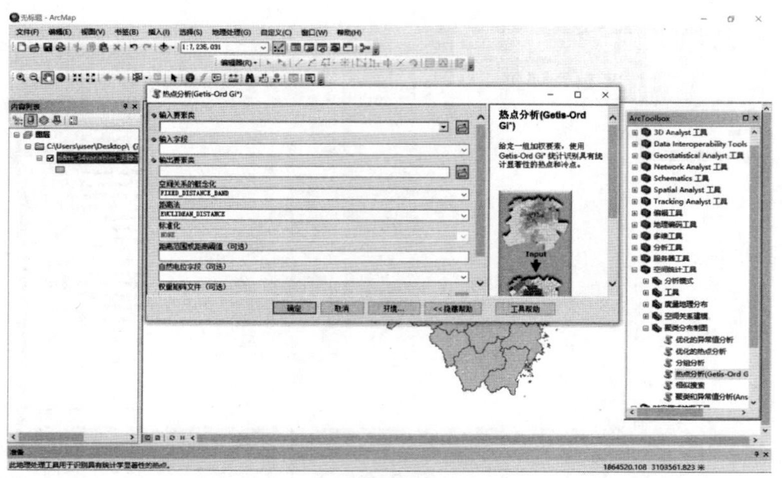

图 2-96

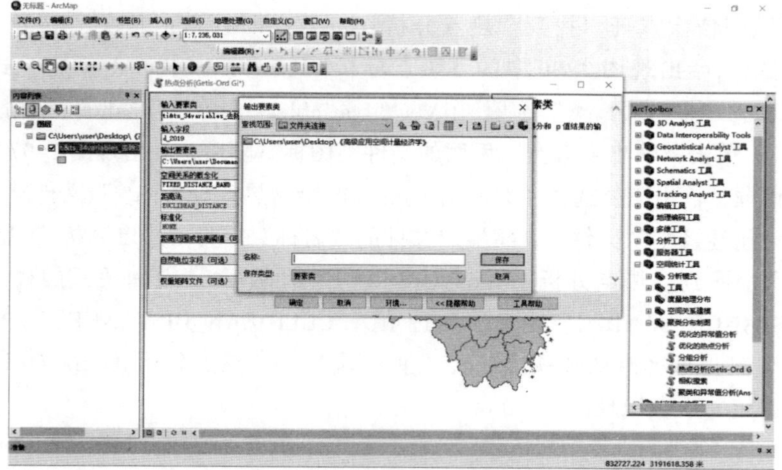

图 2-97

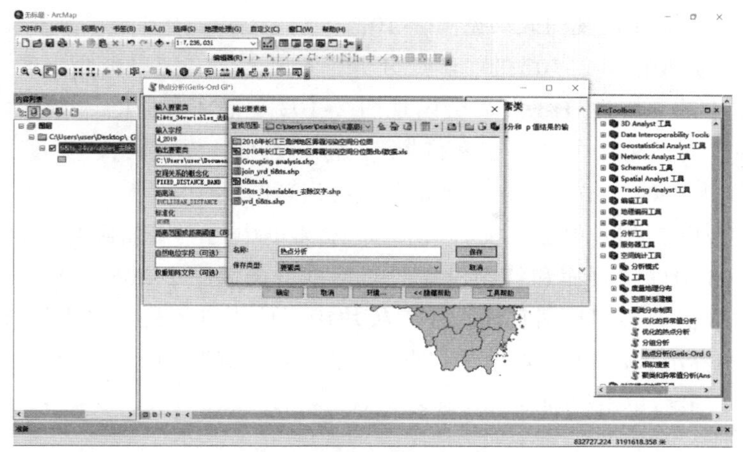

图 2-98

热点分析(Getis-Ord Gi*)

输入要素类

输入字段

输出要素类

空间关系的概念化

FIXED_DISTANCE_BAND

距离法

标准化

距离范围或距离阈值（可选）

自然电位字段（可选）

权重矩阵文件（可选）

应用错误发现率（FDR）校正（可选）

输出要素类

确定　取消　环境...　<< 隐藏帮助　工具帮助

图 2-99

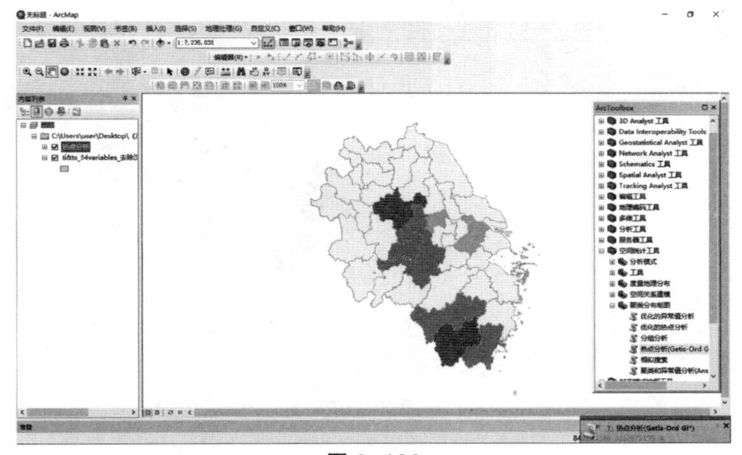

图 2-100

第三步，首先，在图 2-101 中，将“视图 (V)”下拉菜单中的“数据视图 (D)”切换为“布局视图 (L)”，布局视图效果见图 2–102。

其次，将鼠标放在图 2–102 的“热点分析”图层上，右键单击会出现下拉菜单，单击此下拉菜单中的“属性 (I)...”后会出现图 2–103 中的“数据框 属性”对话框，选择“数据框 属性”对话框中的“大小和位置”，将“大小”设定为：“宽度”为“4.8 cm”和“高度 (H)”为“4.8 cm”。单击“确定”后会出现图 2–104。

再次，点击图 2–104 中的“文件 (F)”下拉菜单中的“页面和打印设置 (U...)”后会出现图 2–105 中的“页面和打印设置”对话框。选填图 2–105 中的“页面和打印设置”对话框，取消勾选“地图页面大小”模块中“使用打印机纸张设置 (P)”前方框中的“√”，将“标准大小 (Z)”选填为“自定义”，将“宽度 (W)”和“高度 (H)”设定为“4.8”（厘米），最后单击“确定”。

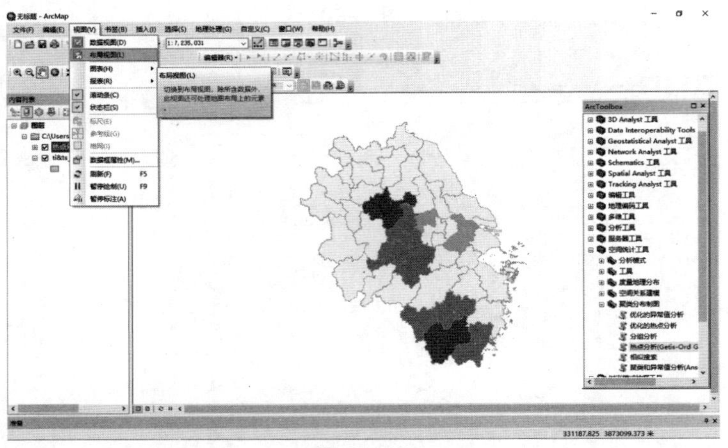

图 2–101

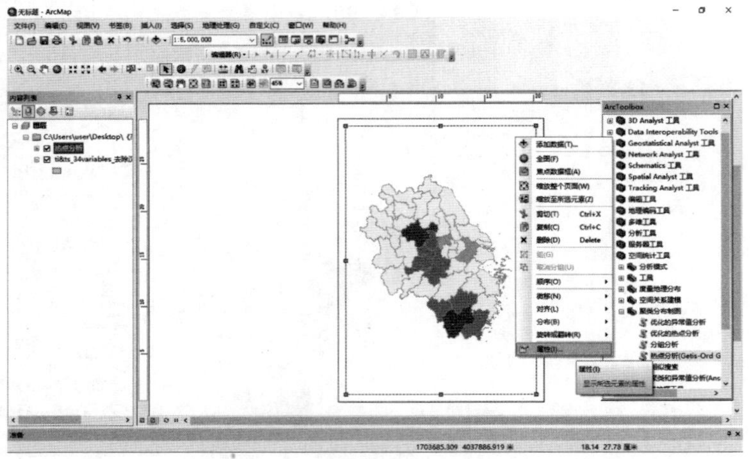

图 2–102

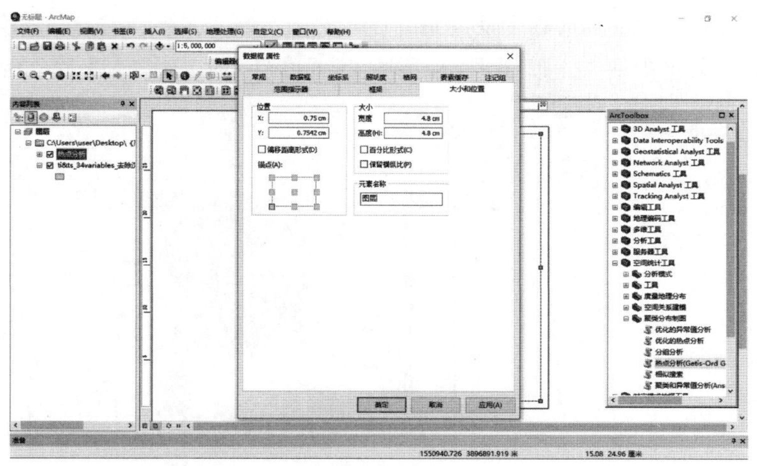

图 2-103

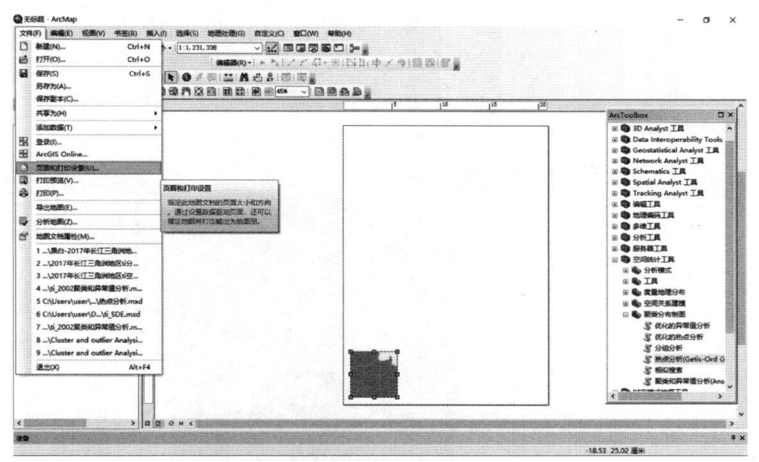

图 2-104

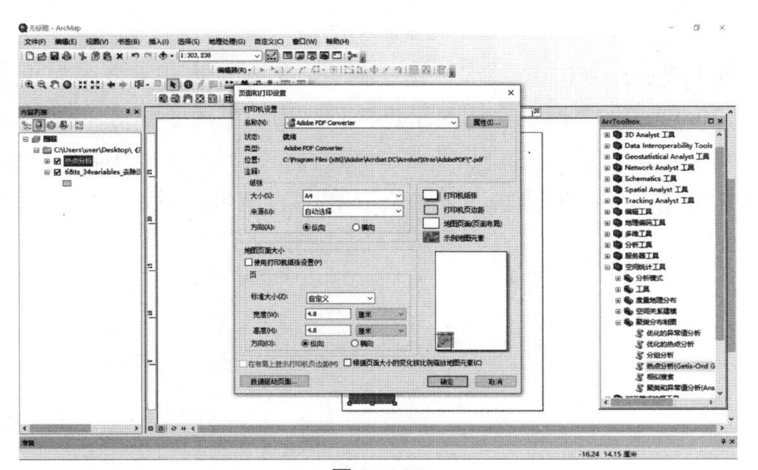

图 2-105

第四步，首先，将鼠标放在图 2-106 中的“热点分析”图层，右键单击会出现下拉菜单，选择此下拉菜单中的“分布 (B)”→“调整到页边距大小 (M)”，随后会出现图 2-107。

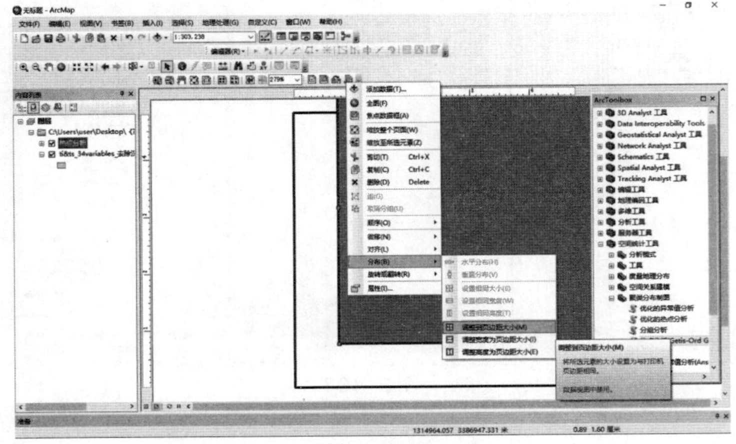

图 2-106

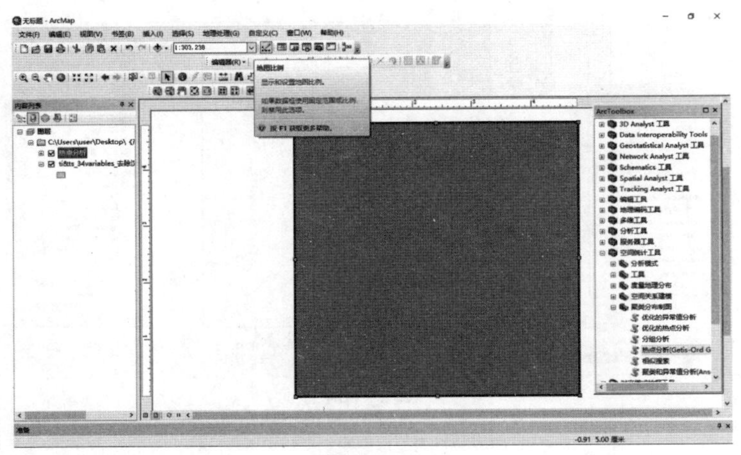

图 2-107

其次，不断调节图 2-107 中的“地图比例”，直至能够显示全图为止。将“地图比例”调为“1：20,000,000”时，全图显示正常且可用，见图 2-108。

再次，在图 2-108 中插入图例、指北针及比例尺，见图 2-109 和图 2-110。其中，插入图例的基本技巧是：不断点击“下一页 (N)”，直至可以点击“完成”生成图例，见图 2-111。

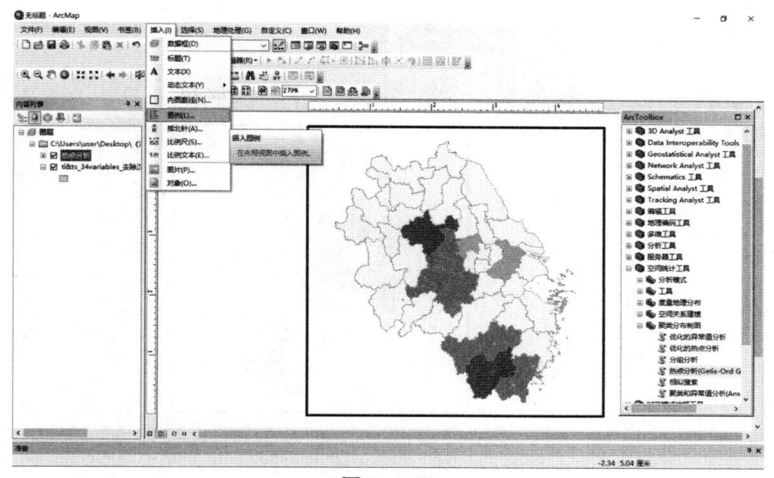

图 2–108

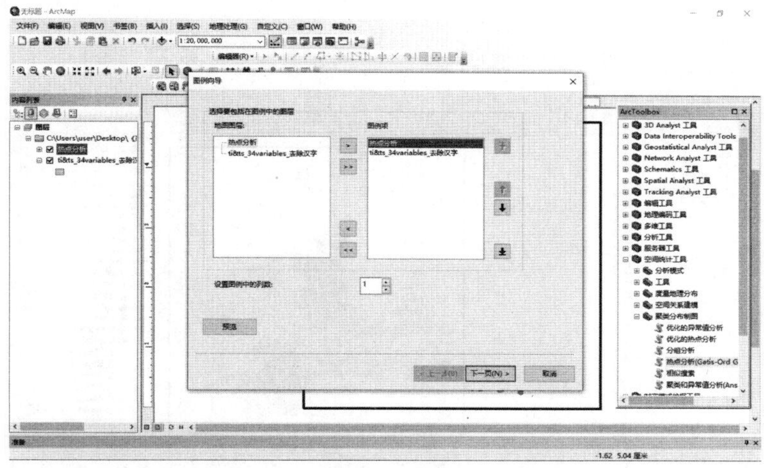

图 2–109

最后，读者可按自己的实际需求调整图例、指北针、比例尺。将鼠标放在图 2–111 中的图例图层上，右键单击后会出现下拉菜单，单击该下拉菜单中的“属性 (I)...”后会出现图 2–112 中的“图例 属性”对话框。

选填图 2–112 中的对话框。具体而言，其一，在“常规”模块中，将“标题”修改为“对外开放耦合协调发展指数热点分析”，将“ti&ts_34variables_ 去除汉字”剔除，见图 2–113；单击“应用 (A)”。

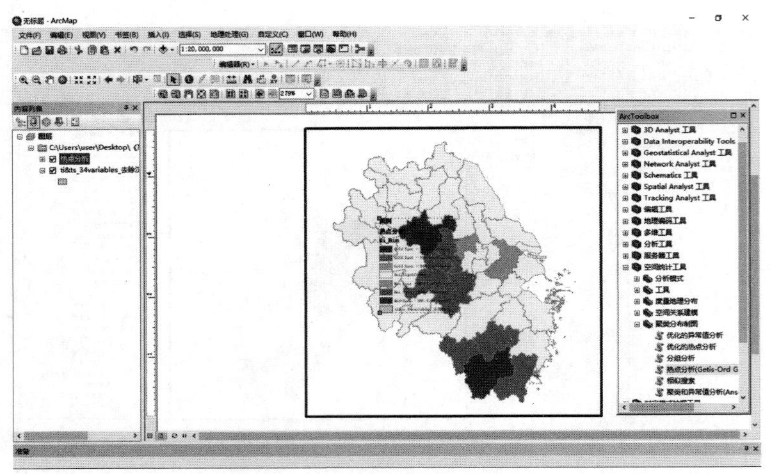

图 2-110

注：图例等的位置均可根据读者的实际需要进行调节。

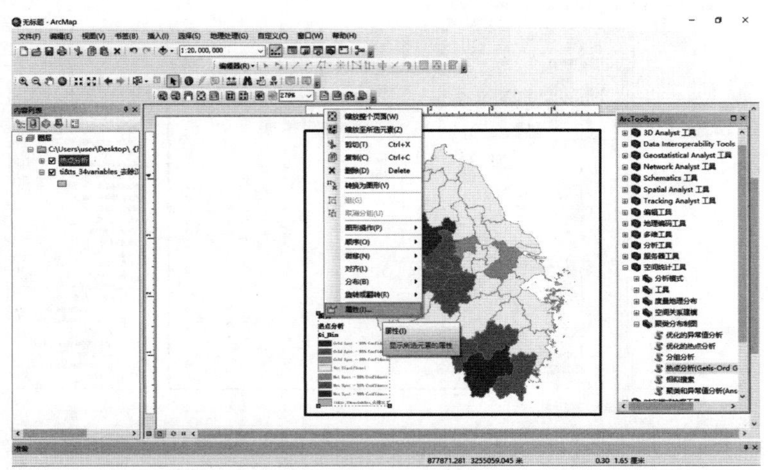

图 2-111

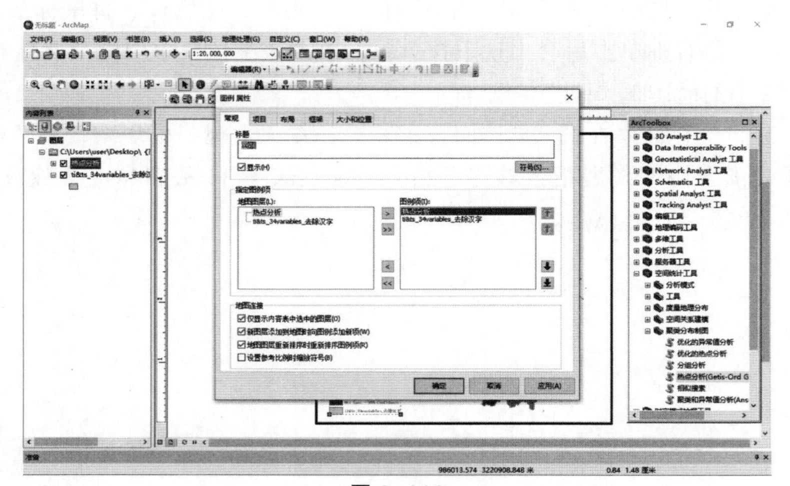

图 2-112

图 2-113

其二，单击图 2-114 “项目” 中的 “热点分析” 后会出现图 2-114 中的 “图例项属性” 对话框，取消勾选 “图例项属性” 对话框中的 “显示标题 (H)”，单击 “图例项属性” 对话框中的 “确定”，并单击 “图例 属性” 对话框中的 “应用 (A)”。

图 2-114

其三，在图 2-115 “图例 属性” 对话框中，将 “布局” 中 “默认图面” 的 “面 (A)” 选填 “自然区域”，单击 “图例 属性” 对话框中的 “确定” 后会出现图 2-116。

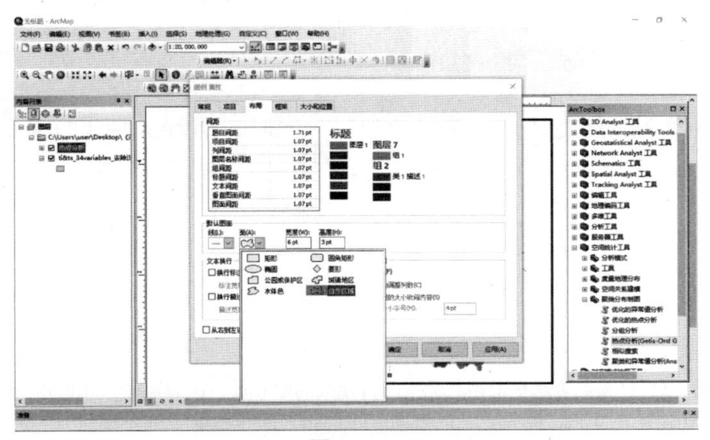

图 2-115

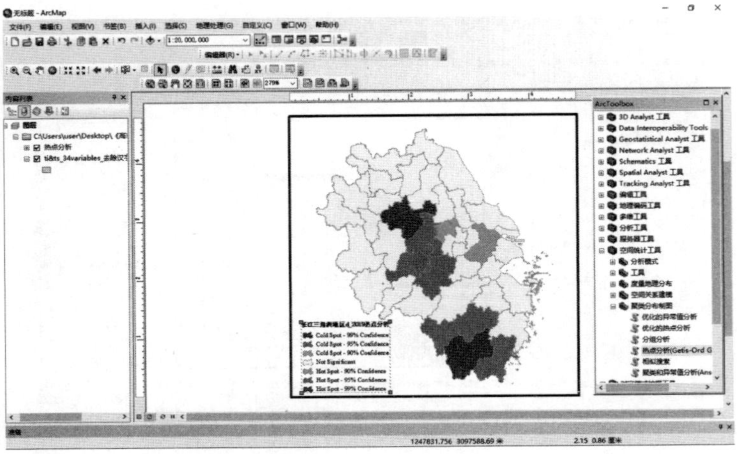

图 2-116

在图 2-116 插入比例尺和指北针并进行修改。具体操作在 2.4.2 小节中已有描述，这里不再赘述，修改效果见图 2-117。在图 2-117 中，同时标出了城市及其 z 得分[①]，这样能够避免黑白印刷图片造成的不易识别热点、冷点的问题。

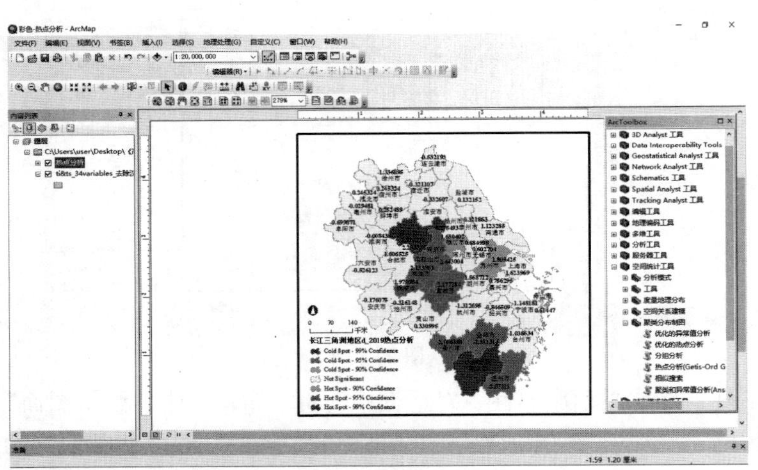

图 2-117

注：在图 2-117 中同时显示了两个图层的标注。

最后，调整图例、指北针、比例尺的位置，同时，调整指北针的大小和图例中标题的大小。成图，见图 2-118。

① 如果 $G^*>1.96$，则在 5% 显著水平上拒绝无空间自相关的原假设，认为存在空间正相关，且存在热点区域。反之，如果 $G^*<-1.96$，则在 5% 显著水平上拒绝无空间自相关的原假设，认为存在空间正相关，且存在冷点区域。

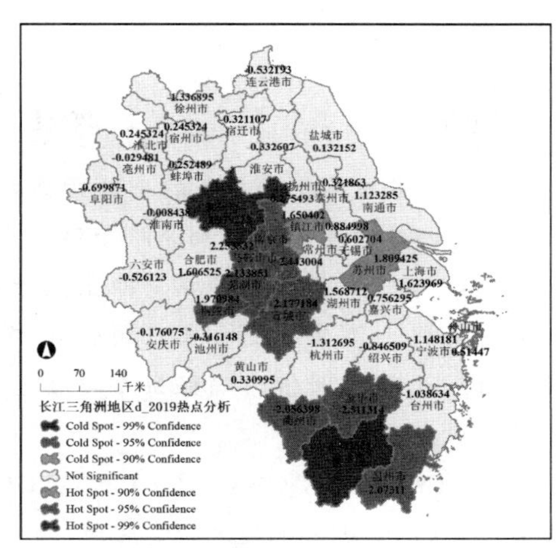

图 2-118

与“热点分析 (Getis-Ord Gi★)”对话框相关的解释如下。

INVERSE_DISTANCE——与远处的要素相比，附近的邻近要素对目标要素的计算的影响要大一些。

INVERSE_DISTANCE_SQUARED——与 INVERSE_DISTANCE 类似，但它的坡度更明显，因此产生的影响下降得更快，并且只有目标要素的最近邻域会对要素的计算产生重大影响。

FIXED_DISTANCE_BAND——对邻近要素环境中的每个要素进行分析。在指定临界距离（距离范围或距离阈值）内的邻近要素将被分配值为 1 的权重，并对目标要素的计算产生影响。在指定临界距离外的邻近要素将被分配值为 0 的权重，并且不会对目标要素的计算产生任何影响。

ZONE_OF_INDIFFERENCE——在目标要素的指定临界距离（距离范围或距离阈值）内的要素将被分配值为 1 的权重，并且会影响目标要素的计算。一旦超出该临界距离，权重（以及邻近要素对目标要素计算的影响）就会随距离的增加而减小。

CONTIGUITY_EDGES_ONLY——只有共用边界或重叠的相邻面要素会影响目标面要素的计算。

CONTIGUITY_EDGES_CORNERS——共享边界、节点或重叠的面要素会影响目标面要素的计算。

GET_SPATIAL_WEIGHTS_FROM_FILE——将由指定空间权重文件定义空间关系。指向空间权重文件的路径由权重矩阵文件参数指定。

距离法：指定计算每个要素与邻近要素之间的距离的方式。

EUCLIDEAN_DISTANCE——两点间的直线距离。

MANHATTAN_DISTANCE——沿垂直轴度量的两点间的距离（城市街区）；计算方法是对两点的 x 和 y 坐标的差值（绝对值）求和。

标准化：行标准化对此工具没有影响，无论是否进行行标准化，热点分析（Getis-Ord Gi*）的结果都将是相同的。因此，该参数会被禁用；其仍将作为一个工具参数被保留以保持向后兼容性。

NONE——不对空间权重执行标准化。

ROW——对空间权重执行标准化。

距离范围或距离阈值（可选）：为“反距离”和“固定距离”选项指定中断距离。选此选项将在对目标要素的分析中忽略为该要素指定的中断距离之外的要素。但是，对于“无差别的区域”，指定中断距离之外的要素的影响会随距离的减小而变弱，而在距离阈值之内的影响则被视为是等同的。输入的距离值应该与输出坐标系的值匹配。

对于空间关系的反距离概念化，值为 0 表示未应用任何阈值距离；当将此参数留空时，将计算并应用默认阈值。此默认阈值为确保每个要素至少具有一个邻域的欧氏距离（Euclidean Distance）。

当选择了面邻接（CONTIGUITY_EDGES_ONLY 或 CONTIGUITY_EDGES_CORNERS）或 GET_SPATIAL_WEIGHTS_FROM_FILE 的空间概念化时，该参数无效。

自然电位字段（可选）：此字段表示自然电位 - 要素与其自身之间的距离或权重。

权重矩阵文件（可选）：包含权重（其定义要素间的空间关系以及可能的时态关系）的文件的路径。

应用错误发现率 (FDR) 校正（可选）：指定在评估统计显著性时是否使用 FDR 校正。选中时统计显著性将以错误发现率校正为基础；未选中时统计显著性将以 p 值和 z 得分字段为基础。该项是默认设置。

2.6　基于 ArcGIS 的分组分析方法的实现步骤解析

2.6.1　分组分析的基本知识介绍

在研究问题时，有时我们需要对事物进行归类，从而帮助理解与分析。在 ArcGIS 中，分组分析（Grouping Analysis）工具会执行一个分类过程来查找数据中存在的自然聚类。要素相似性是为分析字段参数指定的一组特性，同时还可以包括空间属性或空间 - 时间属性。

在这个工具中有个重要的参数——Spatial Constraints，用于设置分组过程是否受某种空间关系约束，具体可选的方法如下。

① CONTIGUITY_EDGES_ONLY：共享一条边的相连的面才属于同一个组。

② CONTIGUITY_EDGES_CORNERS：共享一条边或一个折点的相连面才属于同一个组。

③ DELAUNAY_TRIANGULATION：同一个组中的要素至少具有一个与该组中的另一要素共用的自然邻域。自然邻域关系基于 Delaunay 三角测量。从概念上讲，Delaunay 三角测量可以根据要素质心创建不重叠的三角网。每个要素是一个三角形结点，具有公共边的结点被视为邻域。

④ K_NEAREST_NEIGHBORS：同一个组中的要素将相互邻近，每个要素至少是该组中某一其他要素的邻域。邻域关系基于最近的 K 要素，可以在此为“相邻要素的数目”参数指定整型值 K。

⑤ GET_SPATIAL_WEIGHTS_FROM_FILE：空间关系和可选的时态关系通过空间权

重文件 (.swm) 进行定义。使用“生成空间权重矩阵”工具创建空间权重矩阵文件。

⑥ NO_SPATIAL_CONSTRAINT：只能使用数据空间邻域法对要素进行分组。要素不是必须在空间或时间上互相接近，才能属于同一个组。

2.6.2　基于 ArcGIS 实现分组分析的具体操作步骤

基于 ArcGIS 实现分组分析的具体操作步骤包括七步。

第一步，首先，打开拟分组的 join_yrd_ti&ts.shp 文件，见图 2–119；其次，生成反距离空间权重矩阵。具体而言，打开 ArcToolbox，依次点开“空间统计工具”“空间关系建模”，双击“生成空间权重矩阵”后会出现图 2–120 中的“生成空间权重矩阵”对话框，选填此对话框。具体而言，“输入要素类”选择“join_yrd_ti&ts”，“唯一 ID 字段”选填“ID”，“输出空间权重矩阵文件”选填当前文件夹——这样可以把生成的空间权重矩阵保存在当前文件夹中，便于后续操作，“空间关系的概念化”选填“INVERSE_DISTANCE”，“距离法 (可选)”选取“EUCLIDEAN”，“指数 (可选)”选取“1”，“阈值距离 (可选)”和“相邻要素的数目 (可选)”选取默认选项，在“行标准化 (可选)”之前的框中打“√”；最后，单击“确定”。生成的 INVERSE_DISTANCE.swm，见图 2–121。

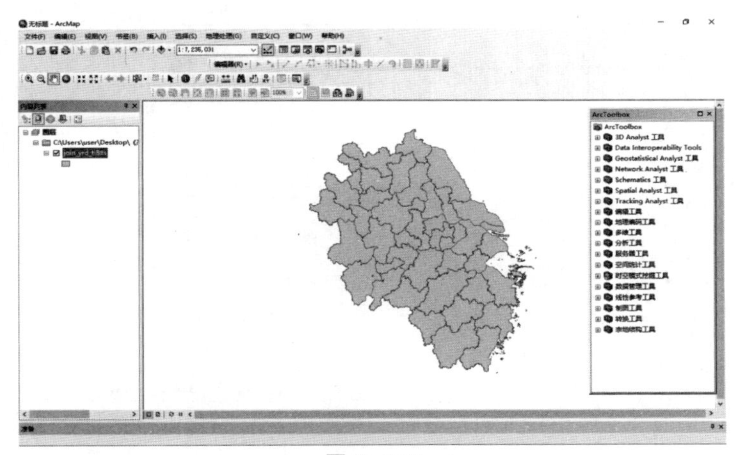

图 2–119

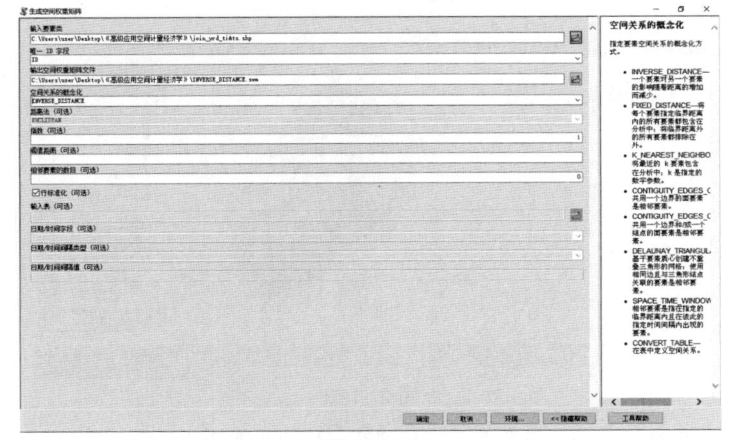

图 2–120

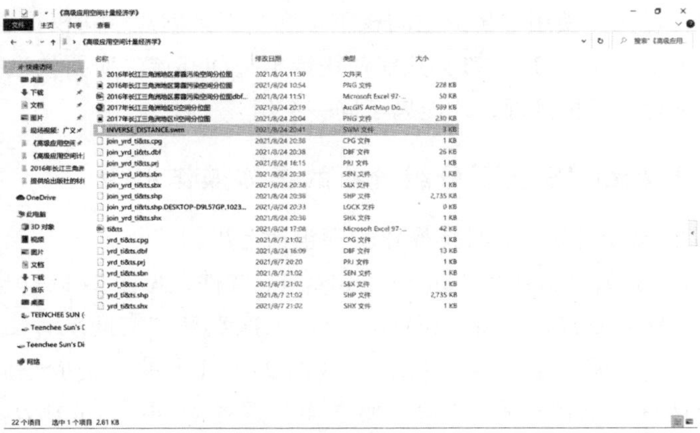

《高级应用空间计量经济学》

文件 主页 共享 查看

← → ↑ › 《高级应用空间计量经济学》

名称	修改日期	类型	大小
2016年长江三角洲地区雾霾污染空间分位图	2021/8/24 11:30	文件夹	
2016年长江三角洲地区雾霾污染空间分位图	2021/8/24 10:54	PNG 文件	228 KB
2016年长江三角洲地区雾霾污染空间分位图dbf...	2021/8/24 11:51	Microsoft Excel 97-...	50 KB
2017年长江三角洲地区ti空间分位图	2021/8/24 20:19	ArcGIS ArcMap Do...	589 KB
2017年长江三角洲地区ti空间分位图	2021/8/24 20:04	PNG 文件	230 KB
INVERSE_DISTANCE.swm	2021/8/24 20:41	SWM 文件	3 KB
join_yrd_ti&ts.cpg	2021/8/24 20:38	CPG 文件	1 KB
join_yrd_ti&ts.dbf	2021/8/24 20:38	DBF 文件	26 KB
join_yrd_ti&ts.prj	2021/8/24 16:15	PRJ 文件	1 KB
join_yrd_ti&ts.sbn	2021/8/24 20:38	SBN 文件	1 KB
join_yrd_ti&ts.sbx	2021/8/24 20:38	SBX 文件	1 KB
join_yrd_ti&ts.shp	2021/8/24 20:38	SHP 文件	2,735 KB
join_yrd_ti&ts.shp.DESKTOP-D9L57GP.1023...	2021/8/24 20:33	LOCK 文件	0 KB
join_yrd_ti&ts.shx	2021/8/24 20:38	SHX 文件	1 KB
ti&ts	2021/8/24 17:08	Microsoft Excel 97-...	42 KB
yrd_ti&ts.cpg	2021/8/7 21:02	CPG 文件	1 KB
yrd_ti&ts.dbf	2021/8/24 16:09	DBF 文件	13 KB
yrd_ti&ts.prj	2021/8/7 20:20	PRJ 文件	1 KB
yrd_ti&ts.sbn	2021/8/7 21:02	SBN 文件	1 KB
yrd_ti&ts.sbx	2021/8/7 21:02	SBX 文件	1 KB
yrd_ti&ts.shp	2021/8/7 21:02	SHP 文件	2,735 KB
yrd_ti&ts.shx	2021/8/7 21:02	SHX 文件	1 KB

快速访问 桌面 下载 文档 图片 OneDrive 此电脑 3D 对象 视频 图片 文档 下载 音乐 桌面 TEENCHEE SUN 网络

22 个项目 选中 1 个项目 2.61 KB

图 2-121

第二步，首先，在 ArcTool box 点开“空间统计工具”；其次，点开“聚类分布制图”中的“分组分析”，此时，会出现一个对话框，见图 2-122；最后，填完对话框，单击“确定”后，出现图 2-123。将鼠标放在图 2-124 图层“join_yrd_ti&ts”上，右键单击会出现下拉菜单，单击该下拉菜单中的“标记要素 (L)”后会出现图 2-125。

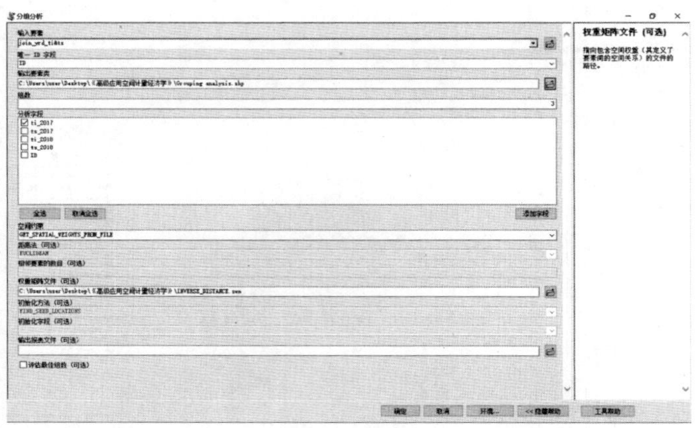

图 2-122

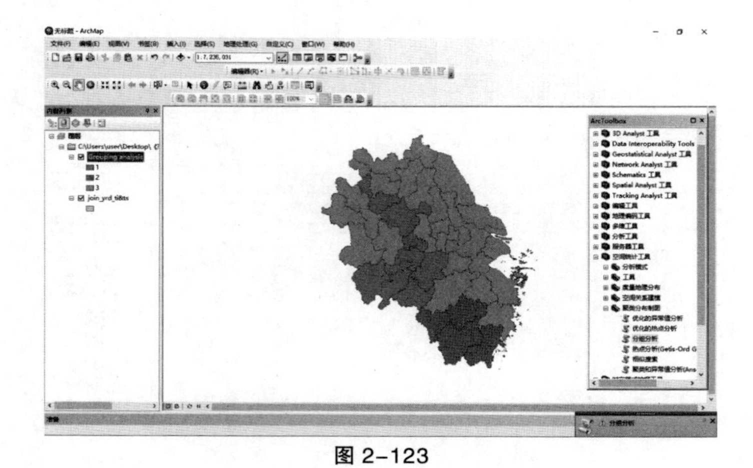

图 2-123

注：下文会对“Grouping analysis”中的“1”“2”“3”进行修改。

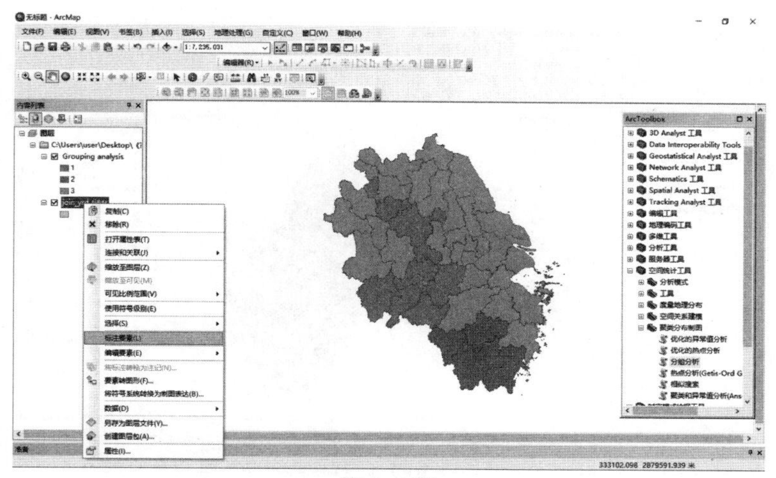

图 2–124

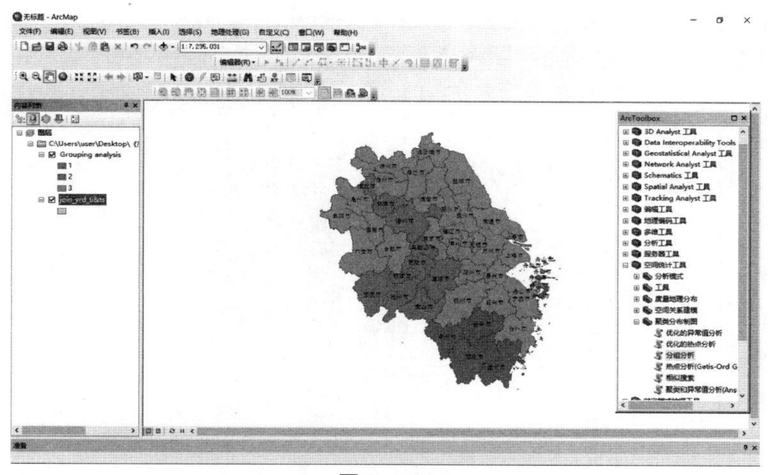

图 2–125

图 2–125 中舟山市有多个标签，可以通过技术性操作将多个标签修改为一个标签。具体操作在 2.4.1 小节中已有描述，这里不再赘述，修改效果见图 2–126。

第三步，首先，将鼠标放在图 2–126 左侧“内容列表”中的“join_yrd_ti&ts”图层上，右键单击会出现下拉菜单，单击“打开属性表 (T)”后会出现图 2–127。其次，根据图 2–127 信息，修改“Grouping analysis”中 3 个组的名称——组 1、2、3 分别为产业结构合理化较低、中等、较高的城市，见图 2–128。

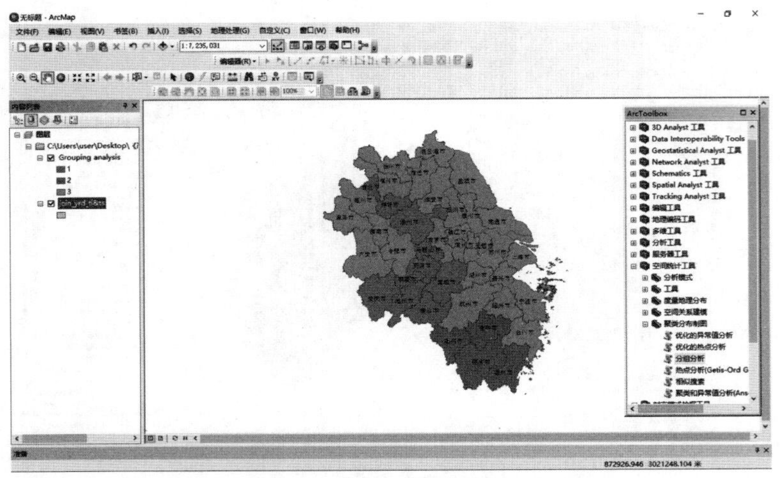

图 2-126

表

join_yrd_ti&ts

FID	Shape *	ENG_NAME	CHN_NAME	city_abbr	ti_2017	ts_2017	ti_2018	ts_2018	ID
0	面	Anqing City	安庆市	宜	0.122889	0.828479	0.149332	0.796125	1
1	面	Bengbu City	蚌埠市	蚌	0.23113	0.974651	0.250595	0.976636	2
2	面	Bozhou City	亳州市	亳	0.093243	1.136693	0.105263	1.147323	3
3	面	Chizhou City	池州市	池	0.185562	1.062131	0.191267	1.105776	4
4	面	Chuzhou City	滁州市	滁	0.129216	0.688422	0.147118	0.699894	5
5	面	Fuyang City, Anhui Province	阜阳市	阜	0.050406	0.957631	0.063336	0.965275	6
6	面	Hefei City	合肥市	庐	0.08084	0.96066	0.065032	1.069914	7
7	面	Huaibei City	淮北市	北	0.220992	0.643775	0.216387	0.703613	8
8	面	Huainan City	淮南市	淮	0.09175	0.8718	0.104849	0.915273	9
9	面	Huangshan City	黄山市	歙	0.170492	1.497768	0.184496	1.624768	10
10	面	Lu'an City	六安市	皋	0.143352	0.982396	0.138139	1.08639	11
11	面	Maanshan City	马鞍山市	马	0.236545	0.690135	0.195388	0.781441	12
12	面	Suzhou City, Anhui Province	宿州市	蕲	0.093333	1.244143	0.100951	1.292156	13
13	面	Tongling City	铜陵市	铜	0.329973	0.551754	0.302379	0.646527	14
14	面	Wuhu City	芜湖市	芜	0.211606	0.745466	0.193019	0.838785	15
15	面	Xuancheng City	宣城市	宣	0.166336	0.85515	0.158535	0.8419	16
16	面	Changzhou City	常州市	常	0.053073	1.085225	0.061016	1.112598	17
17	面	Huaian City	淮安市	安	0.090287	1.125612	0.091358	1.150075	18
18	面	Lianyungang City	连云港市	连	0.104648	0.972175	0.104136	1.025965	19
19	面	Nanjing City	南京市	宁	0.043266	1.57069	0.04395	1.667352	20
20	面	Nantong City, Jiangsu Province	南通市	通	0.104757	1.019872	0.095175	1.033808	21
21	面	Suzhou City, Jiangsu Province	苏州市	苏	0.042168	1.075961	0.03719	1.057965	22
22	面	Suqian City	宿迁市	宿	0.105482	0.84988	0.102806	0.914657	23
23	面	Taizhou City, Jiangsu Province	泰州市	泰	0.091233	1.001872	0.088684	0.983385	24
24	面	Wuxi City	无锡市	锡	0.03223	1.090189	0.032249	1.070558	25
25	面	Xuzhou City	徐州市	徐	0.109889	1.082064	0.078534	1.177737	26
26	面	Yancheng City	盐城市	盐	0.047734	1.002243	0.048313	1.016737	27
27	面	Yangzhou City	扬州市	扬	0.055501	0.939878	0.049845	0.979548	28
28	面	Zhenjiang City	镇江市	镇	0.040484	0.955468	0.041241	0.978954	29
29	面	Shanghai Municipality	上海市	沪	0.020662	2.27117	0.01959	2.347071	30
30	面	Hangzhou City	杭州市	杭	0.050015	1.817726	0.038099	1.887979	31
31	面	Huzhou City	湖州市	湖	0.031564	1.002996	0.03494	1.034641	32
32	面	Jiaxing City	嘉兴市	禾	0.027928	0.83137	0.031273	0.812524	33
33	面	Jinhua City	金华市	金	0.147354	1.276486	0.154143	1.271234	34
34	面	Lishui City	丽水市	丽	0.20198	1.268926	0.203388	1.250835	35
35	面	Ningbo City	宁波市	甬	0.00002	0.862749	0.000259	0.895496	36
36	面	Quzhou City	衢州市	衢	0.256127	1.11894	0.264763	1.100184	37
37	面	Shaoxing City	绍兴市	越	0.057709	0.970002	0.064387	0.99892	38
38	面	Taizhou City, Zhejiang Province	台州市	台	0.062911	1.125477	0.067061	1.112338	39
39	面	Wenzhou City	温州市	温	0.080301	1.449986	0.08593	1.464825	40
40	面	Zhoushan City	舟山市	舟	0.014238	1.679136	0.018556	1.740795	41

(0 / 41 已选择)

join_yrd_ti&ts

图 2-127

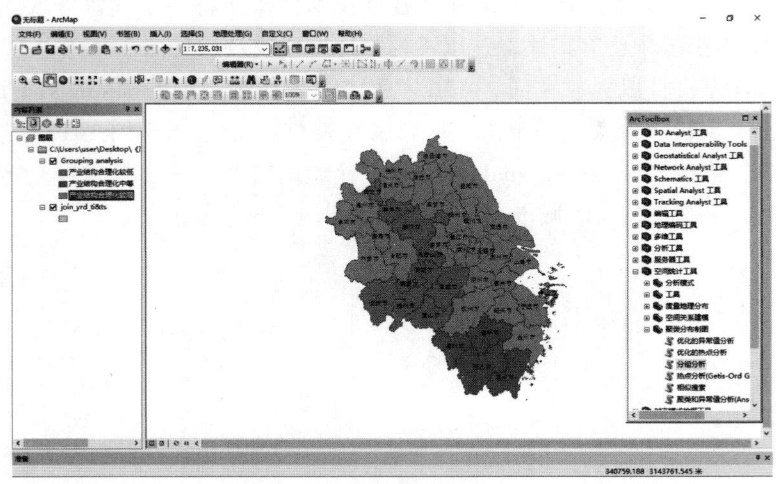

图 2-128

第四步，首先，打开图 2-129 中“视图 (V)”的下拉菜单，选择“布局视图 (L)”，见图 2-130；其次，打开图 2-131 中“插入 (I)”的下拉菜单，选择“图例 (L)…”，出现图 2-132，单击图 2-132 中的“下一页 (N)”会出现图 2-133；对图 2-133 中的“图例标题”内容进行修改——“图例标题”修改为“2017 年长江三角洲地区 ti 分组分析”，单击“下一页 (N)”会出现图 2-134。

最后，单击图 2-134、图 2-135 中的“下一页 (N)”会出现图 2-136，单击图 2-136 中“图例向导”对话框中的“完成”会出现图 2-137。

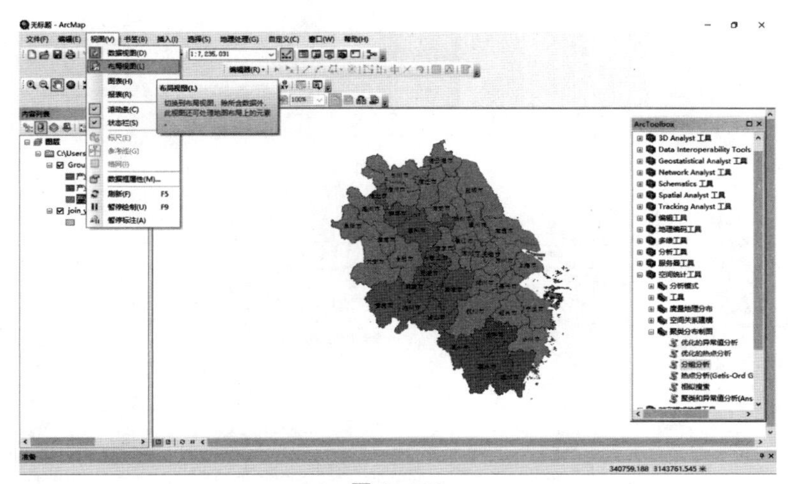

图 2-129

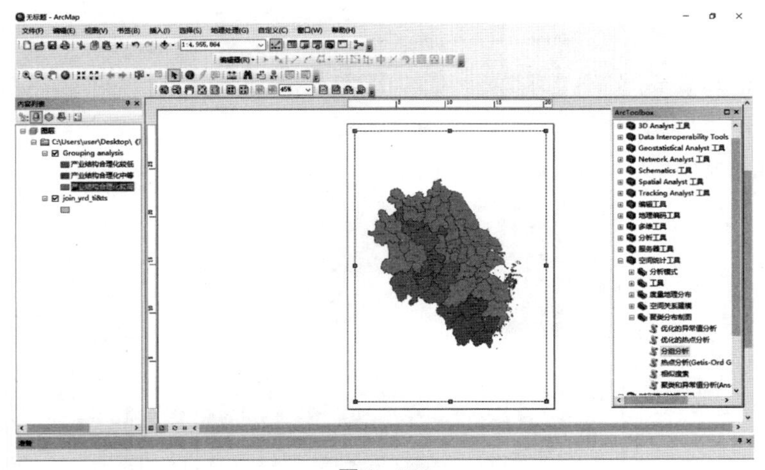

图 2-130

注：将数据视图切换为布局视图的同时，“地图比例”也在发生变化。即“地图比例”会由数据视图时的“1∶7,235,031”变换为“1∶4,955,864”。

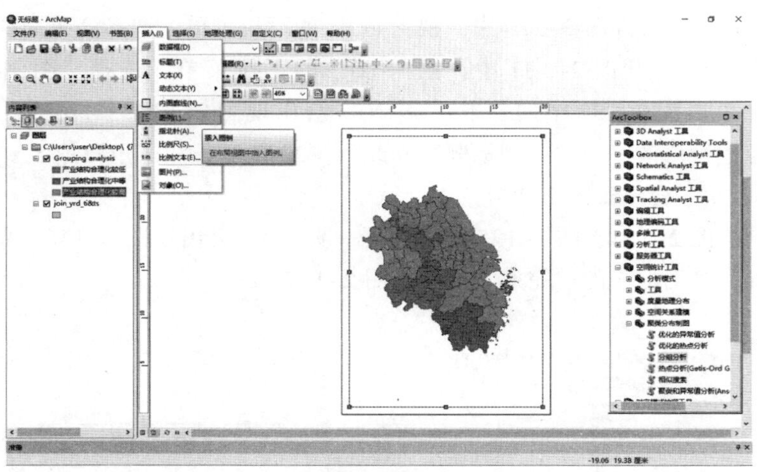

图 2-131

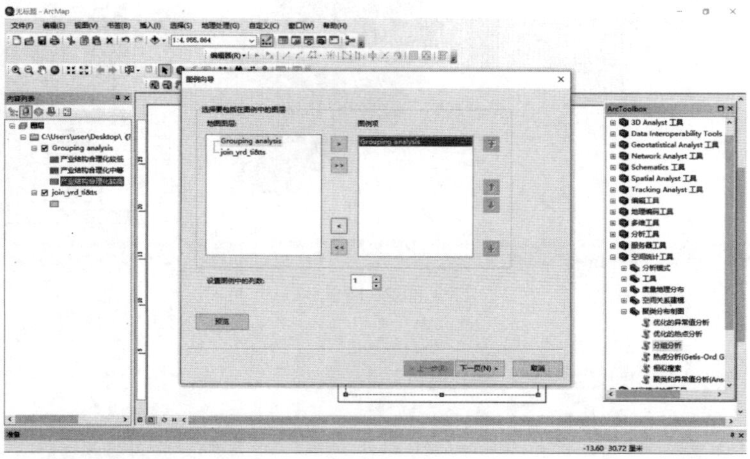

图 2-132

注：将“图例项”中的“join_yrd_ti&ts”剔除。

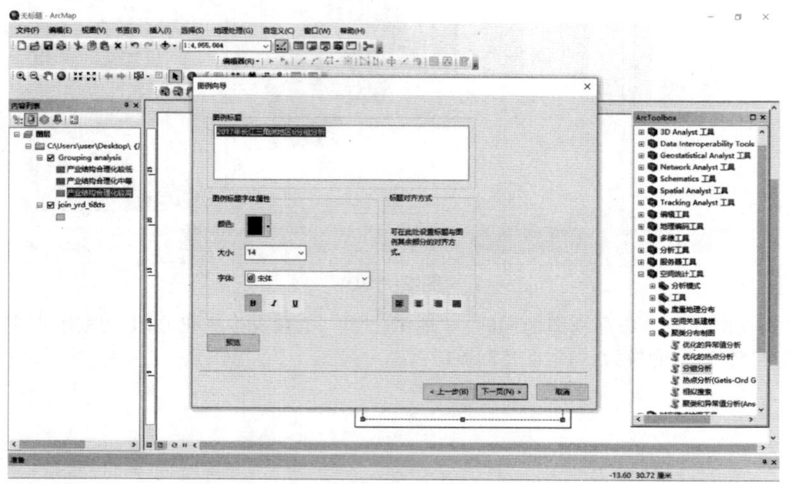

图 2-133

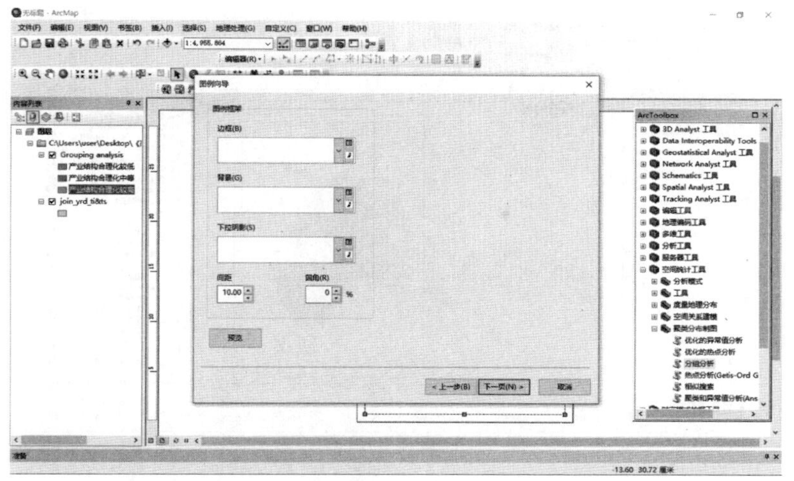

图 2-134

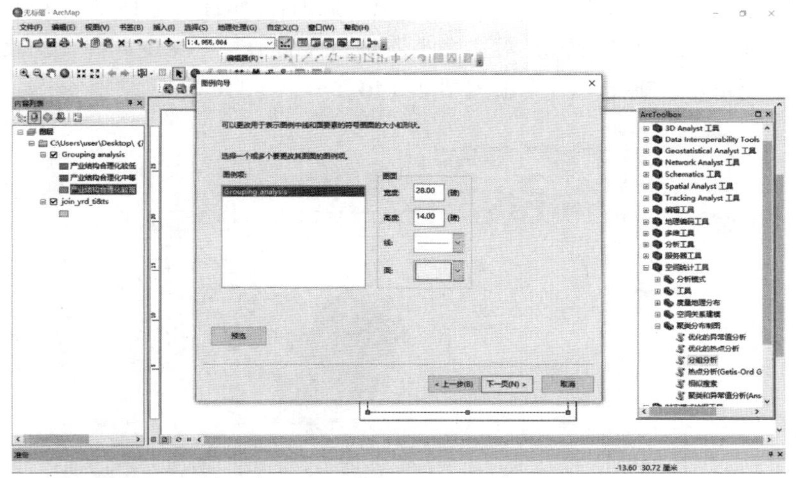

图 2-135

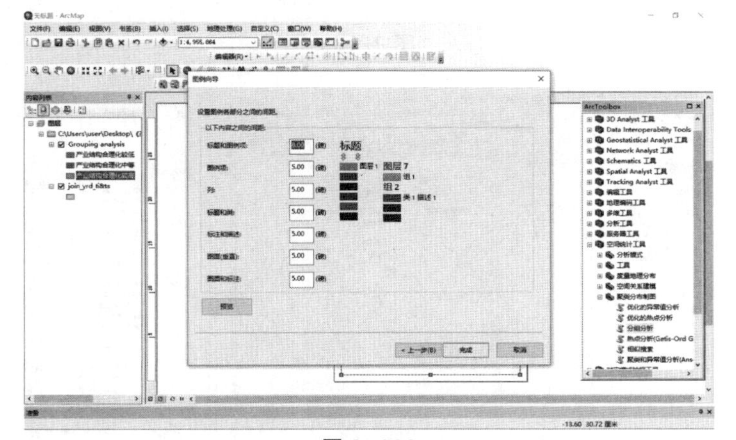

图 2-136

注：读者可以根据自己的实际情况对“以下内容之间的间距”中的项目进行调整。

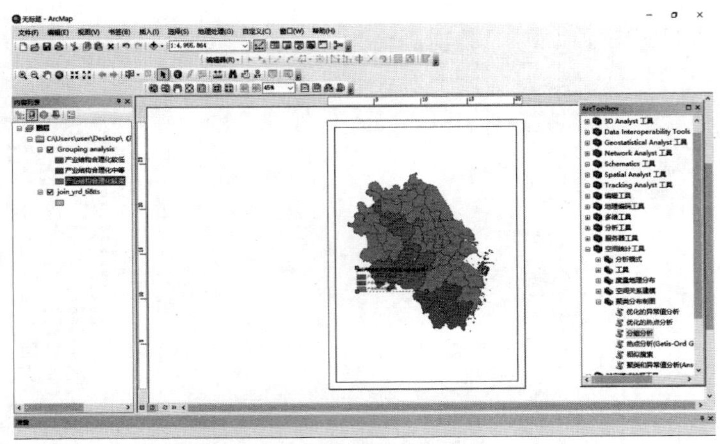

图 2-137

第五步，首先，将鼠标放在图 2-138 中的“join_yrd_ti&ts”图层上，右键单击出现下拉菜单，单击其中的“属性 (I)...”后会出现“数据框 属性”对话框，见图 2-139。选择该对话框中的“大小和位置”，对“大小”进行设置——“宽度”和“高度 (H)”都修改为“10cm”，单击“确定”后会出现图 2-140。

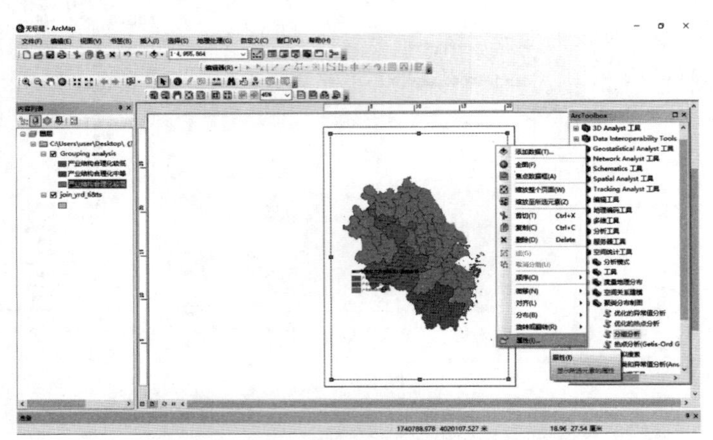

图 2-138

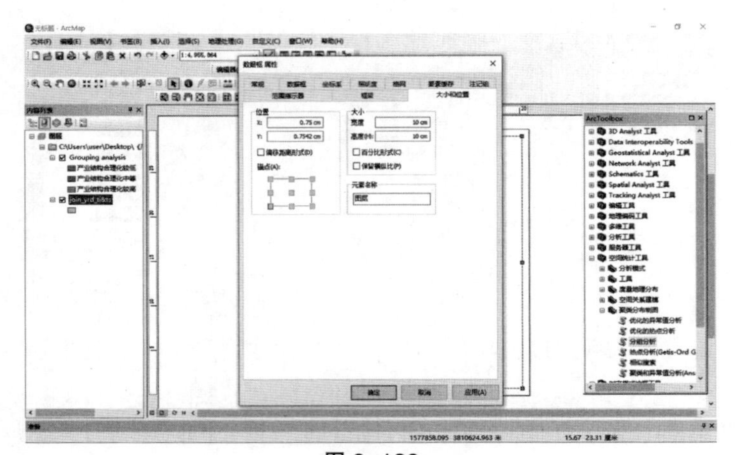

图 2-139

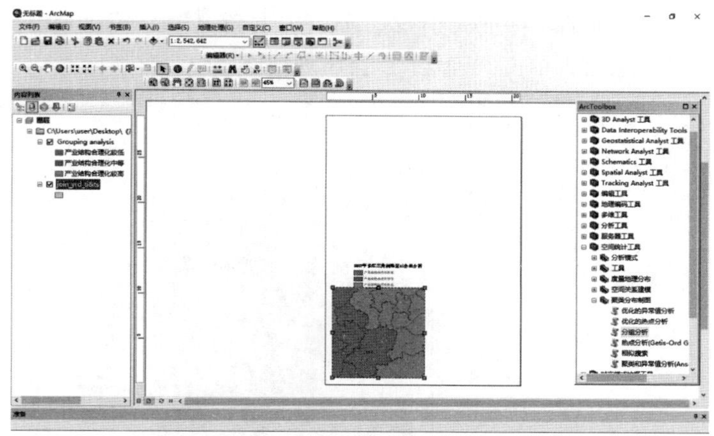

图 2-140

其次，打开图 2-141“文件 (F)”的下拉菜单，单击“页面和打印设置 (U)...”，出现图 2-142 中的“页面和打印设置”对话框，在“地图页面大小”中，取消勾选“使用打印机纸张设置 (P)”前的“√”。

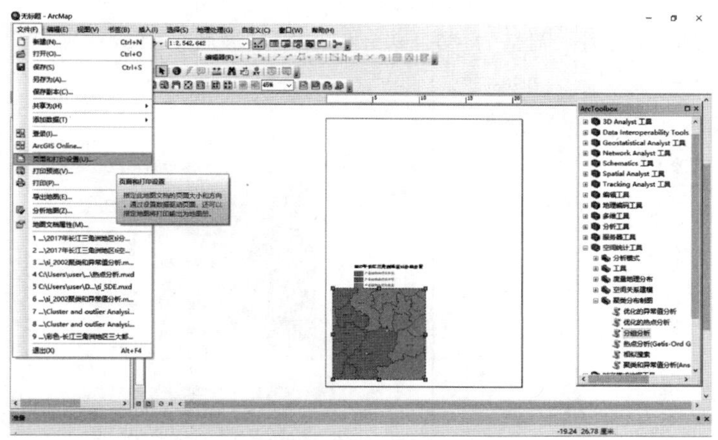

图 2-141

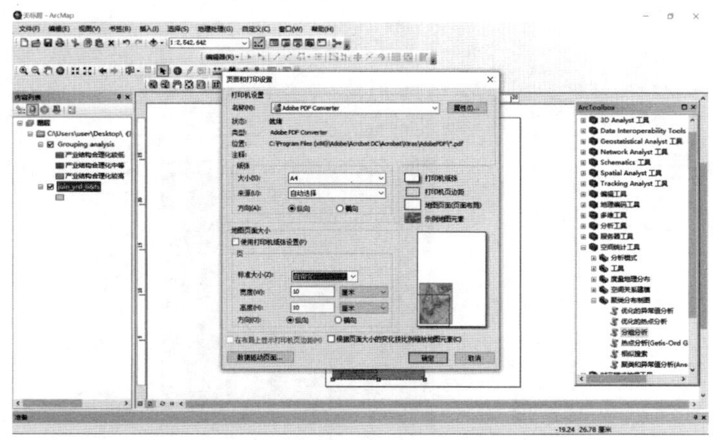

图 2-142

再次，为图 2–142 中的“标准大小 (Z)”选择“自定义”，“宽度 (W)”和“高度 (H)”都填“10”(厘米)。最后，单击“确定”，会出现图 2–143。

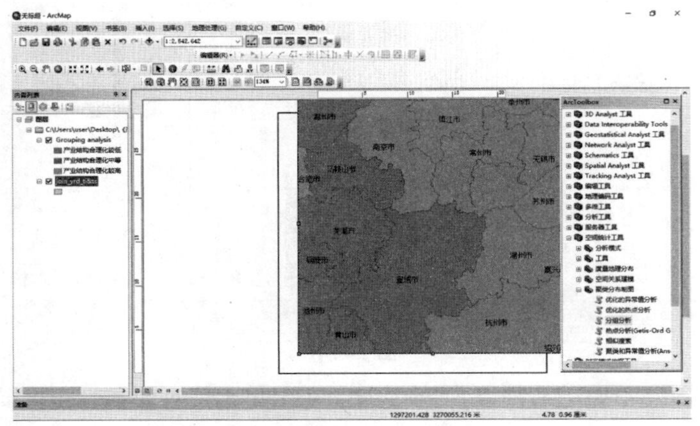

图 2–143

第六步，首先，将鼠标放在图 2–144 的“join_yrd_ti&ts”图层上，右键单击后出现下拉菜单，选择“分布 (B)”→“调整到页边距大小 (M)”后出现图 2–145。其次，将图 2–145 中的“地图比例”调整为“1 : 9,500,000”。最后，单击“确定”，见图 2–146。

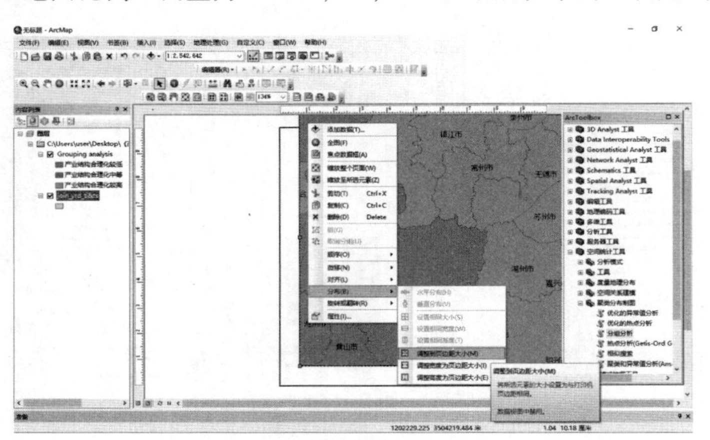

图 2–144

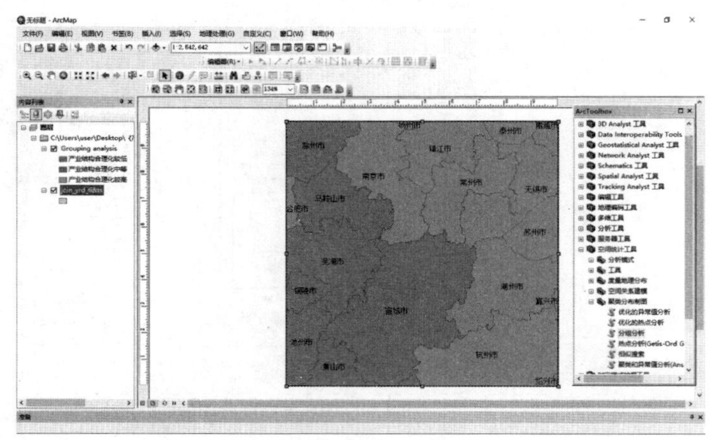

图 2–145

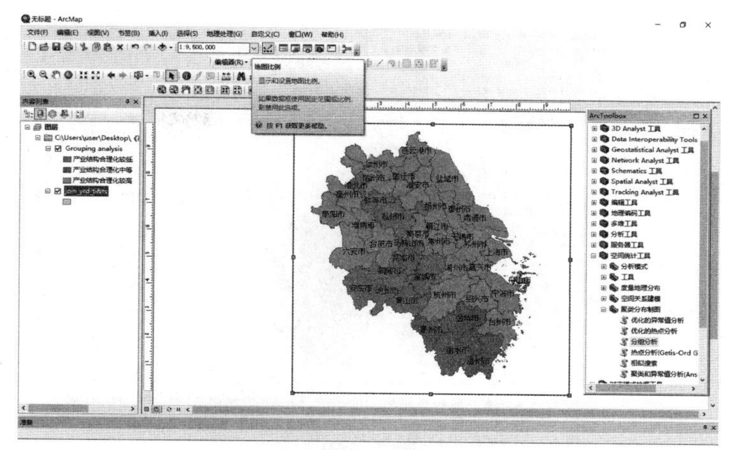

图 2-146

第七步，插入比例尺、指北针，并对图例、比例尺、指北针进行调整；采用中国标准地图投影坐标系对原有图形进行校正，如图 2-147 至图 2-150 所示。最终成图，见图 2-151。

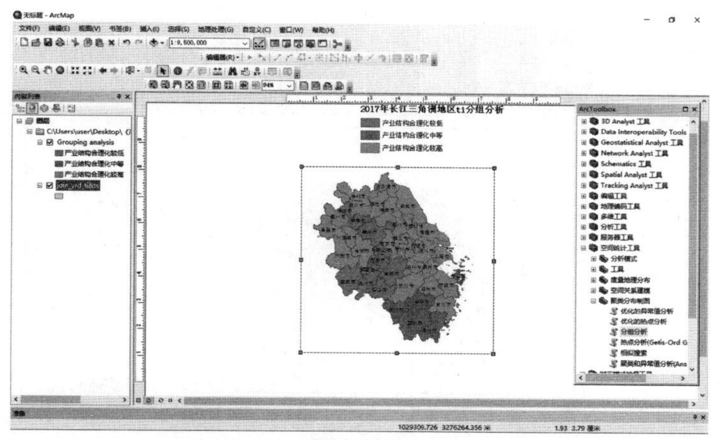

图 2-147

注：读者可以根据自己的实际需要对图 2-147 中的图例进行移动、调整。

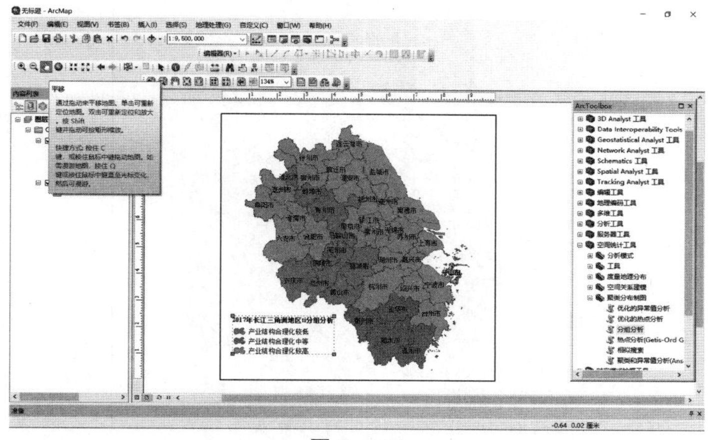

图 2-148

注：单击图 2-148 中的手型图标后，可以移动图层中的地图。

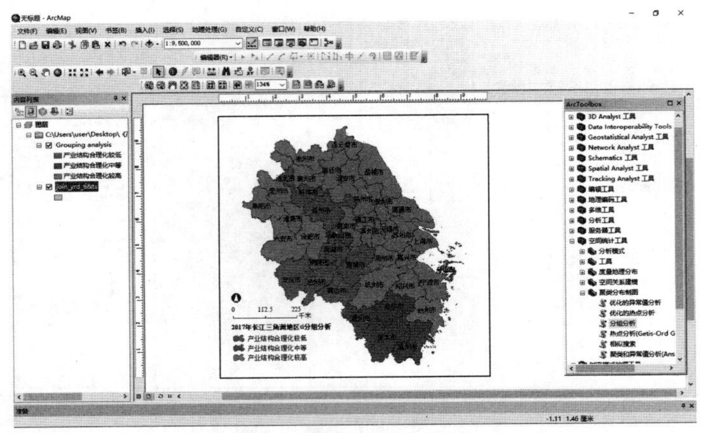

图 2-149

注：单击左侧“图层”模块中“Grouping analysis”中的“产业结构合理化较低”“产业结构合理化中等”“产业结构合理化较高”前面的长方形颜色块会出现“符号选择器”对话框，可以将三组图案花纹调整为如图 2-150 所示样式。这样能够避免黑白印刷图片造成的不易识别问题。

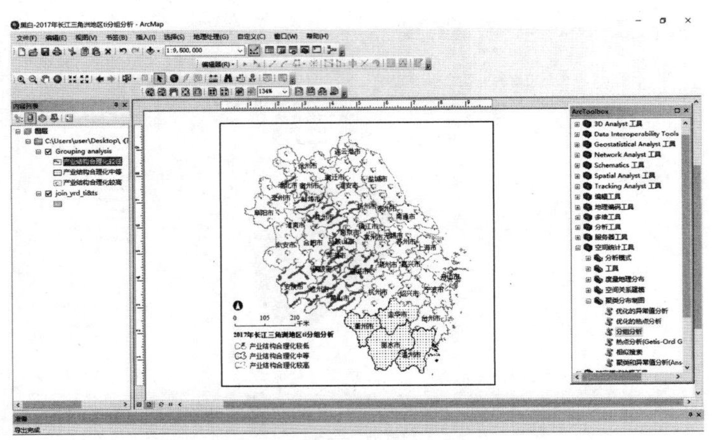

图 2-150

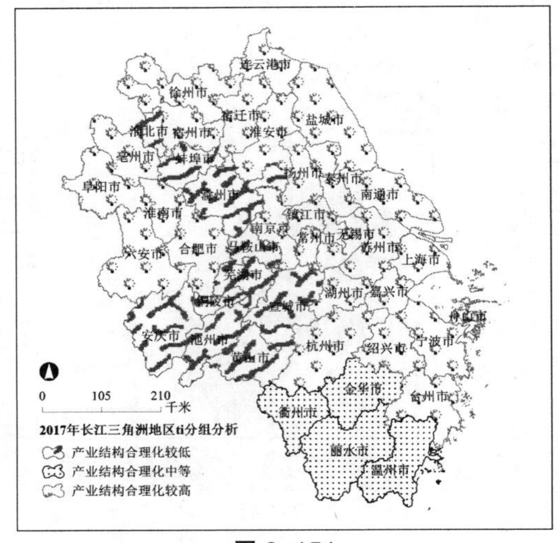

图 2-151

2.7　基于 ArcGIS 实现聚类和异常值分析

2.7.1　LISA 及其集聚图

在正式学习如何绘制 LISA 集聚图之前，我们先了解一下 LISA。LISA（Local Indicators of Spatial Association）反映的是空间联系的局部指标，可以分为局部莫兰指数（Local Moran's I）和吉尔里指数。

如果想要查找存在许多事件点（热点）和或存在很少事件点（冷点）的位置，则需要在分析之前聚合事件数据。热点分析工具也是查找热点和冷点位置的有效工具。但是，只有聚类和异常值分析［Cluster and Outlier Analysis（Anselin Local Moran's I）］工具可以识别具有统计显著性的空间异常值（高值由低值围绕或低值由高值围绕）。

正值 I 表示要素具有包含同样高或同样低的属性值的邻近要素，该要素是聚类的一部分。负值 I 表示要素具有包含不同值的邻近要素，该要素是异常值。高值（High–High，HH）聚类、低值（Low–Low，LL）聚类、高值主要由低值围绕的异常值（High–Low，HL）及低值主要由高值围绕的异常值（Low–High，LH）的相关说明，详见图 2–152。

聚类和异常值分析工具可识别高值密度、低值密度和空间异常值，还可帮助解决如下问题。

· 研究区域中的富裕区和贫困区之间的最清晰边界在哪里？

· 研究区域中存在可以找到异常消费模式的位置吗？

· 研究区域中意想不到的糖尿病高发地在哪里？

聚类和异常值分析工具在经济学、资源管理、生物地理学、政治地理学和人口统计等领域都得到了应用。

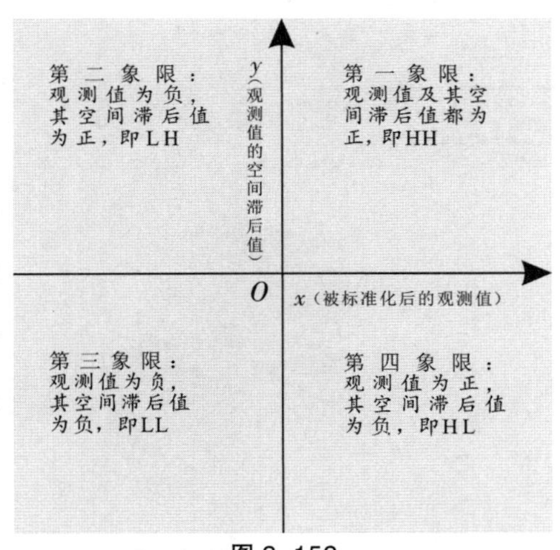

图 2–152

2.7.2 聚类和异常值分析的优势

全局莫兰指数为正值时，并不能识别要素是 HH 集聚还是 LL 集聚。原因在于，不管是 HH 集聚还是 LL 集聚，其全局莫兰指数都为正值。

热点分析技术的出现，弥补了知道全局莫兰指数值，但不能识别要素是 HH 集聚还是 LL 集聚的不足。然而，令人遗憾的是，热点分析技术识别不了异常值（要素 LH 集聚或 HL 集聚）。

聚类和异常值分析技术，弥补了热点分析技术的不足，它能同时识别 4 种集聚。

因此，在一定程度上来说，聚类和异常值分析技术的性能最为强大。

2.7.3 聚类和异常值分析的实现步骤

在 ArcGIS 中实现聚类和异常值分析共有四个步骤。

第一步，打开目标文件“长江三角洲地区产业结构升级 (ti&ts_34_variables)”，见图 2-153。具体而言，首先，单击“文件 (F)”会出现下拉菜单，选择该下拉菜单中的“添加数据 (T)”→“添加数据 (T)...”后会出现“添加数据”对话框；其次，单击“添加数据”对话框中的“长江三角洲地区产业结构升级 (ti&ts_34_variables).shp”；单击“添加数据”对话框中的“确定”。最后，将鼠标放在“图层”模块中的“长江三角洲地区产业结构升级 (ti&ts_34_variables).shp”上，右键单击会出现下拉菜单，单击该下拉菜单中的“标记要素 (L)”后会出现图 2-153 中的城市名称。如果读者单击“标记要素 (L)”后出现的不是各城市的名称，则需要读者单击该下拉菜单中的“属性 (I)...”，此时会出现“图层属性”对话框，选填此对话框。具体而言，在“图层属性”对话框的“标注”模块中，“文本字符串”中的“标注字段 (F)”选填“CHN_NAME”，“文本符号”字体选填“8”；单击“其他选项”中的“放置属性 (P)...”后会出现“放置属性”对话框，将“放置属性”对话框中的“同名标注”选填“每个要素放置一个标注 (F)”，分别单击“放置属性”“图层属性”对话框中的“确定”后会出现图 2-153。

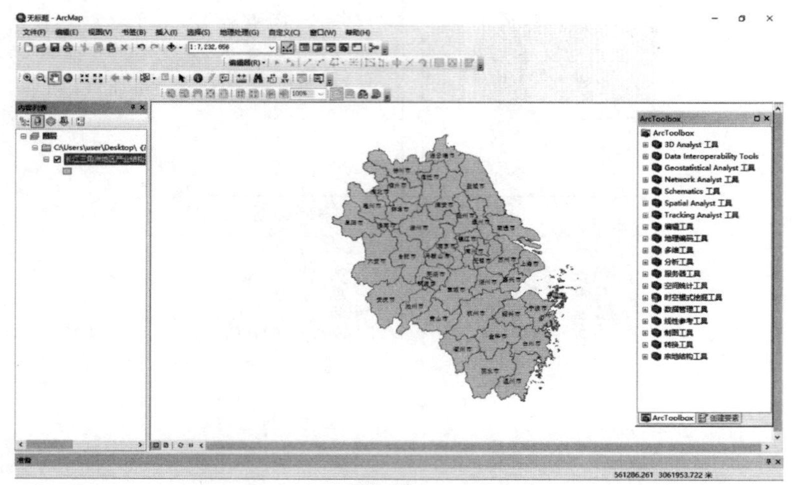

图 2-153

第二步，核心操作。首先，在 ArcToolbox 中，打开“空间统计工具”；其次，打开“聚类分布制图”后，左键双击“聚类和异常值分析 (Anselin Local Moran I)”，出现图 2–154。再次，将图 2–154 中的“聚类和异常值分析 (Anselin Local Moran I)”对话框填完。“输入要素类”填已经打开的 shp 文件［长江三角洲地区产业结构升级 (ti&ts_34_variables)］。“输入字段”填拟分析的变量（ti_2002）。单击“输出要素类”后面的文件夹后会出现“输出要素类”对话框，将该对话框的路径设置为当前活动文件夹，并将“名称”命名为“Cluster and Outlier Analysis”。“空间关系的概念化”默认“INVERSE_DISTANCE”。“标准化”默认“NONE”。最后，单击“确定”后，完成操作会出现图 2–155。

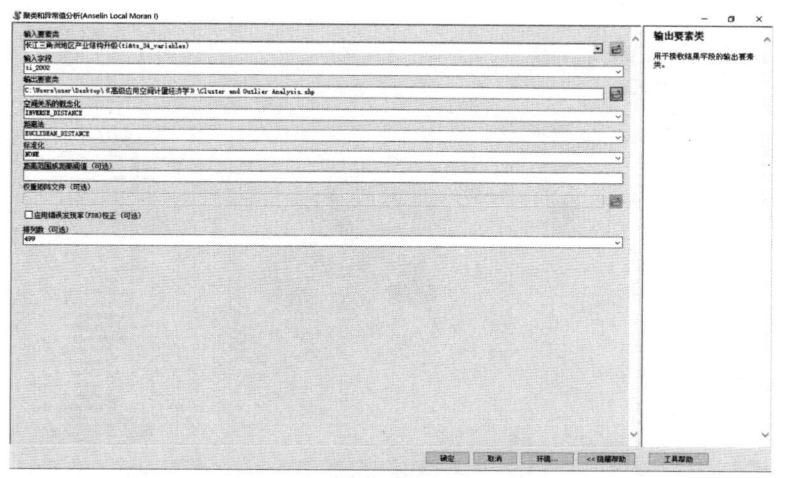

图 2–154

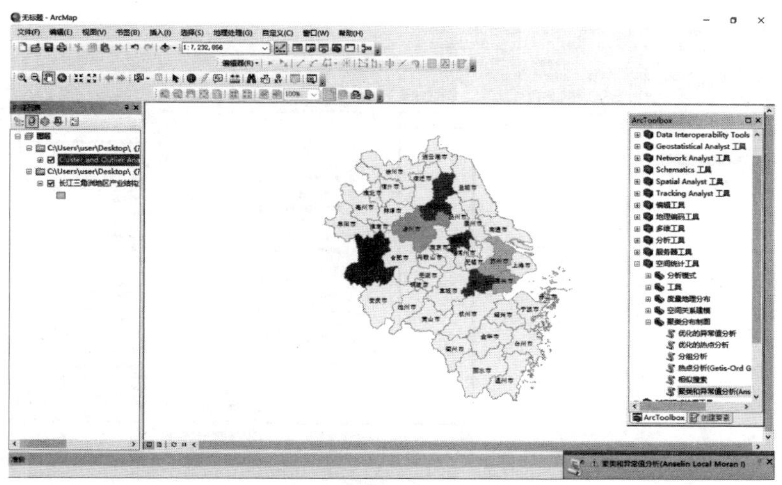

图 2–155

第三步，首先，在“视图 (V)”的下拉菜单中将“数据视图 (D)”切换为“布局视图 (L)”，见图 2–156。其次，设置图层大小与页面打印大小，并使两者一致。具体而言，将鼠标放在“Cluster and Outlier Analysis”图层上，右键单击后会出现下拉菜单，单击该下拉菜单中的“属性 (I)…”后会出现“数据框 属性”对话框，将该对话框中“大小和位置”的“大小”中的“宽度”和“高度 (H)”都调为“4.8 cm”，单击“数据框 属性”对话框中的“确定”。单击“文件 (F)”后会出现下拉菜单，单击该下拉菜单中的“页面和打印设置 (U)…”后会出现“页面和打印设置”对话框，取消勾选“页面和打印设置”对话框中“使用打印机纸张设置 (P)”前面方框中的“√”，“标准大小 (Z)”选填“自定义”，“宽度”和“高度 (H)”都调为“4.8”（厘米），然后单击“页面和打印设置”对话框中的“确定”。

再次，将鼠标放在图层上，右键单击会出现下拉菜单，单击该下拉菜单中的“分布 (B)”→“调整到页边距大小 (M)”后图层与页面会重合，见图 2–157 和图 2–158。然后，将“地图比例”调节为“1：20,000,000”时，地图与页面大小较为合适，见图 2–159。[①] 最后，添加指北针、图例及比例尺，见图 2–160。

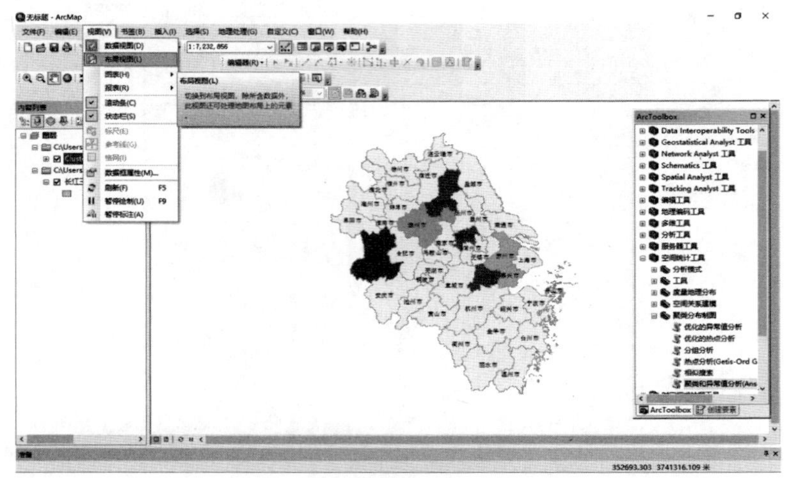

图 2–156

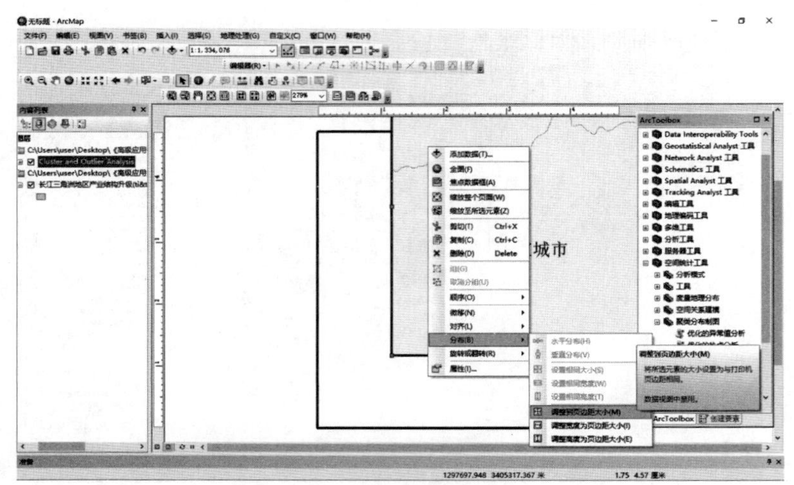

图 2–157

①在绘图时，读者可以根据自己的实际需要进行调节。事实上，在实际绘图中难以预先知道合适的地图比例是什么具体数值。这需要进行不断的尝试，直至地图的大小与图层大小、打印的页面大小合适为止。图 2–159 中的地图比例就是不断调整地图比例后得到的一个合适结果。

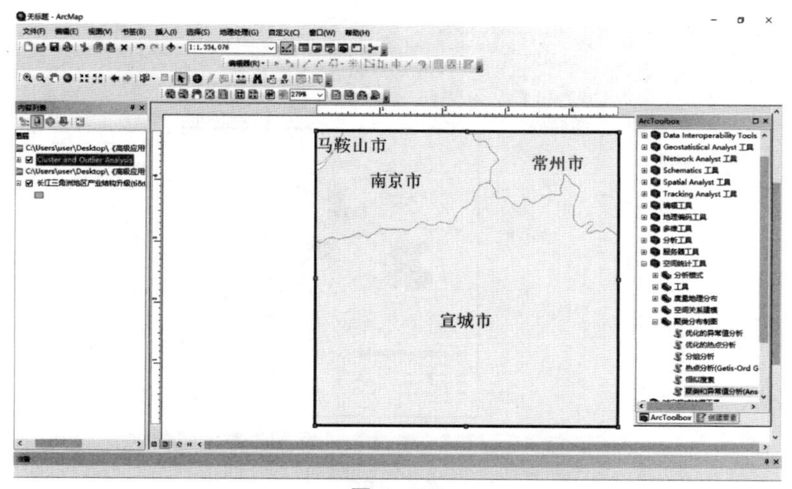

图 2–158

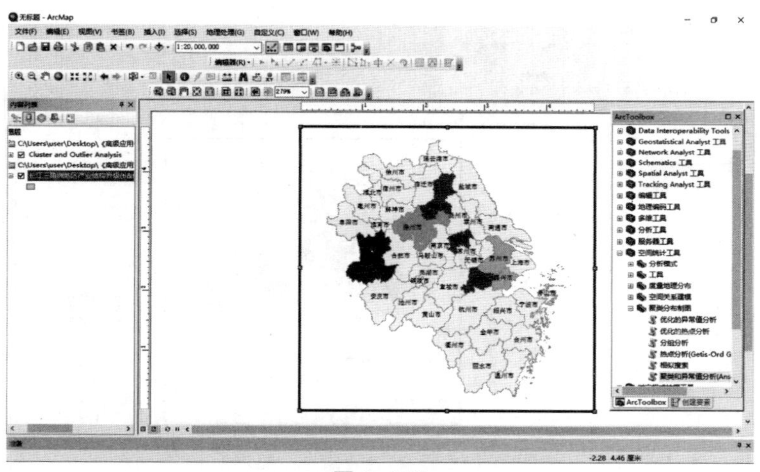

图 2–159

第四步，在已经生成的集聚地图（图 2–160）中添加 HH、LL、LH、HL。首先，将右键放在“Cluster and Outlier Analysis”文件上，右键单击会出现下拉菜单；其次，单击“Label Features”，已经生成的图上会显示出 HH、LL 区域，见图 2–161。最后，单击“文件 (F)”下拉菜单中的“导出地图 (E)...”后会出现“导出地图”对话框（见图 2–162），将该对话框中的“分辨率 (R)”调为“600”dpi，并将欲输出的图片命名输出到当前活动文件夹即可。成图见图 2–163。

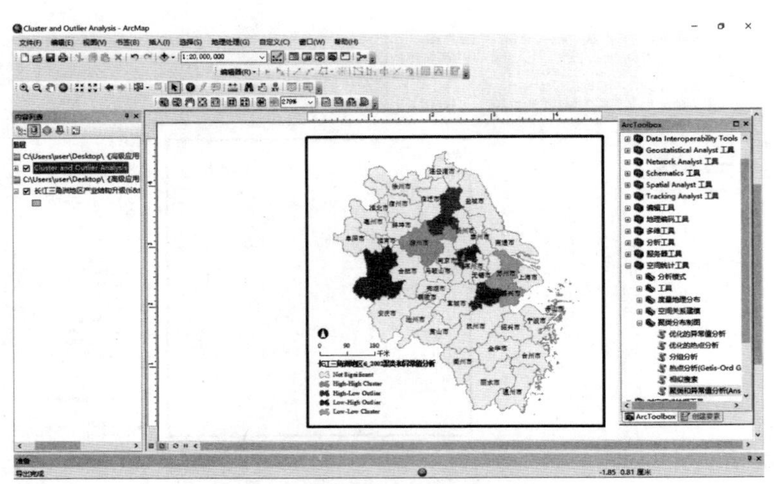

图 2-160

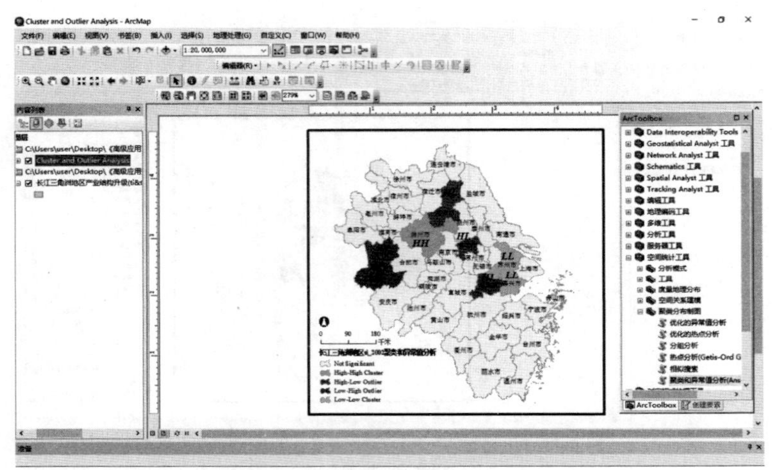

图 2-161

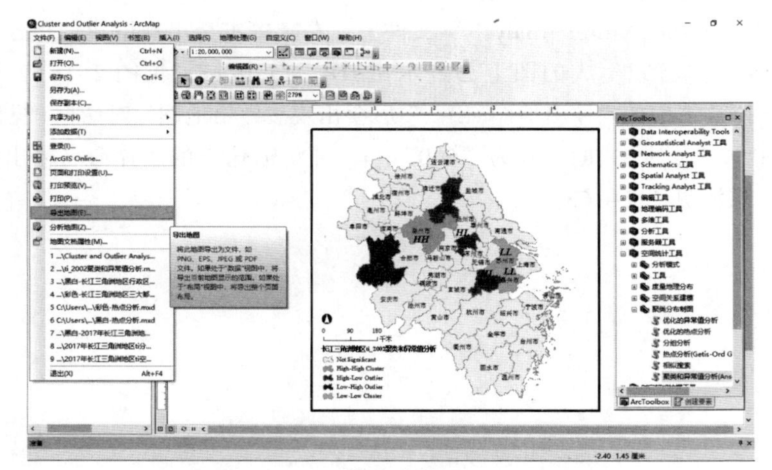

图 2-162

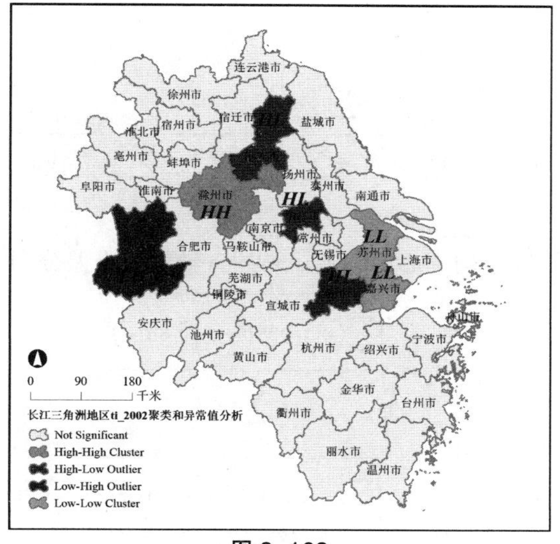

图 2-163

2.8 基于 ArcMap 与 ArcCatalog 绘制标准差椭圆

2.8.1 标准差椭圆技术概述

方向分布分析方法由平均中心作为起点对 x 坐标和 y 坐标的标准差进行计算，从而定义椭圆的轴，因此该椭圆被称为标准差椭圆（Standard Deviational Ellipse，SDE）。SDE 最早由南加州大学社会学教授韦尔蒂 · 勒菲弗（D.Welty Lefever）在 1926 年提出，因此，SDE 又被称为 Lefever's "Standard Deviational Ellipse"（勒菲弗标准差椭圆）。对于相关专业的研究学者来说，采用 ArcGIS 绘制 SDE 很重要，主要原因在于：SDE 不仅仅可以研究要素的分布中心、方向分布，还可以预判要素的空间集聚趋势。

1. 工作原理

在度量一组点或区域趋势时，通常的做法是分别计算x轴与y轴方向上的标准距离。一个包含所有要素分布的椭圆轴线能够被上述两个度量值定义。因为，此方法是把平均中心看作起点对x坐标与y坐标的标准差进行计算，进而定义椭圆的轴。SDE 的几个关键指标介绍如下。

平均中心：

$$\overline{X}_w = \frac{\sum_{i=1}^{n} w_i x_i}{\sum_{i=1}^{n} w_i}, \quad \overline{Y}_w = \frac{\sum_{i=1}^{n} w_i y_i}{\sum_{i=1}^{n} w_i} \tag{2-1}$$

其中，x_i、y_i为要素i的坐标，w_i表示权重，$\left\{\overline{X}_w, \overline{Y}_w\right\}$为要素的平均中心，$n$为要素总数。

旋转角的计算方法：

$$\begin{cases} \tan\theta = \dfrac{A+B}{C} \\ A = \sum_{i=1}^{n} w_i^2 \tilde{x}_i^2 - \sum_{i=1}^{n} w_i^2 \tilde{y}_i^2 \\ B = \sqrt{(\sum_{i=1}^{n} w_i^2 \tilde{x}_i^2 - \sum_{i=1}^{n} w_i^2 \tilde{y}_i^2)^2 + 4(\sum_{i=1}^{n} w_i^2 \tilde{x}_i \tilde{y}_i)^2} \\ C = 2\sum_{i=1}^{n} w_i^2 \tilde{x}_i \tilde{y}_i \end{cases} \tag{2-2}$$

其中，$\tilde{x}_i$与$\tilde{y}_i$为x、y坐标同平均中心的偏差。x轴与y轴的标准差分别为：

$$\begin{cases} \sigma_x = \sqrt{\dfrac{\sum\limits_{i=1}^{n}(w_i\tilde{x}_i\cos\theta - w_i\tilde{y}_i\sin\theta)^2}{\sum\limits_{i=1}^{n} w_i^2}} \\ \sigma_y = \sqrt{\dfrac{\sum\limits_{i=1}^{n}(w_i\tilde{x}_i\sin\theta - w_i\tilde{y}_i\cos\theta)^2}{\sum\limits_{i=1}^{n} w_i^2}} \end{cases} \tag{2-3}$$

一般椭圆方程如下：

$$\left(\frac{x}{\sigma_x}\right)^2 + \left(\frac{y}{\sigma_y}\right)^2 = s \tag{2-4}$$

其中，s是置信度的值，可以根据数据量进行卡方分布表查询。

2. 长、短半轴的解释

SDE 的长半轴表示的是数据分布的方向。长、短半轴的值差距越大（扁率越大），表示数据的方向性越明显；反之，如果长、短半轴的值越接近，表示数据的方向性越不明显；当长、短半轴完全相等时，椭圆就变成了圆，其表示没有任何的方向特征。

SDE 的短半轴表示的是数据分布的范围，短半轴越短，表示数据呈现的向心力越明显；反之，短半轴越长，表示数据呈现的向心力越不明显。同理，当短、长半轴完全相等时，其表示没有任何的集聚、扩散特征。

3. 变动的解释

一般而言，SDE 空间范围变化有四种情况：一是空间范围减小，这种情况表示 SDE 内部要素增长快于外部要素，换言之，此时该要素有空间集聚趋势；二是中心向某特定方向移动，这种情况表示上述特定方向要素增长快于其相反方向要素增长；三是短半轴增长，长半轴不变，假如短半轴处于东西方向，此种情况表示东西方向要素增长快于南北方向；四是方位角减小，这种情况表示西北部要素影响增强。

SDE 是分析要素空间运动方向的一种技术。实际上，我们不仅能通过 SDE 分析要素空间运动方向，还能通过对同一要素 SDE 前后年份长轴变化、短轴变化及面积变化的对比，分析该要素是否具有空间集聚（或扩散）趋势以及重心迁移。

SDE 的关键参数有：Shape_Leng（周长）、Shape_Area（面积）、CenterX 和 CenterY（椭圆的中心点）、XStdDist（x 轴长度）、YStdDist（y 轴长度）、Rotation（方向角度）。核心参数的经济学意义，参见上文对 SDE 长、短半轴和变动的解释。

2.8.2　实现步骤

基于 ArcMap 与 ArcCatalog 绘制 SDE 应该注意的关键步骤共有五步。

第一步，首先，打开 ArcMap，添加“长江三角洲地区产业结构升级 (ti).shp”文件，见图 2–164。其次，打开 Arc Toolbox 工具栏，选择“空间统计工具”，打开“度量地理分布”中的“方向分布（标准差椭圆）”，见图 2–165。再次，填完图 2–166 中的“方向分布（标准差椭圆）”对话框中的信息。“输入要素类”① 选取自定义 shp 文件“长江三角洲地区产业结构升级 (ti)”；单击“输出椭圆要素类”后面的文件夹后会出现“输出椭圆要素类”对话框，将该对话框中的“名称”选填“sde_ti_2002”，路径设置为当前活动文件夹——“C:\Users\user\Desktop\《高级应用空间计量经济学》\sde_ti_2002.shp”；“权重字段（可选）”选取“ti_2002”。单击“确定”后，会生成 SDE，见图 2–167。ti_2002 的 SDE 信息可以从它的“属性表”中获取，见图 2–168。

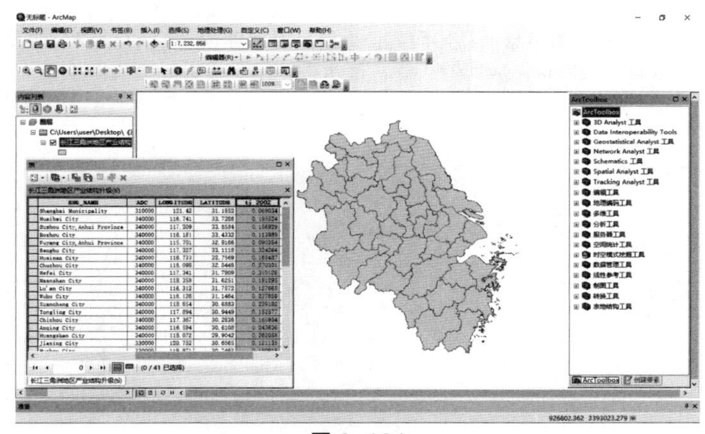

图 2–164

注：图 2–164 为本案例中 dbf 文件的数据内部结构。

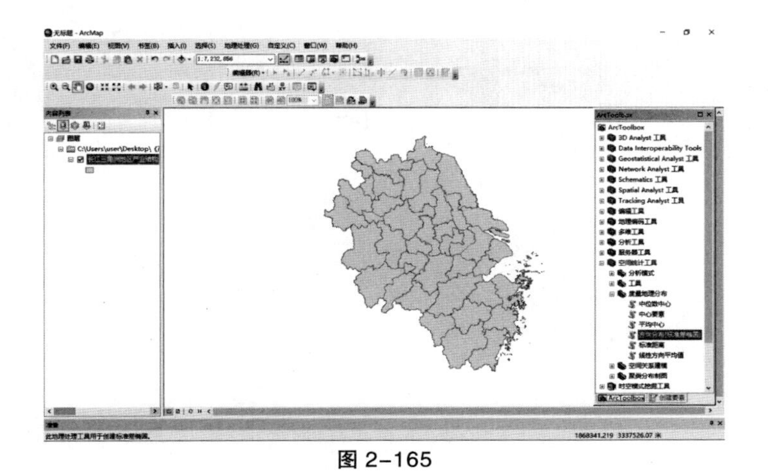

图 2–165

① 要计算标准差椭圆的要素分布所在的要素类。

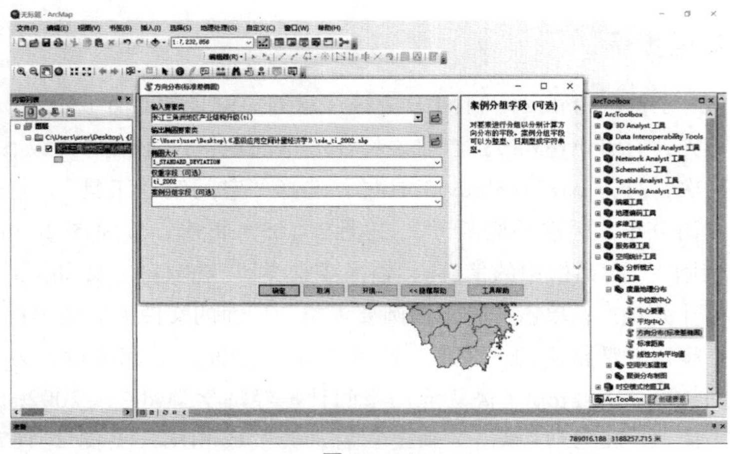

图 2-166

注：“方向分布(标准差椭圆)”对话框中的“案例分组字段(可选)”是用于绘制多区域标准差椭圆的，例如，以长江三角洲地区 41 个地级及以上城市为样本分省绘制多区域标准差椭圆。此时，dbf 文件中会有一个 field 包含三省一市的信息。具体而言，上海市对应苏沪[①]、南京市对应苏沪、苏州市对应苏沪等；合肥市对应安徽省、芜湖市对应安徽省等；杭州市对应浙江省、宁波市对应浙江省等。下一节会进行详细的介绍。

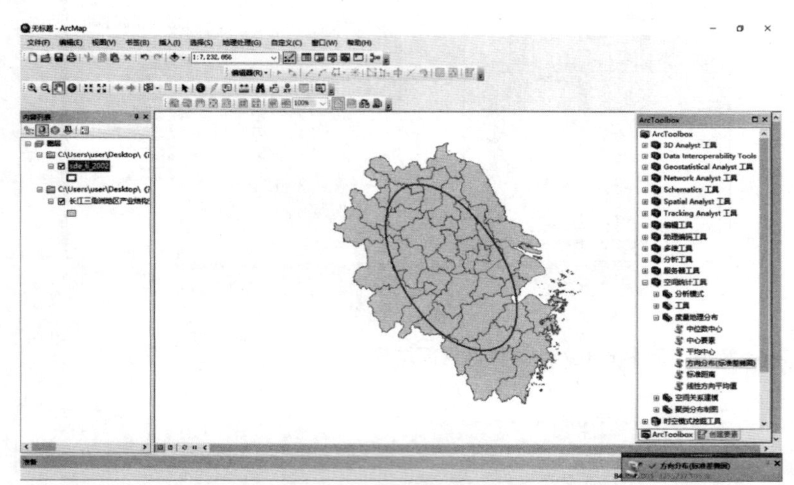

图 2-167

①将上海市作为一个整体不可能绘制出一个标准差椭圆，基于历史和地理位置的考虑，将上海市和江苏省作为一个整体，即将江苏省 13 个地级市和上海市作为一个整体。

图 2-168

注：以米为单位的 sde_ti_2002 圆心的经纬度分别为 13215729.3287（118.719；十进制度）、3672395.05692（31.476；十进制度）。

第二步，根据自己的实际情况，设置输出地图尺寸——设置图层尺寸和纸张尺寸，具体操作参见 2.3.1 小节。这里将“地图比例”调为“1：23,975,161”。

第三步，采用 ArcCatalog 新建点图层。此时，要注意的是：将新建图层的投影坐标系统（Projected Coordinate System）与之前选取的自定义 shp 文件进行统一，见图 2-169。

第四步，添加“ti 的 SDE 圆心 .shp”，单击“编辑器 (R)”会出现下拉菜单，单击该下拉菜单中的“开始编辑 (T)”后会出现“开始编辑”对话框，选择“开始编辑”对话框中的“ti 的 SDE 圆心”；将新建的点图层添加到原有图层上，参考要素生成的 SDE 圆心坐标信息，采用“绝对 X、Y”确定新建点图层上的要素 SDE 的圆心坐标位置，见图 2-170 至图 2-171。图 2-170 中“图层”原始坐标及三个图层的坐标均为“WGS_1984_World_Mercator”。

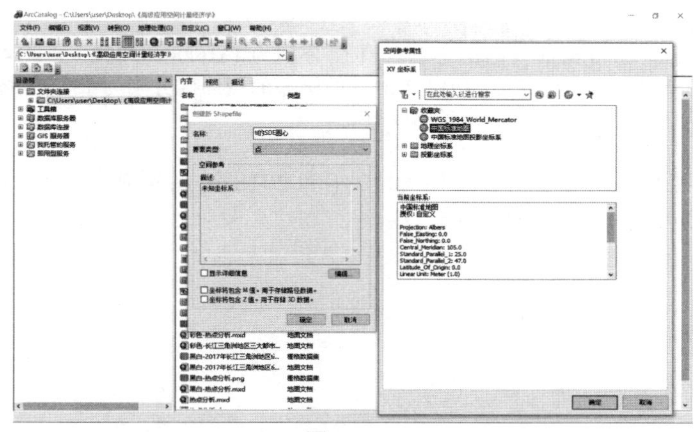

图 2-169

注：分别单击“空间参考属性”对话框、“创建新 Shapefile”对话框的“确定”，完成 shapefile 的创建工作。

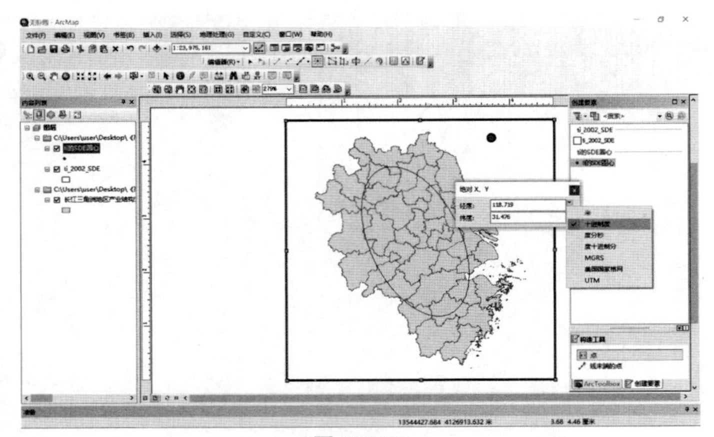

图 2-170

注：确定标准差椭圆的重心——首先，应将鼠标放在右侧“创建要素”对话框中的“ti 的 SDE 圆心”上；其次，将鼠标放在图 2-170 图层上，右键单击会出现“绝对 X、Y”对话框，其中“X”对应经度，“Y”对应纬度；最后，将圆心坐标单位由“米”换为“十进制度”，单击回车键（Enter）会出现图 2-171。

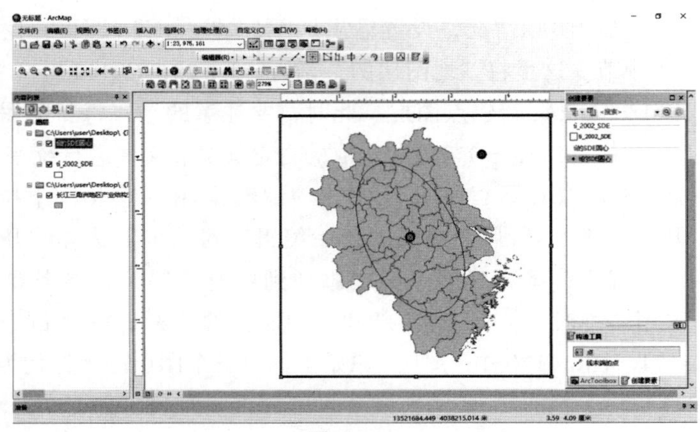

图 2-171

注：以米为单位，2010 年的 ti 的圆心的经纬度分别为 13162889.9387（118.244；十进制度）、3682404.91116（31.553；十进制度），2018 年的 ti 的圆心的经纬度分别为 13175483.3249（118.357；十进制度）、3666023.02337（31.427；十进制度）。

第五步，按照相同的方法可以确定 2010 年和 2018 年 ti 的圆心，添加指北针、标尺、图例等，见图 2-172。成图见图 2-173。

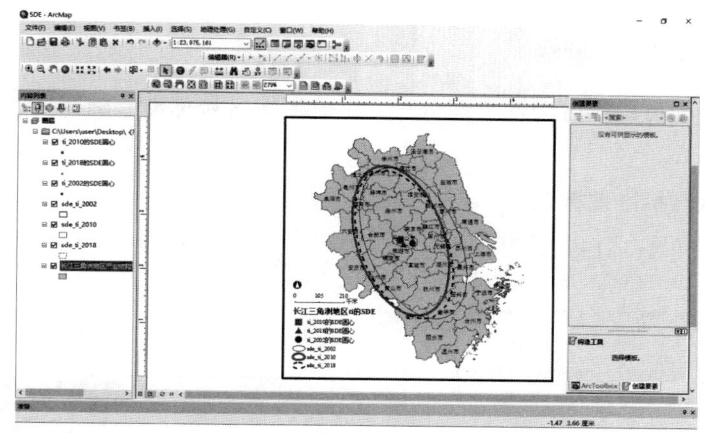

图 2–172

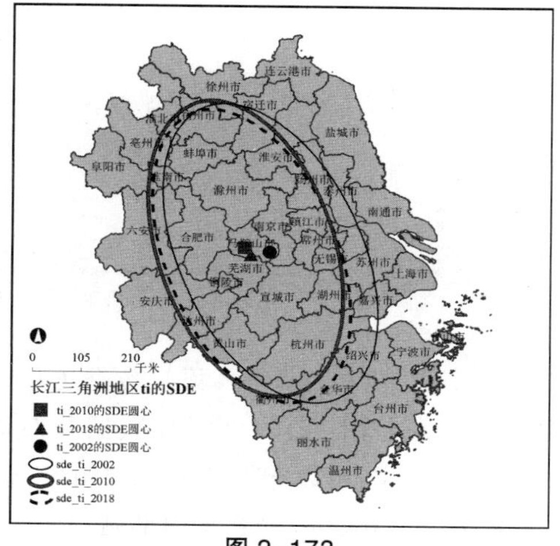

图 2–173

2.9　一个关于多区域标准差椭圆及其中心绘制的案例

2.9.1　标准差椭圆应用回顾

研究要素分布中心的例子：白冰等（2021）研究表明，2000—2017 年，北方地区消费市场重心和生产总值重心都呈现出显著的向西南方向移动的特征。研究要素方向分布的例子：赵璐等（2014）研究表明，2003—2011 年，沿海地区生产总值标准差椭圆的方位角有增大的趋势，这表明，相对于东北部城市而言，沿海地区西南部城市对沿海地区经济的拉动作用增强。研究要素空间集聚趋势的例子：孙攀和陈晓峰（2021）研究表明，2002—2018 年，从椭圆面积、短半轴、长半轴来看，在空间上长江三角洲地区产业结构合理化有集聚的趋势。

2.9.2 具体操作步骤

具体操作步骤可以细分为两个部分：一是绘制多区域标准差椭圆；二是绘制多区域标准差椭圆的中心。

1. 绘制多区域标准差椭圆

第一步，打开 ArcGIS，见图 2–174。

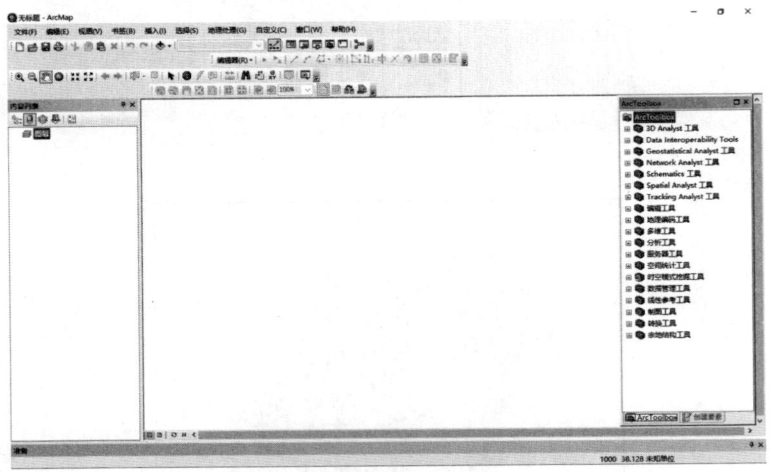

图 2–174

第二步，在“文件 (F)”下拉菜单中，单击“添加数据（T）...”，出现“添加数据”对话框，见图 2–175 至图 2–176，在图 2–177“添加数据”对话框中选择“Economic_center_of_gravity.shp”，并单击“添加数据”对话框中的“添加”会出现图 2–178。图 2–179 是 Economic_center_of_gravity.shp 的数据内部结构。

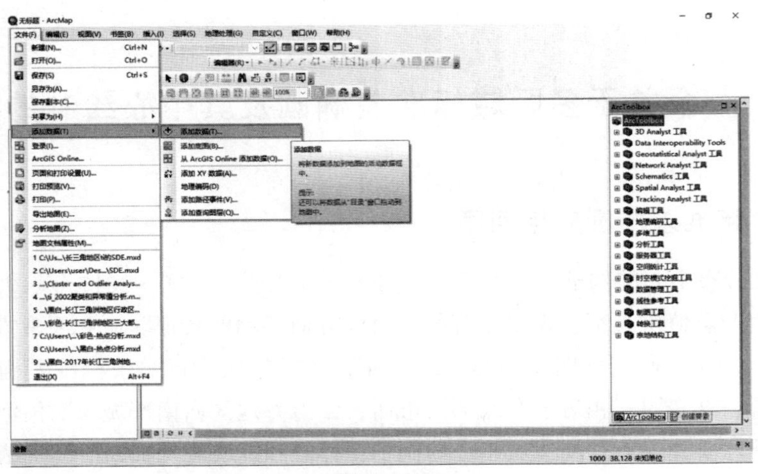

图 2–175

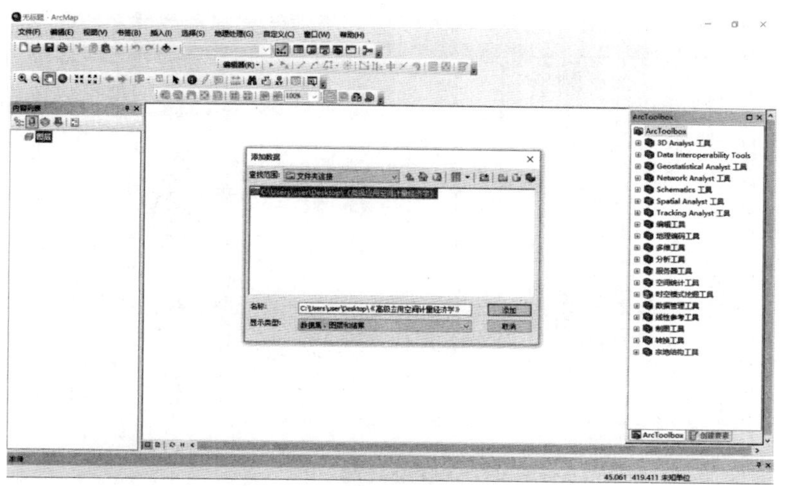

图 2–176

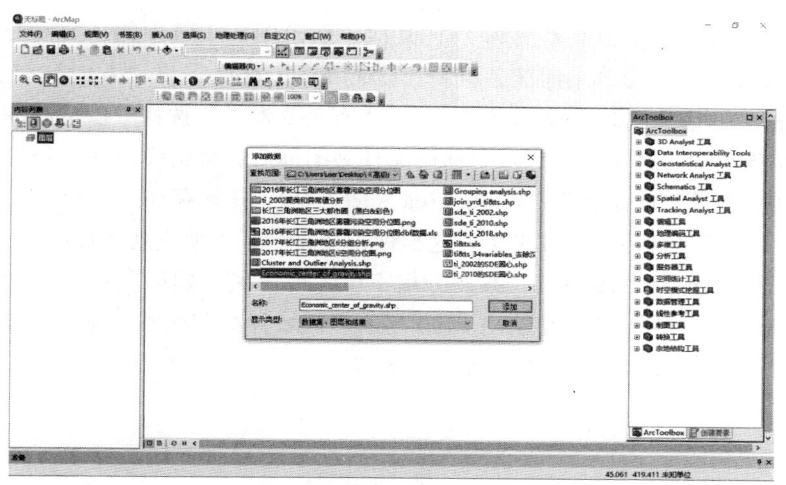

图 2–177

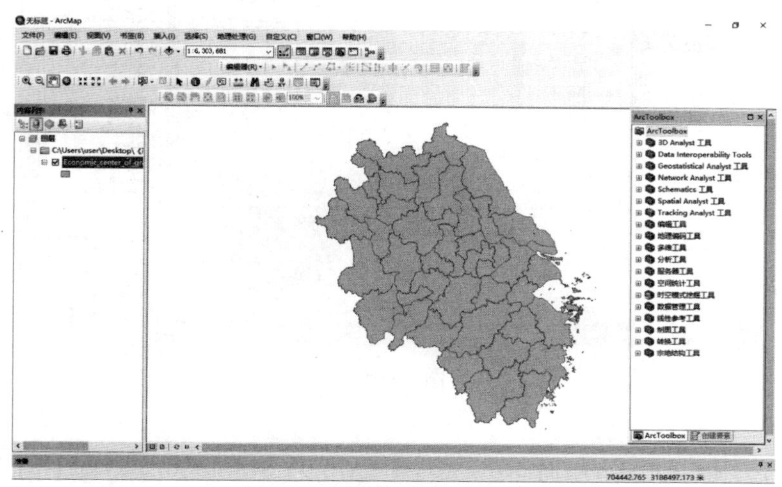

图 2–178

Economic_center_of_gravity

FID	Shape	省	省代码	市	市代码	市类型	id	city	coastal	Yangtze	cy	gdp2000	gdp1999	gdp1998	gdp1997	gdp1996	gdp1995	gdp1994	gdp1993
0	面	安徽	340000	安庆市	340800	地级市	33	宜	否	是	是	242.96	228.33	247.98	252.3	205.14	169.15	138.28	91.051
1	面	安徽	340000	蚌埠市	340300	地级市	25	蚌	否	否	否	163.6632	161.0312	154.0623	138.9925	116.7704	95.2036	89.53	63.134
2	面	安徽	340000	亳州市	341600	地级市	39	亳	否	否	否	153.7	57.3	55.96	155.02	140.6	119.85	88.5563	64.517
3	面	安徽	340000	池州市	341700	地级市	40	池	否	是	是	60.05	56.97	57.87	56.26	52.79	42.73	33.7616	23.381
4	面	安徽	340000	滁州市	341100	地级市	35	滁	否	否	否	217.86	243.51	230.02	241.05	200.4	155.92	119.91	87.127
5	面	安徽	340000	阜阳市	341200	地级市	36	阜	否	否	否	208.87	350.56	381.61	459.39	389.43	170.38	36.7	23.1
6	面	安徽	340000	合肥市	340100	地级市	26	庐	否	否	否	289.16	227.15	294.59	266.05	222.43	173.53	134.59	97.1
7	面	安徽	340000	淮北市	340600	地级市	31	北	否	否	否	103.02	92.71	94.22	93.91	85.5	71.78	58.34	48.3
8	面	安徽	340000	淮南市	340400	地级市	29	淮	否	否	否	132.6	122.83	120.34	118.79	106.39	83.5	68.31	53.2
9	面	安徽	340000	黄山市	341000	地级市	34	徽	否	否	否	79.73	76.07	72.55	67.56	57.33	46.62	37.08	26.607
10	面	安徽	340000	六安市	341500	地级市	38	皋	否	否	否	178.62	179.18	170.14	51.21	48.3194	39.968	39.8	39.
11	面	安徽	340000	马鞍山	340500	地级市	30	马	否	是	是	137.6604	127.6031	118.3268	106.7069	94.2029	91.7721	72.6479	66.350
12	面	安徽	340000	宿州市	341300	地级市	37	[illegible]	否	否	否	178.81	161.24	56.44	65.19	55.9012	40.6057	80.6482	65.037
13	面	安徽	340000	铜陵市	340700	地级市	32	铜	否	是	是	75.71	68.54	64.36	58.01	51.95	44.27	33.35	24.610
14	面	安徽	340000	芜湖市	340200	地级市	27	芜	否	是	是	256.6	109.18	181.1	164.94	132.06	100.88	75.09	52.626
15	面	安徽	340000	宣城市	341800	地级市	41	宣	否	否	否	151.97	173.18	203.23	148.9817	129.521	117.2664	86.1636	56.278
16	面	苏沪	320000	常州市	320400	地级市	5	常	否	否	是	600.66	536.72	504.6	470.11	431.15	369.7	314.93	223.896
17	面	苏沪	320000	淮安市	320800	地级市	9	安	否	否	否	291.05	252.72	219.78	196.58	173.23	277.07	227.27	160.4
18	面	苏沪	320000	连云港	320700	地级市	8	连	是	否	是	291.13	284.96	264.67	238.53	210.2	155.16	116.63	66.2
19	面	苏沪	320000	南京市	320100	地级市	2	宁	否	是	是	1073.54	937.89	850.24	773.78	682.78	584.59	472.17	355.2
20	面	苏沪	320000	南通市	320600	地级市	7	通	是	是	是	736.44	670.44	624.52	577.49	530.42	466.53	345.17	240.638
21	面	苏沪	320000	苏州市	320500	地级市	6	苏	否	否	是	1540.68	1356.43	1250.01	1132.59	1002.14	903.11	720.9	525.9
22	面	苏沪	320000	宿迁市	321300	地级市	14	宿	否	否	否	200.65	182.03	165.49	144.69	124.91	112.22	90.906	64.17
23	面	苏沪	320000	泰州市	321200	地级市	13	泰	否	是	是	405.25	368.92	342.08	317.76	293.65	119.68	96.532	69.52
24	面	苏沪	320000	无锡市	320200	地级市	3	锡	否	是	是	1176.54	1120.58	1038.27	947.84	861.78	755.65	604.6	440.3
25	面	苏沪	320000	徐州市	320300	地级市	4	徐	否	否	否	644.5	600.03	555.17	515.03	500.07	410.74	318.4	220.5
26	面	苏沪	320000	盐城市	320900	地级市	10	盐	否	否	否	548.59	500.24	464.68	421.48	381.2	324.07	229.57	167.1
27	面	苏沪	320000	扬州市	321000	地级市	11	扬	否	是	是	472.12	426.99	401.59	376.68	351.15	299.2	241.33	174.5
28	面	苏沪	320000	镇江市	321100	地级市	12	镇	否	是	是	452.02	416.51	390.56	360.54	335.11	285.89	220.56	153.1
29	面	苏沪	310000	上海市	310000	直辖市	1	沪	是	是	是	4771.17	4188.73	3801.09	3438.79	2957.55	2499.43	1990.98	1519.2
30	面	浙江	320000	杭州市	330100	地级市	15	杭	是	否	是	1382.56	1225.29	1134.89	1036.33	906.61	762.01	585.52	424.7
31	面	浙江	330000	湖州市	330500	地级市	19	湖	否	否	否	325.23	300.05	290.2	289.88	249.44	215.76	180.65	126.8
32	面	浙江	330000	嘉兴市	330400	地级市	18	禾	是	否	是	524.03	460.31	433.39	406.63	369.96	311.24	236.57	168.
33	面	浙江	330000	金华市	330700	地级市	21	金	否	否	否	509.35	458.18	437.28	414.44	386.23	319.64	230.71	153.0
34	面	浙江	330000	丽水市	331100	地级市	25	丽	否	否	否	136.76	122.17	116.05	112.82	106.56	94.43	76.31	55.6
35	面	浙江	330000	宁波市	330200	地级市	16	甬	是	否	是	1144.57	1017.08	952.79	879.1	764.07	602.65	459.66	315.1
36	面	浙江	330000	衢州市	330800	地级市	22	衢	否	否	否	155.23	142.85	136.73	129.78	126.69	112.17	96.42	63.0
37	面	浙江	330000	绍兴市	330600	地级市	20	越	否	否	是	779.76	705.06	651.28	594.55	513.71	411.21	307.81	200.774
38	面	浙江	330000	台州市	331000	地级市	24	台	是	否	是	613.31	605	554.63	509.07	486.59	380.84	270.08	177.8
39	面	浙江	330000	温州市	330300	地级市	17	温	是	否	是	822.02	729.07	672.06	601.85	507.05	401.66	295.97	196.0
40	面	浙江	330000	舟山市	330900	地级市	23	舟	是	否	是	121.57	106.15	97.27	91.29	83.82	74.38	60.19	43.0

(0 / 41 已选择)

Economic center of gravity

图 2-179

第三步，首先，打开图 2-180 中的 ArcToolbox，依次找到“空间统计工具”“度量地理工具”“方向分布（标准差椭圆）”；其次，双击图 2-180 中的“方向分布（标准差椭圆）”会出现“方向分布（标准差椭圆）”对话框；再次，将“方向分布（标准差椭圆）”对话框中的信息选填完毕。具体而言，“输入要素类”选择“Economic_center_of_gravity”；单击“输出椭圆要素类”下面的文件夹图标后，将会弹出一个新的对话框，把预生成的 SDE 要素文件命名为“multi_area_sde_1990”并保存在“高级应用空间计量经济学”文件夹——当前活动文件夹里。这样做主要是为了方便查找生成的要素文件。“权重字段（可选）”选择“1990”。“案例分组字段（可选）”选择“省”，见图 2-181。最后，单击“确定”，ArcGIS 将绘制出 1990 年的多区域标准差椭圆，见图 2-182。采用类似操作可以绘制出其他年份的多区域标准差椭圆。

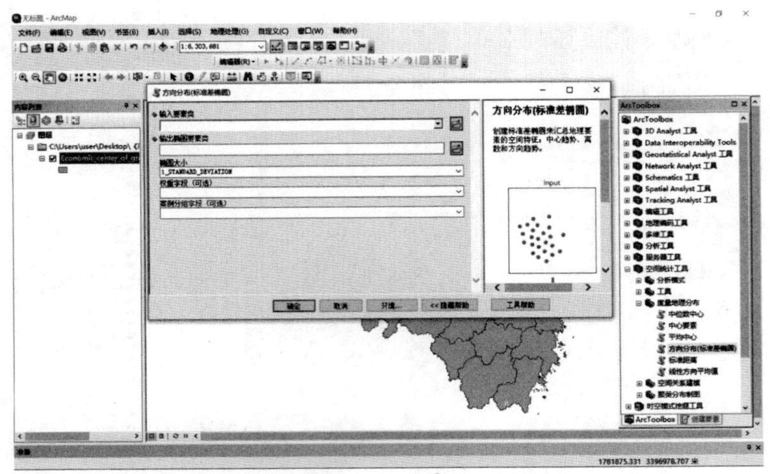

图 2-180[1]

①椭圆大小：标准差中输出椭圆的大小。默认椭圆大小为 1_STANDARD_DEVIATION；可供选择的选项为 2_STANDARD_DEVIATIONS、3_STANDARD_DEVIATIONS 权重字段（可选）。案例分组字段（可选）：对要素进行分组以分别计算方向分布的字段。案例分组字段可以为整型、日期型或字符串型。

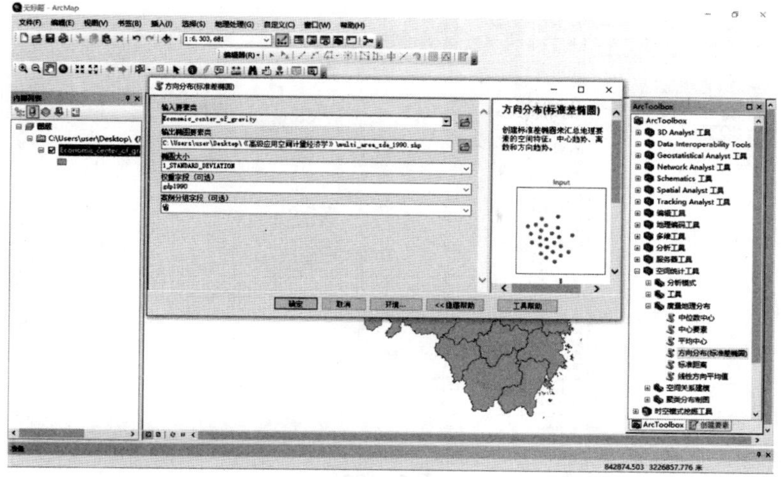

图 2-181

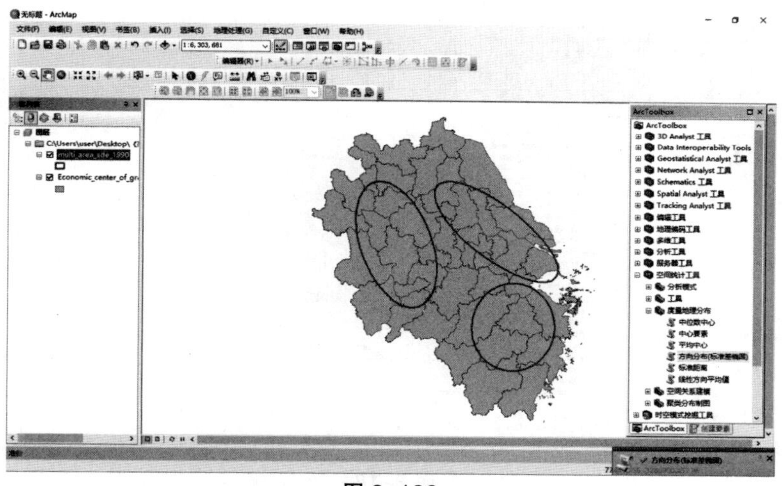

图 2-182

2. 绘制多区域标准差椭圆的中心

第一步，首先，打开 ArcCatalog，见图 2-183；其次，单击“文件 (F)”下拉菜单中的“新建”→“Shapefile(S)...”会出现“创建新 Shapefile”对话框，见图 2-184。最后，将该对话框上需要选填的信息填写完毕。具体而言，“名称”填写“multi_area_ecg_1990”，“要素类型”选择“点”；在选填“空间参考”信息时要注意，原来的面 shapefile 和准备新建的点 shapefile 要有统一的空间参考信息，否则两个图层无法同时显示，不能进行后续确定 SDE 中心的操作。在选填完“空间参考”后，单击“确定”后会新建的“multi_area_ecg_1990.shp”等点要素文件，见图 2-185。

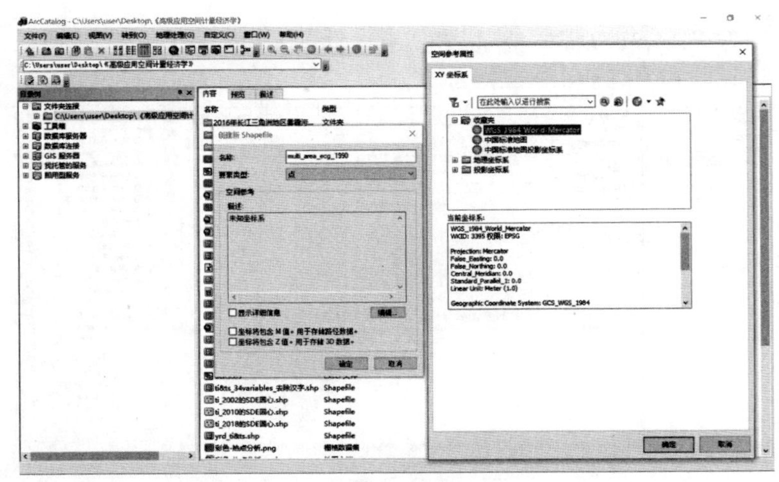

图 2-183

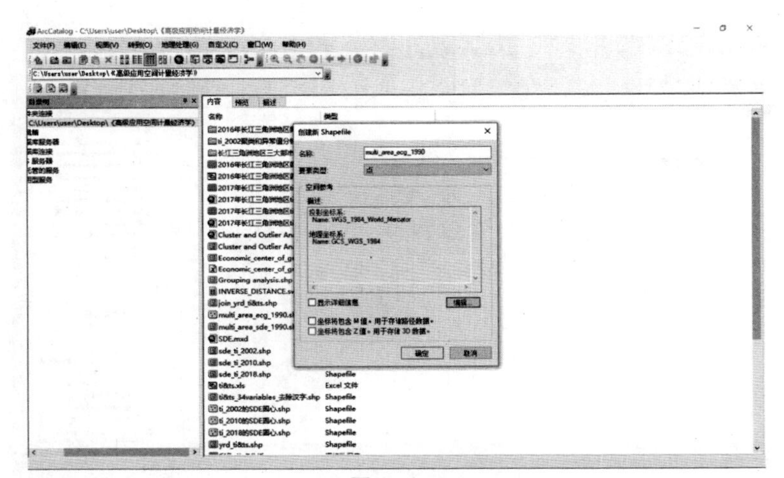

图 2-184

名称	修改日期	类型	大小
Grouping analysis.shp	2021/8/25 8:06	SHP 文件	2,735 KB
Grouping analysis.shp	2021/8/25 8:06	XML 文档	6 KB
Grouping analysis.shx	2021/8/25 8:06	SHX 文件	1 KB
INVERSE_DISTANCE.swm	2021/8/25 8:04	SWM 文件	3 KB
join_yrd_ti&ts.cpg	2021/8/24 20:38	CPG 文件	1 KB
join_yrd_ti&ts.dbf	2021/8/24 20:38	DBF 文件	26 KB
join_yrd_ti&ts.prj	2021/8/24 16:15	PRJ 文件	1 KB
join_yrd_ti&ts.sbn	2021/8/24 20:38	SBN 文件	1 KB
join_yrd_ti&ts.sbx	2021/8/24 20:38	SBX 文件	1 KB
join_yrd_ti&ts.shp	2021/8/24 20:38	SHP 文件	2,735 KB
join_yrd_ti&ts.shx	2021/8/24 20:38	SHX 文件	1 KB
multi_area_ecg_1990.cpg	2021/8/28 9:44	CPG 文件	1 KB
multi_area_ecg_1990.dbf	2021/8/28 9:44	DBF 文件	1 KB
multi_area_ecg_1990.prj	2021/8/28 9:44	PRJ 文件	1 KB
multi_area_ecg_1990.shp	2021/8/28 9:44	SHP 文件	1 KB
multi_area_ecg_1990.shx	2021/8/28 9:44	SHX 文件	1 KB
multi_area_sde_1990.cpg	2021/8/28 9:39	CPG 文件	1 KB
multi_area_sde_1990.dbf	2021/8/28 9:39	DBF 文件	2 KB
multi_area_sde_1990.prj	2021/8/28 9:39	PRJ 文件	1 KB
multi_area_sde_1990.sbn	2021/8/28 9:39	SBN 文件	1 KB
multi_area_sde_1990.sbx	2021/8/28 9:39	SBX 文件	1 KB
multi_area_sde_1990.shp	2021/8/28 9:39	SHP 文件	18 KB
multi_area_sde_1990.shp.DESKTOP-D9L57G...	2021/8/28 9:39	LOCK 文件	0 KB
multi_area_sde_1990.shp	2021/8/28 9:39	XML 文档	1 KB
multi_area_sde_1990.shx	2021/8/28 9:39	SHX 文件	1 KB
SDE	2021/8/27 20:53	ArcGIS ArcMap Do...	901 KB
sde_ti_2002.cpg	2021/8/27 20:09	CPG 文件	1 KB
sde_ti_2002.dbf	2021/8/27 20:09	DBF 文件	1 KB
sde_ti_2002.prj	2021/8/27 20:09	PRJ 文件	1 KB
sde_ti_2002.sbn	2021/8/27 20:09	SBN 文件	1 KB
sde_ti_2002.sbx	2021/8/27 20:09	SBX 文件	1 KB
sde_ti_2002.shp	2021/8/27 20:09	SHP 文件	6 KB

144 个项目 已选择 5 个项目 625 字节

图 2-185

第二步，首先，添加“multi_area_ecg_1990.shp”文件，见图 2–186；其次，将鼠标放在“ecg_1990”图层上，右键单击后，选择“编辑要素 (E)”→“开始编辑 (S)”，见图 2–187；再次，单击“创建要素”图标，见图 2–188，打开 sde1990 的属性表，获得 1990 年各区域 SDE 的中心坐标信息，见图 2–189；最后，将鼠标放在“ecg_1990”图层上，右键单击会出现“绝对 X, Y(B)...”，单击“绝对 X, Y(B)...”后会出现确定经纬度坐标信息的对话框，见图 2–190，将上述已知的多区域 SDE 中心经纬度信息填入，单击回车键即可。图 2–191 至图 2–193 为操作补充性说明。

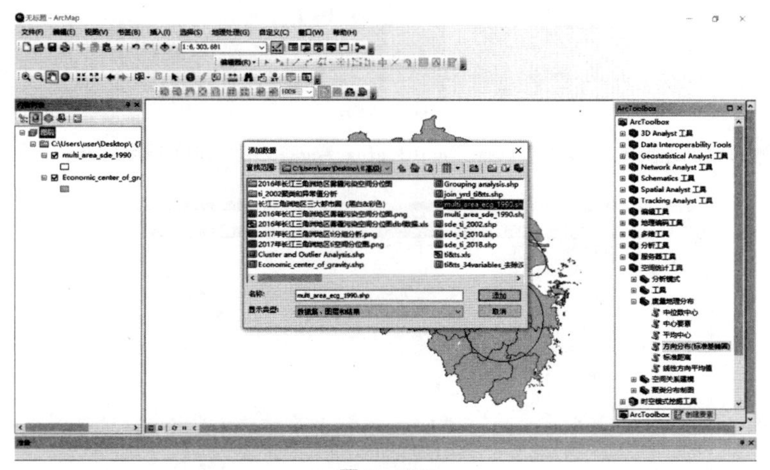

图 2–186

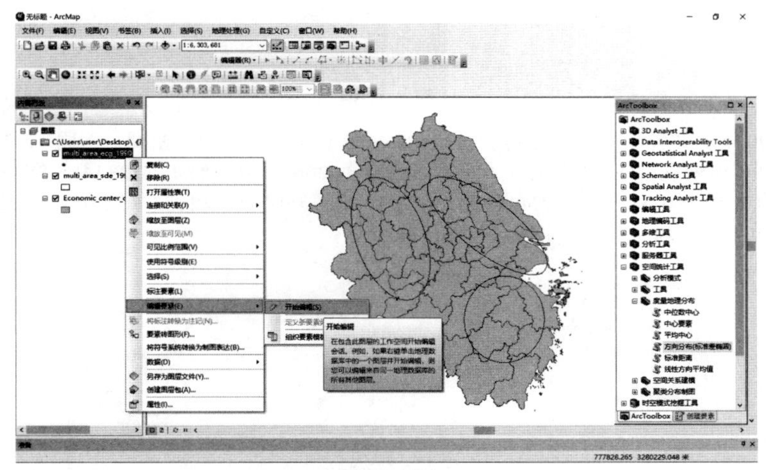

图 2–187

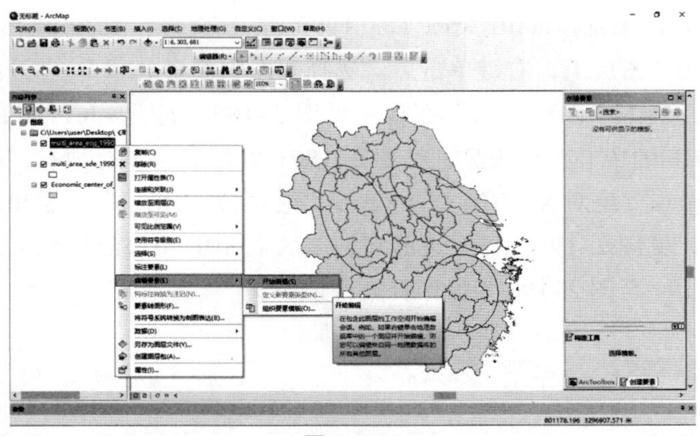

图 2-188

注：在右侧的“创建要素”模块中选择“multi_area_ecg_1990”即可开始编辑。

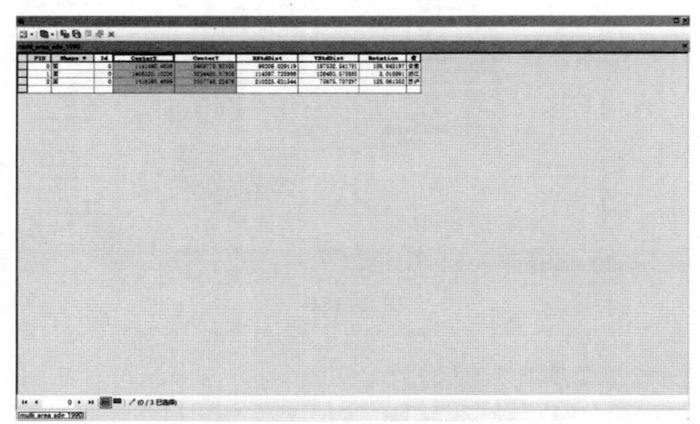

图 2-189

注：① 1990 年安徽省 SDE 中心坐标：1141690.4639（117.302；十进制度，下同），3469778.92105（32.022）；1990 年浙江省 SDE 中心坐标：1468325.10206（120.381），3234488.87856（29.544）；1990 年苏沪 SDE 中心坐标：1419360.4699（120.314），3507748.22476（32.014）；②本图中的经纬度是以米为单位生成的。

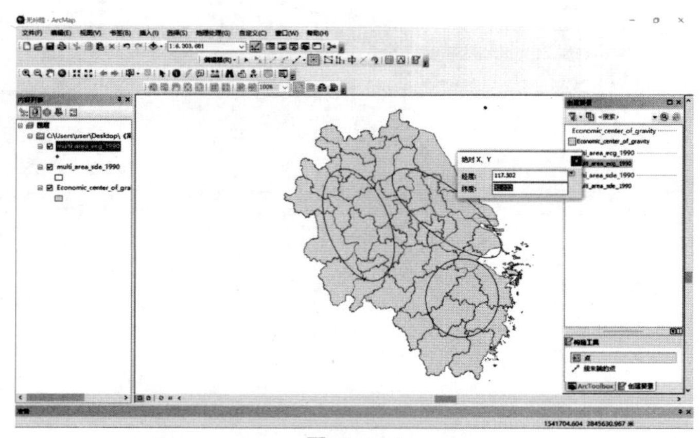

图 2-190

注：①在此处需注意的是，一定要先用鼠标选定“创建要素”中的“multi_area_ecg_1990”，否则无法进行后续操作；②单击回车键后会出现图 2-191；③本图中的经纬度是以米为单位生成的。

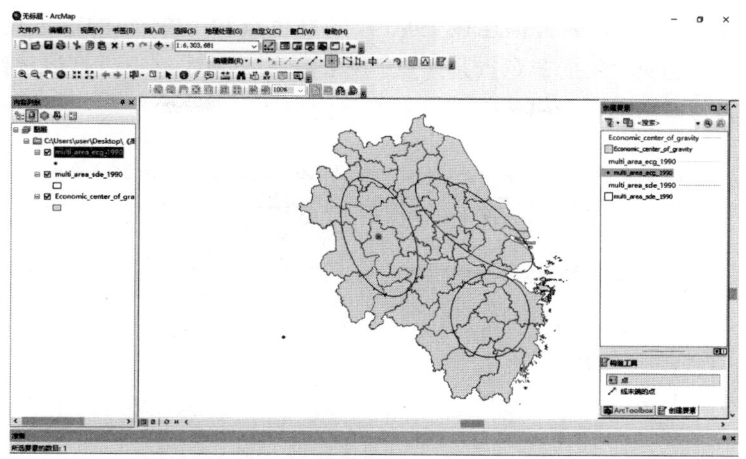

图 2-191

注：停止编辑并保存后会出现图 2-192。

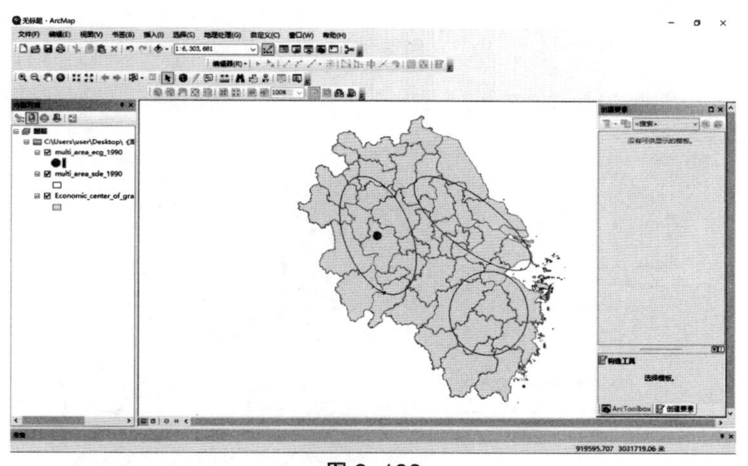

图 2-192

注：按照同样的方法可以将 1990 年浙江省、苏沪的 SED 圆心确定下来。

第三步，按同样方法，绘制出 1995 年 SDE 及其中心。1995 年 SDE 中心信息①，见图 2-193。

第四步，首先，按照类似的方法基于 ArcCatalog 创建线 shapefile（即 line_sde_ecg.shp），将 line_sde_ecg.shp 添加到现有图层，见图 2-194；其次，编辑 line_sde_ecg.shp。此处的关键步骤：①选中“创建要素”中的“line_sde_ecg”，鼠标左键单击 1990 年 SDE 中心（红色圆点符号）；②左键单击 1995 年 SDE 中心（蓝色方形符号）；③右键单击出现下拉菜单，单击其中的“完成草图 (K)”。需要说明的是，左键单击的对象就是“1990 年 SDE 中心（红色圆点符号）”，右键单击的就是经过第二步以后的“1995 年 SDE

①1995 年安徽省 SDE 中心坐标：1134521.52641（117.219），3464902.64659（31.987）；1995 年浙江省 SDE 中心坐标：1472538.6587（120.416），3229529.22264（29.495）；1995 年苏沪 SDE 中心坐标：1418777.36254（120.299），3502706.84711（31.971）。2020 年安徽省 SDE 中心坐标：1136949.08747（117.246），3465908.83932（31.993）；2000 年浙江省 SDE 中心坐标：1475113.25702（120.44），3227993.45994（29.478）；2000 年苏沪 SDE 中心坐标：1425461.16721（120.364），3498935.36255（31.929）。

中心（蓝色方形符号）”。因为拟连接 1990 年的红色点和 1995 年的蓝色点，所以 1990 年的红色点是起点，1995 年的蓝色点是终点，右键单击要单击终点。具体操作见图 2-195 至 2-197。最后，退出编辑状态，保存已有编辑内容。

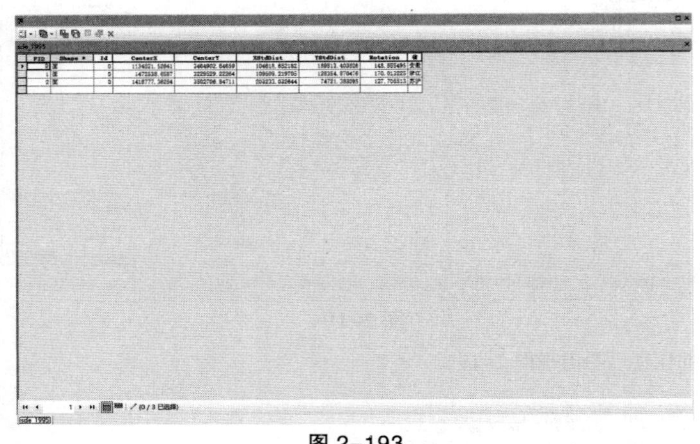

图 2-193

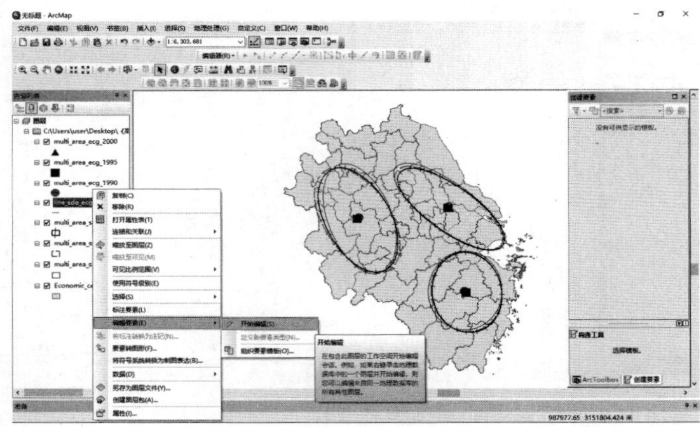

图 2-194

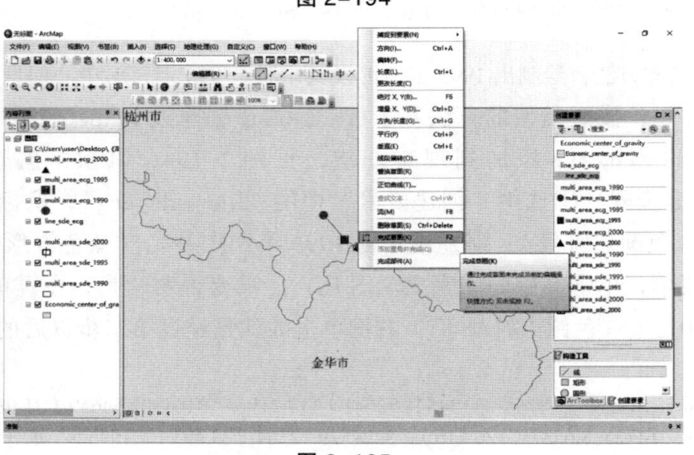

图 2-195

图 2-195
彩图

注：为了更清晰地区分不同年份的重心，将原本用黑色方形符号表示的 1995 年经济重心修改为蓝色方形符号。本图彩图可扫左侧二维码查看。

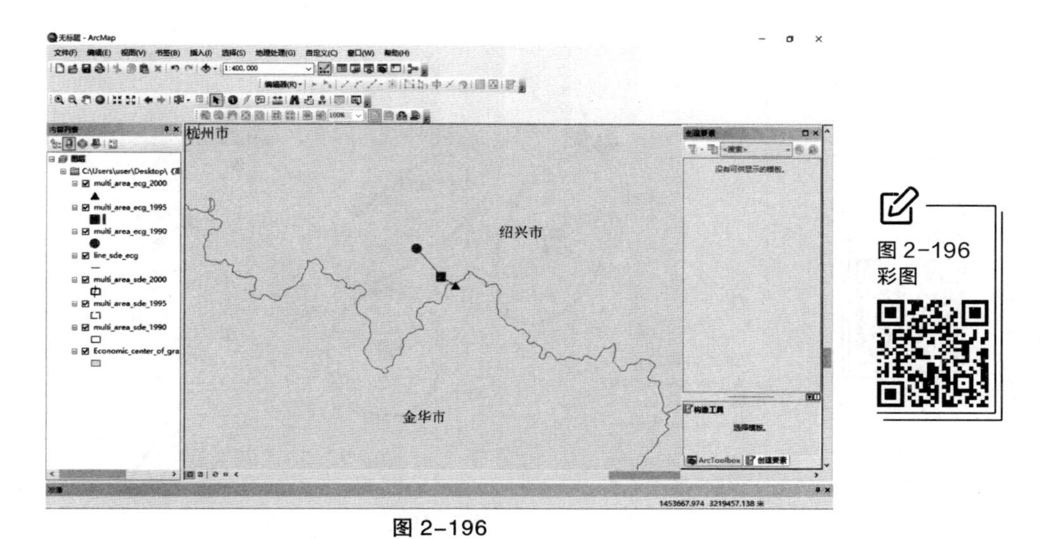

图 2-196

注：本图彩图可扫右侧二维码查看。

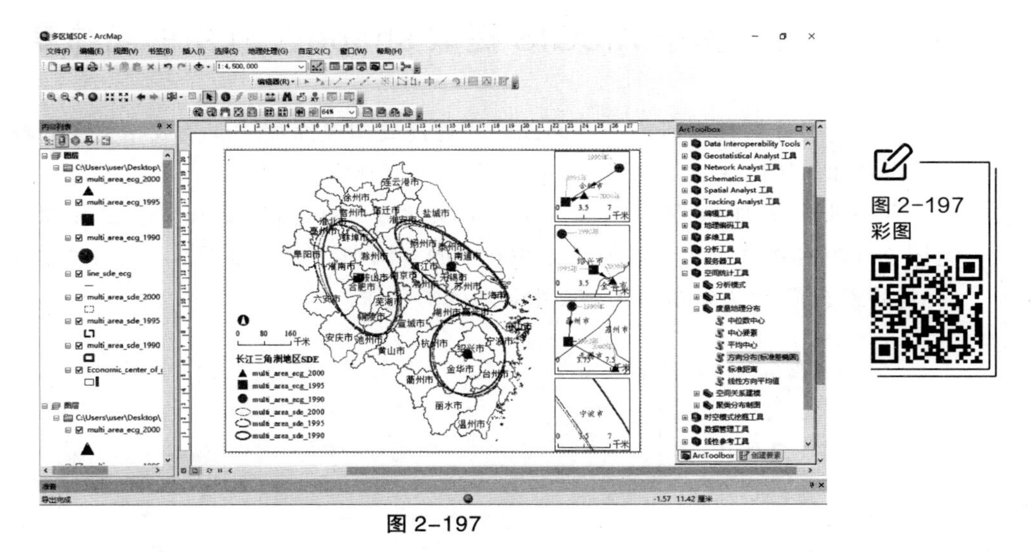

图 2-197

注：更换箭头的步骤为双击“图层”中“line_sde_ecg”下面的线状图案会出现“符号选择器”对话框，单击“符号选择器”对话框中的“编辑符号 (E)...”会出现“符号属性编辑器”对话框，单击“符号属性编辑器”对话框中的“线属性”，单击“属性 ...”，单击“位置数”后面的“符号”，单击“符号选择器”中的“标记符号 (E)...”，“类型”选填“箭头编辑符号”，分别点击各个对话框的“确定”结束操作。本图彩图可扫右侧二维码查看。

第五步，将数据视图转换成布局视图，插入图例、指北针、比例尺，设定图层大小和纸张大小（两者要统一），输出图片。成图展示，见图 2-198。

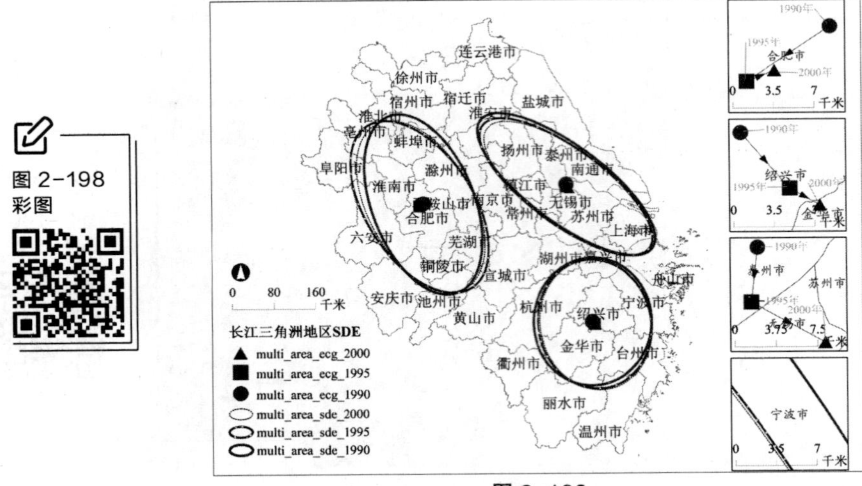

图 2-198 彩图

图 2-198

注：此图中有 11 个图层。本图彩图可扫左侧二维码查看。

2.10 基于 ArcGIS 提取 shape 文件中的经纬度

基于空间计量技术研究一些问题时往往需要用经纬度才能生成相关空间权重矩阵。下文讲解如何使用 ArcGIS 提取 shape 文件中的经纬度信息。

第一步，添加数据，即添加 shape 文件“ti&ts_34variables_去除汉字.shp”。见图 2-199 和图 2-200。单击图 2-200 中的“添加”会出现图 2-201 中的地图，通过“标记要素 (L)”可以显示图 2-202 中各地区的名称。

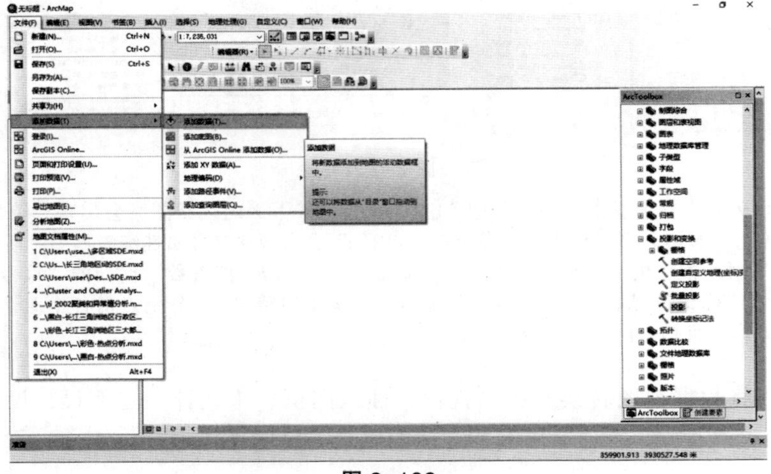

图 2-199

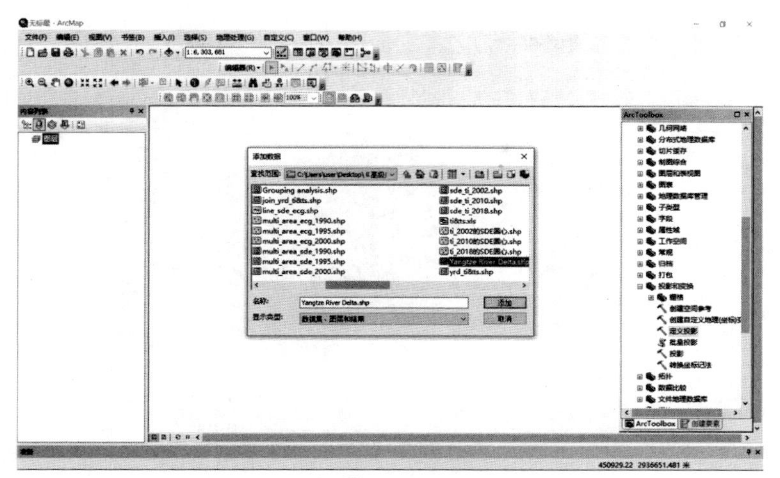

图 2-200

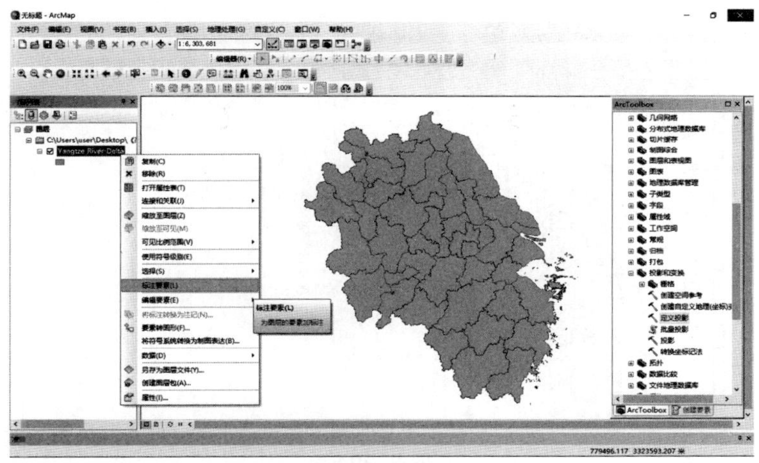

图 2-201

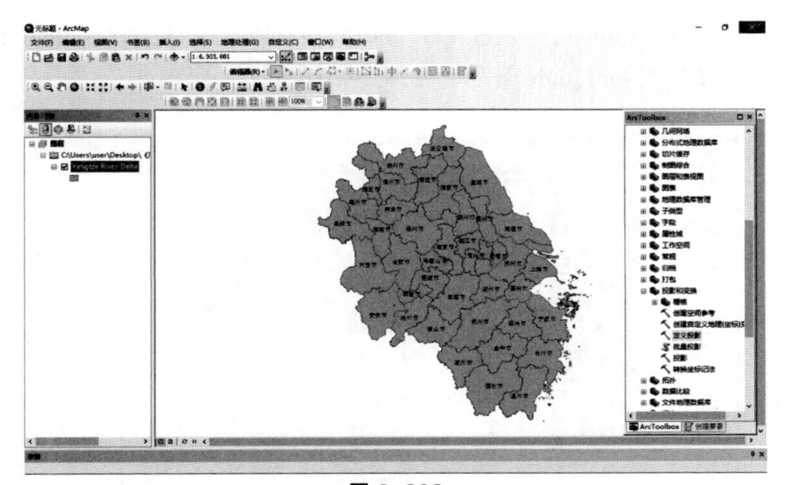

图 2-202

第二步，打开该文件的属性表，见图 2-203 和图 2-204。

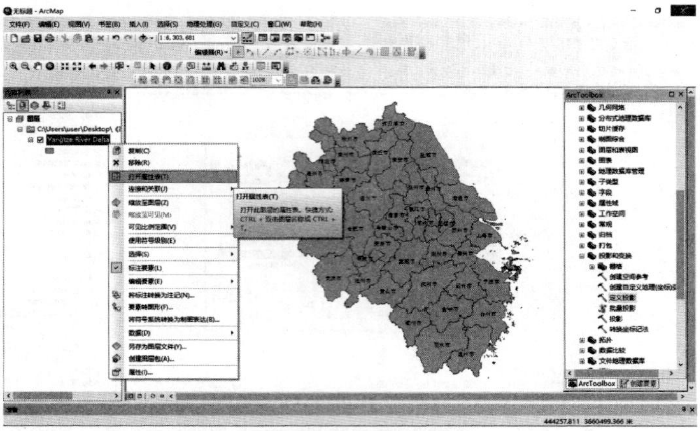

图 2-203

注：将鼠标放在“内容列表”中的“Yangtze River Delta”上，右键单击后会出现下拉菜单，单击此下拉菜单中的“打开属性表 (T)”，出现图 2-204。

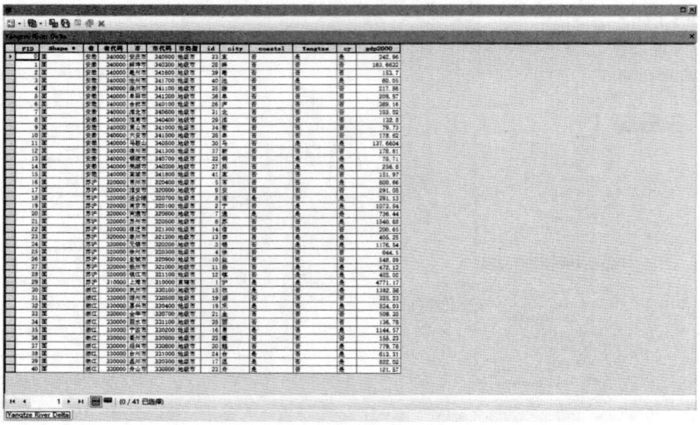

Yangtze River Delta

FID	Shape *	省	省代码	市	市代码	市类型	id	city	coastal	Yangtze	cy	gdp2000
0	面	安徽	340000	安庆市	340800	地级市	33	宜	否	是	是	242.96
1	面	安徽	340000	蚌埠市	340300	地级市	28	蚌	否	否	否	163.6632
2	面	安徽	340000	亳州市	341600	地级市	39	亳	否	否	否	153.7
3	面	安徽	340000	池州市	341700	地级市	40	池	否	是	是	80.05
4	面	安徽	340000	滁州市	341100	地级市	35	滁	否	否	否	217.86
5	面	安徽	340000	阜阳市	341200	地级市	36	阜	否	否	否	209.97
6	面	安徽	340000	合肥市	340100	地级市	26	庐	否	否	否	389.16
7	面	安徽	340000	淮北市	340600	地级市	31	北	否	否	否	103.92
8	面	安徽	340000	淮南市	340400	地级市	29	淮	否	否	否	132.8
9	面	安徽	340000	黄山市	341000	地级市	34	黄	否	否	否	79.73
10	面	安徽	340000	六安市	341500	地级市	38	[illegible]	否	否	否	178.62
11	面	安徽	340000	马鞍山	340500	地级市	30	马	否	是	是	137.6604
12	面	安徽	340000	宿州市	341300	地级市	37	宿	否	否	否	178.81
13	面	安徽	340000	铜陵市	340700	地级市	32	铜	否	是	是	78.71
14	面	安徽	340000	芜湖市	340200	地级市	27	芜	否	是	是	256.6
15	面	安徽	340000	宣城市	341800	地级市	41	宣	否	否	否	151.97
16	面	苏沪	320000	常州市	320400	地级市	5	常	否	否	是	600.66
17	面	苏沪	320000	淮安市	320800	地级市	9	安	否	否	否	291.05
18	面	苏沪	320000	连云港	320700	地级市	8	连	是	否	是	291.13
19	面	苏沪	320000	南京市	320100	地级市	2	宁	否	是	是	1073.54
20	面	苏沪	320000	南通市	320600	地级市	7	通	是	是	是	736.44
21	面	苏沪	320000	苏州市	320500	地级市	6	苏	否	否	是	1540.68
22	面	苏沪	320000	宿迁市	321300	地级市	14	宿	否	否	否	200.65
23	面	苏沪	320000	泰州市	321200	地级市	13	泰	否	是	是	405.25
24	面	苏沪	320000	无锡市	320200	地级市	3	锡	否	是	是	1176.54
25	面	苏沪	320000	徐州市	320300	地级市	4	徐	否	否	否	644.5
26	面	苏沪	320000	盐城市	320900	地级市	10	盐	否	否	否	548.59
27	面	苏沪	320000	扬州市	321000	地级市	11	扬	否	是	是	472.12
28	面	苏沪	320000	镇江市	321100	地级市	12	镇	否	是	是	482.02
29	面	苏沪	310000	上海市	310000	直辖市	1	沪	是	是	是	4771.17
30	面	浙江	330000	杭州市	330100	地级市	15	杭	是	否	是	1382.56
31	面	浙江	330000	湖州市	330500	地级市	19	湖	否	否	否	325.23
32	面	浙江	330000	嘉兴市	330400	地级市	18	禾	是	否	是	524.03
33	面	浙江	330000	金华市	330700	地级市	21	金	否	否	否	509.35
34	面	浙江	330000	丽水市	331100	地级市	25	丽	否	否	否	136.78
35	面	浙江	330000	宁波市	330200	地级市	16	甬	是	否	是	1144.57
36	面	浙江	330000	衢州市	330800	地级市	22	衢	否	否	否	155.23
37	面	浙江	330000	绍兴市	330600	地级市	20	越	否	否	是	779.78
38	面	浙江	330000	台州市	331000	地级市	24	台	是	否	是	613.31
39	面	浙江	330000	温州市	330300	地级市	17	温	是	否	是	822.02
40	面	浙江	330000	舟山市	330900	地级市	23	舟	是	否	是	121.57

(0 / 41 已选择)

Yangtze River Delta

图 2-204

第三步，首先，单击图 2-205 中的“添加字段 (F)...”后会弹出一个对话框，对话框的“名称 (N)”填“longitude”，“类型 (T)”选择“浮点型”，见图 2-206；其次，单击“确定”后表中会新生成 longitude 一列，见图 2-207。

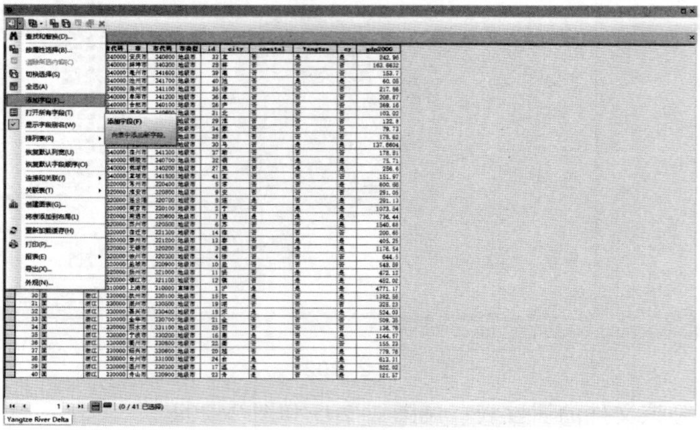

图 2-205

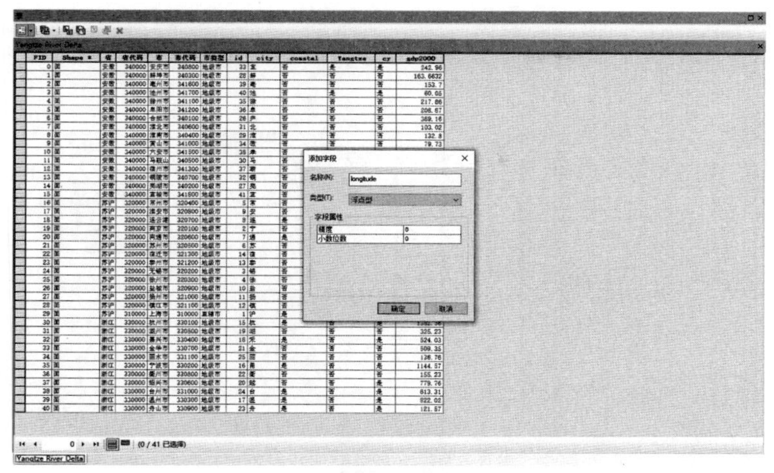

图 2-206

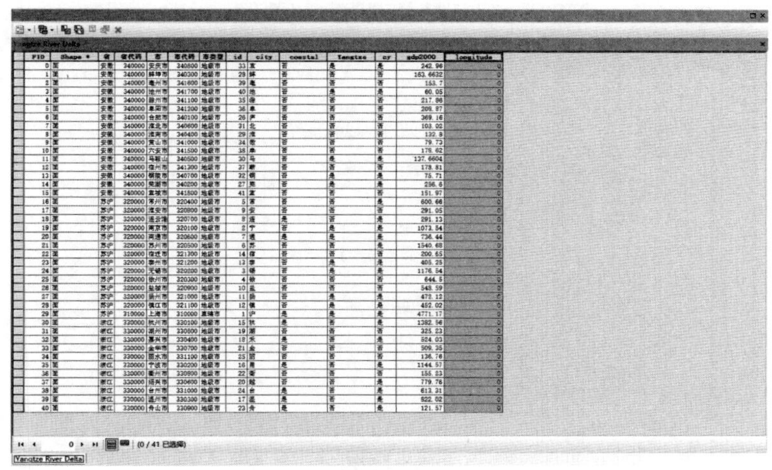

图 2-207

第四步，首先，将鼠标放在图 2-208 的 longitude 列上，右键单击出现下拉菜单，单击“计算几何 (C)...”后出现“计算几何”对话框，见图 2-209；其次，完成图 2-209 中“计算几何”对话框的填写，具体而言，“属性 (P)”选择“质心的 X 坐标”，“坐标系”选择“使用数据源的坐标系 (D)”——默认为现有图层的坐标系（中国标准地图），“单位 (U)”选择“十进制度”，单击“确定”后，longitude 一列会生成 x 坐标，见图 2-210。

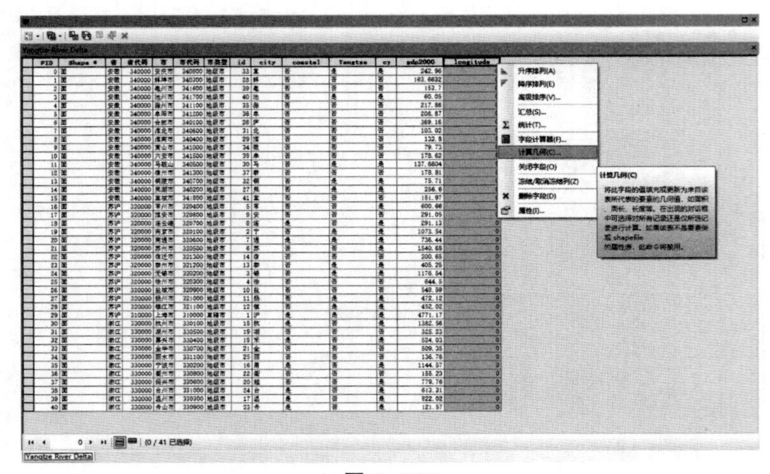

图 2-208

图 2-209

图 2-210

第五步，生成纬度，方法同第三步至第四步，不同点在于“属性（P）”选择“质心的 Y 坐标”，具体操作见图 2-211 至图 2-215。

完成以上步骤后再进行正确性验证，核实一下此次生成的经度坐标是否正确。随机选择安庆市作为核实对象，图 2-210 显示安庆市的经度坐标为 116.486（东经 116.486°），这与在网络上查到的数据一致。因此，此次实验是成功的。

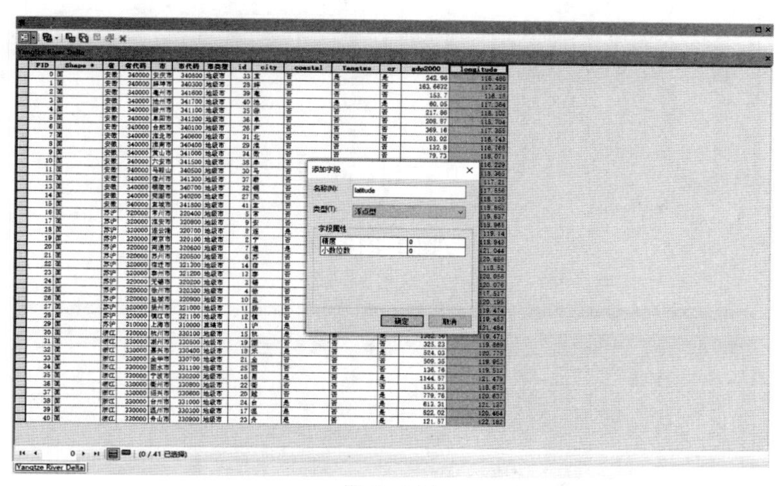

图 2-211

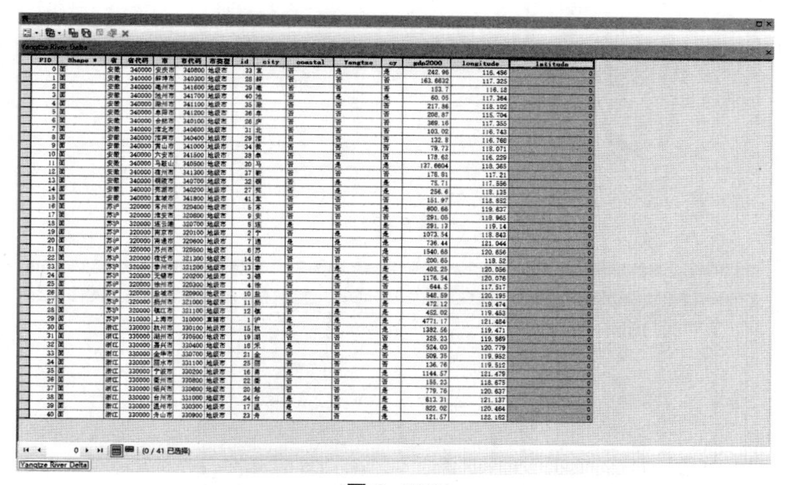

图 2-212

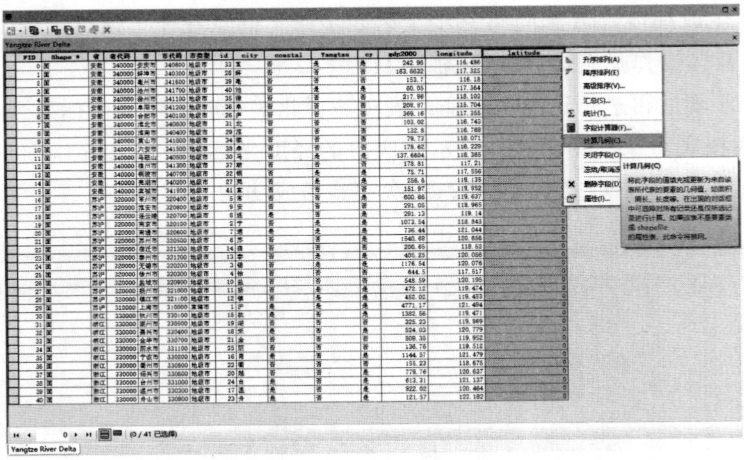

Yangtze River Delta

升序排列(A)
降序排列(E)
高级排序(V)...
汇总(S)...
统计(T)...
字段计算器(F)...
计算几何(C)...
关闭字段(O)
冻结/取消冻结列
删除字段(D)
属性(I)...

(0 / 41 已选择)

图 2-213

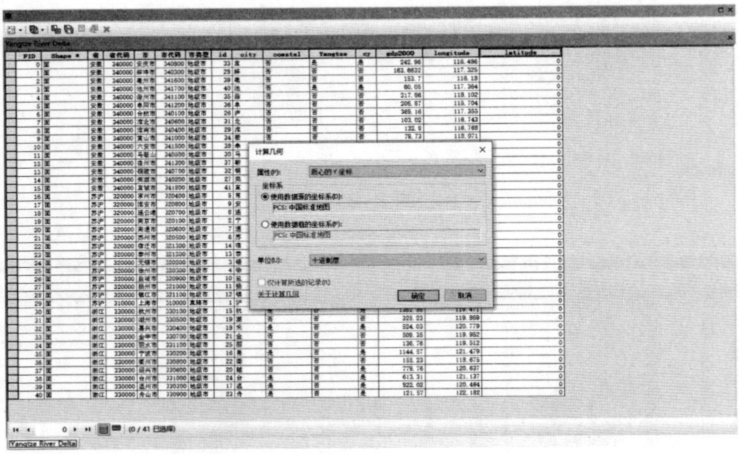

计算几何
属性(P): 质心的 Y 坐标
坐标系
使用数据源的坐标系(D):
PCS: 中国标准地图
使用数据框的坐标系(F):
PCS: 中国标准地图
单位(U): 十进制度
仅计算所选的记录(R)
关于计算几何
确定 取消

(0 / 41 已选择)

图 2-214

Yangtze River Delta

FID	Shape *	省	省代码	市	市代码	市类型	id	city	coastal	Yangtze	cy	gdp2000	longitude	latitude
0	面	安徽	340000	安庆市	340800	地级市	33	宜	否	是	是	242.96	116.496	30.5756
1	面	安徽	340000	蚌埠市	340300	地级市	28	蚌	否	否	否	163.6632	117.325	33.1092
2	面	安徽	340000	亳州市	341600	地级市	39	亳	否	否	否	153.7	116.18	33.4256
3	面	安徽	340000	池州市	341700	地级市	40	池	否	是	是	60.05	117.364	30.2833
4	面	安徽	340000	滁州市	341100	地级市	35	滁	否	否	否	217.86	118.102	32.5442
5	面	安徽	340000	阜阳市	341200	地级市	36	阜	否	否	否	208.87	115.704	32.9171
6	面	安徽	340000	合肥市	340100	地级市	26	庐	否	否	否	369.16	117.355	31.7626
7	面	安徽	340000	淮北市	340600	地级市	31	北	否	否	否	103.02	116.743	33.7284
8	面	安徽	340000	淮南市	340400	地级市	29	淮	否	否	否	132.8	116.768	32.4726
9	面	安徽	340000	黄山市	341000	地级市	34	黄	否	否	否	79.73	118.071	29.9065
10	面	安徽	340000	六安市	341500	地级市	38	皋	否	否	否	178.62	116.229	31.6599
11	面	安徽	340000	马鞍山	340500	地级市	30	马	否	是	是	137.6604	118.365	31.6386
12	面	安徽	340000	宿州市	341300	地级市	37	宿	否	否	否	178.81	117.21	33.8195
13	面	安徽	340000	铜陵市	340700	地级市	32	铜	否	是	是	75.71	117.556	30.5546
14	面	安徽	340000	芜湖市	340200	地级市	27	芜	否	是	是	256.6	118.135	31.1624
15	面	安徽	340000	宣城市	341800	地级市	41	宣	否	否	否	151.97	118.852	30.6857
16	面	苏沪	320000	常州市	320400	地级市	5	常	否	否	是	600.66	119.637	31.6249
17	面	苏沪	320000	淮安市	320800	地级市	9	安	否	否	否	291.06	118.965	33.3518
18	面	苏沪	320000	连云港	320700	地级市	8	连	是	否	是	291.13	119.14	34.536
19	面	苏沪	320000	南京市	320100	地级市	2	宁	否	是	是	1073.54	118.843	31.9276
20	面	苏沪	320000	南通市	320600	地级市	7	通	是	是	是	736.44	121.044	32.193
21	面	苏沪	320000	苏州市	320500	地级市	6	苏	否	否	是	1540.66	120.656	31.3835
22	面	苏沪	320000	宿迁市	321300	地级市	14	宿	否	否	否	200.65	118.52	33.7842
23	面	苏沪	320000	泰州市	321200	地级市	13	泰	否	是	是	405.25	120.056	32.571
24	面	苏沪	320000	无锡市	320200	地级市	3	锡	否	是	是	1176.54	120.076	31.524
25	面	苏沪	320000	徐州市	320300	地级市	4	徐	否	否	否	644.5	117.517	34.3553
26	面	苏沪	320000	盐城市	320900	地级市	10	盐	否	否	否	545.59	120.195	33.5141
27	面	苏沪	320000	扬州市	321000	地级市	11	扬	否	是	是	472.12	119.474	32.7373
28	面	苏沪	320000	镇江市	321100	地级市	12	镇	否	是	是	452.02	119.453	32.0157
29	面	苏沪	310000	上海市	310000	直辖市	1	沪	是	是	是	4771.17	121.484	31.2119
30	面	浙江	330000	杭州市	330100	地级市	15	杭	是	否	是	1382.56	119.471	29.9999
31	面	浙江	330000	湖州市	330500	地级市	19	湖	否	否	否	325.23	119.869	30.7449
32	面	浙江	330000	嘉兴市	330400	地级市	18	禾	是	否	是	524.03	120.779	30.6219
33	面	浙江	330000	金华市	330700	地级市	21	金	否	否	否	509.35	119.952	29.1171
34	面	浙江	330000	丽水市	331100	地级市	25	丽	否	否	否	136.76	119.512	28.1993
35	面	浙江	330000	宁波市	330200	地级市	16	甬	是	否	是	1144.57	121.479	29.7305
36	面	浙江	330000	衢州市	330800	地级市	22	衢	否	否	否	155.23	118.675	28.9344
37	面	浙江	330000	绍兴市	330600	地级市	20	越	否	否	是	779.76	120.637	29.7346
38	面	浙江	330000	台州市	331000	地级市	24	台	是	否	是	613.31	121.137	28.7573
39	面	浙江	330000	温州市	330300	地级市	17	温	是	否	是	822.02	120.464	27.9957
40	面	浙江	330000	舟山市	330900	地级市	23	舟	是	否	是	121.57	122.182	30.119

(1 / 41 已选择)

Yangtze River Delta

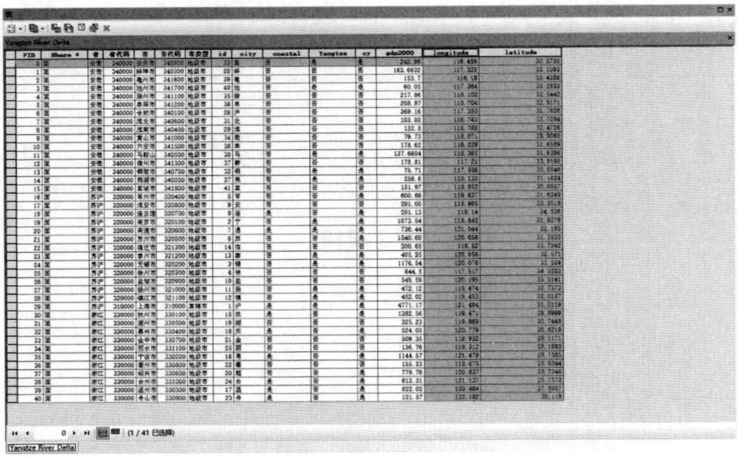

图 2-215

注：可以通过 ArcToolbox →转换工具→ Excel →表转 Excel 将图 2-215 中的信息导入 Excel 中并保存到当前活动文件夹。

到目前为止，本节已经成功使用 ArcGIS 提取到了 Yangtze River Delta.shp 文件的经纬度信息，并对提取的信息进行了验证。以安庆市为例，官方给出的安庆市的经纬度跨度为东经 115.45° ～ 117.44° ，北纬 29.47° ～ 31.16° 。本节提取的安庆市的经纬度分别为东经 116.486° 、北纬 30.5755° ，正好处于安庆市经纬度跨度之内。因此，本节的技术是可靠的。

2.11　基于 ArcGIS 融合同一个图层的不同区域

在进行论文写作时，有时需要融合同一图层的地图。那么，这个操作应该怎样进行呢？本节将 41 个地级市及以上城市，按照把同一个省级行政单位内地级市与地级市融合在一起的规则进行融合。

2.11.1　演示步骤

具体而言，该操作有以下三个步骤。

第一步，打开 ArcMap，由“文件（F）”的下拉菜单中添加数据（41 个长江三角洲地区地级及以上城市 .shp 文件），见图 2-216、图 2-217 和图 2-218。其中，图 2-218 显示的是该 shp 文件的数据结构。

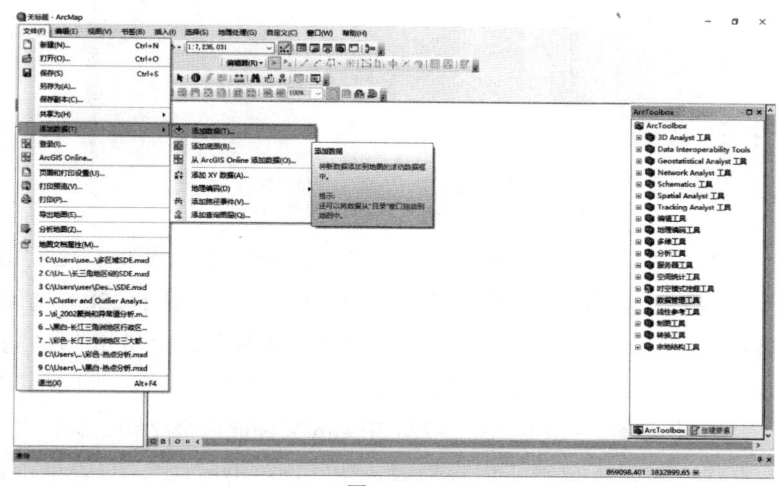

图 2-216

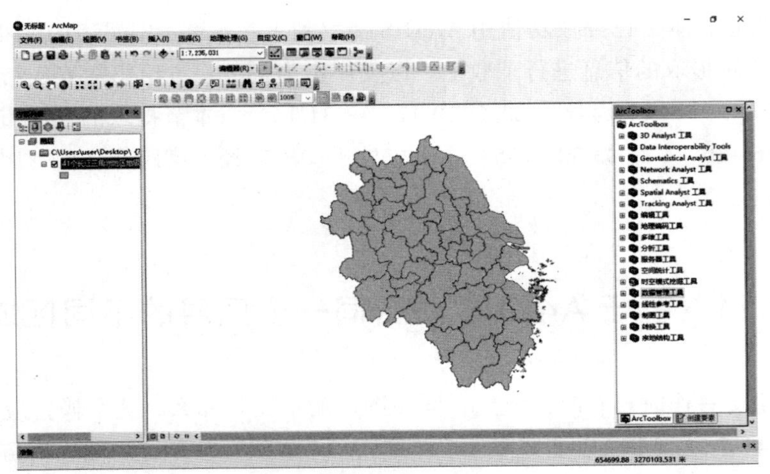

图 2-217

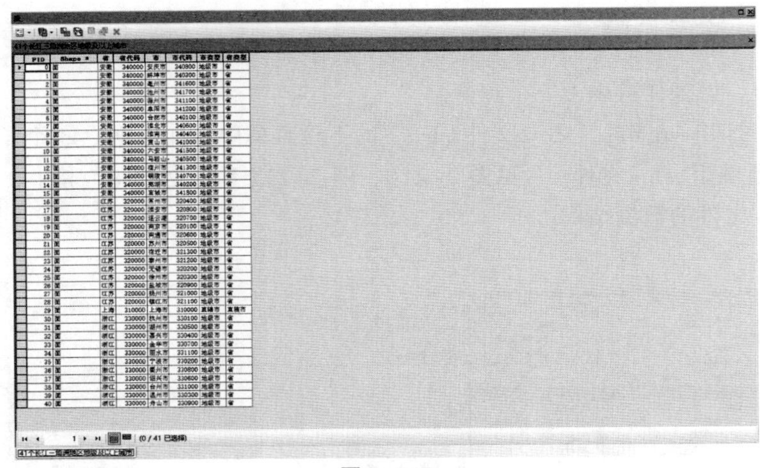

图 2-218

第二步，首先，展开 ArcToolbox；其次，依次展开“数据管理工具”“制图综合”；最后，双击“融合”会出现“融合”对话框，见图 2-219、图 2-220。选填此对话框。具体而言，“输入要素”选填“41 个长江三角洲地区地级及以上城市”；“输出要素类”选填当前活动文件夹，并将之命名为“Dissolve”①；“融合 _ 字段 (可选)”选择“省”。单击“确定”后会出现图 2-221。图 2-221 中 shp 文件的内部结构，如图 2-222 所示。

第三步，首先，将鼠标放在“内容列表”中“Dissolve”上，右键单击会出现下拉菜单，单击“图层属性 (I)...”后会出现图 2-223 中的“图层属性”对话框。选填此对话框。具体而言，在“标注”中，“标注字段 (F)”选填“省”，“文本符号”中字体选填“宋体”，字号为“12”；单击“其他选项”中的“放置属性 (P)...”会出现“放置属性”对话框，选择此对话框中的“同名标注”下的第二个选项——“每个要素放置一个标注 (F)”，连续单击两次“确定”，见图 2-224。其次，将鼠标放在图 2-225“内容列表”中的“Dissolve”上，右键单击会出现下拉菜单，单击“标记要素 (L)...”后会出现图 2-226。

① 融合后的新文件名称为 Dissolve。

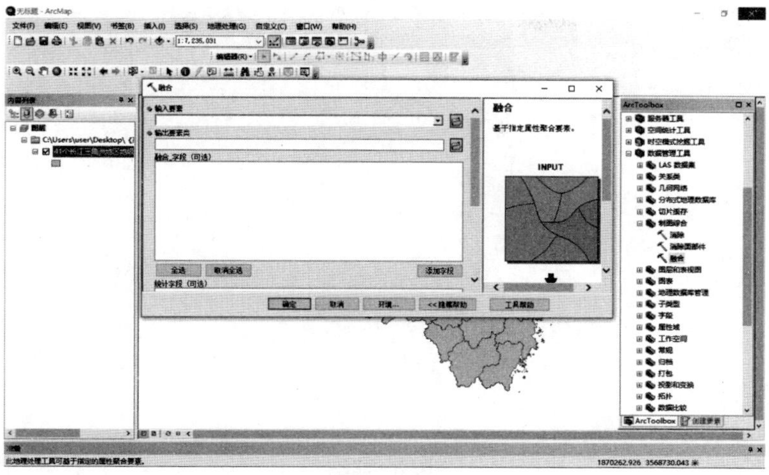

图 2-219

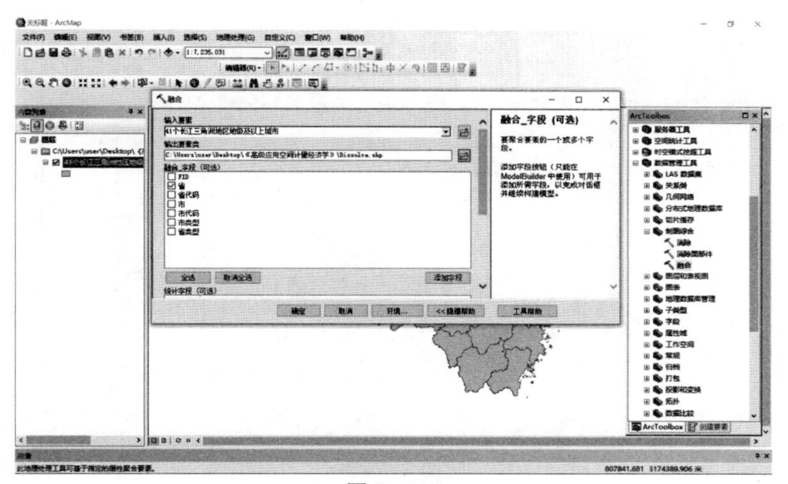

图 2-220

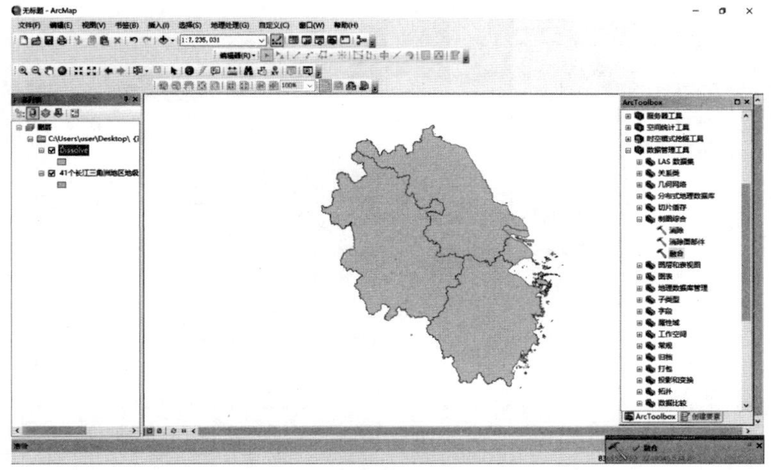

图 2-221

图 2-222

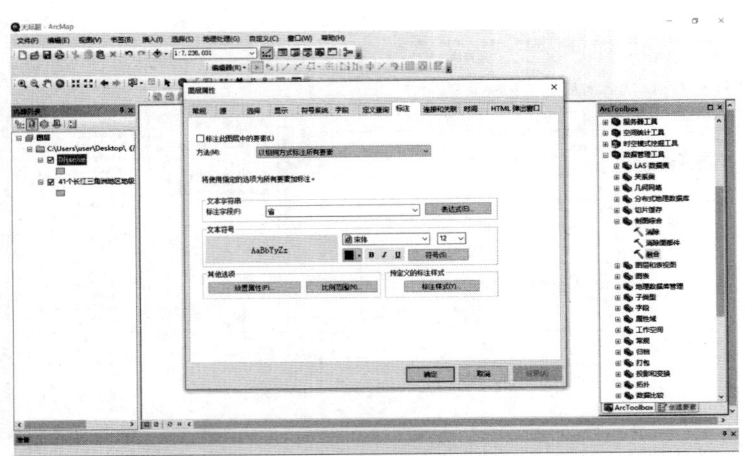

图 2-223

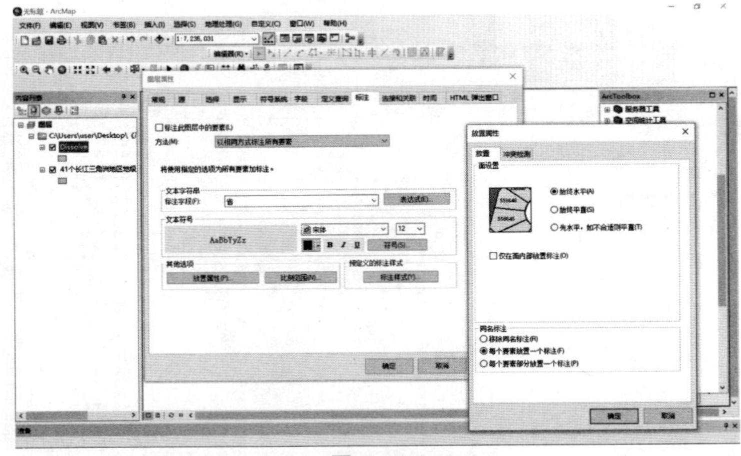

图 2-224

注：单击“放置属性”对话框中的“确定”，“图层属性”对话框中的“确定”后会出现图 2-225。

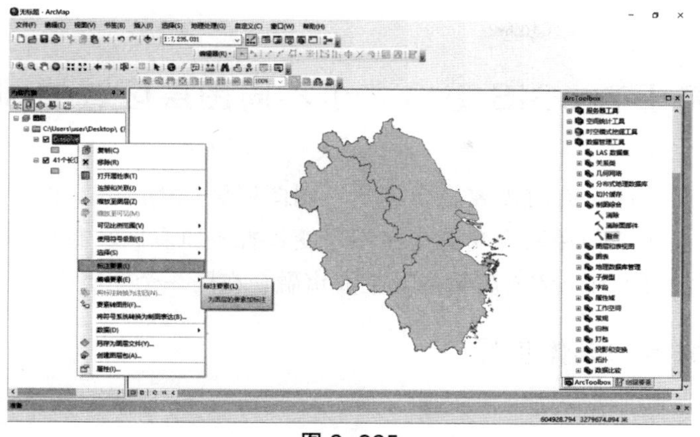

图 2-225

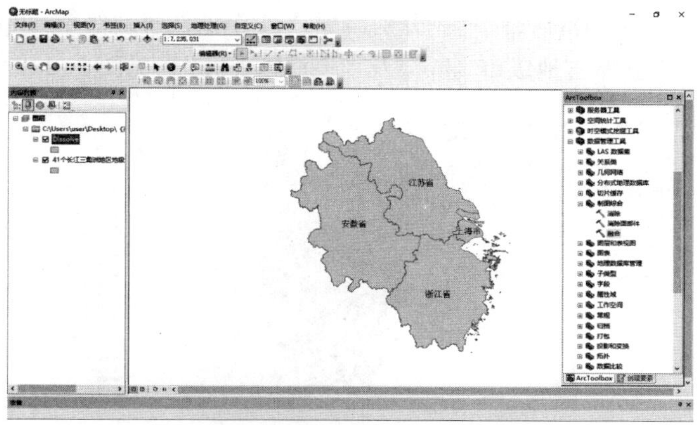

图 2-226

2.11.2　正确性验证

为了核实融合后得到的 Dissolve.shp 文件是否正确，从自然资源部网站获得长江三角洲地区区域图——图 2-227。经核对，新生成的 shp 文件无误。

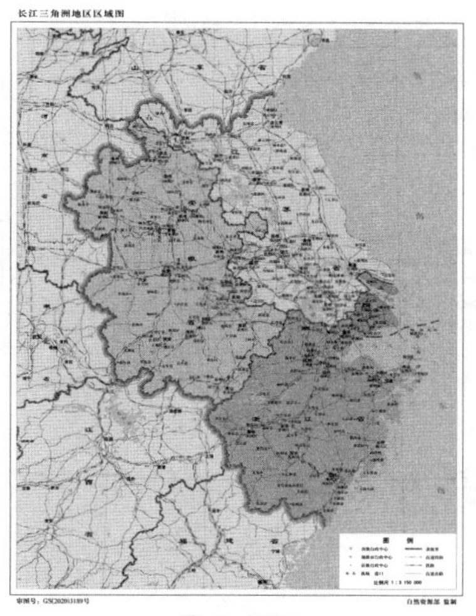

图 2-227

2.12 基于 ArcGIS 联合多个不同图层区域的 shp 文件

在进行论文写作时，有时需要融合多个不同图层区域的 shp 文件。那么，这个操作应该怎样进行呢？本节使用联合功能，在不改变各省域原有区域布局的情况下，将长江三角洲地区的浙江省、江苏省、安徽省及上海市融合在同一个图层中。

2.12.1 联合的具体步骤

具体而言，该操作有以下三个步骤。

第一步，打开软件，单击“文件 (F)”后会出现下拉菜单，选择该下拉菜单中的“添加数据 (T)”→“添加数据 (T)...”——分别添加“11 个浙江省地级市 .shp”“13 个江苏省地级市 .shp”“16 个安徽省地级市 .shp”及“上海市 .shp”，见图 2-228。

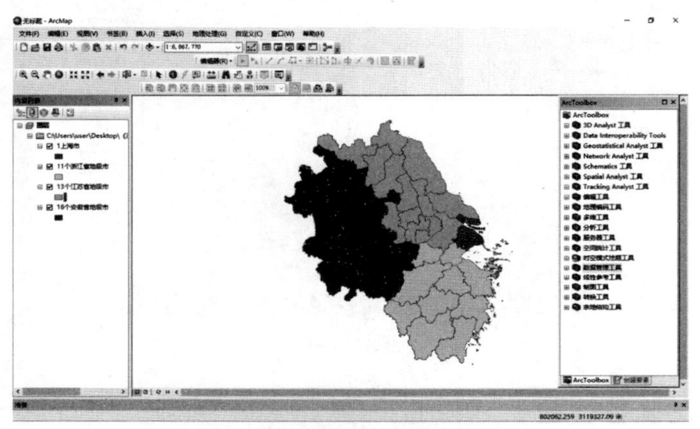

图 2-228

第二步，首先，单击图 2-229 中的 ArcToolbox；其次，单击展开“分析工具”；再次，单击展开“叠加分析”；最后，双击“联合”命令，弹出“联合”对话框，见图 2-230。

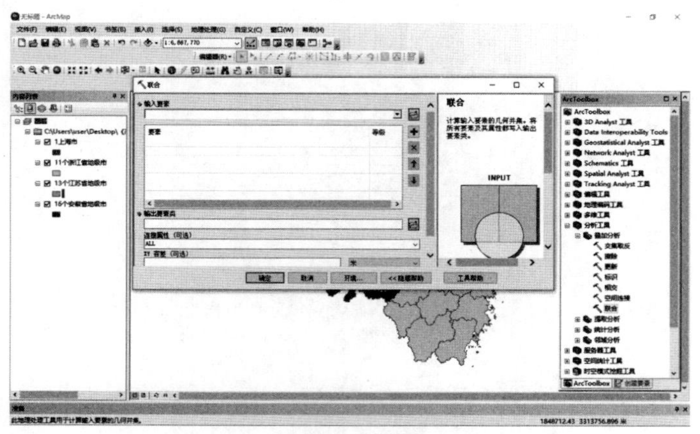

图 2-229

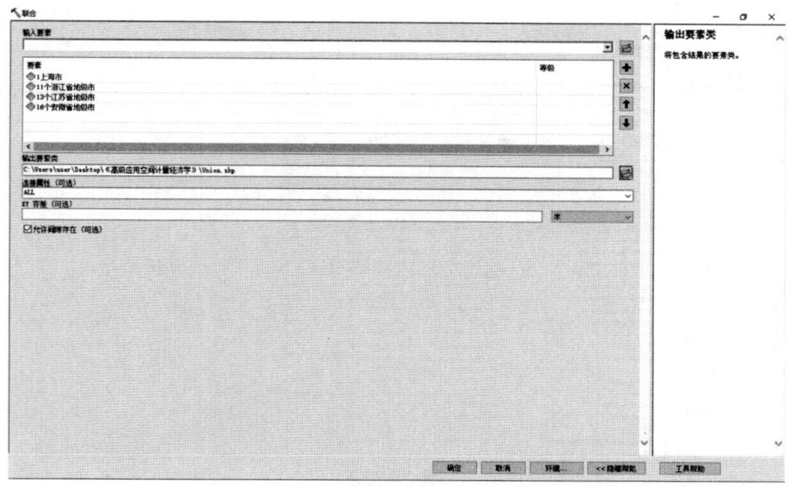

图 2-230

第三步，完成对图 2-230 中的“联合”对话框的操作。具体而言，添加多个 shp 文件——“输入要素”选择“11 个浙江省地级市 .shp”“13 个江苏省地级市 .shp”“16 个安徽省地级市 .shp”及“上海市 .shp”。“输出要素类”的存储路径为当前活动文件夹，文件名称为 Union。①

第四步，设置完成后，单击图 2-230 中的“确定”按钮会出现图 2-231 和图 2-232。其中，图 2-232 显示的是新生成的 Union.shp 文件。

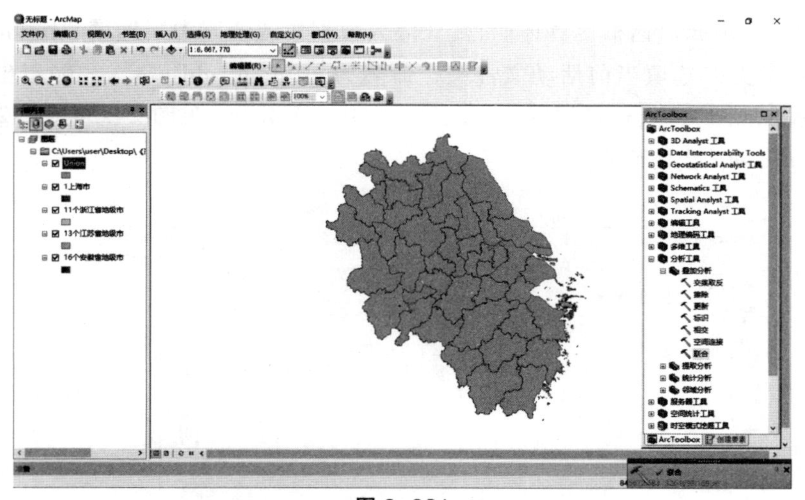

图 2-231

①输入要素：添加的图层；输出要素类：设置结果的存储路径和文件名称；连接属性：属性联合的方式，默认为 All；XY 容差：默认即可；允许间隙存在：是否允许有空隙，默认为选中状态。

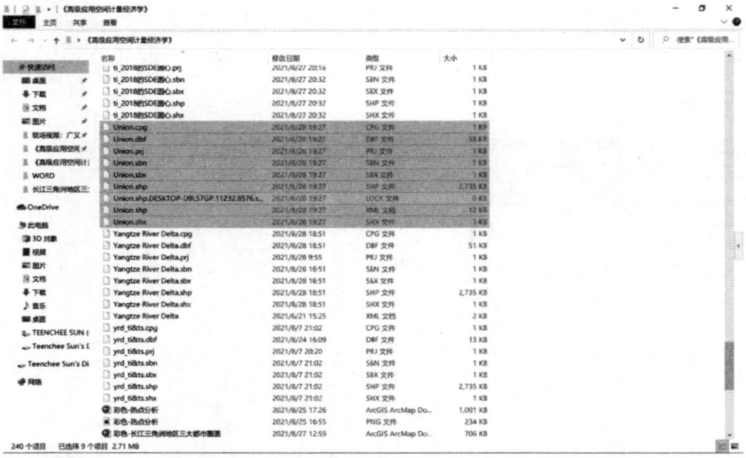

图 2-232

2.12.2 加工新生成的 Union.shp 文件

该操作有两大步骤：一是对新生成的 Union.shp 文件进行投影设置；二是删除冗余信息。

1. 对新生成的 Union.shp 文件进行投影设置

新生成的 Union.shp 没有投影。投影设置的步骤如下。首先，依次展开 ArcToolbox 中的“数据管理工具”“投影和变换”。其次，双击“投影”会弹出“投影”对话框，见图 2-233，选填此对话框。具体而言，“输入数据集或要素类”选填“Union”，“输出数据集或要素类”选填当前活动文件夹，命名为“Union_add pro”，“输出坐标系”选填“中国标准地图”，其他选填默认。最后，单击“确定”，见图 2-234（图 2-234 显示 Union_add pro.shp 已经有了投影）。

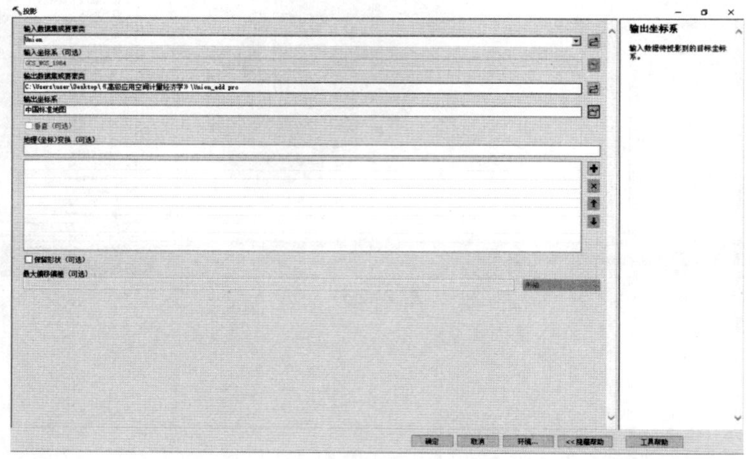

图 2-233

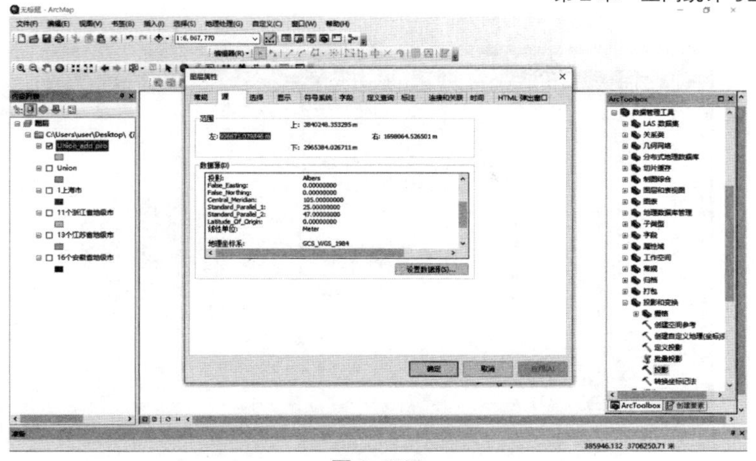

图 2-234

2. 对新生成的 Union.shp 文件进行冗余信息删除

如图 2-235 所示，新生成的 Union.shp 文件的内部信息是混乱的，可以通过一定方式进行调整。

具体而言，首先，删除冗余的变量，并将 41 个地级及以上城市的名称放在同一个变量列中，见图 2-236 和图 2-237（图 2-237 是已经删除了大部分冗余变量的状态）；其次，添加字段“ID”，见图 2-238、图 2-239 和图 2-240。至此，新生成的 Union.shp 文件已经被加工成较为规范的地图文件了。

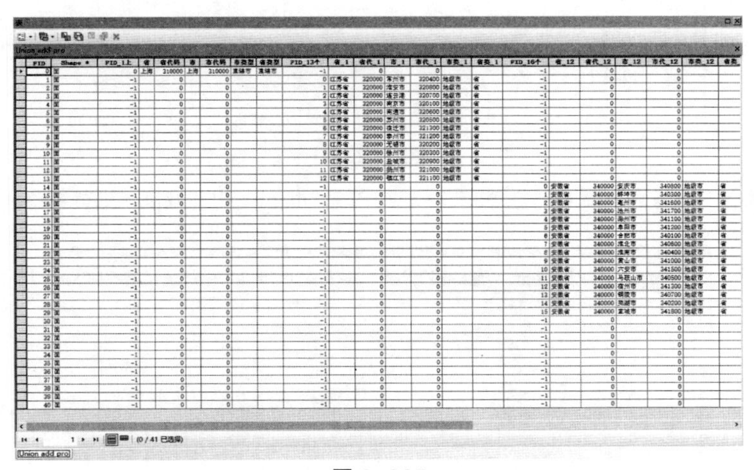

图 2-235

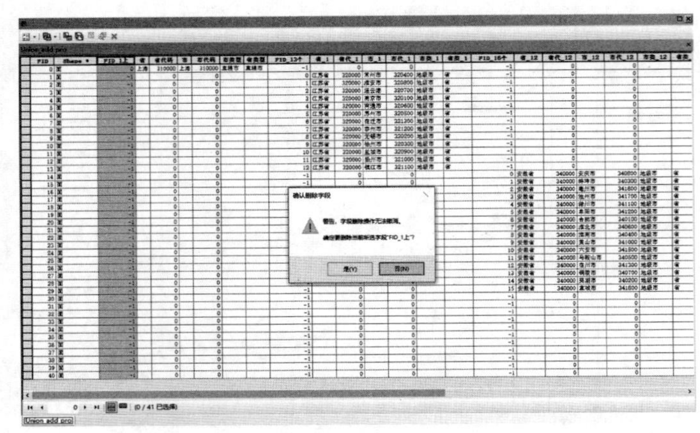

图 2-236

注：删除图 2-235 中冗余的 fields，例如“FID_1 上”“省”“省代码”等。

图 2-237

注：可以通过“字段计算器 (F)...”将图 2-237 中的“市 _1”用“城市”进行替换。

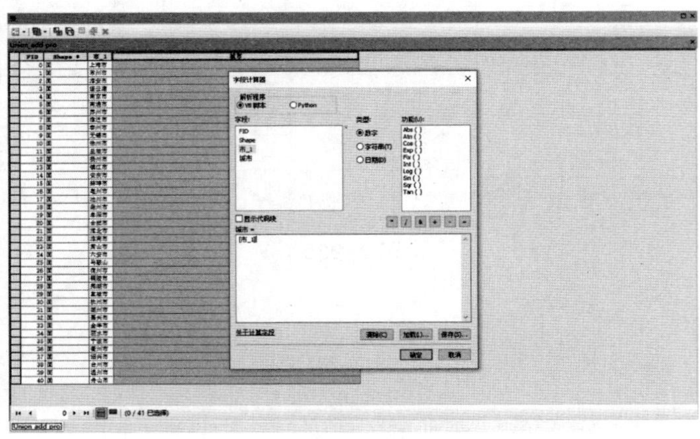

图 2-238

注：单击“文件 (F)”后会出现下拉菜单，选择该下拉菜单中的“添加字段 (F)”后会出现“添加字段”对话框，将“添加字段”对话框中的“名称 (N)”写成“城市”，“类型 (T)”选填“文本”。将鼠标放在文本一栏的最上面一个单元格，右键单击后会出现下拉菜单，选择“字段计算器 (F)...”后会出现图 2-238 中的“字段计算器”对话框，双击“字段”中的“市 _1”；单击“确定”后会出现图 2-239 中的“城市”一栏。

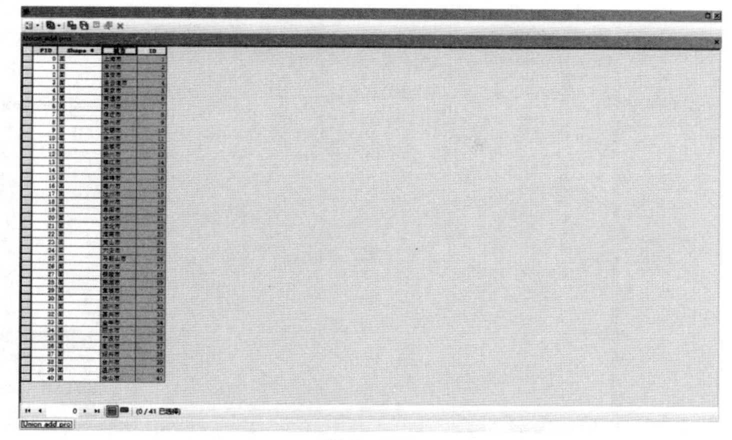

图 2-239

注：采用类似的方法添加 ID。注意 ID 的“类型 (T)”选填“短整型”。

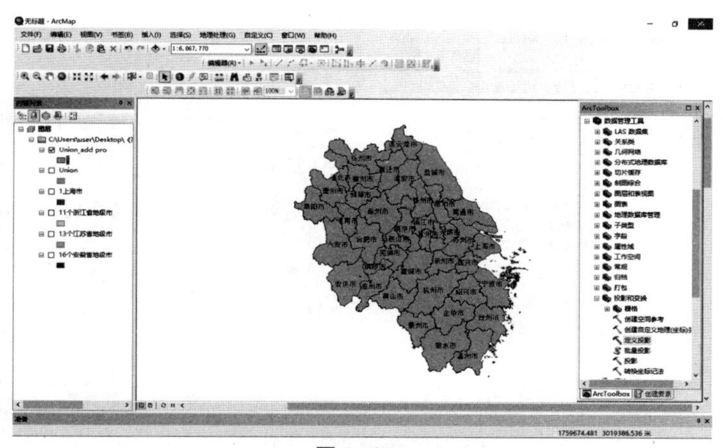

图 2-240

2.13　基于 ArcGIS 提取卫星遥感地图中的栅格数据

基于 ArcGIS 提取卫星遥感地图中的栅格数据，并利用上述数据进行相关论文写作，国内已有多个先例，如就 $PM_{2.5}$ 年度均值方面进行研究与写作（陈诗一等，2018；孙攀等，2019；邵帅等，2019），就夜间灯光数据方面进行研究写作（刘修岩等，2017）。

基于 ArcGIS 提取 tif 格式的卫星遥感地图栅格数据比较容易，在本节中我们将难度升级，演示如何基于 ArcGIS 提取 nc 格式的卫星遥感地图栅格数据。具体操作分为以下三步。

第一步，打开 nc 格式的卫星遥感地图文件。首先，在 ArcToolbox 中单击“多维工具”，双击“创建 NetCDF 栅格图层”后会出现“创建 NetCDF 栅格图层”对话框，见图 2-241 和图 2-242。其次，输入 nc 格式文件，见图 2-243。最后，单击图 2-243“创建 NetCDF 栅格图层”对话框中的“确定”会出现图 2-244。图 2-245 为图 2-244 关闭 ArcToolbox 后的效果。

图 2-241

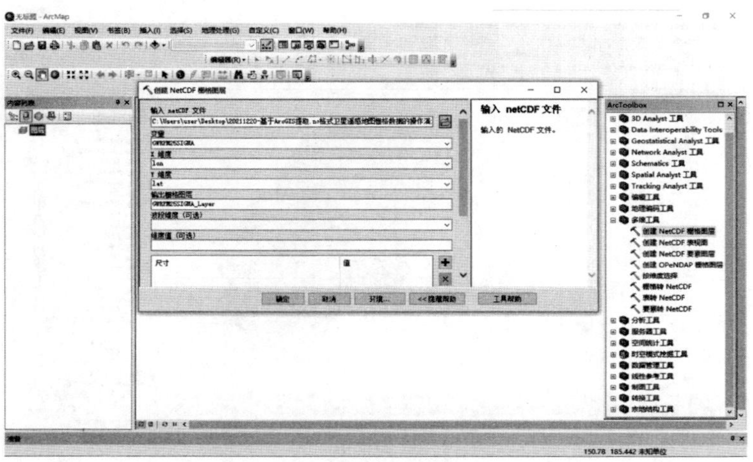

图 2-242

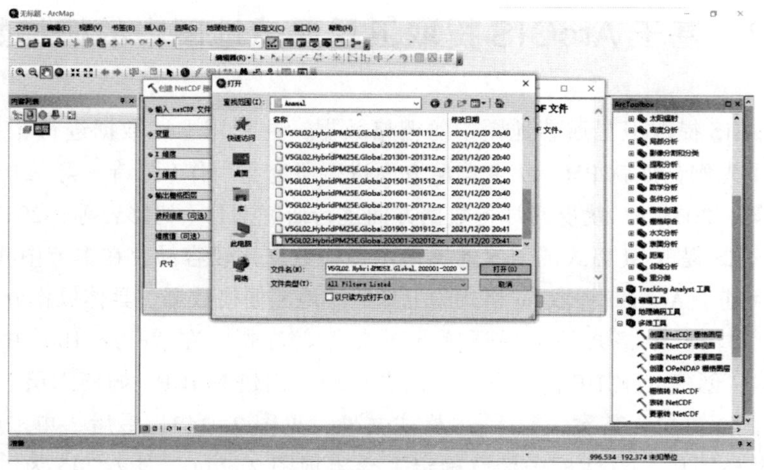

图 2-243

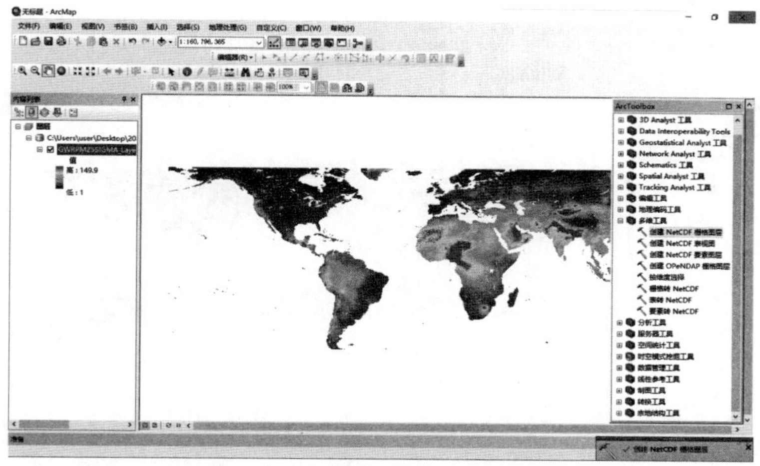

图 2-244

图 2-245

第二步，对已经打开的 nc 格式文件进行栅格数据提取。首先，添加掩膜。添加 34provinces.shp 作为掩膜，见图 2-246 和图 2-247。其次，在 ArcToolbox 中先点开“Spatial Analyst 工具”，双击“以表格显示分区统计”，此时，会弹出一个对话框，见图 2-248。填完图 2-248 中的对话框。具体而言，①“输入栅格数据或要素区域数据”选择“34provinces.shp”；“区域字段”选择“ID”；“输入赋值栅格”选填“GWRPM25SIGMA_Layer.nc”；“输出表”选择当前处于工作状态的文件夹，本演示中的文件夹为“20211220- 基于 ArcGIS 提取 .nc 格式卫星遥感地图栅格数据的操作演示”。②勾选“在计算中忽略 NoData（可选）”前面的“√”；“统计类型（可选）”选填“ALL”。③单击“确定”。此时，ArcGIS 会进行栅格数据提取，屏幕的右下方会显示运动中的“以表格显示分区统计”；等最后完成提取后屏幕右下方会显示静态的“√以表格显示分区统计”，同时，左侧“内容列表”中会出现“2020 年 pm2”，见图 2-249。该 dbf 文件内部数据结构，见图 2-250。

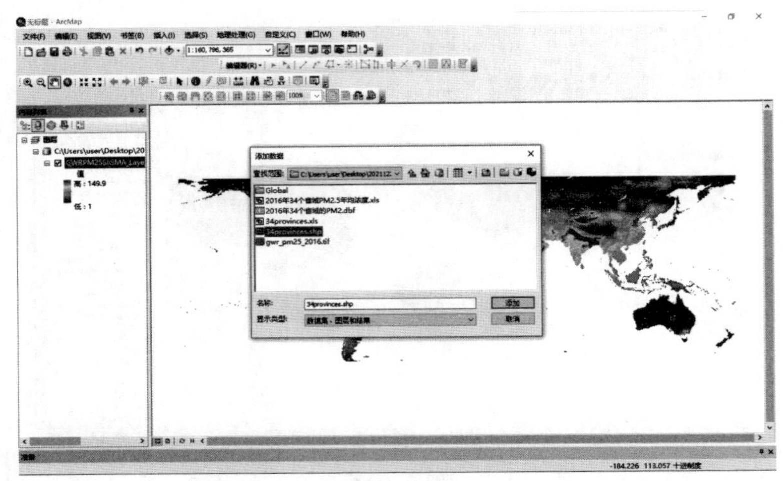

图 2-246

图 2-247

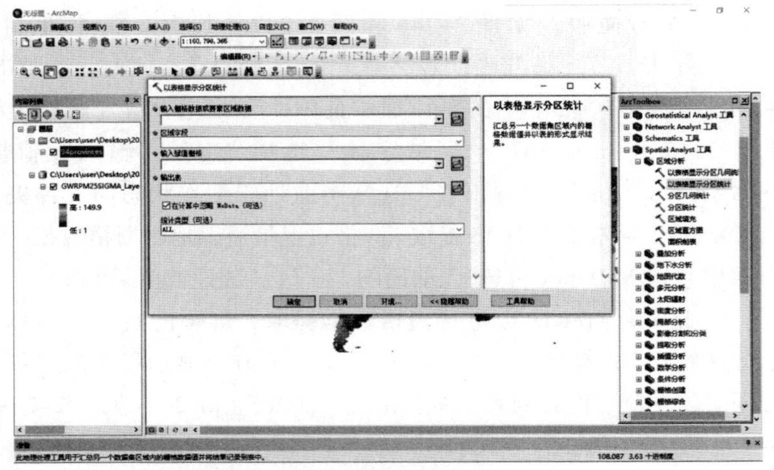

图 2-248

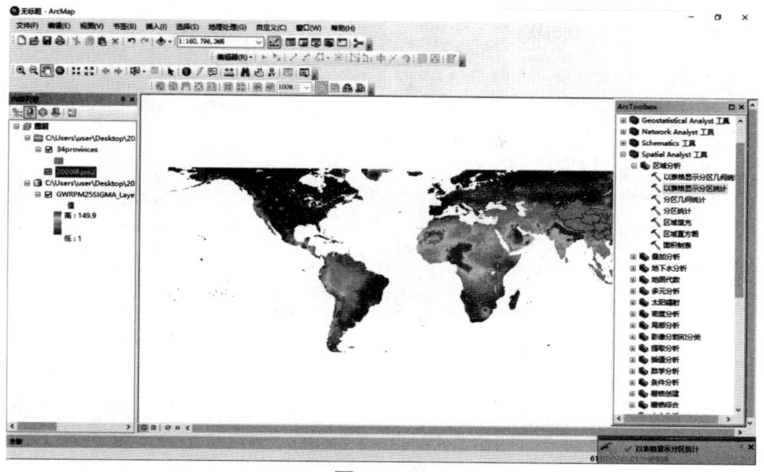

图 2-249

OID	ID	COUNT	AREA	MIN	MAX	RANGE	MEAN	STD	SUM
0	1	543503	54.350295	2.5	12.3	9.8	5.592974	1.772536	3039798.00141
1	2	1287641	128.764089	2.3	31.299999	28.999999	5.418132	2.641913	6976610.50265
2	3	212935	21.293496	3.5	54.599998	51.099996	8.052124	5.06555	1714579.00109
3	4	1745833	174.583285	2.5	42.400002	39.900002	9.244229	4.691055	16138879.3078
4	5	17357	1.7357	4.1	54.700001	50.600001	12.942306	9.536907	224639.599988
5	6	159824	15.982399	5.1	17.5	12.4	7.569002	1.53579	1209708.20142
6	7	154357	15.435699	5.2	32.599998	27.399999	10.383313	2.272029	1602737.00098
7	8	196082	19.608198	3.9	59	55.1	9.721982	5.672696	1906305.70059
8	9	161289	16.128899	5.1	19.5	14.4	10.065337	2.672156	1623428.20037
9	10	435874	43.587396	2.6	18.299999	15.699999	6.484489	1.42593	2826420.00289
10	11	52811	5.2811	5.3	9.9	4.599999	6.73493	0.702826	355678.400291
11	12	685467	68.546694	1.4	28.200001	26.800001	3.775055	1.594411	2587677.59727
12	13	203624	20.362298	3.9	14	10.1	6.293329	1.225676	1281474.90091
13	14	94098	9.409799	5.8	38.299999	32.499999	9.147228	1.917615	860745.300505
14	15	132670	13.266999	4.8	17.9	13.099999	8.870452	2.144049	1176842.80075
15	16	1128109	112.81089	1.4	31.4	30	3.446937	1.566067	3888520.69563
16	17	175248	17.524799	4.1	16.700001	12.600001	7.31741	1.587897	1282361.40137
17	18	94357	9.435699	4.2	24.200001	20.000001	6.360914	1.420983	600196.800103
18	19	457344	45.734396	1.5	17.6	16.1	4.833196	2.229006	2210432.70002
19	20	159786	15.978599	4.3	16.799999	12.499999	7.246897	1.078269	1157952.70153
20	21	77126	7.712599	4.1	11.6	7.7	6.933208	1.314549	534730.400712
21	22	151598	15.159799	4.7	37.700001	33.000001	6.488367	1.12122	983775.100949
22	23	193427	19.342698	4.8	12.9	8.099999	7.371026	1.0733	1425755.50261
23	24	342337	34.233697	1.9	17.799999	15.899999	6.172776	1.649738	2113169.70074
24	25	109630	10.962999	4.4	17.299999	12.899999	5.829451	1.114767	639082.700401
25	26	209336	20.933496	5.1	13.5	8.4	7.218724	0.789071	1511131.50107
26	27	155990	15.598999	3.6	17.799999	14.199999	6.700285	1.018282	1045178.0008
27	28	22	0.0022	9	12.9	3.9	11.5	1.476482	253.000002
28	29	21334	2.1334	3.6	12.9	9.3	4.985347	0.854899	106581.4001
29	30	11829	1.1829	7.1	42.700001	35.600001	15.975729	4.72267	188976.899979
30	31	156330	15.632999	4.7	46.900002	42.200002	7.569281	1.934447	1183305.70076
31	32	5919	0.5919	5.4	18	12.6	7.125275	0.98011	42174.499986
32	33	31653	3.1653	2.9	17.6	14.7	6.223113	2.453777	196980.200119
33	34	962	0.0962	5.2	10.6	5.400001	6.902079	1.323872	6639.800035

图 2-250

第三步：将 dbf 格式的“2020 年 pm2”文件转换成 xls 格式。首先，打开 ArcToolbox 中的“转换工具”，见图 2-251。其次，单击“Excel”，双击“表转 Excel”，此时弹出“表转 Excel”对话框，见图 2-252。填完此对话框，具体而言，“输入表”选填“2020 年 pm2”，“输出 Excel 文件”选填“20211220- 基于 ArcGIS 提取 .nc 格式卫星遥感地图栅格数据的操作演示”。再次，单击“确定”。最后，为了方便确定图 2-252 中每个阿拉伯数字 ID 对应的省域，按照相同的方法把 34provinces.shp 的 dbf 格式数据也转换成 xls 格式，如此便可以得到 2020 年 34 个省域 pm2.5 年均浓度值，见图 2-253。

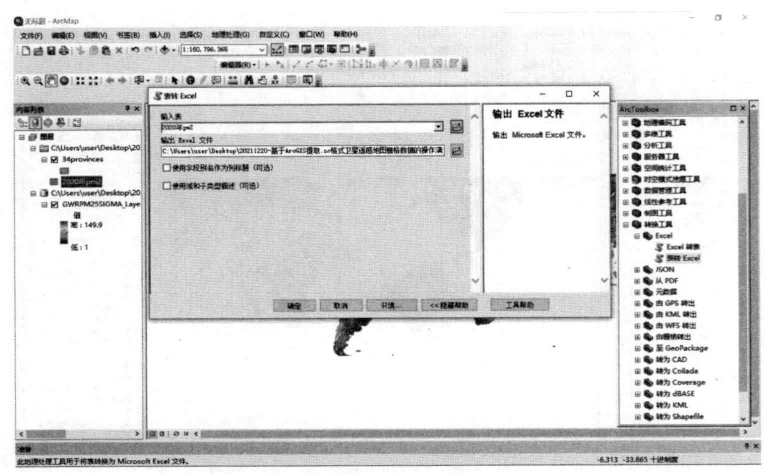

图 2-251

34provinces

FID	Shape *	OBJECTID	AREA	PERIMETER	AD2004	ID	NAME_CHN	NAME_ENG	Shape_Leng	Shape_Area
0	面	1	54.4521	70.1328	230000	1	黑龙江省	Heilongjiang Province	6196515.97151	452674666460
1	面	2	129.067	133.994	150000	2	内蒙古自治区	Inner Mongolia Autonomous Region	12172151.3793	1145999893560
2	面	3	21.307	43.5162	220000	3	吉林省	Jilin Province	4076911.93367	190896070213
3	面	4	175.086	86.0992	650000	4	新疆维吾尔自治	Xinjiang Uygur Autonomous Region	8125297.03102	1630310875840
4	面	5	1.73575	9.37237	110000	5	北京市	Beijing City	891934.958905	16413528373.200001
5	面	6	15.9843	25.9489	140000	6	山西省	Shanxi Province	2576101.47796	156664318963
6	面	7	15.4811	47.682	370000	7	山东省	Shandong Province	4702719.61214	154198401983
7	面	8	19.6403	51.8754	130000	8	河北省	Hebei Province	5003810.67152	187354282457
8	面	9	16.1412	33.3176	410000	9	河南省	Henan Province	3343932.91514	165601422134
9	面	10	43.6061	81.9242	620000	10	甘肃省	Gansu Province	9013028.30926	425405211831
10	面	11	5.28129	19.5106	640000	11	宁夏回族自治区	Ningxia Hui Autonomous Region	1932856.47596	51979753305.599998
11	面	12	69.3981	63.5516	630000	12	青海省	Qinghai Province	6289367.37777	696804480464
12	面	13	20.3657	40.117	610000	13	陕西省	Shaanxi Province	4023949.51151	205652545685
13	面	14	9.73976	30.0664	320000	14	江苏省	Jiangsu Province	3033909.87643	100966429939
14	面	15	13.3865	30.9624	340000	15	安徽省	Anhui Province	3152828.8184	140281240121
15	面	16	114.203	78.2913	540000	16	西藏自治区	Tibet Autonomous Region	7934505.50794	1202247278150
16	面	17	17.5585	36.6022	420000	17	湖北省	Hubei Province	3744188.80067	185939841248
17	面	18	9.45879	48.7171	330000	18	浙江省	Zhejiang Province	5026030.70363	101969738518
18	面	19	45.7347	60.2137	510000	19	四川省	Sichuan Province	6203190.77101	485863389163
19	面	20	15.9799	34.379	520000	20	贵州省	Guizhou Province	3603423.26562	175997184131
20	面	21	7.7115	27.1712	500000	21	重庆市	Chongqing City	2810208.61927	82421338209.100006
21	面	22	15.2763	27.653	360000	22	江西省	Jiangxi Province	2897349.4057	167052225785
22	面	23	19.3876	34.2506	430000	23	湖南省	Hunan Province	3584327.67652	212029201668
23	面	24	34.2797	58.072	530000	24	云南省	Yunnan Province	6149262.29581	383225529102
24	面	25	10.9765	54.6264	350000	25	福建省	Fujian Province	5741641.69312	121649783949
25	面	26	20.9373	43.4023	450000	26	广西壮族自治区	Guangxi Zhuang Autonomous Region	4606784.129	236218258032
26	面	27	15.6599	66.1502	440000	27	广东省	Guangdong Province	7261646.61375	177328541343
27	面	28	0.002239	0.511695	820000	28	澳门特别行政区	Macao Special Administrative Region	54694.89076	25673204.2313
28	面	29	4.26599	58.1169	460000	29	海南省	Hainan Province	6396099.89209	50269506224.699997
29	面	30	1.20566	8.68708	120000	30	天津市	Tianjin City	844241.907445	11544526194.1
30	面	31	15.6455	48.1164	210000	31	辽宁省	Liaoning Province	4588349.19052	145517044709
31	面	32	0.593379	6.51717	310000	32	上海市	Shanghai City	655304.769794	6270769707.59
32	面	33	3.19333	15.4003	710000	33	台湾省	Taiwan Province	1646656.55016	36053166298.199997
33	面	34	0.096528	7.67322	810000	34	香港特别行政区	Hong Kong Special Administrative Region	518765.443024	1100794565.29

(0 / 34 已选择)

图 2-252

2020年pm2.5年均浓度 - Excel

OID	ID	COUNT	AREA	MIN	MAX	RANGE	MEAN	STD	SUM
0	1	543503	54.35029539	2.5	12.30000019	9.800000191	5.59297373	1.772536252	3039798.001
1	2	1287641	128.7640891	2.299999952	31.29999924	28.99999928	5.41813324	2.641913252	6976610.503
2	3	212935	21.29349819	3.5	54.59999847	51.09999847	8.052123893	5.065549805	1714579.001
3	4	1745833	174.5832852	2.5	42.40000153	39.90000153	9.244228576	4.691055193	16138879.31
4	5	17357	1.735699853	4.099999905	54.70000076	50.60000086	12.9423057	9.536907018	224639.6
5	6	159824	15.98239865	5.099999905	17.5	12.4000001	7.569002161	1.53579046	1209708.201
6	7	154357	15.43569869	5.199999809	32.59999847	27.39999866	10.38331272	2.272028902	1602737.001
7	8	196082	19.60819834	3.900000095	59	55.0999999	9.721982133	5.672695907	1906305.701
8	9	161289	16.12889863	5.099999905	19.5	14.4000001	10.06533738	2.672155317	1623428.2
9	10	435874	43.58739631	2.599999905	18.29999924	15.69999933	6.484488643	1.425929686	2826420.003
10	11	52811	5.281099552	5.300000191	9.899999619	4.599999428	6.734930228	0.702826019	355678.4003
11	12	685467	68.54669419	1.399999976	28.20000076	26.80000079	3.775057676	1.594410608	2587677.597
12	13	203624	20.36239827	3.900000095	14	10.0999999	6.293338707	1.325676326	1281474.801
13	14	94098	9.409799202	5.800000191	38.29999924	32.49999905	9.147328323	1.917814542	860745.3005
14	15	132670	13.26699888	4.800000191	17.89999962	13.09999943	8.870451502	2.144049071	1176842.801
15	16	1128109	112.8108904	1.399999976	31.39999962	29.99999964	3.446937039	1.56606653	3888520.696
16	17	175248	17.52479851	4.099999905	16.70000076	12.60000086	7.317409622	1.587896675	1282361.401
17	18	94357	9.4356992	4.199999809	24.20000076	20.00000095	6.360914401	1.420982735	600196.8001
18	19	457344	45.73439612	1.5	17.60000038	16.10000038	4.833194926	2.228006465	2210432.7
19	20	159786	15.97859865	4.300000191	16.79999924	12.49999905	7.246897109	1.078268633	1157952.702
20	21	77126	7.712599346	4.099999905	11.80000019	7.700000286	6.933205413	1.314548902	534730.4007
21	22	151598	15.15979871	4.699999809	37.70000076	33.00000095	6.48936728	1.12121979	983775.1008
22	23	193427	19.34269836	4.800000191	12.89999962	8.099999428	7.371026292	1.073299553	1425755.503
23	24	342337	34.2336971	1.899999976	17.79999924	15.89999926	6.172776243	1.649738368	2113169.701
24	25	109630	10.96299907	4.400000095	17.29999924	12.89999914	5.829450884	1.114766682	639082.7004
25	26	209335	20.93349823	5.099999905	13.5	8.400000095	7.218723582	0.789071357	1511131.501
26	27	155990	15.59899868	3.599999905	17.79999924	14.19999933	6.700288485	1.018281729	1045178.001
27	28	22	0.0022	9	12.89999962	3.899999619	11.50000009	1.476482251	253.0000019
28	29	21334	2.133399819	3.599999905	12.89999962	9.299999714	4.995847009	0.85489925	106581.4001
29	30	11829	1.1828999	7.099999905	42.70000076	35.60000086	15.97572914	4.72266996	188976.9

2020年pm2.5年均浓度

平均值: 7.544309119 计数: 35 求和: 256.50651

图 2-253

习 题

1. 有一份京津冀地区的地图文件（包括dbf、prj、sbn、sbx、shp、shx文件），里面的dbf文件含有2020年京津冀地区的生产总值，请绘制出规范的（含有图例、指北针、比例尺，图片大小为4.8cm×4.8cm，dpi为600）2020年京津冀地区生产总值标准差椭圆。

2. 有一份含有长江三角洲地区41个地级及以上城市的地图文件（包括dbf、prj、sbn、sbx、shp、shx文件），里面的dbf文件含有2020年长江三角洲地区41个地级及以上城市的生产总值，请绘制出规范的（含有图例、指北针、比例尺，图片大小为4.8cm×4.8cm，dpi为600）2020年上述城市生产总值空间分位图、热点分析图、聚类和异常值分析图。

3. 有一份含有珠江三角洲地区9个地级市的地图文件（包括dbf、prj、sbn、sbx、shp、shx文件），里面的dbf文件含有2020年上述城市生产总值数据，请绘制出规范的（含有图例、指北针、比例尺，图片大小为4.8cm×4.8cm，dpi为600）2020年上述城市生产总值分组分析图。具体要求：使用反距离空间权重矩阵；划分为三组。

4. 有一份地图文件（包括dbf、prj、sbn、sbx、shp、shx文件），包括北京市县域地图、天津市县域地图及河北省县域地图。试：

（1）将三个省域的地图联合；

（2）将联合后的地图文件在地级及以上城市层面上进行融合。

5. 有一份含有长江三角洲地区41个地级及以上城市的地图文件（包括dbf、prj、sbn、sbx、shp、shx文件），请提取上述城市的经纬度。

第 3 章　空间权重矩阵

3.1　空间权重矩阵概述

在空间计量中，一个至关重要的操作性问题就是如何利用专业的表达方式来解释模型中的空间依赖结构。空间权重矩阵就是在解释模型中的空间依赖结构时常用的专业表达方式。

空间权重矩阵是指在研究空间问题时，用来描述要素之间的相互影响关系而人为设定的一种矩阵。这种矩阵既可以是地理层面上的，也可以是经济层面上的，还可以是地理、经济嵌套的。随着空间计量经济学的深入发展，空间权重矩阵内生性问题越来越受到学者关注，已经成为当今空间计量经济学研究的前沿问题之一。

定义空间权重的关键是对空间单元的位置进行量化处理。一般而言，对空间位置的量化处理以距离为依据。距离要满足以下特征：有意义、有限性以及非负性。最常见的距离有空间距离、经济距离。

3.2　常见的空间权重矩阵

常见的空间权重矩阵包括：邻接空间权重矩阵、距离空间权重矩阵、KNN（K-Nearest Neighbor）系列空间权重矩阵。

3.2.1　邻接空间权重矩阵

对空间依赖性[①]的初始测量是由 Moran（1948）和 Geary（1954）基于空间二元连续性的概念提出的。根据这个概念，空间结构下的邻域可以用数值 0 和 1 来表示。如果两个空间单元拥有一个共同的非零边界，则它们被认为是空间相邻的，用 1 来表示；否则，它们被认为是非空间相邻的，用 0 来表示。

依照此规则划分的空间权重矩阵，常见的有：①车邻接空间权重矩阵；②象邻接空间权重矩阵；③后邻接空间权重矩阵。其中，车邻接是指两个空间单元有共同的边界，如图 3-1 中的 a 和 b；象邻接是指两个空间单元有共同的顶点，如图 3-1 中的 a 和 c；后

① 准确地来说是空间自回归。

邻接是指，两个空间单元有共同的边界或共同的顶点，如图 3-1 中的 a 和 b、c。

邻接空间权重矩阵的数学表达式如下：

$$w_{ij}=\begin{cases}1, \text{bound}(i)\cap \text{bound}(j)\neq\varnothing \\ 0, \text{bound}(i)\cap \text{bound}(j)=\varnothing\end{cases} \tag{3-1}$$

其中，bound()表示空间单元的边界。

除了上述三种经典的邻接矩阵以外，还有两种比较复杂的邻接矩阵。一种是基于两个空间单元质心之间的距离定义的邻接矩阵。具体而言，如果空间单元 A 的质心到空间单元 B 的质心的距离小于等于约定的距离d，则它们是邻接的，记为 1；否则它们是不邻接的，记为 0，如图 3-2 所示。

另一种是考虑由各种空间镶嵌产生的边界来确定邻接性的空间权重矩阵。这些镶嵌由空间系统区域划分为多边形或者单元格①，这些多边形或者单元格与系统的形式、质点的位置相关。因此，空间单元的原始呈现方式是通过质点来代替地图上的多边形，这些质点也可以通过常见的方式来确定其邻接性。

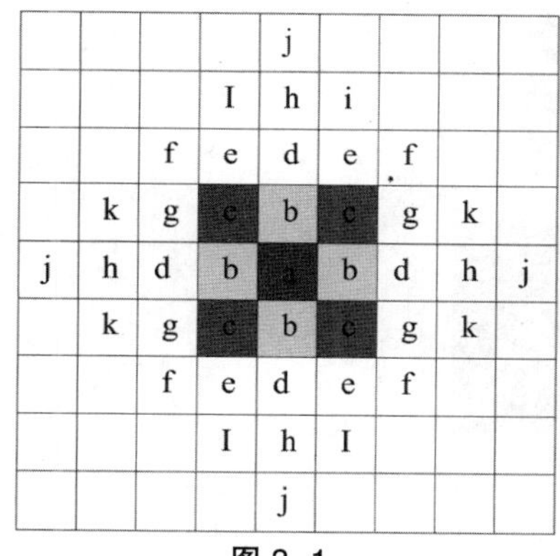

图 3-1

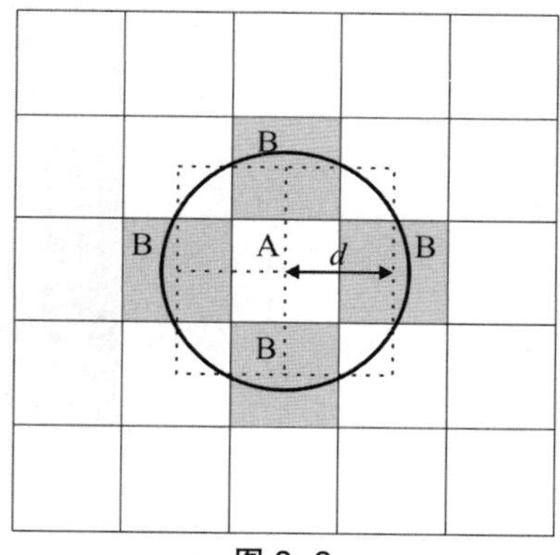

图 3-2

例如，在图 3-3 中，假设所有空间单元除了位置以外，其他的均相同；空间单元 a 的质心与空间单元 b 的质心之间的距离为 dist。请根据距离标准找出空间单元 a 的一至四阶空间单元。很显然，空间单元 a 与空间单元 b 为一阶邻接，与空间单元 d 和空间单元 c 为二阶邻接，与空间单元 h、e、g 为三阶邻接，与空间单元 k、j、f、i 为四阶邻接。

① 空间镶嵌最著名的例子是泰森多边形（又被称为狄氏镶嵌、维诺多边形）。

				j				
			i	h	i			
		f	e	d	e	f		
	k	g	c	b	c	g	k	
j	h	d	b	a	b	d	h	j
	k	g	c	b	c	g	k	
		f	e	d	e	f		
			i	h	i			
				j				

图 3-3

邻接空间权重矩阵设定举例如下。

考虑 8 个不规则空间单元组成的系统，见图 3-4，设最小单元格边长为 1，相应的空间权重矩阵 $\boldsymbol{w}$ 可以基于不同的规则计算：①车邻接；②质心距离小于 2；③最邻近准则。

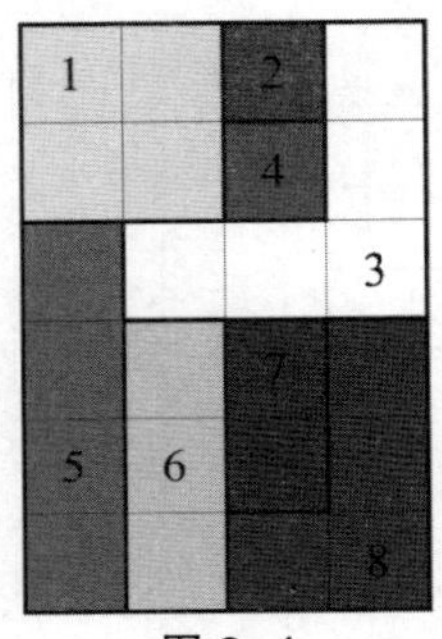

图 3-4

3.2.2 距离空间权重矩阵

在空间计量经济学中有两种经典的空间权重矩阵，一种是邻接空间权重矩阵，另一种是距离空间权重矩阵。虽然设置距离空间权重矩阵的方法有很多，但是它们都遵循一个共同的基本思想——给定距离带宽。常见的距离带宽设置方法有两种，一种是：

$$W_{ij} = \begin{cases} 0, 若 d_{ij} \geqslant d \\ 1, 若 d_{ij} < d \end{cases} \tag{3-2}$$

其中，d为带宽。另一种是直接采用距离的n次方的倒数作为空间权重：

$$W_{ij} = \frac{1}{d_{ij}^{n}} \tag{3-3}$$

其中，d_{ij}可以是地理距离，例如，直线距离，即欧氏距离或大圆距离（Great Circle Distance）。

3.2.3　KNN 系列空间权重矩阵

KNN（K-Nearest Neighbor），即 K 个最近邻居，它的原理是：为了判断未知样本的类别，以所有已知类别的样本作为参照，计算未知样本与所有已知样本的距离，从中选取与未知样本距离最近的 K 个已知样本，根据少数服从多数的投票法则（Majority Voting），将未知样本与 K 个最邻近样本中所属类别占比较多的归为一类。例如，假定采用 knn(5) 空间权重矩阵，南通市到与其最近的 5 个地级市或直辖市的距离分别为 100km（上海市）、80km（苏州市）、72km（无锡市）、108km（泰州市）、172km（盐城市）。此时，南通市与最近的 5 个城市的空间权重均为 1，而南通市与其他地级市及以上城市的空间权重均为 0。

3.3　高级空间权重矩阵的设定和实现

一个空间计量模型设计的精细程度和解释的力度往往取决于该空间计量模型中的空间权重矩阵。从这一点上来说，空间权重矩阵的设定是空间计量模型设定的重要组成部分。空间权重矩阵在设定上存在主观随意性缺陷，为了在最大限度上规避这一缺陷，通常采取将地理空间权重矩阵和经济空间权重矩阵相结合的方式进行处理。常见的地理经济组合空间权重矩阵，即高级空间权重矩阵有六种：一是 Case et al.（1993）地理经济之和空间权重矩阵；二是林光平等（2006）地理经济之积空间权重矩阵；三是改进的林光平等（2006）地理经济之积空间权重矩阵；四是 Fingleton and Gallo（2008）经济距离空间权重矩阵；五是 Jeanty（2010）反经济距离空间权重矩阵；六是二次嵌套地理经济之和空间权重矩阵。

3.3.1　六种高级空间权重矩阵概述

1. Case et al.（1993）地理经济之和空间权重矩阵的概述

Case et al.（1993）地理经济之和空间权重矩阵的公式如下：

$$\boldsymbol{W}(\alpha)=\alpha\boldsymbol{W}^{\text{Employment}}+(1-\alpha)\boldsymbol{W}^{\text{Geography}} \tag{3-4}$$

其中，$\alpha\in[0,1]$，α趋向于 1，则表示在地理经济之和空间权重矩阵中经济距离空间权重矩阵占主导地位；α趋向于 0，则表示在地理经济之和空间权重矩阵中地理距离空间权重矩阵占主导地位。$\boldsymbol{W}^{\text{Employment}}$表示就业人口经济距离空间权重矩阵，它是主对角线上元素为零的空间权重矩阵，非主对角线上的元素$w_{ij}^{\text{Employment}}=1/|\text{EMP}_i-\text{EMP}_j|/S_i$，其中$S_i=\sum_j 1/|\text{EMP}_i-\text{EMP}_j|$。$\boldsymbol{W}^{\text{Geography}}$表示反距离空间权重矩阵，该空间权重矩阵主对角线上的元素为零，非主对角线上的元素$w_{ij}^{\text{Geography}}=1/d_{ij}$，$d_{ij}$表示$i$地区与$j$地区之间的距离。

Case et al.（1993）地理经济之和空间权重矩阵$\boldsymbol{W}$仍然是主对角线上的元素均为零，且元素不关于主对角线对称的空间权重矩阵。该空间权重矩阵的内部结构，见图 3-5。

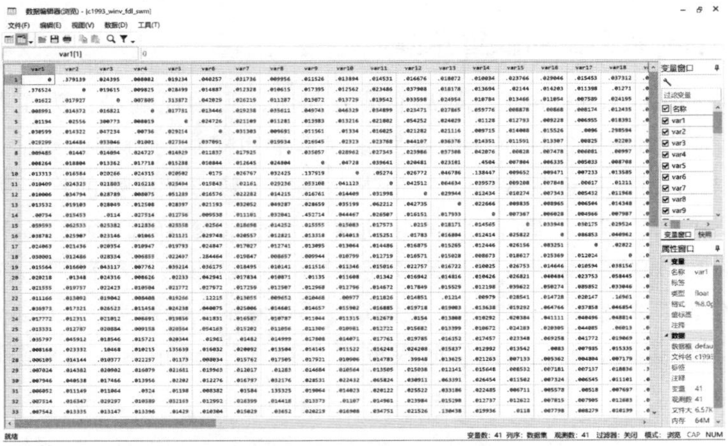

图 3-5

2. 林光平等（2006）地理经济之积空间权重矩阵的概述

传统的空间权重矩阵把i地区与j地区之间的影响看成是相等的，且把i地区对自己的影响视为零。例如，在地理距离空间权重矩阵中，都假设的是上海市对凤台县（位于安徽省）的影响与凤台县对上海市的影响是一样的，这显然是有偏误的，上海市对凤台县的经济影响要大于凤台县对上海市的经济影响。

林光平等（2006）地理经济之积空间权重矩阵的出现在一定程度上弥补了传统空间权重矩阵的不足。林光平等（2006）地理经济之积空间权重矩阵（$\boldsymbol{W}^*$）是地理距离空间权重矩阵或邻接空间权重矩阵等（$\boldsymbol{W}$）与经济距离空间权重矩阵（$\boldsymbol{E}$）之积。

$$\boldsymbol{W}^* = \boldsymbol{W}\boldsymbol{E} \tag{3-5}$$

式（3-5）中，$E_{ij}=\dfrac{1}{\left|\overline{Y}_i-\overline{Y}_j\right|}$是一个刻画$i$地区与$j$地区之间经济差异性的空间权重矩阵，$E_{ii}=0$（$i$地区与自己的经济距离）。其中，$\overline{Y}_i=\dfrac{1}{t_1-t_0+1}\sum_{t=t_0}^{t_1}Y_{it}$，$Y_{it}$是经济变量，表示$i$地区第$t$年的经济状况。

相对于传统空间权重矩阵而言，林光平等（2006）地理经济之积空间权重矩阵有以下两大优点。①因为地理距离空间权重矩阵（$\boldsymbol{W}$）与经济距离空间权重矩阵（$\boldsymbol{E}$）均是主对角线上的元素为零、其他地方的元素不全为零的矩阵，所以，一般而言，林光平等（2006）地理经济之积空间权重矩阵（$\boldsymbol{W}^*$）是主对角线上的元素不全为零，其他地方的元素不全为零的矩阵。由此可见，林光平等（2006）地理经济之积空间权重矩阵（$\boldsymbol{W}^*$）有效地区别了地区之间的经济空间权重，避免了使用传统空间权重矩阵时所出现的问题。②E_{ij}会伴随着考察期内地区之间Y值的变化而变化，它是一个动态矩阵，能较为准确地反映地区之间相互关系的变化。

实际上，将林光平等（2006）地理经济之积空间权重矩阵中的经济空间权重矩阵进行行标准化就能得到 Case et al.（1993）地理经济之和空间权重矩阵中的经济空间权重矩阵。

3. 改进的林光平等（2006）地理经济之积空间权重矩阵的概述

林光平等（2006）地理经济之积空间权重矩阵为主对角线上元素不全为零，且各元素不关于主对角线对称的$n \times n$型空间权重矩阵。对于该矩阵中各元素不关于主对角线对称的情况，从经济学意义上很容易解释——例如，在经济辐射能力上，上海市对南通市的影响要大于南通市对上海市的影响，这是该矩阵的创新之处。但是，主对角线上元素不全为零的设计被学术界所诟病，主要原因在于这种设计缺乏理论基础或依据。

鉴于此，有必要对上述有争议的地方进行改进，改进的林光平等（2006）地理经济之积空间权重矩阵应运而生。改进的林光平等（2006）地理经济之积空间权重矩阵将地理空间权重矩阵与经济空间权重矩阵之积的主对角线上的元素全部取零。这样做的好处有两点：一是解决了在采用 Stata 的 spmat 命令将 dta 格式的空间权重矩阵转换成 spmat 格式的空间权重矩阵时，Stata 会报错——出现图 3-6 中的“main diagonal must contain zero elements”的问题；① 二是弥补了主对角线上元素非全为零的设计缺陷。

改进前后的林光平等（2006）地理经济之积空间权重矩阵内部结构，见图 3-7 至 3-8（图 3-7 为改进前）。

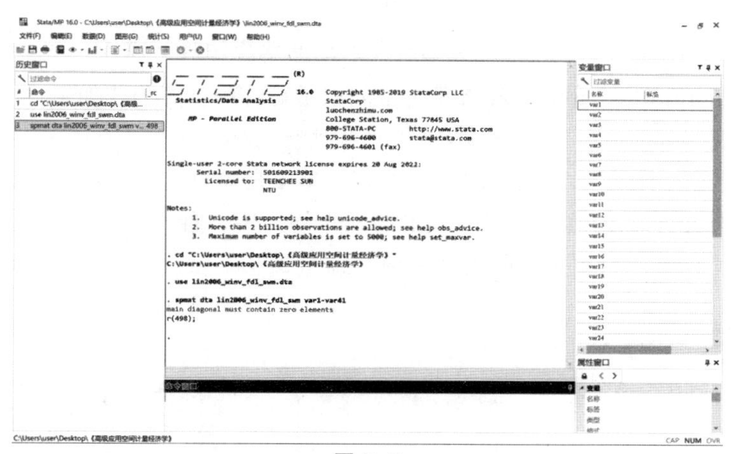

图 3-6

数据编辑器(浏览) - [lin2006_winv_fdl_swm]

var1[1]　.01822431

	var1	var2	var3	var4	var5	var6	var7	var8	var9
1	.018224	.007664	.032511	.016566	.045662	.02403	.020157	.01665	.028538
2	.00641	.024435	.03955	.013981	.032026	.061394	.048748	.015666	.019887
3	.020922	.041978	.062403	.015466	.014007	.032077	.023317	.01514	.022875
4	.019001	.032641	.027192	.032493	.029837	.023702	.021346	.023942	.031715
5	.024937	.034209	.013381	.015161	.06462	.048809	.028061	.014972	.021755
6	.040687	.024565	.037327	.01335	.03169	.048778	.026903	.013574	.017952
7	.015105	.029357	.022578	.025622	.026638	.019001	.01709	.017914	.024337
8	.016253	.038619	.026378	.026362	.031271	.021365	.018276	.019289	.028959
9	.015567	.030973	.02227	.045613	.024933	.019114	.020399	.05285	.082096
10	.016639	.03352	.024657	.035421	.027884	.020924	.020008	.034477	.038065
11	.016133	.033393	.023692	.030137	.026793	.020238	.018742	.022067	.028709
12	.013552	.028436	.019042	.03804	.021311	.016644	.014761	.021874	.030923
13	.016482	.055839	.024531	.025174	.028568	.020736	.017862	.017778	.029352
14	.016772	.036414	.025485	.029648	.029064	.021268	.022965	.041041	.006848
15	.021131	.026062	.031046	.018733	.032159	.030724	.024945	.017169	.024161
16	.022884	.026865	.028759	.017542	.029047	.027182	.022065	.015947	.021868
17	.026921	.026233	.029832	.016787	.029255	.029018	.02308	.015575	.021169
18	.039913	.026171	.054885	.013651	.037447	.012697	.037514	.014322	.019247
19	.017203	.028178	.023075	.023968	.024444	.020138	.017382	.017324	.023563
20	.028027	.025177	.030664	.015532	.028582	.027868	.023197	.014743	.019584
21	.027513	.02642	.029957	.017134	.029239	.028771	.023349	.015875	.021438
22	.041774	.025897	.046285	.014191	.03517	.034513	.032494	.014423	.019391
23	.024921	.027058	.030748	.017189	.029865	.027927	.022463	.015678	.021426
24	.028722	.025287	.032127	.015068	.02942	.029234	.023482	.01438	.019229
25	.030451	.025939	.034362	.015469	.030559	.029408	.025011	.014746	.019807
26	.025423	.025232	.030727	.017043	.030544	.030664	.024449	.016013	.021915
27	.023026	.035472	.038004	.017049	.035329	.037353	.024601	.015866	.023182
28	.019596	.060524	.047622	.016082	.082745	.029893	.024615	.01694	.029183
29	.027491	.03077	.048993	.014007	.044739	.04012	.025041	.01405	.019724
30	.018088	.032632	.027729	.025738	.030982	.023332	.022154	.021127	.03282
31	.018183	.036847	.027759	.026959	.032109	.023268	.021153	.014521	.037135
32	.01945	.030899	.027754	.018253	.029946	.025334	.018357	.015622	.022023
33	.019322	.040442	.031803	.024125	.035591	.025987	.026011	.02038	.033615

	var10	var11	var12	var13	var14	var15	var16	var17	var18
1	.020483	.03792	.059641	.029847	.022696	.022162	.015731	.01262	.021269
2	.02244	.024738	.0284	.029602	.017292	.02607	.037374	.018442	.057488
3	.020041	.031547	.064329	.03244	.019309	.025357	.016809	.013006	.024974
4	.0227	.032055	.031127	.029549	.02988	.021336	.01635	.013206	.020432
5	.020287	.028797	.041787	.032765	.018669	.025985	.018503	.01351	.030244
6	.017652	.021796	.027121	.02386	.015915	.036848	.037315	.023724	.013086
7	.018348	.024651	.023658	.021564	.024595	.020269	.01377	.012357	.017089
8	.020179	.029476	.031018	.023092	.027156	.026133	.014042	.011902	.018971
9	.030721	.03961	.029601	.031038	.005839	.015414	.012198	.009822	.015758
10	.030162	.038404	.031719	.030026	.035029	.018115	.013668	.011114	.01755
11	.021347	.030925	.027818	.023026	.028854	.01915	.013627	.011514	.01735
12	.019235	.025083	.024043	.020562	.035884	.015997	.011361	.009864	.014388
13	.021373	.026331	.028691	.026263	.028534	.02255	.014393	.012611	.018394
14	.037917	.060866	.036645	.03951	.075514	.016127	.012709	.009934	.016945
15	.02033	.027447	.032858	.026432	.021946	.027392	.024363	.018037	.030149
16	.018633	.024309	.028308	.023752	.020167	.030239	.028968	.018172	.028358
17	.018621	.023867	.027865	.023887	.019409	.032949	.026434	.025197	.033182
18	.019831	.024659	.031224	.029367	.016676	.033283	.026651	.021956	.046117
19	.017501	.02318	.025766	.021163	.023893	.020372	.015771	.013492	.018243
20	.017947	.022413	.026438	.023129	.0179	.033072	.038593	.036807	.030618
21	.018955	.024092	.027899	.024188	.019715	.029239	.03149	.019274	.031735
22	.019318	.024031	.029962	.027317	.017065	.031494	.034456	.023005	.028223
23	.018651	.024119	.028227	.02414	.01972	.05308	.028229	.024566	.030415
24	.017689	.022276	.026718	.023178	.017471	.036836	.036329	.03002	.035986
25	.018306	.023067	.027724	.024242	.017968	.034027	.037286	.027348	.032679
26	.019323	.02508	.029785	.024976	.019902	.02959	.025225	.020757	.033672
27	.020631	.029891	.048948	.031652	.020327	.026046	.01844	.01419	.027011
28	.024708	.051878	.006711	.045986	.022246	.020854	.014428	.010828	.021813
29	.018395	.024904	.034797	.026551	.017131	.04219	.024803	.01773	.041967
30	.026497	.031253	.033873	.028142	.029298	.020951	.014803	.012324	.019264
31	.028925	.034115	.031693	.027481	.038079	.023577	.014949	.012292	.019775
32	.018529	.024781	.029454	.024096	.020446	.030317	.017465	.015798	.022301
33	.030444	.041735	.039328	.022588	.029421	.021155	.014884	.011683	.020307

变量数：41　列序：数据集　观测数：41　过滤器：关闭

图 3-7

① 将 dta 格式空间权重矩阵转换成 spmat 格式空间权重矩阵的程序举例：use lin2006_winv_cdu_swm.dta，spmat dta lin2006_winv_fdl_swm var1-var41。

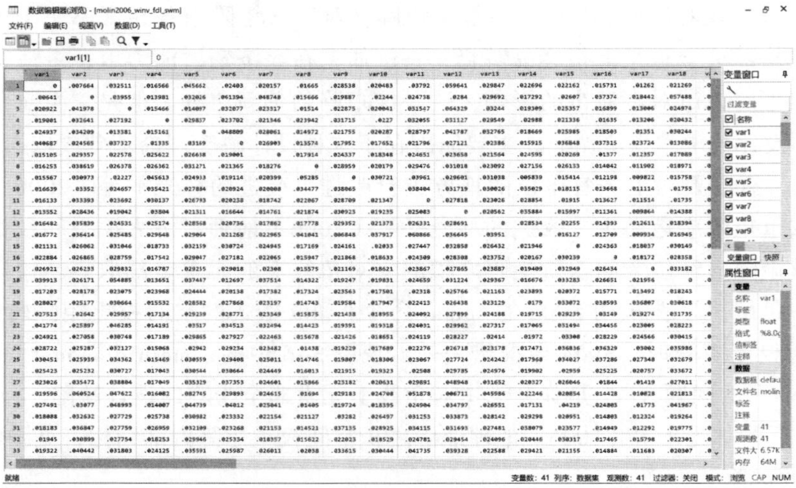

图 3-8

4. Fingleton and Gallo（2008）经济距离空间权重矩阵的概述

Fingleton and Gallo（2008）经济距离空间权重矩阵的计算公式如下：

$$W_{ij} = E_i^{\text{Employment}} E_j^{\text{Employment}} e^{-\beta d_{ij}} \tag{3-6}$$

其中，β=100，d_{ij}表示i地区与j地区之间的距离，单位是英里[①]。Fingleton and Gallo（2008）经济距离空间权重矩阵仍然是主对角线上的元素均为零，且元素不关于主对角线对称的空间权重矩阵。该空间权重矩阵的内部结构，见图 3-9。

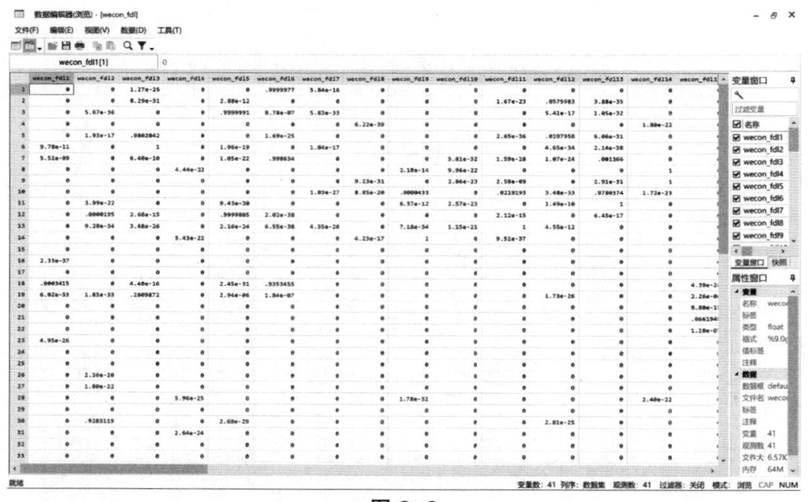

图 3-9

5. Jeanty（2010）反经济距离空间权重矩阵的概述

Jeanty（2010）反经济距离空间权重矩阵的计算公式如下：

$$W_{ij} = \left(1/\left|emp_i - emp_j + 1\right|\right) \mathrm{e}^{-\beta d_{ij}} \tag{3-7}$$

①1 英里 ≈ 1.61 千米。

其中，β=100，d_{ij}表示 i 地区与 j 地区之间的距离，单位是英里。Jeanty（2010）反经济距离空间权重矩阵仍然是主对角线上的元素均为零，且元素不关于主对角线对称的空间权重矩阵。该空间权重矩阵的内部结构，见图 3-10。

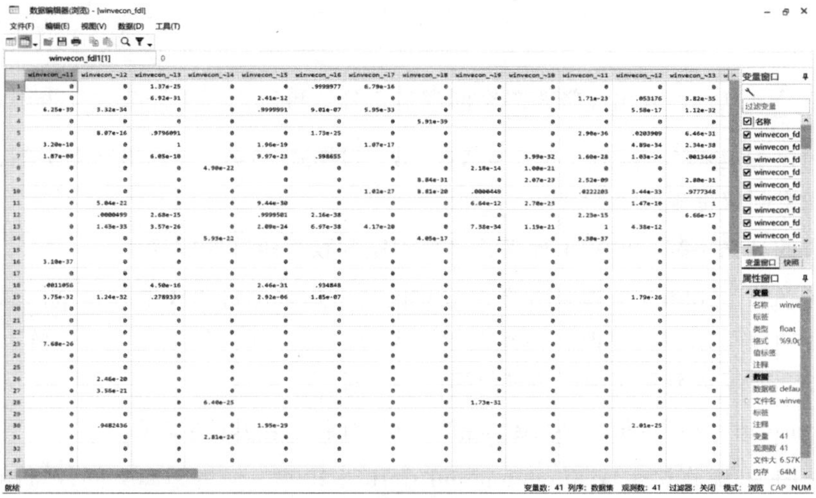

图 3-10

6. 二次嵌套地理经济之和空间权重矩阵的概述

Case et al.（1993）地理经济之和空间权重矩阵的优点是相对于两个矩阵之积，两个矩阵之和不可能会使原本不是零的元素相加之后变成零；缺点是机械地将两个空间权重矩阵简单地相加，很难确定参数的大小。林光平等（2006）地理经济之积空间权重矩阵的优点是把主对角线上的元素进行了赋值，这样能从总体上评价某地区地理经济的权重大小；缺点是相对于两个矩阵之和，两个矩阵之积可能会使原本不是零的元素相乘之后变成零。

如果把上述两个矩阵按照 Case et al.（1993）的方法进行二次嵌套，则能有效规避上述问题。[①] 我们把这种空间权重矩阵命名为二次嵌套地理经济之和空间权重矩阵，公式如下：

$$\begin{aligned} \boldsymbol{W}^{\text{Nest}_2} &= \beta \boldsymbol{W}(\alpha) + (1-\beta)\boldsymbol{W}^* \\ &= \beta[\alpha \boldsymbol{W}^{\text{Employment}} + (1-\alpha)\boldsymbol{W}^{\text{Geography}}] + (1-\beta)(\boldsymbol{W}^{\text{Geography}}\boldsymbol{W}^{\text{Employment}}) \end{aligned} \tag{3-8}$$

3.3.2　六种高级空间权重矩阵的实现

1. Case et al.（1993）地理经济之和空间权重矩阵的实现

首先，计算出 2003—2019 年经济变量的均值。其次，按照 $w_{ij}^{\text{Employment}} = 1/|\text{EMP}_i - \text{EMP}_j|/S_i$（其中 $S_i = \sum_j 1/|\text{EMP}_i - \text{EMP}_j|$），计算出经济距离空间权重矩阵。具体而言，分为三步：第一步，计算出 $1/|\text{EMP}_i - \text{EMP}_j|$；第二步，计算出除本地以外的 $1/|\text{EMP}_i - \text{EMP}_j|$ 之和；第三步，基于 $\dfrac{1/|\text{EMP}_i - \text{EMP}_j|}{\sum_j 1/|\text{EMP}_i - \text{EMP}_j|}$，计算出主对角线上元素为

① 虽然二次嵌套地理经济之和空间权重矩阵也存在参数选择问题，但是进行二次参数设置本身就能在一定程度上规避上述两个空间权重矩阵的缺点。

零的经济距离空间权重矩阵。再次，基于经纬度，采用Stata生成反距离空间权重矩阵。最后，基于MATLAB，根据式（3-4）计算出Case et al.（1993）地理经济之和空间权重矩阵。[①]

2. 林光平等（2006）地理经济之积空间权重矩阵的实现

首先，计算出2003—2019年经济变量的均值。其次，按照$E_{ij}=\dfrac{1}{\left|\overline{Y}_i-\overline{Y}_j\right|}$（其中$E_{ii}=0$，$\overline{Y}_i=\dfrac{1}{t_1-t_0+1}\sum_{t=t_0}^{t_1}Y_{it}$），计算出经济距离空间权重矩阵。再次，基于经纬度，采用Stata生成反距离空间权重矩阵[②]。最后，基于MATLAB，根据式（3-5）计算出林光平等（2006）地理经济之积空间权重矩阵。

3. 改进的林光平等（2006）地理经济之积空间权重矩阵的实现

将林光平等（2006）地理经济之积空间权重矩阵中主对角线上元素全部修改为零即可。对于小矩阵可以手动修改，但是对于几千行、几千列，甚至更大的矩阵，手动修改就不可取了。后续章节会详细介绍进行修改的方法[③]。

4. Fingleton and Gallo（2008）经济距离空间权重矩阵的实现

可以采用Stata直接生成Fingleton and Gallo（2008）经济距离空间权重矩阵。生成该空间权重矩阵的程序如下：

```
. spwmatrix gecon latitude longitude, wn(wecon) wtype(econ) econvar(employment) rowstand
```

其中，wn(#)中的“#”代表空间权重矩阵的名称，在上面的程序里该空间权重矩阵的名称为wecon；econvar(*)中的“*”代表经济变量的名称，在上面的程序里该经济变量的名称为employment；“rowstand”代表生成的空间权重矩阵是行标准化的空间权重矩阵。

---

①* 生成距离倒数 / 反距离空间权重矩阵

```
. use longitude&latitude&econvar, clear
* 生成距离倒数 / 反距离空间权重矩阵，其中，dband(0 100) cart 代表带宽为 100 千米
. spwmatrix gecon latitude longitude, wname(winv) wtype(inv) alpha(1) dband(0 100) cart rowstand
. clear
. svmat winv
. save winv
```

②* 生成距离倒数 / 反距离空间权重矩阵。其中，dband(0 100) cart 代表带宽为 100 千米

```
. use longitude&latitude&econvar,clear
. spwmatrix gecon latitude longitude, wname(winv) wtype(inv) alpha(1) dband(0 100) cart rowstand
. clear
. svmat winv
. save winv
```

③* 将主对角线上元素替代为零的程序如下：

```
local N = r(N)
forvalues i=2/`N' {
qui replace v`i' = 0 in `i'
}
```

5. Jeanty（2010）反经济距离空间权重矩阵的实现

可以采用 Stata 直接生成 Jeanty（2010）反经济距离空间权重矩阵。生成该空间权重矩阵的程序如下：

. spwmatrix gecon latitude longitude, wn(winvecon) wtype(invecon) econvar(income) rowstand

其中，wn(#) 中的“#”代表空间权重矩阵的名称，在上面的程序里该空间权重矩阵的名称为 winvecon；wtype($) 中的“$”代表空间权重矩阵的类型，在上面的程序里该空间权重矩阵的类型为 invecon；econvar(*) 中的“*”代表经济变量的名称，在上面的程序里该经济变量的名称为 income；“rowstand”代表生成的空间权重矩阵是行标准化的空间权重矩阵。

6. 二次嵌套地理经济之和空间权重矩阵的实现

采用 MATLAB 进行简单的矩阵相加运算即可得到该矩阵。

3.4　空间权重矩阵的转换

3.4.1　将 dta 格式的空间权重矩阵转换为 spmat 格式的空间权重矩阵

* 设置工作路径。

.change working directory

* 调用经纬度数据。

.use 31provinces_lon&lat.dta, clear

* 生成反距离空间权重矩阵，程序运行见图 3-11。

.spwmatrix gecon latitude longitude, wname(winv) wtype(inv) alpha(1) dband(0 100) cart rowstand

```
. spwmatrix gecon latitude longitude, wname(winv) wtype(inv) alpha(1) dband(0 100) cart rowstan
> d

Inverse distance (alpha = 1) spatial weights matrix (31 x 31) calculated successfully and the f
> ollowing action(s) taken:

 - Spatial weights matrix  created as Stata object(s): winv.

 - Spatial weights matrix has been row-standardized.
```

图 3-11

* 将生成的反距离空间权重矩阵保存到当前文件夹里，程序运行见图 3-12；矩阵内部结构见图 3-13。

.clear

.svmat winv

.save winv

```
. clear

.
. svmat winv
number of observations will be reset to 31
Press any key to continue, or Break to abort
number of observations (_N) was 0, now 31
```

图 3-12

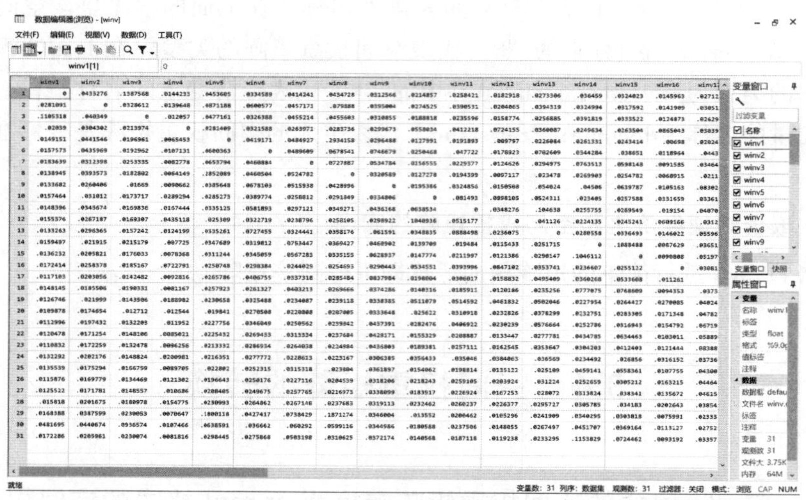

图 3-13

* 将 dta 格式的文件转变成 spmat 格式的文件，见图 3-14。

.clear

.use winv.dta,clear

.spmat dta idisswm winv1-winv31

.spmat save idisswm using idisswm.spmat

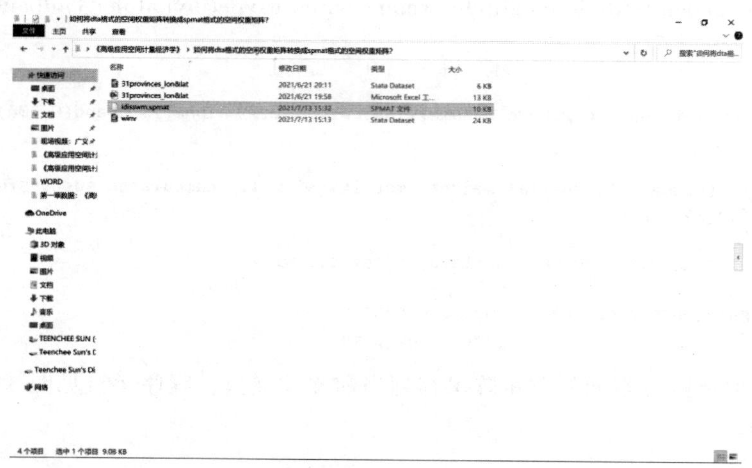

图 3-14

3.4.2　将 spmat 格式的空间权重矩阵转换成 dta 格式的空间权重矩阵

有时候，在实际研究过程中，不仅仅需要把 dta 格式的空间权重矩阵转换为 spmat 格式的空间权重矩阵，还需要把 spmat 格式的空间权重矩阵转换为 dta 格式的空间权重矩阵。例如，我们在学习案例时，有人提供了 spmat 格式的空间权重矩阵，我们想看看此空间权重矩阵的内部结构，这时就需要采用相关技术将 spmat 格式的空间权重矩阵转换为 dta 格式的空间权重矩阵。

1. 传统方法的不足之处

传统方法仅能看到 spmat 格式的空间权重矩阵的大概信息，满足不了我们查看矩阵具体内部结构的需求。例如，采用“spmat summarize idisswm, links”进行查看，此时展示的信息见图 3–15。

```
. spmat summarize idisswm, links

Summary of spatial-weighting object idisswm
```

Matrix	Description
Dimensions	31 x 31
Stored as	31 x 31
Links	
total	930
min	30
mean	30
max	30

图 3–15

又如，采用“spmat summarize idisswm, banded”进行查看，此时展示的信息见图 3–16。

```
. spmat summarize idisswm, banded

Summary of spatial-weighting object idisswm
```

	Current matrix	Truncated matrix
Dimensions	31 x 31	31 x 31
Bands		(30, 30)
Values		
min	0	0
min>0	.0064149	.0064149
mean	.0322581	.0322581
max	.2934158	.2934158

图 3–16

2. 把 spmat 文件转换为 txt 文件的程序演示

```
* 调用 idisswm.spmat 空间权重矩阵并将其转换为 idisswm.txt，见图 3–17 和图 3–18。
. spmat use idisswm using idisswm.spmat
. spmat save idisswm using idisswm.spmat, replace
. spmat export idisswm using idisswm.txt
```

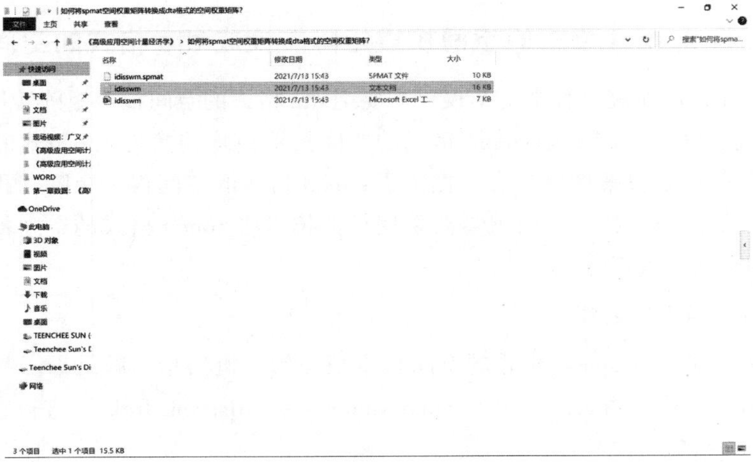

如何将spmat空间权重矩阵转换成dta格式的空间权重矩阵?

文件 主页 共享 查看

《高级应用空间计量经济学》 › 如何将spmat空间权重矩阵转换成dta格式的空间权重矩阵?

名称	修改日期	类型	大小
idisswm.spmat	2021/7/13 15:43	SPMAT 文件	10 KB
idisswm	2021/7/13 15:43	文本文档	16 KB
idisswm	2021/7/13 15:43	Microsoft Excel 工...	7 KB

快速访问 桌面 下载 文档 图片 OneDrive 此电脑 3D 对象 视频 图片 文档 下载 音乐 桌面 网络

3 个项目 选中 1 个项目 15.5 KB

图 3-17

idisswm - 记事本

文件(F) 编辑(E) 格式(O) 查看(V) 帮助(H)

```
31
1 0 .043327584862709 .138756781816483 .014423284679651 .045360527932644 .03345886990428 .041424069553614 .043472774326801 .031256563961506 .021
2 .028109127655625 0 .032861184328794 .013964802958071 .087118774652481 .060057654976845 .045717097818851 .079887986183167 .039500445127487 .02
3 .110531762242317 .040349040180445 0 .012057040818036 .047716122120619 .032638795673847 .045521434396505 .04556031525135 .031085493043065 .01
4 .020389979705215 .030430180951953 .021397372707725 0 .028140898793936 .032158799469471 .026397056877613 .028373589739203 .029967293143272 .0
5 .014915078878403 .044154636561871 .019696075469255 .006545348558575 0 .041917145252228 .048492733389139 .29341584444046 .029648777097464 .01
6 .015757272019982 .043596867471933 .019296167418361 .010713146068156 .060036316514015 0 .04896092787385 .067854128777981 .074667930603027 .02
7 .018363891169429 .03123976290226 .025333490222692 .008277798071504 .065379440784454 .046088419854641 0 .072788670659065 .053478423506021 .01
8 .013894541189075 .039357315748930 .018280191347003 .006414880044758 .285208851099014 .046050392091274 .052478171885014 0 .032058943063021 .01
9 .013368186540902 .026040561497211 .01668999157846 .009066217578948 .038564756512642 .067810289561749 .051593840122223 .042899630963802 0 .01
10 .01574638299644 .03101203776896 .017371661961079 .028929367661476 .028527345508337 .038977418094873 .025881230831146 .029184905812144 .0334
11 .014839586801827 .034567419439554 .016983576118946 .016744375228882 .033512499183416 .058189313858747 .029712086543441 .034927107393742 .04
12 .01553762331605 .026718661189079 .016930682584643 .043511815369129 .025308964774013 .032271888107061 .023879552260041 .025810491293669 .029
13 .013326348736882 .029636474326253 .015724152326584 .012419855222106 .033526133745909 .072745494544506 .032444085925817 .035817556083202 .06
14 .015949711203575 .021914960816503 .021517932415009 .00772501854226 .034768909215927 .031981240957975 .075344689190388 .036942690610886 .046
15 .013623183593154 .020582113415003 .017603322863579 .007836787961423 .031124416738749 .034505922347307 .056728307157755 .033515468239784 .06
16 .017241371795535 .025837756693363 .018516736105084 .072279147803783 .025074824690819 .029838373884559 .024402903392911 .025469318032265 .02
17 .011710304766893 .020305642858148 .014248164370656 .009281573817134 .026578610762954 .040675543248653 .033731818199158 .028548425063491 .08
18 .014814458787441 .018550621345639 .019033078104258 .008116653189063 .02579228579998 .026132691651583 .04032126814127 .026966623961926 .0374
19 .012674550525844 .021999040618539 .01435059774667 .018898194655776 .023065757006407 .032548800110817 .023408681154251 .023911833763123 .033
20 .010987780988216 .017465429380536 .012711972929537 .012543969787657 .01984104141593 .027050796896219 .022080779075623 .020700491964817 .033
21 .011299562640488 .01974324695766 .013220283202827 .011952044442296 .022775551304221 .034604877233505 .025056192651391 .023984212428331 .043
22 .012047786265612 .017125371843576 .014810599386692 .008502059616148 .022543173283339 .026943262666464 .031333439052105 .023768438026309 .04
23 .011083234101534 .017225934192538 .013247811235487 .009625571779907 .021333171054721 .028693407773972 .026403792202473 .022498393431306 .04
24 .013229183852673 .020217560231686 .014882428571582 .020098134875298 .021635074168444 .027777248993516 .0228613428715 .02231671474874 .0306
25 .013553919270635 .017529364675283 .016675941646099 .008970458060503 .022802023217082 .025231450796127 .031531754881144 .023803997784853 .03
26 .011587589979172 .0169779416173 .013446893543005 .01213017757982 .0196643024683 .02501760981977 .022711627185345 .020453944802284 .0318205
27 .012552183121443 .017178071662784 .014855749905109 .010686040855944 .020840473473072 .024967513978481 .025776537135243 .021697327494621 .03
28 .015818040817976 .020167529582977 .018097760155797 .015477547422051 .023099286481738 .026486206799746 .026714799925685 .023768343031406 .03
29 .016838751733303 .038759857416153 .023005291819572 .007064724341035 .180011793971062 .042741663753986 .073842875659466 .187127396464348 .03
30 .04816947132349 .04406738653779 .093657441437244 .010746601969004 .063859075307846 .036661952733994 .060292009264231 .059911612421274 .0344
31 .017228633165359 .02059611491859 .023007431998849 .008181557990611 .029844535514712 .027586815878749 .05031979829073 .031062455847859 .0372
```

第 1 行，第 1 列 100% Windows (CRLF) UTF-8

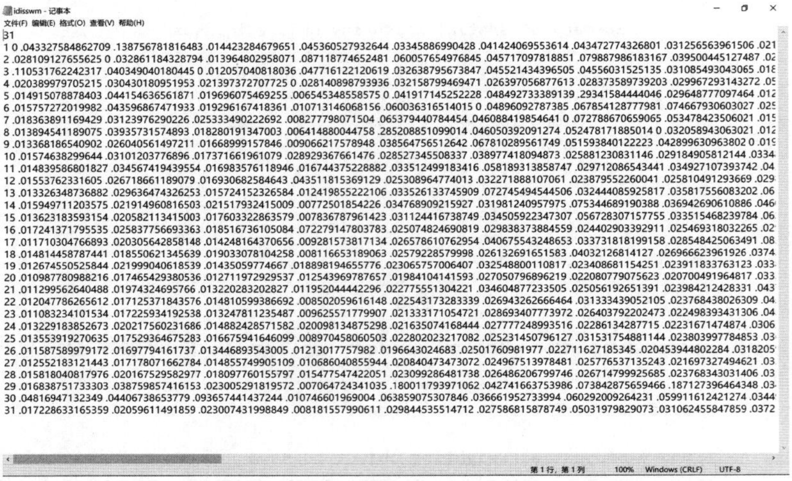

图 3-18

3. 把 txt 格式的空间权重矩阵转换成 dta 格式的空间权重矩阵

第一步，新建一个 Excel 文件——idisswm.xlsx，见图 3-19。

第二步，将 idisswm.txt 文件按如下操作打开：首先，单击 idisswm.xlsx 的“文件”下拉菜单中的“打开”，会出现图 3-20 中的“打开”对话框；其次，双击图 3-20 中的 idisswm.txt，会出现图 3-21 中的“文本导入向导 - 第 1 步，共 3 步”对话框，选填“文本导入向导 - 第 1 步，共 3 步”对话框中的“请选择最合适的文件类型：”为“分隔符号 (D)”；最后，单击“下一步 (N)”。

第三步，首先，为图 3-22 中“文本导入向导 - 第 2 步，共 3 步”对话框中的“分隔符号”勾选“Tab 键 (I)”“空格 (S)”；其次，单击“下一步 (N)”后会发现 idisswm.txt 被打开，见图 3-23-1 和图 3-23-2；再次，把图 3-23-2 中的第一行和第一列删除，得到图 3-24 中显示的数据内部结构；最后，将图 3-24 中的数据粘贴到 Stata 中并保存到当前活动文件夹里，见图 3-25 至图 3-27。

第四步，对由 idisswm.spmat 转换成的 idisswm.dta 的可靠性进行验证。验证逻辑如下：winv.dta 是此次验证的初始文件，即 idisswm.spmat 文件由它转换而来，它的内部结构见图 3-28。idisswm.dta 文件是经 idisswm.txt 文件，由 idisswm.spmat 文件间接转换而来的文件，只要 idisswm.dta 文件内部数据与 winv.dta 文件内部数据一致，就说明此种转换是成功的。对比图 3-28 和图 3-29，idisswm.dta 文件内部数据与 winv.dta 文件内部数据一致（两者保留的小数点后的位数有所差异）。因此，转换是成功的。

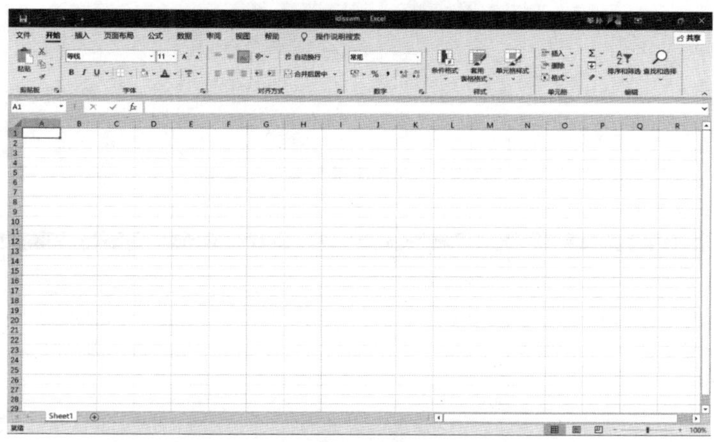

图 3-19

注：新建的 Excel 文件——idisswm.xlsx。

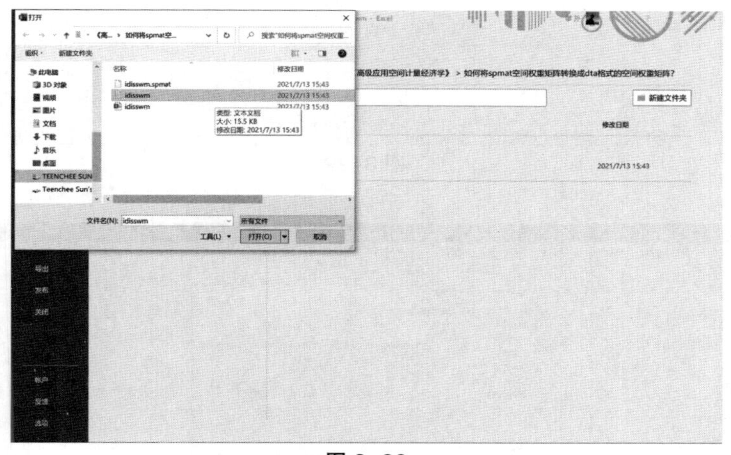

图 3-20

注：双击"idisswm.txt"后会出现图 3-21。

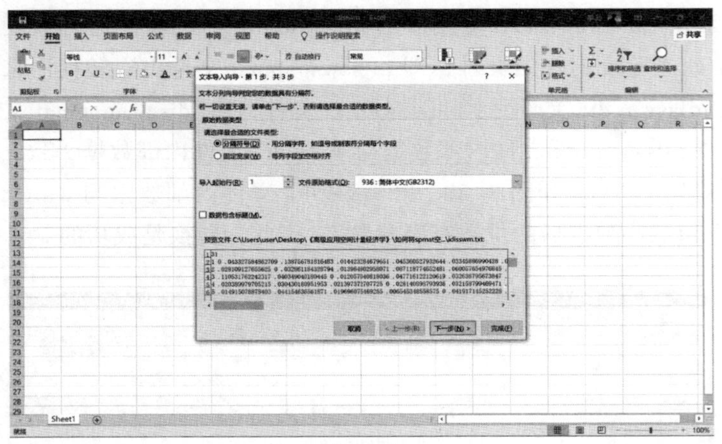

图 3-21

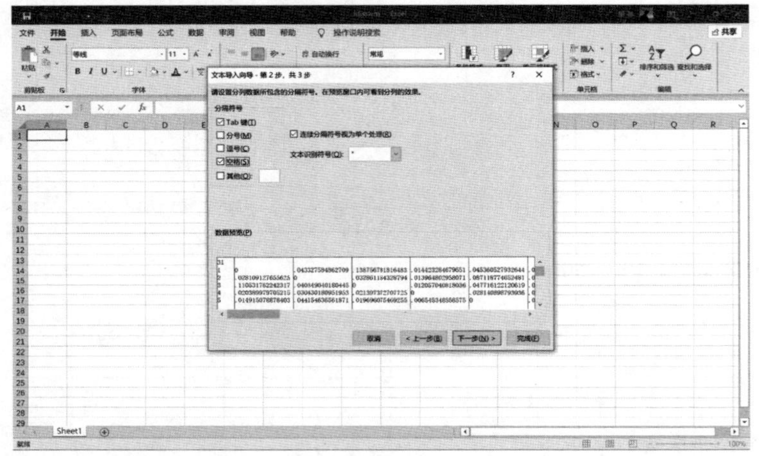

图 3-22

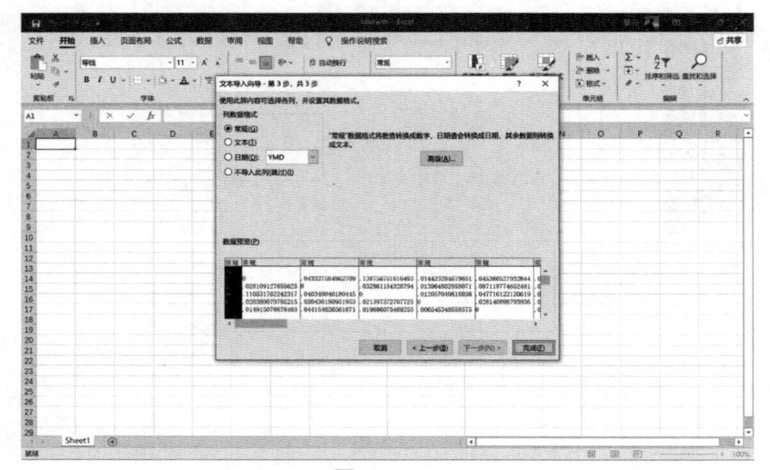

图 3-23-1

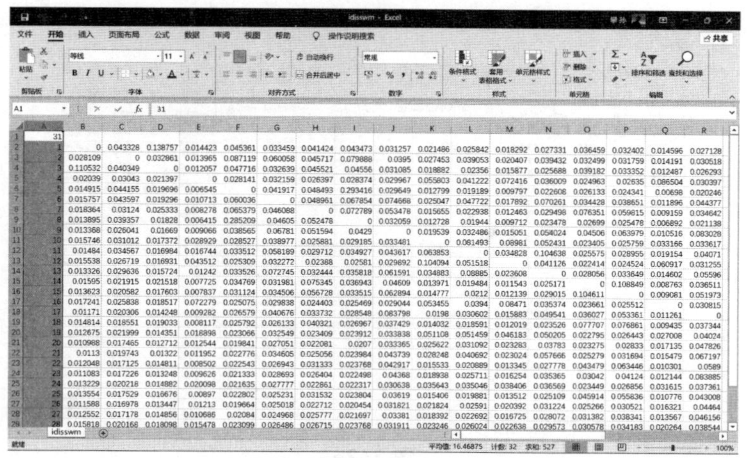

图 3-23-2

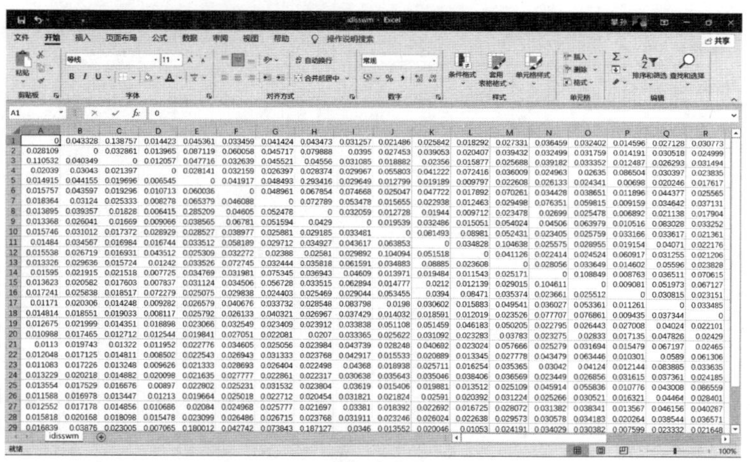

图 3-24

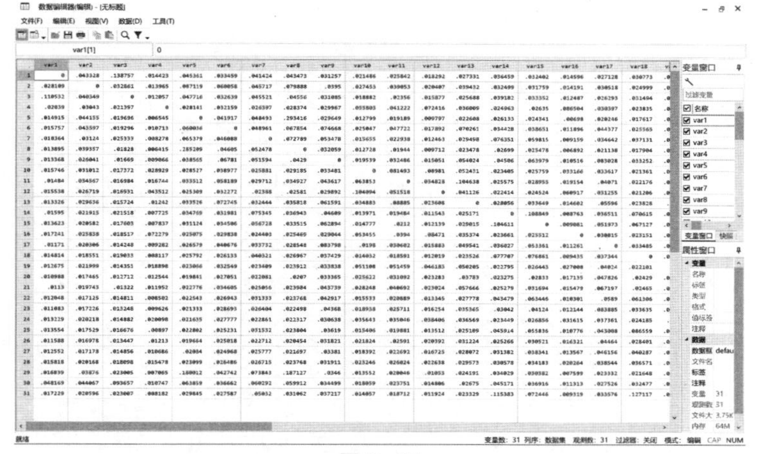

图 3-25

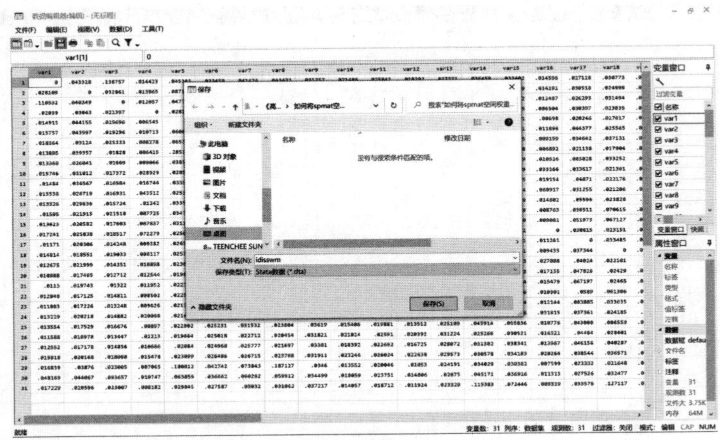

图 3-26

注：将新转换的 dta 格式的空间权重矩阵命名为 idisswm。

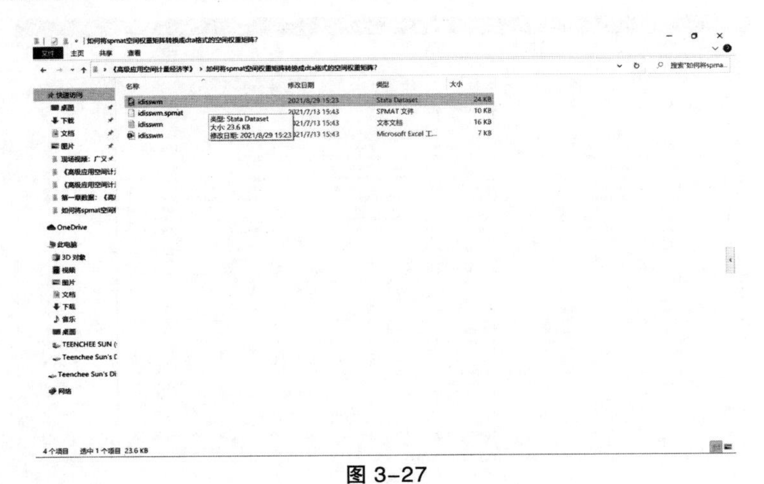

图 3-27

注：idisswm.dta 被保存到当前活动文件夹里。

数据编辑器(编辑) - [idisswm]

	var1	var2	var3	var4	var5	var6	var7	var8	var9	var10	var11	var12	var13	var14	var15	var16	var17	var18
1	0	.043328	.138757	.014423	.045361	.033459	.041424	.043473	.031257	.021486	.025842	.018292	.027331	.036459	.032402	.014596	.027128	.030773
2	.028109	0	.032861	.013965	.087119	.060058	.045717	.079888	.0395	.027453	.039053	.020407	.039432	.032499	.031759	.014191	.030518	.024999
3	.110532	.040349	0	.012057	.047716	.032639	.045521	.04556	.031085	.018882	.02356	.015877	.025688	.039182	.033352	.012487	.026293	.031494
4	.02039	.03043	.021397	0	.028141	.032159	.026397	.028374	.029967	.055803	.041222	.072416	.036009	.024963	.02635	.086504	.030397	.023835
5	.014915	.044155	.019696	.006545	0	.041917	.048493	.293416	.029649	.012799	.019189	.009797	.022608	.026133	.024341	.00698	.020246	.017617
6	.015757	.043597	.019296	.010713	.060036	0	.048961	.067854	.074668	.025047	.047722	.017892	.070261	.034428	.038651	.011896	.044377	.025565
7	.018364	.03124	.025333	.008278	.065379	.046088	0	.072789	.053478	.015655	.022938	.012463	.029498	.076351	.059815	.009159	.034642	.037131
8	.013895	.039357	.01828	.006415	.285209	.04605	.052478	0	.032059	.012728	.01944	.009712	.023478	.02699	.025478	.006892	.021138	.017904
9	.013368	.026041	.01669	.009066	.038565	.06781	.051594	.0429	0	.019539	.032486	.015051	.054024	.04506	.063979	.010516	.083028	.033252
10	.015746	.031012	.017372	.028929	.028527	.038977	.025881	.029185	.033481	0	.081493	.08981	.052431	.023405	.025759	.033166	.033617	.021361
11	.01484	.034567	.016984	.016744	.033512	.058189	.029712	.034927	.043617	.063853	0	.034828	.104638	.025575	.028955	.019154	.04071	.022176
12	.015538	.026719	.016931	.043512	.025309	.032272	.02388	.02581	.029892	.104094	.051518	0	.041126	.022414	.024524	.060917	.031255	.021206
13	.013326	.029636	.015724	.01242	.033526	.072745	.032444	.035818	.061591	.034883	.08885	.023608	0	.028056	.033649	.014602	.05596	.023828
14	.01595	.021915	.021518	.007725	.034769	.031981	.075345	.036943	.04609	.013971	.019484	.011543	.025171	0	.108849	.008763	.036511	.070615
15	.013623	.020582	.017603	.007837	.031124	.034506	.056728	.033515	.062894	.014777	.0212	.012139	.029015	.104611	0	.009081	.051973	.067127
16	.017241	.025838	.018517	.072279	.025075	.029838	.024405	.025469	.029044	.053455	.0394	.08471	.035374	.023661	.025512	0	.030815	.023151
17	.01171	.020306	.014248	.009282	.026579	.040676	.033732	.028548	.083798	.0198	.030602	.015883	.049541	.036027	.053361	.011261	0	.033485
18	.014814	.018551	.019033	.008117	.025792	.026133	.040321	.026967	.037429	.014032	.018591	.012019	.023526	.077707	.076861	.009435	.037344	0
19	.012675	.021999	.014351	.018898	.023066	.032549	.023409	.023912	.033838	.051108	.051459	.046183	.050205	.022795	.026443	.027008	.04024	.022101
20	.010988	.017465	.012712	.012544	.019841	.027051	.022081	.0207	.033365	.025622	.031092	.023283	.03783	.023275	.02833	.017135	.047826	.02429
21	.0113	.019743	.01322	.011952	.022776	.034605	.025056	.023984	.043739	.028248	.040692	.023024	.057666	.025279	.031694	.015479	.067197	.02465
22	.012048	.017125	.014811	.008502	.022543	.026943	.031333	.023768	.042917	.015533	.020889	.013345	.027778	.043479	.063446	.010301	.0589	.061306
23	.011083	.017226	.013248	.009626	.021333	.028693	.026404	.022498	.04368	.018938	.025711	.016254	.035365	.03042	.04124	.012144	.083885	.033635
24	.013229	.020218	.014882	.020098	.021635	.027777	.022861	.022317	.030638	.035643	.035046	.038406	.036569	.023449	.026856	.031615	.037361	.024185
25	.013554	.017529	.016676	.00897	.022802	.025231	.031532	.023804	.03619	.015406	.019881	.013512	.025109	.045914	.055836	.010776	.043008	.086559
26	.011588	.016978	.013447	.01213	.019664	.025018	.022712	.020454	.031821	.021824	.02591	.020392	.031224	.025266	.030521	.016321	.04464	.028401
27	.012552	.017178	.014856	.010686	.02084	.024968	.025777	.021697	.03381	.018392	.022692	.016725	.028072	.031382	.038341	.013567	.046156	.040287
28	.015818	.020168	.018098	.015478	.023099	.026486	.026715	.023768	.031911	.023246	.026024	.022638	.029573	.030578	.034183	.020264	.038544	.036571
29	.016839	.03876	.023005	.007065	.180012	.042742	.073845	.187127	.0346	.013552	.020046	.01053	.024191	.034029	.030382	.007599	.023332	.021648
30	.048169	.044067	.093657	.010747	.063859	.036662	.060292	.059912	.034499	.018059	.023751	.014806	.02675	.045171	.036916	.011313	.027526	.032477
31	.017229	.020596	.023007	.008182	.029845	.027587	.05032	.031062	.037217	.014057	.018712	.011924	.023329	.115383	.072446	.009319	.033576	.127117

变量数：31 列序：数据集 观测数：31 过滤器：关闭

图 3-28

注：本图为 idisswm.dta 的内部数据结构。

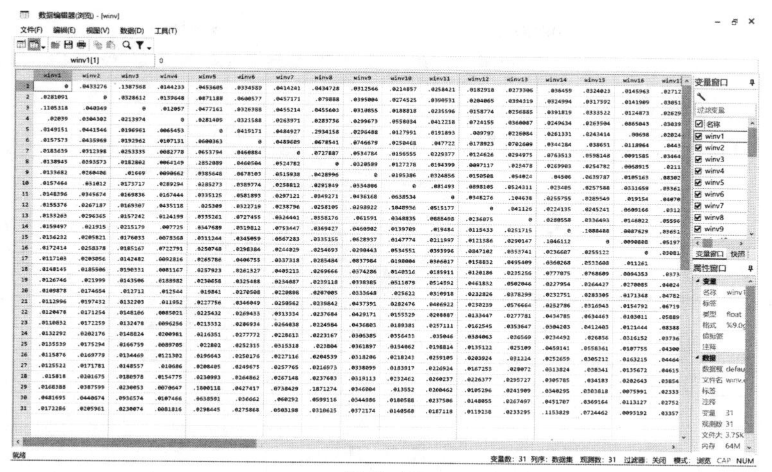

图 3-29

注：本图为 winv.dta 的内部数据结构。

3.4.3　将 GeoDa 生成的空间权重矩阵转换成 dta、dat 等格式

1. 用 GeoDa 生成 gal、gwt 格式的空间权重矩阵

第一步，打开 GeoDa[①]，见图 3-30；第二步，在图 3-30 的“连接数据源”对话框中点击“选择文件”后的图标，见图 3-31；第三步，选择“ESRI Shapefile（*.shp）”，打开 ti&ts_34variables_ 去除汉字 _ 中国标准地图投影 .shp 文件（以此为例），见图 3-32 和图 3-33；第四步，单击图 3-34 中代表“空间权重管理”的“W”形图标会出现图 3-35 中的“空间权重管理”对话框。

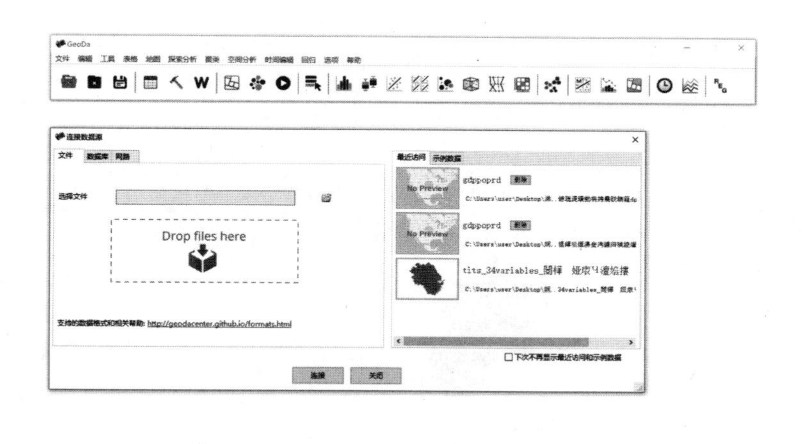

图 3-30

①GeoDa是一种免费的，服务于空间数据科学的开源软件工具。GeoDa是由 Luc Anselin 博士和他的团队开发的。官网：http://geodacenter.github.io/。

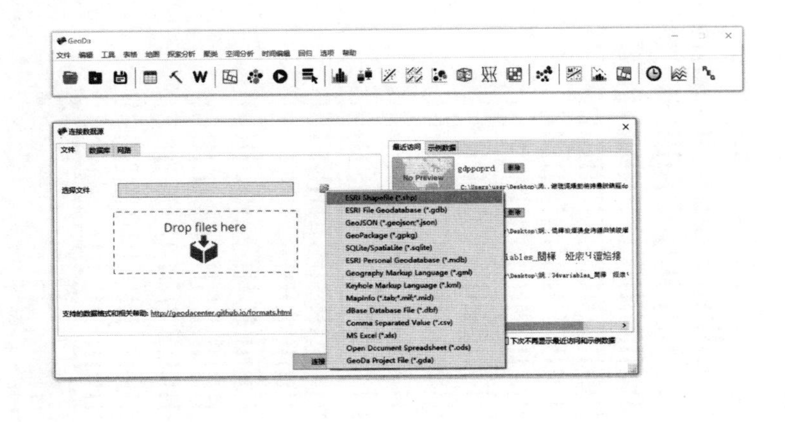

图 3-31

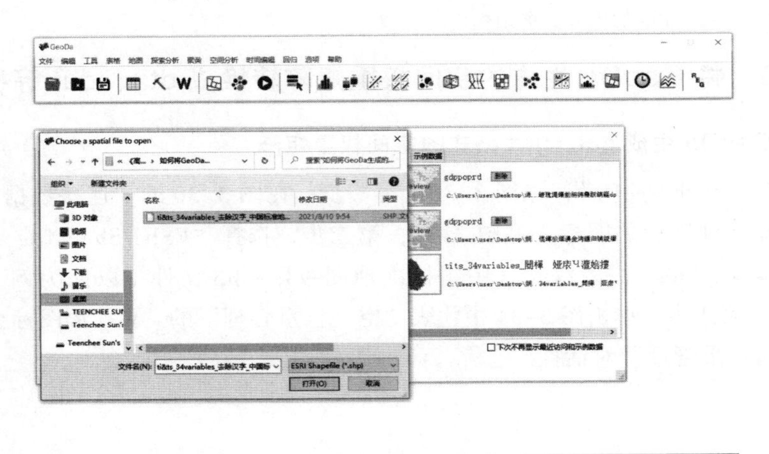

图 3-32

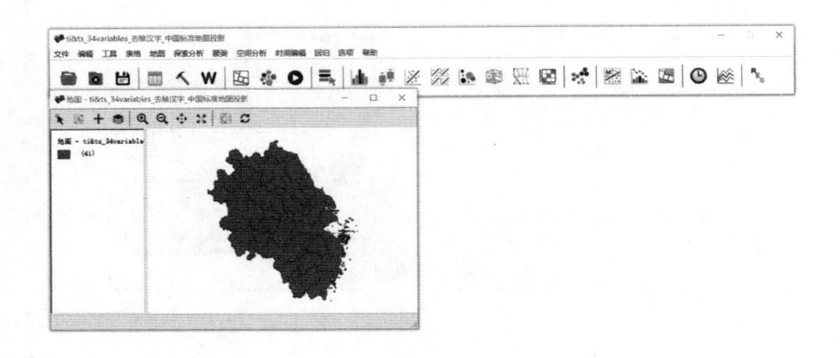

图 3-33

注：由于 GeoDa 不能进行投影校正，所以为了获得标准地图的展示效果，读者应该先采用 ArcGIS 对 shapefile 进行投影校正。

图 3-34

第五步，单击图 3-35 中“空间权重管理”对话框中的“创建”会出现图 3-36 中的“创建空间权重文件”对话框，选填此对话框。具体而言，“选择 ID 变量”选填“ID”，“邻接空间权重”选填“Queen 邻接”，单击“创建”后会出现图 3-37 中的对话框。

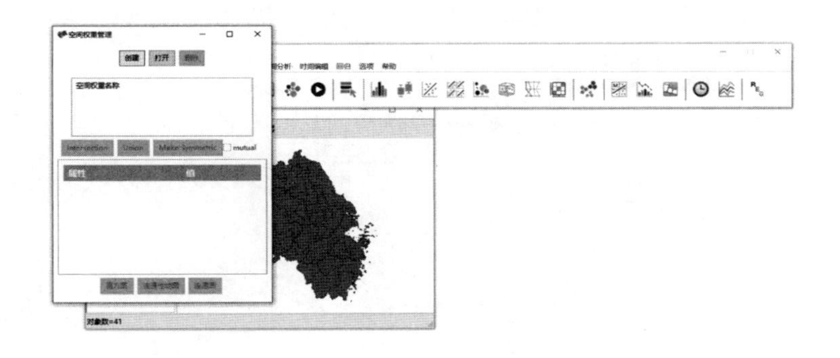

图 3-35

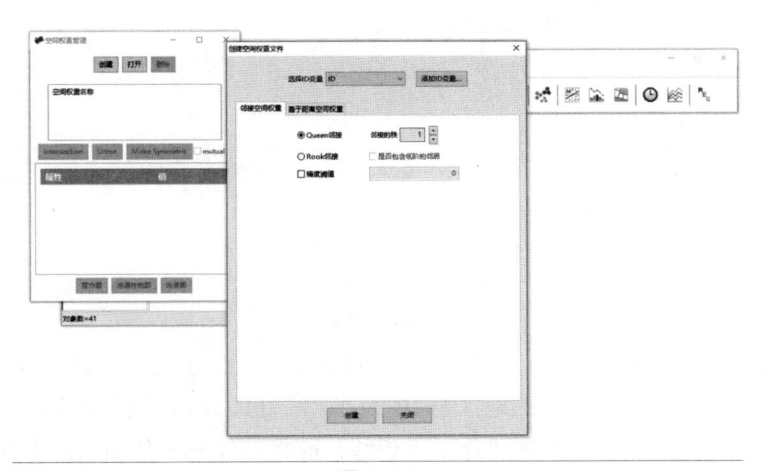

图 3-36

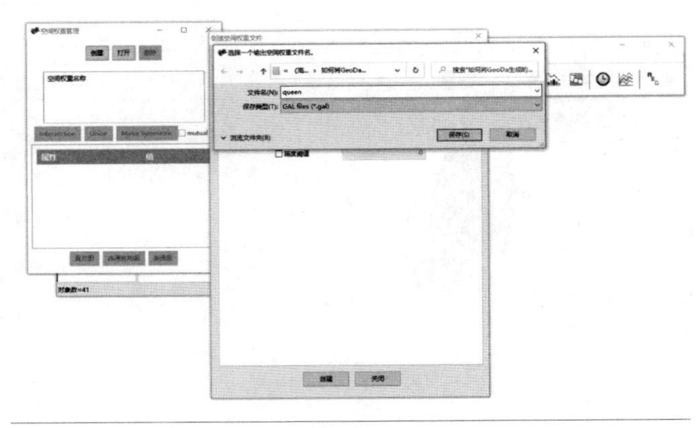

图 3–37

第六步，在图 3–37 中“选择一个输出空间权重文件名。”对话框中的“文件名 (N)”处填入“queen”，并单击“保存 (S)”，之后会出现图 3–38 中的成功提示，从而得到图 3–39 中的 queen.gal 文件。重复上述操作可以得到 inverse_distance.gwt 文件，这里不再赘述。

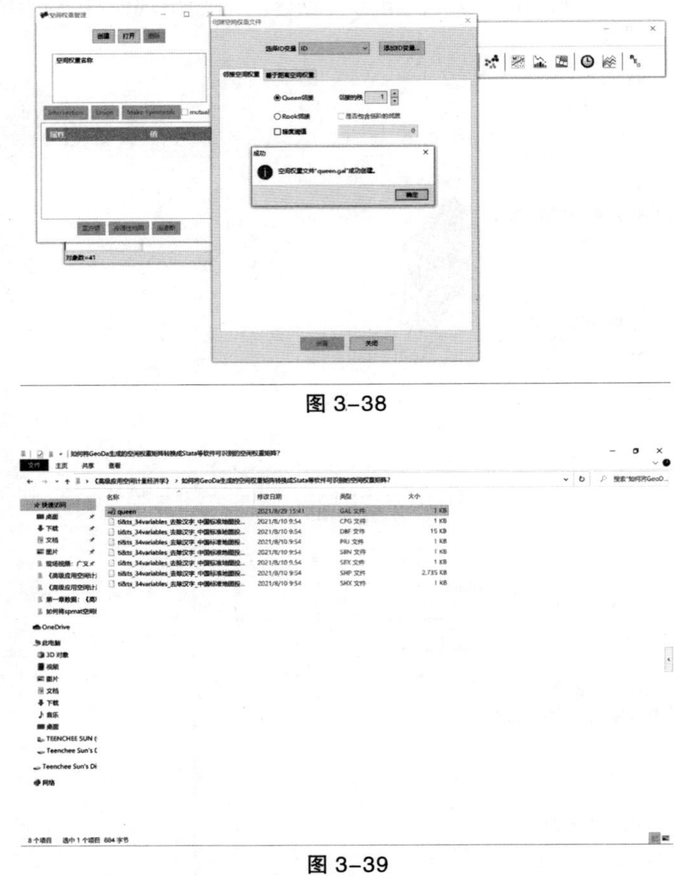

图 3–38

图 3–39

图 3–40 第一列中的“1 4”代表 ID 为 1 的地区与 ID 为 4、7、11、14 的地区相邻，而与其他地区不相邻。ID 为 1 的地区与 ID 为 4、7、11、14 的地区相邻，应将它们分别赋值为 1；而 ID 为 1 的地区与其他地区不相邻，应将其他地区分别赋值为 0。可以预测，

将 queen.gal 转换成 queen.dta 并标准化后，由于 ID 为 1 的地区与 ID 为 4、7、11、14 的地区相邻，它们的赋值将分别变为 0.25，图 3-44 证实了这一点。另外，图 3-41 演示了如何生成反距离空间权重矩阵，图 3-42 为生成的反距离空间权重矩阵的内部结构。

```
queen - 记事本
文件(F) 编辑(E) 格式(O) 查看(V) 帮助(H)
0 41 ti&ts_34variables_去除汉字_中国标准地图投影 ID
1 4
4 7 11 14
2 6
3 5 8 9 13 23
3 4
2 6 8 9
4 5
1 10 14 15 16
5 8
2 7 9 12 18 20 23 28
6 3
3 9 11
7 7
1 5 9 11 12 14 15
8 4
26 13 3 2
9 6
3 2 11 6 7 5
10 4
4 16 31 37
11 4
1 6 7 9
12 5
5 7 15 16 20
13 4
2 8 23 26
14 4
7 15 1 4
15 5
4 7 12 14 16
16 9
4 10 12 15 17 20 25 31 32
```

图 3-40

注：本图为 queen.gal 空间权重矩阵的内部结构。

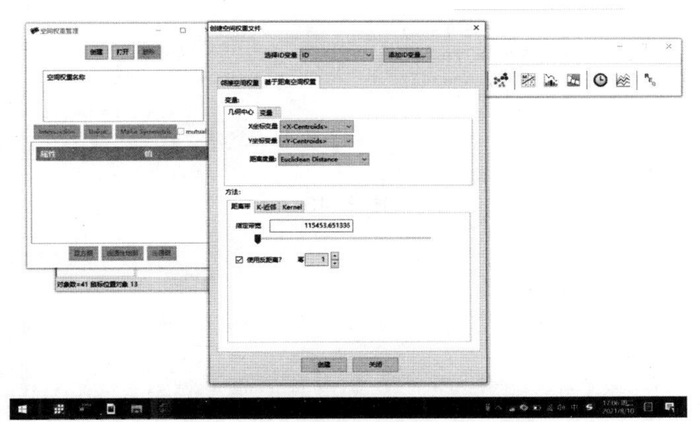

图 3-41

```
inverse_distance - 记事本
文件(F) 编辑(E) 格式(O) 查看(V) 帮助(H)
0 41 ti&ts_34variables_去除汉字_中国标准地图投影 ID
1 4   1.11840946e-005
1 14   9.35130626e-006
2 5   1.04311451e-005
2 9   1.13287889e-005
2 13   1.17401188e-005
2 8   1.1400046e-005
2 3   9.01093655e-006
3 2   9.01093655e-006
3 13   9.4743943e-006
3 8   1.63933537e-005
3 6   1.37027172e-005
4 10   1.25632389e-005
4 1   1.11840946e-005
4 14   1.42810401e-005
5 20   1.02213074e-005
5 12   9.53433413e-006
5 7   8.91460824e-006
5 2   1.04311451e-005
6 9   9.07610753e-006
6 3   1.37027172e-005
7 14   9.96124304e-006
7 15   1.00591552e-005
7 12   1.04829257e-005
7 11   9.44935265e-006
7 5   8.91460824e-006
7 9   1.03305024e-005
8 26   1.00072855e-005
8 2   1.1400046e-005
8 13   2.20942313e-005
8 3   1.63933537e-005
9 7   1.03305024e-005
9 11   9.57380089e-006
9 2   1.13287889e-005
9 6   9.07610753e-006
```

图 3-42

注：本图为 inverse_distance.gwt 空间权重矩阵的内部结构

2. 将 gal、gwt 格式的空间权重矩阵转换成 dat 格式的空间权重矩阵

* 将 queen.gal 转换成 Stata 格式的文件 queen.dta，程序运行见图 3-43，queen.dta 空间权重矩阵的内部结构见图 3-44。

```
.spwmatrix import using queen.gal, wname(queen) rowstand
.clear
.svmat queen
.save queen
```

```
. spwmatrix import using queen.gal, wname(queen) rowstand

GAL file queen.gal imported successfully as a (41 x 41) SPW matrix and the following action(s)
> taken:

 - Spatial weights matrix  created as Stata object(s): queen.

 - Spatial weights matrix has been row-standardized.

.
. clear

.
. svmat queen
number of observations will be reset to 41
Press any key to continue, or Break to abort
number of observations (_N) was 0, now 41

.
. save queen
file queen.dta saved
```

图 3-43

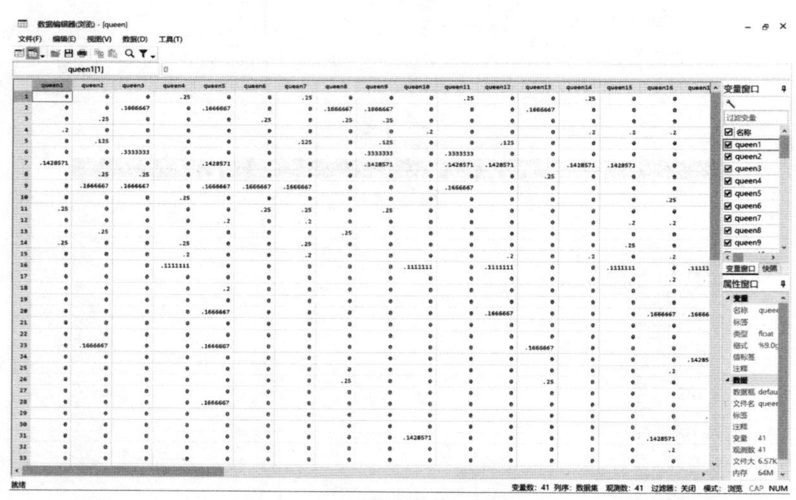

图 3-44

＊将 queen.gal 转换成 MATLAB 格式的文件 queen.dat，程序运行见图 3-45。

.spwmatrix import using queen.gal, wname(queen) xport(queen, dat)

```
. spwmatrix import using queen.gal, wname(queen) xport(queen, dat)

GAL file queen.gal imported successfully as a (41 x 41) SPW matrix and the following action(s)
> taken:

 - Spatial weights matrix  created as Stata object(s): queen.

 - Spatial weights matrix saved to .dat file, C:\Users\user\Desktop\如何将GeoDa生成的空间权重矩
> 阵转换成Stata等软件可识别的空间权重矩阵？/queen.dat, for use in Matlab and R.
```

图 3-45

＊导入 inverse_distance.gwt 文件，并将其命名为 idisswm。

.spmat import idisswm using inverse_distance.gwt, geoda

.spmat getmatrix idisswm inverse_distance

＊将变量命名为 winv，将 inverse_distance.dta 保存到当前活动文件夹里。

getmata(winv*)= inverse_distance

save inverse_distance

3. 正确性验证

第一步，采用 GeoDa 的 queen.gal、inverse_distance.gwt 计算 ti_2018 的全局莫兰指数并绘制 ti_2018 的莫兰散点图，见图 3-46 和图 3-47。

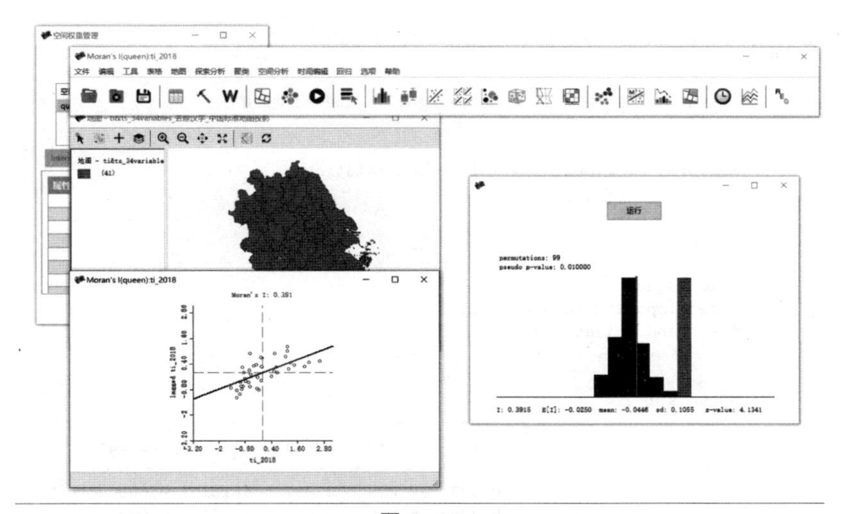

图 3-46

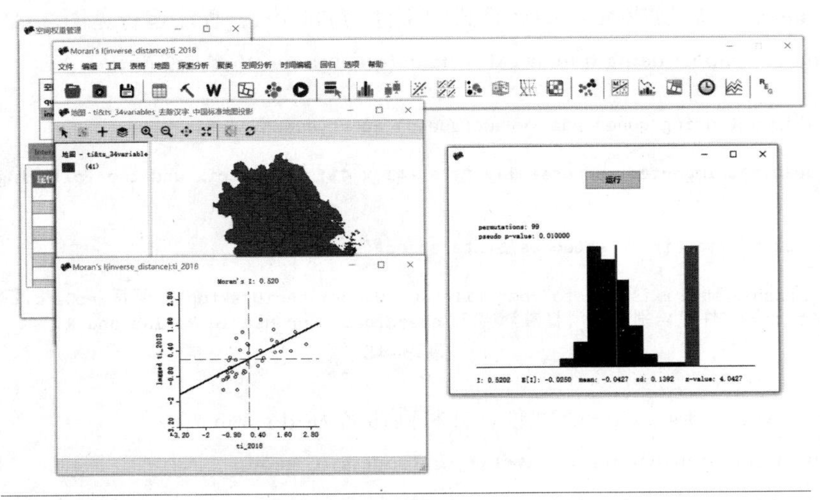

图 3-47

第二步，采用 queen.dta、inverse_distance.dta 计算 ti_2018 的全局莫兰指数并绘制 ti_2018 的莫兰散点图，见图 3-48 至图 3-53。

* 调入 queen.dta 空间权重矩阵并将之标准化。

.use queen.dta,clear

.spatwmat using queen.dta,name(s_queen) standardize

* 采用 queen.dta，基于 spatgsa 命令求出 ti_2018 全局莫兰指数，见图 3-48。

.use ti&ts_34variables,clear

.spatgsa ti_2017 ti_2018 ,weights(s_queen) moran

```
. spatgsa ti_2017 ti_2018 ,weights(s_queen) moran

Measures of global spatial autocorrelation

Weights matrix
--------------------------------------------------------------
Name: s_queen
Type: Imported (non-binary)
Row-standardized: Yes
--------------------------------------------------------------

Moran's I
--------------------------------------------------------------
       Variables |      I      E(I)    sd(I)       z    p-value*
-----------------+--------------------------------------------
         ti_2017 |  0.382   -0.025    0.097    4.181    0.000
         ti_2018 |  0.391   -0.025    0.098    4.251    0.000
--------------------------------------------------------------
*1-tail test
```

图 3-48

* 采用 queen.dta 绘制 ti_2018 的莫兰散点图，见图 3-49、图 3-50。

.spatlsa ti_2018,weights(s_queen) moran graph(moran) symbol(id) id(city_abbr)[①]

---

① 变量 city_abbr 即为各个城市的缩写，即庐、杭等，见图 3-47。

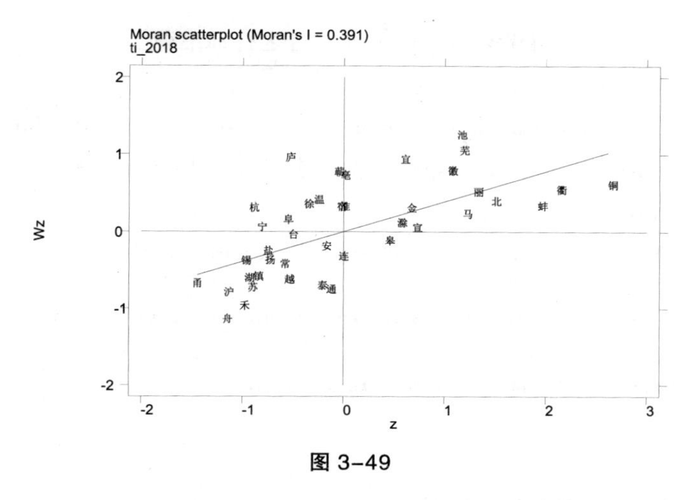

图 3-49

```
. spatlsa ti_2018,weights(s_queen) moran graph(moran) symbol(id) id(city_abbr)
```

Measures of local spatial autocorrelation

Weights matrix

Name: s_queen
Type: Imported (non-binary)
Row-standardized: Yes

Moran's Ii (ti_2018)

city_abbr	Ii	E(Ii)	sd(Ii)	z	p-value*
宜	0.509	-0.025	0.470	1.135	0.128
蚌	0.572	-0.025	0.374	1.598	0.055
亳	-0.025	-0.025	0.470	0.001	0.500
池	1.383	-0.025	0.415	3.393	0.000
滁	0.037	-0.025	0.314	0.197	0.422
阜	-0.068	-0.025	0.550	-0.077	0.469
庐	-0.538	-0.025	0.341	-1.503	0.066
北	0.520	-0.025	0.470	1.160	0.123
淮	-0.011	-0.025	0.374	0.036	0.485
徽	0.783	-0.025	0.470	1.719	0.043
皋	-0.068	-0.025	0.470	-0.092	0.463
马	0.221	-0.025	0.415	0.593	0.277
蕲	-0.070	-0.025	0.470	-0.096	0.462
铜	1.503	-0.025	0.470	3.250	0.001
芜	1.175	-0.025	0.415	2.893	0.002
宣	0.004	-0.025	0.292	0.098	0.461
常	0.303	-0.025	0.415	0.790	0.215
安	0.053	-0.025	0.415	0.188	0.425
连	0.019	-0.025	0.470	0.094	0.463
宁	-0.012	-0.025	0.374	0.036	0.486
通	0.140	-0.025	0.470	0.350	0.363
苏	0.753	-0.025	0.374	2.081	0.019
宿	-0.020	-0.025	0.374	0.015	0.494
泰	0.198	-0.025	0.341	0.653	0.257
锡	0.445	-0.025	0.415	1.133	0.129
徐	-0.126	-0.025	0.470	-0.214	0.415
盐	0.243	-0.025	0.415	0.645	0.259
扬	0.334	-0.025	0.374	0.960	0.169
镇	0.579	-0.025	0.470	1.285	0.099
沪	1.017	-0.025	0.470	2.217	0.013
杭	-0.253	-0.025	0.341	-0.669	0.252
湖	0.654	-0.025	0.415	1.636	0.051
禾	1.069	-0.025	0.374	2.928	0.002
金	0.168	-0.025	0.415	0.466	0.321
丽	0.620	-0.025	0.470	1.372	0.085
甬	1.067	-0.025	0.550	1.986	0.024
衢	1.078	-0.025	0.470	2.346	0.009
越	0.400	-0.025	0.415	1.023	0.153
台	0.047	-0.025	0.415	0.174	0.431
温	-0.111	-0.025	0.682	-0.126	0.450
舟	1.458	-0.025	0.977	1.518	0.064

*1-tail test

图 3-50

* 调入 inverse_distance.dta 空间权重矩阵并将之行标准化。

.use inverse_distance.dta,clear

.spatwmat using inverse_distance.dta,name(s_inverse_distance) standardize

* 采用 inverse_distance.dta，基于 spatgsa 命令求出 ti_2018 的全局莫兰指数，见图 3-51。

.use ti&ts_34variables,clear

.spatgsa ti_2017 ti_2018 ,weights(s_inverse_distance) moran

```
. spatgsa ti_2017 ti_2018 ,weights(s_inverse_distance) moran

Measures of global spatial autocorrelation


Weights matrix
--------------------------------------------------------------
Name: s_inverse_distance
Type: Imported (non-binary)
Row-standardized: Yes
--------------------------------------------------------------

Moran's I
```

Variables	I	E(I)	sd(I)	z	p-value*
ti_2017	0.514	-0.025	0.122	4.404	0.000
ti_2018	0.531	-0.025	0.123	4.516	0.000

*1-tail test

图 3-51

* 采用 inverse_distance.dta，基于 spatlsa 命令绘制 ti_2018 的莫兰散点图，见图 3-52、图 3-53。

.spatlsa ti_2018,weights(s_inverse_distance) moran graph(moran) symbol(id) id(city_abbr)

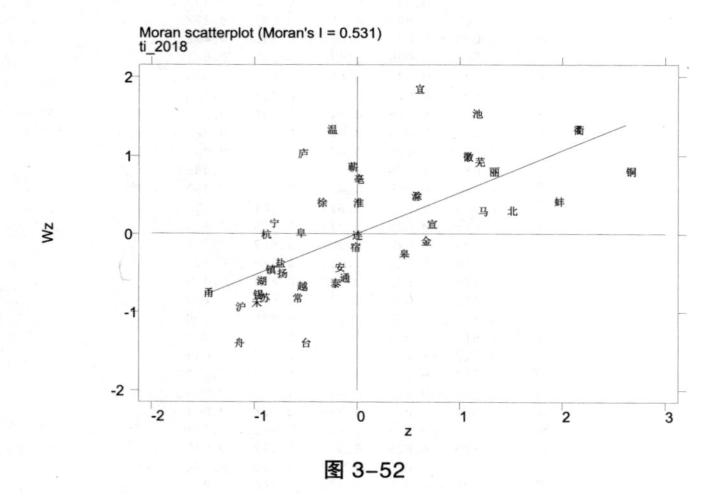

图 3-52

```
. spatlsa ti_2018,weights(s_inverse_distance) moran graph(moran) symbol(id) id(city_abbr)

Measures of local spatial autocorrelation

Weights matrix
--------------------------------------------
Name: s_inverse_distance
Type: Imported (non-binary)
Row-standardized: Yes
--------------------------------------------

Moran's Ii (ti_2018)
```

city_abbr	Ii	E(Ii)	sd(Ii)	z	p-value*
宜	1.027	-0.025	0.685	1.536	0.062
蚌	0.737	-0.025	0.417	1.828	0.034
亳	-0.024	-0.025	0.486	0.003	0.499
池	1.705	-0.025	0.553	3.128	0.001
滁	0.239	-0.025	0.471	0.560	0.288
阜	0.023	-0.025	0.697	0.069	0.473
庐	-0.578	-0.025	0.374	-1.476	0.070
北	0.380	-0.025	0.496	0.818	0.207
淮	-0.015	-0.025	0.472	0.022	0.491
徽	0.991	-0.025	0.694	1.465	0.071
皋	-0.128	-0.025	0.682	-0.150	0.440
马	0.296	-0.025	0.396	0.811	0.209
蕲	-0.078	-0.025	0.497	-0.107	0.457
铜	2.021	-0.025	0.429	4.768	0.000
芜	1.026	-0.025	0.430	2.447	0.007
宣	0.056	-0.025	0.473	0.172	0.432
常	0.563	-0.025	0.408	1.442	0.075
安	0.108	-0.025	0.566	0.236	0.407
连	0.003	-0.025	0.977	0.029	0.488
宁	-0.078	-0.025	0.392	-0.136	0.446
通	0.107	-0.025	0.682	0.193	0.423
苏	0.844	-0.025	0.385	2.259	0.012
宿	0.015	-0.025	0.570	0.071	0.472
泰	0.179	-0.025	0.433	0.472	0.318
锡	0.862	-0.025	0.493	1.800	0.036
徐	-0.144	-0.025	0.570	-0.209	0.417
盐	0.345	-0.025	0.550	0.673	0.251
扬	0.444	-0.025	0.430	1.090	0.138
镇	0.466	-0.025	0.391	1.257	0.104
沪	1.198	-0.025	0.684	1.787	0.037
杭	0.052	-0.025	0.471	0.164	0.435
湖	0.656	-0.025	0.375	1.817	0.035
禾	0.983	-0.025	0.471	2.139	0.016
金	-0.087	-0.025	0.551	-0.112	0.455
丽	0.988	-0.025	0.551	1.837	0.033
甬	1.190	-0.025	0.557	2.182	0.015
衢	2.771	-0.025	0.977	2.862	0.002
越	0.430	-0.025	0.474	0.960	0.169
台	0.812	-0.025	0.977	0.857	0.196
温	-0.388	-0.025	0.977	-0.371	0.355
舟	1.777	-0.025	0.977	1.845	0.033

*1-tail test

图 3-53

图 3-46 显示，采用 GeoDa 的 queen.gal 空间权重矩阵计算得到的 ti_2018 的全局莫兰指数为 0.391，且在 1% 的水平上通过了显著性检验。同时，图 3-49 显示，采用由 GeoDa 的 queen.gal 空间权重矩阵转换而来的 Stata 的 queen.dta 空间权重矩阵计算得到的 ti_2018 的全局莫兰指数为 0.391，且在 1% 的水平上通过了显著性检验。考虑到计算 p 值和 z 值时涉及随机化，因此，在都采用同一个 queen.gal 空间权重矩阵的条件下，采用 GeoDa 和 Stata 计算得到的全局莫兰指数是一样的，而 p 值和 z 值会有轻微差异。

图 3-47 显示：采用 GeoDa 的 inverse_distance.gwt 空间权重矩阵计算得到的 ti_2018 的全局莫兰指数为 0.520，且在 1% 的水平上通过了显著性检验。同时，图 3-52 显示：采用由 GeoDa 的 inverse_distance.gwt 空间权重矩阵转换而来的 Stata 的 inverse_distance.dta 空间权重矩阵计算得到的 ti_2018 的全局莫兰指数为 0.531，且在 1% 的水平上通过了显著性检验。考虑到反距离空间权重矩阵中元素的值极其微小，而在转换过程中软件默认保留小数点后的位数不同，因此，在都采用同一个 inverse_distance 空间权重矩阵的条件下，采用 GeoDa 和 Stata 计算得到的全局莫兰指数是有小幅变化的；由于计算 p 值和 z 值时涉及到随机化，它们的 p 值和 z 值也会有轻微差异。

综上所述，此种转换是可靠的，能够保证回归的正确性。

习 题

1. 有一份含有长江三角洲地区 41 个地级及以上城市的地图文件（包括 dbf、prj、sbn、sbx、shp、shx 文件），该份 shapefile 不包含经纬度信息，请基于 GeoDa 生成车邻接空间权重矩阵、象邻接空间权重矩阵及后邻接空间权重矩阵。

2. 有一份含有长江三角洲地区 41 个地级及以上城市的地图文件（包括 dbf、prj、sbn、sbx、shp、shx 文件），该份 shapefile 不包含经纬度信息，请基于 Stata 的 spmatrix 命令生成 knn(5) 空间权重矩阵、反距离空间权重矩阵及反经济距离空间权重矩阵。

3. 有一份含有长江三角洲地区 41 个地级及以上城市的地图文件（包括 dbf、prj、sbn、sbx、shp、shx 文件），该份 shapefile 不包含经纬度信息，请基于 GeoDa 生成车邻接空间权重矩阵，并将此空间权重矩阵转换成 Stata 可以识别的 dta 格式的文件。

第 4 章 空间自相关检验

4.1 空间计量经济学基础知识深度解读与验证：从全局莫兰指数到 LISA

4.1.1 全局莫兰指数、Getis-Ord Gi* 及 Anselin 局部莫兰指数的演进过程

全局莫兰指数，是衡量空间自相关最为流行的指标。但是，全局莫兰指数仅仅回答了经济要素在空间上存不存在自己与自己相关的问题，并没有回答经济要素在哪里相关（可能在特定的局部），有哪些相关形式（可能存在 HH 集聚、LH 集聚、LL 集聚及 HL 集聚）的问题。

空间自相关是指地理空间相近的区域具有相似的变量取值。如果高值与高值聚集在一起，或低值与低值聚集在一起，则称为空间正相关（Positive Spatial Autocorrelation）；反之，如果高值与低值聚集在一起，或低值与高值聚集在一起，则称为空间负相关（Negative Spatial Autocorrelation）。全局莫兰指数作为衡量空间自相关最为流行的指标，其公式如下：

$$I=\frac{\sum_{i=1}^{n}\sum_{j=1}^{n}w_{ij}(x_i-\bar{x})(x_j-\bar{x})}{S^2\sum_{i=1}^{n}\sum_{j=1}^{n}w_{ij}} \tag{4-1}$$

其中，$S^2=\frac{\sum_{i=1}^{n}(x_i-\bar{x})^2}{n}$为样本方差；$w_{ij}$为空间权重矩阵的$(i, j)$元素（用来度量区域$i$与区域$j$之间的距离），而$\sum_{i=1}^{n}\sum_{j=1}^{n}w_{ij}$为所有空间权重之和。一般而言，全局莫兰指数的取值大于 -1 而小于 1。其值大于 0 表示空间正相关，小于 0 表示空间负相关。通常情况下，空间正相关比空间负相关更为常见。若全局莫兰指数接近 0，则表示空间分布是随机的，不存在空间自相关。

衡量空间自相关的方法除了全局莫兰指数，还有吉尔里指数［Geary's C，也称吉尔里相邻比率（Geary's Contiguity Ratio）］：

$$C=\frac{(n-1)\sum_{n=i}^{n}\sum_{n=j}^{n}w_{ij}(x_i-x_j)^2}{2(\sum_{n=i}^{n}\sum_{n=j}^{n}w_{ij})\left[\sum_{n=i}^{n}(x_i-\bar{x}_j)^2\right]} \tag{4-2}$$

其中，$(x_i-x_j)^2$是吉尔里指数的核心部分。一般情况下，吉尔里指数的取值在 0 至 2 之间（2 并不是上限）。吉尔里指数统计量取值为 1，表示无空间自相关，表示属性值在空间单元上是随机或独立的；取值 [0, 1) 时表示空间正相关，越接近 0 表示正相关程度越强；取值 (1, 2] 时表示空间负相关，越接近 2 表示负相关程度越强。就衡量局部空间自相关而言，吉尔里指数比局部莫兰指数更为敏感。标准化的吉尔里指数如下：

$$C^*=\frac{C-1}{\sqrt{\mathrm{Var}(C)}}\xrightarrow{d}N(0,1) \tag{4-3}$$

因此，可以使用标准化的吉尔里指数衡量空间自相关。应该注意到，因为热点区域（Hot Spot，HH 集聚的区域）、冷点区域（Cold Spot，LL 集聚的区域）都表现为正相关，所以吉尔里指数无法识别热点区域、冷点区域，这是莫兰指数与吉尔里指数共同的缺点。为了解决此问题，Getis and Ord（1992）提出了 Getis-Ord 指数 G。标准化的 Getis-Ord 指数（Getis-Ord General G）如下：

$$G^*=\frac{G-\mathrm{E}(G)}{\sqrt{\mathrm{Var}(G)}}\xrightarrow{d}N(0,1) \tag{4-4}$$

如果 $G^*>1.96$，则存在空间正相关，此时在 5% 的水平上拒绝无空间自相关的原假设，且存在热点区域。如果 $G^*<-1.96$，则存在空间正相关，此时在 5% 的水平上拒绝无空间自相关的原假设，且存在冷点区域。Getis and Ord（1992）解决了全局莫兰指数遗留问题的一部分：能够确定局部的位置，判断局部是 HH 集聚，还是 LL 集聚。但是，它并没有解决异常值（LH 集聚、HL 集聚）的识别问题。

如果要考察某区域 i 是否为热点或冷点，此时需要使用 Getis-Ord Gi*：

$$G_i=\frac{\sum_{j\neq i}w_{ij}x_j}{\sum_{j\neq i}x_j} \tag{4-5}$$

Anselin et al.（1995）给出了彻底解决全局莫兰指数遗留问题的完美答案——Anselin 局部莫兰指数，它不仅仅可以测度全局莫兰指数，还可以测度经济要素在哪里发生了相关（局部相关）以及相关的具体形式（热点、冷点及异常值）。

4.1.2 全局莫兰指数与 Anselin 局部莫兰指数的对应关系

我们从莫兰散点图、LISA（Local Indicators of Spatial Association，空间联系的局部指标）集聚图讲起。莫兰散点图指的是，所有观测值分布在由 x 轴（被标准化后的观测值）和 y 轴（被标准化后的观测值的空间滞后值，即$\boldsymbol{W}^*$被标准化后的观测值）构成的二维空间里所形成的可能具有一定集聚特征的图像，见图 4-1。其中，被标准化后的观测值（即标准化值）=（观测值 - 平均值）/ 标准差，$\boldsymbol{W}$为空间权重矩阵。需要指出的是，全局莫兰指数就是莫兰散点图回归线的斜率。

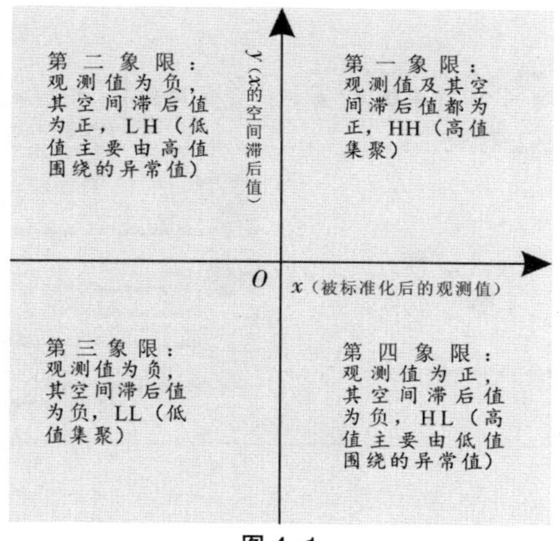

图 4–1

LISA 包括 Getis–Ord Gi* 和 Anselin 局部莫兰指数。LISA 值 = 标准化值 ×（ $\boldsymbol{W}^{*}$标准化值），其中，**W**为空间权重矩阵。

综上所述，莫兰散点图第二、四象限里的点都为异常值。其中，第二象限的点呈现出高值包围低值的集聚形式（LH），第四象限的点呈现出低值包围高值的集聚形式（HL）。也就是说，使用 Getis–Ord Gi* 不能识别第二、四象限里的点，仅仅能识别第一、三象限的点。使用 Anselin 局部莫兰指数可以识别四个象限的点。

4.1.3　验证标准化值与 LISA 值公式的正确性

下面，采用 Excel 和 GeoDa 之父——Luc Anselin 的 GeoDa 验证 4.1.2 小节中两个公式的正确性。

首先，从“文件”菜单中打开“长江三角洲地区产业结构升级（ti&ts_34_variables）.shp”的 shapefile。见图 4–2 至图 4–4。图 4–5 为 shp 文件的 table，即数据结构。

其次，生成空间权重矩阵。具体而言，第一步：单击图 4–6 中的“W”形图案会出现图 4–7 中的“空间权重管理”对话框；第二步：单击图 4–7“空间权重管理”对话框上的“创建”会出现图 4–8 中的“创建空间权重文件”对话框，此时，“选择 ID 变量”选填“ID”，“邻接空间权重”选填“Queen 邻接”，单击“创建”后 Queen 邻接矩阵会被创建，将文件名命名为 queen，将创建的文件保存到当前活动文件夹里，见图 4–9 至图 4–12。

再次，使用上述类似的方法创建 inverse distance 空间权重矩阵，并绘制莫兰散点图。具体而言，单击图 4–13 中含有“M”的莫兰散点图图案，选择“单变量 Moran's I”后会出现图 4–14 所示对话框，双击图 4–14“变量设置”对话框中的“ti_2002”会出现图 4–15 所示图像。图 4–15 所示图像即为 ti_2002 的莫兰散点图。为了获得显著性好的结果，一般进行 3 ～ 5 次随机化，见图 4–16 和图 4–17。图 4–18 和图 4–19 分别演示了如何获得 ti_2002 的“分区域（Regimes）回归”图，如何保存 ti_2002 的标准化值 (MORAN_STD) 以及其空间滞后值（MORAN_LAG）。

最后，随意选择四个象限中的一个点进行公式正确性验证，这里选择了第一象限最上面的一个点（ID 为 11，六安市）。

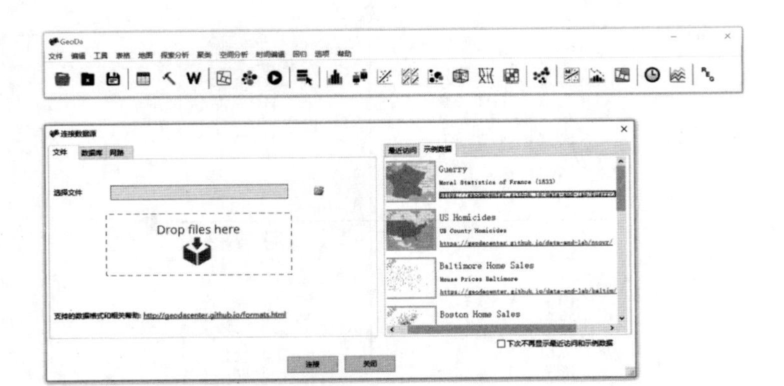
GeoDa
Drop files here
Guerry
US Homicides
Baltimore Home Sales
Boston Home Sales

图 4-2

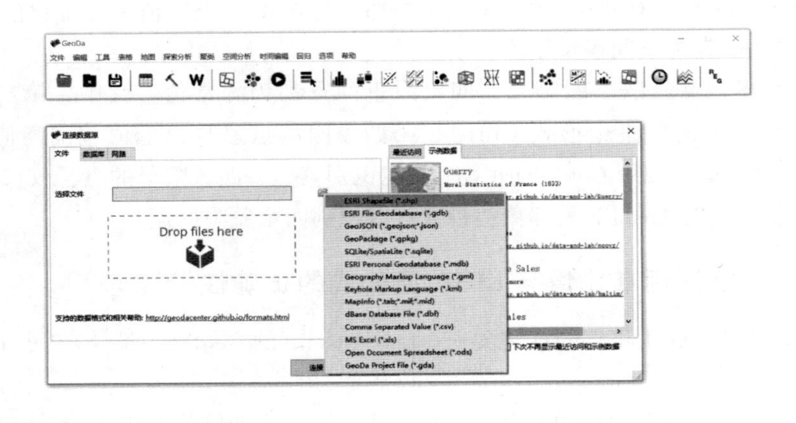
GeoDa
Drop files here
ESRI Shapefile (*.shp)
ESRI File Geodatabase (*.gdb)
GeoJSON (*.geojson;*.json)
GeoPackage (*.gpkg)
SQLite/SpatiaLite (*.sqlite)
ESRI Personal Geodatabase (*.mdb)
Geography Markup Language (*.gml)
Keyhole Markup Language (*.kml)
MapInfo (*.tab;*.mif;*.mid)
dBase Database File (*.dbf)
Comma Separated Value (*.csv)
MS Excel (*.xls)
Open Document Spreadsheet (*.ods)
GeoDa Project File (*.gda)
Guerry

图 4-3

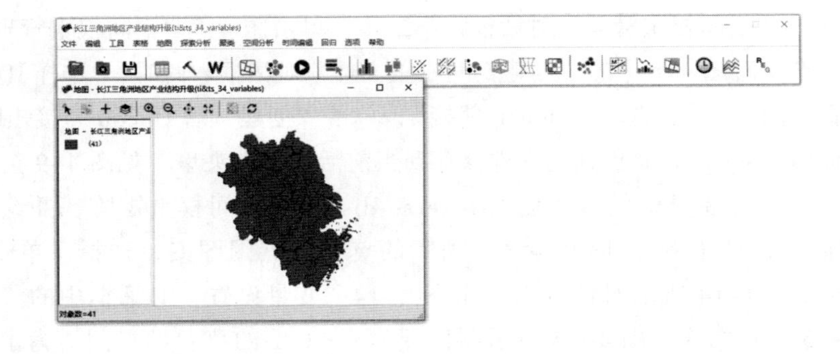

图 4-4

表格 - 长江三角洲地区产业结构升级(ti&ts_34_variables)

	ID	PROVINCE	CHN_NAM	ENG_NAME	ADC	LONGITUDE	LATITUDE	ti_2002	ts_2002	ti_2003	ts_2003	ti_2004	ts_2004	ti_2005	ts_2005	ti_2006	ts_2006
1	1	上海市	上海市	Shanghai Municipality	310000	121.420000	31.185200	0.069034	1.158802	0.063836	1.060819	0.063288	1.052706	0.055463	1.090158	0.050713	1.10835
2	2	安徽省	淮北市	Huaibei City	340000	116.741000	33.728800	0.195524	0.698980	0.242697	0.638234	0.247066	0.559209	0.316210	0.581955	0.263558	0.65624
3	3	安徽省	宿州市	Suzhou City,Anhui Province	340000	117.209000	33.858400	0.156929	1.507502	0.137007	1.488550	0.086203	1.255232	0.101844	1.481072	0.098663	1.31470
4	4	安徽省	亳州市	Bozhou City	340000	116.181000	33.433200	0.113989	1.466182	0.114409	1.357054	0.106415	1.282730	0.136335	1.399751	0.126068	1.47006
5	5	安徽省	阜阳市	Fuyang City,Anhui Province	340000	115.701000	32.916600	0.090354	1.373683	0.203965	1.307869	0.095099	1.292608	0.144202	1.305966	0.122408	1.20683
6	6	安徽省	蚌埠市	Bengbu City	340000	117.327000	33.111800	0.324264	0.904140	0.305996	0.846282	0.224019	0.818775	0.237340	1.037474	0.224022	1.00963
7	7	安徽省	淮南市	Huainan City	340000	116.733000	32.756900	0.168487	0.802189	0.146180	0.753242	0.134564	0.680372	0.127578	0.669996	0.108986	0.64152
8	8	安徽省	滁州市	Chuzhou City	340000	118.098000	32.544800	0.270301	0.828362	0.272807	0.814642	0.201647	0.840330	0.167220	0.910171	0.172803	0.90610
9	9	安徽省	合肥市	Hefei City	340000	117.341000	31.790900	0.310126	0.794147	0.358739	0.825885	0.270788	0.802362	0.262777	1.093451	0.265381	0.98252
10	10	安徽省	马鞍山市	Maanshan City	340000	118.358000	31.625100	0.181295	0.521299	0.249920	0.432173	0.264830	0.344512	0.234377	0.470691	0.230604	0.48948
11	11	安徽省	六安市	Lu'an City	340000	116.312000	31.757200	0.127665	1.027371	0.204072	0.998614	0.189543	0.972982	0.244822	1.188429	0.246061	1.18362
12	12	安徽省	芜湖市	Wuhu City	340000	118.126000	31.146400	0.237859	0.655620	0.202114	0.600455	0.231518	0.569489	0.218659	0.738729	0.270508	0.66216
13	13	安徽省	宣城市	Xuancheng City	340000	118.854000	30.688300	0.229182	1.013510	0.230064	0.926764	0.276056	0.819947	0.231675	1.089527	0.253885	1.04246
14	14	安徽省	铜陵市	Tongling City	340000	117.894000	30.944900	0.152577	0.676127	0.293720	0.639772	0.262454	0.501498	0.244040	0.563819	0.291291	0.45013
15	15	安徽省	池州市	Chizhou City	340000	117.367000	30.283800	0.165934	1.012757	0.303973	0.917724	0.252593	0.867381	0.269708	1.080975	0.247238	1.05067
16	16	安徽省	安庆市	Anqing City	340000	116.594000	30.610800	0.243636	0.746286	0.170825	0.705878	0.181808	0.660210	0.174424	0.926303	0.197899	0.91388
17	17	安徽省	黄山市	Huangshan City	340000	118.072000	29.904200	0.262058	1.597030	0.360966	1.404670	0.335459	1.264003	0.370837	1.326900	0.382850	1.23723
18	18	浙江省	嘉兴市	Jiaxing City	330000	120.752000	30.656500	0.121135	0.596731	0.094678	0.552454	0.078836	0.531682	0.064529	0.576700	0.047651	0.55905
19	19	浙江省	湖州市	Huzhou City	330000	119.871000	30.746300	0.180918	0.623594	0.129168	0.663101	0.098914	0.624622	0.086460	0.645454	0.082704	0.59811
20	20	浙江省	舟山市	Zhoushan City	330000	122.192000	30.098800	0.042953	1.121155	0.062027	0.957554	0.030590	0.903943	0.035119	1.159910	0.035762	1.10235
21	21	浙江省	绍兴市	Shaoxing City	330000	120.629000	29.715100	0.126139	0.572260	0.135149	0.561324	0.125324	0.552775	0.098560	0.551485	0.074587	0.55573
22	22	浙江省	杭州市	Hangzhou City	330000	119.464000	29.898300	0.115473	0.848655	0.105114	0.811302	0.090175	0.782452	0.086849	0.866721	0.075000	0.89484
23	23	浙江省	衢州市	Quzhou City	330000	118.675000	28.934600	0.274518	0.786671	0.263707	0.753193	0.247078	0.704947	0.242040	0.837305	0.236477	0.76066
24	24	浙江省	宁波市	Ningbo City	330000	121.472000	29.706300	0.123454	0.682534	0.110249	0.672683	0.086299	0.653743	0.078778	0.727221	0.068807	0.72717
25	25	浙江省	台州市	Taizhou City,Zhejiang Province	330000	121.097000	28.780000	0.189926	0.560957	0.187602	0.560585	0.154477	0.570156	0.127496	0.745905	0.134919	0.73513
26	26	浙江省	金华市	Jinhua City	330000	119.952000	29.115500	0.220890	0.658143	0.199099	0.666480	0.182074	0.657370	0.175854	0.765712	0.147525	0.75232
27	27	浙江省	丽水市	Lishui City	330000	119.512000	28.199600	0.294760	0.865217	0.269906	0.861587	0.303646	0.801613	0.272567	0.911477	0.281512	0.89687
28	28	浙江省	温州市	Wenzhou City	330000	120.432000	27.902700	0.220428	0.671724	0.228941	0.667190	0.133760	0.680404	0.127630	0.766664	0.081368	0.76063
29	29	江苏省	连云港市	Lianyungang City	320000	119.132000	34.533500	0.210746	0.737241	0.193181	0.780888	0.178048	0.741024	0.133516	0.799295	0.112474	0.78492
30	30	江苏省	徐州市	Xuzhou City	320000	117.513000	34.360800	0.312230	0.789687	0.286703	0.740864	0.261270	0.736772	0.189548	0.697532	0.174370	0.68318
31	31	江苏省	淮安市	Huaian City	320000	118.963000	33.356900	0.229132	0.702704	0.247819	0.645011	0.239553	0.650100	0.179430	0.728005	0.134961	0.72760
32	32	江苏省	宿迁市	Suqian City	320000	118.519000	33.785200	0.108357	0.757977	0.130905	0.699732	0.104795	0.689171	0.075287	0.692350	0.057654	0.70431
33	33	江苏省	盐城市	Yancheng City	320000	120.156000	33.526800	0.113450	0.802388	0.097742	0.713630	0.080179	0.718485	0.072116	0.755903	0.087343	0.73193

行数=41

图 4-5

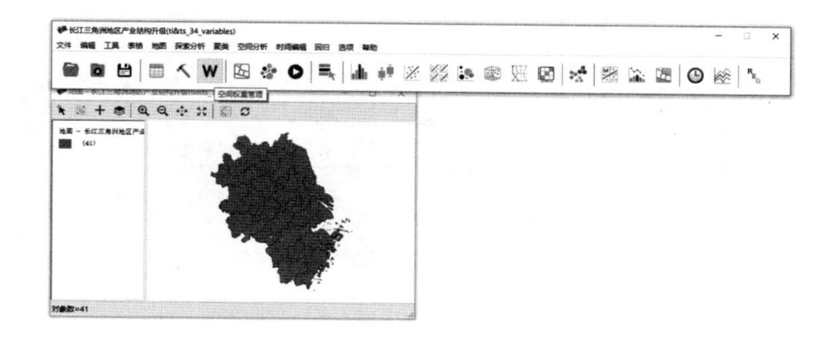

图 4-6

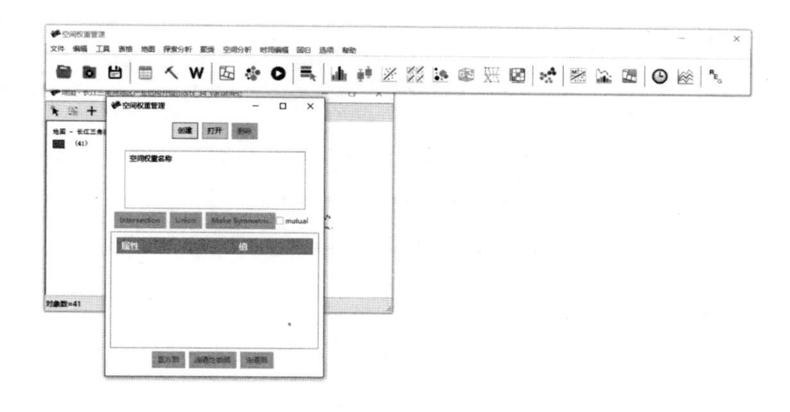

图 4-7

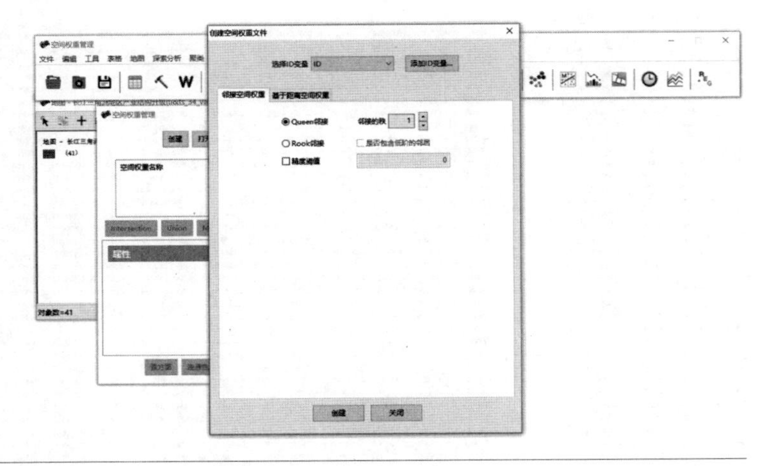

图 4-8

注：一般而言，“选择 ID 变量”应选择“ID”。在 ArcGIS 中添加字段 ID 时，此字段的类型应该为“短整型”。

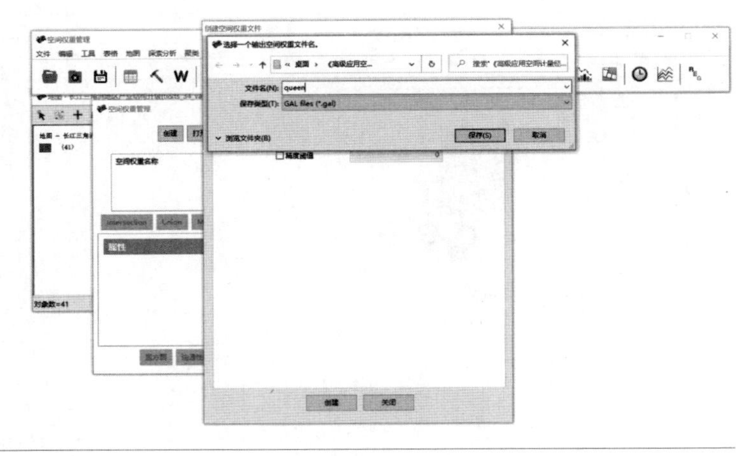

图 4-9

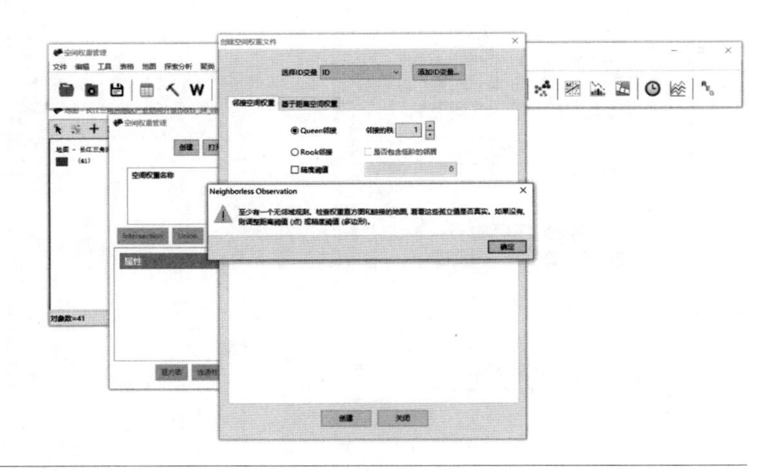

图 4-10

注：无邻域的城市可能是舟山市。

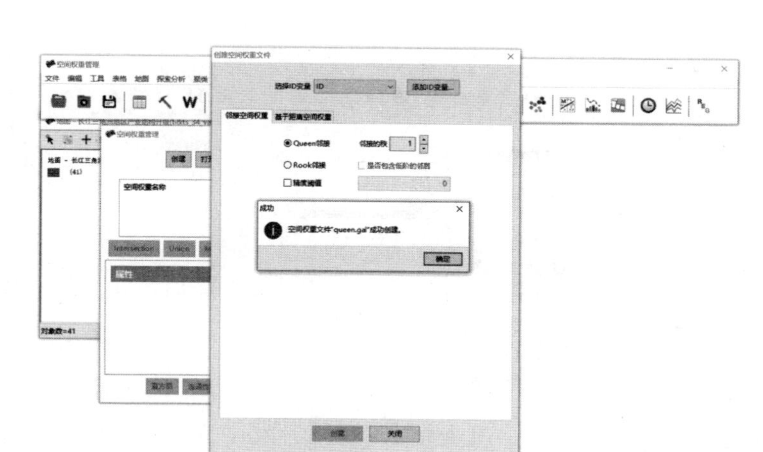

图 4-11

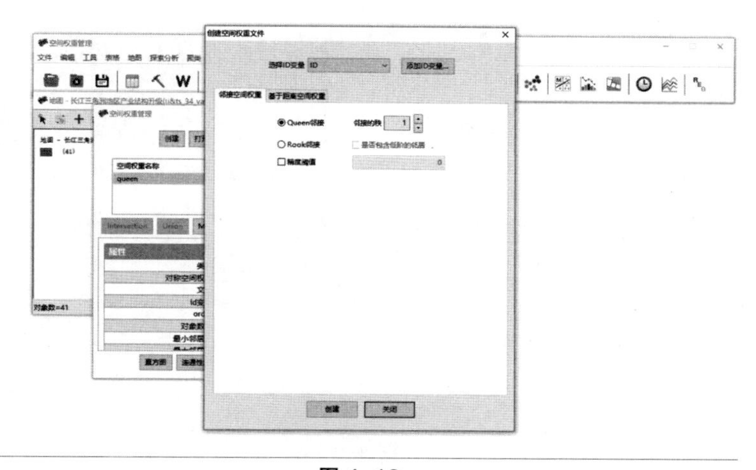

图 4-12

注：单击“创建空间权重文件”对话框中的“关闭”，queen.gal 已经创建成功并保存到当前活动文件夹里。

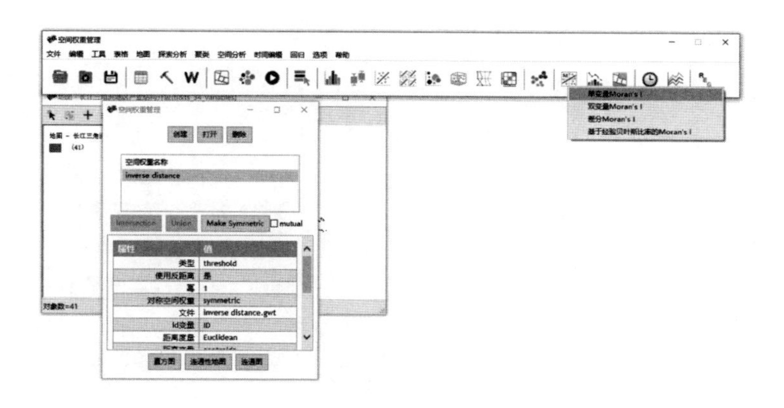

图 4-13

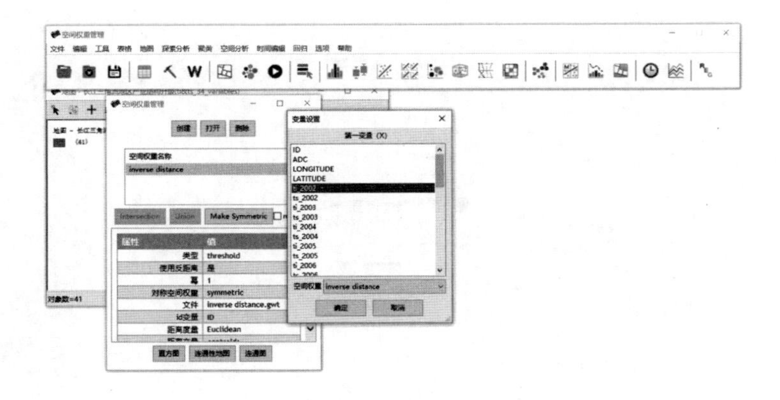

图 4-14

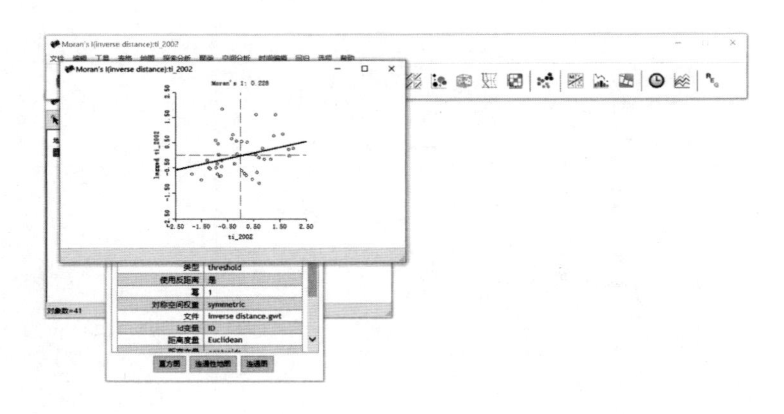

图 4-15

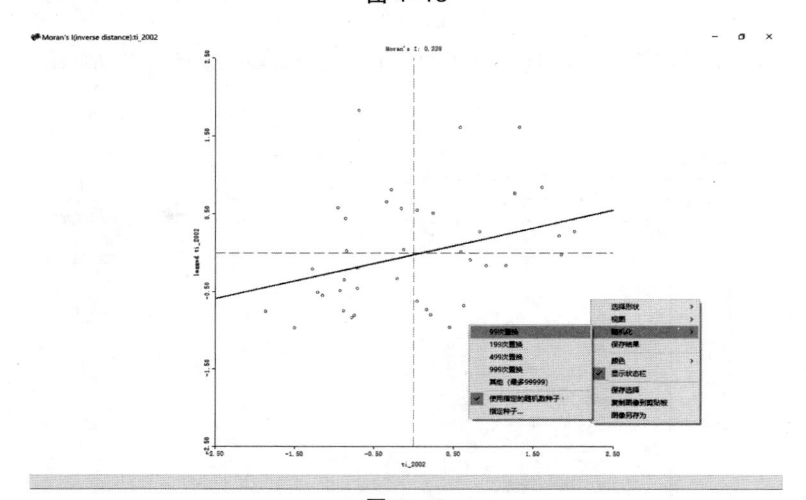

图 4-16

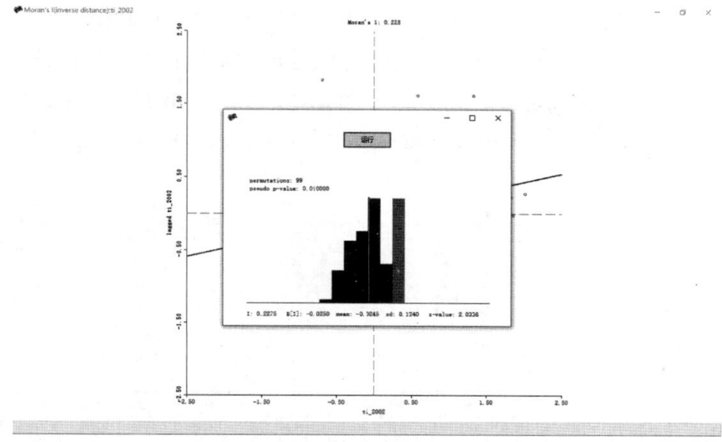

图 4-17

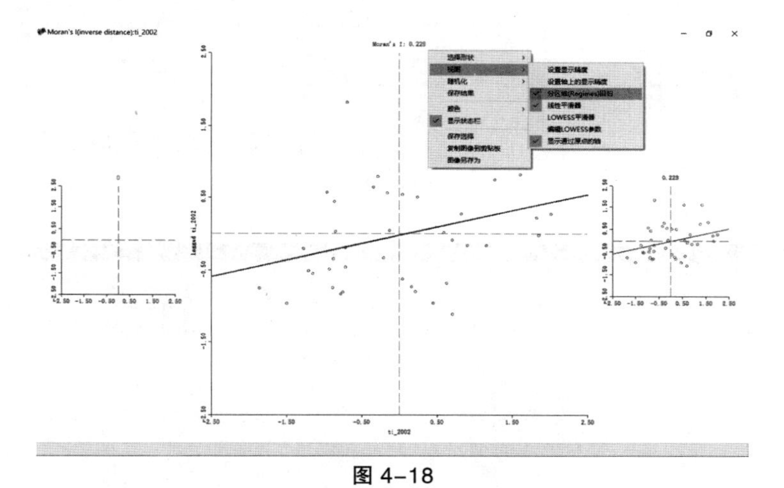

图 4-18

注：图 4-18 中选择的“视图”为“分区域(Regimes)回归”“线性平滑器”“显示通过原点的轴”。

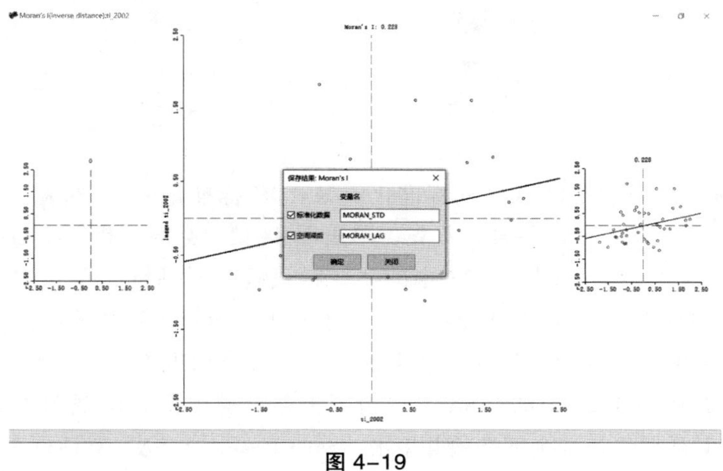

图 4-19

注：将“标准化数据”命名为“MORAN_STD”(对应横轴 x)，“空间滞后”命名为“MORAN_LAG”(对应纵轴 y)；单击图 4-19“保存结果：Moran's I”对话框中的“确定”，即可保存绘制全局莫兰散点图的数据。

先看第一个公式：被标准化后的观测值（即标准化值）=（观测值 - 平均值）/ 标准差。图 4-20 展示了由 GeoDa 计算出的结果，从中可以看出 2002 年六安市 ti 被标准化后的观测值为 -0.693384，其空间滞后值为 1.822343。图 4-21 展示了由 Excel 计算出的结果，从中可以看出 2002 年六安市 ti 被标准化后的观测值为 -0.69338。因此，第一个公式是正确的。

表格 - 长江三角洲地区产业结构升级(ti&ts_34_variables)

		ti_2013	ts_2013	ti_2014	ts_2014	ti_2015	ts_2015	ti_2016	ts_2016	ti_2017	ts_2017	ti_2018	ts_2018	MORAN_STD	MORAN_LAG	LISA_I	LISA_CL	LISA_P
1	8	0.028531	1.743270	0.018635	1.870257	0.022926	2.130225	0.025193	2.339073	0.020662	2.271170	0.019590	2.347071	-1.501774	-0.967299	1.452664	0	0.061000
2	7	0.273692	0.374958	0.247518	0.456472	0.221969	0.586908	0.215916	0.638078	0.220992	0.643775	0.216387	0.703613	0.242239	0.513248	0.124329	0	0.094000
3	1	0.076165	0.791604	0.084577	0.841431	0.077193	1.063536	0.092667	1.128627	0.098333	1.244143	0.100851	1.292156	-0.289899	0.807230	-0.234015	0	0.056000
4	9	0.102422	0.862316	0.122300	0.976425	0.138104	1.019613	0.087024	1.073886	0.093243	1.136693	0.105263	1.147323	-0.881945	-0.346505	0.305598	0	0.225000
5	2	0.055797	0.809194	0.056538	0.807253	0.047472	0.900089	0.040714	0.971352	0.050406	0.957631	0.063336	0.965275	-1.207819	-0.506243	0.611450	0	0.230000
6	9	0.256229	0.620085	0.304812	0.628132	0.234648	0.771270	0.215811	0.946755	0.231130	0.974651	0.250585	0.976636	2.017275	0.273761	0.552252	0	0.246000
7	4	0.106963	0.481308	0.088381	0.588289	0.134267	0.822006	0.087394	0.859669	0.091750	0.871800	0.104849	0.915273	-0.130540	0.042437	-0.005540	0	0.486000
8	4	0.090528	0.525275	0.101580	0.536182	0.123573	0.560132	0.117188	0.692813	0.129216	0.668422	0.147118	0.699894	1.273246	0.759335	0.966820	1	0.045000
9	2	0.133862	0.712968	0.121124	0.721811	0.099936	0.812740	0.089904	0.887376	0.080840	0.960660	0.065032	1.088814	1.822343	0.220391	0.401628	0	0.247000
10	6	0.298444	0.454743	0.287798	0.511389	0.247673	0.662194	0.246124	0.703797	0.236545	0.690135	0.195388	0.781441	0.046053	0.544660	0.025083	0	0.114000
11	6	0.230569	0.684354	0.193119	0.692856	0.186062	0.784927	0.158288	0.844592	0.143352	0.982396	0.138139	1.086390	-0.693384	1.822343	-1.263584	0	0.059000
12	6	0.323302	0.419692	0.287169	0.484746	0.235538	0.663057	0.223853	0.701784	0.211606	0.745466	0.193019	0.838785	0.825944	0.275294	0.227377	0	0.234000
13	4	0.164892	0.632347	0.195098	0.695522	0.182101	0.796193	0.172780	0.852534	0.166536	0.855150	0.158535	0.841900	0.706307	-0.086147	-0.060846	0	0.440000
14	1	0.310774	0.361807	0.282630	0.378615	0.310638	0.535556	0.299151	0.594621	0.329973	0.551754	0.302379	0.646527	-0.349904	0.646981	-0.226381	0	0.081000
15	8	0.197387	0.750377	0.199292	0.840067	0.196042	0.886648	0.194051	1.008689	0.185562	1.062131	0.191267	1.105776	-0.165741	0.571762	-0.094764	0	0.167000
16	8	0.312111	0.613654	0.314176	0.634760	0.131077	0.725379	0.118472	0.841644	0.133889	0.828479	0.149332	0.796125	0.905595	-0.165741	-0.150094	0	0.475000
17	4	0.185104	0.920786	0.186868	0.932653	0.163953	1.246671	0.166696	1.321083	0.170492	1.497768	0.184496	1.624768	1.159593	-0.165741	-0.192192	0	0.470000
18	3	0.028046	0.732773	0.030531	0.768575	0.031967	0.825700	0.029832	0.852866	0.027935	0.831370	0.031273	0.812524	-0.783418	-0.831630	0.651514	2	0.028000
19	6	0.024503	0.759933	0.027728	0.837317	0.031329	0.910880	0.031600	0.961772	0.031564	1.002996	0.034840	1.034641	0.040855	-0.621902	-0.025408	4	0.048000
20	5	0.009413	1.029184	0.007883	1.149921	0.007335	1.183763	0.006974	1.185192	0.014236	1.679136	0.018556	1.740785	-1.861372	-0.751444	1.398718	0	0.302000
21	6	0.057168	0.794566	0.049410	0.839467	0.051222	0.893954	0.052740	0.910343	0.057709	0.970002	0.064387	0.998920	-0.714424	-0.194457	0.138925	0	0.327000
22	9	0.044899	1.205968	0.044224	1.322722	0.045223	1.497555	0.044710	1.671884	0.050015	1.817728	0.038099	1.887979	-0.861484	0.446381	-0.384550	0	0.225000
23	4	0.274098	0.751048	0.322058	0.847358	0.267657	0.985209	0.254192	1.060522	0.256127	1.118940	0.264763	1.100184	1.331389	1.610481	2.144176	0	0.106000
24	7	0.005509	0.831398	0.000339	0.842638	0.000890	0.883593	0.000209	0.881849	0.000020	0.862749	0.000259	0.895496	-0.751444	-0.803580	0.603846	0	0.065000
25	0	0.061579	0.939868	0.064301	1.008797	0.064945	1.120381	0.063340	1.148963	0.062811	1.125477	0.067051	1.112338	0.165055	-0.732934	-0.120975	0	0.176000
26	3	0.107705	0.949649	0.121961	1.035088	0.129386	1.105204	0.133713	1.152019	0.147354	1.276486	0.154143	1.271234	0.591979	0.011524	0.006822	0	0.462000
27	2	0.265326	0.804692	0.237305	0.905139	0.230008	1.008335	0.219885	1.051215	0.201980	1.268926	0.203388	1.250835	1.610481	0.836326	1.346887	0	0.064000
28	0	0.053443	0.929284	0.058745	1.061904	0.069626	1.219175	0.073088	1.367002	0.080301	1.449986	0.085930	1.464525	0.585609	1.610481	0.943112	0	0.112000
29	1	0.093497	0.890311	0.094824	0.915157	0.095142	0.958316	0.097735	0.976237	0.104648	0.972175	0.104136	1.025965	0.452116	-0.959598	-0.433850	0	0.127000
30	4	0.186217	0.890053	0.163397	0.999114	0.140819	1.044499	0.123949	1.094732	0.109689	1.082084	0.078534	1.177737	1.851353	-0.023830	-0.044118	0	0.498000
31	8	0.094401	0.915571	0.089766	0.996611	0.087738	1.071625	0.088165	1.147327	0.090287	1.125612	0.091358	1.150075	0.705618	-1.118557	-0.789274	4	0.036000
32	8	0.165658	0.803973	0.153775	0.804712	0.140036	0.811181	0.108514	0.820992	0.105482	0.849880	0.102806	0.914657	-0.959598	0.578867	-0.555480	0	0.200000
33	4	0.078648	0.825364	0.075407	0.877340	0.059165	0.921593	0.055268	0.971655	0.047734	1.002243	0.048313	1.016737	-0.889377	-0.746239	0.663688	0	0.138000

行数=41 选中数量=1

图 4-20

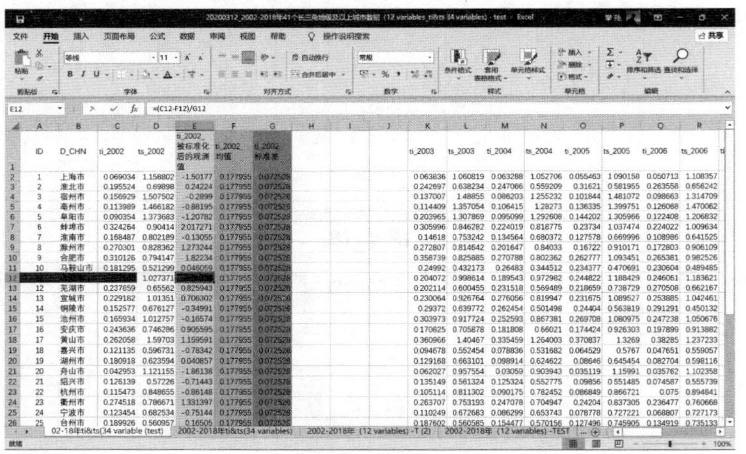

E12 =(C12-F12)/G12

	ID	D_CHN	ti_2002	ts_2002	ti_2002_被标准化后的观测值	ti_2002_均值	ti_2002_标准差	ti_2003	ts_2003	ti_2004	ts_2004	ti_2005	ts_2005	ti_2006	ts_2006
2	1	上海市	0.069034	1.158802	-1.50177	0.177955	0.072528	0.063836	1.060819	0.063288	1.052706	0.055463	1.090158	0.050713	1.108357
3	2	淮北市	0.195524	0.69898	0.24224	0.177955	0.072528	0.242697	0.638234	0.247066	0.559209	0.31621	0.581955	0.263558	0.656242
4	3	宿州市	0.156929	1.507502	-0.2899	0.177955	0.072528	0.137007	1.48855	0.086203	1.255232	0.101844	1.481072	0.098663	1.314709
5	4	亳州市	0.113989	1.466182	-0.88195	0.177955	0.072528	0.114409	1.357054	0.106415	1.28273	0.136335	1.399751	0.126068	1.470062
6	5	阜阳市	0.090354	1.373683	-1.20782	0.177955	0.072528	0.203965	1.307869	0.095099	1.292608	0.144202	1.305966	0.122408	1.206832
7	6	蚌埠市	0.324264	0.90414	2.017271	0.177955	0.072528	0.305996	0.846282	0.224019	0.818775	0.23734	1.037474	0.224022	1.009634
8	7	淮南市	0.168487	0.802189	-0.13055	0.177955	0.072528	0.14618	0.753242	0.134564	0.680372	0.127578	0.669996	0.108986	0.641525
9	8	滁州市	0.270301	0.828362	1.273244	0.177955	0.072528	0.272807	0.814642	0.201647	0.84033	0.16722	0.910171	0.172803	0.906109
10	9	合肥市	0.310126	0.794147	1.82234	0.177955	0.072528	0.358739	0.825885	0.270788	0.802362	0.262777	1.093451	0.265381	0.982526
11	10	马鞍山市	0.181295	0.521299	0.046059	0.177955	0.072528	0.24992	0.432173	0.26483	0.344512	0.234377	0.470691	0.230604	0.489485
12	[illegible]	[illegible]	[illegible]	1.027371	[illegible]	0.177955	0.072528	0.204072	0.998614	0.189543	0.972982	0.244822	1.188429	0.246061	1.183621
13	12	芜湖市	0.237859	0.65562	0.825943	0.177955	0.072528	0.202114	0.600455	0.231518	0.569489	0.218659	0.738729	0.270508	0.662167
14	13	宣城市	0.229182	1.01351	0.706302	0.177955	0.072528	0.230064	0.926764	0.276056	0.819947	0.231675	1.089527	0.253885	1.042461
15	14	铜陵市	0.152577	0.676127	-0.34991	0.177955	0.072528	0.29372	0.639772	0.262454	0.501498	0.24404	0.563819	0.291291	0.450132
16	15	池州市	0.165934	1.012757	-0.16574	0.177955	0.072528	0.303973	0.917724	0.252593	0.867381	0.269708	1.080975	0.247238	1.050676
17	16	安庆市	0.243636	0.746286	0.905595	0.177955	0.072528	0.170825	0.705878	0.181808	0.66021	0.174424	0.926303	0.197899	0.913882
18	17	黄山市	0.262058	1.59703	1.159591	0.177955	0.072528	0.360966	1.40467	0.335459	1.264003	0.370837	1.3269	0.38285	1.237233
19	18	嘉兴市	0.121135	0.596731	-0.78342	0.177955	0.072528	0.094678	0.552454	0.078836	0.531682	0.064529	0.5767	0.047651	0.559057
20	19	湖州市	0.180918	0.623594	0.040857	0.177955	0.072528	0.129168	0.663101	0.098914	0.624622	0.08646	0.645454	0.082704	0.598116
21	20	舟山市	0.042953	1.121155	-1.86138	0.177955	0.072528	0.062027	0.957554	0.03059	0.903943	0.035119	1.15991	0.035762	1.102358
22	21	绍兴市	0.126139	0.57226	-0.71443	0.177955	0.072528	0.135149	0.561324	0.125324	0.552775	0.09856	0.551485	0.074587	0.555739
23	22	杭州市	0.115473	0.848655	-0.86148	0.177955	0.072528	0.105114	0.811302	0.090175	0.782452	0.086849	0.866721	0.075	0.894841
24	23	衢州市	0.274518	0.786671	1.331397	0.177955	0.072528	0.263707	0.753193	0.247078	0.704947	0.24204	0.837305	0.236477	0.760668
25	24	宁波市	0.123454	0.682534	-0.75144	0.177955	0.072528	0.110249	0.672683	0.086299	0.653743	0.078778	0.727221	0.068807	0.727173
26	25	台州市	0.189926	0.560957	0.16505	0.177955	0.072528	0.187602	0.560585	0.154477	0.570156	0.127496	0.745905	0.134919	0.735133

02-18年ti&ts(34 variable (test) | 2002-2018年ti&ts(34 variables) | 2002-2018年 (12 variables) -T (2) | 2002-2018年 (12 variables) -TEST

图 4-21

接下来看第二个公式：LISA 值 = 标准化值 ×（W^*标准化值）。在验证第二个公式之前，需要绘制 LISA 图。具体而言，首先，单击图 4-22“空间分析”下拉菜单中的“单变量局部 Moran's I”会出现图 4-23 中的“变量设置”对话框，单击“变量设置”对话框中的“ti_2002”会出现图 4-24 中的“打开什么窗口？”对话框，勾选“聚类地图”，单击“打开什么窗口？”对话框中的“确定”会出现图 4-25（LISA 集聚地图）。其次，将鼠标放在图 4-25 中的 LISA 集聚地图上，右键单击会出现图 4-26 中的“Save Results:LISA”对话框，勾选全部选项并单击“Save Results:LISA”对话框中的“确定”会将 ti_2002 的“Lisa indices(LISA_I)”“Clusters(LISA_CL)”“Significance(LISA_P)”保存到 shapefile 的 table 中，见图 4-27。

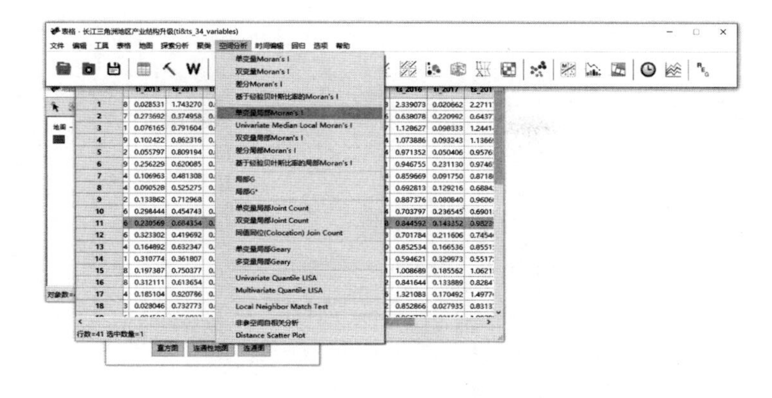

图 4-22

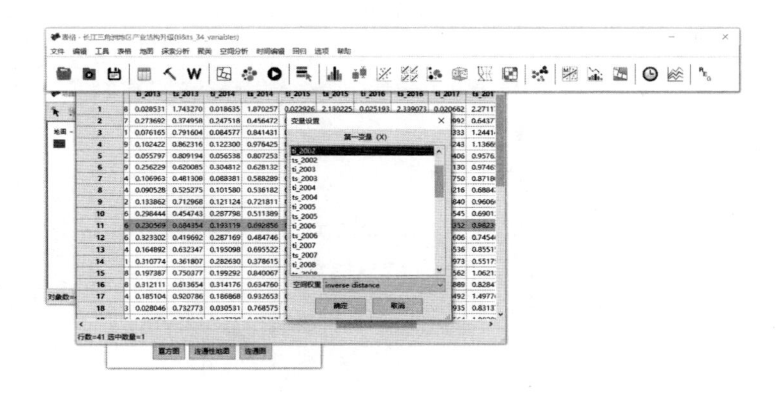

图 4-23

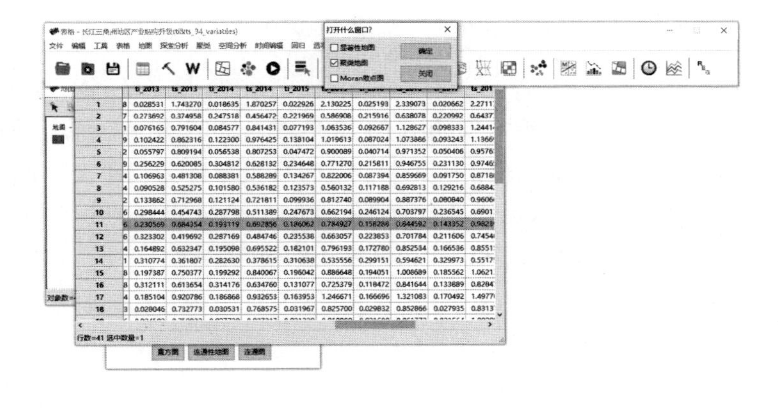

图 4-24

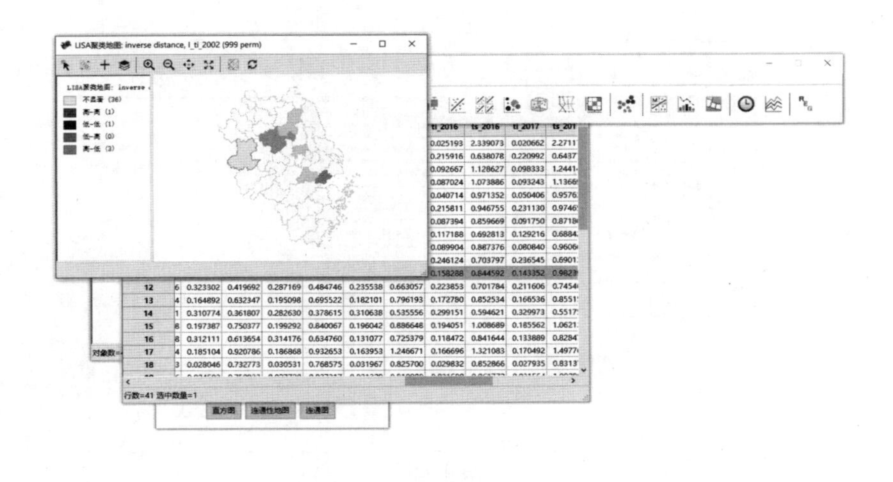

图 4-25

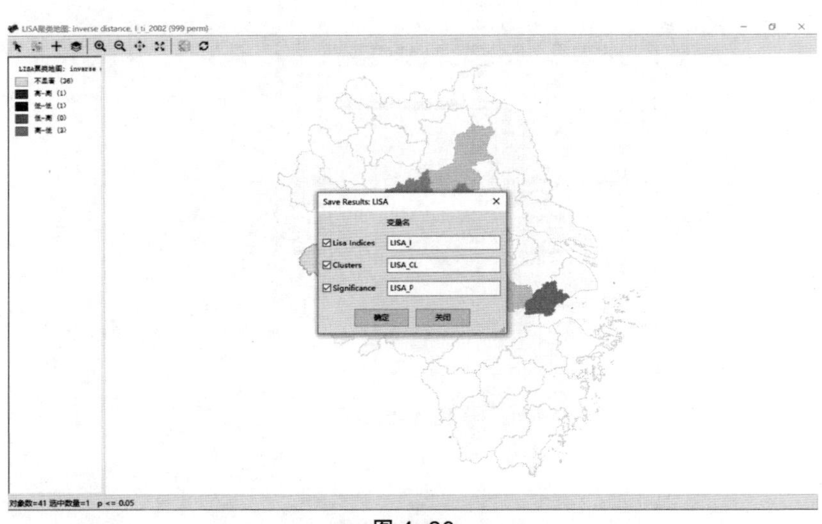

图 4-26

最后，进行计算。2002 年六安市 ti 的 LISA 值 =2002 年六安市 ti 的标准化值 ×（$\boldsymbol{W}^*$ 2002 年六安市 ti 的标准化值），其中，空间权重矩阵为反距离空间权重矩阵。根据图 4-27，将相应的数值代入上式进行验证：2002 年六安市 ti 的 LISA 值（–1.263584）≈–0.693384 × 1.822343。因此，第二个公式是正确的。

表格 - 长江三角洲地区产业结构升级(ti&ts_34_variables)

		ti_2013	ts_2013	ti_2014	ts_2014	ti_2015	ts_2015	ti_2016	ts_2016	ti_2017	ts_2017	ti_2018	ts_2018	MORAN_STD	MORAN_LAG	LISA_I	LISA_CL	LISA_P
1	8	0.028531	1.743270	0.018635	1.870257	0.022926	2.130225	0.025193	2.339073	0.020662	2.271170	0.019590	2.347071	-1.501774	-0.967299	1.452664	0	0.061000
2	7	0.273692	0.374958	0.247518	0.456472	0.221969	0.586908	0.215916	0.638078	0.220992	0.643775	0.216387	0.703613	0.242239	0.513248	0.124329	0	0.094000
3	1	0.076165	0.791604	0.084577	0.841431	0.077193	1.063536	0.092667	1.128627	0.098333	1.244143	0.100851	1.292156	-0.289899	0.807230	-0.234015	0	0.056000
4	9	0.102422	0.862316	0.122300	0.976425	0.138104	1.019613	0.087024	1.073886	0.093243	1.136693	0.105263	1.147323	-0.881945	-0.346505	0.305598	0	0.225000
5	2	0.055797	0.809194	0.056538	0.807253	0.047472	0.900089	0.040714	0.971352	0.050406	0.957631	0.063336	0.965275	-1.207819	-0.506243	0.611450	0	0.230000
6	9	0.256229	0.620085	0.304812	0.628132	0.234648	0.771270	0.215811	0.946755	0.231130	0.974651	0.250585	0.976636	2.017275	0.273761	0.552252	0	0.246000
7	4	0.106963	0.481308	0.088381	0.588289	0.134267	0.822006	0.087394	0.859669	0.091750	0.871800	0.104849	0.915273	-0.130540	0.042437	-0.005540	0	0.486000
8	4	0.090528	0.525275	0.101580	0.536182	0.123573	0.560132	0.117188	0.692813	0.129216	0.688422	0.147118	0.699894	1.273246	0.759335	0.966820	1	0.045000
9	2	0.133862	0.712968	0.121124	0.721811	0.099936	0.812740	0.089904	0.887376	0.080840	0.960660	0.065032	1.088814	1.822343	0.220391	0.401628	0	0.247000
10	6	0.298444	0.454743	0.287798	0.511389	0.247673	0.662194	0.246124	0.703797	0.236545	0.690135	0.195388	0.781441	0.046053	0.544660	0.025083	0	0.114000
11	6	0.230569	0.684354	0.193119	0.692856	0.186062	0.784927	0.158288	0.844592	0.143352	0.982396	0.138139	1.086390	-0.693384	1.822343	-1.263584	0	0.059000
12	6	0.323302	0.419692	0.287169	0.484746	0.235538	0.663057	0.223853	0.701784	0.211606	0.745466	0.193019	0.838785	0.825944	0.275294	0.227377	0	0.234000
13	4	0.164892	0.632347	0.195098	0.695522	0.182101	0.796193	0.172780	0.852534	0.166536	0.855150	0.158535	0.841900	0.706307	-0.086147	-0.060846	0	0.440000
14	1	0.310774	0.361807	0.282630	0.378615	0.310638	0.535556	0.299151	0.594621	0.329973	0.551754	0.302379	0.646527	-0.349904	0.646981	-0.226381	0	0.081000
15	8	0.197387	0.750377	0.199292	0.840067	0.196042	0.886648	0.194051	1.008689	0.185562	1.062131	0.191267	1.105776	-0.165741	0.571762	-0.094764	0	0.167000
16	8	0.312111	0.613654	0.314176	0.634760	0.131077	0.725379	0.118472	0.841644	0.133889	0.828479	0.149332	0.796125	0.905595	-0.165741	-0.150094	0	0.475000
17	4	0.185104	0.920786	0.186868	0.932653	0.163953	1.246671	0.166696	1.321083	0.170492	1.497768	0.184496	1.624768	1.159593	-0.165741	-0.192192	0	0.470000
18	3	0.028046	0.732773	0.030531	0.768575	0.031967	0.825700	0.029832	0.852866	0.027935	0.831370	0.031273	0.812524	-0.783418	-0.831630	0.651514	2	0.028000
19	6	0.024503	0.759933	0.027728	0.837317	0.031329	0.910880	0.031600	0.961772	0.031564	1.002996	0.034840	1.034641	0.040855	-0.621902	-0.025408	4	0.048000
20	5	0.009413	1.029184	0.007883	1.149921	0.007335	1.183763	0.006974	1.185192	0.014236	1.679136	0.018556	1.740785	-1.861372	-0.751444	1.398718	0	0.302000
21	6	0.057168	0.794566	0.049410	0.839467	0.051222	0.893954	0.052740	0.910343	0.057709	0.970002	0.064387	0.998920	-0.714424	-0.194457	0.138925	0	0.327000
22	9	0.044899	1.205968	0.044224	1.322722	0.045223	1.497555	0.044710	1.671884	0.050015	1.817728	0.038099	1.887979	-0.861484	0.446381	-0.384550	0	0.225000
23	4	0.274098	0.751048	0.322058	0.847358	0.267657	0.985209	0.254192	1.060522	0.256127	1.118940	0.264763	1.100184	1.331389	1.610481	2.144176	0	0.106000
24	7	0.005509	0.831398	0.000339	0.842638	0.000890	0.883593	0.000209	0.881849	0.000020	0.862749	0.000259	0.895496	-0.751444	-0.803580	0.603846	0	0.065000
25	0	0.061579	0.939868	0.064301	1.008797	0.064945	1.120381	0.063340	1.148963	0.062811	1.125477	0.067051	1.112338	0.165055	-0.732934	-0.120975	0	0.176000
26	3	0.107705	0.949649	0.121961	1.035088	0.129386	1.105204	0.133713	1.152019	0.147354	1.276486	0.154143	1.271234	0.591979	0.011524	0.006822	0	0.462000
27	2	0.265326	0.804692	0.237305	0.905139	0.230008	1.008335	0.219885	1.051215	0.201980	1.268926	0.203388	1.250835	1.610481	0.836326	1.346887	0	0.064000
28	0	0.053443	0.929284	0.058745	1.061904	0.069626	1.219175	0.073088	1.367002	0.080301	1.449986	0.085930	1.464525	0.585609	1.610481	0.943112	0	0.112000
29	1	0.093497	0.890311	0.094824	0.915157	0.095142	0.958316	0.097735	0.976237	0.104648	0.972175	0.104136	1.025965	0.452116	-0.959598	-0.433850	0	0.127000
30	4	0.186217	0.890053	0.163397	0.999114	0.140819	1.044499	0.123949	1.094732	0.109689	1.082084	0.078534	1.177737	1.851353	-0.023830	-0.044118	0	0.498000
31	8	0.094401	0.915571	0.089766	0.996611	0.087738	1.071625	0.088165	1.147327	0.090287	1.125612	0.091358	1.150075	0.705618	-1.118557	-0.789274	4	0.036000
32	8	0.165658	0.803973	0.153775	0.804712	0.140036	0.811181	0.108514	0.820992	0.105482	0.849880	0.102806	0.914657	-0.959598	0.578867	-0.555480	0	0.200000
33	4	0.078648	0.825364	0.075407	0.877340	0.059165	0.921593	0.055268	0.971655	0.047734	1.002243	0.048313	1.016737	-0.889377	-0.746239	0.663688	0	0.138000

行数=41 选中数量=1

图 4-27

4.1.4 小结

全局莫兰指数、Getis-Ord Gi* 及 Anselin 局部莫兰指数是空间计量经济学中的基础性知识，非常重要。理清了它们的演进过程，能进一步加深对空间计量经济学的了解，对以后的论文写作会有很大的帮助。

4.2 基于 Stata 的 ESDA 代码解析与实操验证

探索性空间数据分析（Exploratory Spatial Data Analysis，ESDA）是空间计量经济学的重要技术。本节内容由三大部分组成，第一部分为空间权重矩阵的生成，第二部分为单变量空间检验，包括使用不同软件和命令计算（单变量）莫兰指数，绘制（单变量）莫兰散点图以及热点分析的实现。第三部分为绘制分级色彩图，包括绘制分位图、等间隔图、盒式地图、离差图及组合地图。

4.2.1 空间权重矩阵的生成①

提取经纬度数据是生成空间权重矩阵的前提。

1. 提取经纬度

提取经纬度大致需要三步：第一步是生成经纬度；第二步是将已经生成的经纬度文件的格式从 dbf 转换成 xls；第三步是将 xls 格式数据转换成 dta 格式。

（1）生成经纬度

生成经度的步骤：首先，从“文件 (F)”下拉菜单中，单击“添加数据 (T)...”，添加 ti&ts_34variables.shp 文件，见图 4-28。图 4-29 为刚添加数据的内部结构。其次，将鼠标放在“内容列表”中的“ti&ts_34variables”上，右键单击会出现下拉菜单，单

①help spwmatrix。

击该菜单中的“打开属性表(T)”会出现图 4-30 所示内容。单击图 4-30 中的“添加字段(F)...”会出现“添加字段”对话框。选填此对话框。具体来说，“名称(N)”选填“longitude”，“类型(T)”选填“浮点型”，单击“确定”后会出现图 4-32 所示内容。将鼠标放在图 4-33 中“longitude”列的第一行，右键单击会出现下拉菜单，单击“计算几何(C)...”会出现图 4-34“计算几何”对话框。选填此对话框。具体来说，“属性(P)”选填“质心的 X 坐标”，选择“使用数据框的坐标系(F)”并为其选填“PCS: 中国标准地图”，“单位(U)”选填“十进制度”。最后，单击“确定”，此时会出现图 4-35 所示内容。

生成纬度的步骤与生成经度的步骤类似，详见图 4-36 至图 4-40。需要注意的是，在生成纬度时，“属性(P)”选填“质心的 Y 坐标”。

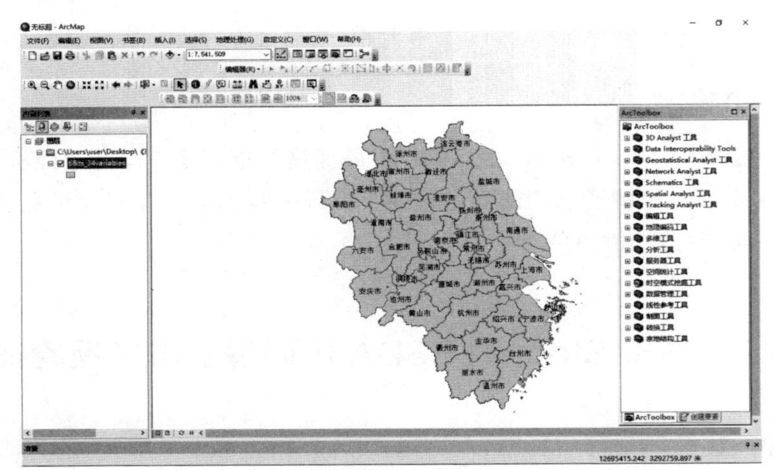

图 4-28

ti&ts_34variables

FID	Shape *	省	省代码	市	市代码	市类型	ID	ENG_NAME	ti_2017	ts_2017	ti_2018	ts_2018
0	面	安徽	340000	安庆市	340800	地级市	16	Anqing City	0.133889	0.828479	0.149332	0.796125
1	面	安徽	340000	蚌埠市	340300	地级市	6	Bengbu City	0.23113	0.974651	0.250585	0.976636
2	面	安徽	340000	亳州市	341600	地级市	4	Bozhou City	0.093243	1.136893	0.105263	1.147323
3	面	安徽	340000	池州市	341700	地级市	15	Chizhou City	0.185562	1.062131	0.191267	1.105776
4	面	安徽	340000	滁州市	341100	地级市	8	Chuzhou City	0.129216	0.688422	0.147118	0.699894
5	面	安徽	340000	阜阳市	341200	地级市	5	Fuyang City, Anhui Province	0.050406	0.957631	0.063336	0.965275
6	面	安徽	340000	合肥市	340100	地级市	9	Hefei City	0.08084	0.96066	0.065022	1.088814
7	面	安徽	340000	淮北市	340600	地级市	2	Huaibei City	0.220992	0.643775	0.216397	0.703613
8	面	安徽	340000	淮南市	340400	地级市	7	Huainan City	0.09175	0.8718	0.104949	0.915273
9	面	安徽	340000	黄山市	341000	地级市	17	Huangshan City	0.170492	1.497768	0.184496	1.624768
10	面	安徽	340000	六安市	341500	地级市	11	Lu'an City	0.143352	0.982396	0.138139	1.08639
11	面	安徽	340000	马鞍山	340500	地级市	10	Maanshan City	0.236545	0.690135	0.195388	0.781441
12	面	安徽	340000	宿州市	341300	地级市	3	Suzhou City, Anhui Province	0.098333	1.244143	0.100851	1.292156
13	面	安徽	340000	铜陵市	340700	地级市	14	Tongling City	0.329972	0.551754	0.302379	0.646527
14	面	安徽	340000	芜湖市	340200	地级市	12	Wuhu City	0.211606	0.745466	0.193019	0.838785
15	面	安徽	340000	宣城市	341800	地级市	13	Xuancheng City	0.166536	0.85515	0.156535	0.8419
16	面	江苏	320000	常州市	320400	地级市	38	Changzhou City	0.058073	1.085225	0.061016	1.112598
17	面	江苏	320000	淮安市	320800	地级市	31	Huaian City	0.090287	1.125612	0.091358	1.150075
18	面	江苏	220000	连云港	320700	地级市	29	Lianyungang City	0.104648	0.972175	0.104136	1.025965
19	面	江苏	320000	南京市	320100	地级市	37	Nanjing City	0.043266	1.57069	0.04395	1.657352
20	面	江苏	320000	南通市	320600	地级市	41	Nantong City, Jiangsu Province	0.104757	1.019872	0.095175	1.033908
21	面	江苏	320000	苏州市	320500	地级市	40	Suzhou City, Jiangsu Province	0.042166	1.075981	0.03718	1.057866
22	面	江苏	320000	宿迁市	321300	地级市	32	Suqian City	0.105482	0.84988	0.102806	0.914657
23	面	江苏	320000	泰州市	321200	地级市	36	Taizhou City, Jiangsu Province	0.091233	1.001872	0.089684	0.983385
24	面	江苏	320000	无锡市	320200	地级市	39	Wuxi City	0.03223	1.090189	0.032249	1.070558
25	面	江苏	320000	徐州市	320300	地级市	30	Xuzhou City	0.109689	1.082084	0.078534	1.177737
26	面	江苏	320000	盐城市	320900	地级市	33	Yancheng City	0.047734	1.002243	0.048313	1.016737
27	面	江苏	320000	扬州市	321000	地级市	34	Yangzhou City	0.055501	0.939876	0.049845	0.979548
28	面	江苏	320000	镇江市	321100	地级市	35	Zhenjiang City	0.040494	0.955468	0.041241	0.979954
29	面	上海	310000	上海市	310000	直辖市	1	Shanghai Municipality	0.020662	2.27117	0.01959	2.347071
30	面	浙江	330000	杭州市	330100	地级市	22	Hangzhou City	0.050015	1.817728	0.038099	1.887979
31	面	浙江	330000	湖州市	330500	地级市	19	Huzhou City	0.031564	1.002996	0.03484	1.034641
32	面	浙江	330000	嘉兴市	330400	地级市	18	Jiaxing City	0.027935	0.83137	0.031273	0.812524
33	面	浙江	330000	金华市	330700	地级市	26	Jinhua City	0.147364	1.276486	0.154143	1.271234
34	面	浙江	330000	丽水市	331100	地级市	27	Lishui City	0.20198	1.288926	0.203388	1.250835
35	面	浙江	330000	宁波市	330200	地级市	24	Ningbo City	0.00002	0.862749	0.000259	0.995496
36	面	浙江	330000	衢州市	330800	地级市	23	Quzhou City	0.256127	1.11894	0.264763	1.100184
37	面	浙江	330000	绍兴市	330600	地级市	21	Shaoxing City	0.057709	0.970002	0.064267	0.99892
38	面	浙江	330000	台州市	331000	地级市	25	Taizhou City, Zhejiang Province	0.062811	1.125477	0.067051	1.112338
39	面	浙江	330000	温州市	330300	地级市	28	Wenzhou City	0.080301	1.449986	0.06593	1.464525
40	面	浙江	330000	舟山市	330900	地级市	20	Zhoushan City	0.014236	1.679136	0.018556	1.740785

(0 / 41 已选择)

ti&ts_34variables

图 4-29

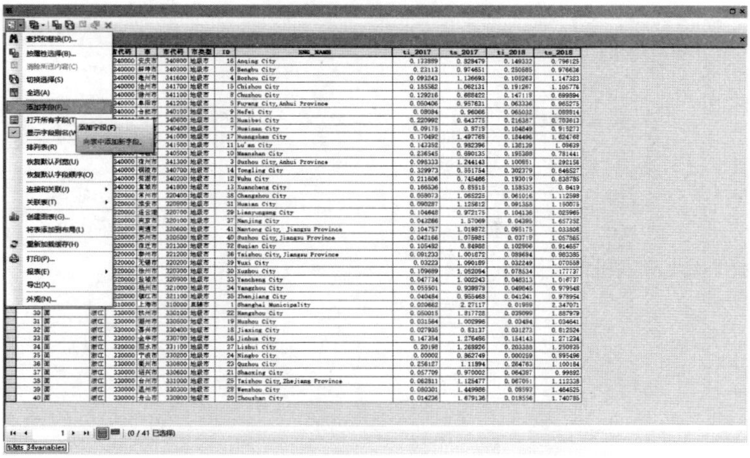

图 4-30

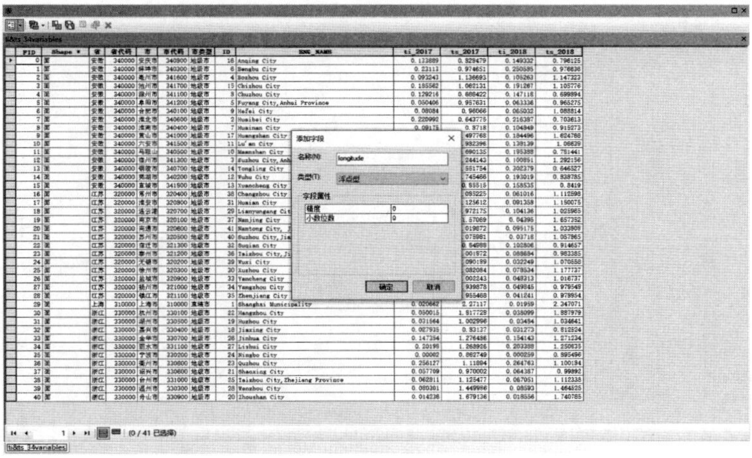

图 4-31

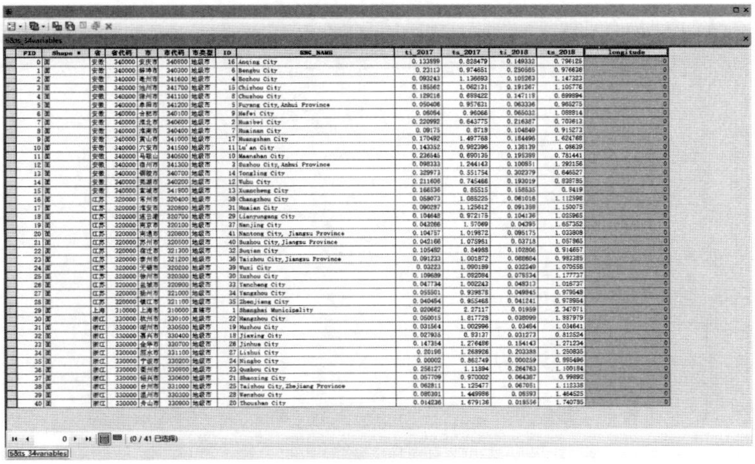

FID	Shape *	省	省代码	市	市代码	市类型	ID	ENG_NAME	ti_2017	ts_2017	ti_2018	ts_2018	longitude
0	面	安徽	340000	安庆市	340800	地级市	16	Anqing City	0.133889	0.829479	0.149332	0.796125	0
1	面	安徽	340000	蚌埠市	340300	地级市	6	Bengbu City	0.23113	0.974651	0.250585	0.976638	0
2	面	安徽	340000	亳州市	341600	地级市	4	Bozhou City	0.093243	1.136693	0.105263	1.147323	0
3	面	安徽	340000	池州市	341700	地级市	15	Chizhou City	0.185562	1.062131	0.191267	1.105776	0
4	面	安徽	340000	滁州市	341100	地级市	8	Chuzhou City	0.129216	0.688422	0.147119	0.699894	0
5	面	安徽	340000	阜阳市	341200	地级市	5	Fuyang City, Anhui Province	0.050406	0.957631	0.063336	0.965275	0
6	面	安徽	340000	合肥市	340100	地级市	9	Hefei City	0.06084	0.96066	0.065032	1.088814	0
7	面	安徽	340000	淮北市	340600	地级市	2	Huaibei City	0.220992	0.643775	0.216387	0.703613	0
8	面	安徽	340000	淮南市	340400	地级市	7	Huainan City	0.09175	0.8718	0.104849	0.915273	0
9	面	安徽	340000	黄山市	341000	地级市	17	Huangshan City	0.170492	1.497768	0.184496	1.624768	0
10	面	安徽	340000	六安市	341500	地级市	11	Lu'an City	0.143352	0.982396	0.138139	1.08639	0
11	面	安徽	340000	马鞍山	340500	地级市	10	Maanshan City	0.236545	0.690135	0.195399	0.781441	0
12	面	安徽	340000	宿州市	341300	地级市	3	Suzhou City, Anhui Province	0.098333	1.244143	0.100851	1.292156	0
13	面	安徽	340000	铜陵市	340700	地级市	14	Tongling City	0.329973	0.551754	0.302379	0.646527	0
14	面	安徽	340000	芜湖市	340200	地级市	12	Wuhu City	0.211606	0.745466	0.193019	0.838785	0
15	面	安徽	340000	宣城市	341800	地级市	13	Xuancheng City	0.166536	0.85515	0.158535	0.9419	0
16	面	江苏	320000	常州市	320400	地级市	38	Changzhou City	0.058073	1.085225	0.061016	1.112598	0
17	面	江苏	320000	淮安市	320800	地级市	31	Huaian City	0.090297	1.125612	0.091358	1.150075	0
18	面	江苏	320000	连云港	320700	地级市	29	Lianyungang City	0.104648	0.972175	0.104136	1.025965	0
19	面	江苏	320000	南京市	320100	地级市	37	Nanjing City	0.043266	1.57069	0.04395	1.657352	0
20	面	江苏	320000	南通市	320600	地级市	41	Nantong City, Jiangsu Province	0.104757	1.019872	0.095175	1.033808	0
21	面	江苏	320000	苏州市	320500	地级市	40	Suzhou City, Jiangsu Province	0.042166	1.075981	0.03718	1.057865	0
22	面	江苏	320000	宿迁市	321300	地级市	32	Suqian City	0.105482	0.84988	0.102806	0.914657	0
23	面	江苏	320000	泰州市	321200	地级市	36	Taizhou City, Jiangsu Province	0.091233	1.001872	0.088684	0.983385	0
24	面	江苏	320000	无锡市	320200	地级市	39	Wuxi City	0.03223	1.090189	0.032249	1.070558	0
25	面	江苏	320000	徐州市	320300	地级市	30	Xuzhou City	0.109689	1.092084	0.078534	1.177737	0
26	面	江苏	320000	盐城市	320900	地级市	33	Yancheng City	0.047734	1.002243	0.048313	1.018737	0
27	面	江苏	320000	扬州市	321000	地级市	34	Yangzhou City	0.055501	0.939878	0.049845	0.979548	0
28	面	江苏	320000	镇江市	321100	地级市	35	Zhenjiang City	0.040454	0.955468	0.041241	0.978954	0
29	面	上海	310000	上海市	310000	直辖市	1	Shanghai Municipality	0.020662	2.27117	0.01959	2.347071	0
30	面	浙江	330000	杭州市	330100	地级市	22	Hangzhou City	0.050015	1.817728	0.038099	1.887979	0
31	面	浙江	330000	湖州市	330500	地级市	19	Huzhou City	0.031564	1.002996	0.03484	1.034641	0
32	面	浙江	330000	嘉兴市	330400	地级市	18	Jiaxing City	0.027935	0.83137	0.031273	0.812524	0
33	面	浙江	330000	金华市	330700	地级市	26	Jinhua City	0.147354	1.276486	0.154143	1.271234	0
34	面	浙江	330000	丽水市	331100	地级市	27	Lishui City	0.20198	1.268926	0.203388	1.250835	0
35	面	浙江	330000	宁波市	330200	地级市	24	Ningbo City	0.00002	0.862749	0.000259	0.995496	0
36	面	浙江	330000	衢州市	330800	地级市	23	Quzhou City	0.256127	1.11894	0.264763	1.100184	0
37	面	浙江	330000	绍兴市	330600	地级市	21	Shaoxing City	0.057709	0.970002	0.064387	0.99892	0
38	面	浙江	330000	台州市	331000	地级市	25	Taizhou City, Zhejiang Province	0.062811	1.125477	0.067051	1.112338	0
39	面	浙江	330000	温州市	330300	地级市	28	Wenzhou City	0.080301	1.449986	0.06593	1.464525	0
40	面	浙江	330000	舟山市	330900	地级市	20	Zhoushan City	0.014236	1.679136	0.018556	1.740785	0

图 4-32

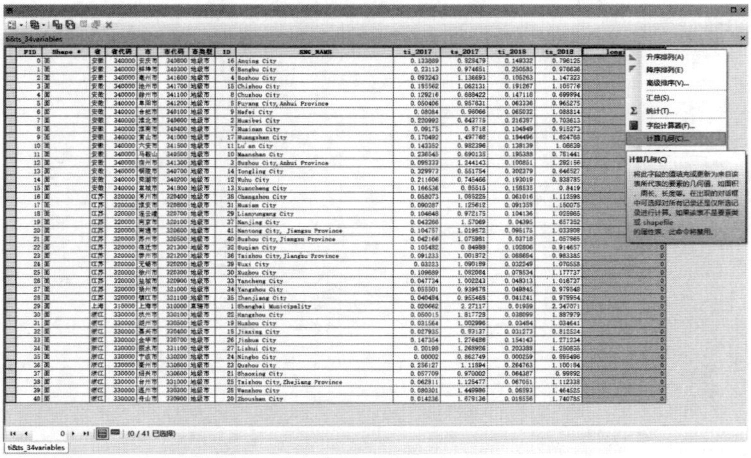

图 4-33

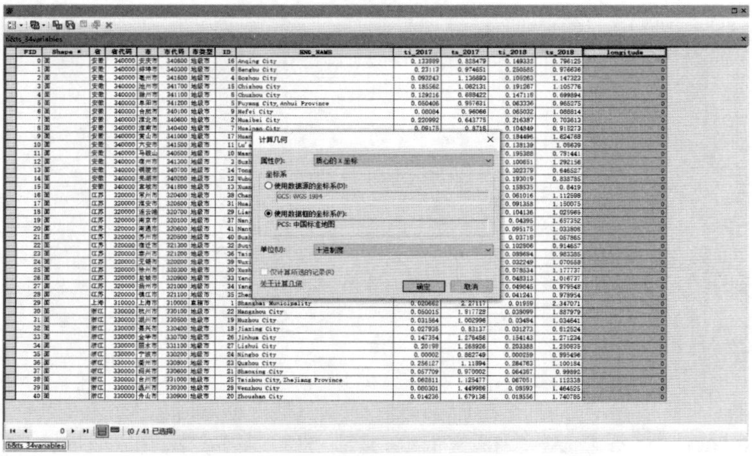

图 4-34

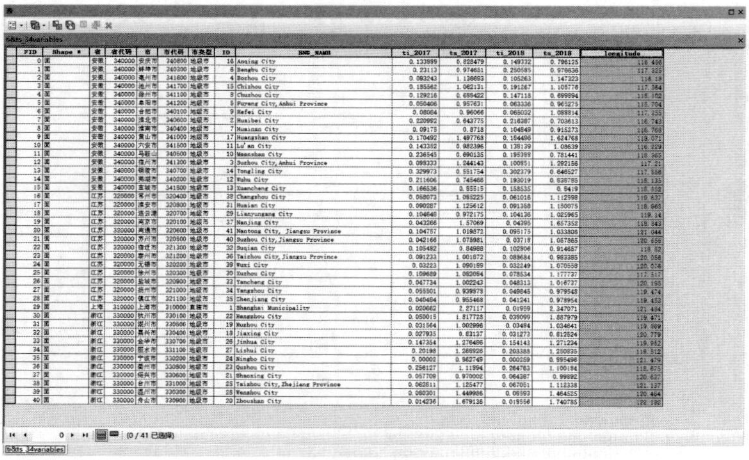

ti&ts_34variables

FID	Shape *	省	省代码	市	市代码	市类型	ID	ENG_NAME	ti_2017	ts_2017	ti_2018	ts_2018	longitude
0	面	安徽	340000	安庆市	340800	地级市	16	Anqing City	0.133889	0.828479	0.149332	0.796125	116.496
1	面	安徽	340000	蚌埠市	340300	地级市	6	Bengbu City	0.23113	0.974651	0.250585	0.976636	117.325
2	面	安徽	340000	亳州市	341600	地级市	4	Bozhou City	0.093243	1.136693	0.105263	1.147223	116.18
3	面	安徽	340000	池州市	341700	地级市	15	Chizhou City	0.185562	1.062131	0.191267	1.105776	117.364
4	面	安徽	340000	滁州市	341100	地级市	8	Chuzhou City	0.129216	0.688422	0.147118	0.699894	118.102
5	面	安徽	340000	阜阳市	341200	地级市	5	Fuyang City, Anhui Province	0.050406	0.957631	0.063336	0.965275	115.704
6	面	安徽	340000	合肥市	340100	地级市	9	Hefei City	0.08084	0.96066	0.065032	1.088814	117.255
7	面	安徽	340000	淮北市	340600	地级市	2	Huaibei City	0.220992	0.643775	0.216387	0.703613	116.743
8	面	安徽	340000	淮南市	340400	地级市	7	Huainan City	0.09175	0.8718	0.104949	0.915273	116.768
9	面	安徽	340000	黄山市	341000	地级市	17	Huangshan City	0.170492	1.497768	0.164496	1.624768	118.071
10	面	安徽	340000	六安市	341500	地级市	11	Lu'an City	0.143352	0.982396	0.139139	1.08639	116.229
11	面	安徽	340000	马鞍山	340500	地级市	10	Maanshan City	0.236545	0.690135	0.195399	0.781441	118.363
12	面	安徽	340000	宿州市	341300	地级市	3	Suzhou City, Anhui Province	0.098333	1.244143	0.100951	1.292156	117.21
13	面	安徽	340000	铜陵市	340700	地级市	14	Tongling City	0.329973	0.551754	0.302379	0.646527	117.558
14	面	安徽	340000	芜湖市	340200	地级市	12	Wuhu City	0.211606	0.745466	0.193019	0.838785	118.135
15	面	安徽	340000	宣城市	341800	地级市	13	Xuancheng City	0.166536	0.85515	0.158535	0.9419	118.552
16	面	江苏	320000	常州市	320400	地级市	38	Changzhou City	0.058073	1.085225	0.061016	1.112598	119.637
17	面	江苏	320000	淮安市	320800	地级市	31	Huaian City	0.090287	1.125612	0.091358	1.150075	118.965
18	面	江苏	320000	连云港	320700	地级市	29	Lianyungang City	0.104648	0.972175	0.104136	1.025965	119.14
19	面	江苏	320000	南京市	320100	地级市	37	Nanjing City	0.043268	1.57069	0.04395	1.657352	118.843
20	面	江苏	320000	南通市	320600	地级市	41	Nantong City, Jiangsu Province	0.104757	1.019872	0.095175	1.033808	121.044
21	面	江苏	320000	苏州市	320500	地级市	40	Suzhou City, Jiangsu Province	0.042166	1.075981	0.03718	1.057865	120.656
22	面	江苏	320000	宿迁市	321300	地级市	32	Suqian City	0.105482	0.84988	0.102906	0.914657	118.52
23	面	江苏	320000	泰州市	321200	地级市	36	Taizhou City, Jiangsu Province	0.091233	1.001872	0.089684	0.983385	120.058
24	面	江苏	320000	无锡市	320200	地级市	39	Wuxi City	0.03223	1.090189	0.032249	1.070558	120.076
25	面	江苏	320000	徐州市	320300	地级市	30	Xuzhou City	0.109689	1.082084	0.078534	1.177737	117.517
26	面	江苏	320000	盐城市	320900	地级市	33	Yancheng City	0.047734	1.002243	0.048313	1.016737	120.195
27	面	江苏	320000	扬州市	321000	地级市	34	Yangzhou City	0.055501	0.939878	0.049845	0.979548	119.474
28	面	江苏	320000	镇江市	321100	地级市	35	Zhenjiang City	0.040484	0.955468	0.041241	0.978954	119.453
29	面	上海	310000	上海市	310000	直辖市	1	Shanghai Municipality	0.020662	2.27117	0.01959	2.347071	121.484
30	面	浙江	330000	杭州市	330100	地级市	22	Hangzhou City	0.050015	1.817728	0.039099	1.887979	119.471
31	面	浙江	330000	湖州市	330500	地级市	19	Huzhou City	0.031564	1.002996	0.03484	1.034641	119.969
32	面	浙江	330000	嘉兴市	330400	地级市	18	Jiaxing City	0.027935	0.83137	0.031273	0.812524	120.779
33	面	浙江	330000	金华市	330700	地级市	26	Jinhua City	0.147354	1.276486	0.154143	1.271234	119.952
34	面	浙江	330000	丽水市	331100	地级市	27	Lishui City	0.20198	1.268926	0.203388	1.250835	119.512
35	面	浙江	330000	宁波市	330200	地级市	24	Ningbo City	0.00002	0.962749	0.000259	0.995496	121.479
36	面	浙江	330000	衢州市	330800	地级市	23	Quzhou City	0.256127	1.11894	0.264763	1.100194	118.675
37	面	浙江	330000	绍兴市	330600	地级市	21	Shaoxing City	0.057709	0.970002	0.064387	0.99892	120.627
38	面	浙江	330000	台州市	331000	地级市	25	Taizhou City, Zhejiang Province	0.062811	1.125477	0.067051	1.112338	121.137
39	面	浙江	330000	温州市	330300	地级市	28	Wenzhou City	0.080301	1.449986	0.09593	1.464525	120.464
40	面	浙江	330000	舟山市	330900	地级市	20	Zhoushan City	0.014236	1.679136	0.018556	1.740785	122.182

(0 / 41 已选择)

图 4-35

图 4–36

注：在“添加字段”对话框中，“名称 (N)”选填“latitude”，“类型 (T)”选填“浮点型”。单击“添加字段”对话框中的“确定”后会出现图 4-37 所示内容。

FID	Shape *	省	省代码	市	市代码	市类型	ID	ENG_NAME	ti_2017	ts_2017	ti_2018	ts_2018	longitude	latitude
0	面	安徽	340000	安庆市	340800	地级市	16	Anqing City	0.133889	0.828479	0.149332	0.796125	116.496	0
1	面	安徽	340000	蚌埠市	340300	地级市	6	Bengbu City	0.23113	0.974651	0.250585	0.976636	117.325	0
2	面	安徽	340000	亳州市	341600	地级市	4	Bozhou City	0.093243	1.136693	0.105263	1.147323	116.18	0
3	面	安徽	340000	池州市	341700	地级市	15	Chizhou City	0.185562	1.062131	0.191267	1.105776	117.364	0
4	面	安徽	340000	滁州市	341100	地级市	8	Chuzhou City	0.129216	0.688422	0.147118	0.699894	118.102	0
5	面	安徽	340000	阜阳市	341200	地级市	5	Fuyang City, Anhui Province	0.050406	0.957631	0.063336	0.965275	115.704	0
6	面	安徽	340000	合肥市	340100	地级市	9	Hefei City	0.08084	0.96066	0.065032	1.088814	117.355	0
7	面	安徽	340000	淮北市	340600	地级市	2	Huaibei City	0.220992	0.643775	0.216387	0.703613	116.743	0
8	面	安徽	340000	淮南市	340400	地级市	7	Huainan City	0.09175	0.8718	0.104849	0.915273	116.768	0
9	面	安徽	340000	黄山市	341000	地级市	17	Huangshan City	0.170492	1.497768	0.184496	1.624768	118.071	0
10	面	安徽	340000	六安市	341500	地级市	11	Lu'an City	0.143352	0.982396	0.138139	1.08639	116.229	0
11	面	安徽	340000	马鞍山	340500	地级市	10	Maanshan City	0.236545	0.690135	0.195388	0.781441	118.365	0
12	面	安徽	340000	宿州市	341300	地级市	3	Suzhou City, Anhui Province	0.095333	1.244143	0.100851	1.292156	117.21	0
13	面	安徽	340000	铜陵市	340700	地级市	14	Tongling City	0.329973	0.551754	0.302379	0.646527	117.556	0
14	面	安徽	340000	芜湖市	340200	地级市	12	Wuhu City	0.211606	0.745466	0.193019	0.838785	118.135	0
15	面	安徽	340000	宣城市	341800	地级市	13	Xuancheng City	0.166536	0.85515	0.158535	0.8419	118.852	0
16	面	江苏	320000	常州市	320400	地级市	38	Changzhou City	0.058073	1.085225	0.061016	1.112598	119.637	0
17	面	江苏	320000	淮安市	320800	地级市	31	Huaian City	0.090287	1.125612	0.091358	1.150075	118.965	0
18	面	江苏	320000	连云港	320700	地级市	29	Lianyungang City	0.104648	0.972175	0.104136	1.025965	119.14	0
19	面	江苏	320000	南京市	320100	地级市	37	Nanjing City	0.043266	1.57069	0.04395	1.657352	118.843	0
20	面	江苏	320000	南通市	320600	地级市	41	Nantong City, Jiangsu Province	0.104757	1.019872	0.095175	1.033808	121.044	0
21	面	江苏	320000	苏州市	320500	地级市	40	Suzhou City, Jiangsu Province	0.042186	1.075981	0.03718	1.057865	120.656	0
22	面	江苏	320000	宿迁市	321300	地级市	32	Suqian City	0.105482	0.84998	0.102806	0.914657	118.52	0
23	面	江苏	320000	泰州市	321200	地级市	36	Taizhou City, Jiangsu Province	0.091232	1.001872	0.088684	0.963385	120.056	0
24	面	江苏	320000	无锡市	320200	地级市	39	Wuxi City	0.03223	1.090139	0.032249	1.070558	120.076	0
25	面	江苏	320000	徐州市	320300	地级市	30	Xuzhou City	0.109689	1.082084	0.078534	1.177737	117.517	0
26	面	江苏	320000	盐城市	320900	地级市	33	Yancheng City	0.047734	1.002243	0.048313	1.016737	120.195	0
27	面	江苏	320000	扬州市	321000	地级市	34	Yangzhou City	0.055501	0.939878	0.049845	0.979548	119.474	0
28	面	江苏	320000	镇江市	321100	地级市	35	Zhenjiang City	0.040484	0.955468	0.041241	0.979954	119.453	0
29	面	上海	310000	上海市	310000	直辖市	1	Shanghai Municipality	0.020662	2.27117	0.01959	2.347071	121.484	0
30	面	浙江	330000	杭州市	330100	地级市	22	Hangzhou City	0.050015	1.817728	0.038099	1.887979	119.471	0
31	面	浙江	330000	湖州市	330500	地级市	19	Huzhou City	0.031564	1.002996	0.03484	1.034641	119.869	0
32	面	浙江	330000	嘉兴市	330400	地级市	18	Jiaxing City	0.027935	0.83137	0.031273	0.812524	120.779	0
33	面	浙江	330000	金华市	330700	地级市	26	Jinhua City	0.147354	1.276486	0.154143	1.271234	119.952	0
34	面	浙江	330000	丽水市	331100	地级市	27	Lishui City	0.20198	1.268926	0.203389	1.250835	119.512	0
35	面	浙江	330000	宁波市	330200	地级市	24	Ningbo City	0.00002	0.862749	0.000259	0.895496	121.479	0
36	面	浙江	330000	衢州市	330800	地级市	23	Quzhou City	0.256127	1.11894	0.264763	1.100184	118.675	0
37	面	浙江	330000	绍兴市	330600	地级市	21	Shaoxing City	0.057709	0.970002	0.064387	0.99892	120.637	0
38	面	浙江	330000	台州市	331000	地级市	25	Taizhou City, Zhejiang Province	0.062811	1.125477	0.067051	1.112338	121.137	0
39	面	浙江	330000	温州市	330300	地级市	28	Wenzhou City	0.080301	1.449996	0.08593	1.464525	120.464	0
40	面	浙江	330000	舟山市	330900	地级市	20	Zhoushan City	0.014236	1.679136	0.018556	1.740785	122.182	0

(0 / 41 已选择)
b8ts_34variables

图 4–37

图 4–38

表

ti&ts_34variables

Shape *	省	省代码	市	市代码	市类型	ID	ENG_NAME	ti_2017	ts_2017	ti_2018	ts_2018	longitude	latitude
面	安徽	340000	安庆市	340800	地级市	16	Anqing City	0.133889	0.829479	0.149332	0.796125	116.486	0
面	安徽	340000	蚌埠市	340300	地级市	6	Bengbu City	0.23113	0.974651	0.250595	0.976636	117.325	0
面	安徽	340000	亳州市	341600	地级市	4	Bozhou City	0.093243	1.136693	0.105263	1.147323	116.19	0
面	安徽	340000	池州市	341700	地级市	15	Chizhou City	0.185562	1.062131	0.191267	1.105776	117.364	0
面	安徽	340000	滁州市	341100	地级市	8	Chuzhou City	0.129216	0.688422	0.147118	0.699894	118.102	0
面	安徽	340000	阜阳市	341200	地级市	5	Fuyang City, Anhui Province	0.050406	0.957631	0.063336	0.965275	115.704	0
面	安徽	340000	合肥市	340100	地级市	9	Hefei City	0.08084	0.96066	0.065032	1.088814	117.355	0
面	安徽	340000	淮北市	340600	地级市	2	Huaibei City	0.220992	0.643775	0.216387	0.703613	116.743	0
面	安徽	340000	淮南市	340400	地级市	7	Huainan City	0.09175	0.8718	0.104649	0.915273	116.768	0
面	安徽	340000	黄山市	341000	地级市	17	Huangshan C				1.624768	118.071	0
面	安徽	340000	六安市	341500	地级市	11	Lu' an City				1.08639	116.229	0
面	安徽	340000	马鞍山	340500	地级市	10	Maanshan Ci				0.781441	118.365	0
面	安徽	340000	宿州市	341300	地级市	3	Suzhou City,				1.292156	117.21	0
面	安徽	340000	铜陵市	340700	地级市	14	Tongling Ci				0.646527	117.556	0
面	安徽	340000	芜湖市	340200	地级市	12	Wuhu City				0.838785	118.135	0
面	安徽	340000	宣城市	341800	地级市	13	Xuancheng C				0.9419	118.852	0
面	江苏	320000	常州市	320400	地级市	38	Changzhou C				1.112598	119.637	0
面	江苏	320000	淮安市	320800	地级市	31	Huaian City				1.150075	118.965	0
面	江苏	320000	连云港	320700	地级市	29	Lianyungang				1.025965	119.14	0
面	江苏	320000	南京市	320100	地级市	37	Nanjing Cit				1.657352	118.843	0
面	江苏	320000	南通市	320600	地级市	41	Nantong Cit				1.033808	121.044	0
面	江苏	320000	苏州市	320500	地级市	40	Suzhou City,				1.057865	120.656	0
面	江苏	320000	宿迁市	321300	地级市	32	Suqian City				0.914657	118.52	0
面	江苏	320000	泰州市	321200	地级市	36	Taizhou Cit				0.983385	120.056	0
面	江苏	320000	无锡市	320200	地级市	39	Wuxi City				1.070558	120.076	0
面	江苏	320000	徐州市	320300	地级市	30	Xuzhou City				1.177737	117.517	0
面	江苏	320000	盐城市	320900	地级市	33	Yancheng Ci				1.016737	120.195	0
面	江苏	320000	扬州市	321000	地级市	34	Yangzhou Ci				0.979548	119.474	0
面	江苏	320000	镇江市	321100	地级市	35	Zhenjiang C				0.979954	119.453	0
面	上海	310000	上海市	310000	直辖市	1	Shanghai Municipality	0.020662	2.27117	0.01959	2.347071	121.484	0
面	浙江	330000	杭州市	330100	地级市	22	Hangzhou City	0.050015	1.817728	0.038099	1.887979	119.471	0
面	浙江	330000	湖州市	330500	地级市	19	Huzhou City	0.031564	1.002996	0.03484	1.034641	119.989	0
面	浙江	330000	嘉兴市	330400	地级市	18	Jiaxing City	0.027935	0.83137	0.031273	0.812524	120.779	0
面	浙江	330000	金华市	330700	地级市	26	Jinhua City	0.147354	1.276486	0.154143	1.271234	119.952	0
面	浙江	330000	丽水市	331100	地级市	27	Lishui City	0.20198	1.268926	0.203388	1.250835	119.512	0
面	浙江	330000	宁波市	330200	地级市	24	Ningbo City	0.00002	0.862749	0.000259	0.895496	121.479	0
面	浙江	330000	衢州市	330800	地级市	23	Quzhou City	0.256127	1.11894	0.264763	1.100184	118.875	0
面	浙江	330000	绍兴市	330600	地级市	21	Shaoxing City	0.057709	0.970002	0.064387	0.99892	120.637	0
面	浙江	330000	台州市	331000	地级市	25	Taizhou City, Zhejiang Province	0.062811	1.125477	0.067051	1.112339	121.137	0
面	浙江	330000	温州市	330300	地级市	28	Wenzhou City	0.090301	1.449986	0.08593	1.464525	120.464	0
面	浙江	330000	舟山市	330900	地级市	20	Zhoushan City	0.014236	1.679136	0.018556	1.740785	122.192	0

计算几何

属性(P): 质心的 Y 坐标

坐标系

使用数据源的坐标系(D): GCS: WGS 1984

使用数据框的坐标系(F): PCS: 中国标准地图

单位(U): 十进制度

仅计算所选的记录(R)

关于计算几何

确定 取消

(0 / 41 已选择)

ti&ts_34variables

图 4-39

注：在“计算几何”对话框中，“属性 (P)”选填“质心的 Y 坐标”，“单位 (U)”选填“十进制度”，其他为默认选项。

表

ti&ts_34variables

Shape *	省	省代码	市	市代码	市类型	ID	ENG_NAME	ti_2017	ts_2017	ti_2018	ts_2018	longitude	latitude
面	安徽	340000	安庆市	340800	地级市	16	Anqing City	0.133889	0.829479	0.149332	0.796125	116.486	30.5755
面	安徽	340000	蚌埠市	340300	地级市	6	Bengbu City	0.23113	0.974651	0.250595	0.976636	117.325	33.1093
面	安徽	340000	亳州市	341600	地级市	4	Bozhou City	0.093243	1.136693	0.105263	1.147323	116.19	33.4356
面	安徽	340000	池州市	341700	地级市	15	Chizhou City	0.185562	1.062131	0.191267	1.105776	117.364	30.2833
面	安徽	340000	滁州市	341100	地级市	8	Chuzhou City	0.129216	0.688422	0.147118	0.699894	118.102	32.5442
面	安徽	340000	阜阳市	341200	地级市	5	Fuyang City, Anhui Province	0.050406	0.957631	0.063336	0.965275	115.704	32.9171
面	安徽	340000	合肥市	340100	地级市	9	Hefei City	0.08084	0.96066	0.065032	1.088814	117.355	31.7626
面	安徽	340000	淮北市	340600	地级市	2	Huaibei City	0.220992	0.643775	0.216387	0.703613	116.743	33.7284
面	安徽	340000	淮南市	340400	地级市	7	Huainan City	0.09175	0.8718	0.104649	0.915273	116.768	32.4726
面	安徽	340000	黄山市	341000	地级市	17	Huangshan City	0.170492	1.497768	0.184496	1.624768	118.071	29.9065
面	安徽	340000	六安市	341500	地级市	11	Lu' an City	0.143352	0.982296	0.138139	1.08639	116.229	31.6589
面	安徽	340000	马鞍山	340500	地级市	10	Maanshan City	0.236545	0.690135	0.195388	0.781441	118.365	31.6386
面	安徽	340000	宿州市	341300	地级市	3	Suzhou City, Anhui Province	0.098333	1.244143	0.100851	1.292156	117.21	33.8595
面	安徽	340000	铜陵市	340700	地级市	14	Tongling City	0.329973	0.551754	0.302379	0.646527	117.556	30.8846
面	安徽	340000	芜湖市	340200	地级市	12	Wuhu City	0.211606	0.745486	0.193019	0.838785	118.135	31.1624
面	安徽	340000	宣城市	341800	地级市	13	Xuancheng City	0.166536	0.85515	0.158535	0.9419	118.852	30.6857
面	江苏	320000	常州市	320400	地级市	38	Changzhou City	0.058073	1.085225	0.061016	1.112598	119.637	31.6249
面	江苏	320000	淮安市	320800	地级市	31	Huaian City	0.090287	1.125612	0.091358	1.150075	118.965	33.3518
面	江苏	320000	连云港	320700	地级市	29	Lianyungang City	0.104648	0.972175	0.104136	1.025965	119.14	34.536
面	江苏	320000	南京市	320100	地级市	37	Nanjing City	0.043266	1.57069	0.04395	1.657352	118.843	31.9276
面	江苏	320000	南通市	320600	地级市	41	Nantong City, Jiangsu Province	0.104757	1.019872	0.095175	1.033808	121.044	32.183
面	江苏	320000	苏州市	320500	地级市	40	Suzhou City, Jiangsu Province	0.042166	1.075981	0.03718	1.057865	120.656	31.3835
面	江苏	320000	宿迁市	321300	地级市	32	Suqian City	0.105482	0.84988	0.102806	0.914657	118.52	33.7842
面	江苏	320000	泰州市	321200	地级市	36	Taizhou City, Jiangsu Province	0.091233	1.001672	0.088684	0.983385	120.056	32.571
面	江苏	320000	无锡市	320200	地级市	39	Wuxi City	0.03223	1.090189	0.032249	1.070558	120.076	31.524
面	江苏	320000	徐州市	320300	地级市	30	Xuzhou City	0.109689	1.082094	0.078534	1.177737	117.517	34.3553
面	江苏	320000	盐城市	320900	地级市	33	Yancheng City	0.047734	1.002243	0.048313	1.016737	120.195	33.5141
面	江苏	320000	扬州市	321000	地级市	34	Yangzhou City	0.055501	0.939678	0.049645	0.979548	119.474	32.7373
面	江苏	320000	镇江市	321100	地级市	35	Zhenjiang City	0.040484	0.955468	0.041241	0.979954	119.453	32.0157
面	上海	310000	上海市	310000	直辖市	1	Shanghai Municipality	0.020662	2.27117	0.01959	2.347071	121.484	31.2119
面	浙江	330000	杭州市	330100	地级市	22	Hangzhou City	0.050015	1.817728	0.038099	1.887979	119.471	29.8999
面	浙江	330000	湖州市	330500	地级市	19	Huzhou City	0.031564	1.002996	0.03484	1.034641	119.989	30.7448
面	浙江	330000	嘉兴市	330400	地级市	18	Jiaxing City	0.027935	0.83137	0.031273	0.812524	120.779	30.6219
面	浙江	330000	金华市	330700	地级市	26	Jinhua City	0.147354	1.276486	0.154143	1.271234	119.952	29.1171
面	浙江	330000	丽水市	331100	地级市	27	Lishui City	0.20198	1.268926	0.203388	1.250835	119.512	28.1993
面	浙江	330000	宁波市	330200	地级市	24	Ningbo City	0.00002	0.862749	0.000259	0.895496	121.479	29.7305
面	浙江	330000	衢州市	330800	地级市	23	Quzhou City	0.256127	1.11894	0.264763	1.100184	118.875	28.9344
面	浙江	330000	绍兴市	330600	地级市	21	Shaoxing City	0.057709	0.970002	0.064387	0.99892	120.637	29.7346
面	浙江	330000	台州市	331000	地级市	25	Taizhou City, Zhejiang Province	0.062811	1.125477	0.067051	1.112338	121.137	28.7573
面	浙江	330000	温州市	330300	地级市	28	Wenzhou City	0.090301	1.449986	0.08593	1.464525	120.464	27.9957
面	浙江	330000	舟山市	330900	地级市	20	Zhoushan City	0.014236	1.679136	0.018556	1.740785	122.192	30.118

(0 / 41 已选择)

ti&ts_34variables

图 4-40

（2）将已经生成的经纬度文件的格式从 dbf 转换成 xls

在 ArcToolbox 中展开“转换工具”→“Excel”，双击“表转 Excel”会出现图 4-41 中的“表转 Excel”对话框。完成此对话框。具体而言，“输入表”选填“ti&ts_34variables”，“输出 Excel 文件”选填当前文件夹，并将该文件名命名为“ti&ts_34variables(.xls)”，单击“确定”。

（3）将 xls 格式文件转换成 dta 格式文件

将 xls 格式文件转换成 Stata 专用文件格式（dta）的文件的具体操作如下。首先，打开 Stata，在“文件 (F)”菜单中，单击“更改工作目录 (W)...”，将工作目录设置为当前文件夹，见图 4-42 和图 4-43。其次，对导出的 ti&ts_34variables.xls 做简单的加工，去除冗余变量，见图 4-44 中 Excel 的“ti&ts_34variables”。再次，打开图 4-45 中的“数据编辑器 (编辑)”，将加工过的 Excel 中的数据粘贴到已经打开的“数据编辑器 (编辑)”框（见

图 4-46）中，窗口会变为如图 4-47 所示。最后，将图 4-47 中的数据保存到当前活动文件夹，见图 4-48。

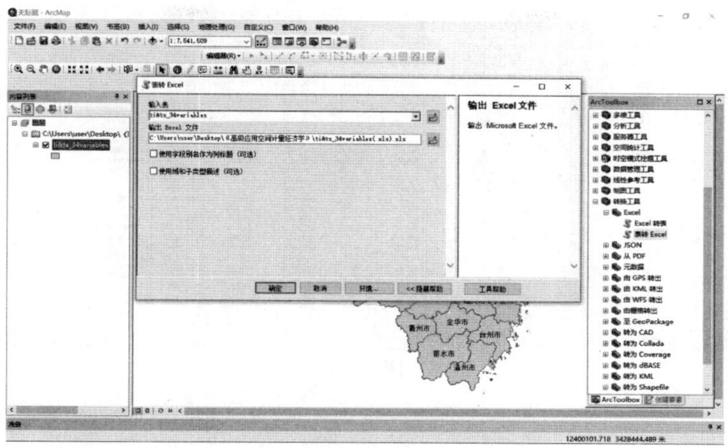

图 4-41

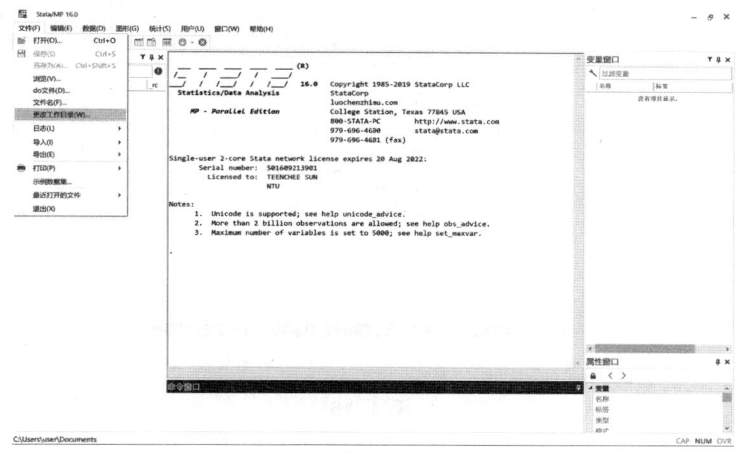

图 4-42

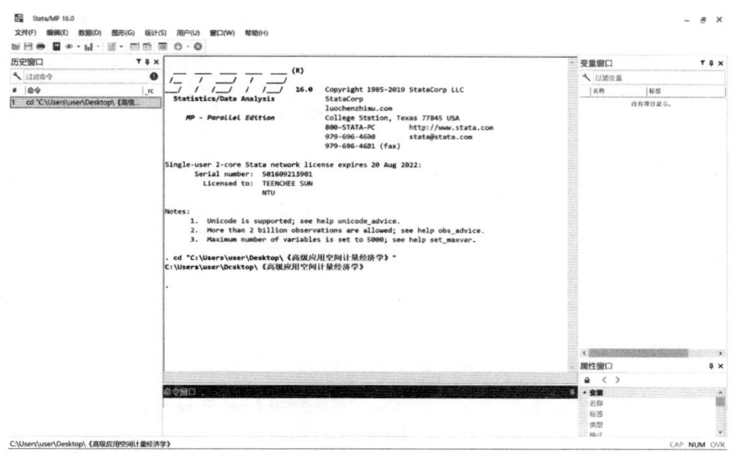

图 4-43

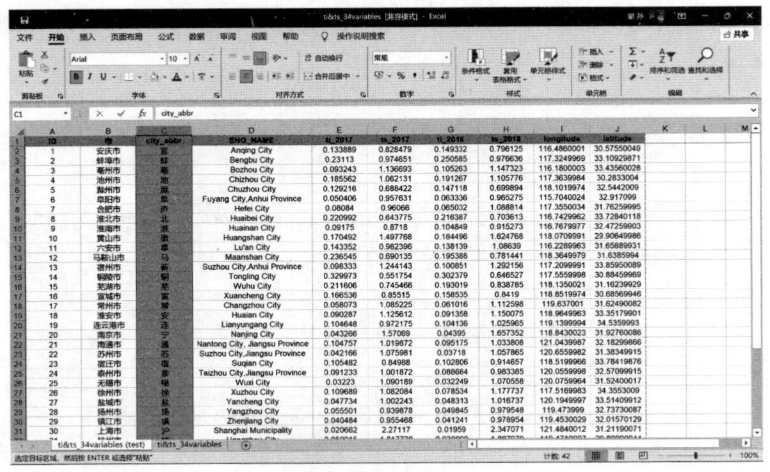

图 4-44

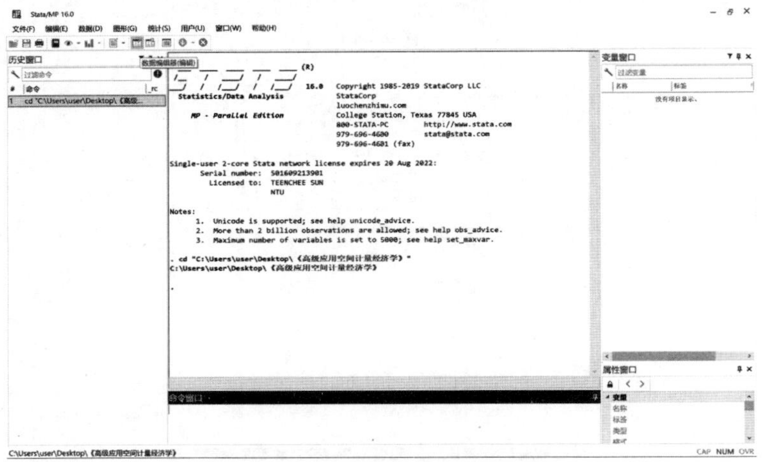

图 4-45

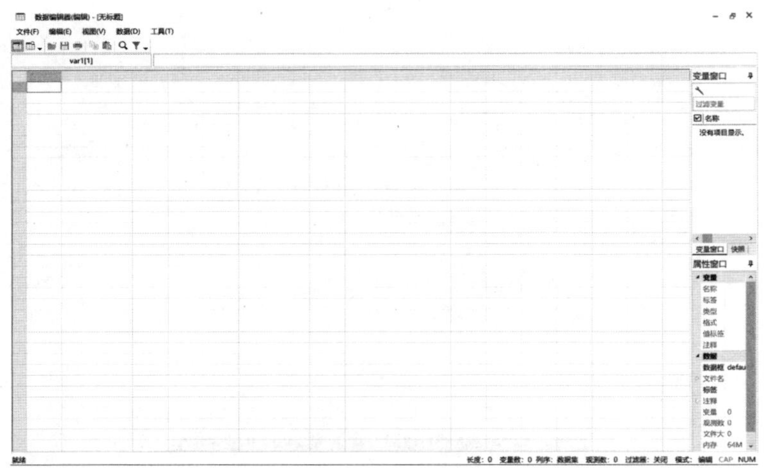

图 4-46

数据编辑器(编辑) - [无标题]

文件(F) 编辑(E) 视图(V) 数据(D) 工具(T)

1C　宜

	id	市	city_abbr	eng_name	ti_2017	ts_2017	ti_2018	ts_2018	longitude	latitude
1	1	安庆市	宜	Anqing City	.133889	.828479	.149332	.796125	116.486	30.5755
2	2	蚌埠市	蚌	Bengbu City	.23113	.974651	.250585	.976636	117.325	33.1093
3	3	亳州市	亳	Bozhou City	.093243	1.13669	.105263	1.14732	116.18	33.4356
4	4	池州市	池	Chizhou City	.185562	1.06213	.181267	1.10578	117.364	30.2833
5	5	滁州市	滁	Chuzhou City	.129216	.688422	.147118	.698894	118.102	32.5442
6	6	阜阳市	阜	Fuyang City,Anhui Province	.050486	.957631	.063336	.965275	115.704	32.9171
7	7	合肥市	庐	Hefei City	.08084	.96066	.065032	1.08881	117.355	31.7626
8	8	淮北市	北	Huaibei City	.220892	.643775	.216387	.703613	116.743	33.7284
9	9	淮南市	淮	Huainan City	.09175	.8718	.104849	.915273	116.788	32.4726
10	10	黄山市	徽	Huangshan City	.170492	1.49777	.184496	1.62477	118.071	29.9085
11	11	六安市	皋	Lu'an City	.143352	.982396	.138139	1.08639	116.229	31.6589
12	12	马鞍山市	马	Maanshan City	.236545	.690135	.195388	.781441	118.365	31.6386
13	13	宿州市	宿	Suzhou City,Anhui Province	.098333	1.24414	.100851	1.29216	117.21	33.8595
14	14	铜陵市	铜	Tongling City	.329873	.551754	.302379	.646527	117.556	30.8846
15	15	芜湖市	芜	Wuhu City	.211686	.745466	.193019	.838785	118.135	31.1624
16	16	宣城市	宣	Xuancheng City	.166536	.85515	.158535	.8419	118.852	30.6857
17	17	常州市	常	Changzhou City	.058873	1.08522	.061016	1.1126	119.637	31.6249
18	18	淮安市	安	Huaian City	.090287	1.12561	.091358	1.15007	118.965	33.3518
19	19	连云港市	港	Lianyungang City	.104848	.972175	.104136	1.02596	119.14	34.538
20	20	南京市	宁	Nanjing City	.043266	1.57069	.04395	1.65735	118.843	31.9276
21	21	南通市	通	Nantong City, Jiangsu Province	.104757	1.01987	.095175	1.03381	121.044	32.183
22	22	苏州市	苏	Suzhou City,Jiangsu Province	.042166	1.07598	.03718	1.05787	120.656	31.3835
23	23	宿迁市	宿	Suqian City	.105482	.84988	.102806	.914657	118.52	33.7842
24	24	泰州市	泰	Taizhou City,Jiangsu Province	.091233	1.00187	.088684	.983385	120.056	32.571
25	25	无锡市	锡	Wuxi City	.03223	1.09019	.032249	1.07056	120.076	31.524
26	26	徐州市	徐	Xuzhou City	.109689	1.08208	.078534	1.17774	117.917	34.3553
27	27	盐城市	盐	Yancheng City	.047734	1.00224	.048313	1.01674	120.195	33.5141
28	28	扬州市	扬	Yangzhou City	.055501	.939878	.049845	.979548	119.474	32.7373
29	29	镇江市	镇	Zhenjiang City	.040484	.955468	.041241	.978954	119.453	32.0157
30	30	上海市	沪	Shanghai Municipality	.020662	2.27117	.01959	2.34787	121.484	31.2119
31	31	杭州市	杭	Hangzhou City	.050015	1.81773	.038099	1.88798	119.471	29.8999
32	32	湖州市	湖	Huzhou City	.031564	1.003	.03484	1.03464	119.869	30.7448
33	33	嘉兴市	禾	Jiaxing City	.027935	.83137	.031273	.812524	120.779	30.6219

就绪

图 4-47

注：图 4-47 中“市”“city_abbr”“eng_name”为文本数据。

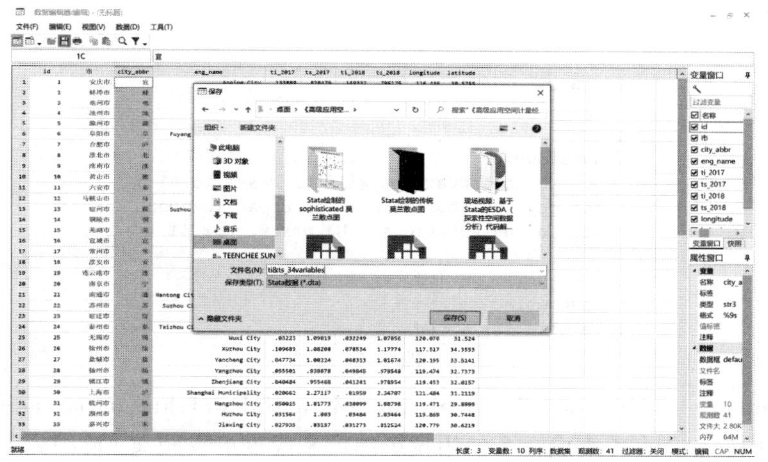

图 4-48

2. 基于经纬度生成五种空间权重矩阵

（1）Create a row-standardized binary spatial weights matrix assuming spherical coordinates and a distance cut-off of 10 miles（创建一个基于球面坐标的行标准化二元空间权重矩阵，并假设距离截止值为 10 英里）

* 调入 ti&ts_34variables.dta 中的数据。

```
. use ti&ts_34variables,clear
```

* 生成目标空间权重矩阵，输出结果见图 4-49。

```
. spwmatrix gecon latitude longitude, wn(wbin) wtype(bin) db(0 100) r(3958.761) row
```

```
. spwmatrix gecon latitude longitude, wn(wbin) wtype(bin) db(0 100) r(3958.761) row

Binary distance spatial weights matrix (41 x 41) calculated successfully and the following acti
> on(s) taken:

 - Spatial weights matrix  created as Stata object(s): wbin.

 - Spatial weights matrix has been row-standardized.
```

图 4-49

图 4-49 中 spwmatrix 为生成空间权重矩阵的命令，如果之前没有安装，请将“ssc install spwmatrix”输入到 Stata 的“命令窗口”，然后按回车键进行安装。alpha(#) 代表生成的空间权重矩阵阶数，例如，alpha(1) 表示生成反距离空间权重矩阵，alpha(2) 代表生成反距离平方空间权重矩阵；db(0 100) r(3958.761) 表示带宽为 100 英里，row 表示行标准化。[①]

* 将生成的 wbin 保存到当前文件夹里，程序运行见图 4-50。

. clear

. svmat wbin

. save wbin

```
. clear

.
. svmat wbin
number of observations will be reset to 41
Press any key to continue, or Break to abort
number of observations (_N) was 0, now 41

.
. save wbin
file wbin.dta saved
```

图 4-50

（2）Generate an inverse distance squared spatial weights matrix using projected latitudes and longitudes（生成一个使用投影纬度和经度的反距离 / 反距离平方空间权重矩阵）

* 调入含有经纬度和经济变量的数据 ti&ts_34variables.dta。

. use ti&ts_34variables,clear

* 生成反距离 / 反距离平方空间权重矩阵。其中，dband(0 100) cart 代表带宽为 100 千米。

. spwmatrix gecon latitude longitude, wname(winv) wtype(inv) alpha(1) dband(0 100) cart

* 将生成的 winv 保存到当前活动文件夹里。

. clear

. svmat winv

. save winv

① 默认情况下，dband(numlist) 的距离单位假定为千米。如果希望单位为英里，则必须指定 r(3958.761)。选项 r(#) 和 cart 不能同时使用。

（3）Generate an economic distance spatial weights matrix using employment as the economic variable（生成一个使用就业作为经济变量的经济距离空间权重矩阵）

* 调入含有经纬度和经济变量的数据 ti&ts_34variables.dta。

. use ti&ts_34variables,clear

* 生成目标空间权重矩阵，输出结果见图 4-51。

. spwmatrix gecon latitude longitude, wn(wecon) wtype(econ) econvar(ti_2018) rowstand

```
Economic distance spatial weights matrix (41 x 41) calculated successfully and the following ac
> tion(s) taken:

 - Spatial weights matrix  created as Stata object(s): wecon.

 - Spatial weights matrix has been row-standardized.
```

图 4-51

* 将生成的 wecon 保存到当前文件夹里，其内部结构见图 4-52。

. clear

. svmat wecon

. save wecon

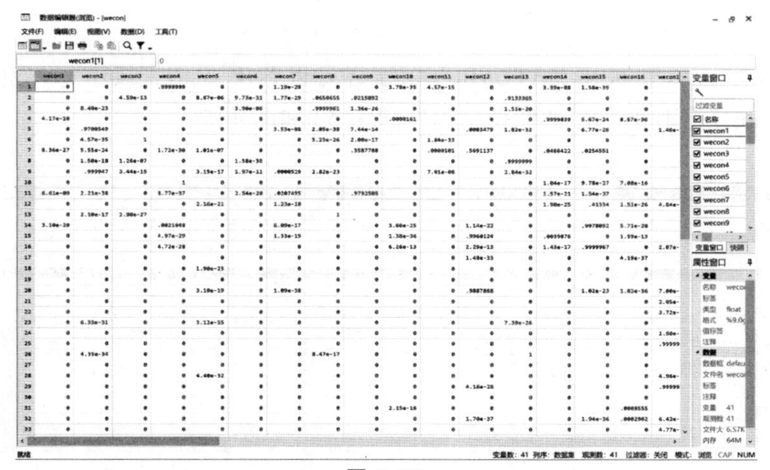

图 4-52

注：本图为以 ti_2018 为经济变量生成的经济距离空间权重矩阵。

（4）Generate a row-standardized 5-nearest neighbor spatial weights matrix（生成一个行标准化的与最近邻居空间权重矩阵）

. use ti&ts_34variables,clear

. spwmatrix gecon latitude longitude, wname(wknn5) knn(5) rowstand

. clear

. svmat wknn5

. save wknn5

（5）生成林光平等（2006）地理经济之积空间权重矩阵

通过地理空间计量模型的估计，我们似乎已经得到了令人较为满意的结果。不过，地理空间权重矩阵的选择过于简单，并不能完全体现各地区间经济上的相互影响。例如，在地理空间权重矩阵中，假设若地区之间在地理上相邻则权重矩阵中对应数值取1，也就是说将所有相邻地区间的相互关系都简单地视为相同。事实上，相邻地区间经济上的相互关系不可能完全一样，需要加以区别。例如，河北地理上与北京、天津、山西、内蒙古、山东、河南等地相邻，但很明显河北与北京、天津间的经济密切程度较其他省份要高。为解决这一问题，引入经济空间权重矩阵$\boldsymbol{W}^*$，$\boldsymbol{W}^*=\boldsymbol{WE}$。其中，$\boldsymbol{W}$是传统的邻接空间权重矩阵、反距离空间权重矩阵等，$\boldsymbol{E}$是描述地区间经济差异性的一个矩阵：

$$E_{ij}=\frac{1}{\left|\overline{Y_i}-\overline{Y_j}\right|},\ 其中\overline{Y_i}=\frac{1}{t_1-t_0+1}\sum_{t=t_0}^{t_1}Y_{it} \tag{4-6}$$

$$E_{ii}=0 \tag{4-7}$$

式中，Y_{it}为经济变量，代表第i个地区第t年的实际人均收入水平。可知，新的权重矩阵$\boldsymbol{W}^*$同时考虑地区间经济与地理上的空间相关性。$\boldsymbol{W}^*$将同样两个相邻地区的差异通过经济权重进行了区别，避免了采用地理空间权重矩阵时所遇到的问题。同时，随着时间的推移，E_{ij}会随着每个地区每一时段Y值的变化而变化，因而$\boldsymbol{W}^*$是一个随着时间而变化的动态矩阵，$\boldsymbol{W}^*$能反映出地区经济之间的相互关系的变化。

$\boldsymbol{W}^*$=winv × wecon，采用 MATLAB 可以很容易得到$\boldsymbol{W}^*$，即直接用 winv 空间权重矩阵乘以 wecon 空间权重矩阵。$\boldsymbol{W}^*$的数据结构见图 4-53 和图 4-54。

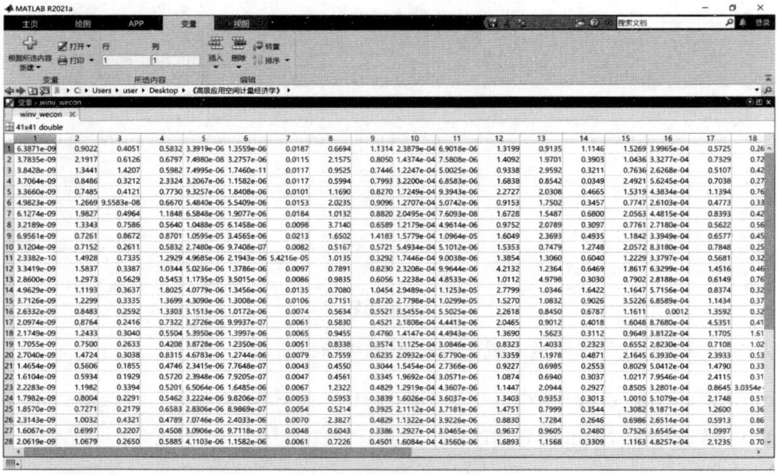

MATLAB R2021a
主页 绘图 APP 变量 视图
C: ▸ Users ▸ user ▸ Desktop ▸ 《高级应用空间计量经济学》
变量 - winv_wecon
winv_wecon
41x41 double

	1	2	3	4	5	6	7	8	9
1	6.3871e-09	0.9022	0.4051	0.5832	3.3919e-06	1.3559e-06	0.0187	0.6694	1.1314
2	3.7835e-09	2.1917	0.6126	0.6797	7.4980e-08	3.2757e-06	0.0115	2.1575	0.8050
3	3.8428e-09	1.3441	1.4207	0.5982	7.4995e-06	1.7460e-11	0.0117	0.9525	0.7446
4	3.7064e-09	0.8486	0.3212	2.3324	3.2067e-06	1.1582e-06	0.0117	0.5994	0.7993
5	3.3660e-09	0.7485	0.4121	0.7730	9.3257e-06	1.8408e-06	0.0101	1.1690	0.8270
6	4.9823e-09	1.2669	9.5583e-08	0.6670	5.4840e-06	5.5409e-06	0.0153	2.0235	0.9096
7	6.1274e-09	1.9827	0.4964	1.1848	6.5848e-06	1.9077e-06	0.0184	1.0132	0.8820
8	3.2189e-09	1.3343	0.7586	0.5640	1.0488e-05	6.1458e-06	0.0098	3.7140	0.6589
9	6.9561e-09	0.7261	0.8672	0.8701	1.0595e-05	3.4565e-06	0.0213	1.6502	1.4183
10	3.1204e-09	0.7152	0.2611	0.5832	2.7480e-06	9.7408e-07	0.0082	0.5167	0.5721
11	2.3382e-10	1.4928	0.7335	1.2929	4.9685e-06	2.1943e-06	5.4216e-05	1.0135	0.3292
12	3.3419e-09	1.5837	0.3387	1.0344	5.0236e-06	1.3786e-06	0.0097	0.7891	0.8230
13	2.8600e-09	1.2973	0.5629	0.5453	1.1735e-05	3.5015e-06	0.0086	0.9835	0.6056
14	4.9629e-09	1.1193	0.3637	1.8025	4.0779e-06	1.3456e-06	0.0135	0.7080	1.0454
15	3.7126e-09	1.2299	0.3335	1.3699	4.3090e-06	1.3008e-06	0.0106	0.7151	0.8720
16	2.6332e-09	0.8483	0.2592	1.3303	3.1513e-06	1.0172e-06	0.0074	0.5634	0.5521
17	2.0974e-09	0.8764	0.2416	0.7322	3.2726e-06	9.9937e-07	0.0061	0.5830	0.4521
18	2.1749e-09	1.2433	0.3040	0.5504	5.3950e-06	1.3997e-06	0.0065	0.9455	0.4760
19	1.7055e-09	0.7500	0.2633	0.4208	3.8728e-06	1.2350e-06	0.0051	0.8338	0.3574
20	2.7040e-09	1.4724	0.3038	0.8315	4.6783e-06	1.2744e-06	0.0079	0.7559	0.6235
21	1.4654e-09	0.5606	0.1855	0.4746	2.3415e-06	7.7648e-07	0.0043	0.4550	0.3044
22	1.6104e-09	0.5934	0.1929	0.5720	2.3948e-06	7.9205e-07	0.0047	0.4561	0.3345
23	2.2283e-09	1.1982	0.3394	0.5201	6.5064e-06	1.6485e-06	0.0067	1.2322	0.4829
24	1.7982e-09	0.8004	0.2291	0.5462	3.2224e-06	9.8206e-07	0.0053	0.5953	0.3839
25	1.8570e-09	0.7271	0.2179	0.6583	2.8306e-06	8.9869e-07	0.0054	0.5214	0.3925
26	2.3143e-09	1.0032	0.4321	0.4789	7.0746e-06	2.4033e-06	0.0070	2.3827	0.4829
27	1.6067e-09	0.6997	0.2207	0.4508	3.0906e-06	9.7118e-07	0.0048	0.6043	0.3386
28	2.0619e-09	1.0679	0.2650	0.5885	4.1103e-06	1.1582e-06	0.0061	0.7226	0.4501

	10	11	12	13	14	15	16	17	18
1	2.3879e-04	6.9018e-06	1.3199	0.9135	1.1146	1.5269	3.9965e-04	0.5725	0.26
2	1.4374e-04	7.5808e-06	1.4092	1.9701	0.3903	1.0436	3.3277e-04	0.7329	0.72
3	1.2247e-04	5.0025e-06	0.9338	2.9592	0.3211	0.7636	2.6268e-04	0.5107	0.42
4	3.2200e-04	6.8583e-06	1.6838	0.8542	0.0349	2.4921	5.6245e-04	0.7038	0.27
5	1.7249e-04	9.3943e-06	2.2727	2.0308	0.4665	1.5319	4.3834e-04	1.1394	0.76
6	1.2707e-04	5.0742e-06	0.9153	1.7502	0.3457	0.7747	2.6103e-04	0.4773	0.33
7	2.0495e-04	7.6093e-08	1.6728	1.5487	0.6800	2.0563	4.4815e-04	0.8393	0.42
8	1.2179e-04	4.9614e-06	0.9752	2.0789	0.3097	0.7761	2.7180e-04	0.5622	0.56
9	1.5779e-04	1.0964e-05	1.6049	2.3693	0.4935	1.1842	3.3949e-04	0.6577	0.45
10	5.4934e-04	5.1012e-06	1.5353	0.7479	1.2748	2.0572	8.3180e-04	0.7848	0.25
11	1.7446e-04	9.0038e-06	1.3854	1.3060	0.6040	1.2229	3.3797e-04	0.5681	0.32
12	2.3208e-04	9.9644e-06	4.2132	1.2364	0.6469	1.8617	6.3299e-04	1.4516	0.46
13	1.2238e-04	4.8533e-06	1.0112	4.9798	0.3030	0.7902	2.8188e-04	0.6149	0.76
14	2.9489e-04	1.1253e-05	2.7799	1.0346	1.6422	1.1647	5.7156e-04	0.8374	0.32
15	2.7798e-04	1.0299e-05	1.5270	1.0832	0.9026	3.5226	6.8589e-04	1.1434	0.37
16	3.5455e-04	5.5025e-06	2.2618	0.8450	0.6787	1.1611	0.0012	1.3592	0.32
17	2.1808e-04	4.4413e-06	2.0465	0.9012	0.4018	1.6048	8.7680e-04	4.5351	0.41
18	1.4147e-04	4.4943e-06	1.3690	1.5623	0.3112	0.9649	3.8122e-04	1.1705	1.61
19	1.1125e-04	3.0846e-06	0.8323	1.4033	0.2323	0.6552	2.8230e-04	0.7108	1.02
20	2.0932e-04	6.7790e-06	1.3359	1.1978	0.4871	2.1645	6.3930e-04	2.3933	0.53
21	1.5454e-04	2.7366e-06	0.9227	0.6985	0.2553	0.8029	5.0412e-04	1.4790	0.33
22	1.9692e-04	3.0571e-06	1.0874	0.6940	0.3037	1.0217	7.9546e-04	2.4115	0.31
23	1.2919e-04	4.3607e-06	1.1447	2.0944	0.2927	0.8505	3.2801e-04	0.8645	3.0354e-
24	1.6026e-04	3.6037e-06	1.3403	0.9353	0.3013	1.0010	5.1079e-04	2.1748	0.51
25	2.1112e-04	3.7181e-06	1.4751	0.7999	0.3544	1.3082	9.1871e-04	1.2600	0.36
26	1.1322e-04	3.9226e-06	0.8830	1.7284	0.2646	0.6986	2.6514e-04	0.5913	0.86
27	1.2927e-04	3.0465e-06	0.9637	0.9605	0.2480	0.7526	3.6545e-04	1.0997	0.58
28	1.6084e-04	4.3560e-06	1.6893	1.1568	0.3309	1.1163	4.8257e-04	2.1235	0.70

图 4-53

注：本图为$\boldsymbol{W}^*$在 MATLAB 中的数据结构。

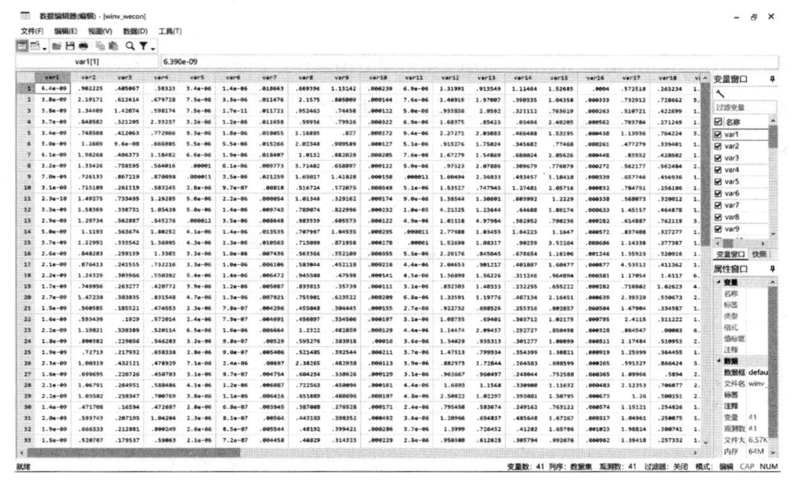

图 4-54

注：本图为W^*在 Stata 中的数据结构。

4.2.2　单变量空间检验

1. 计算莫兰指数

（1）计算全局莫兰指数

* 调入空间权重矩阵并将之行标准化。

. use winv.dta,clear

. spatwmat using winv.dta,name(winv) standardize

* 调入数据，基于 spatgsa 命令求全局莫兰指数，见图 4-55。

. use ti&ts_34variables.dta,clear

. spatgsa ti_2017 ti_2018 ,weights(winv) moran

```
. spatgsa ti_2017 ti_2018 ,weights(winv) moran

Measures of global spatial autocorrelation

Weights matrix
--------------------------------------------------------------
Name: winv
Type: Imported (non-binary)
Row-standardized: Yes
--------------------------------------------------------------

Moran's I
--------------------------------------------------------------
     Variables |     I      E(I)    sd(I)      z    p-value*
---------------+----------------------------------------------
       ti_2017 |   0.110  -0.025    0.022   6.212   0.000
       ti_2018 |   0.113  -0.025    0.022   6.335   0.000
--------------------------------------------------------------
*1-tail test
```

图 4-55

（2）计算局部莫兰指数

* 调入空间权重矩阵并将之行标准化。

```
. use winv.dta,clear
. spatwmat using winv.dta,name(winv) standardize
```

* 调入数据，基于 spatlsa 命令求局部莫兰指数，见图 4-56。

```
. use ti&ts_34variables,clear
. spatlsa ti_2018, w(winv) moran twotail
```

```
. spatlsa ti_2018, w(winv) moran twotail
```

Measures of local spatial autocorrelation

Weights matrix

Name: winv
Type: Imported (non-binary)
Row-standardized: Yes

Moran's Ii (ti_2018)

Location	Ii	E(Ii)	sd(Ii)	z	p-value*
1	0.162	-0.025	0.094	1.990	0.047
2	0.123	-0.025	0.105	1.418	0.156
3	-0.007	-0.025	0.134	0.133	0.894
4	0.404	-0.025	0.109	3.925	0.000
5	0.044	-0.025	0.082	0.848	0.396
6	-0.120	-0.025	0.117	-0.812	0.417
7	-0.179	-0.025	0.089	-1.724	0.085
8	0.106	-0.025	0.148	0.887	0.375
9	-0.009	-0.025	0.100	0.159	0.873
10	0.262	-0.025	0.090	3.195	0.001
11	0.078	-0.025	0.093	1.103	0.270
12	0.082	-0.025	0.105	1.014	0.310
13	-0.023	-0.025	0.146	0.012	0.990
14	0.522	-0.025	0.108	5.071	0.000
15	0.281	-0.025	0.106	2.899	0.004
16	0.033	-0.025	0.080	0.721	0.471
17	0.150	-0.025	0.124	1.413	0.158
18	0.013	-0.025	0.102	0.371	0.710
19	0.003	-0.025	0.092	0.302	0.763
20	-0.039	-0.025	0.101	-0.143	0.886
21	0.050	-0.025	0.093	0.805	0.421
22	0.291	-0.025	0.110	2.869	0.004
23	-0.000	-0.025	0.106	0.234	0.815
24	0.063	-0.025	0.105	0.840	0.401
25	0.259	-0.025	0.119	2.391	0.017
26	-0.054	-0.025	0.125	-0.229	0.819
27	0.101	-0.025	0.089	1.409	0.159
28	0.102	-0.025	0.104	1.219	0.223
29	0.149	-0.025	0.118	1.479	0.139
30	0.341	-0.025	0.101	3.617	0.000
31	-0.051	-0.025	0.085	-0.302	0.763
32	0.154	-0.025	0.089	2.008	0.045
33	0.298	-0.025	0.101	3.189	0.001
34	-0.042	-0.025	0.100	-0.172	0.864
35	0.046	-0.025	0.104	0.677	0.498
36	0.352	-0.025	0.114	3.299	0.001
37	0.150	-0.025	0.086	2.037	0.042
38	0.124	-0.025	0.103	1.453	0.146
39	0.082	-0.025	0.107	1.005	0.315
40	-0.008	-0.025	0.108	0.154	0.878
41	0.342	-0.025	0.107	3.431	0.001

*2-tail test

图 4-56

2. 绘制莫兰散点图

（1）基于 GeoDa 绘制莫兰散点图

基于 GeoDa 求全局莫兰指数并绘制莫兰散点图，操作非常简单，见图 4-57 至图 4-70。GeoDa 求全局莫兰指数的一个缺点是一次只能求一个年份的全局莫兰指数。在此方面，Stata 具有优势，它一次可以求出所有年份的全局莫兰指数。

现在讲解基于 GeoDa 求全局莫兰指数和绘制莫兰散点图的步骤：①生成空间权重矩阵；②求全局莫兰指数并绘制莫兰散点图。

① 生成空间权重矩阵

首先，打开“文件”下拉菜单，单击“新建”，如图 4-57 所示。其次，单击图 4-58、图 4-59 中“选择文件”后的文件夹图案，选择“ti&ts_34variables_ 去除汉字 .shp”后会出现图 4-60 所示内容。图 4-61 展示了文件的数据结构。

图 4-57

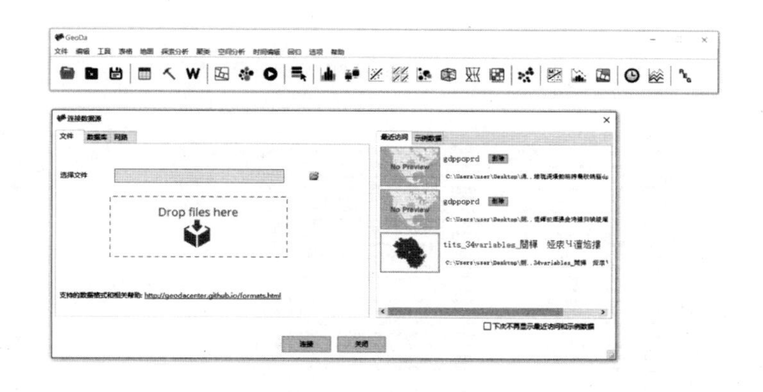

图 4-58

再次，单击图 4-62 中的“W”形图案会出现“空间权重管理”对话框，单击其中的“创建”会出现图 4-63 中的“创建空间权重文件”对话框，“选择 ID 变量”选填“ID”；选择“基于距离空间权重”，在“使用反距离？”前方框中打“√”，“幂”默认为“1”，见图 4-63 和图 4-64。最后，单击“创建”，将生成的反距离空间权重矩阵的名称命名为“inverse distance.gwt”，并保存在当前活动文件夹，见图 4-65。

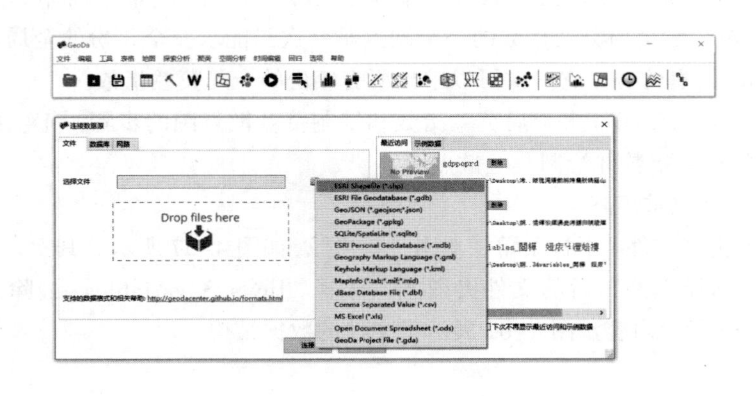

图 4-59

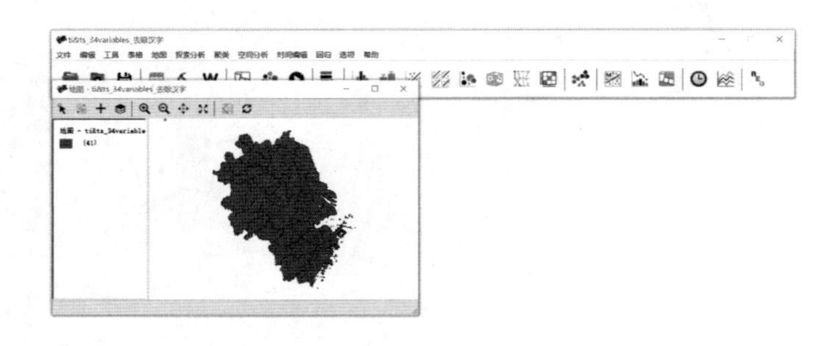

图 4-60

表格 - ti&ts_34variables_去除汉字

	ID	PROVINCE	CHN_NAM	ENG_NAME	ADC	LONGITUDE	LATITUDE	ti_2017	ts_2017	ti_2018
1	1	上海市	上海市	Shanghai Municipality	310000	121.420000	31.185200	0.020662	2.271170	0.019590
2	2	安徽省	淮北市	Huaibei City	340000	116.741000	33.728800	0.220992	0.643775	0.216387
3	3	安徽省	宿州市	Suzhou City,Anhui Province	340000	117.209000	33.858400	0.098333	1.244143	0.100851
4	4	安徽省	亳州市	Bozhou City	340000	116.181000	33.433200	0.093243	1.136693	0.105263
5	5	安徽省	阜阳市	Fuyang City,Anhui Province	340000	115.701000	32.916600	0.050406	0.957631	0.063336
6	6	安徽省	蚌埠市	Bengbu City	340000	117.327000	33.111800	0.231130	0.974651	0.250585
7	7	安徽省	淮南市	Huainan City	340000	116.733000	32.756900	0.091750	0.871800	0.104849
8	8	安徽省	滁州市	Chuzhou City	340000	118.098000	32.544800	0.129216	0.688422	0.147118
9	9	安徽省	合肥市	Hefei City	340000	117.341000	31.790900	0.080840	0.960660	0.065032
10	10	安徽省	马鞍山市	Maanshan City	340000	118.358000	31.625100	0.236545	0.690135	0.195388
11	11	安徽省	六安市	Lu'an City	340000	116.312000	31.757200	0.143352	0.982396	0.138139
12	12	安徽省	芜湖市	Wuhu City	340000	118.126000	31.146400	0.211606	0.745466	0.193019
13	13	安徽省	宣城市	Xuancheng City	340000	118.854000	30.688300	0.166536	0.855150	0.158535
14	14	安徽省	铜陵市	Tongling City	340000	117.894000	30.944900	0.329973	0.551754	0.302379
15	15	安徽省	池州市	Chizhou City	340000	117.367000	30.283800	0.185562	1.062131	0.191267
16	16	安徽省	安庆市	Anqing City	340000	116.594000	30.610800	0.133889	0.828479	0.149332
17	17	安徽省	黄山市	Huangshan City	340000	118.072000	29.904200	0.170492	1.497768	0.184496
18	18	浙江省	嘉兴市	Jiaxing City	330000	120.752000	30.656500	0.027935	0.831370	0.031273
19	19	浙江省	湖州市	Huzhou City	330000	119.871000	30.746300	0.031564	1.002996	0.034840
20	20	浙江省	舟山市	Zhoushan City	330000	122.192000	30.098800	0.014236	1.679136	0.018556
21	21	浙江省	绍兴市	Shaoxing City	330000	120.629000	29.715100	0.057709	0.970002	0.064387
22	22	浙江省	杭州市	Hangzhou City	330000	119.464000	29.898300	0.050015	1.817728	0.038099
23	23	浙江省	衢州市	Quzhou City	330000	118.675000	28.934600	0.256127	1.118940	0.264763
24	24	浙江省	宁波市	Ningbo City	330000	121.472000	29.706300	0.000020	0.862749	0.000259
25	25	浙江省	台州市	Taizhou City,Zhejiang Province	330000	121.097000	28.780000	0.062811	1.125477	0.067051
26	26	浙江省	金华市	Jinhua City	330000	119.952000	29.115500	0.147354	1.276486	0.154143
27	27	浙江省	丽水市	Lishui City	330000	119.512000	28.199600	0.201980	1.268926	0.203388
28	28	浙江省	温州市	Wenzhou City	330000	120.432000	27.902700	0.080301	1.449986	0.085930
29	29	江苏省	连云港市	Lianyungang City	320000	119.132000	34.533500	0.104648	0.972175	0.104136
30	30	江苏省	徐州市	Xuzhou City	320000	117.513000	34.360800	0.109689	1.082084	0.078534
31	31	江苏省	淮安市	Huaian City	320000	118.963000	33.356900	0.090287	1.125612	0.091358
32	32	江苏省	宿迁市	Suqian City	320000	118.519000	33.785200	0.105482	0.849880	0.102806
33	33	江苏省	盐城市	Yancheng City	320000	120.156000	33.526800	0.047734	1.002243	0.048313
34	34	江苏省	扬州市	Yangzhou City	320000	119.471000	32.738600	0.055501	0.939878	0.049845

行数=41

图 4-61

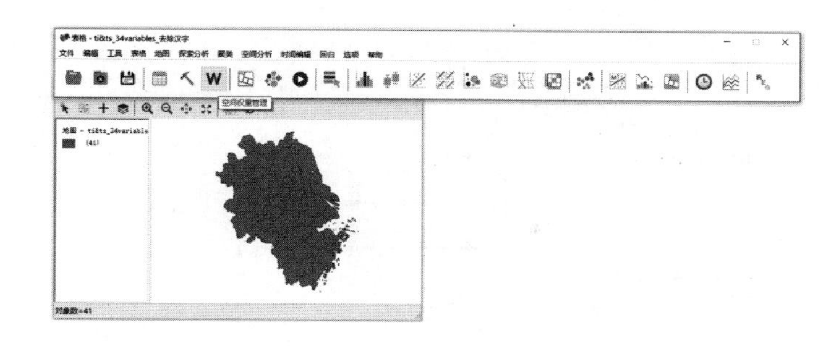

图 4−62

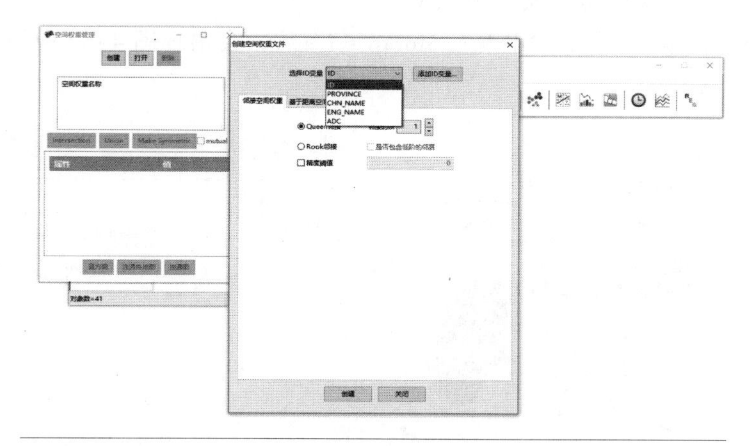

图 4−63

图 4−64

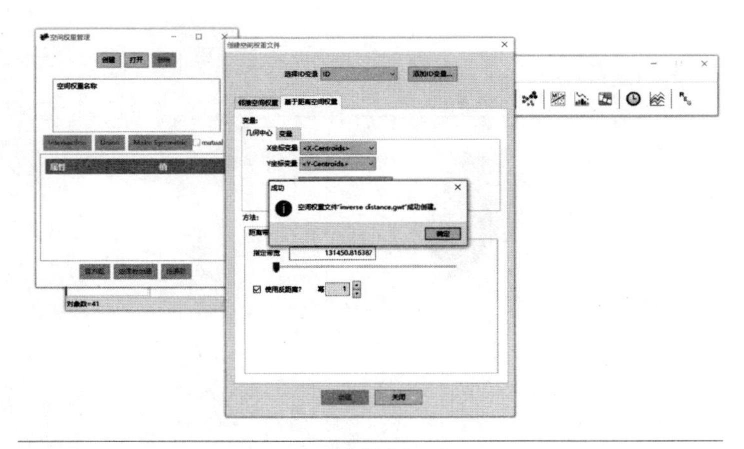

图 4-65

② 求全局莫兰指数并绘制莫兰散点图

首先，单击图 4-66 中的“单变量 Moran's I”后，会出现图 4-67 中的“变量设置”对话框。

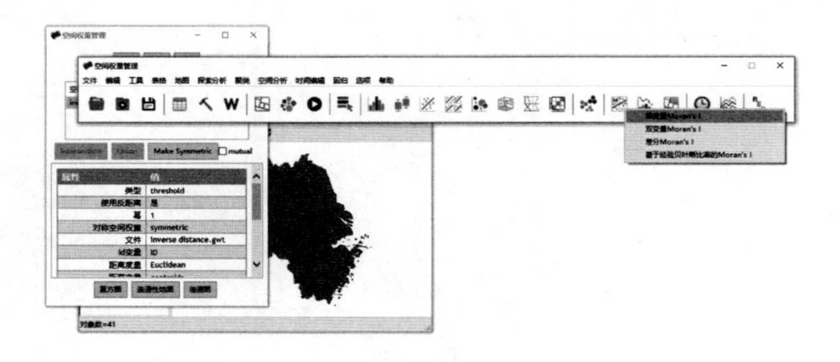

图 4-66

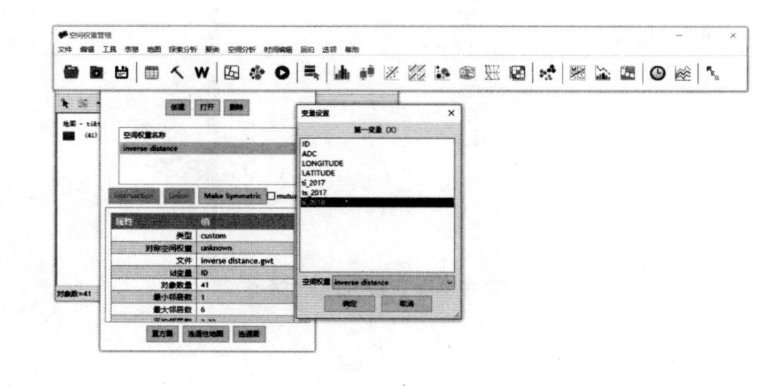

图 4-67

其次，双击“变量设置”对话框中的“ti_2018”会出现全局莫兰指数和莫兰散点图，见图 4-68 和图 4-69。最后，将鼠标放在图 4-69 的图上，右键单击会出现下拉菜单，单击“图片另存为”，该图片会被保存到当前文件夹。最终成图见图 4-70。

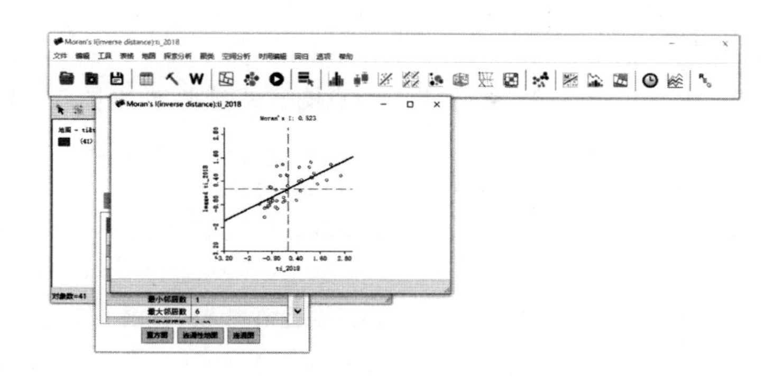

图 4-68

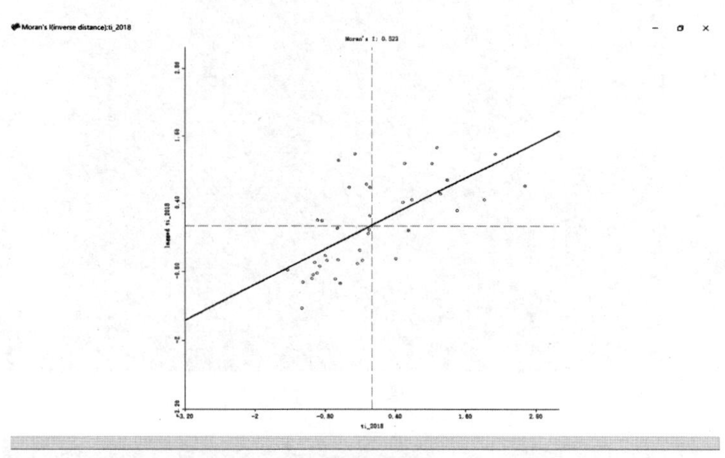

图 4-69

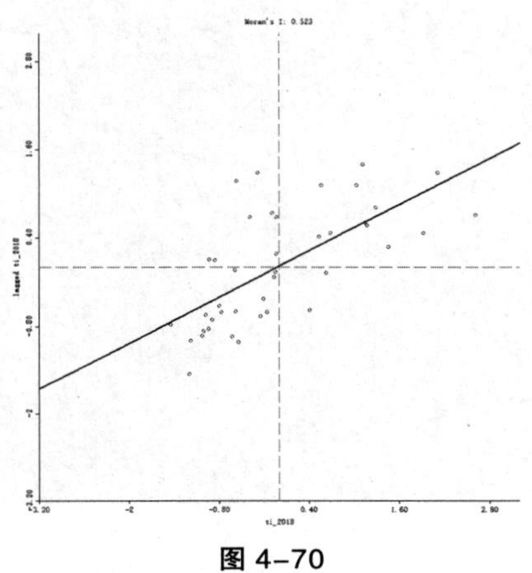

图 4-70

（2）基于 Stata 绘制莫兰散点图

① 基于 spatlsa 命令绘制莫兰散点图

* 调入空间权重矩阵并将之行标准化。

```
. use winv.dta,clear
. spatwmat using winv.dta,name(winv) standardize
```

* 调入数据，基于 spatlsa 命令绘制莫兰散点图，见图 4-71 至图 4-73。

```
. use ti&ts_34variables,clear
. spatlsa ti_2018,weights(winv) moran graph(moran)
```

* 在原有程序上添加“symbol(id) id(city_abbr)”，会显示出每个散点所对应的城市，见图 4-74。

```
. spatlsa ti_2018,weights(winv) moran graph(moran) symbol(id) id(city_abbr)
. spatlsa ti_2018,weights(winv) moran graph(moran) symbol(id) id( 市 ) twotail
```

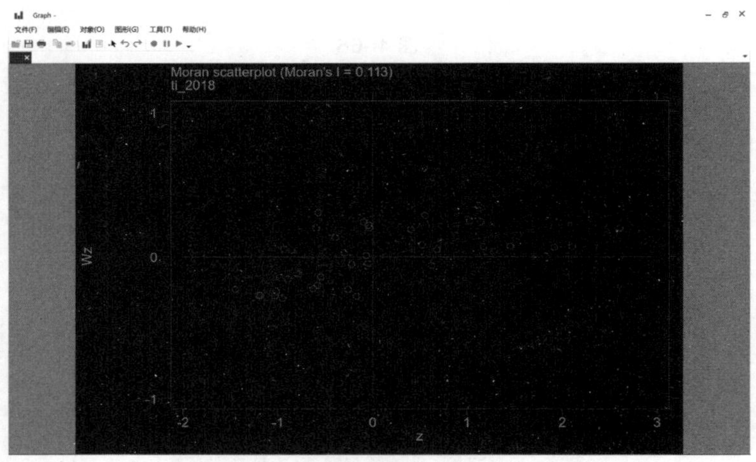

图 4-71

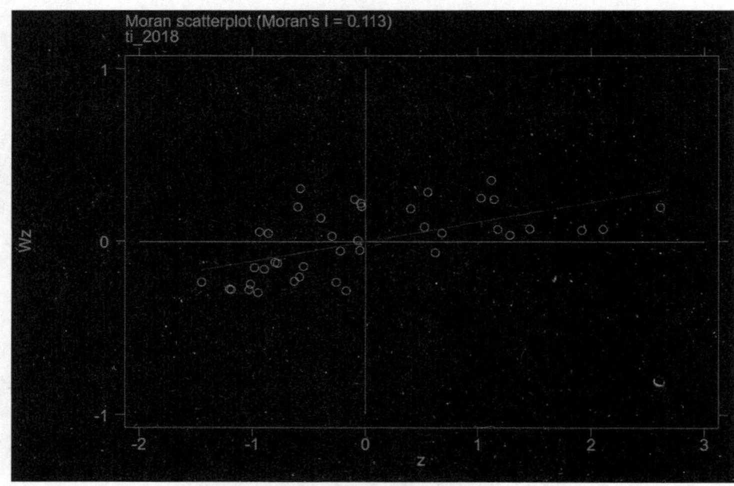

图 4-72

注：本图是将 Stata 生成的图片保存到当前文件夹后，粘贴到 Word 文档后的效果。

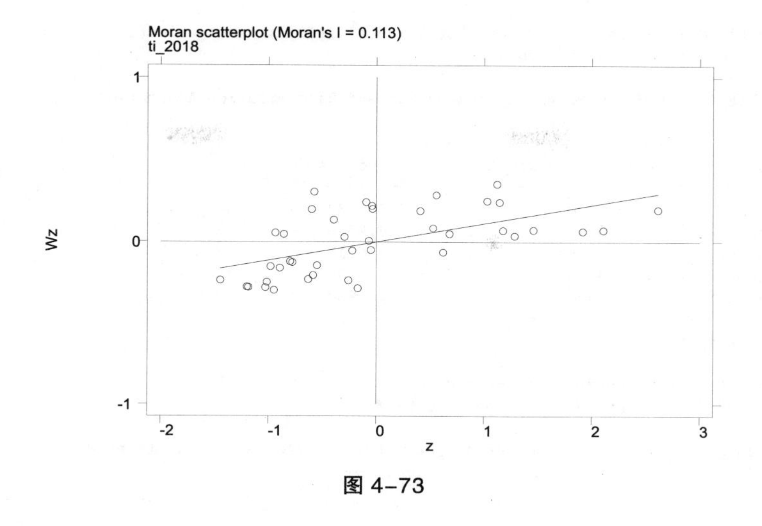

图 4-73

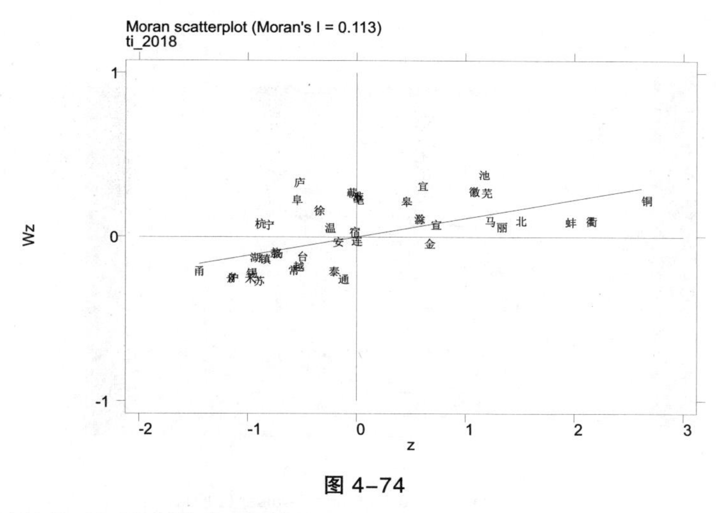

图 4-74

注：本图是直接从 Stata 复制粘贴后的效果。

② 基于 splagvar 命令绘制精美莫兰散点图

* 调入空间权重矩阵并将之标准化。

. use winv.dta,clear

. spatwmat using winv.dta,name(winv) standardize

* 调入数据，基于 splagvar 命令绘制精美莫兰散点图，输出结果见图 4-75，成图见图 4-76。

. use ti&ts_34variables,clear

.splagvar ti_2018, wname(winv) wfrom(Stata) ind(ti_2018) order(1) plot(ti_2018) moran(ti_2018)

```
. splagvar ti_2018, wname(winv) wfrom(Stata) ind(ti_2018) order(1) plot(ti_2018) moran(ti_2018)
(permute ti_2018 : splagvar_randper)
```

Moran's I Statistics Under Normal Approximation and Randomization Assumptions

Statistics	Normal Approximation	Randomization
Moran's I	0.1130	0.1130
Mean	-0.0250	-0.0250
Std dev	0.0218	0.0218
Z-score	6.3390	6.3349
P-value*	0.0000	0.0000

```
*: Two-tailed test

Note: Under the random permutation procedure:
 Mean = -0.0263 and Standard deviation =  0.0210

Spatially lagged variable(s) calculated successfully and/or all requests processed.
```

图 4-75

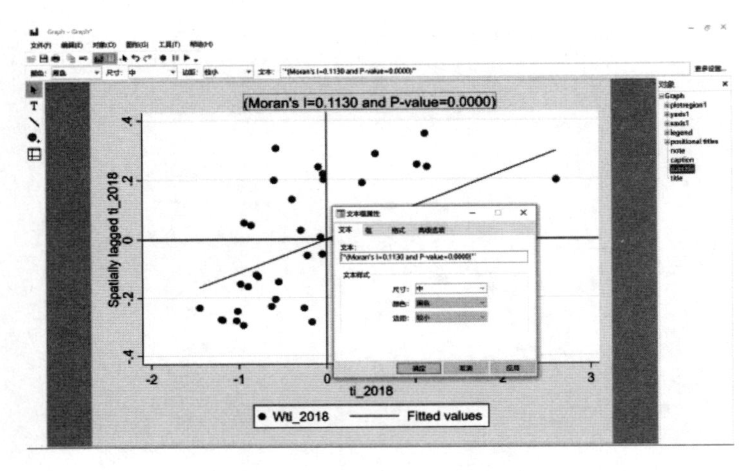

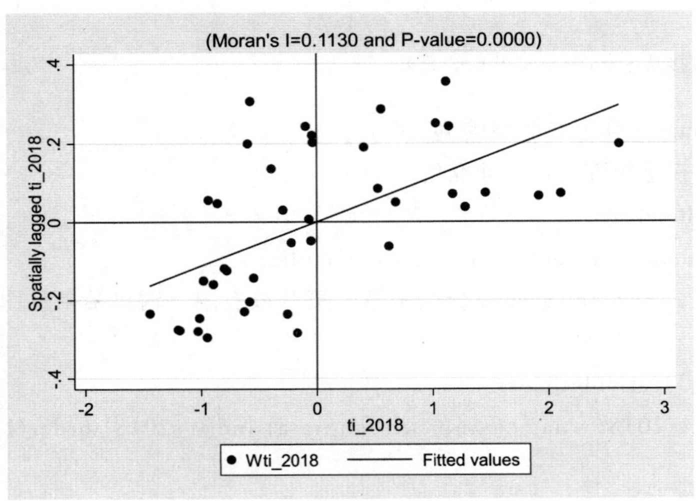

图 4-76

注：此图有个性化编辑功能

③ 基于 genmsp 命令绘制 Anselin 局部莫兰指数图

```
* 导入反距离矩阵。
. spatwmat using winv.dta, name(W)
* 生成 genmsp 命令。
program genmsp, sortpreserve
syntax varname, Weights(name) [Pvalue(real 0.05)]
unab Y : `varlist'
tempname W
matrix `W' = `weights'
tempvar Z
qui summarize `Y'
qui generate `Z' = (`Y' - r(mean)) / sqrt( r(Var) * ( (r(N)-1) / r(N) ) )
qui cap drop std_`Y'
qui generate std_`Y' = `Z'
tempname z Wz
qui mkmat `Z', matrix(`z')
matrix `Wz' = `W'*`z'
matrix colnames `Wz' = Wstd_`Y'
qui cap drop Wstd_`Y'
qui svmat `Wz', names(col)
qui spatlsa `Y', w(`W') moran
tempname M
matrix `M' = r(Moran)
matrix colnames `M' = __c1 __c2 __c3 zval_`Y' pval_`Y'
qui cap drop __c1 __c2 __c3
qui cap drop zval_`Y'
qui cap drop pval_`Y'
qui svmat `M', names(col)
qui cap drop __c1 __c2 __c3
qui cap drop msp_`Y'
qui generate msp_`Y' = .
qui replace msp_`Y' = 1 if std_`Y'<0 & Wstd_`Y'<0 & pval_`Y'<`pvalue'
qui replace msp_`Y' = 2 if std_`Y'<0 & Wstd_`Y'>0 & pval_`Y'<`pvalue'
qui replace msp_`Y' = 3 if std_`Y'>0 & Wstd_`Y'<0 & pval_`Y'<`pvalue'
qui replace msp_`Y' = 4 if std_`Y'>0 & Wstd_`Y'>0 & pval_`Y'<`pvalue'
lab def __msp 1 "Low-Low" 2 "Low-High" 3 "High-Low" 4 "High-High", modify
lab val msp_`Y' __msp
end
```

*绘制 Anselin 局部莫兰指数图，成图见图 4-77。

. genmsp ti_2018, w(W)

. graph twoway (scatter Wstd_ti_2018 std_ti_2018 if pval_ti_2018>=0.05, msymbol(i) mlabel (id) mlabsize(*0.6) mlabpos(c)) (scatter Wstd_ti_2018 std_ti_2018 if pval_ti_2018<0.05, msymbol(i) mlabel (id) mlabsize(*0.6) mlabpos(c) mlabcol(red)) (lfit Wstd_ti_2018 std_ti_2018), yline(0, lpattern(--)) xline(0, lpattern(--)) xlabel(-1.3(1)2.6, labsize(*0.8)) xtitle("{it:z}") ylabel(-5.0(2.5)10.0, angle(0) labsize(*0.8)) ytitle("{it:Wz}") legend(off) scheme(s1color) title("Local Moran I of ti_2018")

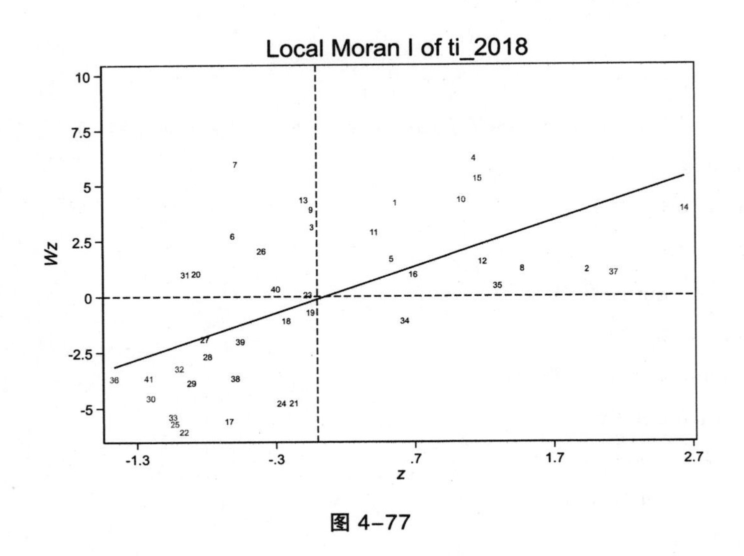

图 4-77

4.2.3 绘制分级色彩图

1. 分位图

*清屏。

. clear

*生成 data_shp.dta 和 coord.dta 文件。其中，data_shp.dta 中的数据即为 ti&ts_34 variables.shp 文件中的属性数据；coord.dta 为坐标信息。

. shp2dta using ti&ts_34variables_去除汉字, database(data_shp) coordinates(coord) genid(id) genc(c)

*调用 data_shp.dta。

. use data_shp,clear

*position(8)，() 里的数据表示方位。绘图效果，见图 4-78。

. spmap ti_2018 using coord, id(id) clmethod(q) title (`" {fontface "stSerif":2018} {fontface "宋体":年长江三角洲地区} {fontface "stSerif":TI} {fontface "宋体":空间分位图}"') legend(size(small) position(8)) fcolor(BuRd) note("Source: China Statistical Yearbook")

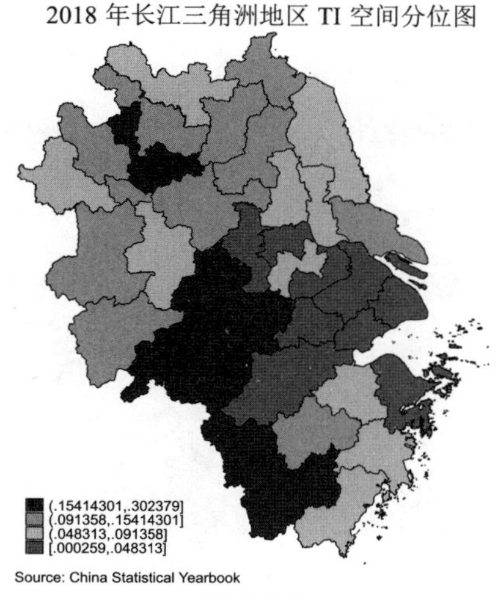

图 4-78

2. 等间隔图

* 进行绘图，绘制效果见图 4-79。

. spmap ti_2018 using coord, id(id) clmethod(e) title (`" {fontface "stSerif":2018} {fontface " 宋体 ": 年长江三角洲地区 } {fontface "stSerif":TI Equal Intervals Map } "') legend(size(small) position(8)) fcolor(BuRd) note("Source: China Statistical Yearbook")

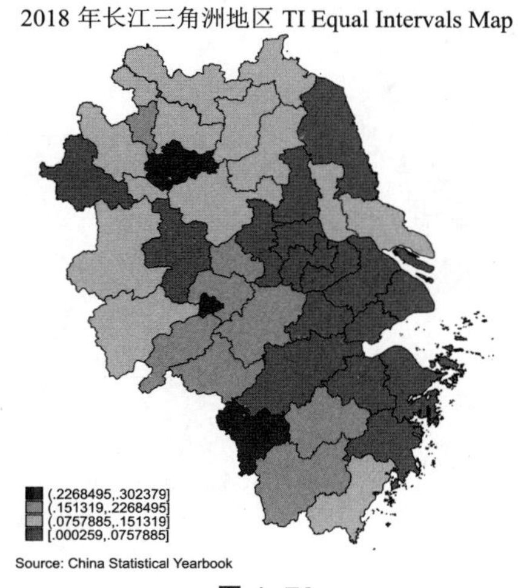

图 4-79

3. 盒式地图

* 使用 data_shp.shp 绘图，绘制效果见图 4-80。

. use data_shp,clear

.spmap ti_2018 using coord, id(id) clmethod(boxplot) title (`" {fontface "stSerif":2018} {fontface " 宋体 ": 年长江三角洲地区 } {fontface "stSerif":TI Box Map}"') legend(size(small) position(8)) fcolor(Heat) note("Source: China Statistical Yearbook")

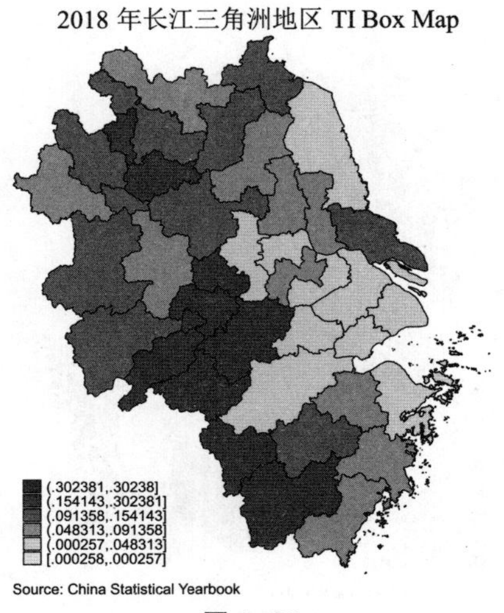

图 4-80

* 绘制箱形图，效果见图 4-81。

```
. graph hbox ti_2018, asyvars ytitle(" ti_2018")
```

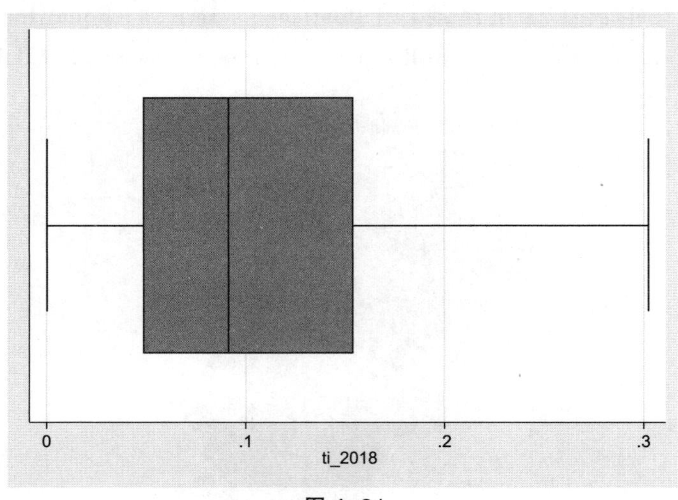

图 4-81

4. 离差图

* 进行绘图，绘制效果见图 4-82。

```
. spmap ti_2018 using coord, id(id) clmethod(s) title (`" {fontface "stSerif":2018} {fontface " 宋 体 ": 年 长 江 三 角 洲 地 区 } {fontface "stSerif":TI Deviation Map}"') legend(size(small) position(8)) fcolor(BuRd) note( "Source: China Statistical Yearbook")
```

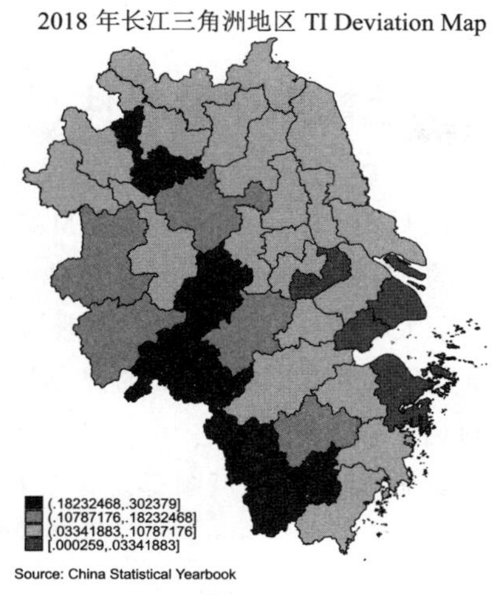

图 4-82

5. 组合地图

* 进行绘图，绘制效果见图 4-83。

```
. spmap ti_2018 using coord, id(id) fcolor(RdYlBu) cln(5) point(data(data_shp) xcoord(x_c) ycoord(y_c) deviation( ti_2018) sh(T) fcolor(dknavy) size(*0.3)) legend(size(small) position(8)) legt(`" {fontface "stSerif":2018} {fontface " 宋体 ": 年长江三角洲地区 } {fontface "stSerif":TI} "') note( "Solid triangles indicate values over the mean of TI." "Source: China Statistical Yearbook")
```

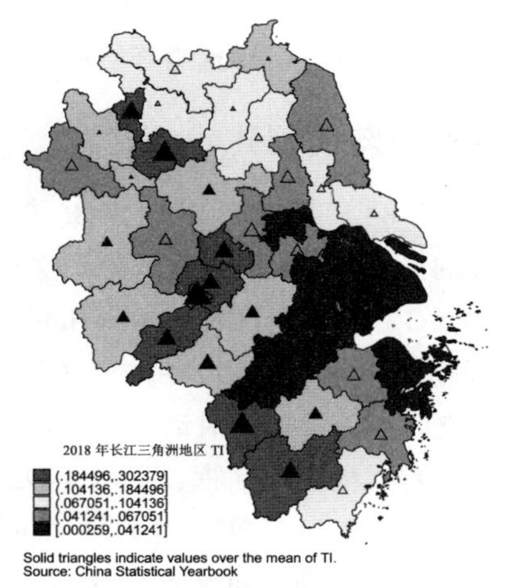

图 4-83

4.3 绘制莫兰散点图的软件、命令概述

常见的绘制莫兰散点图的软件有：GeoDa、Stata 及 MATLAB。其中，GeoDa 是初级软件，是空间计量入门时使用的，它的缺点是一次仅能求一年的全局莫兰指数，绘制的莫兰散点图不仅较为古板，还不太规范 [回归线有时不严格经过（0,0）点]。Stata 是中高级软件，是进行空间计量研究的强大工具。Stata 的优点是一次可以求出所有年份的全局莫兰指数，有至少两种绘制莫兰散点图的命令（spatlsa、splagvar），绘制的莫兰散点图规范且较为美观；其缺点是绘制的莫兰散点图都是标准化的，缺乏个性。与 Stata 一样，MATLAB 也是一款强大的中高级软件，Stata 可以研究的空间计量问题，MATLAB 都可以研究，而且 MATLAB 的矩阵运算和绘图功能特别强大。

下面将详细介绍采用上述三种软件绘制莫兰散点图的具体方法、步骤。

4.4 初级：基于 GeoDa 的莫兰散点图的绘制

基于 GeoDa 绘制莫兰散点图需要做的准备：一是截面数据，二是空间权重矩阵。GeoDa 可以创建的空间权重矩阵主要包括：邻接空间权重矩阵（后邻接、车邻接）、基于距离的空间权重矩阵 [距离带、knn(#)、核函数]。图 4-84 演示了打开 shapefile 的操作。图 4-87 至图 4-89 为操作补充性说明。下面我们以后邻接权重矩阵为例，演示如何创建相应的空间权重矩阵，并基于该空间权重矩阵绘制莫兰散点图。

4.4.1 后邻接空间权重矩阵的创建

首先，打开 GeoDa，见图 4-84。其次，在图 4-85“选择文件”中选择“ESRI Shapefile(*.shp)”，双击要打开的 shapefile，即可打开地图文件，见图 4-86；单击图 4-87 中的图标后会出现图 4-88 所示内容，将“ti&ts_34variables_ 去除汉字”对话框最大化后会出现图 4-89 所示内容。再次，单击图 4-90 中的“W”形图标后会出现图 4-91“空间权重管理”对话框。选填“空间权重管理”对话框。具体来说，其一，单击图 4-91 中的“创建”会出现“创建空间权重文件”对话框，见图 4-92；其二，“选择 ID 变量”选填“ID”，见图 4-93；其三，“邻接空间权重”中选填“Queen 邻接”，见图 4-94；单击“创建”后会出现“选择一个输出空间权重文件名。”对话框，见图 4-95；将图 4-95 对话框中的“文件名 (N)”项修改为“queen”，见图 4-96；单击“保存 (S)”后会出现提示空间权重矩阵创建成功的对话框，该对话框显示：“空间权重文件‘queen.gal’成功创建”，见图 4-97；单击“成功”对话框中的“确定”后，会看到后邻接空间权重矩阵的属性，见图 4-98。最后，单击“创建空间权重文件”对话框中的“关闭”，关闭后会出现图 4-99 所示内容。

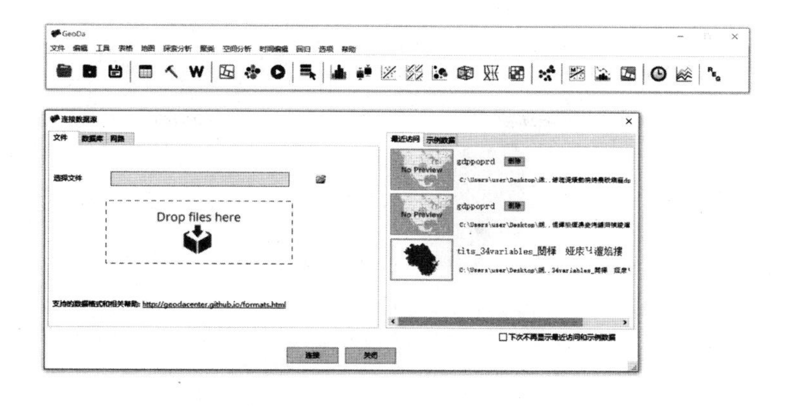

图 4-84

注：打开 GeoDa 软件后会出现图 4-84 所示内容。

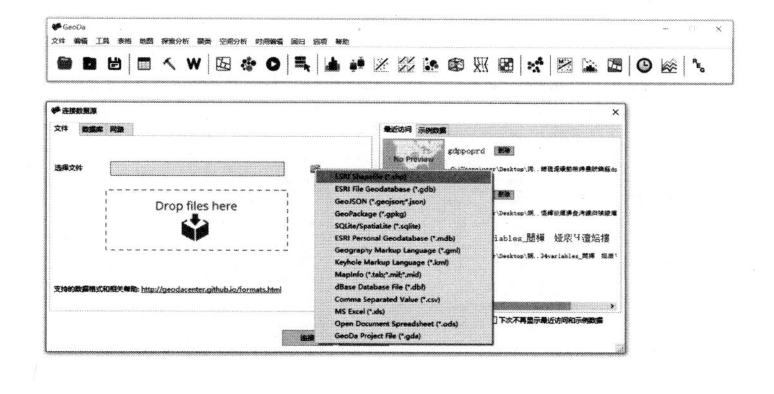

图 4-85

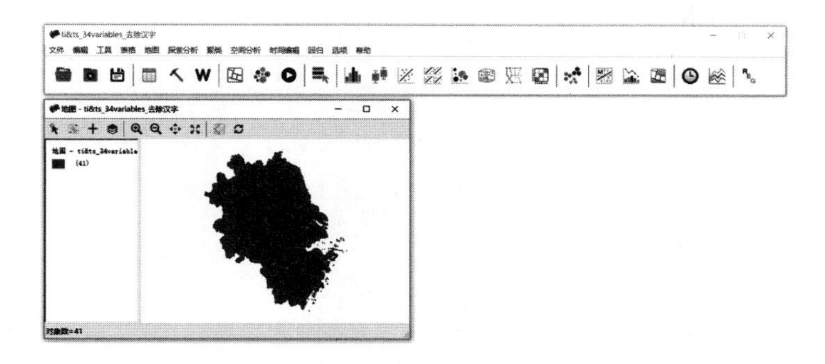

图 4-86

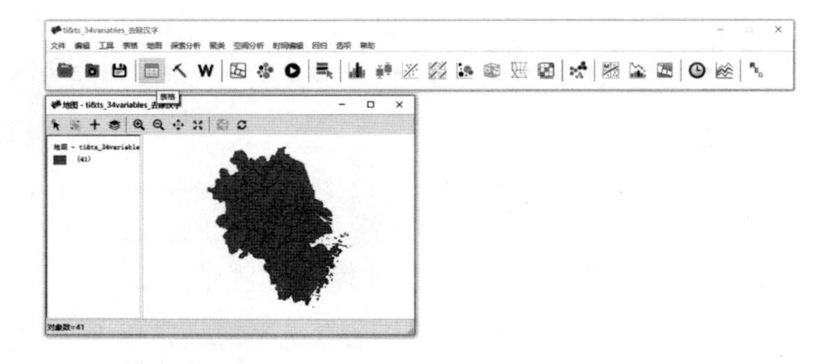

图 4-87

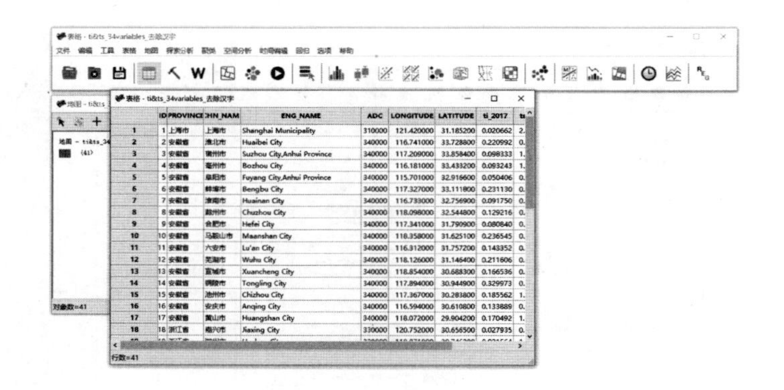

图 4-88

表格 - ti&ts_34variables_去除汉字

	ID	PROVINCE	CHN_NAM	ENG_NAME	ADC	LONGITUDE	LATITUDE	ti_2017	ts_2017	ti_2018
1	1	上海市	上海市	Shanghai Municipality	310000	121.420000	31.185200	0.020662	2.271170	0.019590
2	2	安徽省	淮北市	Huaibei City	340000	116.741000	33.728800	0.220992	0.643775	0.216387
3	3	安徽省	宿州市	Suzhou City,Anhui Province	340000	117.209000	33.858400	0.098333	1.244143	0.100851
4	4	安徽省	亳州市	Bozhou City	340000	116.181000	33.433200	0.093243	1.136693	0.105263
5	5	安徽省	阜阳市	Fuyang City,Anhui Province	340000	115.701000	32.916600	0.050406	0.957631	0.063336
6	6	安徽省	蚌埠市	Bengbu City	340000	117.327000	33.111800	0.231130	0.974651	0.250585
7	7	安徽省	淮南市	Huainan City	340000	116.733000	32.756900	0.091750	0.871800	0.104849
8	8	安徽省	滁州市	Chuzhou City	340000	118.098000	32.544800	0.129216	0.688422	0.147118
9	9	安徽省	合肥市	Hefei City	340000	117.341000	31.790900	0.080840	0.960660	0.065032
10	10	安徽省	马鞍山市	Maanshan City	340000	118.358000	31.625100	0.236545	0.690135	0.195388
11	11	安徽省	六安市	Lu'an City	340000	116.312000	31.757200	0.143352	0.982396	0.138139
12	12	安徽省	芜湖市	Wuhu City	340000	118.126000	31.146400	0.211606	0.745466	0.193019
13	13	安徽省	宣城市	Xuancheng City	340000	118.854000	30.688300	0.166536	0.855150	0.158535
14	14	安徽省	铜陵市	Tongling City	340000	117.894000	30.944900	0.329973	0.551754	0.302379
15	15	安徽省	池州市	Chizhou City	340000	117.367000	30.283800	0.185562	1.062131	0.191267
16	16	安徽省	安庆市	Anqing City	340000	116.594000	30.610800	0.133889	0.828479	0.149332
17	17	安徽省	黄山市	Huangshan City	340000	118.072000	29.904200	0.170492	1.497768	0.184496
18	18	浙江省	嘉兴市	Jiaxing City	330000	120.752000	30.656500	0.027935	0.831370	0.031273
19	19	浙江省	湖州市	Huzhou City	330000	119.871000	30.746300	0.031564	1.002996	0.034840
20	20	浙江省	舟山市	Zhoushan City	330000	122.192000	30.098800	0.014236	1.679136	0.018556
21	21	浙江省	绍兴市	Shaoxing City	330000	120.629000	29.715100	0.057709	0.970002	0.064387
22	22	浙江省	杭州市	Hangzhou City	330000	119.464000	29.898300	0.050015	1.817728	0.038099
23	23	浙江省	衢州市	Quzhou City	330000	118.675000	28.934600	0.256127	1.118940	0.264763
24	24	浙江省	宁波市	Ningbo City	330000	121.472000	29.706300	0.000020	0.862749	0.000259
25	25	浙江省	台州市	Taizhou City,Zhejiang Province	330000	121.097000	28.780000	0.062811	1.125477	0.067051
26	26	浙江省	金华市	Jinhua City	330000	119.952000	29.115500	0.147354	1.276486	0.154143
27	27	浙江省	丽水市	Lishui City	330000	119.512000	28.199600	0.201980	1.268926	0.203388
28	28	浙江省	温州市	Wenzhou City	330000	120.432000	27.902700	0.080301	1.449986	0.085930
29	29	江苏省	连云港市	Lianyungang City	320000	119.132000	34.533500	0.104648	0.972175	0.104136
30	30	江苏省	徐州市	Xuzhou City	320000	117.513000	34.360800	0.109689	1.082084	0.078534
31	31	江苏省	淮安市	Huaian City	320000	118.963000	33.356900	0.090287	1.125612	0.091358
32	32	江苏省	宿迁市	Suqian City	320000	118.519000	33.785200	0.105482	0.849880	0.102806
33	33	江苏省	盐城市	Yancheng City	320000	120.156000	33.526800	0.047734	1.002243	0.048313
34	34	江苏省	扬州市	Yangzhou City	320000	119.471000	32.738600	0.055501	0.939878	0.049845

行数=41

图 4-89

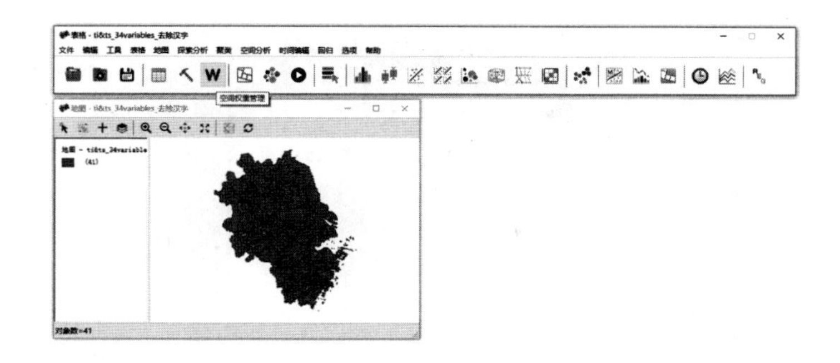

图 4-90

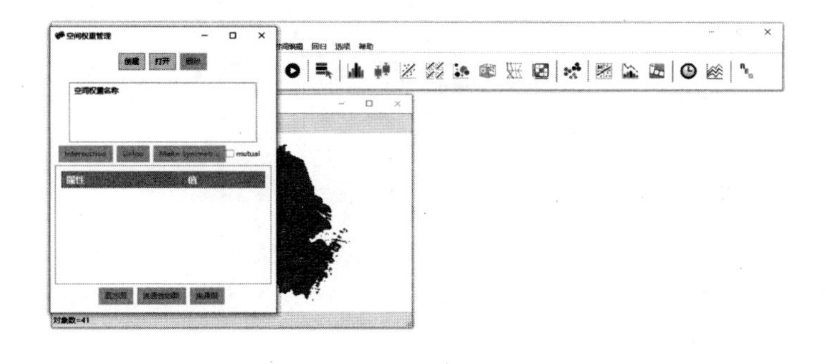

图 4-91

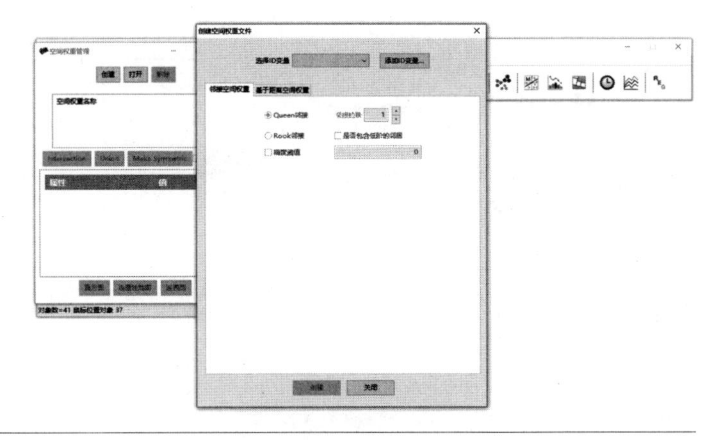

图 4-92

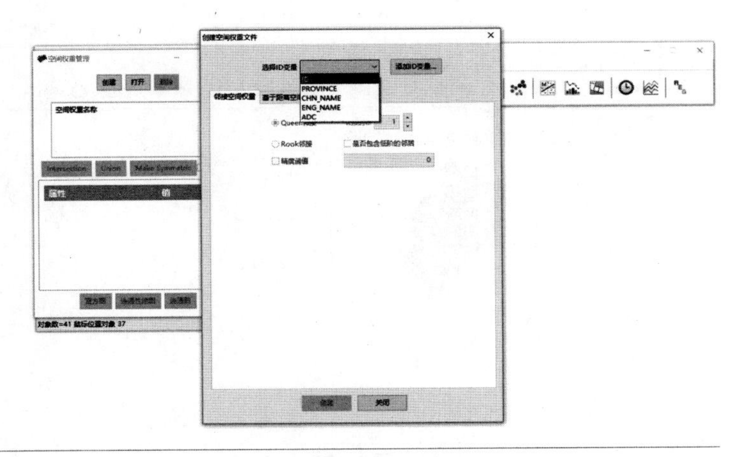

图 4-93

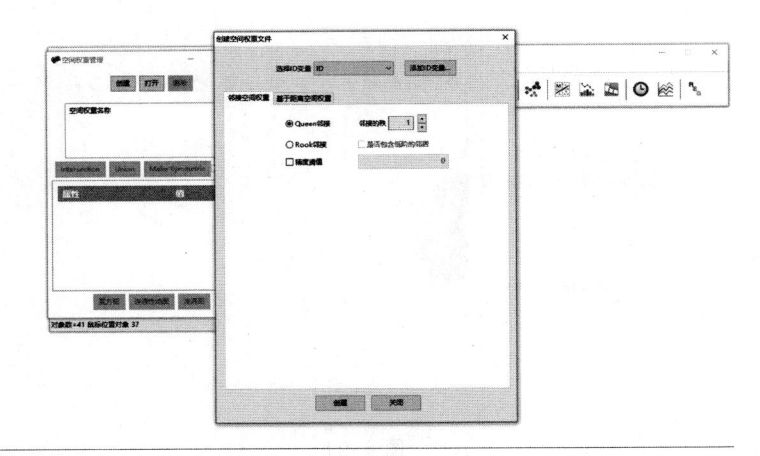

图 4-94

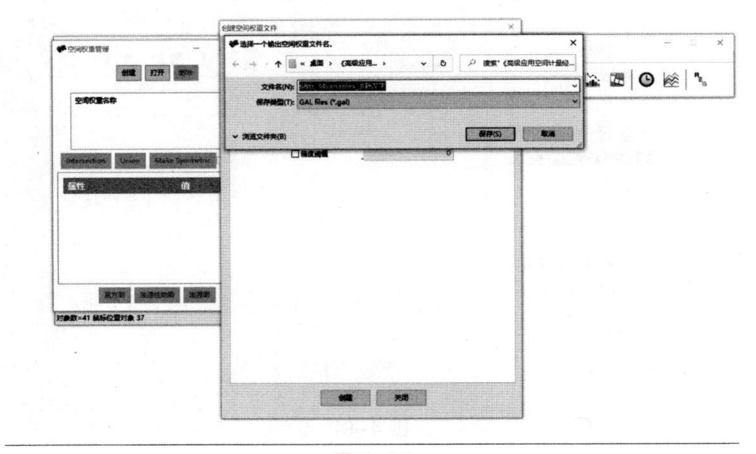

图 4-95

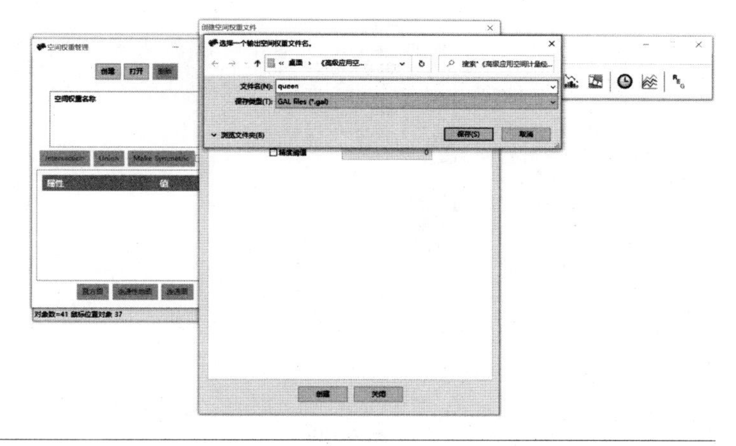

图 4-96

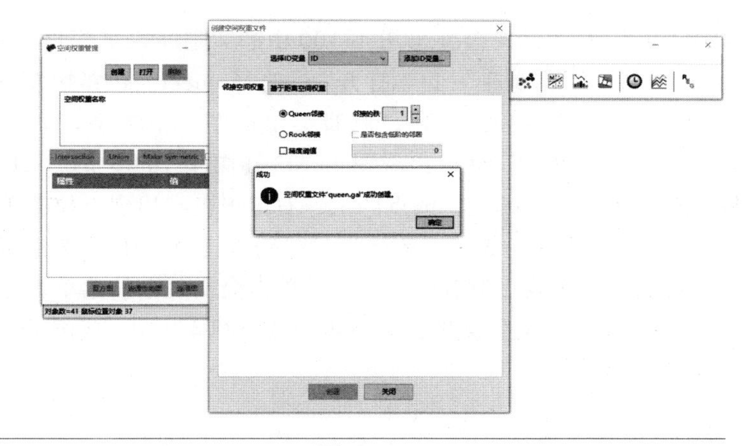

图 4-97

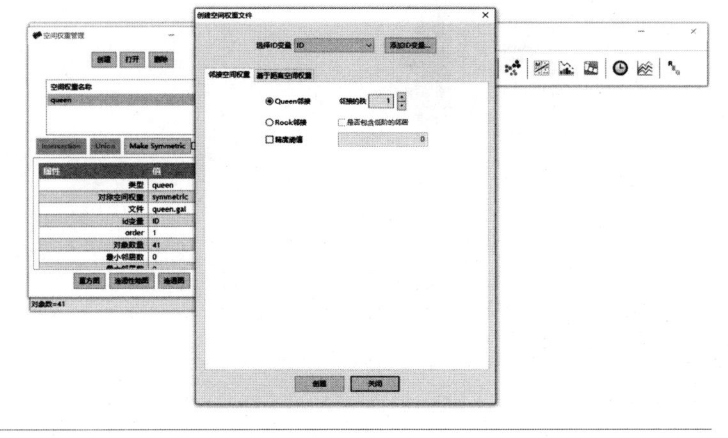

图 4-98

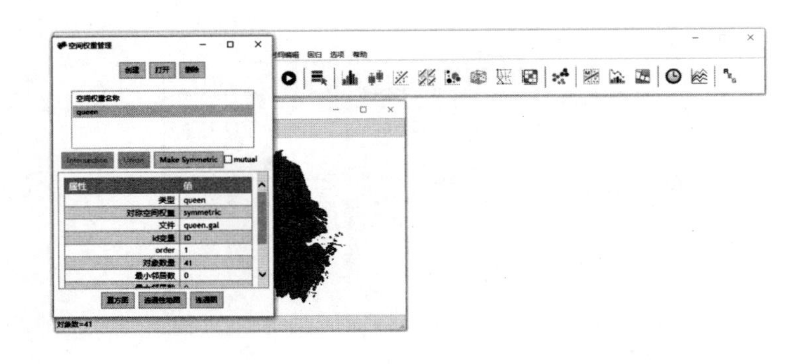

图 4-99

4.4.2 基于后邻接空间权重矩阵的莫兰散点图的绘制

首先，单击“W”形图标，会弹出图 4-100 中的“空间权重管理”对话框；其次，单击图 4-100 中“空间权重管理”的“打开”，选择 queen.gal 邻接矩阵文件；再次，单击图 4-101 中的“单变量 Moran's I”，此时会出现图 4-102 中的“变量设置”对话框，双击图 4-102 中“ti_2018”后会出现图 4-103 和图 4-104 中的 ti_2018 的莫兰散点图。最后，将鼠标放在图 4-105 莫兰散点图上，右键单击会出现下拉菜单，选择“随机化”→“99 次置换”，单击 3 ～ 5 次“运行”，选择 p 值较好的值作为汇报值；确定最终的汇报值以后，再次将鼠标放在散点图上，右键单击会出现下拉菜单，选择“图片另存为”，将图片保存到当前活动文件夹里，见图 4-106 至图 4-110。成图见图 4-111。

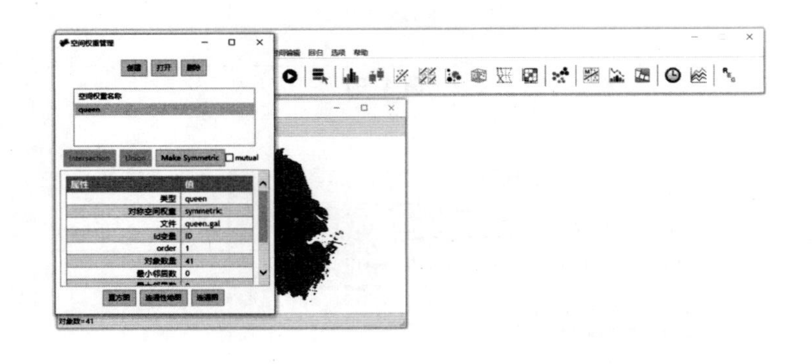

图 4-100

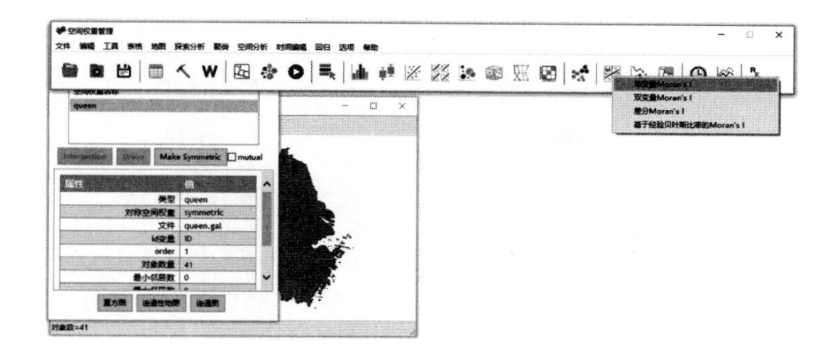

图 4-101

注：有些时候也可以用到“双变量 Moran’s I”，求“双变量 Moran’s I”的方法同求“单变量 Moran’s I”的方法。

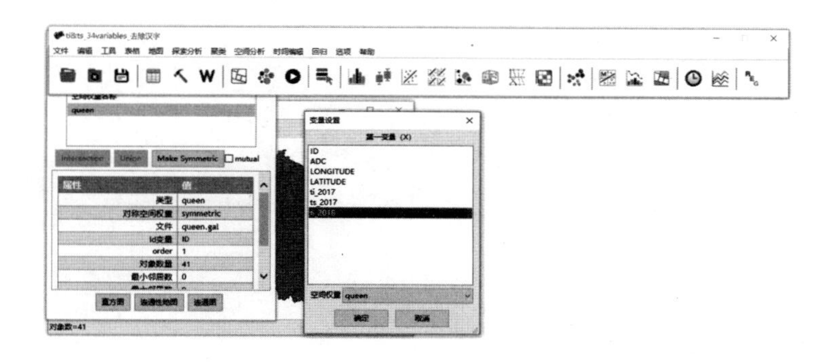

图 4-102

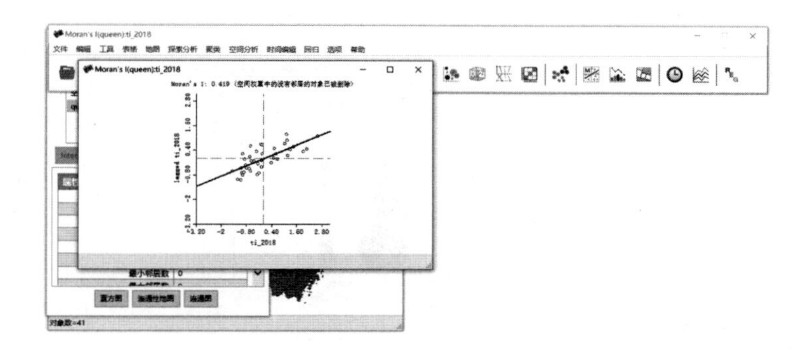

图 4-103

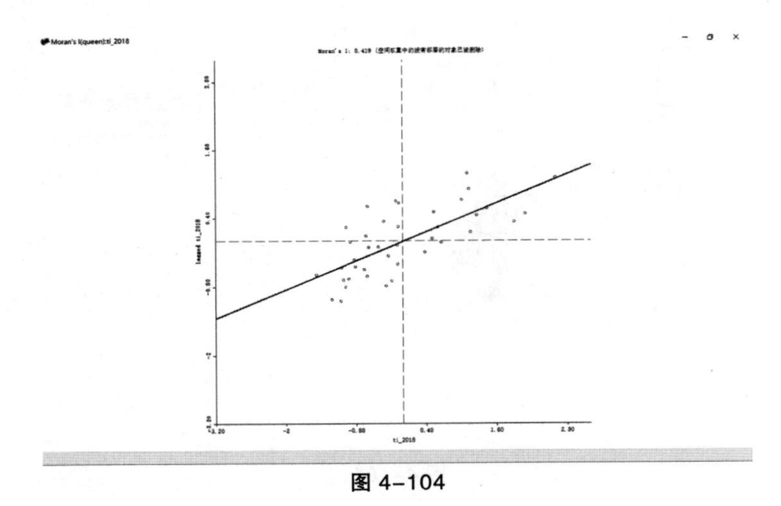

图 4-104

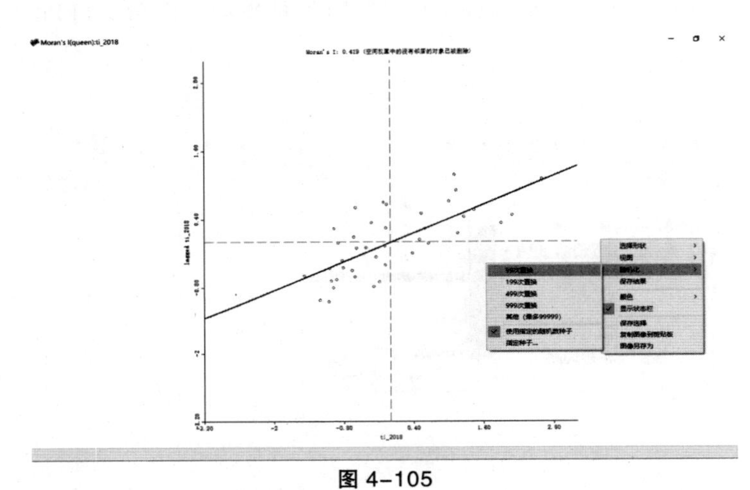

图 4-105

注：可以通过 3 ～ 5 次随机化，选择 p 值较小或 z 值较大时的全局莫兰指数进行汇报。

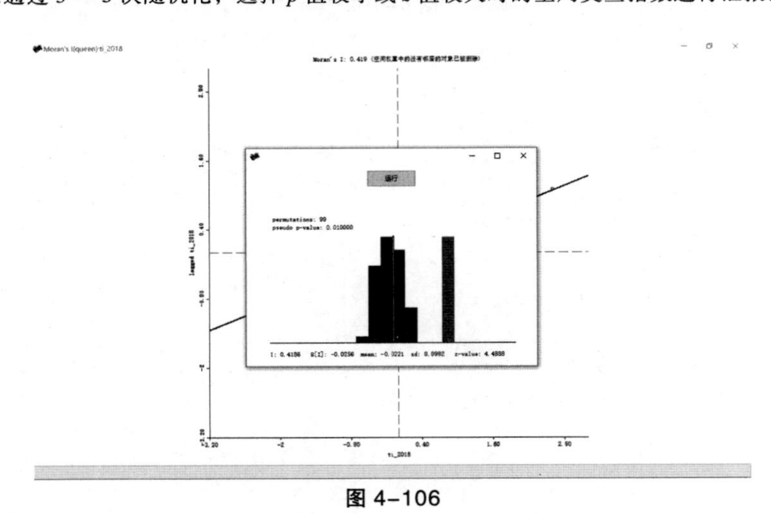

图 4-106

注：单击图 4-106 中的“运行”进行一次随机化，结果见图 4-107。需要注意的是，图 4-106 和图 4-107 中的 p 值、莫兰指数并没有发生变化，发生变化的是 z 值。

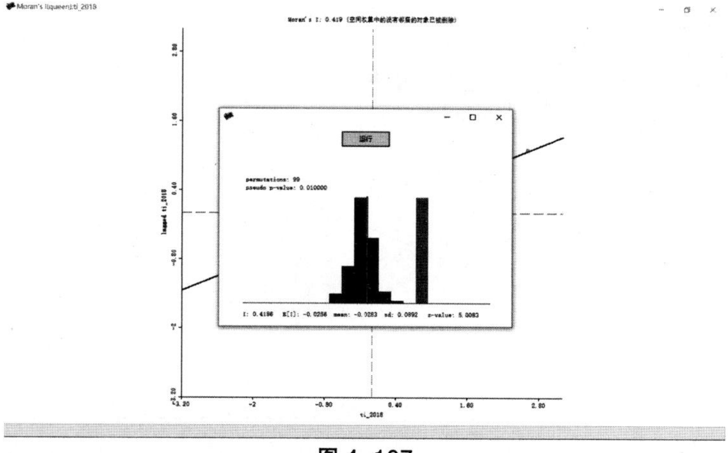

图 4-107

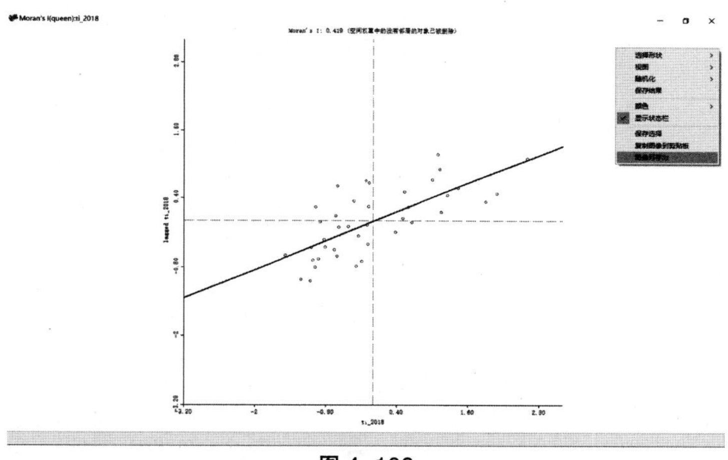

图 4-108

注：将鼠标放在图 4-108 图上，右键单击会出现下拉菜单，单击该下拉菜单中的“图像另存为”会出现“将图像保存到文件”对话框，见图 4-109。

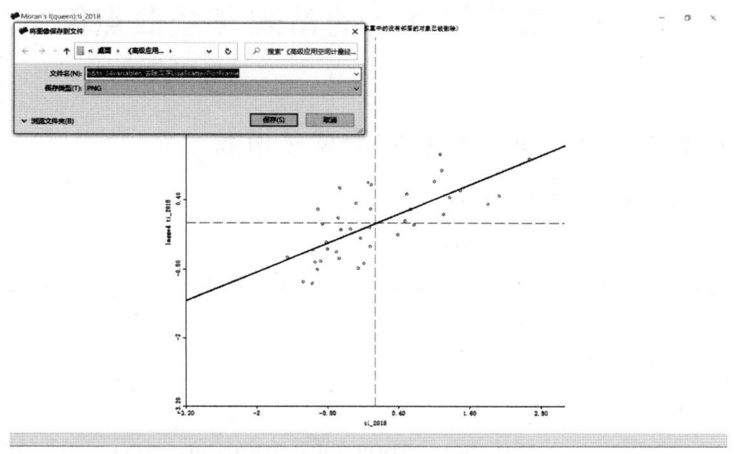

图 4-109

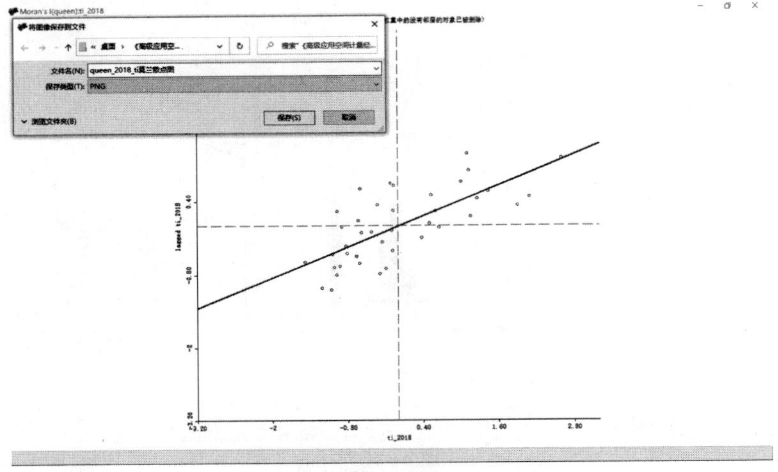

图 4-110

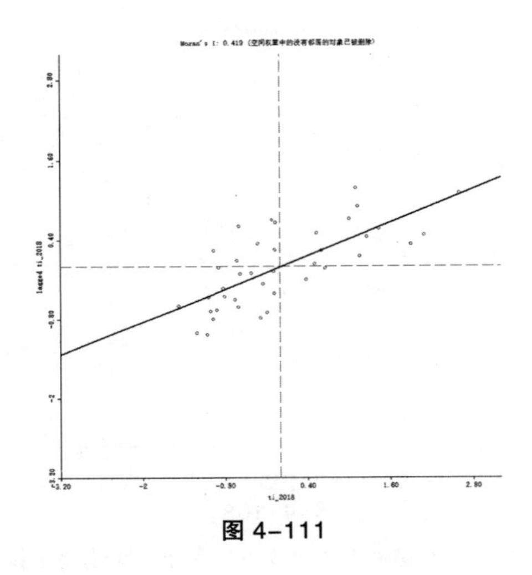

图 4-111

4.5 中高级：基于 Stata 的常规莫兰散点图的绘制

4.5.1 基于 spatgsa 命令计算全局莫兰指数

* 调入空间权重矩阵，并将其行标准化。

```
. use c1993_winv_fdl_swm.dta,clear
. spatwmat using c1993_winv_fdl_swm.dta,name(s_c1993_winv_fdl_swm) standardize
```

* 调入求全局莫兰指数的原始数据。

```
. use esda_data.dta,clear
```

* 求全局莫兰指数，见图 4-112。

```
. spatgsa gdp_2003 gdp_2004 gdp_2005 gdp_2006 gdp_2007 gdp_2008 gdp_2009
gdp_2010 gdp_2011 gdp_2012 gdp_2013 gdp_2014 gdp_2015 gdp_2016 gdp_2017
```

gdp_2018 gdp_2019,weights(s_c1993_winv_fdl_swm) moran

```
. use c1993_winv_fdl_swm.dta,clear

.
. spatwmat using c1993_winv_fdl_swm.dta,name(s_c1993_winv_fdl_swm) standardize


The following matrix has been created:

1. Imported non-binary weights matrix s_c1993_winv_fdl_swm (row-standardized)
   Dimension: 41x41



.
. use esda_data.dta,clear

.
. spatgsa gdp_2003 gdp_2004 gdp_2005 gdp_2006 gdp_2007 gdp_2008 gdp_2009 gdp_2010 gdp_2011 gdp_
> 2012 gdp_2013 gdp_2014 gdp_2015 gdp_2016 gdp_2017 gdp_2018 gdp_2019,weights(s_c1993_winv_fdl_
> swm) moran


Measures of global spatial autocorrelation


Weights matrix
--------------------------------------------------------
Name: s_c1993_winv_fdl_swm
Type: Imported (non-binary)
Row-standardized: Yes
--------------------------------------------------------

Moran's I
--------------------------------------------------------
           Variables |     I     E(I)    sd(I)      z    p-value*
--------------------------------------------------------
            gdp_2003 |  0.142  -0.025   0.041   4.027   0.000
            gdp_2004 |  0.133  -0.025   0.040   3.986   0.000
            gdp_2005 |  0.146  -0.025   0.040   4.252   0.000
            gdp_2006 |  0.146  -0.025   0.041   4.179   0.000
            gdp_2007 |  0.146  -0.025   0.041   4.192   0.000
            gdp_2008 |  0.147  -0.025   0.042   4.138   0.000
            gdp_2009 |  0.147  -0.025   0.042   4.041   0.000
            gdp_2010 |  0.152  -0.025   0.043   4.086   0.000
            gdp_2011 |  0.159  -0.025   0.044   4.153   0.000
            gdp_2012 |  0.169  -0.025   0.045   4.261   0.000
            gdp_2013 |  0.172  -0.025   0.046   4.328   0.000
            gdp_2014 |  0.173  -0.025   0.045   4.371   0.000
            gdp_2015 |  0.179  -0.025   0.046   4.475   0.000
            gdp_2016 |  0.178  -0.025   0.045   4.468   0.000
            gdp_2017 |  0.179  -0.025   0.046   4.424   0.000
            gdp_2018 |  0.184  -0.025   0.046   4.513   0.000
            gdp_2019 |  0.177  -0.025   0.045   4.539   0.000
--------------------------------------------------------
*1-tail test
```

图 4-112

4.5.2 基于 spatlsa 命令绘制莫兰散点图

* 调入空间权重矩阵并将之行标准化。

. use c1993_winv_fdl_swm.dta,clear

. spatwmat using c1993_winv_fdl_swm.dta,name(s_c1993_winv_fdl_swm) standardize

* 调入数据，基于 spatlsa 命令绘制莫兰散点图，见图 4-113。

. use esda_data.dta,clear

. spatlsa gdp_2019,weights(s_c1993_winv_fdl_swm) moran graph(moran)

* 在原有程序上添加 "symbol(id) id(city_abbr)"，会显示出每个散点所对应的城市，见图 4-114。

```
. spatlsa gdp_2019,weights(s_c1993_winv_fdl_swm) moran graph(moran) symbol(id) id(city_abbr)
```

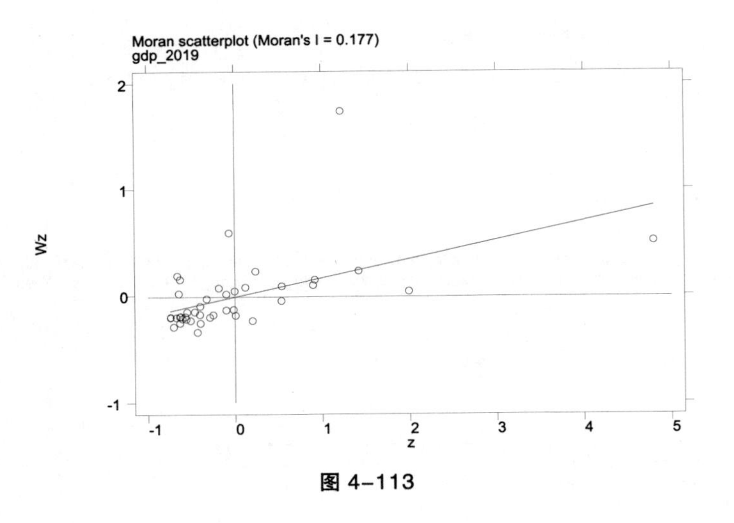

图 4-113

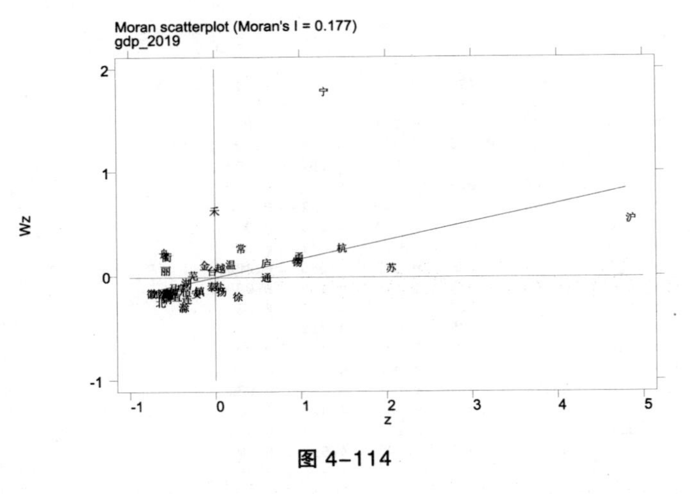

图 4-114

4.5.3 基于 splagvar 命令绘制莫兰散点图

* 调入空间权重矩阵并将之标准化。

```
. use c1993_winv_fdl_swm.dta,clear
. spatwmat using c1993_winv_fdl_swm.dta,name(s_c1993_winv_fdl_swm) standardize
```

* 调入数据，基于 splagvar 命令绘制莫兰散点图，见图 4-115。

```
. use esda_data.dta,clear
.splagvar gdp_2019, wname(s_c1993_winv_fdl_swm) wfrom(Stata) ind(gdp_2019) order(1) plot(gdp_2019) moran(gdp_2019)
```

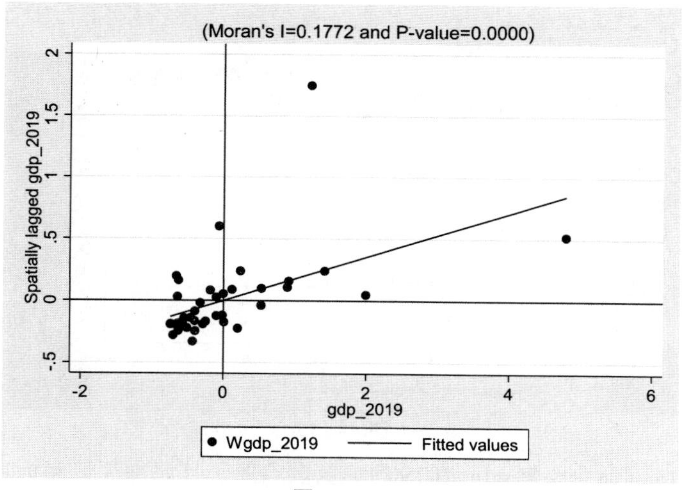

图 4-115

4.5.4 基于 moranplot 命令绘制莫兰散点图

```
* 将 c1993_winv_fdl_swm.dta 转换成 c1993_winv_fdl_swm.spamt。
.clear
.use c1993_winv_fdl_swm.dta,clear
.spmat dta c1993_winv_fdl_swm var1- var41
.spmat save c1993_winv_fdl_swm using c1993_winv_fdl_swm.spmat
```

* 基于 moranplot 命令同时绘制 gdp_2017、gdp_2018、gdp_2019 三年的莫兰散点图，且不添加注释，图 4-116 展示了不添加注释的 gdp_2019 的莫兰散点图。

```
.use esda_data.dta,clear
.moranplot gdp_2017 gdp_2018 gdp_2019, w(c1993_winv_fdl_swm) id(id)
```

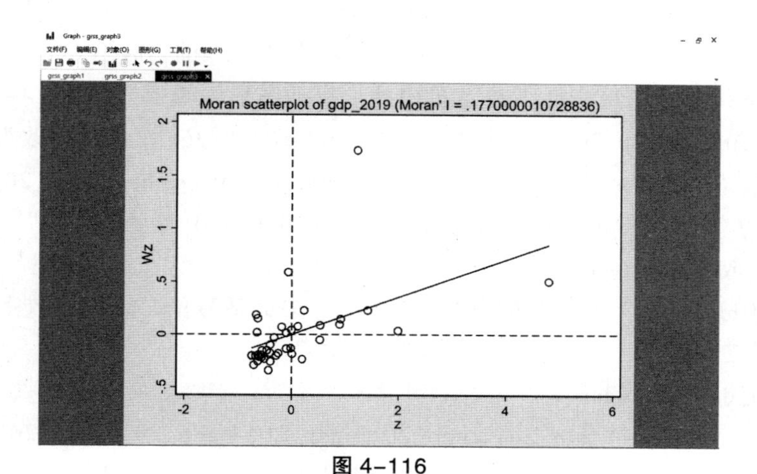

图 4-116

* 基于 moranplot 绘制 gdp_2019 的莫兰散点图，且添加注释，见图 4-117。

```
.moranplot gdp_2019, w(c1993_winv_fdl_swm) id(id) note(2019)
```

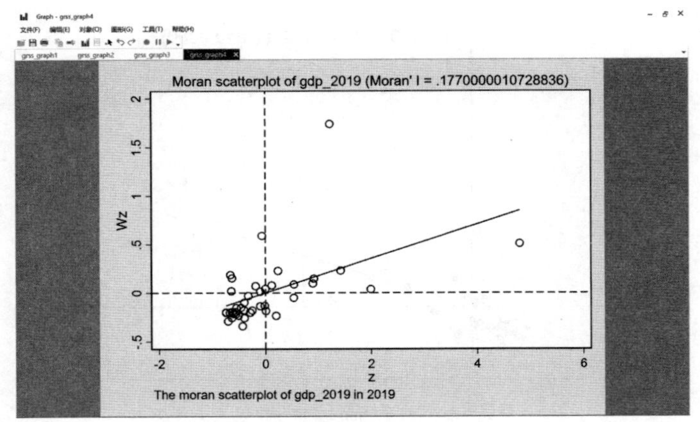

图 4-117

* 基于moranplot命令绘制gdp_2019的莫兰散点图，且添加注释和标签，见图4-118。

.moranplot gdp_2019, w(c1993_winv_fdl_swm) id(id) note(2019) mlabel(city_abbr)

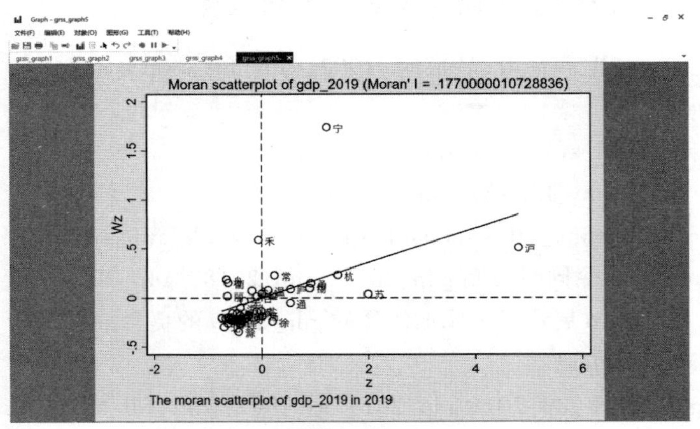

图 4-118

对图 4-118 中的图片进行编辑。将鼠标放在图 4-118 的 grss graph1 图层上，右键单击会出现下拉菜单，单击此下拉菜单中的“启动图形编辑器”（见图 4-119），双击“Moran scatterplot of gdp_2019(Moran’s I=.1770000010728836)”，将之修改为“gdp_2019 全局莫兰指数（Moran’s I=0.177）”。将“The moran scatterplot of gdp_2019 in 2019”修改为“2019 年长江三角洲地区 41 个地级及以上城市 GDP 莫兰散点图”。修改后效果见图 4-120，成图见图 4-121。

* 绘制 2011-2019 年的莫兰散点图；“note()”中的括号里必须填写数字，随后可以根据实际需要进行修改。

.use esda_data.dta,clear

.moranplot gdp_2011 gdp_2012 gdp_2013 gdp_2014 gdp_2015 gdp_2016 gdp_2017 gdp_2018 gdp_2019, w(c1993_winv_fdl_swm) id(id) note(2080) mlabel(city_abbr)

* 安装 graph，见图 4-122。

.net search graph

* 图形合并，见图 4-123，成图见图 4-124。

.graph combine grss_graph1 grss_graph2 grss_graph3 grss_graph4 grss_graph5 grss_graph6 grss_graph7 grss_graph8 grss_graph9, altshrink

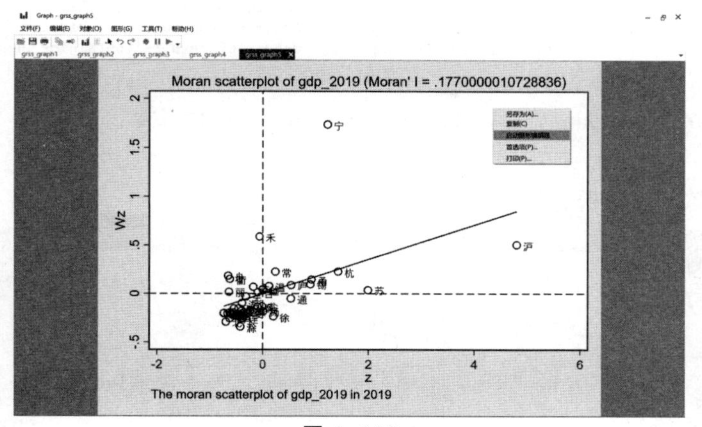

图 4-119

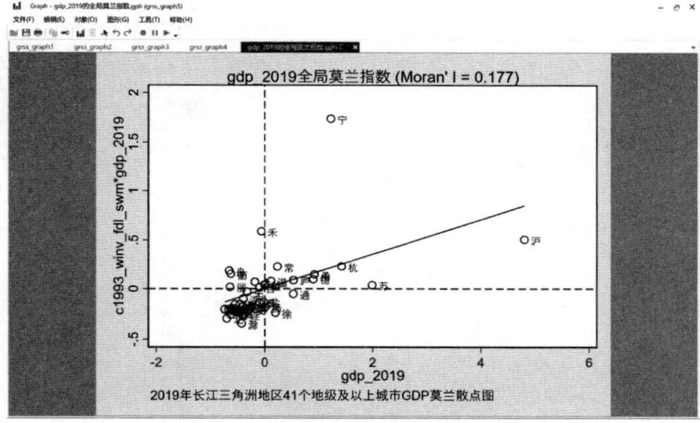

图 4-120

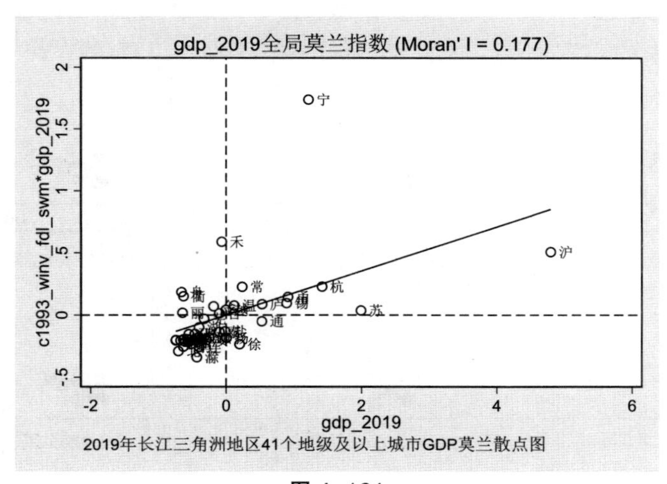

图 4-121

```
        marginscontplot2 provides a graph of the marginal effect of a / continuous
        predictor on the response variable in the most / recently fitted
        regression model. See Royston (Stata Journal, / 2013) for details and

    matrixof from http://fmwww.bc.edu/RePEc/bocode/m
        'MATRIXOF': module to produce matrix or vector of results for paired or
        single variables / matrixof by default computes a matrix of results
        containing one / result for a given command for each pair of variables in
        varlist. / Alternatively, it computes a matrix of results containing one /
```

图 4-122

注：单击 matrixof from http://fmwww.bc.edu/RePEc/bocode/m 进行安装。

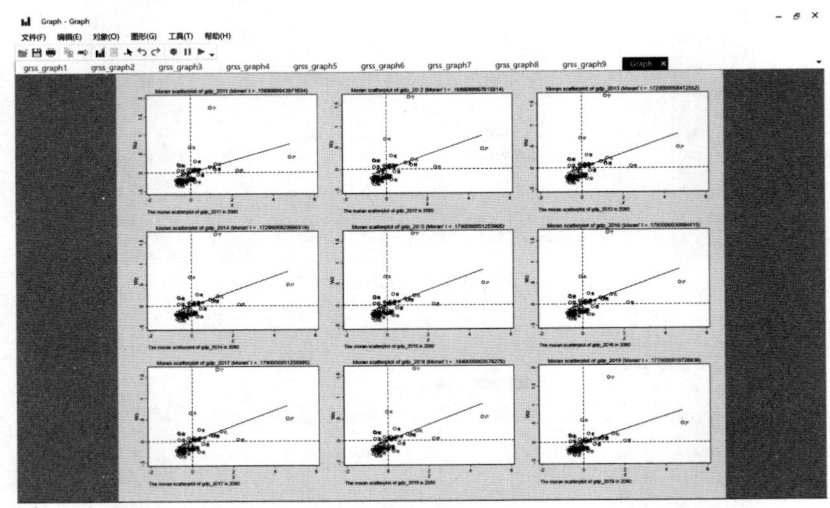

图 4-123

注：读者可以根据自己的实际需要对生成的图片信息进行编辑。

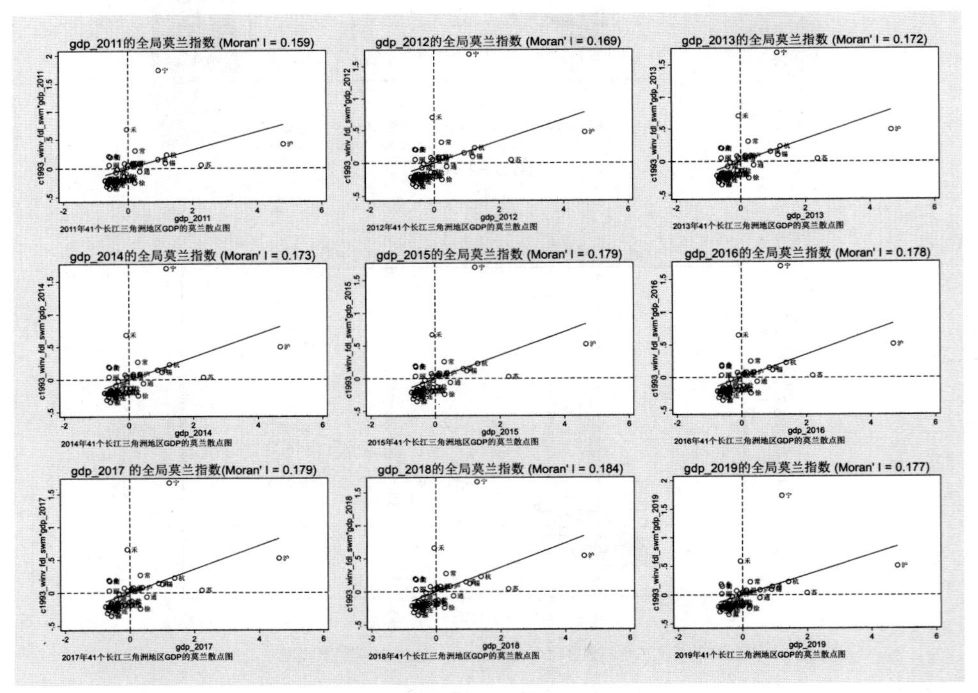

图 4-124

4.6 高级：基于 MATLAB 和 Stata 的高级莫兰散点图的绘制

所谓的高级莫兰散点图的绘制是指基于原有计量经济学和统计学基础公式，通过自己编程实现任意莫兰散点图的绘制。本节采用 MATLAB 和 Stata 两种软件、两种不同的编程技术实现任意莫兰散点图的绘制。

4.6.1 基于 MATLAB 的高级莫兰散点图的绘制

1. 仅含有散点、同时含有散点和区域名称的莫兰散点图的绘制方法

（1）计算 gdp_2019 的全局莫兰指数

```
* 清屏。
clear; clc;
* 调用、计算数据，并定义变量名称，① 见图 4-125。
y=xlsread('gdp_2019.xlsx ');
W=xlsread('W41.xlsx');
gdp2019= (y-mean(y))/std(y);
Wnorm=normw(W);
Wgdp2019=Wnorm*gdp2019
```

图 4-125

① 基于 Stata 将空间权重矩阵标准化

```
* 调入反距离平方空间权重矩阵。
use c1993_winv_fdl_swm.dta,clear
* 将该矩阵行标准化。
spatwmat using c1993_winv_fdl_swm.dta,name(s_c1993_winv_fdl_swm) standardize
```

＊采用原广东省委党校经济学教研部政治经济学专业硕士研究生陈子厚更正版代码，回归结果见图 4-126，可以看到，全局莫兰指数值为 0.1772，z 值为 4.5393，p 值为 0.0000。

```
I = ASEF_Moran_s (y,W);
```

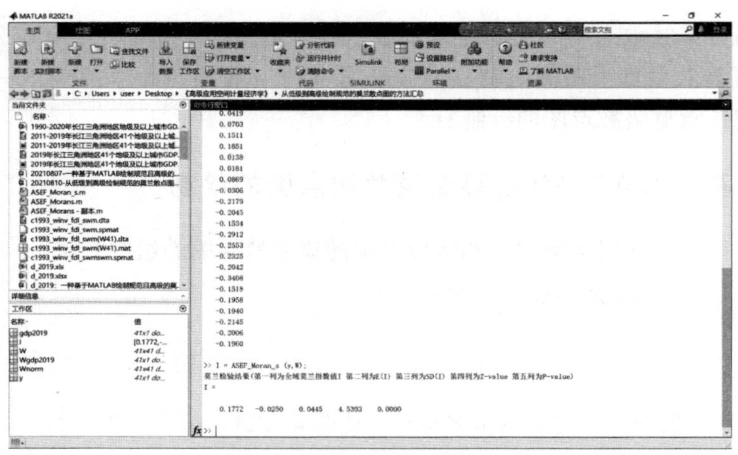

图 4-126

（2）绘制仅含有散点、同时含有散点和区域名称的 gdp_2019 莫兰散点图

＊清屏，调用、计算数据，并定义变量名称，见图 4-127。

```
clear; clc;
y=xlsread('gdp_2019.xls ');
W=xlsread('W41.xls');
gdp2019= (y-mean(y))/std(y);
Wnorm=normw(W);
Wgdp2019=Wnorm*gdp2019
```

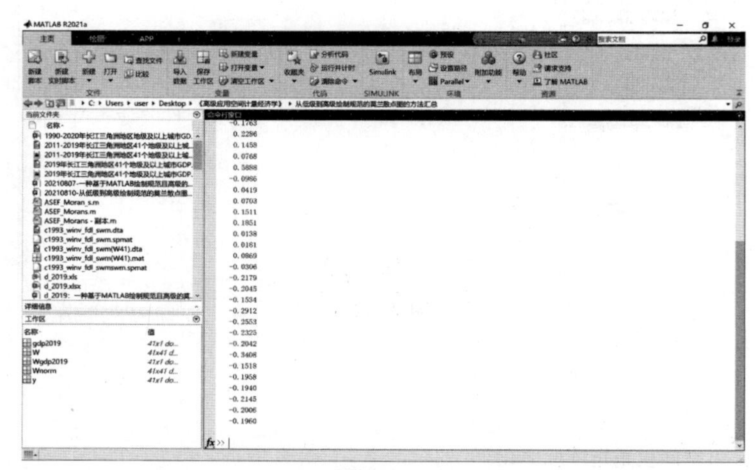

图 4-127

＊根据 gdp_2019、Wrgdp_2019 的值确定莫兰散点图中 x、y 轴的具体刻度值，见图 4-128。散点的形式多种多样，可自由选择。

* 散点为蓝色实心点，效果见图 4-128。

```
scatter(gdp2019, Wgdp2019,'filled');
```

* 散点为红色空心点，效果见图 4-129。

```
scatter(gdp2019, Wgdp2019,' ro');
```

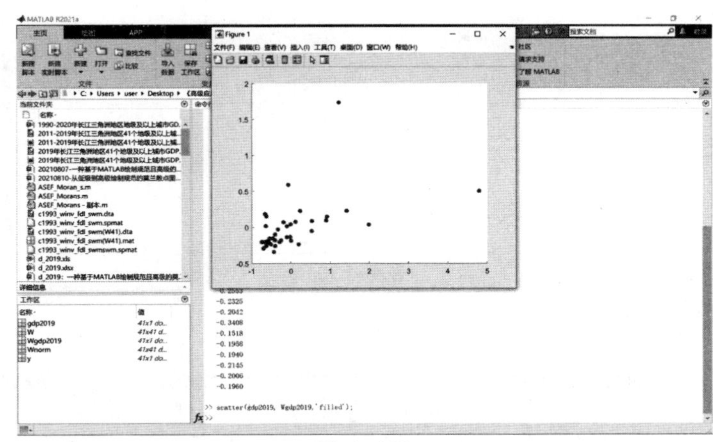

图 4-128

注：本图彩图可扫右侧二维码查看。

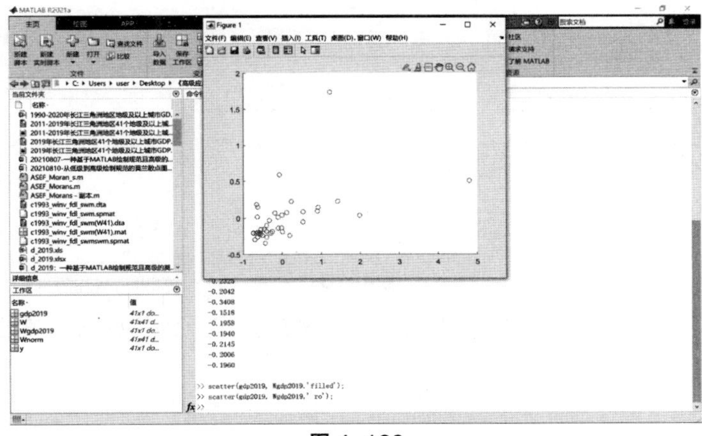

图 4-129

注：本图彩图可扫右侧二维码查看。

* 散点分别为蓝色、黑色空心点，效果分别见图 4-130、图 4-131。

```
scatter(gdp2019, Wgdp2019,' bo');
scatter(gdp2019, Wgdp2019,' blacko');
```

* 确认了采用哪一种类型的散点以后，在命令框执行“hold on”结束。①

```
hold on
```

①“hold on”的作用是保持当前轴及图像而不刷新，准备接受此后将绘制的图形，多图共存。“hold off”和“hold on”相对应，是关闭这个“hold on”的功能。

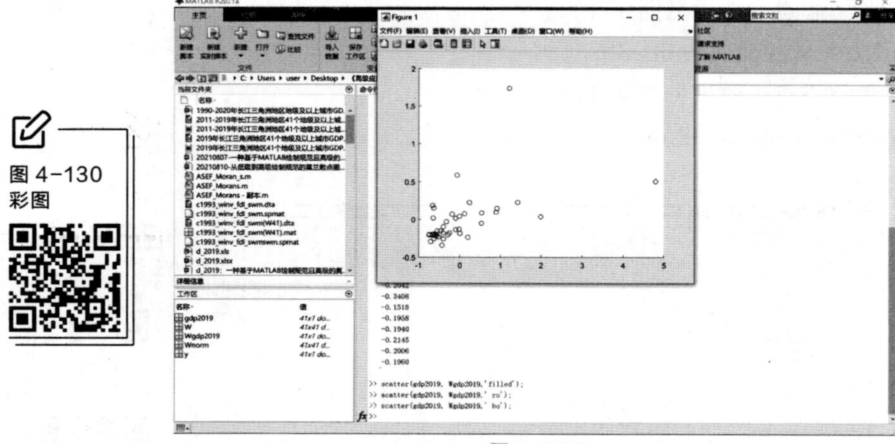

图 4-130

注：本图彩图可扫左侧二维码查看。

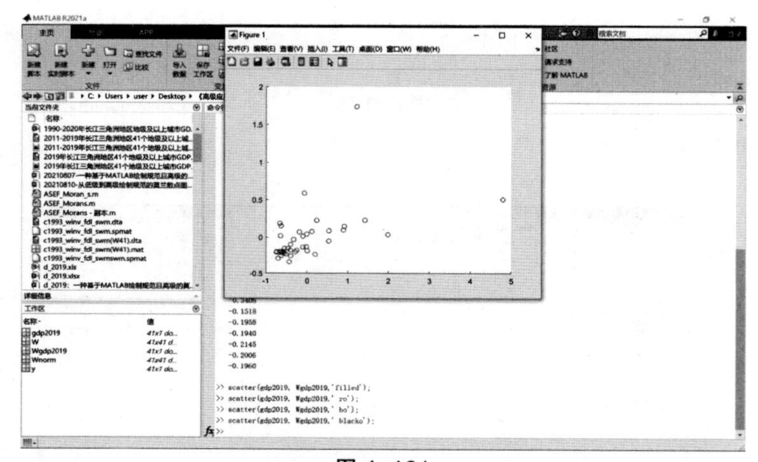

图 4-131

*当然，也可以同时使用两种类型的散点，例如，实心蓝色点加上黑色空心点，最终效果见图 4-132。

```
hold off
scatter(gdp2019, Wgdp2019,'filled');
hold on
scatter(gdp2019, Wgdp2019,'ro');
hold on
```

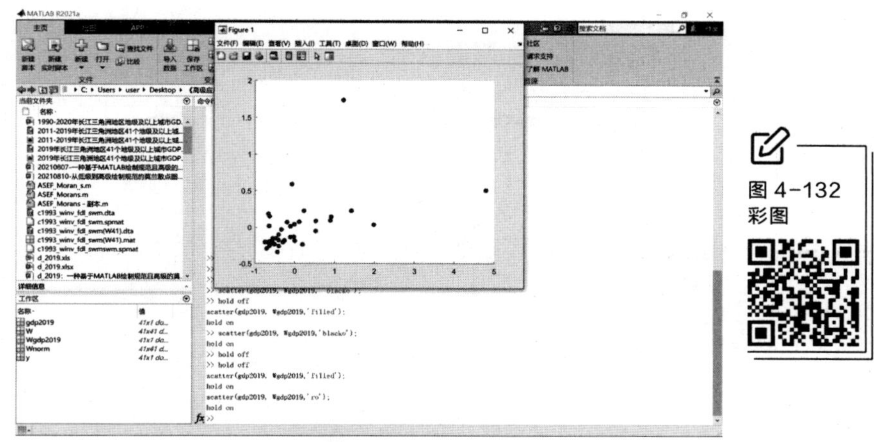

图 4-132 彩图

图 4-132

注：本图彩图可扫右侧二维码查看。

* 本次演示采用实心散点图，见图 4-133。

```
hold off
scatter(gdp2019, Wgdp2019,'filled');
hold on
```

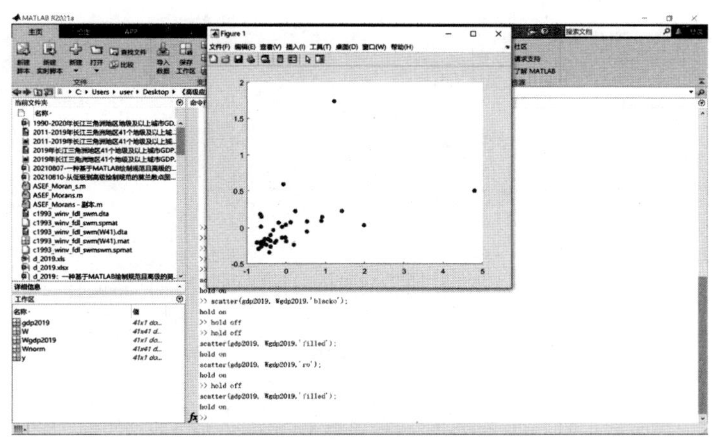

图 4-133

* 在 x 轴添加“gdp_2019”，在 y 轴添加“W*gdp_2019”。注意：此时的“gdp_2019”变为“gdp$_{2}$019”，“W*gdp_2019”变成为“W*gdp$_{2}$019”，见图 4-134。

```
xlabel('gdp_2019'), ylabel('W*gdp_2019');
hold on
```

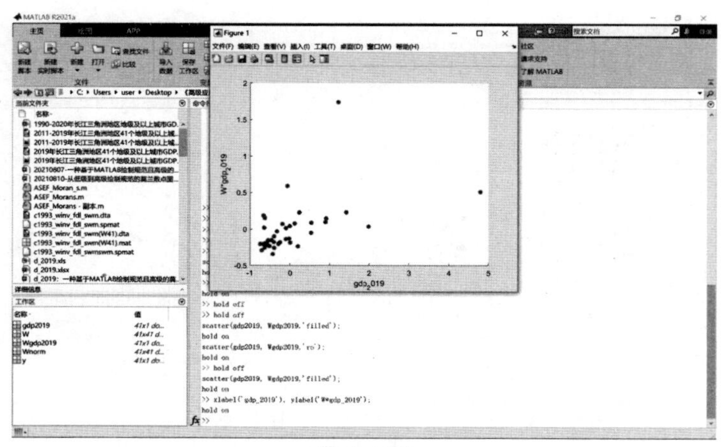

图 4-134

* 通过技术手段纠正上一步骤中出现的错误，见图 4-135。

```
xlabel ('gdp_2019','Interpreter','none')
ylabel('W*gdp_2019','Interpreter','none')
```

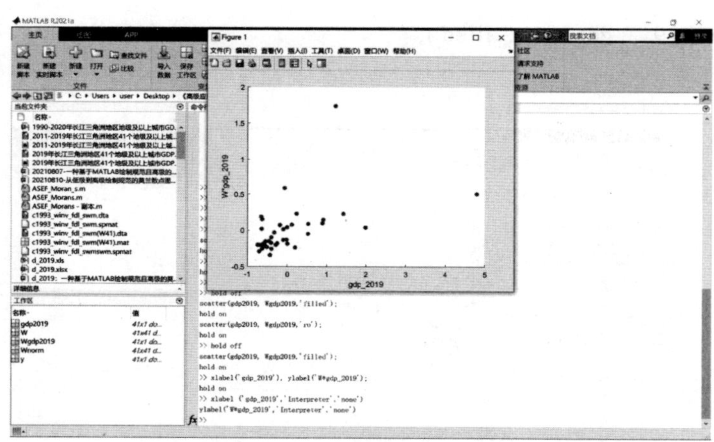

图 4-135

* 设定 x、y 轴上下限，基于 OLS 求出全局莫兰指数。

```
n=xlim;
m=ylim;
moran_I=regress(Wgdp2019, gdp2019);
zx1=-1:0.01:5
```

* 给出标题中 2019 年 GDP（Gross Domestic Product，国内生产总值）的全局莫兰指数具体值，绘制出 OLS 拟合曲线，见图 4-136。

```
moran_scatter=plot(zx1,moran_I*zx1,'-r','linewidth',2);
title([' gdp_2019 的 Moran's I = ',num2str(moran_I), ',P-value=0.0000']);
hold on
```

* 通过技术手段纠正上一步骤中出现的错误，见图 4-137。

```
title ('gdp_2019','Interpreter','none');
```

```
moran_scatter=plot(zx1,moran_I*zx1,'-r','linewidth',2);
title([' gdp_2019 的 Moran's I = ',num2str(moran_I), ',P-value=0.0000']);
hold on
```

* 确保 OLS 拟合线经过(0,0)点，见图 4-138。

```
line([n(1),n(2)],[0,0],'linestyle','--','color','k');
line([0,0],[m(1),m(2)],'linestyle','--','color','k');
```

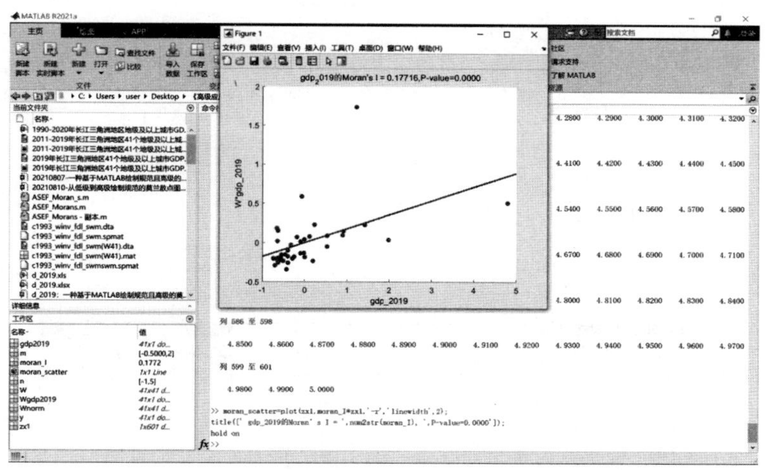

图 4-136

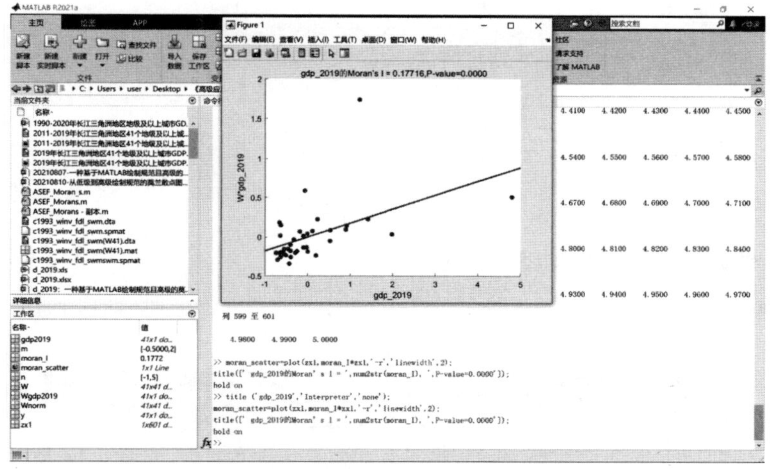

图 4-137

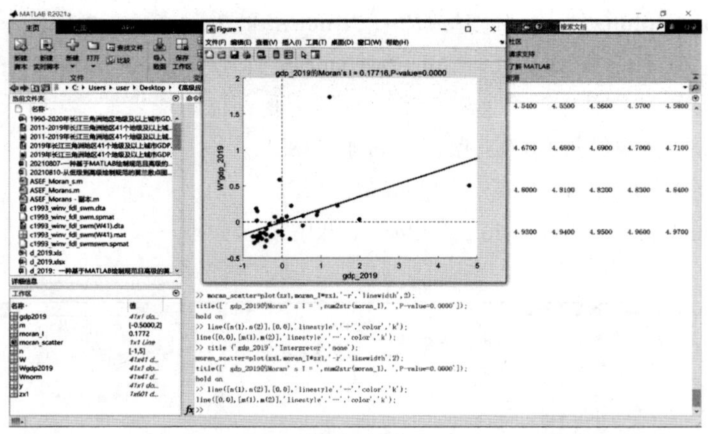

图 4-138

* 添加网格，见图 4-139。

```
grid on
```

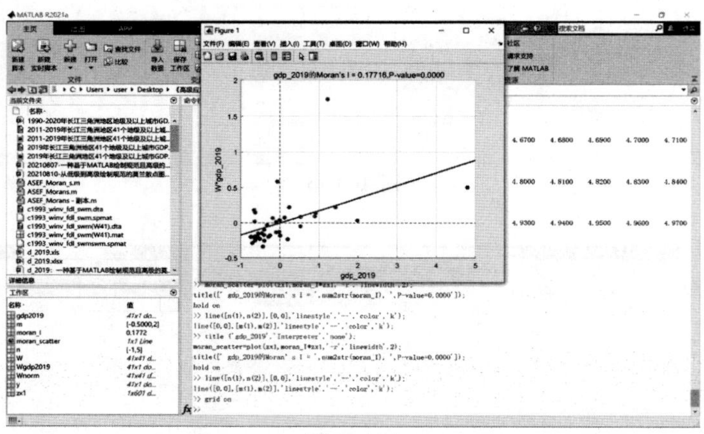

图 4-139

* 把坐标轴调为正方形，见图 4-140。

```
axis square
```

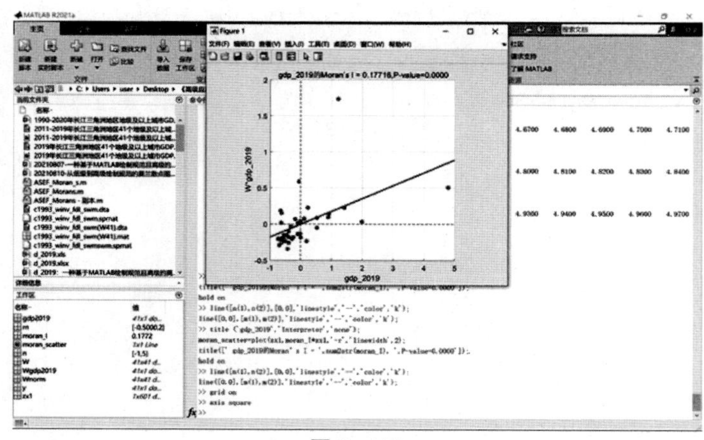

图 4-140

* 显示出 41 个地级及以上城市的具体位置，见图 4-141。显示 31 个省及直辖市的程序见脚注。①

```
region= {'沪','宁','锡','徐','常','苏','通','连','安','盐','扬','镇','泰','宿','杭','甬','温','禾','湖','越','金','衢','舟','台','丽','庐','芜','蚌','淮','马','北','铜','宜','徽','滁','阜','蕲','皋','亳','池','宣'};
id= region';
for i=(1:41)
text(gdp2019(i),Wgdp2019 (i),id(i))
end
```

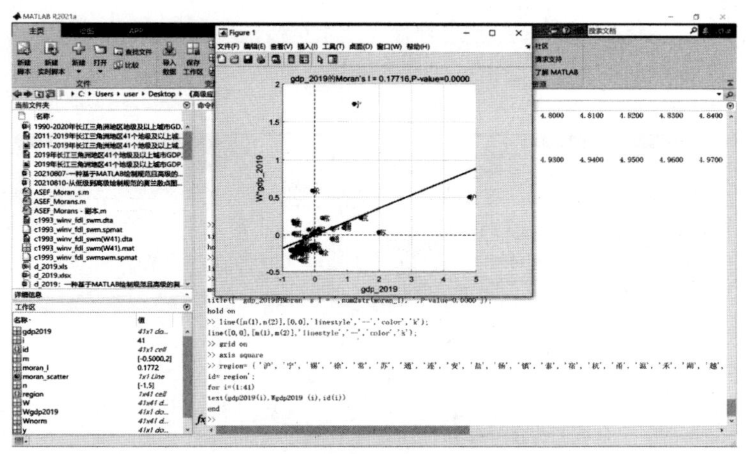

图 4-141

* 添加图例，见图 4-142。

```
legend('标准化值及其空间滞后值','回归线');
```

* 在“文件 (F)”下拉菜单中，单击“导出设置”会弹出“导出设置：Figure 1”对话框，将“分辨率 (dpi)”调为“1200”（见图 4-143）。在“文件 (F)”下拉菜单中，单击“另存为 (A)...”，将图片保存到当前文件夹，见图 4-144。成图，见图 4-145 和图 4-146。

---

①
```
region= {'黑','蒙','吉','新','京','晋','鲁','冀','豫','甘','宁','青','陕','苏','皖','藏','鄂','浙','川','贵','渝','赣','湘','云','闽','桂','粤','琼','津','辽','沪'};
id= region';
for i=(1:31)
text(gdp2019(i),Wgdp2019 (i),id(i))
end
```

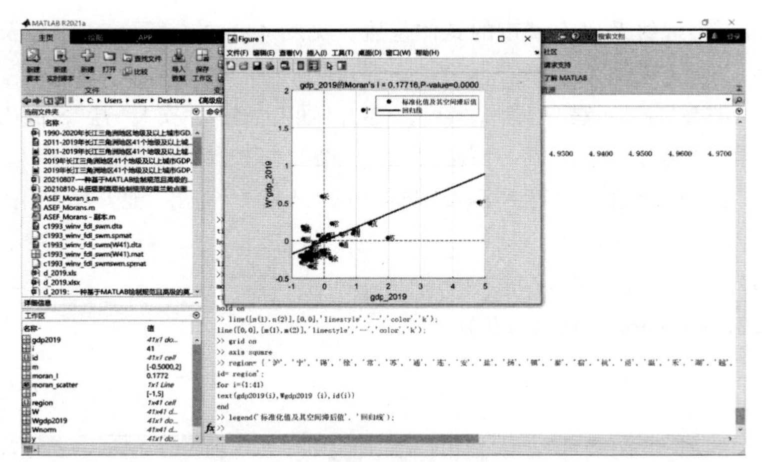

图 4-142

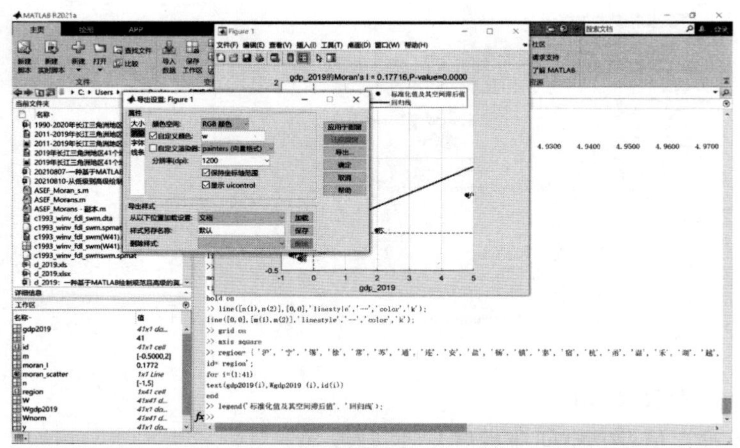

图 4-143

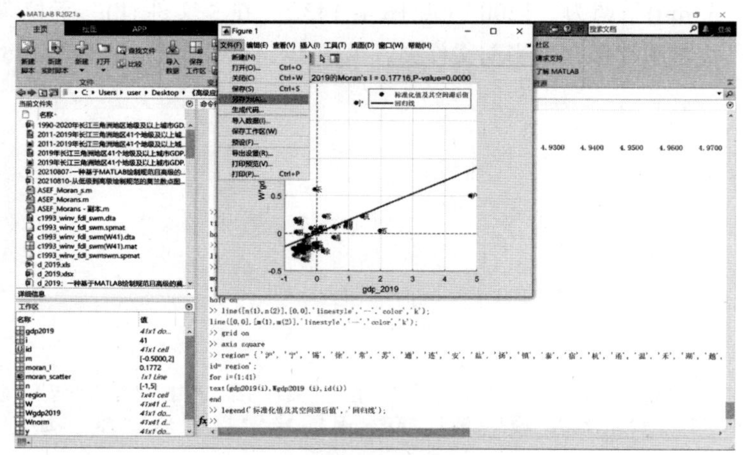

图 4-144

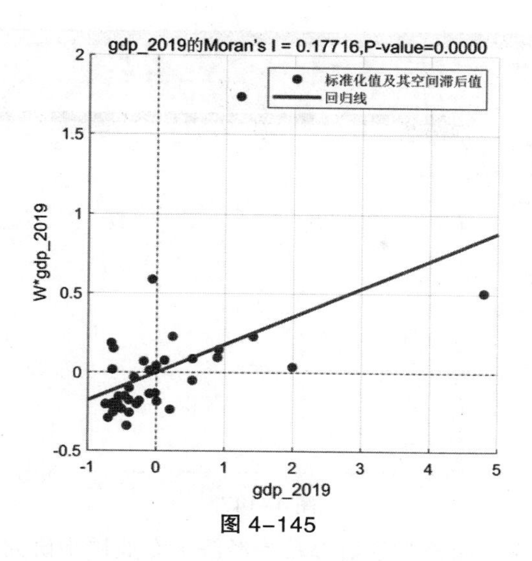

图 4-145

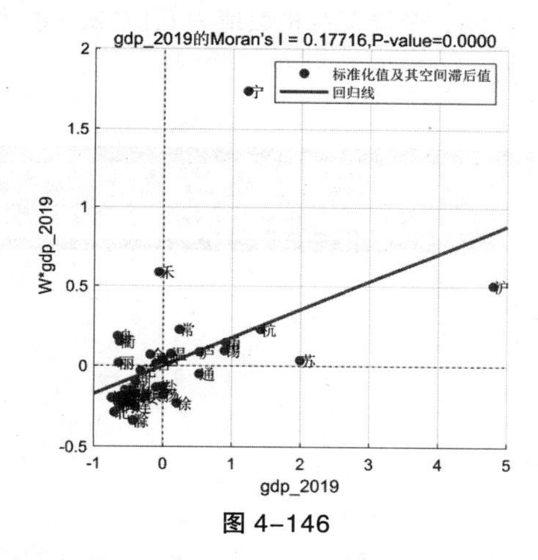

图 4-146

2. 计算并绘制仅含有区域名称的莫兰散点图

（1）计算 gdp_2019 的全局莫兰指数

```
* 清屏。
clear; clc;
* 调用、计算数据，并定义变量名称，见图 4-147。
y=xlsread('gdp_2019.xlsx');
W=xlsread('W41.xlsx');
gdp2019= (y-mean(y))/std(y);
Wnorm=normw(W);
Wgdp2019=Wnorm*gdp2019
```

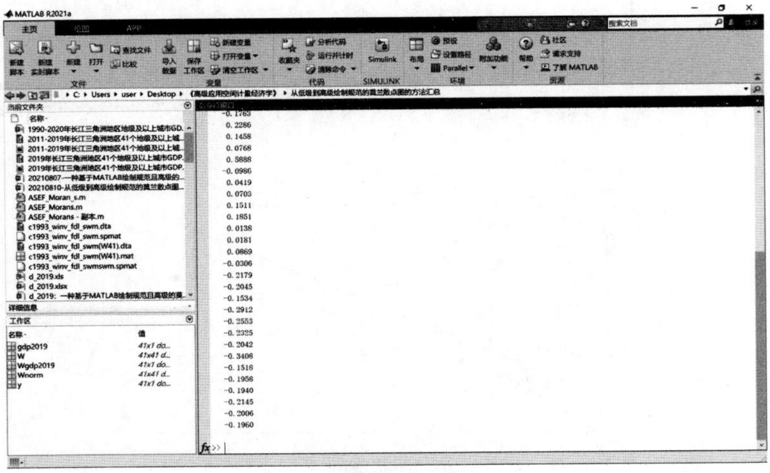

图 4-147

*采用原广东省委党校经济学教研部政治经济学专业硕士研究生陈子厚更正版代码，回归结果见图 4-148，可以看到，全局莫兰指数值为 0.1772，z 值为 4.5393，p 值为 0.0000。

I = ASEF_Moran_s (y,W);

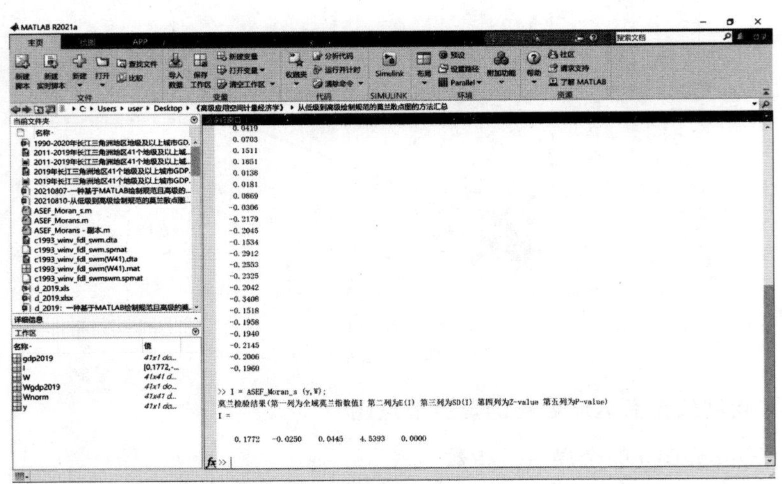

图 4-148

（2）绘制仅含有区域名称的 gdp_2019 莫兰散点图

*清屏。

clear; clc;

*调用、计算数据，并定义变量名称，见图 4-149。

```
y=xlsread('gdp_2019.xlsx ');
W=xlsread('W41.xlsx');
gdp2019= (y-mean(y))/std(y);
Wnorm=normw(W);
Wgdp2019=Wnorm*gdp2019
```

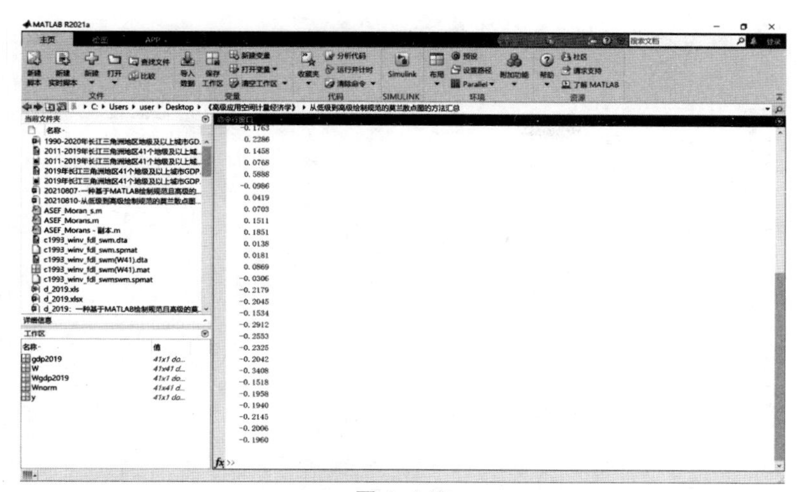

图 4-149

* 根据 gdp_2019、Wgdp_2019 的值确定莫兰散点图中 x、y 轴的刻度值，见图 4-150。

```
scatter(gdp2019, Wgdp2019,'whiteo');
```

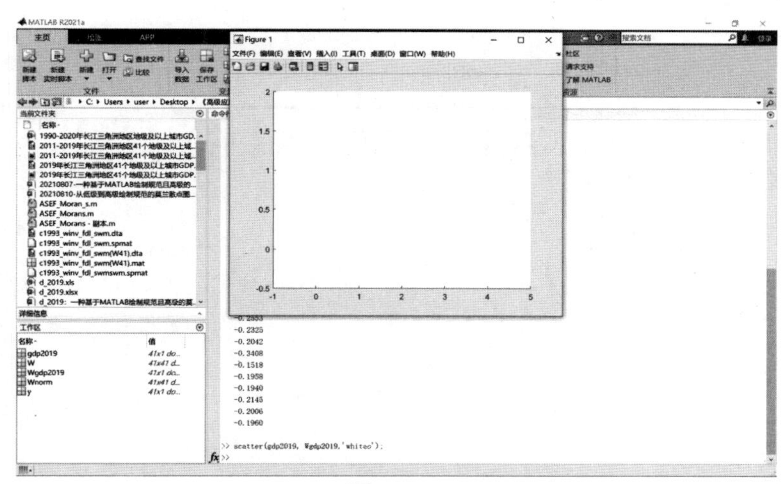

图 4-150

* 显示出 41 个地级及以上城市的具体位置，见图 4-151[①]。

```
region= { '沪 ', ' 宁 ', ' 锡 ', ' 徐 ', ' 常 ', ' 苏 ', ' 通 ', ' 连 ', ' 安 ', ' 盐 ', ' 扬 ', ' 镇 ', ' 泰 ',
' 宿 ', ' 杭 ', ' 甬 ', ' 温 ', ' 禾 ', ' 湖 ', ' 越 ', ' 金 ', ' 衢 ', ' 舟 ', ' 台 ', ' 丽 ', ' 庐 ', ' 芜 ', ' 蚌 ',
' 淮 ', ' 马 ', ' 北 ', ' 铜 ', ' 宜 ', ' 徽 ', ' 滁 ', ' 阜 ', ' 蕲 ', ' 皋 ', ' 亳 ', ' 池 ', ' 宣 ' };
id= region';
for i=(1:41)
text(gdp2019(i),Wgdp2019 (i),id(i))
end
```

---

①实际上，上一步便会生成散点图。但因为虚心圆点被定义为白色，而白色的虚心圆点与白色绘图背景颜色一致，所以在上一步中看不见绘制出的白色散点图。

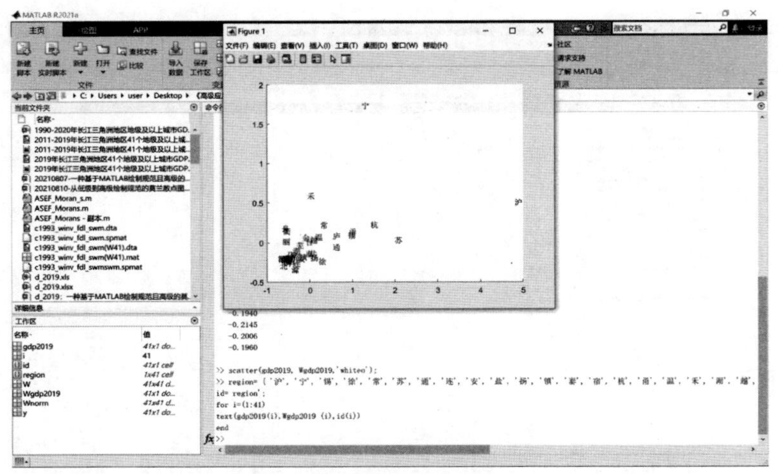

图 4-151

* 在 x 轴添加“gdp_2019”，y 轴添加“Wgdp_2019”。注意：此时的“gdp_2019”变为“gdp_2019”，“W*gdp_2019”变成为“$W*gdp_2019$”，见图 4-152。

```
xlabel('gdp_2019'), ylabel('W*gdp_2019');
hold on
```

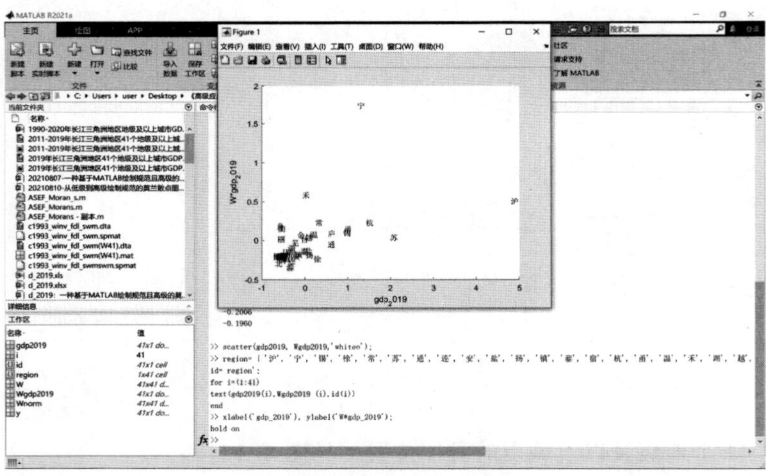

图 4-152

* 通过技术手段纠正上一步骤中出现的错误，见图 4-153。

```
xlabel ('gdp_2019','Interpreter','none')
ylabel('W*gdp_2019','Interpreter','none')
```

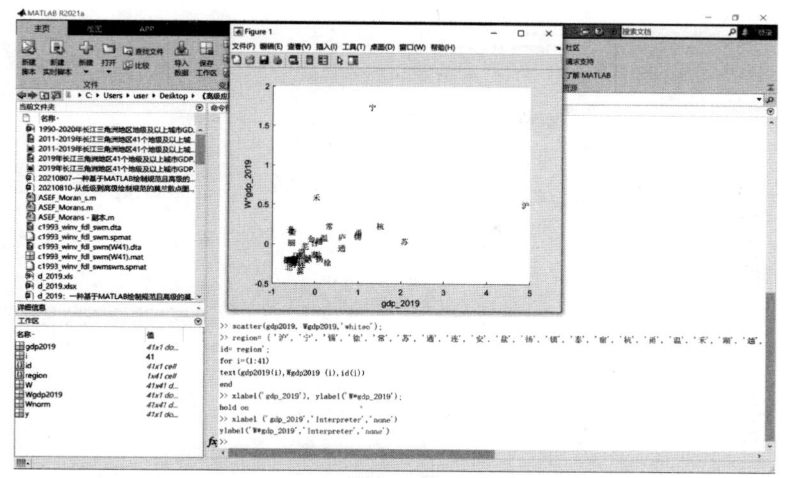

图 4-153

* 设定 x、y 轴上下限，基于 OLS 求出全局莫兰指数，见图 4-154。

```
n=xlim;
m=ylim;
moran_I=regress(Wgdp2019, gdp2019);
zx1=-1:0.01:5
```

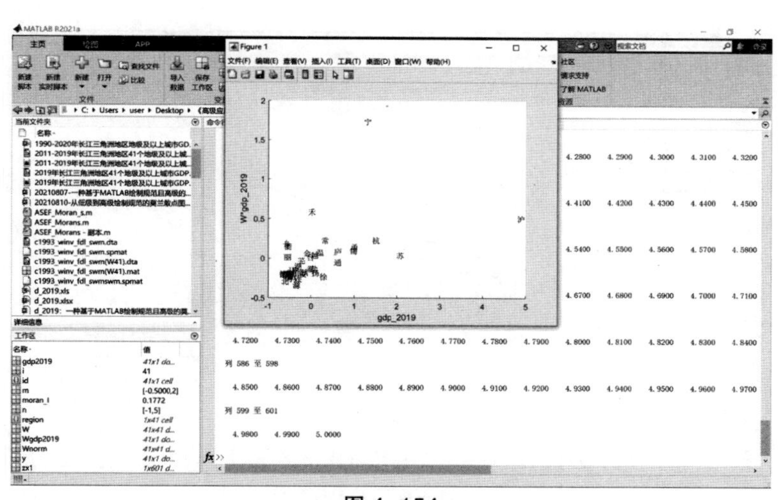

图 4-154

* 给出标题中 2019 年 GDP 的全局莫兰指数具体值，绘制出 OLS 拟合曲线，见图 4-155。

```
moran_scatter=plot(zx1,moran_I*zx1,'-r','linewidth',2);
title([' gdp_2019 的 Moran's I = ',num2str(moran_I), ',P-value=0.0000']);
hold on
```

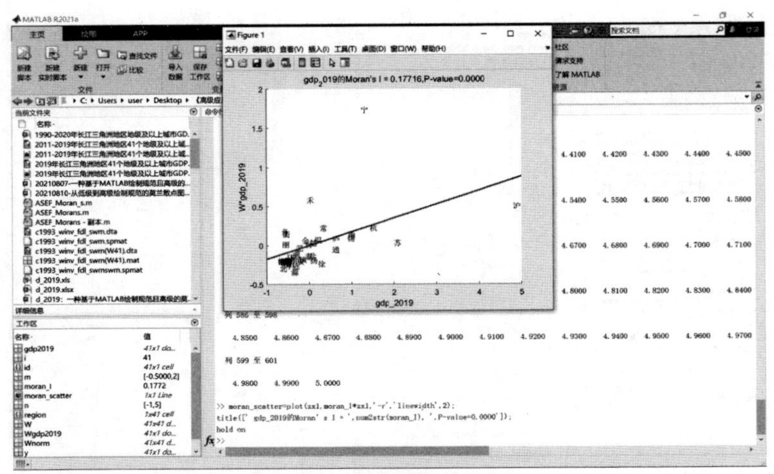

图 4-155

* 通过技术手段纠正上一步骤中出现的错误，见图 4-156。

```
title ('gdp_2019','Interpreter','none');
moran_scatter=plot(zx1,moran_I*zx1,'-r','linewidth',2);
title([' gdp_2019 的 Moran's I = ',num2str(moran_I), ',P-value=0.0000']);
hold on
```

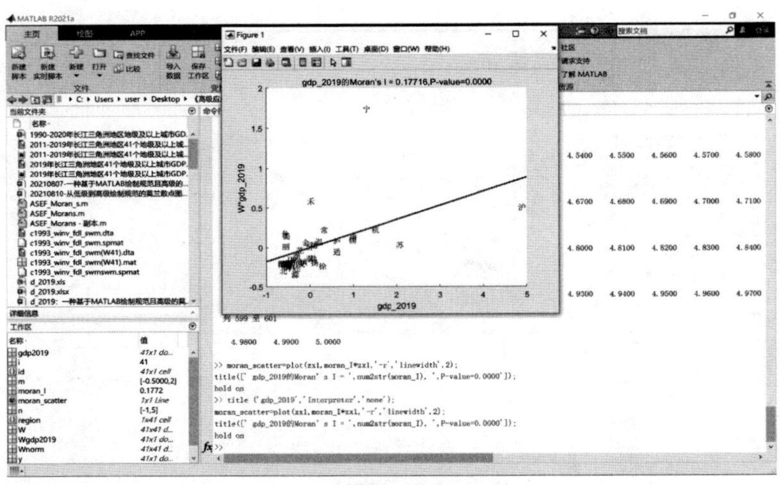

图 4-156

* 确保 OLS 拟合线经过（0,0）点，见图 4-157。

```
line([n(1),n(2)],[0,0],'linestyle','--','color','k');
line([0,0],[m(1),m(2)],'linestyle','--','color','k');
```

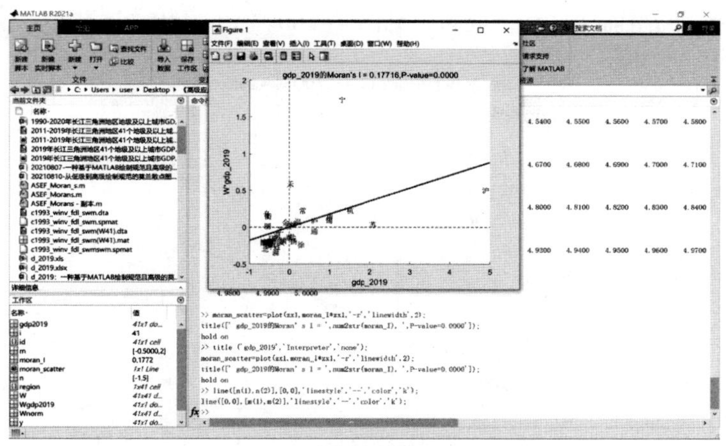

图 4-157

* 添加网格，见图 4-158。

grid on

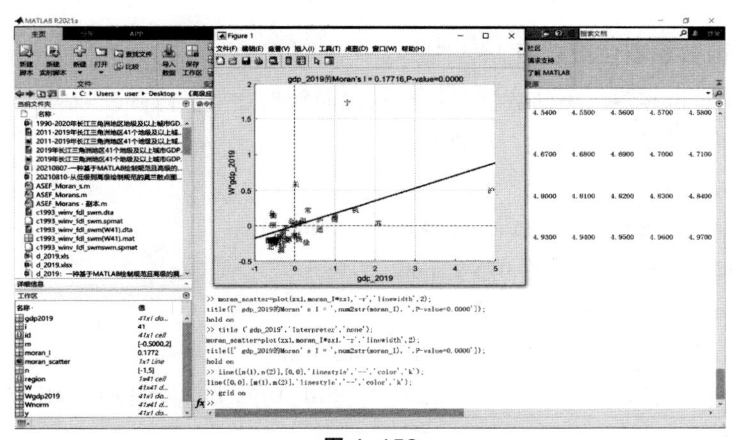

图 4-158

* 把坐标轴调为正方形，见图 4-159。

axis square

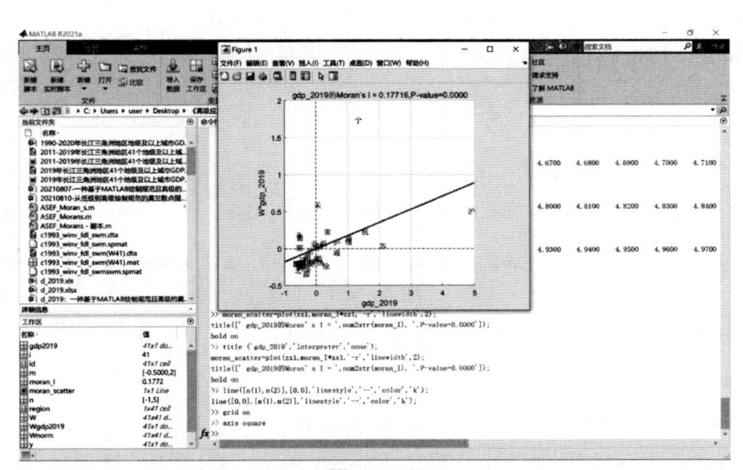

图 4-159

*将图片保存到当前文件夹，成图，见图 4-160。

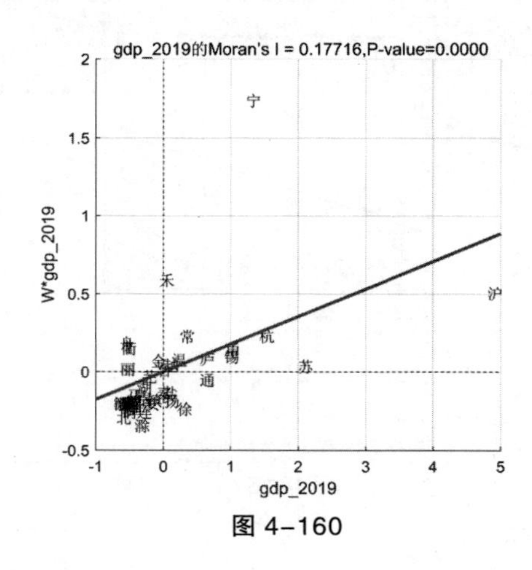

图 4-160

4.6.2 基于 Stata 的高级莫兰散点图的绘制

1. 绘制截面数据莫兰散点图

下面以 2019 年雾霾污染的数据为例绘制截面数据莫兰散点图。

*调入空间权重矩阵并将之行标准化。

```
use wknn3.dta,clear
spatwmat using wknn3.dta,name(s_wknn3) standardize
```

*生成 pm2_519 的空间滞后项 wy_pm2_519。

```
use esda_cross_sectional_data.dta,clear
splagvar pm2_519, wname(s_wknn3) wfrom(Stata)
```

*生成 wy_pm2_519 的 Mean（平均值）、Std. Dev.（标准差）、Min（最小值）及 Max（最大值）。

```
quietly summarize wy_pm2_519
```

*将 wy_pm2_519 进行标准化处理。

```
generate wy_pm2_519d = (wy_pm2_519 - r(mean))/r(sd)
```

*对 wy_pm2_519d 进行描述性统计，输出结果见图 4-161。

```
summarize wy_pm2_519d
```

. summarize wy_pm2_519d

Variable	Obs	Mean	Std. Dev.	Min	Max
wy_pm2_519d	263	-5.42e-10	1	-1.680791	2.337481

图 4-161

*将 pm2_519 进行标准化处理，得到 pm2_519d。

```
quietly summarize pm2_519
generate pm2_519d = (pm2_519 - r(mean))/r(sd)
```

*对 pm2_519d 进行描述性统计，确定 Min 和 Max，输出结果见图 4-162。

summarize pm2_519d

```
. summarize pm2_519d
```

Variable	Obs	Mean	Std. Dev.	Min	Max
pm2_519d	263	-1.35e-10	1	-1.897154	2.454845

图 4-162

* 绘制莫兰散点图[①]，见图 4-163。

local size "size(*0.8)"

twoway (scatter wy_pm2_519d pm2_519d,msymbol(oh) mcolor(blue)) (lfit wy_pm2_519d pm2_519d, lpattern(solid) lwidth(medthick) lcolor(red)), xline(0, lp(dash)) yline(0, lp(dash)) xsize(4) ysize(4) xtick(−2 (0.5)2.5) ytick(−2 (0.5)2.5) xscale(range(−2 2.5)) yscale(range(−2 2.5)) xlabel(−2 (0.5) 2.5, labsize(*0.6)) ylabel(−2(0.5) 2.5, labsize(*0.6)) title("Moran's I = 0.848", `size') subtitle("Moran scatter plot of PM{subscript:2.5} in 2019", `size') xtitle("pm2_519d", `size') ytitle("wy_pm2_519d", `size') legend(ring(0) pos(11) cols(1) `size' region(lcolor(black))) scheme(s1mono)

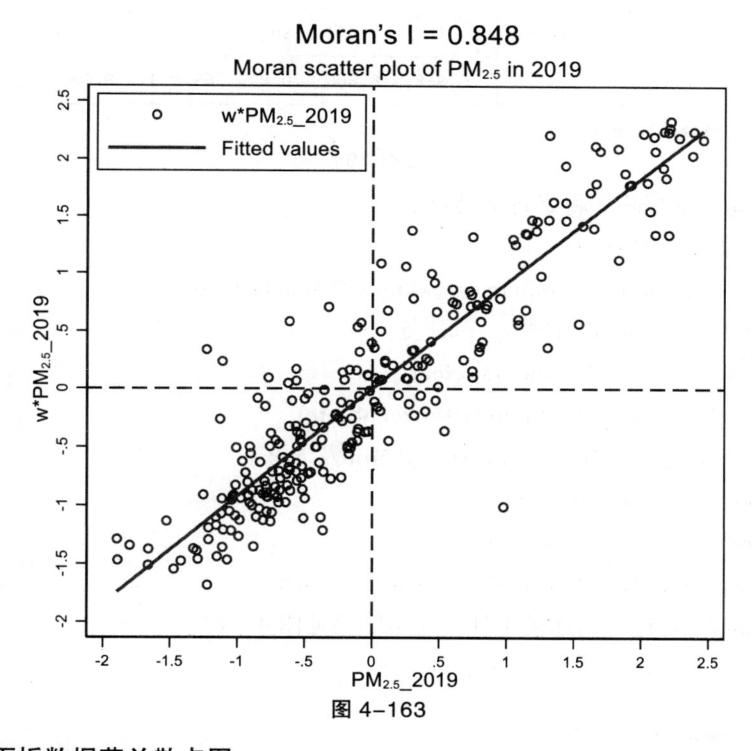

图 4-163

2. 绘制面板数据莫兰散点图

下面以 2006–2019 年雾霾污染的数据为例绘制面板数据莫兰散点图。

① 用 Stata 绘图时，图片中变量的上下标写法举例如下。PM2.5 中的 2.5 为下标，代码为 PM{subscript:2.5}；ug/m^3 中的 3 为上标，代码为 {&mu}g/m{superscript:3}。

* 调入面板数据空间权重矩阵 wknn3xt.dta，并将之行标准化。

use wknn3xt.dta,clear

spatwmat using wknn3xt.dta,name(wknn3xt) standardize

* 调入面板数据，并计算考察期内雾霾污染的全局莫兰指数，输出结果见图 4–164。

use 263cities_uc_panel_data.dta,clear

spatgsa pm2_5,weights(wknn3xt) moran

```
. spatgsa pm2_5,weights(wknn3xt) moran

Measures of global spatial autocorrelation

Weights matrix
--------------------------------------------------
Name: wknn3xt
Type: Imported (non-binary)
Row-standardized: Yes
--------------------------------------------------

Moran's I
```

Variables	I	E(I)	sd(I)	z	p-value*
pm2_5	0.868	-0.000	0.013	69.053	0.000

*1-tail test

图 4–164

* 调入空间权重矩阵并将之行标准化。

use wknn3xt.dta,clear

spatwmat using wknn3xt.dta,name(s_wknn3xt) standardize

* 生成 pm2_5 的空间滞后项 wy_pm2_5。

use 263cities_uc_panel_data.dta, clear

splagvar pm2_5, wname(s_wknn3xt) wfrom(Stata)

* 生成 wy_pm2_5 的 Mean、Std. Dev.、Min 及 Max。

quietly summarize wy_pm2_5

* 将 wy_pm2_5 进行标准化处理。

generate wy_pm2_5d = (wy_pm2_5 – r(mean))/r(sd)

* 对 wy_pm2_5d 进行描述性统计，输出结果见图 4–165。

summarize wy_pm2_5d

```
. summarize wy_pm2_5d
```

Variable	Obs	Mean	Std. Dev.	Min	Max
wy_pm2_5d	3,682	9.41e-11	1	-1.987099	3.804295

图 4–165

```
* 将 pm2_5 进行标准化处理，得到 pm2_5d。
quietly summarize pm2_5
generate pm2_5d = (pm2_5 - r(mean))/r(sd)
* 对 pm2_5d 进行描述性统计，确定 Max 和 Min，输出结果见图 4-166。
summarize pm2_5d
```

. summarize pm2_5d

Variable	Obs	Mean	Std. Dev.	Min	Max
pm2_5d	3,682	-2.19e-10	1	-2.096684	4.015096

图 4-166

```
* 绘制莫兰散点图，见图 4-167。
local size "size(*0.8)"
twoway (scatter wy_pm2_5d pm2_5d,msymbol(oh) mcolor(blue)) (lfit wy_pm2_5d pm2_5d, lpattern(solid) lwidth(medthick) lcolor(red)), xline(0, lp(dash)) yline(0, lp(dash)) xsize(4) ysize(4) xtick(-2 (1)4) ytick(-2 (1)4) xscale(range(-2 4))    yscale(range(-2 4)) xlabel(-2 (1) 4, labsize(*0.6)) ylabel(-2(1) 4, labsize(*0.6)) title("Moran's I = 0.868", `size') subtitle("Moran scatter plot of PM{subscript:2.5} from 2006 to 2019", `size') xtitle("pm2_5d", `size')  ytitle("wy_pm2_5d", `size') legend(ring(0) pos(11) cols(1) `size' region(lcolor(black))) scheme(s1mono)
```

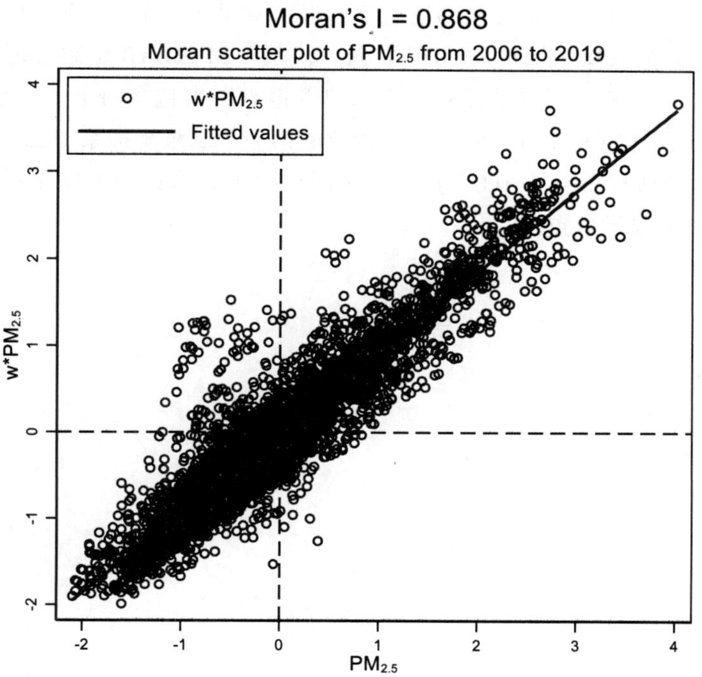

Moran's I = 0.868

Moran scatter plot of $PM_{2.5}$ from 2006 to 2019

图 4-167

4.7 简要述评

在绘制莫兰散点图方面，虽然Stata的命令比较多，有spatlsa、splagvar、moranplot等，但是其缺点也比较明显，例如，图形死板、不美观。本章对Stata现有绘制莫兰散点图的技术进行了升级。同时，详细地介绍了基于MATLAB绘制规范且高级的莫兰散点图的方法。MATLAB的绘图功能可以在一定程度上弥补Stata绘制莫兰散点图时的不足。

习 题

1. 有一份含有长江三角洲地区41个地级及以上城市的地图文件（包括dbf、prj、sbn、sbx、shp、shx文件；不含经纬度、不含经济变量）。另外，有一份2020年长江三角洲地区41个地级及以上城市的GDP数据。请：（1）基于上述资料制作含有经纬度、经济变量（GDP）的新shapefile；（2）基于GeoDa的后邻接空间权重矩阵求2020年长江三角洲地区GDP的全局莫兰指数并绘制其莫兰散点图；（3）基于Stata的spmatrix命令生成反距离空间权重矩阵，基于spatgsa命令计算2020年长江三角洲地区GDP的全局莫兰指数，基于spatlsa命令、splagvar命令及moranplot命令绘制莫兰散点图。

2. 有一份含有长江三角洲地区41个地级及以上城市的地图文件（包括dbf、prj、sbn、sbx、shp、shx文件；不含经纬度、不含经济变量）。另外，有一份2020年长江三角洲地区41个地级及以上城市的GDP数据。请基于MATLAB绘制规范的2020年长江三角洲地区莫兰散点图。具体要求：（1）该莫兰散点图中包含两个坐标系——一是GDP的标准化值值域及其空间滞后值的值域所构成的第一个二维坐标系，二是过(0,0)点的二维坐标系；（2）回归线经过（0,0）点；（3）图形为正方形；（4）仅显示41个地级及以上城市的地名，不显示散点。

第 5 章　空间计量经济学模型

从设定的一个模型体系中的模型数量来划分，空间计量模型可以分为：空间单方程模型、含有两个或两个以上方程的方程组模型（空间联立方程模型、空间似不相关回归模型和空间结构方程模型）。其中，常见的空间单方程模型包括：含有因变量时间滞后项和因变量空间滞后项的 SAR 模型、含有因变量时空滞后项和因变量空间滞后项的 SAR 模型、完全动态 SAR 模型、经典 SAR 模型、含有因变量时间滞后项和因变量空间滞后项的 SDM 模型、含有因变量时空滞后项和因变量空间滞后项的 SDM 模型、完全动态 SDM 模型、经典 SDM 模型、SAC 模型、SEM 模型、SDEM 模型、SLX 模型、GSPRE 模型、SPGWRM 模型。常见的含有两个或两个以上方程的方程组模型是 GS3SLS 模型。

以模型采用的数据结构来划分，空间计量模型可以分为：空间截面数据模型、空间面板数据模型[①]。

5.1　15 种常见的空间面板数据模型的设定

空间面板数据模型的一般形式如下：

$$\boldsymbol{y}_{it} = \tau \boldsymbol{y}_{it-1} + \psi \boldsymbol{W}\boldsymbol{y}_{it-1} + \rho \boldsymbol{W}\boldsymbol{y}_{it} + \beta \boldsymbol{X}_{it} + \boldsymbol{D}\boldsymbol{Z}_{it}\boldsymbol{\theta} + \boldsymbol{a}_i + \boldsymbol{\gamma}_t + \boldsymbol{v}_{it} \tag{5-1}$$

$$\boldsymbol{v}_{it} = \lambda \boldsymbol{E}\boldsymbol{v}_{it} + \boldsymbol{u}_{it} \tag{5-2}$$

其中，$\boldsymbol{u}_i \sim N(0, \sigma_u^2)$；$\boldsymbol{u}_{it}$是一项正态分布误差项，$\boldsymbol{W}$是自回归分量的空间权重矩阵，$\boldsymbol{D}$是自变量空间滞后项的空间权重矩阵，$\boldsymbol{E}$是异质误差分量的空间权重矩阵。$\boldsymbol{a}_i$是个体固定效应或随机效应，$\boldsymbol{\gamma}_t$ 是时间效应。一般情况下，默认$\boldsymbol{W} = \boldsymbol{D}, \boldsymbol{X}_{it} = \boldsymbol{Z}_{it}$。

① 因为面板数据是由 n(一般而言，$n \geqslant 3$)个截面数据组成的，所以相对于截面数据而言，面板数据较为复杂。一般而言，一种模型的回归程序可以同时应用于空间截面数据模型和空间面板数据模型。因为，对空间截面数据模型和空间面板数据模型进行回归的主要区别是：在进行空间面板数据模型回归时，先要进行面板数据设定，命令为 xtset id year。所以，掌握了空间面板数据模型的回归技术就能轻松地掌握空间截面数据模型的回归技术。本节采用的演示模型均为空间面板数据模型。

在此一般模型的基础上可以演化出来 15 种不同的空间计量模型。

① 当$\theta=\lambda=\psi=0$时，模型变为含有因变量时间滞后项、因变量空间滞后项的 SAR 模型：

$$\boldsymbol{y}_{it}=\tau\boldsymbol{y}_{it-1}+\rho\boldsymbol{W}\boldsymbol{y}_{it}+\beta\boldsymbol{X}_{it}+\boldsymbol{a}_i+\boldsymbol{\gamma}_t+\boldsymbol{u}_{it} \tag{5-3}$$

其中，$\boldsymbol{u}_i\sim N(0,\sigma_u^2)$。

② 当$\theta=\lambda=\tau=0$时，模型变为含有因变量时空滞后项、因变量空间滞后项的 SAR 模型：

$$\boldsymbol{y}_{it}=\psi\boldsymbol{W}\boldsymbol{y}_{it-1}+\rho\boldsymbol{W}\boldsymbol{y}_{it}+\beta\boldsymbol{X}_{it}+\boldsymbol{a}_i+\boldsymbol{\gamma}_t+\boldsymbol{u}_{it} \tag{5-4}$$

其中，$\boldsymbol{u}_i\sim N(0,\sigma_u^2)$。

③ 当$\theta=\lambda=0$时，模型变为完全动态 SAR 模型——含有因变量时间滞后项、因变量时空滞后项、因变量空间滞后项的 SAR 模型：

$$\boldsymbol{y}_{it}=\tau\boldsymbol{y}_{it-1}+\psi\boldsymbol{W}\boldsymbol{y}_{it-1}+\rho\boldsymbol{W}\boldsymbol{y}_{it}+\beta\boldsymbol{X}_{it}+\boldsymbol{a}_i+\boldsymbol{\gamma}_t+\boldsymbol{u}_{it} \tag{5-5}$$

其中，$\boldsymbol{u}_i\sim N(0,\sigma_u^2)$。

④ 当$\theta=\lambda=\psi=\tau=0$时，模型变为经典 SAR 模型——含有因变量空间滞后项的 SAR 模型：

$$\boldsymbol{y}_{it}=\rho\boldsymbol{W}\boldsymbol{y}_{it}+\beta\boldsymbol{X}_{it}+\boldsymbol{a}_i+\boldsymbol{\gamma}_t+\boldsymbol{u}_{it} \tag{5-6}$$

其中，$\boldsymbol{u}_i\sim N(0,\sigma_u^2)$。

⑤ 当$\lambda=\psi=0$时，模型变为含有因变量时间滞后项、因变量空间滞后项的 SDM 模型：

$$\boldsymbol{y}_{it}=\tau\boldsymbol{y}_{it-1}+\rho\boldsymbol{W}\boldsymbol{y}_{it}+\beta\boldsymbol{X}_{it}+\boldsymbol{D}\boldsymbol{Z}_{it}\boldsymbol{\theta}+\boldsymbol{a}_i+\boldsymbol{\gamma}_t+\boldsymbol{u}_{it} \tag{5-7}$$

其中，$\boldsymbol{u}_i\sim N(0,\sigma_u^2)$。

⑥ 当$\lambda=\tau=0$时，模型变为含有因变量时空滞后项、因变量空间滞后项的 SDM 模型：

$$\boldsymbol{y}_{it}=\psi\boldsymbol{W}\boldsymbol{y}_{it-1}+\rho\boldsymbol{W}\boldsymbol{y}_{it}+\beta\boldsymbol{X}_{it}+\boldsymbol{D}\boldsymbol{Z}_{it}\boldsymbol{\theta}+\boldsymbol{a}_i+\boldsymbol{\gamma}_t+\boldsymbol{u}_{it} \tag{5-8}$$

其中，$\boldsymbol{u}_i\sim N(0,\sigma_u^2)$。

⑦ 当$\lambda=0$时，模型变为完全动态 SDM 模型——含有因变量时间滞后项、因变量时空滞后项、因变量空间滞后项的 SDM 模型：

$$\boldsymbol{y}_{it}=\tau\boldsymbol{y}_{it-1}+\psi\boldsymbol{W}\boldsymbol{y}_{it-1}+\rho\boldsymbol{W}\boldsymbol{y}_{it}+\beta\boldsymbol{X}_{it}+\boldsymbol{D}\boldsymbol{Z}_{it}\boldsymbol{\theta}+\boldsymbol{a}_i+\boldsymbol{\gamma}_t+\boldsymbol{u}_{it} \tag{5-9}$$

其中，$\boldsymbol{u}_i\sim N(0,\sigma_u^2)$。

⑧ 当$\lambda=\psi=\tau=0$时，模型变为经典 SDM 模型——含有因变量空间滞后项的 SDM 模型：

$$\boldsymbol{y}_{it}=\rho\boldsymbol{W}\boldsymbol{y}_{it}+\beta\boldsymbol{X}_{it}+\boldsymbol{D}\boldsymbol{Z}_{it}\boldsymbol{\theta}+\boldsymbol{a}_i+\boldsymbol{\gamma}_t+\boldsymbol{u}_{it} \tag{5-10}$$

其中，$\boldsymbol{u}_i\sim N(0,\sigma_u^2)$。

xsmle 命令允许对空间滞后的因变量，空间滞后的回归量（$\boldsymbol{D}$），一组不同的解释变量（$\boldsymbol{X}_{it}$）以及空间滞后回归量（$\boldsymbol{Z}_{it}$）使用不同的加权矩阵（$\boldsymbol{W}$）。默认使用$\boldsymbol{W}=\boldsymbol{D}$和$\boldsymbol{X}_{it}=\boldsymbol{Z}_{it}$。

⑨ 当$\theta=\psi=\tau=0$时，模型变为 SAC 模型，它又被称为 SARAR 模型、空间自相关误差自相关模型或带空间自回归误差项的空间自回归模型：

$$\boldsymbol{y}_{it}=\rho\boldsymbol{W}\boldsymbol{y}_{it}+\beta\boldsymbol{X}_{it}+\boldsymbol{a}_i+\boldsymbol{\gamma}_t+\boldsymbol{v}_{it} \tag{5-11}$$

$$\boldsymbol{v}_{it}=\lambda\boldsymbol{E}\boldsymbol{v}_{it}+\boldsymbol{u}_{it} \tag{5-12}$$

其中，$\boldsymbol{u}_i\sim N(0,\sigma_u^2)$，$\boldsymbol{W}$和$\boldsymbol{E}$可以是不同的空间权重矩阵。

⑩ 当$\rho=\theta=\psi=\tau=0$时，模型变为 SEM 模型：

$$\boldsymbol{y}_{it}=\beta\boldsymbol{X}_{it}+\boldsymbol{a}_i+\boldsymbol{\gamma}_t+\boldsymbol{v}_{it} \tag{5-13}$$

$$\boldsymbol{v}_{it} = \lambda \boldsymbol{E}\boldsymbol{v}_{it} + \boldsymbol{u}_{it} \tag{5-14}$$

其中，$\boldsymbol{u}_i \sim N(0, \sigma_u^2)$。

⑪ 当$\rho = \psi = \tau = 0$时，模型变为 SDEM 模型：

$$\boldsymbol{y}_{it} = \beta \boldsymbol{X}_{it} + \boldsymbol{D}\boldsymbol{Z}_{it}\boldsymbol{\theta} + \boldsymbol{a}_i + \boldsymbol{\gamma}_t + \boldsymbol{v}_{it} \tag{5-15}$$

$$\boldsymbol{v}_{it} = \lambda \boldsymbol{E}\boldsymbol{v}_{it} + \boldsymbol{u}_{it} \tag{5-16}$$

其中，$\boldsymbol{u}_i \sim N(0, \sigma_u^2)$。

⑫ 当$\rho = \psi = \tau = \lambda = 0$时，可衍生出 SLX 模型：

$$\boldsymbol{y}_{it} = \beta \boldsymbol{X}_{it} + \boldsymbol{D}\boldsymbol{Z}_{it}\boldsymbol{\theta} + \boldsymbol{a}_i + \boldsymbol{\gamma}_t + \boldsymbol{u}_{it} \tag{5-17}$$

其中，$\boldsymbol{u}_i \sim N(0, \sigma_u^2)$。

⑬ 当$\rho = \theta = \psi = \tau = 0$时，模型也可变为 GSPRE 模型：

$$\boldsymbol{y}_{it} = \beta \boldsymbol{X}_{it} + \boldsymbol{a}_i + \boldsymbol{v}_{it} \tag{5-18}$$

$$\boldsymbol{a}_i = \phi \boldsymbol{W}\boldsymbol{a}_i + \boldsymbol{\mu}_i \tag{5-19}$$

$$\boldsymbol{v}_{it} = \lambda \boldsymbol{E}\boldsymbol{v}_{it} + \boldsymbol{u}_{it} \tag{5-20}$$

其中，$\boldsymbol{u}_i \sim N(0, \sigma_u^2)$，随机效应也具有空间自回归形式。

⑭ SPGWRM 模型：

$$\boldsymbol{W}\boldsymbol{y}_{it} = \boldsymbol{D}\boldsymbol{Z}_{it}\boldsymbol{\theta} + \boldsymbol{a}_i + \boldsymbol{\gamma}_t + \boldsymbol{u}_{it} \tag{5-21}$$

其中，$\boldsymbol{u}_i \sim N(0, \sigma_u^2)$。

⑮ GS3SLS 模型，gs3sls 命令在进行估计时，会将面板数据空间权重矩阵的 n（n=1、2、3、4）阶解释变量$\boldsymbol{X}_{it}$、$\boldsymbol{Z}_{it}$作为工具变量参与回归：

$$\begin{cases} \boldsymbol{y}_{1_{it}} = \boldsymbol{\alpha}_0 + \alpha_1 \boldsymbol{w}\boldsymbol{y}_{1it} + \alpha_2 \boldsymbol{w}\boldsymbol{y}_{2it} + \alpha_3 \boldsymbol{y}_{2it} + \alpha \boldsymbol{X}_{it} + \boldsymbol{u}_{1i} + \boldsymbol{v}_{1t} + \boldsymbol{\varepsilon}_{1it} \\ \boldsymbol{y}_{2_{it}} = \boldsymbol{\beta}_0 + \beta_1 \boldsymbol{w}\boldsymbol{y}_{2it} + \beta_2 \boldsymbol{w}\boldsymbol{y}_{1it} + \beta_3 \boldsymbol{y}_{1it} + \beta \boldsymbol{Z}_{it} + \boldsymbol{u}_{2i} + \boldsymbol{v}_{2t} + \boldsymbol{\varepsilon}_{2it} \end{cases} \tag{5-22}$$

其中，$\boldsymbol{y}_1$和$\boldsymbol{y}_2$为核心解释变量；$\boldsymbol{w}$为空间权重矩阵；$\boldsymbol{X}$和$\boldsymbol{Z}$为控制变量，$\boldsymbol{X}$包括x_1、x_2，$\boldsymbol{Z}$包括x_3、x_4；$\boldsymbol{u}$、$\boldsymbol{v}$、$\boldsymbol{\varepsilon}$分别为地区效应、时间效应、随机扰动项，其中，$\boldsymbol{\varepsilon}_{1i} \sim N(0, \sigma_u^2)$、$\boldsymbol{\varepsilon}_{2i} \sim N(0, \sigma_u^2)$。

5.2 10种经典空间面板数据模型的回归命令、程序及结果演示

本节将主要介绍以下10种常见的空间面板数据模型的回归命令、程序及结果：SAR模型、SDM模型、SAC模型、SEM模型、GSPRE模型、SARAR模型[①]、GS2SLS（Generalized Spatial Two-Stage Least Squares Estimator）模型、GS3SLS模型、GS2SLSAR（Generalized Spatial Two-Stage Least Squares Estimator Autoregressive model）模型及SPGWRM模型。

以Munnel（1990）为例，对SAR模型、SDM模型、SAC模型、SEM模型、GSPRE模型的回归进行演示。该数据包含了1970–1974年美国48个州的如下变量：gsp（Gross State Product，州产出）、pcap（Public Capital，公共资本）、pc（Private Capital，民营资本）、emp（Employment，就业人数）、uemp（Unemployment Rate，失业率）。

5.2.1 SAR模型

* 从Stata官网下载原始数据、空间权重矩阵，调入数据、空间权重矩阵，将变量取对数。

```
.use http://www.econometrics.it/stata/data/xsmle/product.dta, clear
.spmat use usaww using http://www.econometrics.it/stata/data/xsmle/usaww.spmat
.use product.dta, clear
.spmat use usaww using usaww.spmat
.gen lngsp = log(gsp)
.gen lnpcap = log(pcap)
.gen lnpc = log(pc)
.gen lnemp = log(emp)
```

* 采用随机效应模型进行回归；程序中wmat(usaww)之前的re（Random Effects，随机效应）被省略了；不加effects，回归结果将不会汇报效应值；回归结果见图5–1。

```
. xsmle lngsp lnpcap lnpc lnemp unemp,re wmat(usaww) effects
```

* 采用固定效应模型进行回归；与随机效应模型回归程序相比，固定效应模型回归程序仅仅是在原程序wmat(usaww)前添加了re（Fixed Effects，固定效应）；不加effects，回归结果将不会汇报效应值；回归结果见图5–2。

```
. xsmle lngsp lnpcap lnpc lnemp unemp,fe wmat(usaww) effects
```

①SARAR模型与SAC模型是同一个模型。在这里使用了不同的方法演示同一模型的回归过程和结果。

```
Iteration 0:   Log-likelihood = -2300.9218  (not concave)
Iteration 1:   Log-likelihood = -1368.2764  (not concave)
Iteration 2:   Log-likelihood = -1055.0871  (not concave)
Iteration 3:   Log-likelihood = -338.58063  (not concave)
Iteration 4:   Log-likelihood = -26.024193  (not concave)
Iteration 5:   Log-likelihood =  416.79824  (not concave)
Iteration 6:   Log-likelihood =  810.95742  (not concave)
Iteration 7:   Log-likelihood =  1052.3552  (not concave)
Iteration 8:   Log-likelihood =  1232.8901  (not concave)
Iteration 9:   Log-likelihood =  1265.9991
Iteration 10:  Log-likelihood =  1394.3918
Iteration 11:  Log-likelihood =  1425.5379
Iteration 12:  Log-likelihood =  1426.5748
Iteration 13:  Log-likelihood =  1426.5768
Iteration 14:  Log-likelihood =  1426.5768
Computing marginal effects standard errors using MC simulation...

SAR with random-effects                         Number of obs =        816

Group variable: state                        Number of groups =         48
Time variable: year                              Panel length =         17

R-sq:     within  = 0.9435
          between = 0.9800
          overall = 0.9790

Log-likelihood =  1426.5768
```

lngsp	Coef.	Std. Err.	z	P>|z|	[95% Conf.	Interval]
Main						
lnpcap	.0129454	.0275776	0.47	0.639	-.0411057	.0669966
lnpc	.2255536	.025119	8.98	0.000	.1763212	.274786
lnemp	.6708108	.0288595	23.24	0.000	.6142472	.7273744
unemp	-.0057972	.0009386	-6.18	0.000	-.0076368	-.0039575
_cons	1.658149	.1663725	9.97	0.000	1.332065	1.984233
Spatial						
rho	.1616144	.0290562	5.56	0.000	.1046652	.2185636
Variance						
lgt_theta	-2.893863	.2047895	-14.13	0.000	-3.295243	-2.492483
sigma2_e	.0012464	.000069	18.07	0.000	.0011112	.0013816
LR_Direct						
lnpcap	.0140266	.0284945	0.49	0.623	-.0418215	.0698748
lnpc	.2259811	.0241211	9.37	0.000	.1787046	.2732575
lnemp	.6778147	.0276703	24.50	0.000	.6235818	.7320475
unemp	-.0058301	.0009478	-6.15	0.000	-.0076878	-.0039725
LR_Indirect						
lnpcap	.0023056	.0053465	0.43	0.666	-.0081733	.0127844
lnpc	.0410554	.0074694	5.50	0.000	.0264156	.0556952
lnemp	.1241326	.0242815	5.11	0.000	.0765416	.1717235
unemp	-.0010643	.0002565	-4.15	0.000	-.001567	-.0005615
LR_Total						
lnpcap	.0163322	.0337218	0.48	0.628	-.0497613	.0824257
lnpc	.2670365	.0255967	10.43	0.000	.2168678	.3172051
lnemp	.8019472	.0345646	23.20	0.000	.7342019	.8696926
unemp	-.0068944	.0011064	-6.23	0.000	-.0090629	-.0047258

图 5-1

```
Iteration 0:   Log-likelihood =  1453.0873  (not concave)
Iteration 1:   Log-likelihood =  1575.6317
Iteration 2:   Log-likelihood =   1608.083
Iteration 3:   Log-likelihood =   1609.663
Iteration 4:   Log-likelihood =  1609.7201
Iteration 5:   Log-likelihood =  1609.7201
Computing marginal effects standard errors using MC simulation...

SAR with spatial fixed-effects                  Number of obs =        816

Group variable: state                        Number of groups =         48
Time variable: year                              Panel length =         17

R-sq:     within  = 0.9433
          between = 0.9557
          overall = 0.9547

Mean of fixed-effects =  1.7573

Log-likelihood =  1609.7201
```

lngsp	Coef.	Std. Err.	z	P>|z|	[95% Conf.	Interval]
Main						
lnpcap	-.0465815	.0254001	-1.83	0.067	-.0963647	.0032017
lnpc	.1874323	.0233795	8.02	0.000	.1416094	.2332553
lnemp	.6250903	.028505	21.93	0.000	.5692215	.680959
unemp	-.0044816	.0008666	-5.17	0.000	-.00618	-.0027832
Spatial						
rho	.2746886	.0210851	13.03	0.000	.2333625	.3160147
Variance						
sigma2_e	.0011114	.0000551	20.16	0.000	.0010033	.0012194
LR_Direct						
lnpcap	-.0465542	.0265982	-1.75	0.080	-.0986858	.0055774
lnpc	.1900105	.0229369	8.28	0.000	.145055	.234966
lnemp	.6398299	.027523	23.25	0.000	.5858859	.6937739
unemp	-.0045656	.0008838	-5.17	0.000	-.0062978	-.0028334
LR_Indirect						
lnpcap	-.0163173	.0095843	-1.70	0.089	-.0351022	.0024677
lnpc	.0663106	.0085757	7.73	0.000	.0495026	.0831186
lnemp	.2237421	.0196861	11.37	0.000	.185158	.2623262
unemp	-.0015995	.0003466	-4.61	0.000	-.0022789	-.0009201
LR_Total						
lnpcap	-.0628714	.0360627	-1.74	0.081	-.1335531	.0078102
lnpc	.2563211	.0297273	8.62	0.000	.1980567	.3145856
lnemp	.863572	.0356999	24.19	0.000	.7936015	.9335425
unemp	-.006165	.0012052	-5.12	0.000	-.0085272	-.0038029

图 5-2

在图 5-1 和图 5-2 中，rho（ρ）是空间滞后系数（又被称为空间自回归系数）、pcap 是核心解释变量，图中应重点关注的参数有空间滞后系数、核心解释变量的直接效应、间接效应值。

在图 5-1 中，空间滞后系数为 0.162，且在 1% 水平上通过了显著性检验。核心解释变量 lnpcap 的直接、间接及总效应估计系数均未通过显著性检验。因此，回归效果不理想。对图 5-2 的解读同上。

5.2.2　SDM 模型

* 采用随机效应模型进行回归，回归结果见图 5-3。

.xsmle lngsp lnpcap lnpc lnemp, re model(sdm) wmat(usaww) durbin(lnpcap lnpc) effects

```
. xsmle lngsp lnpcap lnpc lnemp, re model(sdm) wmat(usaww) durbin(lnpcap lnpc) effects
Iteration 0:   Log-likelihood = -2300.8763  (not concave)
Iteration 1:   Log-likelihood = -1368.6335  (not concave)
Iteration 2:   Log-likelihood =  -1055.677  (not concave)
Iteration 3:   Log-likelihood = -342.73894  (not concave)
Iteration 4:   Log-likelihood = -27.973029  (not concave)
Iteration 5:   Log-likelihood =  468.77023  (not concave)
Iteration 6:   Log-likelihood =   1020.274  (not concave)
Iteration 7:   Log-likelihood =  1212.8393  (not concave)
Iteration 8:   Log-likelihood =  1310.3202
Iteration 9:   Log-likelihood =  1403.8364
Iteration 10:  Log-likelihood =  1461.2366
Iteration 11:  Log-likelihood =  1469.0979
Iteration 12:  Log-likelihood =  1469.1609
Iteration 13:  Log-likelihood =  1469.1609
Computing marginal effects standard errors using MC simulation...

SDM with random-effects                         Number of obs    =      816

Group variable: state                           Number of groups =       48
Time variable: year                                 Panel length =       17

R-sq:     within  = 0.9414
          between = 0.9908
          overall = 0.9897

Log-likelihood =  1469.1609
```

lngsp	Coef.	Std. Err.	z	P>|z|	[95% Conf.	Interval]
Main						
lnpcap	.0588823	.0227558	2.59	0.010	.0142817	.1034828
lnpc	.2803948	.0238659	11.75	0.000	.2336184	.3271711
lnemp	.6862824	.0235588	29.13	0.000	.6401081	.7324568
_cons	2.564784	.1523396	16.84	0.000	2.266204	2.863364
Wx						
lnpcap	-.2768996	.0325504	-8.51	0.000	-.3406971	-.2131021
lnpc	-.1205317	.0335134	-3.60	0.000	-.1862167	-.0548466
Spatial						
rho	.3403802	.0260712	13.06	0.000	.2892815	.391479
Variance						
lgt_theta	-2.279328	.1303091	-17.49	0.000	-2.53473	-2.023927
sigma2_e	.0011731	.0000605	19.38	0.000	.0010544	.0012918
LR_Direct						
lnpcap	.0358914	.0232343	1.54	0.122	-.0096469	.0814297
lnpc	.2768893	.0222396	12.45	0.000	.2333004	.3204782
lnemp	.7094146	.0221852	31.98	0.000	.6659324	.7528968
LR_Indirect						
lnpcap	-.365061	.0451407	-8.09	0.000	-.4535352	-.2765868
lnpc	-.0352	.036051	-0.98	0.329	-.1058586	.0354587
lnemp	.3310857	.0325878	10.16	0.000	.2672148	.3949565
LR_Total						
lnpcap	-.3291696	.0531511	-6.19	0.000	-.4333438	-.2249954
lnpc	.2416893	.0347364	6.96	0.000	.1736072	.3097714
lnemp	1.0405	.0379135	27.44	0.000	.9661911	1.114809

图 5-3

在图 5-3 的随机效应模型回归结果中，可以观察到，仅仅保留了 lnpcap 和 lnpc 的空间滞后项，而删除了其他项的空间滞后项；空间滞后系数 rho 的回归系数为 0.340，且在 1% 水平上通过了显著性检验。需要指出的是，在 SDM 模型中应重点关注的参数主要为：空间滞后系数、核心解释变量效应值的符号及其显著性。

＊采用固定效应模型进行回归，回归结果见图 5-4。

.xsmle lngsp lnpcap lnpc lnemp,fe model(sdm) wmat(usaww) durbin(lnpcap lnpc) effects

```
. xsmle lngsp lnpcap lnpc lnemp,fe model(sdm) wmat(usaww) durbin(lnpcap lnpc) effects
Warning: All regressors will be spatially lagged

Iteration 0:   Log-likelihood =  1446.3365  (not concave)
Iteration 1:   Log-likelihood =  1572.1716
Iteration 2:   Log-likelihood =  1640.3962
Iteration 3:   Log-likelihood =  1645.0177
Iteration 4:   Log-likelihood =  1645.1109
Iteration 5:   Log-likelihood =   1645.111
Computing marginal effects standard errors using MC simulation...

SDM with spatial fixed-effects                  Number of obs =        816

Group variable: state                        Number of groups =         48
Time variable: year                              Panel length =         17

R-sq:    within  = 0.9437
         between = 0.9880
         overall = 0.9868

Mean of fixed-effects =  1.8178

Log-likelihood =  1645.1110
```

lngsp	Coef.	Std. Err.	z	P>|z|	[95% Conf.	Interval]
Main						
lnpcap	-.0288901	.0247454	-1.17	0.243	-.0773902	.0196101
lnpc	.16594	.0253079	6.56	0.000	.1163375	.2155425
lnemp	.7754467	.026913	28.81	0.000	.7226983	.8281952
Wx						
lnpcap	-.1219195	.0404055	-3.02	0.003	-.2011127	-.0427262
lnpc	-.008558	.0350339	-0.24	0.807	-.0772231	.0601072
lnemp	-.3473069	.0460499	-7.54	0.000	-.437563	-.2570508
Spatial						
rho	.5236215	.0324883	16.12	0.000	.4599456	.5872974
Variance						
sigma2_e	.0009618	.0000488	19.72	0.000	.0008662	.0010573
LR_Direct						
lnpcap	-.0509981	.0254716	-2.00	0.045	-.1009215	-.0010747
lnpc	.1779857	.0241877	7.36	0.000	.1305787	.2253927
lnemp	.787821	.0249923	31.52	0.000	.7388369	.836805
LR_Indirect						
lnpcap	-.2646883	.0685024	-3.86	0.000	-.3989505	-.1304261
lnpc	.1509028	.0519108	2.91	0.004	.0491595	.2526461
lnemp	.1122804	.0528757	2.12	0.034	.008646	.2159149
LR_Total						
lnpcap	-.3156864	.0759462	-4.16	0.000	-.4645382	-.1668347
lnpc	.3288885	.0580585	5.66	0.000	.2150958	.4426811
lnemp	.9001014	.055393	16.25	0.000	.7915331	1.00867

图 5-4

5.2.3 SAC 模型

* 采用固定效应模型进行回归；如果程序中不添加 effects，则汇报结果中将不会出现效应值；回归结果见图 5-5。

.xsmle lngsp lnpcap lnpc lnemp, fe model(sac) wmat(usaww) emat(usaww) effects

```
. xsmle lngsp lnpcap lnpc lnemp, fe model(sac) wmat(usaww) emat(usaww) effects
Iteration 0:   Log-likelihood =  1538.5853
Iteration 1:   Log-likelihood =  1590.8935
Iteration 2:   Log-likelihood =   1632.249
Iteration 3:   Log-likelihood =  1634.3499
Iteration 4:   Log-likelihood =  1634.3591
Iteration 5:   Log-likelihood =  1634.3592
Computing marginal effects standard errors using MC simulation...

SAC with spatial fixed-effects                    Number of obs =       816

Group variable: state                          Number of groups =        48
Time variable: year                                Panel length =        17

R-sq:      within  = 0.9398
           between = 0.9856
           overall = 0.9846

Mean of fixed-effects =  2.7231

Log-likelihood =  1634.3592
```

lngsp	Coef.	Std. Err.	z	P>|z|	[95% Conf.	Interval]
Main						
lnpcap	-.0273604	.0252907	-1.08	0.279	-.0769293	.0222085
lnpc	.172121	.0235068	7.32	0.000	.1260486	.2181934
lnemp	.7945903	.0261034	30.44	0.000	.7434285	.8457521
Spatial						
rho	.0653789	.0294161	2.22	0.026	.0077244	.1230333
lambda	.5005023	.0460641	10.87	0.000	.4102184	.5907862
Variance						
sigma2_e	.001056	.0000511	20.67	0.000	.0009559	.0011562
LR_Direct						
lnpcap	-.0264751	.0260039	-1.02	0.309	-.0774418	.0244916
lnpc	.1712451	.0227523	7.53	0.000	.1266513	.2158388
lnemp	.7980301	.0251726	31.70	0.000	.7486928	.8473674
LR_Indirect						
lnpcap	-.0020672	.0024079	-0.86	0.391	-.0067866	.0026522
lnpc	.0113041	.0049592	2.28	0.023	.0015843	.0210239
lnemp	.0536725	.0244464	2.20	0.028	.0057584	.1015866
LR_Total						
lnpcap	-.0285423	.0281225	-1.01	0.310	-.0836614	.0265768
lnpc	.1825492	.0230907	7.91	0.000	.1372924	.2278061
lnemp	.8517026	.0339642	25.08	0.000	.7851341	.9182711

图 5-5

在图 5-5 的回归结果中，rho 为空间滞后系数，lambda（λ）为随机扰动项的空间滞后系数，上述两者的回归系数分别为 0.065、0.501，分别在 5%、1% 水平上通过了显著性检验。关于随机效应模型的回归，读者可以采用本节的数据自行操作，这里便不再赘述。另外，需要说明的是，回归程序中 wmat(usaww) 和 emat(usaww) 两个矩阵可以相同，但是，两个空间权重矩阵必须同时存在，否则将无法进行回归。

5.2.4 SEM 模型

* 采用随机效应模型进行回归，回归结果见图 5-6。

.xsmle lngsp lnpcap lnpc lnemp, re model(sem) emat(usaww)

```
. xsmle lngsp lnpcap lnpc lnemp, re model(sem) emat(usaww)
Iteration 0:   Log-likelihood =  1363.4012
Iteration 1:   Log-likelihood =  1457.2932
Iteration 2:   Log-likelihood =  1486.5572
Iteration 3:   Log-likelihood =  1486.8427
Iteration 4:   Log-likelihood =  1486.8437
Iteration 5:   Log-likelihood =  1486.8437

SEM with random-effects                          Number of obs =        816

Group variable: state                         Number of groups =         48
Time variable: year                               Panel length =         17

R-sq:     within  = 0.9376
          between = 0.9914
          overall = 0.9902

Log-likelihood =  1486.8437
```

lngsp	Coef.	Std. Err.	z	P>|z|	[95% Conf.	Interval]
Main						
lnpcap	.0227085	.0222211	1.02	0.307	-.0208439	.066261
lnpc	.2207677	.0208911	10.57	0.000	.1798219	.2617134
lnemp	.7735694	.0240947	32.11	0.000	.7263445	.8207942
_cons	2.559538	.1477828	17.32	0.000	2.269889	2.849187
Spatial						
lambda	.561607	.031853	17.63	0.000	.4991762	.6240378
Variance						
ln_phi	2.132629	.2324414	9.17	0.000	1.677053	2.588206
sigma2_e	.0010492	.0000553	18.97	0.000	.0009408	.0011575

图 5-6

* 采用固定效应模型进行回归，回归结果见图 5-7。

.xsmle lngsp lnpcap lnpc lnemp,fe model(sem) emat(usaww)

```
. xsmle lngsp lnpcap lnpc lnemp,fe model(sem) emat(usaww)
Iteration 0:   Log-likelihood =    1550.797
Iteration 1:   Log-likelihood =   1626.6358
Iteration 2:   Log-likelihood =   1631.8702
Iteration 3:   Log-likelihood =   1631.9286
Iteration 4:   Log-likelihood =   1631.9286

SEM with spatial fixed-effects                       Number of obs =        816

Group variable: state                             Number of groups =         48
Time variable: year                                   Panel length =         17

R-sq:     within  = 0.9385
          between = 0.9898
          overall = 0.9887

Mean of fixed-effects =  2.9980

Log-likelihood =  1631.9286
------------------------------------------------------------------------------
       lngsp |      Coef.   Std. Err.      z    P>|z|     [95% Conf. Interval]
-------------+----------------------------------------------------------------
Main         |
      lnpcap |  -.0102101   .0238966    -0.43   0.669    -.0570466    .0366264
        lnpc |   .1894868   .0223727     8.47   0.000     .1456371    .2333366
       lnemp |   .8037226   .0258696    31.07   0.000     .7530191     .854426
-------------+----------------------------------------------------------------
Spatial      |
      lambda |   .5695174   .0315349    18.06   0.000     .5077101    .6313248
-------------+----------------------------------------------------------------
Variance     |
    sigma2_e |    .000977   .0000498    19.61   0.000     .0008794    .0010746
------------------------------------------------------------------------------
```

图 5-7

在图 5-6 和图 5-7 中，lambda 为随机扰动项的空间滞后系数，回归系数为 0.562、0.570，均在 1% 水平上通过了显著性检验。因为在 SEM 模型回归结果中没有效应值，所以在文献中汇报的是该模型各变量的回归系数。

5.2.5 GSPRE 模型

GSPRE 模型是广义空间面板随机效应模型。error(#) 定义了空间随机效应误差结构。

error(1) for phi != lambda != 0 – the default

error(2) for phi != 0, lambda == 0

error(3) for phi == 0, lambda != 0(等同于 SEM 模型)

error(4) for phi == lambda

* phi != lambda != 0 的意思是 phi $\neq$ lambda $\neq$ 0，其余与之类似。在这里，仅作 error(1) 回归演示。感兴趣的读者可以采用既有数据作 error(2)、error(3)、error(4) 回归。error(1) 回归结果见图 5-8。

```
. xsmle lngsp lnpcap lnpc lnemp, model(gspre) error(1) wmat(usaww) emat(usaww)
Iteration 0:   Log-likelihood =   1304.656
Iteration 1:   Log-likelihood =  1418.3416
Iteration 2:   Log-likelihood =  1466.0006
Iteration 3:   Log-likelihood =  1484.8705
Iteration 4:   Log-likelihood =   1487.433
Iteration 5:   Log-likelihood =  1487.7966
Iteration 6:   Log-likelihood =  1487.7997
Iteration 7:   Log-likelihood =  1487.7997

SEM with spatial autoregressive random-effects       Number of obs =        816

Group variable: state                              Number of groups =         48
Time variable: year                                    Panel length =         17

R-sq:    within  = 0.9375
         between = 0.9914
         overall = 0.9902

Log-likelihood =  1487.7997
```

lngsp	Coef.	Std. Err.	z	P>|z|	[95% Conf.	Interval]
Main						
lnpcap	.0241211	.022153	1.09	0.276	-.0192979	.0675402
lnpc	.2204807	.0213376	10.33	0.000	.1786598	.2623017
lnemp	.7761785	.0245677	31.59	0.000	.7280266	.8243304
_cons	2.532221	.1508486	16.79	0.000	2.236564	2.827879
Spatial						
phi	.2816013	.1934541	1.46	0.145	-.0975617	.6607643
lambda	.5605147	.0318896	17.58	0.000	.4980123	.6230171
Variance						
sigma_mu	.0909239	.0103421	8.79	0.000	.0706538	.111194
sigma_e	.0324072	.0008544	37.93	0.000	.0307326	.0340818

图 5-8

在图 5-8 中 phi（ϕ）为地区效应的空间滞后系数，回归系数为 0.282，没有通过显著性检验；lambda 为随机扰动项的空间滞后系数，回归系数为 0.561，在 1% 水平上通过了显著检验。在 GSPRE 模型中，无效应值，应重点关注的参数为变量的回归系数。

5.2.6 SARAR 模型

现有 1960 年、1970 年、1980 年和 1990 年美国南部各州县的凶杀率数据 homicide_1960_1990.dta 数据集。该数据集包含的变量有：hrate（Homicide Rate，各县每年每 100000 人的凶杀率）、ln population（县人口的对数）、ln pdensity（人口密度的对数）以及 gini（各县的基尼系数）。gini 测度收入不平等，gini 越大意味着越不平等（Gini，1997）。这些数据是对 Baller et al.（2001）最初使用的数据的摘录，有关该主题的文献综述，请参见 Britt（1994）的文献。

这里要研究的是 gini 对凶杀率的影响。

```
* 将原始数据 copy 到电脑的指定文件夹里面。
. copy https://www.stata-press.com/data/r16/homicide_1960_1990.dta .
. copy https://www.stata-press.com/data/r16/homicide_1960_1990_shp.dta .
```

* 调用数据，数据结构见图 5-9。

```
. use homicide_1960_1990.dta, clear
```

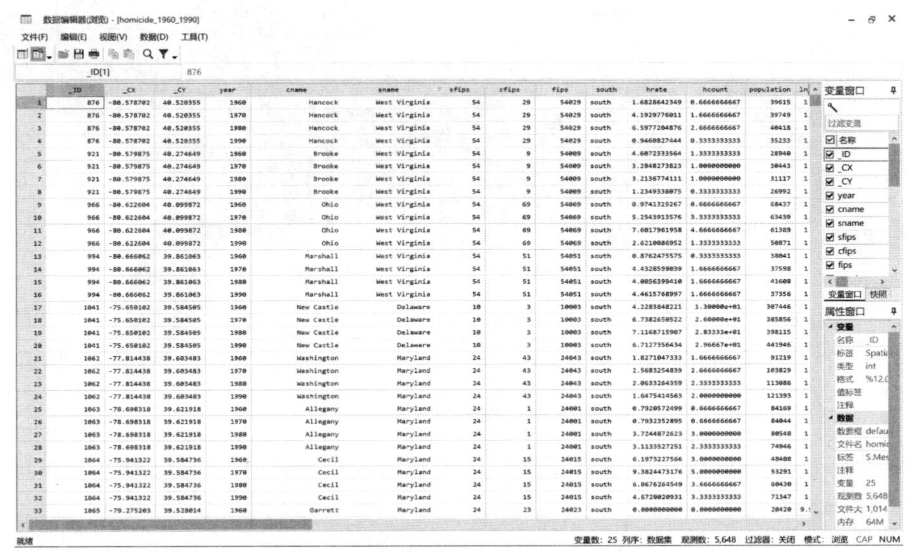

	_ID	_CX	_CY	year	cname	sname	sfips	cfips	fips	south	hrate	hcount	population	ln
1	876	-80.578702	40.520355	1960	Hancock	West Virginia	54	29	54029	south	1.6828642349	0.6666666667	39615	1
2	876	-80.578702	40.520355	1970	Hancock	West Virginia	54	29	54029	south	4.1929776011	1.6666666667	39749	1
3	876	-80.578702	40.520355	1980	Hancock	West Virginia	54	29	54029	south	6.5977204876	2.6666666667	40418	1
4	876	-80.578702	40.520355	1990	Hancock	West Virginia	54	29	54029	south	0.9460827444	0.3333333333	35233	1
5	921	-80.579875	40.274649	1960	Brooke	West Virginia	54	9	54009	south	4.6072333564	1.3333333333	28940	1
6	921	-80.579875	40.274649	1970	Brooke	West Virginia	54	9	54009	south	3.2848273823	1.0000000000	30443	1
7	921	-80.579875	40.274649	1980	Brooke	West Virginia	54	9	54009	south	3.2136774111	1.0000000000	31117	1
8	921	-80.579875	40.274649	1990	Brooke	West Virginia	54	9	54009	south	1.2349338075	0.3333333333	26992	1
9	966	-80.622604	40.099872	1960	Ohio	West Virginia	54	69	54069	south	0.9741319267	0.6666666667	68437	1
10	966	-80.622604	40.099872	1970	Ohio	West Virginia	54	69	54069	south	5.2543913576	3.3333333333	63439	1
11	966	-80.622604	40.099872	1980	Ohio	West Virginia	54	69	54069	south	7.6017961958	4.6666666667	61389	1
12	966	-80.622604	40.099872	1990	Ohio	West Virginia	54	69	54069	south	2.6210086952	1.3333333333	50871	1
13	994	-80.666062	39.861063	1960	Marshall	West Virginia	54	51	54051	south	0.8762475575	0.3333333333	38041	1
14	994	-80.666062	39.861063	1970	Marshall	West Virginia	54	51	54051	south	4.4328599039	1.6666666667	37598	1
15	994	-80.666062	39.861063	1980	Marshall	West Virginia	54	51	54051	south	4.0056399410	1.6666666667	41608	1
16	994	-80.666062	39.861063	1990	Marshall	West Virginia	54	51	54051	south	4.4615768997	1.6666666667	37356	1
17	1041	-75.650102	39.584505	1960	New Castle	Delaware	10	3	10003	south	4.2283848221	1.30000e+01	307446	1
18	1041	-75.650102	39.584505	1970	New Castle	Delaware	10	3	10003	south	6.7382650522	2.60000e+01	385856	1
19	1041	-75.650102	39.584505	1980	New Castle	Delaware	10	3	10003	south	7.1168715907	2.83333e+01	398115	1
20	1041	-75.650102	39.584505	1990	New Castle	Delaware	10	3	10003	south	6.7127356434	2.96667e+01	441946	1
21	1062	-77.814438	39.603483	1960	Washington	Maryland	24	43	24043	south	1.8271047333	1.6666666667	91219	1
22	1062	-77.814438	39.603483	1970	Washington	Maryland	24	43	24043	south	2.5683254839	2.6666666667	103829	1
23	1062	-77.814438	39.603483	1980	Washington	Maryland	24	43	24043	south	2.0633264359	2.3333333333	113086	1
24	1062	-77.814438	39.603483	1990	Washington	Maryland	24	43	24043	south	1.6475414563	2.0000000000	121393	1
25	1063	-78.698318	39.621918	1960	Allegany	Maryland	24	1	24001	south	0.7920572499	0.6666666667	84169	1
26	1063	-78.698318	39.621918	1970	Allegany	Maryland	24	1	24001	south	0.7932352895	0.6666666667	84044	1
27	1063	-78.698318	39.621918	1980	Allegany	Maryland	24	1	24001	south	3.7244872623	3.0000000000	80548	1
28	1063	-78.698318	39.621918	1990	Allegany	Maryland	24	1	24001	south	3.1133527251	2.3333333333	74946	1
29	1064	-75.941322	39.584736	1960	Cecil	Maryland	24	15	24015	south	6.1975227566	3.0000000000	48408	1
30	1064	-75.941322	39.584736	1970	Cecil	Maryland	24	15	24015	south	9.3824473176	5.0000000000	53291	1
31	1064	-75.941322	39.584736	1980	Cecil	Maryland	24	15	24015	south	6.0676264549	3.6666666667	60430	1
32	1064	-75.941322	39.584736	1990	Cecil	Maryland	24	15	24015	south	4.6720020931	3.3333333333	71347	1
33	1065	-79.275203	39.528014	1960	Garrett	Maryland	24	23	24023	south	0.0000000000	0.0000000000	20420	9.

图 5-9

* 面板数据[①] 识别设定，程序运行见图 5-10。

```
.xtset_ID year
```

```
. xtset _ID year
       panel variable:  _ID (strongly balanced)
        time variable:  year, 1960 to 1990, but with gaps
                delta:  1 unit
```

图 5-10

* 空间数据识别设定，程序运行见图 5-11。

```
.spset
```

```
. spset
  Sp dataset homicide_1960_1990.dta
                  data:  panel
       spatial-unit id:  _ID
               time id:  year (see xtset)
           coordinates:  _CX, _CY (planar)
     linked shapefile:  homicide_1960_1990_shp.dta
```

图 5-11

* 与截面绘制地理分级图不同，面板数据需要指定要绘制的年份。指定年份时，采用条件语句 if == 1960 是不可行的，需采用 grmap 的选项 t(#)，如 .grmap hrate,t(1960)，其中，“#” 为年份。图 5-12 展示了 1990 年美国南部凶杀率的空间分布图。

```
.grmap hrate,t(1960)
```

①xtset 报告显示数据是强平衡(Strongly Balanced)的。每个县都有 4 年的数据，spxtregress 要求数据强平衡。变量中的缺失值可能会导致估计样本不平衡。这时，sp 面板估计命令会发生抵抗，我们将不得不对我们模型中变量的非缺失值数据进行强平衡。更多信息参考 spbalance。

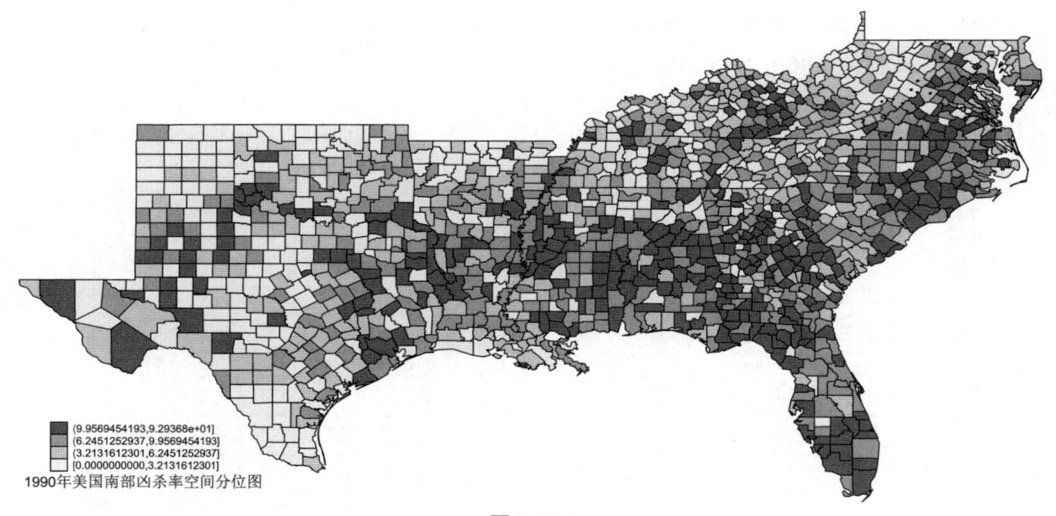

图 5-12

* 使用 xtreg、re 执行一个包含年度虚拟变量的非空间随机效应模型，增加 i.year 因子变量，输出结果见图 5-13。

.xtreg hrate ln_population ln_pdensity gini i.year, re

```
. xtreg hrate ln_population ln_pdensity gini i.year, re

Random-effects GLS regression                   Number of obs     =      5,648
Group variable: _ID                             Number of groups  =      1,412

R-sq:                                           Obs per group:
     within  = 0.0478                                         min =          4
     between = 0.1666                                         avg =        4.0
     overall = 0.0905                                         max =          4

                                                Wald chi2(6)      =     414.32
corr(u_i, X)   = 0 (assumed)                    Prob > chi2       =     0.0000

------------------------------------------------------------------------------
        hrate |      Coef.   Std. Err.      z    P>|z|     [95% Conf. Interval]
--------------+---------------------------------------------------------------
ln_population |   .4394103   .1830599     2.40   0.016     .0806194    .7982012
  ln_pdensity |   .3220698   .1591778     2.02   0.043     .0100872    .6340525
         gini |   34.43792   2.905163    11.85   0.000      28.7439    40.13193
              |
         year |
         1970 |   1.411074   .2579218     5.47   0.000     .9055562    1.916591
         1980 |   1.347822   .2499977     5.39   0.000     .8578352    1.837808
         1990 |   .3668468   .2648395     1.39   0.166    -.1522291    .8859228
              |
        _cons |  -10.07267   1.800932    -5.59   0.000    -13.60243   -6.542908
--------------+---------------------------------------------------------------
      sigma_u |  3.5995346
      sigma_e |   5.646151
          rho |  .28898083   (fraction of variance due to u_i)
------------------------------------------------------------------------------
```

图 5-13

需要强调的是，我们可以忽略数据的空间特征并使用 Stata 的任何估计命令，即使数据是空间的。这样做通常是可行的，因为它提供了一个基准模型，可以根据它比较后续的空间回归结果。

接下来，我们估计一个空间随机效应模型。为此，我们需要构建空间权重矩阵。我们对相邻县给予相同的权重，将不相邻的县的权重设置为 0，便创建出了我们所熟知的邻接矩阵。同时，对权重矩阵进行默认的行标准化。当创建矩阵时，我们必须将 spmatrix create 限制为每个空间单位进行一次观察。

* 以 1990 年为基准创建行标准化的邻接空间权重矩阵[①]

.spmatrix create contiguity W if year == 1990

* 采用随机效应模型进行回归，回归结果见图 5-14-1 和图 5-14-2。

.spxtregress hrate ln_population ln_pdensity gini i.year, re dvarlag(W) errorlag(W)

```
. spxtregress hrate ln_population ln_pdensity gini i.year, re dvarlag(W) errorlag(W)
  (5648 observations)
  (5648 observations used)
  (data contain 1412 panels (places) )
  (weighting matrix defines 1412 places)

Fitting starting values:

Iteration 0:   log likelihood = -13299.332
Iteration 1:   log likelihood = -13298.431
Iteration 2:   log likelihood =  -13298.43
Iteration 3:   log likelihood =  -13298.43

Optimizing concentrated log likelihood:

initial:       log likelihood = -18826.009
improve:       log likelihood = -18826.009
rescale:       log likelihood = -18826.009
rescale eq:    log likelihood = -18500.374
Iteration 0:   log likelihood = -18500.374  (not concave)
Iteration 1:   log likelihood = -18473.617  (not concave)
Iteration 2:   log likelihood = -18465.326
Iteration 3:   log likelihood = -18432.709
Iteration 4:   log likelihood = -18356.246
Iteration 5:   log likelihood = -18354.859
Iteration 6:   log likelihood =  -18354.84
Iteration 7:   log likelihood =  -18354.84

Optimizing unconcentrated log likelihood:

Iteration 0:   log likelihood =  -18354.84
Iteration 1:   log likelihood =  -18354.84  (backed up)
```

图 5-14-1

①不要误解 if year == 1990 的目的。一般而言，地图不会改变，创建的矩阵将适用于任何年份的变量，使其产生空间滞后值。如果两个县在 1990 年有共同的边界，那么它们在其他年份也不会发生变化。我们现在可以拟合包括因变量的空间滞后和空间自回归误差项的空间计量模型，即 SARAR(1,0,1)。

```
Random-effects spatial regression               Number of obs     =      5,648
Group variable: _ID                             Number of groups  =      1,412
                                                Obs per group     =          4

                                                Wald chi2(7)      =    1421.80
                                                Prob > chi2       =     0.0000
Log likelihood = -1.835e+04                     Pseudo R2         =     0.0911

------------------------------------------------------------------------------
       hrate |      Coef.   Std. Err.      z    P>|z|     [95% Conf. Interval]
-------------+----------------------------------------------------------------
hrate        |
ln_population|  -.2988715   .1622149    -1.84   0.065    -.6168068    .0190638
  ln_pdensity|   .7893218   .1380611     5.72   0.000      .518727    1.059917
         gini|   22.77053   2.604628     8.74   0.000     17.66555    27.87551
             |
         year|
        1970 |   .3977167   .1906035     2.09   0.037     .0241407    .7712926
        1980 |   .4033442   .1825722     2.21   0.027     .0455093    .7611791
        1990 |  -.1284627     .19469    -0.66   0.509     -.510048    .2531227
             |
        _cons|  -4.182035   1.607564    -2.60   0.009    -7.332802   -1.031267
-------------+----------------------------------------------------------------
W            |
        hrate|   .5740162   .0249799    22.98   0.000     .5250564     .622976
      e.hrate|  -.4626341   .0508732    -9.09   0.000    -.5623438   -.3629245
-------------+----------------------------------------------------------------
     /sigma_u|   3.087657   .1046893                      2.889139    3.299816
     /sigma_e|    5.40831   .0661566                      5.280188    5.539542
------------------------------------------------------------------------------
Wald test of spatial terms:          chi2(2) = 713.88      Prob > chi2 = 0.0000
```

图 5-14-2

* 计算采用随机效应模型时 gini 影响的平均值，输出结果见图 5-15。

.estat impact gini

```
. estat impact gini

progress    :100%

Average impacts                                 Number of obs     =      5,648

------------------------------------------------------------------------------
             |            Delta-Method
             |      dy/dx   Std. Err.      z    P>|z|     [95% Conf. Interval]
-------------+----------------------------------------------------------------
direct       |
         gini|    24.1144   2.715905     8.88   0.000     18.79132    29.43748
-------------+----------------------------------------------------------------
indirect     |
         gini|   22.73745   2.787575     8.16   0.000     17.27391      28.201
-------------+----------------------------------------------------------------
total        |
         gini|   46.85185   5.126102     9.14   0.000     36.80488    56.89883
------------------------------------------------------------------------------
```

图 5-15

图 5-15 显示，gini 对 hrate 有显著的平均直接和平均间接影响，两者都是正向的。不平等的加剧与凶杀率呈现出正相关关系，即不平等加剧了凶杀率的提高。

* 生成标准化的反距离空间权重矩阵，并展示该矩阵基本信息，见图 5-16。

.spmatrix create idistance M if year == 1990

.spmatrix dir

```
. spmatrix create idistance M if year == 1990

. spmatrix dir
```

Weighting matrix name	N x N	Type	Normalization
M	1412 x 1412	idistance	spectral
W	1412 x 1412	contiguity	spectral

图 5-16

* 我们想知道 gini 的影响是否随着时间的推移而改变，所以在模型中加入了 gini 和 year 的交互项，使用刚创建的空间权重矩阵 ***M*** 进行回归。回归结果，见图 5-17-1 和图 5-17-2。

.spxtregress hrate ln_population ln_pdensity c.gini##i.year, re dvarlag(M) errorlag(M)

```
. spxtregress hrate ln_population ln_pdensity c.gini##i.year, re  dvarlag(M) errorlag(M)
  (5648 observations)
  (5648 observations used)
  (data contain 1412 panels (places) )
  (weighting matrix defines 1412 places)

Fitting starting values:

Iteration 0:   log likelihood = -13299.165  (not concave)
Iteration 1:   log likelihood = -13296.627
Iteration 2:   log likelihood = -13291.972
Iteration 3:   log likelihood = -13291.885
Iteration 4:   log likelihood = -13291.885

Optimizing concentrated log likelihood:

initial:       log likelihood = -18464.522
improve:       log likelihood = -18464.522
rescale:       log likelihood = -18464.522
rescale eq:    log likelihood = -18298.399
Iteration 0:   log likelihood = -18298.399
Iteration 1:   log likelihood = -18278.075
Iteration 2:   log likelihood = -18271.904
Iteration 3:   log likelihood = -18271.213
Iteration 4:   log likelihood = -18271.184
Iteration 5:   log likelihood = -18271.184

Optimizing unconcentrated log likelihood:

Iteration 0:   log likelihood = -18271.184
Iteration 1:   log likelihood = -18271.184  (backed up)
```

图 5-17-1

```
Random-effects spatial regression               Number of obs     =      5,648
Group variable: _ID                             Number of groups  =      1,412
                                                Obs per group     =          4

                                                Wald chi2(10)     =     710.10
                                                Prob > chi2       =     0.0000
Log likelihood = -1.827e+04                     Pseudo R2         =     0.1150

------------------------------------------------------------------------------
       hrate |      Coef.   Std. Err.      z    P>|z|     [95% Conf. Interval]
-------------+----------------------------------------------------------------
hrate        |
ln_population|   .7908003   .1764818     4.48   0.000     .4449023    1.136698
  ln_pdensity|  -.1223671    .166526    -0.73   0.462     -.448752    .2040178
         gini|   17.82039   4.278774     4.16   0.000     9.434147    26.20663
             |
         year|
        1970 |  -2.456656   2.303066    -1.07   0.286    -6.970582     2.05727
        1980 |  -9.470622   2.501527    -3.79   0.000    -14.37352    -4.56772
        1990 |  -22.81817   2.528689    -9.02   0.000    -27.77431   -17.86203
             |
  year#c.gini|
        1970 |   6.664314   6.130435     1.09   0.277    -5.351118    18.67975
        1980 |   24.86122   6.715024     3.70   0.000     11.70002    38.02242
        1990 |   57.40946   6.691097     8.58   0.000     44.29515    70.52376
             |
        _cons|  -11.17804   2.061042    -5.42   0.000    -15.21761   -7.138476
-------------+----------------------------------------------------------------
M            |
        hrate|    .694492   .0496075    14.00   0.000     .5972631    .7917209
      e.hrate|   1.950078   .0513563    37.97   0.000     1.849421    2.050735
-------------+----------------------------------------------------------------
     /sigma_u|   2.696022   .1147302                      2.480277    2.930533
     /sigma_e|   5.645628   .0618616                      5.525674    5.768186
------------------------------------------------------------------------------
Wald test of spatial terms:          chi2(2) = 1711.10    Prob > chi2 = 0.0000
```

图 5-17-2

* 使用对比命令 contrast，测试 gini 和 year 交互项的显著性，输出结果见图 5-18。

.contrasts c.gini#year

```
. contrasts c.gini#year

Contrasts of marginal linear predictions

Margins      : asbalanced

------------------------------------------------
             |         df        chi2     P>chi2
-------------+----------------------------------
hrate        |
 year#c.gini |          3       81.59     0.0000
------------------------------------------------
```

图 5-18

图 5-18 显示，交互项是显著的。我们可以使用 estat impact，结合 if 语句来逐年探索 gini 的影响。

* 探索 1960 年 gini 对 hrate 的影响，输出结果见图 5-19。

.estat impact gini if year == 1960

```
. estat impact gini if year == 1960

progress   :100%

Average impacts                              Number of obs     =      1,412
```

	dy/dx	Delta-Method Std. Err.	z	P>|z|	[95% Conf.	Interval]
direct						
gini	17.85376	4.28582	4.17	0.000	9.453712	26.25382
indirect						
gini	37.06435	11.60645	3.19	0.001	14.31612	59.81258
total						
gini	54.91812	14.85782	3.70	0.000	25.79734	84.0389

图 5-19

* 探索 1970 年 gini 对 hrate 的影响，输出结果见图 5-20。

.estat impact gini if year == 1970

```
. estat impact gini if year == 1970

progress   :100%

Average impacts                              Number of obs     =      1,412
```

	dy/dx	Delta-Method Std. Err.	z	P>|z|	[95% Conf.	Interval]
direct						
gini	24.53056	5.033538	4.87	0.000	14.66501	34.39611
indirect						
gini	50.92536	15.21235	3.35	0.001	21.1097	80.74101
total						
gini	75.45592	18.8175	4.01	0.000	38.57429	112.3375

图 5-20

* 探索 1980 年 gini 对 hrate 的影响，输出结果见图 5-21。

.estat impact gini if year == 1980

```
. estat impact gini if year == 1980

progress   :100%

Average impacts                              Number of obs     =      1,412
```

	dy/dx	Delta-Method Std. Err.	z	P>|z|	[95% Conf.	Interval]
direct						
gini	42.76155	5.683653	7.52	0.000	31.62179	53.9013
indirect						
gini	88.77282	23.09516	3.84	0.000	43.50715	134.0385
total						
gini	131.5344	26.20929	5.02	0.000	80.16511	182.9036

图 5-21

* 探索 1990 年 gini 对 hrate 的影响，输出结果见图 5-22。

.estat impact gini if year == 1990

```
. estat impact gini if year == 1990

progress    :100%

Average impacts                               Number of obs     =      1,412

------------------------------------------------------------------------------
             |            Delta-Method
             |      dy/dx   Std. Err.      z    P>|z|     [95% Conf. Interval]
-------------+----------------------------------------------------------------
direct       |
        gini |   75.37074    5.62858    13.39   0.000     64.33893    86.40256
-------------+----------------------------------------------------------------
indirect     |
        gini |   156.4694   37.24056     4.20   0.000     83.47924    229.4595
-------------+----------------------------------------------------------------
total        |
        gini |   231.8401   39.01861     5.94   0.000     155.3651    308.3152
------------------------------------------------------------------------------
```

图 5-22

通过图 5-19 至图 5-22 可以看出，gini 对 hrate 的直接、间接和总体影响都呈上升趋势。

* 采用随机效应模型，并使用 re sarpanel 命令进行回归，输出结果见图 5-23-1 和图 5-23-2。

.spxtregress hrate ln_population ln_pdensity c.gini##i.year, re sarpanel dvarlag(M) errorlag(M)

```
. spxtregress hrate ln_population ln_pdensity c.gini##i.year, re sarpanel dvarlag(M) errorlag(M)
  (5648 observations)
  (5648 observations used)
  (data contain 1412 panels (places) )
  (weighting matrix defines 1412 places)

Fitting starting values:

Iteration 0:   log likelihood = -13299.165  (not concave)
Iteration 1:   log likelihood = -13296.627
Iteration 2:   log likelihood = -13291.972
Iteration 3:   log likelihood = -13291.885
Iteration 4:   log likelihood = -13291.885

Optimizing concentrated log likelihood:

initial:       log likelihood = -18366.576
improve:       log likelihood = -18366.576
rescale:       log likelihood = -18366.576
rescale eq:    log likelihood = -18253.806
Iteration 0:   log likelihood = -18253.806
Iteration 1:   log likelihood = -18239.342
Iteration 2:   log likelihood = -18238.571
Iteration 3:   log likelihood = -18238.569

Optimizing unconcentrated log likelihood:

Iteration 0:   log likelihood = -18238.569
Iteration 1:   log likelihood = -18238.569  (backed up)

Random-effects spatial regression               Number of obs     =      5,648
Group variable: _ID                             Number of groups  =      1,412
                                                Obs per group     =          4

                                                Wald chi2(10)     =    1136.49
                                                Prob > chi2       =     0.0000
Log likelihood = -1.824e+04                     Pseudo R2         =     0.1177
```

图 5-23-1

hrate	Coef.	Std. Err.	z	P>|z|	[95% Conf.	Interval]
hrate						
ln_population	.4366742	.1752495	2.49	0.013	.0931915	.7801569
ln_pdensity	.1896	.164133	1.16	0.248	-.1320947	.5112948
gini	18.92328	4.42621	4.28	0.000	10.24807	27.59849
year						
1970	-.9590229	2.362014	-0.41	0.685	-5.588486	3.67044
1980	-8.19778	2.554506	-3.21	0.001	-13.20452	-3.19104
1990	-22.4189	2.61017	-8.59	0.000	-27.53474	-17.30306
year#c.gini						
1970	5.865776	6.255295	0.94	0.348	-6.394376	18.12593
1980	24.20335	6.834201	3.54	0.000	10.80856	37.59814
1990	58.38273	6.881942	8.48	0.000	44.89437	71.87109
_cons	-6.535916	2.257832	-2.89	0.004	-10.96119	-2.110646
M						
hrate	.3317434	.0967133	3.43	0.001	.1421888	.521298
e.hrate	2.860571	.0558304	51.24	0.000	2.751145	2.969996
/sigma_u	2.686156	.1123355			2.474764	2.915605
/sigma_e	5.609948	.0612095			5.491253	5.731208

Wald test of spatial terms: chi2(2) = 2685.83 Prob > chi2 = 0.0000

图 5-23-2

通过图 5-17-2 和图 5-23-2 可以看出，re 和 re sarpanel 两种估计方法对 hrate 的空间滞后和自回归误差项的估计值有明显不同；但其他项的估计值是相似的。在 re sarpanel 模型中，似乎 hrate 的一些空间滞后效应被面板效应的自回归形式所解释了。

随机效应估计量假设模型中面板效应与协变量不相关，我们可以使用固定效应估计量放松该假设。

* 使用相同数据拟合固定效应模型，并使用 xtreg、fe 命令拟合非空间模型，输出结果见图 5-24。

.xtreg hrate ln_population ln_pdensity gini, fe

```
. xtreg hrate ln_population ln_pdensity gini, fe

Fixed-effects (within) regression               Number of obs     =      5,648
Group variable: _ID                             Number of groups  =      1,412

R-sq:                                           Obs per group:
     within  = 0.0356                                         min =          4
     between = 0.0084                                         avg =        4.0
     overall = 0.0131                                         max =          4

                                                F(3,4233)         =      52.04
corr(u_i, Xb)  = -0.2819                        Prob > F          =     0.0000
```

hrate	Coef.	Std. Err.	t	P>|t|	[95% Conf.	Interval]
ln_population	-2.16467	1.702073	-1.27	0.204	-5.501627	1.172286
ln_pdensity	1.007573	1.659751	0.61	0.544	-2.246409	4.261555
gini	35.12694	2.816652	12.47	0.000	29.60483	40.64906
_cons	13.90421	10.91007	1.27	0.203	-7.485242	35.29366
sigma_u	5.2469262					
sigma_e	5.7428609					
rho	.45496484	(fraction of variance due to u_i)				

F test that all u_i=0: F(1411, 4233) = 2.61 Prob > F = 0.0000

图 5-24

* 使用 spxtregress、fe 命令，并加入因变量 hrate 的空间滞后项，输出结果见图 5-25-1 和图 5-25-2。

.spxtregress hrate ln_population ln_pdensity gini, fe dvarlag(M)

```
. spxtregress hrate ln_population ln_pdensity gini, fe dvarlag(M)
  (5648 observations)
  (5648 observations used)
  (data contain 1412 panels (places) )
  (weighting matrix defines 1412 places)

Performing grid search ... finished

Optimizing concentrated log likelihood:

Iteration 0:   log likelihood =  -13321.27
Iteration 1:   log likelihood =  -13321.27  (backed up)
Iteration 2:   log likelihood = -13321.269

Optimizing unconcentrated log likelihood:

Iteration 0:   log likelihood = -13321.269
Iteration 1:   log likelihood = -13321.269  (backed up)
```

图 5-25-1

```
Fixed-effects spatial regression                Number of obs     =      5,648
Group variable: _ID                             Number of groups  =      1,412
                                                Obs per group     =          4

                                                Wald chi2(4)      =     548.39
                                                Prob > chi2       =     0.0000
Log likelihood = -1.332e+04                     Pseudo R2         =     0.0146
```

hrate	Coef.	Std. Err.	z	P>|z|	[95% Conf.	Interval]
hrate						
ln_population	-1.852636	1.662249	-1.11	0.265	-5.110586	1.405313
ln_pdensity	-.0352675	1.621715	-0.02	0.983	-3.21377	3.143235
gini	11.58058	3.001197	3.86	0.000	5.698348	17.46282
M						
hrate	.8982519	.0457977	19.61	0.000	.80849	.9880138
/sigma_e	5.608237	.0609629			5.490016	5.729004

```
Wald test of spatial terms:          chi2(1) = 384.69      Prob > chi2 = 0.0000

.
```

图 5-25-2

* 添加 c.gini#i.year 命令进行回归，输出结果见图 5-26-1 和图 5-26-2。

.spxtregress hrate ln_population ln_pdensity c.gini#i.year, fe dvarlag(M) errorlag(M)

```
. spxtregress hrate ln_population ln_pdensity c.gini#i.year, fe dvarlag(M) errorlag(M)
  (5648 observations)
  (5648 observations used)
  (data contain 1412 panels (places) )
  (weighting matrix defines 1412 places)

Performing grid search ... finished

Optimizing concentrated log likelihood:

Iteration 0:   log likelihood = -13306.119  (not concave)
Iteration 1:   log likelihood = -13302.542
Iteration 2:   log likelihood = -13302.235
Iteration 3:   log likelihood =  -13302.23
Iteration 4:   log likelihood =  -13302.23

Optimizing unconcentrated log likelihood:

Iteration 0:   log likelihood =  -13302.23  (not concave)
Iteration 1:   log likelihood =  -13302.23  (backed up)
```

图 5-26-1

```
Fixed-effects spatial regression               Number of obs     =      5,648
Group variable: _ID                            Number of groups  =      1,412
                                               Obs per group     =          4

                                               Wald chi2(7)      =     128.16
                                               Prob > chi2       =     0.0000
Log likelihood = -1.330e+04                    Pseudo R2         =     0.0001

------------------------------------------------------------------------------
       hrate |      Coef.   Std. Err.      z    P>|z|     [95% Conf. Interval]
-------------+----------------------------------------------------------------
hrate        |
ln_population|  -2.169113    1.70931    -1.27   0.204    -5.519298    1.181073
  ln_pdensity|  -.7395584   1.638919    -0.45   0.652     -3.95178    2.472663
             |
  year#c.gini|
        1960 |   4.637191   4.648658     1.00   0.319    -4.474011    13.74839
        1970 |   11.15786   4.234693     2.63   0.008     2.858016    19.45771
        1980 |   11.92355   4.158854     2.87   0.004     3.772351    20.07476
        1990 |   11.13694   3.975612     2.80   0.005     3.344886      18.929
-------------+----------------------------------------------------------------
M            |
       hrate |   .1251126   .2552473     0.49   0.624    -.3751629     .625388
     e.hrate |   1.604259   .1898228     8.45   0.000     1.232213    1.976305
-------------+----------------------------------------------------------------
    /sigma_e |   5.582721   .0606909                      5.465027    5.702949
------------------------------------------------------------------------------
Wald test of spatial terms:          chi2(2) = 116.83     Prob > chi2 = 0.0000
```

图 5-26-2

* 测度效应值，输出结果见图 5-27。

.estat impact

```
. estat impact

progress    : 33%  67% 100%

Average impacts                              Number of obs     =      5,648
```

	dy/dx	Delta-Method Std. Err.	z	P>|z|	[95% Conf.	Interval]
direct						
ln_population	-2.169186	1.709375	-1.27	0.204	-5.5195	1.181127
ln_pdensity	-.7395835	1.638973	-0.45	0.652	-3.951911	2.472744
gini	9.714218	4.112071	2.36	0.018	1.654707	17.77373
indirect						
ln_population	-.2894662	.7155598	-0.40	0.686	-1.691938	1.113005
ln_pdensity	-.0986934	.314328	-0.31	0.754	-.7147649	.517378
gini	1.29631	3.022576	0.43	0.668	-4.62783	7.22045
total						
ln_population	-2.458653	2.065714	-1.19	0.234	-6.507378	1.590073
ln_pdensity	-.838277	1.86799	-0.45	0.654	-4.499469	2.822915
gini	11.01053	5.357526	2.06	0.040	.509971	21.51109

图 5-27

* 测度 gini 对犯罪率的影响如何随着时间的推移而变化，输出结果见图 5-28 至图 5-31。

.estat impact gini if year == 1960

.estat impact gini if year == 1970

.estat impact gini if year == 1980

.estat impact gini if year == 1990

```
. estat impact gini if year == 1960

progress    :100%

Average impacts                              Number of obs     =      1,412
```

	dy/dx	Delta-Method Std. Err.	z	P>|z|	[95% Conf.	Interval]
direct						
gini	4.637349	4.64898	1.00	0.319	-4.474486	13.74918
indirect						
gini	.6188292	1.70156	0.36	0.716	-2.716168	3.953826
total						
gini	5.256178	5.79472	0.91	0.364	-6.101265	16.61362

图 5-28

```
. estat impact gini if year == 1970

progress    :100%

Average impacts                                 Number of obs     =      1,412
```

	dy/dx	Delta-Method Std. Err.	z	P>|z|	[95% Conf.	Interval]
direct						
gini	11.15824	4.234355	2.64	0.008	2.859059	19.45743
indirect						
gini	1.489007	3.335445	0.45	0.655	-5.048344	8.026358
total						
gini	12.64725	5.00173	2.53	0.011	2.84404	22.45046

图 5-29

```
. estat impact gini if year == 1980

progress    :100%

Average impacts                                 Number of obs     =      1,412
```

	dy/dx	Delta-Method Std. Err.	z	P>|z|	[95% Conf.	Interval]
direct						
gini	11.92396	4.158654	2.87	0.004	3.773148	20.07477
indirect						
gini	1.591188	3.62961	0.44	0.661	-5.522717	8.705094
total						
gini	13.51515	5.380725	2.51	0.012	2.96912	24.06118

图 5-30

```
. estat impact gini if year == 1990

progress    :100%

Average impacts                                 Number of obs     =      1,412
```

	dy/dx	Delta-Method Std. Err.	z	P>|z|	[95% Conf.	Interval]
direct						
gini	11.13732	3.975636	2.80	0.005	3.345217	18.92943
indirect						
gini	1.486215	3.459169	0.43	0.667	-5.293632	8.266063
total						
gini	12.62354	5.485122	2.30	0.021	1.872895	23.37418

图 5-31

通过图 5-28 至图 5-31 可以看出，固定效应模型中 gini 的平均总效应有变动趋势。

5.2.7 GS2SLS 模型

* 调入数据，此数据为虚拟数据，源于 Stata 的 spregxt 命令案例。

.use spregxt.dta, clear

* 指定内生变量和工具变量：内生 y2、inst（工具变量）。回归程序及结果见图 5-32。

.spregxt y x1 x2 , nc(7) wmfile(SPWxt) model(gs2sls) endog(y2) inst(x3 x4)

```
. spregxt y x1 x2 , nc(7) wmfile(SPWxt) model(gs2sls) endog(y2) inst(x3 x4)

==============================================================================
*** Binary (0/1) Weight Matrix: (49x49) : NC=7 NT=7 (Non Normalized)
------------------------------------------------------------------------------
==============================================================================
* Generalized Spatial Panel Two Stage Least Squares (GS2SLS)
==============================================================================
 y = y2 x1 x2
------------------------------------------------------------------------------
 Sample Size       =          49   |   Cross Sections Number   =           7
 Wald Test         =     51.2664   |   P-Value > Chi2(4)       =      0.0000
 F-Test            =     12.8166   |   P-Value > F(4 , 38)     =      0.0000
 R2  (R-Squared)   =      0.2992   |   Raw Moments R2          =      0.7906
 R2a (Adjusted R2) =      0.1148   |   Raw Moments R2 Adj      =      0.7355
 Root MSE (Sigma)  =     20.1812   |   Log Likelihood Function =   -210.5320
------------------------------------------------------------------------------
- R2h= 0.2992   R2h Adj= 0.1148  F-Test =    4.70 P-Value > F(4 , 38)  0.0035
- R2r= 0.7906   R2r Adj= 0.7355  F-Test =   33.22 P-Value > F(5 , 38)  0.0000
------------------------------------------------------------------------------
           y |      Coef.   Std. Err.      t    P>|t|     [95% Conf. Interval]
-------------+----------------------------------------------------------------
       w1y_y |   -.382261   .2752665    -1.39   0.173    -.9395088    .1749868
          y2 |   .4871272   .2300929     2.12   0.041     .0213286    .9529259
          x1 |  -.1441567   .1073321    -1.34   0.187    -.3614391    .0731257
          x2 |  -.0391704   .4695855    -0.08   0.934    -.9897966    .9114558
       _cons |   60.57154   33.84356     1.79   0.081    -7.941155    129.0842
------------------------------------------------------------------------------
* Y  = LHS Dependent Variable:    1 = y
* Yi = RHS Endogenous Variables: 2 = w1y_y y2
* Xi = RHS Exogenous Vars:        2 = x1 x2
* Z  = Overall Instrumental Variables:
   6 : x1 x2 w1x_x1 w1x_x2 x3 x4
------------------------------------------------------------------------------
  Rho Value  = -0.3823      F Test =     1.928   P-Value > F(1, 45)     0.1718
------------------------------------------------------------------------------
```

图 5-32

* 进行豪斯曼检验、LM（Lagrange Multiplier，拉格朗日乘子）检验等操作，回归结果见 5-33 和图 5-34。

.spregxt y x1 x2 , nc(7) wmfile(SPWxt) model(gs2sls) order(4) lmi haus

```
. spregxt y x1 x2 , nc(7) wmfile(SPWxt) model(gs2sls) order(4) lmi haus

==============================================================================
*** Binary (0/1) Weight Matrix: (49x49) : NC=7 NT=7 (Non Normalized)
------------------------------------------------------------------------------
==============================================================================
* Generalized Spatial Panel Two Stage Least Squares (GS2SLS)
==============================================================================
 y = x1 x2
------------------------------------------------------------------------------
 Sample Size        =          49   |   Cross Sections Number   =            7
 Wald Test          =     57.4870   |   P-Value > Chi2(3)       =       0.0000
 F-Test             =     19.1623   |   P-Value > F(3 , 39)     =       0.0000
 R2  (R-Squared)    =      0.5198   |   Raw Moments R2          =       0.9127
 R2a (Adjusted R2)  =      0.4090   |   Raw Moments R2 Adj      =       0.8925
 Root MSE (Sigma)   =     12.8629   |   Log Likelihood Function =    -189.0986
------------------------------------------------------------------------------
- R2h= 0.5288   R2h Adj= 0.4201  F-Test =   16.83 P-Value > F(3 , 39)  0.0000
- R2r= 0.9127   R2r Adj= 0.8925  F-Test =  117.60 P-Value > F(4 , 39)  0.0000
------------------------------------------------------------------------------
           y |      Coef.   Std. Err.      t    P>|t|     [95% Conf. Interval]
-------------+----------------------------------------------------------------
       w1y_y |   -.063988   .0832966    -0.77   0.447    -.2324713    .1044953
          x1 |  -.2641943    .080388    -3.29   0.002    -.4267944   -.1015943
          x2 |  -1.108731   .2953967    -3.75   0.001    -1.706228   -.5112353
       _cons |   67.62062    8.45181     8.00   0.000     50.52522    84.71602
------------------------------------------------------------------------------
* Y  = LHS Dependent Variable:    1 = y
* Yi = RHS Endogenous Variables: 1 = w1y_y
* Xi = RHS Exogenous Vars:        2 = x1 x2
* Z  = Overall Instrumental Variables:
   10 : x1 x2 w1x_x1 w1x_x2 w2x_x1 w2x_x2 w3x_x1 w3x_x2 w4x_x1 w4x_x2
------------------------------------------------------------------------------
  Rho Value  = -0.0640      F Test =      0.590   P-Value > F(1, 46)     0.4463
------------------------------------------------------------------------------

==============================================================================
*** Hausman Fixed vs Random Effects & Specification Panel vs IV-Panel Tests
==============================================================================
*** (1) Hausman (Panel vs IV Panel) Random-Effects - Model (gs2sls)

 Ho: (Biv) Consistent  * Ha: (Bo) InConsistent
 LM = (Bo-Biv)'inv(Vo-Viv)*(Bo-Biv)
 [Low/(High*)] Hausman Test = [Biv/(Bo*)] Model
XTREG   - differences in XTREG and XTIVREG are not systematic
XTIVREG - differences in XTREG and XTIVREG are systematic

 Hausman LM Test  =   -0.36184    P-Value > Chi2(3)   0.9480
------------------------------------------------------------------------------

*** (2) Hausman (Fixed Effects vs Random-Effects) Test - Model (gs2sls)

 Ho: Random Effects (RE) (Consistent) - Ha: Fixed Effects (FE) (InConsistent)
 LM = (Bfe-Bre)'inv(Vfe-Vre)*(Bfe-Bre)
 [Low/(High*)] Hausman Test = [REM/(FEM*)] Model
RE - differences in FE and RE are not systematic
FE - differences in FE and RE are systematic

 Hausman LM Test  =    8.03094    P-Value > Chi2(3)   0.0454
------------------------------------------------------------------------------
```

图 5-33

```
==============================================================================
*** Panel Identification Restrictions LM Tests - Model= (gs2sls)
==============================================================================
Ho: Valid Included & Excluded Instruments ; RHS Not Correlated with Error Term

** Y  = LHS Dependent Variable:      y
** Yi = RHS Endogenous Variables:
   1 : w1y_y
** Xi = RHS Exogenous Variables:
   2 : x1 x2
** Z  = Overall Instrumental Variables:
   10 : x1 x2 w1x_x1 w1x_x2 w2x_x1 w2x_x2 w3x_x1 w3x_x2 w4x_x1 w4x_x2
------------------------------------------------------------
- Sargan  LM Test =   16.7074      P-Value > Chi2(8)   0.0333
- Basmann LM Test =   23.2819      P-Value > Chi2(8)   0.0030
------------------------------------------------------------------------------

==============================================================================
* Panel-IV Order Condition Identification - Model= (gs2sls)
==============================================================================
** Y  = LHS Dependent Variable
   1 : y
** Yi = RHS Endogenous Variables
   1 : w1y_y
** Xi = RHS Included Exogenous Variables
   2 : x1 x2
** Xj = RHS Excluded Exogenous Variables
   8 : w1x_x1 w1x_x2 w2x_x1 w2x_x2 w3x_x1 w3x_x2 w4x_x1 w4x_x2
** Z  = Overall Instrumental Variables
   10 : x1 x2 w1x_x1 w1x_x2 w2x_x1 w2x_x2 w3x_x1 w3x_x2 w4x_x1 w4x_x2
------------------------------------------------------------
 Model is Over Identification:
     Z(10) > Yi + Xi (3)
* since: Z > Yi + Xi : it is recommended to use (2SLS-LIML-MELO-3SLS-FIML)

==============================================================================
* Panel 2SLS-IV Over Identification Restrictions Tests - Model= (gs2sls)
==============================================================================
 Ho: Valid Included & Excluded Instruments ; RHS Not Correlated with Error Term
------------------------------------------------------------------------------
 - Hausman LM Test          =  16.70741    P-Value > Chi2(7)     0.0194
------------------------------------------------------------------------------
 - Sargan LM Test           =  15.68451    P-Value > Chi2(7)     0.0282
 - Sargan F  Test           =   2.24064    P-Value > F(7 , 46)   0.0477
------------------------------------------------------------------------------
 - Basmann LM Test          =  20.17767    P-Value > Chi2(7)     0.0052
 - Basmann F  Test (lam)    =   1.87946    P-Value > F(7 , 39)   0.0995
 - Basmann F  Test (lam')   =   1.87946    P-Value > F(7 , 39)   0.0995
------------------------------------------------------------------------------
 - Anderson-Rubin LR Test   =  16.52965    P-Value > Chi2(7)     0.0207
------------------------------------------------------------------------------
```

图 5-34

5.2.8 GS3SLS 模型

以孙攀等（2021）的研究为例，进行演示。该数据包括的变量有：cdifdi2（双向 FDI 协调发展[①]）、nrhss（普通高中在校学生数）、nsoes（普通小学在校学生数）、pm2_5（雾霾污染）、kl（人均资本存量）、emp（就业水平）、oeit（企业所得税）、popd（人口密

① 双向 FDI 是指外商直接投资（Inward Foreign Direct Investment，IFDI）和对外直接投资（Outward Foreign Direct Investment，OFDI）

度）、gdppc（经济增长）、r（产业结构升级）、ul（城镇化水平）、ame（公共交通）。

* 调入截面数据空间权重矩阵。

.use winv_wfiscale.dta, clear

* 生成面板数据空间权重矩阵 (winv_wfiscalext.dta)。

.spcs2xt var*, time(16) matrix(winv_wfiscale)

* 保存面板数据空间权重矩阵。

.clear

.svmat winv_fiscale_panel

.save winv_fiscale_panel

* 调入实证数据，实证回归，回归结果见图 5-35 至图 5-39。

.use gs3sls_test_data.dta,clear

.gs3sls cdifdi2 nrhss nsoes pm2_5 kl emp oeit popd, var2(gdppc r ul ame) wmfile(winv_fiscale_panel) eq(1) order(1) mfx(lin) test

```
- Overall System R2 - Adjusted R2 - F Test - Chi2 Test
```

Name	R2	Adj_R2	F	P-Value	Chi2	P-Value
Berndt	0.9592	0.9585	1.4e+03	0.0000	1.6e+03	0.0000
McElroy	0.9281	0.9269	787.5099	0.0000	1.3e+03	0.0000
Judge	0.8545	0.8521	358.2082	0.0000	956.0369	0.0000

```
  Number of Parameters         =         18
  Number of Equations          =          2
  Degrees of Freedom F-Test    =      (16, 976)
  Degrees of Freedom Chi2-Test =         16
  Log Determinant of Sigma     =    -16.7356
  Log Likelihood Function      =  -5558.0045
------------------------------------------------------------------------------

  cdifdi2 = w1y_cdifdi2 + w1y_gdppc + gdppc + nrhss + nsoes + pm2_5 + kl + emp + oeit +
        popd
------------------------------------------------------------------------------
  Sample Size       =        496
  Wald Test         =   3785.7720   |   P-Value > Chi2(10)       =     0.0000
  F-Test            =    378.5772   |   P-Value > F(10 , 485)    =     0.0000
 (Buse 1973) R2     =      0.8806   |   Raw Moments R2           =     0.9392
 (Buse 1973) R2 Adj =      0.8782   |   Raw Moments R2 Adj       =     0.9380
  Root MSE (Sigma)  =      0.5104   |   Log Likelihood Function =   -364.6413
------------------------------------------------------------------------------
- R2h= 0.8806   R2h Adj= 0.8782  F-Test =   357.82 P-Value > F(10 , 485)0.0000
- R2v= 0.8858   R2v Adj= 0.8834  F-Test =   376.02 P-Value > F(10 , 485)0.0000
```

cdifdi2	Coef.	Std. Err.	t	P>|t|	[95% Conf.	Interval]
cdifdi2						
w1y_cdifdi2	-2.252799	1.137126	-1.98	0.048	-4.487101	-.0184969
w1y_gdppc	.0001334	.0000611	2.18	0.030	.0000133	.0002534
gdppc	.0000196	3.30e-06	5.94	0.000	.0000131	.000026
nrhss	-.00693	.0014481	-4.79	0.000	-.0097753	-.0040848
nsoes	-.0010357	.0002519	-4.11	0.000	-.0015307	-.0005408
pm2_5	-.0080372	.0014306	-5.62	0.000	-.0108483	-.0052262
kl	.034605	.0073947	4.68	0.000	.0200753	.0491347
emp	.0005195	.0000517	10.05	0.000	.0004179	.0006211
oeit	.0024548	.0002191	11.20	0.000	.0020244	.0028853
popd	.0000772	.0000165	4.69	0.000	.0000449	.0001096
_cons	-.3925442	.1502187	-2.61	0.009	-.687704	-.0973845

```
  Rho Value  = -2.2528        F Test =      3.925    P-Value > F(1, 485)  0.0481
------------------------------------------------------------------------------
```

图 5-35

```
. gs3sls cdifdi2 nrhss nsoes pm2_5 kl emp oeit popd , var2(gdppc r ul ame) wmfile(winv_fiscale_
> panel) eq(1) order(1) mfx(lin) test

==============================================================================
*** Binary (0/1) Weight Matrix: 496x496 (Non Normalized)
==============================================================================
==============================================================================
* Generalized Spatial Three Stage Least Squares (GS3SLS)
==============================================================================
  cdifdi2 = w1y_cdifdi2 + w1y_gdppc + gdppc + nrhss + nsoes + pm2_5 + kl + emp + oeit +
          popd
------------------------------------------------------------------------------
  gdppc = w1y_gdppc + w1y_cdifdi2 + cdifdi2 + r + ul + ame
------------------------------------------------------------------------------

Three-stage least-squares regression
----------------------------------------------------------------------
Equation             Obs   Parms        RMSE    "R-sq"      F-Stat        P
----------------------------------------------------------------------
cdifdi2              496      10    .5103997    0.8806      378.58   0.0000
gdppc                496       6    9822.801    0.8545      482.36   0.0000
----------------------------------------------------------------------

------------------------------------------------------------------------------
             |      Coef.   Std. Err.      t    P>|t|     [95% Conf. Interval]
-------------+----------------------------------------------------------------
cdifdi2      |
 w1y_cdifdi2 |  -2.252799   1.137126    -1.98   0.048    -4.484299   -.0212996
   w1y_gdppc |   .0001334   .0000611     2.18   0.029     .0000134    .0002533
       gdppc |   .0000196   3.30e-06     5.94   0.000     .0000131     .000026
       nrhss |    -.00693   .0014481    -4.79   0.000    -.0097717   -.0040883
       nsoes |  -.0010357   .0002519    -4.11   0.000    -.0015301   -.0005414
       pm2_5 |  -.0080372   .0014306    -5.62   0.000    -.0108447   -.0052298
          kl |    .034605   .0073947     4.68   0.000     .0200935    .0491164
         emp |   .0005195   .0000517    10.05   0.000      .000418     .000621
        oeit |   .0024548   .0002191    11.20   0.000     .0020249    .0028848
        popd |   .0000772   .0000165     4.69   0.000     .0000449    .0001095
       _cons |  -.3925442   .1502187    -2.61   0.009    -.6873337   -.0977547
-------------+----------------------------------------------------------------
gdppc        |
   w1y_gdppc |  -.0519757   1.192819    -0.04   0.965    -2.392766    2.288815
 w1y_cdifdi2 |  -16959.88   22231.48    -0.76   0.446       -60587    26667.24
     cdifdi2 |   8858.992   444.2223    19.94   0.000     7987.249    9730.735
           r |   30258.89   5141.677     5.89   0.000     20168.85    40348.93
          ul |   602.8374    46.3336    13.01   0.000     511.9123    693.7626
         ame |   428.2142   131.7836     3.25   0.001     169.6017    686.8268
       _cons |  -79390.96   10651.48    -7.45   0.000    -100293.5   -58488.47
------------------------------------------------------------------------------
Endogenous variables:  cdifdi2 gdppc w1y_cdifdi2 w1y_gdppc
Exogenous variables:   nrhss nsoes pm2_5 kl emp oeit popd r ul ame w1x_nrhss
    w1x_nsoes w1x_pm2_5 w1x_kl w1x_emp w1x_oeit w1x_popd w1x_r w1x_ul
    w1x_ame w2x_nrhss w2x_nsoes w2x_pm2_5 w2x_kl w2x_emp w2x_oeit w2x_popd
    w2x_r w2x_ul w2x_ame
------------------------------------------------------------------------------
EQ1: R2= 0.8806 - R2 Adj.= 0.8782  F-Test =   357.053   P-Value> F(10, 484)
   LLF =   -364.641   AIC =   751.283    SC =   797.555   Root MSE =  0.5104

EQ2: R2= 0.8545 - R2 Adj.= 0.8527  F-Test =   477.611   P-Value> F(6, 488)
   LLF = -5259.730   AIC =10533.459    SC =10562.905   Root MSE = 9.8e+03
   Yij = LHS Y(i) in Eq.(j)
------------------------------------------------------------------------------
```

图 5-36

注：gs3sls 的源代码对 order(1) 的定义有误，本教材的下文（5.7 节）对其进行了校正。

```
==============================================================================
* Model Selection Diagnostic Criteria
==============================================================================
- Log Likelihood Function                     LLF            =   -364.6413
---------------------------------------------------------------------------
- Akaike Information Criterion                (1974) AIC     =      0.2663
- Akaike Information Criterion                (1973) Log AIC =     -1.3232
---------------------------------------------------------------------------
- Schwarz Criterion                           (1978) SC      =      0.2923
- Schwarz Criterion                           (1978) Log SC  =     -1.2299
---------------------------------------------------------------------------
- Amemiya Prediction Criterion                (1969) FPE     =      0.2663
- Hannan-Quinn Criterion                      (1979) HQ      =      0.2762
- Rice Criterion                              (1984) Rice    =      0.2666
- Shibata Criterion                           (1981) Shibata =      0.2660
- Craven-Wahba Generalized Cross Validation   (1979) GCV     =      0.2664
------------------------------------------------------------------------------

==============================================================================
*** Spatial Aautocorrelation Tests
==============================================================================
  Ho: Error has No Spatial AutoCorrelation
  Ha: Error has    Spatial AutoCorrelation

- GLOBAL Moran MI            =   0.0226     P-Value > Z( 1.521)    0.1282
- GLOBAL Geary GC            =   0.8623     P-Value > Z(-2.349)    0.0188
- GLOBAL Getis-Ords GO       =  -0.0025     P-Value > Z(-1.521)    0.1282
------------------------------------------------------------------------------
- Moran MI Error Test        =  12.9413     P-Value > Z(798.218)   0.0000
------------------------------------------------------------------------------
- LM Error (Burridge)        =   1.7619     P-Value > Chi2(1)      0.1844
- LM Error (Robust)          =   7.8025     P-Value > Chi2(1)      0.0052
------------------------------------------------------------------------------
  Ho: Spatial Lagged Dependent Variable has No Spatial AutoCorrelation
  Ha: Spatial Lagged Dependent Variable has    Spatial AutoCorrelation

- LM Lag (Anselin)           =   0.0413     P-Value > Chi2(1)      0.8390
- LM Lag (Robust)            =   6.0819     P-Value > Chi2(1)      0.0137
------------------------------------------------------------------------------
  Ho: No General Spatial AutoCorrelation
  Ha:    General Spatial AutoCorrelation

- LM SAC (LMErr+LMLag_R)     =   7.8438     P-Value > Chi2(2)      0.0198
- LM SAC (LMLag+LMErr_R)     =   7.8438     P-Value > Chi2(2)      0.0198
------------------------------------------------------------------------------
```

图 5-37

```
==============================================================================
* Heteroscedasticity Tests
==============================================================================
 Ho: Homoscedasticity - Ha: Heteroscedasticity
------------------------------------------------------------------------------
- Hall-Pagan LM Test:      E2 = Yh     = 128.9985   P-Value > Chi2(1)  0.0000
- Hall-Pagan LM Test:      E2 = Yh2    = 125.4325   P-Value > Chi2(1)  0.0000
- Hall-Pagan LM Test:      E2 = LYh2   =  62.8607   P-Value > Chi2(1)  0.0000
------------------------------------------------------------------------------
- Harvey LM Test:       LogE2 = X      = 116.2266   P-Value > Chi2(2)  0.0000
- Wald LM Test:         LogE2 = X      = 286.7776   P-Value > Chi2(1)  0.0000
- Glejser LM Test:        |E| = X      = 220.4782   P-Value > Chi2(2)  0.0000
------------------------------------------------------------------------------
- Machado-Santos-Silva Test: Ev=Yh Yh2 = 142.7149   P-Value > Chi2(2)  0.0000
- Machado-Santos-Silva Test: Ev=X      = 156.1324   P-Value > Chi2(10) 0.0000
------------------------------------------------------------------------------
- White Test -Koenker(R2): E2 = X      = 149.9549   P-Value > Chi2(10) 0.0000
- White Test -B-P-G (SSR): E2 = X      = 318.3887   P-Value > Chi2(10) 0.0000
------------------------------------------------------------------------------
- White Test -Koenker(R2): E2 = X X2   = 174.0637   P-Value > Chi2(20) 0.0000
- White Test -B-P-G (SSR): E2 = X X2   = 369.5771   P-Value > Chi2(20) 0.0000
------------------------------------------------------------------------------
- White Test -Koenker(R2): E2 = X X2 XX= 236.8870   P-Value > Chi2(65) 0.0000
- White Test -B-P-G (SSR): E2 = X X2 XX= 502.9653   P-Value > Chi2(65) 0.0000
------------------------------------------------------------------------------
- Cook-Weisberg LM Test  E2/Sig2 = Yh  = 273.8933   P-Value > Chi2(1)  0.0000
- Cook-Weisberg LM Test  E2/Sig2 = X   = 318.3887   P-Value > Chi2(10) 0.0000
------------------------------------------------------------------------------
*** Single Variable Tests (E2/Sig2):
- Cook-Weisberg LM Test: w1y_cdifdi2       =   0.0452 P-Value > Chi2(1) 0.8316
- Cook-Weisberg LM Test: w1y_gdppc         =   0.1016 P-Value > Chi2(1) 0.7499
- Cook-Weisberg LM Test: gdppc             = 246.2443 P-Value > Chi2(1) 0.0000
- Cook-Weisberg LM Test: nrhss             =   0.3187 P-Value > Chi2(1) 0.5724
- Cook-Weisberg LM Test: nsoes             =   0.1373 P-Value > Chi2(1) 0.7110
- Cook-Weisberg LM Test: pm2_5             =  10.2896 P-Value > Chi2(1) 0.0013
- Cook-Weisberg LM Test: kl                = 147.3543 P-Value > Chi2(1) 0.0000
- Cook-Weisberg LM Test: emp               =  13.6075 P-Value > Chi2(1) 0.0002
- Cook-Weisberg LM Test: oeit              = 227.0223 P-Value > Chi2(1) 0.0000
- Cook-Weisberg LM Test: popd              =   0.4862 P-Value > Chi2(1) 0.4856
------------------------------------------------------------------------------
*** Single Variable Tests:
- King LM Test: w1y_cdifdi2                =   0.4672 P-Value > Chi2(1) 0.4943
- King LM Test: w1y_gdppc                  =   0.3699 P-Value > Chi2(1) 0.5431
- King LM Test: gdppc                      = 180.4201 P-Value > Chi2(1) 0.0000
- King LM Test: nrhss                      =   0.3069 P-Value > Chi2(1) 0.5796
- King LM Test: nsoes                      =   0.3500 P-Value > Chi2(1) 0.5541
- King LM Test: pm2_5                      =  11.0216 P-Value > Chi2(1) 0.0009
- King LM Test: kl                         =  99.6708 P-Value > Chi2(1) 0.0000
- King LM Test: emp                        =   3.1930 P-Value > Chi2(1) 0.0740
- King LM Test: oeit                       = 131.3407 P-Value > Chi2(1) 0.0000
- King LM Test: popd                       =   2.2467 P-Value > Chi2(1) 0.1339
```

图 5-38

```
==============================================================================
* Non Normality Tests
==============================================================================
 Ho: Normality - Ha: Non Normality
------------------------------------------------------------------------------
*** Non Normality Tests:
- Jarque-Bera LM Test                  = 124.2727     P-Value > Chi2(2) 0.0000
- White IM Test                        = 177.8887     P-Value > Chi2(2) 0.0000
- Doornik-Hansen LM Test               =  52.1357     P-Value > Chi2(2) 0.0000
- Geary LM Test                        =   1.3697     P-Value > Chi2(2) 0.5042
- Anderson-Darling Z Test              =   4.6419     P > Z( 6.463)     1.0000
- D'Agostino-Pearson LM Test           =  48.5235     P-Value > Chi2(2) 0.0000
------------------------------------------------------------------------------
*** Skewness Tests:
- Srivastava LM Skewness Test          =  19.9769     P-Value > Chi2(1) 0.0000
- Small LM Skewness Test               =  18.5488     P-Value > Chi2(1) 0.0000
- Skewness Z Test                      =   4.3068     P-Value > Chi2(1) 0.0000
------------------------------------------------------------------------------
*** Kurtosis Tests:
- Srivastava  Z Kurtosis Test          =  10.2125     P-Value > Z(0,1)  0.0000
- Small LM Kurtosis Test               =  29.9747     P-Value > Chi2(1) 0.0000
- Kurtosis Z Test                      =   5.4749     P-Value > Chi2(1) 0.0000
------------------------------------------------------------------------------
    Skewness Coefficient =  0.4916     - Standard Deviation =  0.1097
    Kurtosis Coefficient =  5.2465     - Standard Deviation =  0.2189
------------------------------------------------------------------------------
    Runs Test: (263) Runs -  (231) Positives - (265) Negatives
    Standard Deviation Runs Sig(k) = 11.0719 , Mean Runs E(k) = 247.8347
    95% Conf. Interval [E(k)+/- 1.96* Sig(k)] = (226.1338 , 269.5356 )
------------------------------------------------------------------------------

* Marginal Effect - Elasticity: Linear *
```

Variable	Marginal_Effect(B)	Elasticity(Es)	Mean
cdifdi2			
w1y_cdif~2	-2.2528	-0.2131	0.1357
w1y_gdppc	0.0001	0.3359	3612.0055
gdppc	0.0000	0.5002	36674.6615
nrhss	-0.0069	-0.3724	77.0535
nsoes	-0.0010	-0.2358	326.4548
pm2_5	-0.0080	-0.2206	39.3686
kl	0.0346	0.1084	4.4915
emp	0.0005	0.8938	2467.0918
oeit	0.0025	0.3401	198.6777
popd	0.0001	0.1374	2550.1470

```
 Mean of Dependent Variable =       1.4340

.
```

图 5-39

5.2.9　GS2SLSARM 模型

* 此处数据为虚拟数据，源于 Stata 的 spregxt 命令案例；回归程序及结果见图 5-40。

```
.spregxt y x1 x2 , nc(7) wmfile(SPWxt) model(gs2slsar) endog(y2) inst(x3 x4)
```

```
. spregxt y x1 x2 , nc(7) wmfile(SPWxt) model(gs2slsar) endog(y2) inst(x3 x4)

==============================================================================
*** Binary (0/1) Weight Matrix: (49x49) : NC=7 NT=7 (Non Normalized)
------------------------------------------------------------------------------
==============================================================================
* Generalized Spatial Panel Autoregressive Two Stage Least Squares (GS2SLSAR)
==============================================================================
 y = y2 x1 x2
------------------------------------------------------------------------------
 Sample Size        =          49   |   Cross Sections Number   =           7
 Wald Test          =     46.3442   |   P-Value > Chi2(4)       =      0.0000
 F-Test             =     11.5860   |   P-Value > F(4 , 38)     =      0.0000
 R2  (R-Squared)    =      0.2439   |   Raw Moments R2          =      0.2507
 R2a (Adjusted R2)  =      0.0449   |   Raw Moments R2 Adj      =      0.0536
 Root MSE (Sigma)   =     38.1738   |   Log Likelihood Function =   -241.7645
------------------------------------------------------------------------------
- R2h= 0.2439   R2h Adj= 0.0449  F-Test =    3.55 P-Value > F(4 , 38)  0.0148
- R2r= 0.2507   R2r Adj= 0.0536  F-Test =    2.94 P-Value > F(5 , 38)  0.0325
------------------------------------------------------------------------------
           y |      Coef.   Std. Err.      t    P>|t|     [95% Conf. Interval]
-------------+----------------------------------------------------------------
       w1y_y |  -.4626953   .3156902    -1.47   0.151    -1.101777    .1763862
          y2 |   .9906584   .1802507     5.50   0.000       .62576    1.355557
          x1 |   .0902289   .1691318     0.53   0.597    -.2521606    .4326184
          x2 |   .9149348   .6936399     1.32   0.195    -.4892657    2.319135
       _cons |   .7683188   .5112463     1.50   0.141    -.2666452    1.803283
------------------------------------------------------------------------------
* Y  = LHS Dependent Variable:    1 = y
* Yi = RHS Endogenous Variables:  2 = w1y_y y2
* Xi = RHS Exogenous Vars:        2 = x1 x2
* Z  = Overall Instrumental Variables:
   6 : x1 x2 w1x_x1 w1x_x2 x3 x4
------------------------------------------------------------------------------
  Rho Value  = -0.4627      F Test =      2.148   P-Value > F(1, 45)     0.1497
------------------------------------------------------------------------------

.
```

图 5-40

5.2.10 SPGWRM 模型

* 此处数据为虚拟数据，源于 Stata 的 spregxt 命令案例；回归结果见图 5-41。

.spregxt y x1 x2 , nc(7) wmfile(SPWxt) model(gwr) run(xtfem) ridge(grr1)

```
. spregxt y x1 x2 , nc(7) wmfile(SPWxt) model(gwr) run(xtfem) ridge(grr1)

==============================================================================
*** Binary (0/1) Weight Matrix: (49x49) : NC=7 NT=7 (Non Normalized)
------------------------------------------------------------------------------
==============================================================================
* Spatial Panel Geographically Weighted Regression (GWR): Model(gwr) - Run(xtfem)
==============================================================================
* Fixed-Effects Panel Data: Restricted - Ridge - Weighted Regression
==============================================================================
 w1y_y = w1x_x1 w1x_x2
------------------------------------------------------------------------------
 * Ridge k Value      =    0.19992    |  Generalized Ridge Regression
------------------------------------------------------------------------------
 Sample Size          =         49    |  Cross Sections Number   =          7
 Wald Test            =    23.4574    |  P-Value > Chi2(2)       =     0.0000
 F-Test               =    11.7287    |  P-Value > F(2 , 40)     =     0.0001
 R2  (R-Squared)      =     0.3056    |  Raw Moments R2          =     0.7554
 R2a (Adjusted R2)    =     0.1668    |  Raw Moments R2 Adj      =     0.7065
 Root MSE (Sigma)     =    58.8038    |  Log Likelihood Function =  -264.1921
------------------------------------------------------------------------------
- R2h= 0.3056   R2h Adj= 0.1668  F-Test =   10.12 P-Value > F(2 , 40)  0.0003
- R2r= 0.7554   R2r Adj= 0.7065  F-Test =   47.35 P-Value > F(3 , 40)  0.0000
------------------------------------------------------------------------------
       w1y_y |      Coef.   Std. Err.      t    P>|t|     [95% Conf. Interval]
-------------+----------------------------------------------------------------
      w1x_x1 |  -.1981578    .0643998    -3.08   0.004    -.3283147   -.0680009
      w1x_x2 |  -.7087898    .2383131    -2.97   0.005    -1.190438   -.2271412
       _cons |   151.8116    11.09755    13.68   0.000     129.3826    174.2405
------------------------------------------------------------------------------

.
```

图 5–41

图 5–41 显示，x_1 和 x_2 都与 y 存在显著的负相关关系。

5.3　基于 Stata 绘制 DID 平行趋势检验图

双重差分（Difference-In-Differences，DID）估计有效性的前提之一就是实验组和控制组在接受处理之前满足平行趋势假设（Bertrand，2004）。因此，无论是作传统的 DID 研究，还是作合成双重差分（Synthetic Difference-In-Differences，SDID）研究，都需要进行平行趋势检验。本教材采用两种方法进行平行趋势检验：一是时间趋势图法；二是事件研究法。其中时间趋势图法的原始数据来源于余明桂等（2016），事件研究法原始数据来源于李蕾蕾和盛丹（2018）。上述原始数据、程序在中国工业经济官网（http://ciejournal.ajcass.com/）都可获得。在进行平行趋势检验之前，我们先对双重差分模型进行简介。

在进行随机实验或准自然实验时，实验的效果往往不会立即呈现出来。这时，需要将该实验划分为实验前、后两个阶段。在通常情况下，研究者关注的是实验前后被解释变量（因变量）的变化。为此，需要引入两期面板数据：

$$y_{it} = \alpha + \gamma D_t + \beta x_{it} + u_i + \varepsilon_{it},\ \ i = 1,...,n; t = 1,2 \qquad (5–23)$$

其中，D_t为实验期虚拟变量（如果是实验前，则$t=1$、D_t=0；如果是实验后，则$t=2$、D_t=1），u_i表示不可观测的个体特征，x_{it}表示政策虚拟变量（policy dummy）：

$$x_{it}=\begin{cases}1,\ i\in\text{实验组，且}t=2\\0,\ \text{其他情况}\end{cases} \tag{5-24}$$

因此，当进行第一期实验（$t=1$）时，实验组和控制组受到的对待是一样的，此时它们的$x_{it}=0$。当进行第二期实验（$t=2$）时，实验组$x_{it}=1$，而控制组$x_{it}=0$。如果该实验未能完全地随机化（例如，观测数据未随机化），则x_{it}有可能同被遗漏的个体特征u_i相关，从而导致 OLS 估计不一致。由于采用的是面板数据，可以对方程（5-23）进行一阶差分，即用第二期的数据减去第一期的数据，从而消掉u_i得到：

$$\Delta y_i=\gamma+\beta x_{i2}+\Delta\varepsilon_i \tag{5-25}$$

用 OLS 估计方程（5-25），即可得到一致估计。进行与差分估计量（differences estimator）同样的推理，可知：

$$\hat{\beta}_{\text{OLS}}=\Delta\bar{y}_{\text{treat}}-\Delta\bar{y}_{\text{control}}=(\bar{y}_{\text{treat},2}-\bar{y}_{\text{treat},1})-(\bar{y}_{\text{control},2}-\bar{y}_{\text{control},1}) \tag{5-26}$$

DID 估计量示意图如图 5-42 所示。

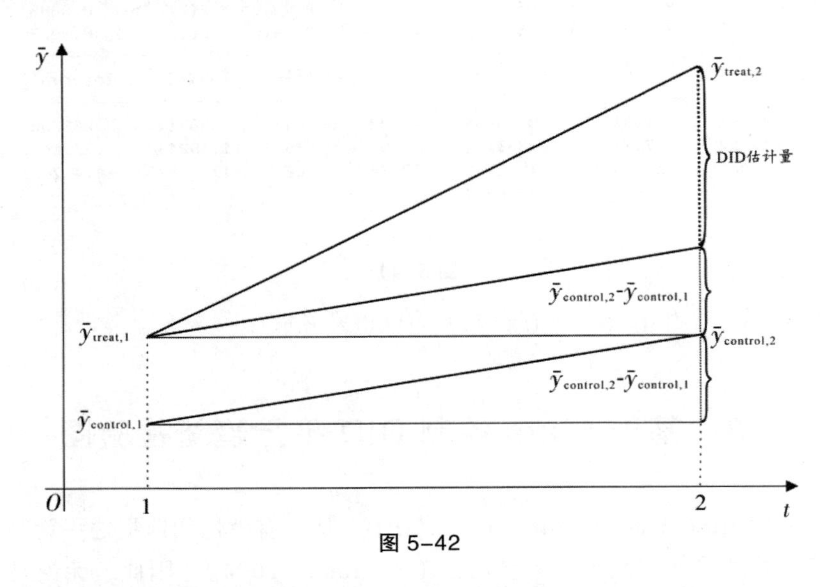

图 5-42

5.3.1 基于时间趋势图法绘制平等趋势图的操作演示

```
* 调入数据。
.use asef_ 产业政策与企业创新 _ 正文部分数据 .dta, clear
* 绘制平行趋势图，见图 5-43。
.egen meanp2=mean(fpat110), by(year ingroup)
.sort year
.twoway (connect meanp2 year if ingroup==1 & year<=2010&year>=2003,lpattern(longdash)lwidth(thick)) (connect meanp2 year if ingroup==0 & year<=2010&year>=2003, lwidth(thick)) if year<=2010&year>=2003,xline(2006,lpattern(longdash) lwidth(medium thick)) title(" 发明专利平均增长趋势 ") ytitle(" 发明专利数量 / 个 ") xtitle(" 年度 ") legend(label(1 " 实验组 ") label(2 " 控制组 ")) xscale(range (2003  2010)) xlabel(2003 (1) 2010 )
```

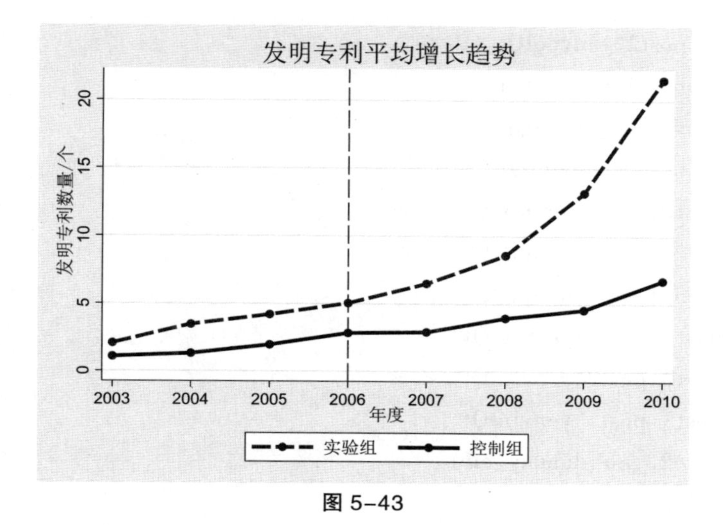

图 5-43

5.3.2　基于事件研究法绘制平行趋势图的操作演示

事件研究法[①]相比时间趋势图法，画平行趋势图更为准确、更为科学，是更值得推荐使用的平行趋势检验方法。

```
* 调入数据。
.use asef&jsr_ciejdata_Zhu_Jun.dta, clear
* 生成相关待用变量，见图 5-44。
.gen bef=( year < law_year)
.gen aft=( year > law_year)
.gen dupre=bef* yenvpolQt
.gen dupost=aft* yenvpolQt
.gen period= year-law_year
forvalues i=3(-1)1{
gen pre`i'=(period == -`i' )
}
forvalues j = 1(1)3{
gen post`j' = (period == `j' )
}
gen dupre1=pre1*yenvpolQt
gen dupre2=pre2*yenvpolQt
gen dupre3=pre3*yenvpolQt
gen dupost1=post1*yenvpolQt
```

①事件研究法由 Ball and Brown（1968）以及 Fama et al.（1969）创立，其原理是根据研究目的选择某一特定事件，研究事件发生前后样本股票收益率的变化，进而解释特定事件对样本股票价格变化与收益率的影响。事件研究法主要被用于检验事件发生前后的价格变化或价格对披露信息的反应程度。

```
gen dupost2=post2*yenvpolQt
gen dupost3=post3*yenvpolQt
gen pollutpre=bef* yenvintQt
gen pollutpost=aft* yenvintQt
gen pollutpre1=pre1*yenvintQt
gen pollutpre2=pre2*yenvintQt
gen pollutpre3=pre3*yenvintQt
gen pollutpost1=post1*yenvintQt
gen pollutpost2=post2*yenvintQt
gen pollutpost3=post3*yenvintQt
quietly tab cic2, gen (dummy_cic)
gen t=year-2003
forvalue i=1/29 {
gen dpt`i'=dummy_cic`i'*t
}
```

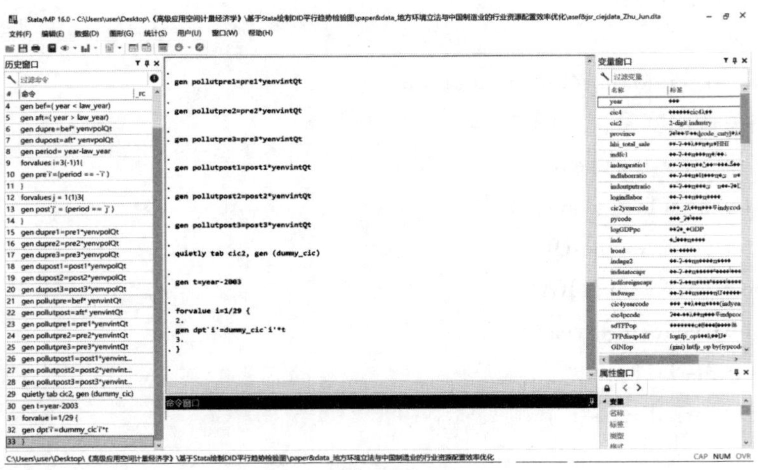

图 5-44

* 生成环境立法当年 year=0 的交乘项。

```
.gen ducurrent=(period==0 & yenvpolQt==1)
```

* 进行平行趋势检验回归，回归结果见图 5-45 至图 5-46-2。

```
.xi:reg sdTFPop dupre3 dupre2 dupre1 ducurrent dupost1 dupost2 dupost3 indda hhi_total_sale indfc1 indexpratio1 logindlabor indage2 indstatecapr indforeigncapr indwage logGDPpc indr lroad dpt* i.year i.cic2 , cluster(cic2)noconstant
```

```
. gen ducurrent=(period==0 & yenvpolQt==1)

. xi:reg sdTFPop dupre3 dupre2 dupre1 ducurrent dupost1 dupost2 dupost3   indda  hhi_total_sale
>   indfc1 indexpratio1 logindlabor  indage2 indstatecapr indforeigncapr indwage logGDPpc indr
> lroad dpt*   i.year i.cic2 , cluster(cic2)noconstant
i.year            _Iyear_1998-2007    (naturally coded; _Iyear_1998 omitted)
i.cic2            _Icic2_13-42        (naturally coded; _Icic2_13 omitted)

Linear regression                               Number of obs     =     12,242
                                                F(27, 28)         =          .
                                                Prob > F          =          .
                                                R-squared         =     0.4124
                                                Root MSE          =       .299

                                 (Std. Err. adjusted for 29 clusters in cic2)
```

图 5-45

sdTFPop	Coef.	Robust Std. Err.	t	P>|t|	[95% Conf.	Interval]
dupre3	-.1095021	.1280945	-0.85	0.400	-.3718917	.1528876
dupre2	-.0919729	.1248825	-0.74	0.468	-.3477832	.1638374
dupre1	-.0558583	.1187393	-0.47	0.642	-.2990847	.1873681
ducurrent	-.095036	.1358514	-0.70	0.490	-.373315	.1832429
dupost1	-.1371179	.1363523	-1.01	0.323	-.4164229	.1421872
dupost2	-.1604558	.1307979	-1.23	0.230	-.4283831	.1074715
dupost3	-.1721058	.1247063	-1.38	0.178	-.427555	.0833435
indda	.0029112	.0199783	0.15	0.885	-.0380126	.0438349
hhi_total_sale	-.0287956	.020469	-1.41	0.170	-.0707244	.0131332
indfc1	.1311887	.0504407	2.60	0.015	.0278655	.2345118
indexpratio1	-.0459078	.0175502	-2.62	0.014	-.0818576	-.0099579
logindlabor	.0071591	.0035557	2.01	0.054	-.0001245	.0144426
indage2	-.0006907	.0006682	-1.03	0.310	-.0020594	.000678
indstatecapr	-.0162811	.0174264	-0.93	0.358	-.0519774	.0194152
indforeigncapr	-.0136914	.0150586	-0.91	0.371	-.0445376	.0171547
indwage	-.0000446	.0000688	-0.65	0.522	-.0001855	.0000963
logGDPpc	.0348467	.0182212	1.91	0.066	-.0024777	.0721711
indr	-.3121261	.0901614	-3.46	0.002	-.4968134	-.1274388
lroad	-.114821	.0130572	-8.79	0.000	-.1415674	-.0880746
dpt1	-.0636375	.0289128	-2.20	0.036	-.1228627	-.0044123
dpt2	-.0692366	.0286243	-2.42	0.022	-.1278708	-.0106023
dpt3	-.0709326	.0287998	-2.46	0.020	-.1299263	-.0119389
dpt4	-.0537454	.0281803	-1.91	0.067	-.1114701	.0039794
dpt5	-.0671776	.0286112	-2.35	0.026	-.125785	-.0085703
dpt6	-.0763612	.0287635	-2.65	0.013	-.1352806	-.0174417
dpt7	-.0586501	.0288617	-2.03	0.052	-.1177706	.0004703
dpt8	-.0758997	.0286822	-2.65	0.013	-.1346525	-.0171469
dpt9	-.1042635	.0288549	-3.61	0.001	-.1633701	-.0451569
dpt10	-.0767057	.0288734	-2.66	0.013	-.1358502	-.0175612
dpt11	-.0821421	.0288188	-2.85	0.008	-.1411747	-.0231095
dpt12	-.1076117	.0289279	-3.72	0.001	-.1668677	-.0483557
dpt13	-.0561562	.0289769	-1.94	0.063	-.1155127	.0032004
dpt14	-.0688623	.0288009	-2.39	0.024	-.1278583	-.0098663
dpt15	-.0691123	.0288322	-2.40	0.023	-.1281724	-.0100523
dpt16	-.0775756	.0286816	-2.70	0.011	-.1363272	-.018824
dpt17	-.0800106	.0287625	-2.78	0.010	-.1389279	-.0210933
dpt18	-.1005881	.028877	-3.48	0.002	-.15974	-.0414362
dpt19	-.0690341	.0287775	-2.40	0.023	-.1279822	-.010086
dpt20	-.0581179	.029017	-2.00	0.055	-.1175565	.0013206
dpt21	-.0635565	.0289105	-2.20	0.036	-.122777	-.004336
dpt22	-.0622565	.0288574	-2.16	0.040	-.1213681	-.0031449
dpt23	-.0765501	.029068	-2.63	0.014	-.1360932	-.017007
dpt24	-.0739277	.0289321	-2.56	0.016	-.1331924	-.014663
dpt25	-.0739172	.0288682	-2.56	0.016	-.1330511	-.0147833
dpt26	-.0769381	.0288829	-2.66	0.013	-.1361021	-.017774
dpt27	-.0775308	.0288519	-2.69	0.012	-.1366312	-.0184305
dpt28	-.0648702	.0290233	-2.24	0.034	-.1243218	-.0054186
dpt29	-.0923613	.0287282	-3.22	0.003	-.1512083	-.0335142

图 5-46-1

_Iyear_1999	.0509432	.0315967	1.61	0.118	-.0137798	.1156662
_Iyear_2000	.1192124	.0621417	1.92	0.065	-.0080791	.2465039
_Iyear_2001	.1634121	.0855193	1.91	0.066	-.0117662	.3385903
_Iyear_2002	.2751196	.1161023	2.37	0.025	.0372948	.5129445
_Iyear_2003	.3669751	.1449686	2.53	0.017	.0700204	.6639297
_Iyear_2004	.4514741	.1726713	2.61	0.014	.0977729	.8051752
_Iyear_2005	.522879	.2040354	2.56	0.016	.1049315	.9408265
_Iyear_2006	.6247018	.240082	2.60	0.015	.132916	1.116488
_Iyear_2007	.7159729	.2667151	2.68	0.012	.1696317	1.262314
_Icic2_14	-.032163	.0036871	-8.72	0.000	-.0397157	-.0246104
_Icic2_15	.0487013	.0050327	9.68	0.000	.0383922	.0590104
_Icic2_16	-.0787351	.1211066	-0.65	0.521	-.3268107	.1693405
_Icic2_17	-.0509752	.0028362	-17.97	0.000	-.056785	-.0451655
_Icic2_18	-.1406066	.1269922	-1.11	0.278	-.4007382	.1195251
_Icic2_19	-.0393687	.0045987	-8.56	0.000	-.0487887	-.0299487
_Icic2_20	.0190222	.0032066	5.93	0.000	.0124537	.0255907
_Icic2_21	-.1036022	.1279246	-0.81	0.425	-.3656439	.1584394
_Icic2_22	-.0530961	.0025563	-20.77	0.000	-.0583324	-.0478598
_Icic2_23	-.1088045	.1243874	-0.87	0.389	-.3636004	.1459915
_Icic2_24	-.1852314	.1274585	-1.45	0.157	-.4463184	.0758556
_Icic2_25	.022262	.0050265	4.43	0.000	.0119656	.0325585
_Icic2_26	-.0320662	.0022031	-14.55	0.000	-.0365791	-.0275533
_Icic2_27	.0181836	.0061461	2.96	0.006	.0055938	.0307734
_Icic2_28	.055475	.0057849	9.59	0.000	.0436253	.0673248
_Icic2_29	-.0525194	.0030449	-17.25	0.000	-.0587566	-.0462821
_Icic2_30	-.0862345	.1282734	-0.67	0.507	-.3489907	.1765217
_Icic2_31	-.0417597	.0031354	-13.32	0.000	-.0481824	-.0353371
_Icic2_32	-.0535993	.0051384	-10.43	0.000	-.0641249	-.0430738
_Icic2_33	-.0224448	.0034196	-6.56	0.000	-.0294495	-.0154402
_Icic2_34	-.1072448	.1277444	-0.84	0.408	-.3689174	.1544278
_Icic2_35	-.1561808	.1277092	-1.22	0.232	-.4177812	.1054196
_Icic2_36	-.1653333	.1274914	-1.30	0.205	-.4264877	.0958211
_Icic2_37	-.1286784	.1273765	-1.01	0.321	-.3895974	.1322406
_Icic2_39	-.1448589	.1282663	-1.13	0.268	-.4076006	.1178828
_Icic2_40	-.0809814	.1286589	-0.63	0.534	-.3445272	.1825643
_Icic2_41	-.091509	.1291624	-0.71	0.485	-.3560861	.1730682
_Icic2_42	-.1546743	.1271599	-1.22	0.234	-.4151496	.105801

图 5-46-2

```
* 绘制平行趋势图，见图 5-47。
coefplot, baselevels ///
keep(dupre* ducurrent dupost*) ///
vertical /// 转置图形
coeflabels(dupre3=-3 dupre2=-2 dupre1=-1 ///
ducurrent=0 dupost1=1 dupost2=2 dupost3=3) ///
yline(0,lwidth(vthin) lpattern(solid) lcolor(teal)) ///
xline(4,lwidth(vthin) lpattern(solid) lcolor(teal)) ///
ylabel(-0.6(0.2)0.6,labsize(*0.85) angle(0)) xlabel(,labsize(*0.85)) ///
ytitle("Coefficients") ///
msymbol(O) msize(small) mcolor(gs1) ///plot 样式
addplot(line @b @at,lcolor(gs1) lwidth(medthick)) /// 增加点之间的连线
ciopts(recast(rline) lwidth(thin) lpattern(dash) lcolor(gs2)) /// 置信区间样式
graphregion(color(white)) // 白底
* 处理完的程序。
```

```
.coefplot, baselevels keep(dupre* ducurrent dupost*) vertical coeflabels(dupre3=-3 dupre2=-2 dupre1=-1 ducurrent=0 dupost1=1 dupost2=2 dupost3=3) yline(0,lwidth(vthin) lpattern(solid) lcolor(teal)) xline(4,lwidth(vthin) lpattern(solid) lcolor(teal)) ylabel(-0.6(0.2)0.6,labsize(*0.85) angle(0)) xlabel(,labsize(*0.85)) ytitle("Coefficients") msymbol(O) msize(small) mcolor(gs1) addplot(line @b @at,lcolor(gs1) lwidth(medthick)) ciopts(recast(rline) lwidth(thin) lpattern(dash) lcolor(gs2)) graphregion(color(white)) legend(order(1 "β 的估计系数的 95% 置信区间 " 2 "β 的估计系数 "))
```

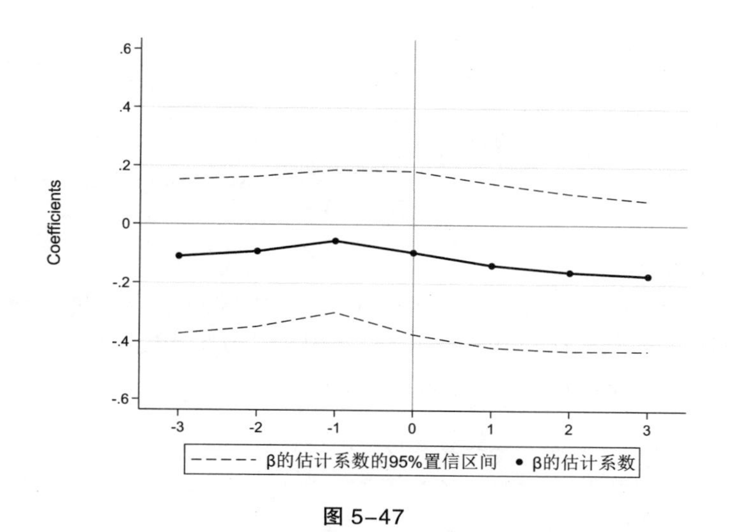

图 5-47

从图 5-47 可以看出，系数 β_(-3) 到 β_(-1) 在统计上并不显著异于 0（95% 的置信区间包含了 0），表明政策冲击前实验组和控制组之间不存在显著差异。这就说明平行趋势假设是成立的，即实验组和控制组在政策冲击之前是可比的。

5.4　基于 Stata 的 5 种 SDID 模型设定、命令、程序及回归操作演示

5.4.1　获得原始数据及其空间权重矩阵的方法

```
* 下载原始数据，原始数据内部结构见图 5-48。
.use http://www.econometrics.it/stata/data/xsmle/product.dta, clear
```

	state	year	pcap	hwy	water	util	pc	gsp	emp	unemp
1	ALABAMA	1970	15032.67	7325.8	1655.68	6091.2	35793.8	28418	1010.5	4.7
2	ALABAMA	1971	15501.94	7525.94	1721.02	6254.98	37299.91	29375	1021.9	5.2
3	ALABAMA	1972	15972.41	7765.42	1764.75	6442.23	38670.3	31303	1072.3	4.7
4	ALABAMA	1973	16406.26	7907.66	1742.41	6756.19	40084.01	33430	1135.5	3.9
5	ALABAMA	1974	16762.67	8025.52	1734.85	7002.29	42057.31	33749	1169.8	5.5
6	ALABAMA	1975	17316.26	8158.23	1752.27	7405.76	43971.71	33604	1155.4	7.7
7	ALABAMA	1976	17732.86	8228.19	1799.74	7704.93	50221.57	35764	1207	6.8
8	ALABAMA	1977	18111.93	8365.67	1845.11	7901.15	51084.99	37463	1269.2	7.4
9	ALABAMA	1978	18479.74	8510.64	1960.51	8008.59	52604.05	39964	1336.5	6.3
10	ALABAMA	1979	18881.49	8640.61	2081.91	8158.97	54525.86	40979	1362	7.1
11	ALABAMA	1980	19012.34	8663.5	2138.52	8210.33	56589.16	40380	1356.1	8.8
12	ALABAMA	1981	19118.52	8628.83	2218.91	8270.79	56481.93	41105	1347.6	11
13	ALABAMA	1982	19118.25	8645.14	2215.84	8257.26	58021.69	40328	1312.5	14
14	ALABAMA	1983	19122	8612.47	2230.91	8278.63	58893.97	42245	1328.8	14
15	ALABAMA	1984	19257.47	8655.94	2235.16	8366.37	59446.86	45118	1387.7	11
16	ALABAMA	1985	19433.36	8726.24	2253.03	8454.09	60688.04	46849	1427.1	8.9
17	ALABAMA	1986	19723.37	8813.24	2308.99	8601.14	61628.88	48409	1463.3	9.8
18	ARIZONA	1970	10148.42	4556.81	1627.87	3963.75	23585.99	19288	547.4	4.4
19	ARIZONA	1971	10560.54	4701.97	1627.34	4231.23	24924.82	21040	581.4	4.7
20	ARIZONA	1972	10977.53	4847.84	1614.58	4515.11	26058.65	23289	646.3	4.2
21	ARIZONA	1973	11598.26	4963.46	1647.88	4986.92	27304.64	25244	714.5	4.1
22	ARIZONA	1974	12129.06	5071.38	1678	5379.69	28829.44	25698	746	5.6
23	ARIZONA	1975	12929.06	5163.41	1764.87	6000.77	30243.29	24915	729.1	12
24	ARIZONA	1976	13603.89	5249.82	1910.43	6443.63	29384.15	26041	758.7	9.8
25	ARIZONA	1977	14175.42	5358.45	1973.48	6843.5	30072.6	28110	809.3	8.2
26	ARIZONA	1978	14812.04	5470	2038.3	7303.73	31139.49	31062	895.4	6.1
27	ARIZONA	1979	15547.62	5603.12	2132.49	7812.01	32377.41	33943	979.9	5.1
28	ARIZONA	1980	16344.9	5720.38	2165.64	8458.88	33769.92	34700	1014	6.7
29	ARIZONA	1981	17088.3	5816.05	2265.42	9006.84	36387.15	35244	1040.8	6.1
30	ARIZONA	1982	17650.57	5918.5	2377.2	9354.87	37332.09	33603	1029.8	9.9
31	ARIZONA	1983	18108.24	6019.87	2513.38	9574.99	37829.83	35963	1077.8	9.1
32	ARIZONA	1984	18792.09	6101.45	2574.78	10115.86	38330.02	40010	1181.9	5
33	ARIZONA	1985	19414.85	6282.51	2737.37	10394.97	39246.83	43350	1278.6	6.5

图 5-48

* 调入空间权重矩阵。

.spmat use usaww using http://www.econometrics.it/stata/data/xsmle/usaww.spmat

* 将该空间权重矩阵保存到电脑上的文件夹中，见图 5-49。

.spmat save usaww using usaww.spmat, replace

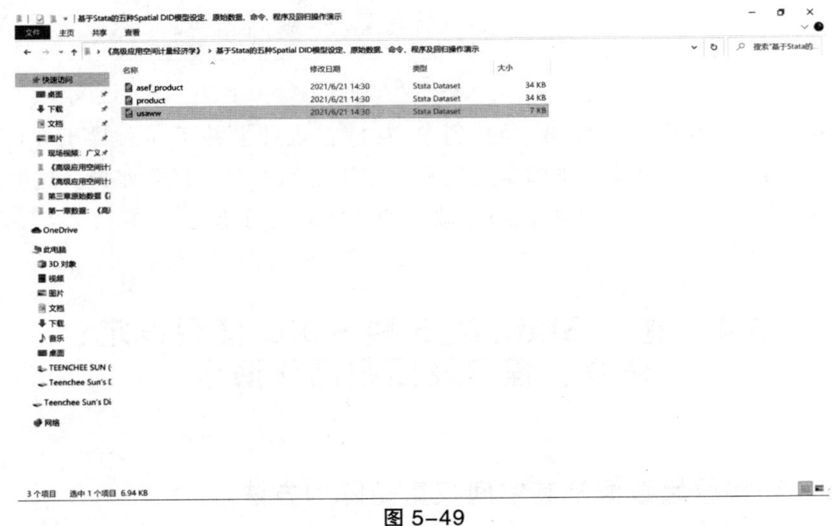

图 5-49

* 将 spmat 格式的空间权重矩阵转换为 dta 格式的空间权重矩阵，见图 5-50。

.spmat export usaww using usaww.dta

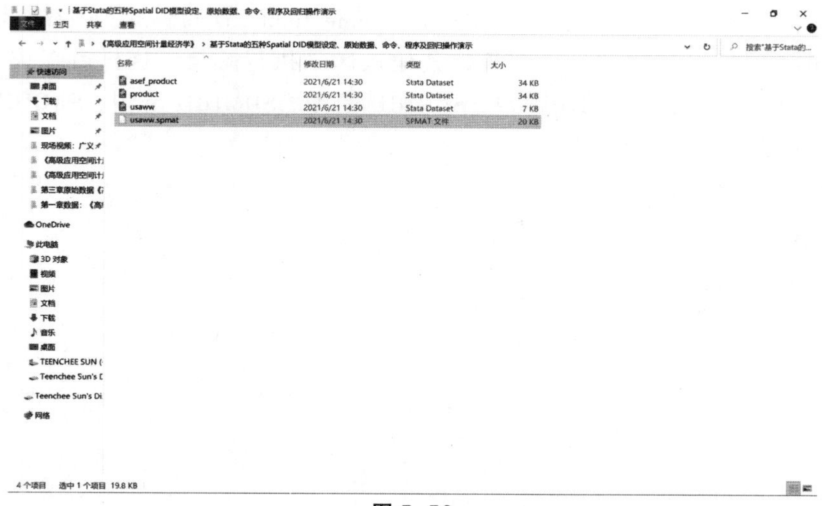

图 5–50

5.4.2　SDID 模型核心内容概述

空间双重差分（SDID）模型是在传统双重差分模型基础上进行设定的，它充分考虑了空间多重共线性的规避需求。经典的 SDID 模型包括：双重差分空间误差（SEMDID）模型、双重差分空间自回归（SARDID）模型、双重差分空间杜宾（SDMDID）模型、双重差分空间自相关（SACDID）模型、双重差分广义面板随机效应（GSPREDID）模型等。下面对该模型进行简要介绍。

一般而言，可以将 SDID 模型设定为：

$$\begin{cases} \boldsymbol{y}_{it}=\boldsymbol{\alpha}+\tau \boldsymbol{y}_{it-1}+\rho\sum_{j=1}^{n}w_{ij}y_{jt}++\alpha_1 sdid_{it}\times post_t+\alpha_2\sum w_{ij}sdid_{jt}+ \\ \sum_{k=1}^{K}x_{itk}\beta_k+\sum_{k=1}^{K}\sum_{j=1}^{n}w_{ij}x_{jtk}\theta_k+\boldsymbol{\mu}_i+\boldsymbol{\gamma}_t+\boldsymbol{v}_{it} \\ \boldsymbol{v}_{it}=\lambda\sum_{j=1}^{n}m_{ij}v_{jt}+\boldsymbol{\varepsilon}_{it},\ i=1,\dots,n;t=1,\dots,T \end{cases} \tag{5-27}$$

其中，ρ为空间滞后系数，$\boldsymbol{w}$ 为空间权重矩阵，$sdid$ 为分组虚拟变量与时间虚拟变量之积，α_2为政策溢出效应，θ_k为控制变量溢出效应，λ为随机扰动项的空间滞后系数。

当$\tau=0$时，模型为静态面板模型；当$\tau\neq 0$时，模型为动态面板模型。假如$\theta_k=0$，则该模型即为面板数据 SACDID 模型；假如$\lambda=0$，则该模型即为面板数据 SDMDID 模型；假如$\theta_k=0$，$\lambda=0$，则该模型即为面板数据 SARDID 模型，又称 SLMDID 模型；假如$\tau=\rho=\alpha_2=0$且$\theta_k=0$，则该模型即为面板数据 SEMDID 模型；假如$\tau=\rho=\alpha_2=0$，$\theta_k=0$且$\mu_i=\phi\sum_{j=1}^{n}w_{ij}\mu_j+\eta_i$，则该模型即为 GSPREDID 模型。

5.4.3　SDID 模型操作演示

此处操作数据来自 Diao et al.（2017），详见参考文献。考虑到从 1981 年开始美国的 Alabama、Arizona、Arkansas、California、Connecticut、Delaware、Florida、Georgia、Idaho 等 10 地区实施了某项地区政策，其他地区未执行政策。这样就形成了准自然实验，从而可以进行 SEMDID 模型、SARDID 模型、SDMDID 模型、SACDID 模型及 GSPREDID 模型的模型设定和估计。

1. SEMDID 模型操作演示

*导入数据，见图 5-51。

```
.use asef_product.dta, clear
```

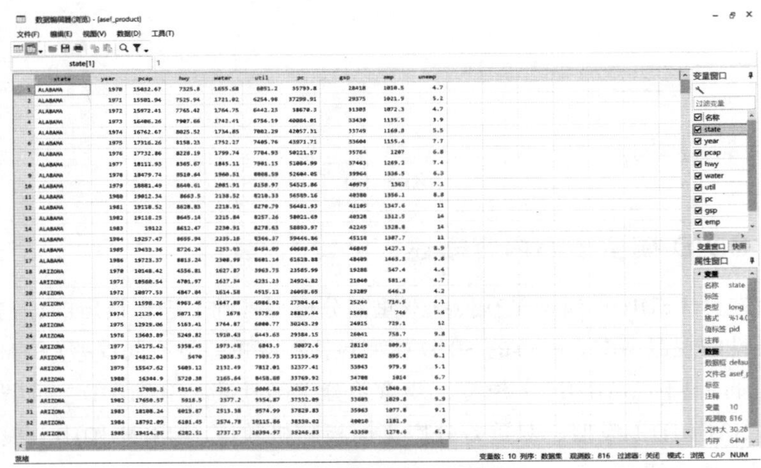

图 5-51

*生成地区虚拟变量，见图 5-52。

```
gene code=0
ed
replace code =1 in 1/340
ed
```

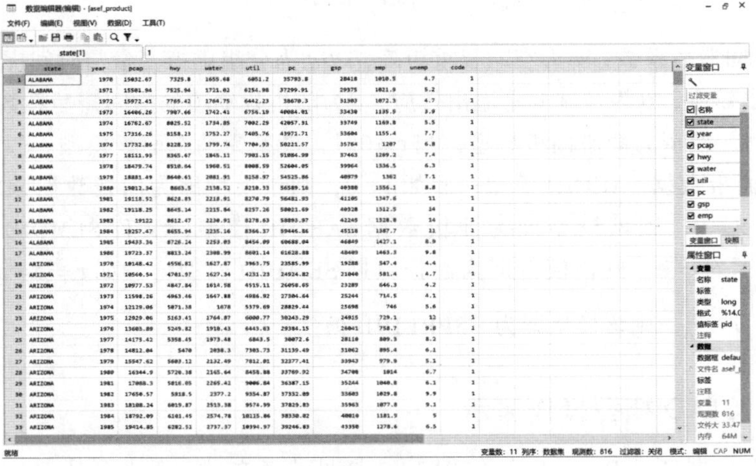

图 5-52

* 生成时间虚拟变量，见图 5-53。

```
gene t=0
replace t=1  if  year>=1980 & year <=1986
```

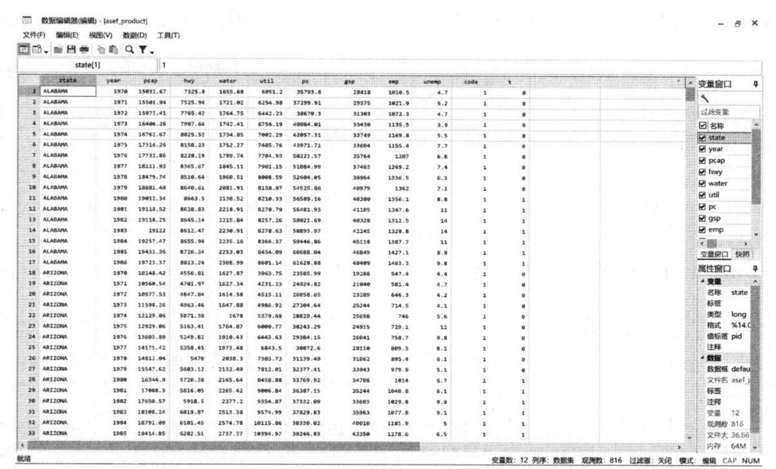

图 5-53

* 生成时间空间交互项，见图 5-54。

```
.gene spdid= code* t
```

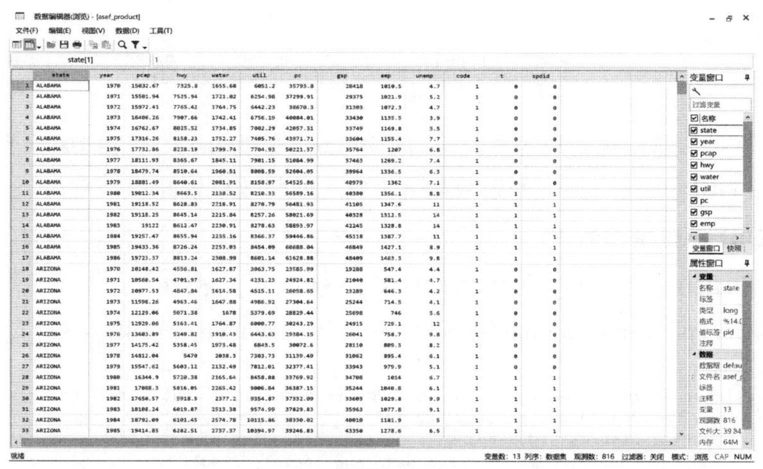

图 5-54

* 面板数据设定。

```
.xtset state year
```

* 调入空间权重矩阵。

```
.spmat use usaww using usaww.spmat
```

* 将数据进行对数化处理。

```
.gen lngsp = log(gsp)
.gen lnpcap = log(pcap)
.gen lnpc = log(pc)
```

.gen lnemp = log(emp)

* 进行 SEMDID 模型估计，输出结果见图 5-55。

.xsmle lngsp spdid lnpcap lnpc lnemp t code, fe model(sem) emat(usaww) nolog

```
. xsmle lngsp spdid lnpcap lnpc lnemp t code, fe model(sem) emat(usaww) nolog

SEM with spatial fixed-effects                      Number of obs =       816

Group variable: state                            Number of groups =        48
Time variable: year                                  Panel length =        17

R-sq:     within  = 0.9393
          between = 0.9891
          overall = 0.9880

Mean of fixed-effects =  3.3324

Log-likelihood =  1643.8079
```

lngsp	Coef.	Std. Err.	z	P>|z|	[95% Conf.	Interval]
Main						
spdid	-.0175093	.0040778	-4.29	0.000	-.0255017	-.0095169
lnpcap	-.0148055	.0237292	-0.62	0.533	-.0613139	.0317029
lnpc	.1687689	.0240017	7.03	0.000	.1217264	.2158114
lnemp	.7925134	.0257458	30.78	0.000	.7420526	.8429743
t	.0246038	.0072612	3.39	0.001	.010372	.0388356
code	0	(omitted)				
Spatial						
lambda	.5748662	.0307721	18.68	0.000	.514554	.6351784
Variance						
sigma2_e	.000947	.0000483	19.62	0.000	.0008524	.0010416

图 5-55

图 5-55 显示，随机扰动项的空间滞后系数 lambda 为 0.575 且在 1% 水平上通过了显著性检验。核心解释变量 spdid 的系数显著为负，回归效果较好。

2. SARDID 模型操作演示

* 进行 SARDID 模型估计，输出结果见图 5-56 和图 5-57。

.xsmle lngsp spdid lnpcap lnpc lnemp t code, fe model(sar) wmat(usaww) nolog effects

```
. xsmle lngsp spdid lnpcap lnpc lnemp t code, fe model(sar) wmat(usaww) nolog effects
Warning: e(V) matrix is not positive definite.
         Spatial effects Std. Err. will be computed using a modified
         positive definite matrix (Rebonato and Jackel, 2000).
Computing marginal effects standard errors using MC simulation...

SAR with spatial fixed-effects                      Number of obs =       816

Group variable: state                            Number of groups =        48
Time variable: year                                  Panel length =        17

R-sq:     within  = 0.9408
          between = 0.9437
          overall = 0.9426

Mean of fixed-effects =  2.2326

Log-likelihood =  1604.5478
```

图 5-56

lngsp	Coef.	Std. Err.	z	P>|z|	[95% Conf.	Interval]
Main						
spdid	-.0194363	.004853	-4.00	0.000	-.0289481	-.0099245
lnpcap	-.0994522	.0233991	-4.25	0.000	-.1453136	-.0535908
lnpc	.1313967	.0233698	5.62	0.000	.0855928	.1772006
lnemp	.6915987	.0256183	27.00	0.000	.6413877	.7418097
t	.0092766	.0044033	2.11	0.035	.0006463	.017907
code	0	(omitted)				
Spatial						
rho	.2874211	.0215512	13.34	0.000	.2451815	.3296607
Variance						
sigma2_e	.0011234	.0000557	20.15	0.000	.0010142	.0012327
LR_Direct						
spdid	-.019682	.0050948	-3.86	0.000	-.0296676	-.0096965
lnpcap	-.1026065	.0230711	-4.45	0.000	-.1478251	-.057388
lnpc	.1368977	.02281	6.00	0.000	.0921909	.1816045
lnemp	.7053591	.0231987	30.41	0.000	.6598905	.7508276
t	.0092425	.0041884	2.21	0.027	.0010335	.0174515
code	.0017374	.0319843	0.05	0.957	-.0609506	.0644255
LR_Indirect						
spdid	-.0073583	.0020819	-3.53	0.000	-.0114387	-.0032778
lnpcap	-.0383445	.0095748	-4.00	0.000	-.0571107	-.0195782
lnpc	.050894	.0087532	5.81	0.000	.033738	.06805
lnemp	.2630256	.0238479	11.03	0.000	.2162846	.3097665
t	.0034303	.0015675	2.19	0.029	.000358	.0065026
code	.0006529	.012168	0.05	0.957	-.0231959	.0245016
LR_Total						
spdid	-.0270403	.0070793	-3.82	0.000	-.0409155	-.0131651
lnpcap	-.140951	.0320748	-4.39	0.000	-.2038164	-.0780856
lnpc	.1877917	.030444	6.17	0.000	.1281226	.2474608
lnemp	.9683846	.0315639	30.68	0.000	.9065205	1.030249
t	.0126728	.0057246	2.21	0.027	.0014528	.0238929
code	.0023903	.044104	0.05	0.957	-.0840519	.0888325

图 5-57

图 5-57 显示，被解释变量的空间滞后系数 rho 的回归系数为 0.287，且在 1% 水平上通过了显著性检验。核心解释变量 spdid 的直接效应、间接效应及总效应值均为负，且均在 1% 水平上通过了显著性检验。总体而言，回归效果较好。

3. SDMDID 模型操作演示

* 对 SDMDID 模型进行随机效应回归，输出结果见图 5-58 和图 5-59。

.xsmle lngsp spdid lnpcap lnpc lnemp code t, re model(sdm) wmat(usaww) durbin(spdid) effect

```
. xsmle lngsp spdid lnpcap lnpc lnemp code t, re model(sdm) wmat(usaww) durbin(spdid) effect
Iteration 0:   Log-likelihood = -2300.9246  (not concave)
Iteration 1:   Log-likelihood = -1368.2411  (not concave)
Iteration 2:   Log-likelihood = -1055.0404  (not concave)
Iteration 3:   Log-likelihood = -338.33714  (not concave)
Iteration 4:   Log-likelihood = -25.958464  (not concave)
Iteration 5:   Log-likelihood =  414.75516  (not concave)
Iteration 6:   Log-likelihood =  796.65933  (not concave)
Iteration 7:   Log-likelihood =  1050.9178  (not concave)
Iteration 8:   Log-likelihood =  1213.2348
Iteration 9:   Log-likelihood =  1348.9319
Iteration 10:  Log-likelihood =   1407.947
Iteration 11:  Log-likelihood =  1414.0808
Iteration 12:  Log-likelihood =  1414.1685
Iteration 13:  Log-likelihood =  1414.1687
Iteration 14:  Log-likelihood =  1414.1687
Computing marginal effects standard errors using MC simulation...

SDM with random-effects                          Number of obs =       816

Group variable: state                          Number of groups =        48
Time variable: year                                Panel length =        17

R-sq:     within  = 0.9414
          between = 0.9643
          overall = 0.9634

Log-likelihood =  1414.1687
```

图 5-58

lngsp	Coef.	Std. Err.	z	P>|z|	[95% Conf.	Interval]
Main						
spdid	-.0164581	.0052443	-3.14	0.002	-.0267367	-.0061795
lnpcap	-.0637065	.0246644	-2.58	0.010	-.1120479	-.0153651
lnpc	.1529401	.0244652	6.25	0.000	.1049892	.200891
lnemp	.7375805	.0270721	27.24	0.000	.6845201	.790641
code	.0452422	.0663346	0.68	0.495	-.0847712	.1752556
t	.0003081	.0071386	0.04	0.966	-.0136832	.0142994
_cons	2.160979	.1805389	11.97	0.000	1.80713	2.514829
Wx						
spdid	.0134393	.0119891	1.12	0.262	-.0100589	.0369374
Spatial						
rho	.207532	.0267105	7.77	0.000	.1551804	.2598837
Variance						
lgt_theta	-3.237474	.160861	-20.13	0.000	-3.552756	-2.922192
sigma2_e	.001231	.0000658	18.70	0.000	.001102	.00136
LR_Direct						
spdid	-.0157637	.0056128	-2.81	0.005	-.0267645	-.0047629
lnpcap	-.0654181	.0240647	-2.72	0.007	-.1125839	-.0182522
lnpc	.1573219	.0235605	6.68	0.000	.1111442	.2034996
lnemp	.744594	.0247017	30.14	0.000	.6961795	.7930084
code	.0462512	.0644334	0.72	0.473	-.0800359	.1725383
t	.0003465	.006931	0.05	0.960	-.0132379	.013931
LR_Indirect						
spdid	.0114673	.0150637	0.76	0.447	-.0180571	.0409917
lnpcap	-.0163751	.0068559	-2.39	0.017	-.0298124	-.0029378
lnpc	.0387038	.0067196	5.76	0.000	.0255337	.0518739
lnemp	.1843723	.026254	7.02	0.000	.1329154	.2358292
code	.0115184	.0161563	0.71	0.476	-.0201473	.0431841
t	.0000548	.0017293	0.03	0.975	-.0033346	.0034441
LR_Total						
spdid	-.0042964	.0181141	-0.24	0.813	-.0397993	.0312065
lnpcap	-.0817932	.0305074	-2.68	0.007	-.1415865	-.0219999
lnpc	.1960257	.0277472	7.06	0.000	.1416422	.2504092
lnemp	.9289663	.0310247	29.94	0.000	.868159	.9897736
code	.0577697	.0803755	0.72	0.472	-.0997633	.2153026
t	.0004013	.0086435	0.05	0.963	-.0165397	.0173423

图 5-59

图 5-59 显示，被解释变量的空间滞后系数 rho 的回归系数为 0.208，且在 1% 水平上通过了显著性检验。核心解释变量 spdid 的直接效应值为负，且均在 1% 水平上通过了显著性检验；间接效应值为正，且没通过显著性检验；总效应值为负，且没通过显著性检验。总体而言，回归效果较差。

* 对 SDMDID 模型进行固定效应回归，输出结果见图 5-60、图 5-61-1 和图 5-61-2。

.xsmle lngsp spdid lnpcap lnpc lnemp code t, fe model(sdm) wmat(usaww) durbin(spdid) effect

```
. xsmle lngsp spdid lnpcap lnpc lnemp code t, fe model(sdm) wmat(usaww) durbin(spdid) effect
Iteration 0:   Log-likelihood =  1448.4607  (not concave)
Iteration 1:   Log-likelihood =  1570.9349
Iteration 2:   Log-likelihood =  1605.0109
Iteration 3:   Log-likelihood =  1605.8763
Iteration 4:   Log-likelihood =  1605.8934
Iteration 5:   Log-likelihood =  1605.8934
Warning: e(V) matrix is not positive definite.
         Spatial effects Std. Err. will be computed using a modified
         positive definite matrix (Rebonato and Jackel, 2000).
Computing marginal effects standard errors using MC simulation...

SDM with spatial fixed-effects                     Number of obs =       816

Group variable: state                           Number of groups =        48
Time variable: year                                 Panel length =        17

R-sq:     within  = 0.9410
          between = 0.9421
          overall = 0.9411

Mean of fixed-effects =  2.2140

Log-likelihood =  1605.8934
```

图 5-60

lngsp	Coef.	Std. Err.	z	P>|z|	[95% Conf.	Interval]
Main						
spdid	-.0174066	.0049988	-3.48	0.000	-.0272042	-.0076091
lnpcap	-.0977545	.0233757	-4.18	0.000	-.14357	-.051939
lnpc	.1294952	.0233513	5.55	0.000	.0837274	.1752629
lnemp	.6881896	.0256483	26.83	0.000	.6379199	.7384594
code	0	(omitted)				
t	.0006666	.0068394	0.10	0.922	-.0127384	.0140716
Wx						
spdid	.0187283	.0114028	1.64	0.101	-.0036209	.0410774
Spatial						
rho	.291798	.021664	13.47	0.000	.2493374	.3342587
Variance						
sigma2_e	.001119	.0000555	20.15	0.000	.0010102	.0012278
LR_Direct						
spdid	-.0161911	.0055387	-2.92	0.003	-.0270468	-.0053354
lnpcap	-.1009269	.023063	-4.38	0.000	-.1461297	-.0557242
lnpc	.1350258	.0227987	5.92	0.000	.0903412	.1797105
lnemp	.7023136	.0232576	30.20	0.000	.6567295	.7478977
code	1.09e-12	1.46e-10	0.01	0.994	-2.86e-10	2.88e-10
t	.0007085	.0067186	0.11	0.916	-.0124598	.0138768

图 5-61-1

LR_Indirect						
spdid	.0177913	.0162641	1.09	0.274	-.0140858	.0496684
lnpcap	-.0384074	.009782	-3.93	0.000	-.0575797	-.0192351
lnpc	.051079	.0087976	5.81	0.000	.033836	.068322
lnemp	.2665737	.0239081	11.15	0.000	.2197147	.3134327
code	1.47e-14	5.55e-11	0.00	1.000	-1.09e-10	1.09e-10
t	.0002359	.0025548	0.09	0.926	-.0047714	.0052432
LR_Total						
spdid	.0016002	.0196634	0.08	0.935	-.0369395	.0401398
lnpcap	-.1393343	.0322803	-4.32	0.000	-.2026025	-.0760662
lnpc	.1861049	.0304762	6.11	0.000	.1263725	.2458372
lnemp	.9688873	.0318433	30.43	0.000	.9064755	1.031299
code	1.11e-12	2.02e-10	0.01	0.996	-3.94e-10	3.96e-10
t	.0009444	.0092639	0.10	0.919	-.0172126	.0191013

图 5-61-2

图 5-61-1 显示，被解释变量的空间滞后系数 rho 的回归系数为 0.292，且在 1% 水平上通过了显著性检验。核心解释变量 spdid 的直接效应值为负，且均在 1% 水平上通过了显著性检验；间接效应值为正，且没通过显著性检验；总效应值为负，且没通过显著性检验。总体而言，回归效果较差。

注意，在图 5-60 的演示中，仅仅保留了 spdid 的空间滞后项，读者在实际操作中可以将上述程序中的“durbin(spdid)”删除。

4. SACDID 模型操作演示

* 对 SACDID 模型进行固定效应回归，输出结果见图 5-62 和图 5-63。

.xsmle lngsp spdid lnpcap lnpc lnemp code t, fe model(sac) wmat(usaww) emat(usaww) effects

```
. xsmle lngsp spdid lnpcap lnpc lnemp code t, fe model(sac) wmat(usaww) emat(usaww)  effects
Iteration 0:   Log-likelihood =  1544.8042
Iteration 1:   Log-likelihood =  1562.4899
Iteration 2:   Log-likelihood =  1617.9469
Iteration 3:   Log-likelihood =  1640.9464
Iteration 4:   Log-likelihood =  1645.2944
Iteration 5:   Log-likelihood =  1645.3607
Iteration 6:   Log-likelihood =  1645.3607
Warning: e(V) matrix is not positive definite.
         Spatial effects Std. Err. will be computed using a modified
         positive definite matrix (Rebonato and Jackel, 2000).
Computing marginal effects standard errors using MC simulation...

SAC with spatial fixed-effects                    Number of obs =       816

Group variable: state                          Number of groups =        48
Time variable: year                                Panel length =        17

R-sq:    within  = 0.9406
         between = 0.9857
         overall = 0.9846

Mean of fixed-effects =  2.9531

Log-likelihood =  1645.3607
```

图 5-62

lngsp	Coef.	Std. Err.	z	P>|z|	[95% Conf.	Interval]
Main						
spdid	-.0186175	.0042006	-4.43	0.000	-.0268505	-.0103846
lnpcap	-.0270419	.0248934	-1.09	0.277	-.0758322	.0217483
lnpc	.1611582	.0243781	6.61	0.000	.1133779	.2089384
lnemp	.7869296	.025797	30.50	0.000	.7363685	.8374908
code	0	(omitted)				
t	.0179788	.0073538	2.44	0.014	.0035657	.0323919
Spatial						
rho	.0589165	.0324815	1.81	0.070	-.0047461	.122579
lambda	.5149828	.0466917	11.03	0.000	.4234688	.6064967
Variance						
sigma2_e	.0010233	.0000497	20.57	0.000	.0009259	.0011208
LR_Direct						
spdid	-.0184838	.0043186	-4.28	0.000	-.0269482	-.0100195
lnpcap	-.0280739	.024029	-1.17	0.243	-.0751699	.0190221
lnpc	.1639392	.0233281	7.03	0.000	.1182169	.2096615
lnemp	.7864095	.0238568	32.96	0.000	.739651	.833168
code	.0002358	.0306563	0.01	0.994	-.0598494	.060321
t	.0181114	.0071214	2.54	0.011	.0041537	.0320691
LR_Indirect						
spdid	-.0011468	.0007556	-1.52	0.129	-.0026278	.0003342
lnpcap	-.0018999	.0021673	-0.88	0.381	-.0061476	.0023479
lnpc	.0098242	.0056831	1.73	0.084	-.0013146	.0209629
lnemp	.0479076	.0278622	1.72	0.086	-.0067014	.1025166
code	-.0000109	.0021862	-0.00	0.996	-.0042958	.004274
t	.000996	.0006191	1.61	0.108	-.0002173	.0022093
LR_Total						
spdid	-.0196306	.0047088	-4.17	0.000	-.0288597	-.0104014
lnpcap	-.0299738	.0257847	-1.16	0.245	-.0805109	.0205633
lnpc	.1737633	.0240886	7.21	0.000	.1265505	.2209762
lnemp	.8343171	.0344339	24.23	0.000	.766828	.9018063
code	.0002249	.0325796	0.01	0.994	-.06363	.0640798
t	.0191074	.0072837	2.62	0.009	.0048317	.0333832

图 5-63

图 5-63 显示，被解释变量的空间滞后系数 rho 的回归系数为 0.059，且在 10% 水平上通过了显著性检验。核心解释变量 spdid 的直接效应值为负，且均在 1% 水平上通过了显著性检验；间接效应值为负，且没通过显著性检验；总效应值为负，且在 1% 水平上通过了显著性检验。总体而言，回归效果较好。

5. GSPREDID 模型操作演示

* 进行 GSPREDID 模型估计，见图 5-64。

.xsmle lngsp spdid lnpcap lnpc lnemp code t, model(gspre) error(1) wmat(usaww) emat(usaww)

图 5-64 显示，地区效应空间滞后系数 phi 的回归系数为 0.284，且没通过显著性检验；随机扰动项的空间滞后系数 lambda 的回归系数为正，且在 1% 水平上通过了显著性性检验。核心解释变量 spdid 的回归系数为负，且在 1% 水平上通过了显著性检验。总体而言，回归效果较好。

```
. xsmle lngsp spdid lnpcap lnpc lnemp code t, model(gspre) error(1) wmat(usaww) emat(usaww)
Iteration 0:   Log-likelihood =   1309.199
Iteration 1:   Log-likelihood =  1428.4192
Iteration 2:   Log-likelihood =  1465.2532
Iteration 3:   Log-likelihood =  1488.3187  (not concave)
Iteration 4:   Log-likelihood =  1492.7867
Iteration 5:   Log-likelihood =  1493.0023
Iteration 6:   Log-likelihood =  1496.4654
Iteration 7:   Log-likelihood =  1496.5269
Iteration 8:   Log-likelihood =  1496.5277
Iteration 9:   Log-likelihood =  1496.5277

SEM with spatial autoregressive random-effects       Number of obs =        816

Group variable: state                              Number of groups =         48
Time variable: year                                    Panel length =         17

R-sq:    within  = 0.9381
         between = 0.9914
         overall = 0.9903

Log-likelihood =  1496.5277
------------------------------------------------------------------------------
       lngsp |      Coef.   Std. Err.      z    P>|z|     [95% Conf. Interval]
-------------+----------------------------------------------------------------
Main         |
       spdid |  -.0175324   .0042394    -4.14   0.000    -.0258414   -.0092234
      lnpcap |   .0282498   .0220239     1.28   0.200    -.0149162    .0714158
        lnpc |   .2192902   .0233787     9.38   0.000     .1734688    .2651116
       lnemp |   .7697608   .0245265    31.38   0.000     .7216897    .8178319
        code |   .0260358   .0259797     1.00   0.316    -.0248835     .076955
           t |   .0096616   .0066498     1.45   0.146    -.0033719     .022695
       _cons |   2.537743   .1688555    15.03   0.000     2.206792    2.868694
-------------+----------------------------------------------------------------
Spatial      |
         phi |   .2838834   .1951227     1.45   0.146    -.0985502    .6663169
      lambda |   .5693929   .0315746    18.03   0.000     .5075078     .631278
-------------+----------------------------------------------------------------
Variance     |
    sigma_mu |   .0908268   .0106808     8.50   0.000     .0698928    .1117608
     sigma_e |   .0319887   .0008448    37.87   0.000      .030333    .0336444
------------------------------------------------------------------------------

.
```

图 5-64

5.5 SDM 模型详解

5.5.1 SDM 模型的地区固定效应、时间固定效应及双固定效应的选择问题

* 调入数据。

.use asef.dta,clear

* 进行面板数据识别。

.xtset province month

* 调入空间权重矩阵。

.spmat use asef_mat using asef_mat.spmat

* 对 SDM 模型进行地区固定效应回归，见图 5-65 和图 5-66。

.xsmle lny lnx1 lnx2 lnx3 lnx4,fe model(sdm) wmat(asef_mat) type(ind) nolog effects

```
. xsmle lny lnx1 lnx2 lnx3 lnx4,fe model(sdm) wmat(asef_mat) type(ind) nolog effects
Warning: All regressors will be spatially lagged

Computing marginal effects standard errors using MC simulation...

SDM with spatial fixed-effects                    Number of obs =      1080

Group variable: province                       Number of groups =        30
Time variable: month                               Panel length =        36

R-sq:    within  = 0.9213
         between = 0.3486
         overall = 0.7776

Mean of fixed-effects =  0.4969

Log-likelihood =  1967.6428
```

图 5-65

lny	Coef.	Std. Err.	z	P>|z|	[95% Conf.	Interval]
Main						
lnx1	.4782866	.023803	20.09	0.000	.4316335	.5249396
lnx2	.0460751	.0155484	2.96	0.003	.0156008	.0765494
lnx3	.0562235	.0230495	2.44	0.015	.0110472	.1013997
lnx4	.0366501	.011628	3.15	0.002	.0138596	.0594407
Wx						
lnx1	.0880553	.038544	2.28	0.022	.0125103	.1636002
lnx2	.1231681	.0254911	4.83	0.000	.0732065	.1731297
lnx3	.0004555	.0353772	0.01	0.990	-.0688825	.0697936
lnx4	-.0243311	.0189873	-1.28	0.200	-.0615455	.0128834
Spatial						
rho	.1793149	.0381634	4.70	0.000	.1045159	.2541138
Variance						
sigma2_e	.0015194	.0000656	23.17	0.000	.0013908	.0016479
LR_Direct						
lnx1	.4868956	.0236076	20.62	0.000	.4406257	.5331656
lnx2	.0512709	.0147006	3.49	0.000	.0224582	.0800836
lnx3	.0586737	.0215313	2.73	0.006	.0164731	.1008743
lnx4	.035566	.0112058	3.17	0.002	.013603	.0575291
LR_Indirect						
lnx1	.2039302	.0316049	6.45	0.000	.1419857	.2658747
lnx2	.1556534	.0278532	5.59	0.000	.1010621	.2102447
lnx3	.0109837	.0393202	0.28	0.780	-.0660824	.0880499
lnx4	-.0215074	.0208898	-1.03	0.303	-.0624508	.0194359
LR_Total						
lnx1	.6908258	.0263734	26.19	0.000	.6391349	.7425167
lnx2	.2069243	.0281642	7.35	0.000	.1517234	.2621252
lnx3	.0696574	.0379502	1.84	0.066	-.0047236	.1440384
lnx4	.0140586	.0228983	0.61	0.539	-.0308211	.0589384

图 5-66

* 保存 SDM 模型地区固定效应回归结果。

.est store ind

* 对 SDM 模型进行时间固定效应回归，见图 5-67。

.xsmle lny lnx1 lnx2 lnx3 lnx4,fe model(sdm) wmat(asef_mat) type(time) nolog effects

```
. xsmle lny lnx1 lnx2 lnx3 lnx4,fe model(sdm) wmat(asef_mat) type(time) nolog effects
Warning: All regressors will be spatially lagged

convergence not achieved
Computing marginal effects standard errors using MC simulation...

SDM with time fixed-effects                          Number of obs =      1080

Group variable: province                          Number of groups =        30
Time variable: month                                  Panel length =        36

R-sq:    within  = 0.8822
         between = 0.6546
         overall = 0.8343

Mean of fixed-effects =  1.4856

Log-likelihood =  1556.7060
```

lny	Coef.	Std. Err.	z	P>|z|	[95% Conf.	Interval]
Main						
lnx1	.4647132	.0240571	19.32	0.000	.4175622	.5118642
lnx2	.0148542	.0111876	1.33	0.184	-.0070731	.0367815
lnx3	.0750449	.0291185	2.58	0.010	.0179737	.1321161
lnx4	-.0414045	.0155973	-2.65	0.008	-.0719747	-.0108344
Wx						
lnx1	.0854695	.047829	1.79	0.074	-.0082736	.1792125
lnx2	-.155611	.0147554	-10.55	0.000	-.1845311	-.1266909
lnx3	.2667829	.0408075	6.54	0.000	.1868017	.3467641
lnx4	-.0781314	.029344	-2.66	0.008	-.1356445	-.0206182
Spatial						
rho	.1166317	.0441737	2.64	0.008	.0300528	.2032106
Variance						
sigma2_e	.0032674	.0001409	23.20	0.000	.0029914	.0035435
LR_Direct						
lnx1	.46962	.0241083	19.48	0.000	.4223686	.5168715
lnx2	.0099177	.0108916	0.91	0.363	-.0114295	.0312648
lnx3	.0858906	.0271255	3.17	0.002	.0327257	.1390555
lnx4	-.0439016	.0151439	-2.90	0.004	-.0735832	-.0142201
LR_Indirect						
lnx1	.155479	.0428265	3.63	0.000	.0715406	.2394174
lnx2	-.1699467	.0159512	-10.65	0.000	-.2012106	-.1386829
lnx3	.3020893	.0418572	7.22	0.000	.2200507	.384128
lnx4	-.0928424	.0297713	-3.12	0.002	-.1511931	-.0344918
LR_Total						
lnx1	.625099	.0406333	15.38	0.000	.5454592	.7047388
lnx2	-.1600291	.0188288	-8.50	0.000	-.1969329	-.1231252
lnx3	.3879799	.0343482	11.30	0.000	.3206587	.4553012
lnx4	-.1367441	.0344667	-3.97	0.000	-.2042976	-.0691905

图 5-67

* 保存 SDM 模型时间固定效应回归结果。

.est store time

* 对 SDM 模型进行双固定效应回归，见图 5-68 和图 5-69。

.xsmle lny lnx1 lnx2 lnx3 lnx4,fe model(sdm) wmat(asef_mat) type(both) nolog effects

```
. xsmle lny lnx1 lnx2 lnx3 lnx4,fe model(sdm) wmat(asef_mat) type(both) nolog effects
Warning: All regressors will be spatially lagged

Computing marginal effects standard errors using MC simulation...

SDM with spatial and time fixed-effects                 Number of obs =       1080

Group variable: province                              Number of groups =         30
Time variable: month                                    Panel length =         36

R-sq:     within  = 0.9130
          between = 0.3843
          overall = 0.8031

Mean of fixed-effects =  1.1650

Log-likelihood =  2030.1362
```

图 5-68

lny	Coef.	Std. Err.	z	P>|z|	[95% Conf.	Interval]
Main						
lnx1	.4841843	.0231705	20.90	0.000	.4387711	.5295976
lnx2	.0271818	.0159016	1.71	0.087	-.0039849	.0583484
lnx3	.0226502	.0226055	1.00	0.316	-.0216558	.0669561
lnx4	.0345585	.0118447	2.92	0.004	.0113433	.0577738
Wx						
lnx1	.138601	.0457504	3.03	0.002	.0489318	.2282702
lnx2	.0392509	.034864	1.13	0.260	-.0290814	.1075831
lnx3	-.1115422	.0420852	-2.65	0.008	-.1940276	-.0290567
lnx4	-.0197886	.0214974	-0.92	0.357	-.0619226	.0223455
Spatial						
rho	-.0236538	.0427583	-0.55	0.580	-.1074585	.0601508
Variance						
sigma2_e	.0013638	.0000587	23.24	0.000	.0012487	.0014788
LR_Direct						
lnx1	.4844098	.0238002	20.35	0.000	.4377623	.5310572
lnx2	.0262506	.0154321	1.70	0.089	-.0039957	.0564969
lnx3	.0252537	.0216694	1.17	0.244	-.0172175	.067725
lnx4	.0345104	.0115434	2.99	0.003	.0118859	.057135
LR_Indirect						
lnx1	.1266004	.0376108	3.37	0.001	.0528846	.2003163
lnx2	.039179	.0338079	1.16	0.247	-.0270833	.1054412
lnx3	-.1110656	.0422214	-2.63	0.009	-.1938181	-.0283131
lnx4	-.020842	.0194979	-1.07	0.285	-.0590572	.0173731
LR_Total						
lnx1	.6110102	.0366798	16.66	0.000	.5391192	.6829012
lnx2	.0654296	.0368188	1.78	0.076	-.0067339	.137593
lnx3	-.0858119	.0427175	-2.01	0.045	-.1695366	-.0020871
lnx4	.0136684	.0219508	0.62	0.533	-.0293543	.0566912

图 5-69

* 保存 SDM 模型双固定效应回归结果。

.est store both

LR 检验其实是在检验参数约束条件是否有效，假设空间固定效应嵌套于时空固定效应，其约束条件就是时间固定效应的回归系数全部等于 0。保罗 · 埃尔霍斯特将其称为时空固定效应联合非显著性。

时空固定效应联合非显著性应该包含两方面内容：一是对空间固定效应模型和时空固定效应模型作 LR 检验，如果 p 值拒绝原假设，就意味着参数约束失效，应该选择双固定效应模型；二是需要对时间固定效应模型和时空固定效应模型作 LR 检验，如果 p 值同样拒绝原假设，则也应该选择双固定效应模型。因此，根据图 5-70 的数据，可以得出应该采用双固定效应模型。

```
. lrtest both ind,df(10)

Likelihood-ratio test                                 LR chi2(10) =     124.99
(Assumption: ind nested in both)                      Prob > chi2 =     0.0000

.
. lrtest both time,df(10)

Likelihood-ratio test                                 LR chi2(10) =     946.86
(Assumption: time nested in both)                     Prob > chi2 =     0.0000
```

图 5-70

5.5.2 动态 SDM 模型的 Stata 回归程序和案例演示

1. 回归程序解释

与静态 SDM 模型的回归程序相比，动态 SDM 模型的程序仅仅多了一个 dlag(n)。如果 n 为 1，则表示被解释变量 y 在时间上滞后一期；如果 n 为 2，则表示被解释变量 y 在时空上滞后一期；如果 n 为 3，则表示被解释变量 y 在时间和时空上同时滞后一期。详见 Stata "help" 中关于 xsmle 的详细解释：

dlag(1) includes time lagged dependent variable in the model (tau*y_it−1)

dlag(2) includes space-time lagged dependent variable in the model (psi*W*y_it−1)

dlag(3) includes both time lagged and space-time lagged dependent variable in the model (tau*y_it−1 + psi*W*y_it−1))

下面是动态 SDM 模型的 Stata 回归程序示例：

.xsmle y x1 x2 x3 x4 x5 x6 x7, fe wmat(idisswm) dlag(1) model(sdm) nolog

其中，y 代表被解释变量，x1 代表核心解释变量，x2 至 x7 代表控制变量；fe 表示使用的是固定效应模型，wmat() 代表空间权重矩阵的类型，dlag（1）表示被解释变量 y 在时间上滞后一期，nolog 代表不显示迭代过程。

2. 案例演示

* 从 Stata 官网下载 product.dta 数据，并保存到当前文件夹中。

.use http://www.econometrics.it/stata/data/xsmle/product.dta, clear

.save product

* 从 Stata 官网下载 usaww.spmat 空间权重矩阵，并保存到当前文件夹中。

.spmat use usaww using http://www.econometrics.it/stata/data/xsmle/usaww.spmat

.spmat save usaww using usaww.spmat, replace

* 将变量进行对数化处理

.gen lngsp = log(gsp)

.gen lnpcap = log(pcap)

.gen lnpc = log(pc)

.gen lnemp = log(emp)

图 5-71 为 Stata 官方案例程序的回归结果[①]，由于 xsmle 源代码发生了变化，所以，现在此程序并不能汇报出效应值。

```
. xsmle lngsp lnpcap lnpc lnemp, re model(sdm) wmat(usaww) durbin(lnpcap lnpc)
Iteration 0:   Log-likelihood = -2300.8763  (not concave)
Iteration 1:   Log-likelihood = -1368.6335  (not concave)
Iteration 2:   Log-likelihood =  -1055.677  (not concave)
Iteration 3:   Log-likelihood = -342.73894  (not concave)
Iteration 4:   Log-likelihood = -27.973029  (not concave)
Iteration 5:   Log-likelihood =  468.77023  (not concave)
Iteration 6:   Log-likelihood =   1020.274  (not concave)
Iteration 7:   Log-likelihood =  1212.8393  (not concave)
Iteration 8:   Log-likelihood =  1310.3202
Iteration 9:   Log-likelihood =  1403.8364
Iteration 10:  Log-likelihood =  1461.2366
Iteration 11:  Log-likelihood =  1469.0979
Iteration 12:  Log-likelihood =  1469.1609
Iteration 13:  Log-likelihood =  1469.1609

SDM with random-effects                          Number of obs =        816

Group variable: state                         Number of groups =         48
Time variable: year                               Panel length =         17

R-sq:    within  = 0.9414
         between = 0.9908
         overall = 0.9897

Log-likelihood =  1469.1609
```

lngsp	Coef.	Std. Err.	z	P>|z|	[95% Conf.	Interval]
Main						
lnpcap	.0588823	.0227558	2.59	0.010	.0142817	.1034828
lnpc	.2803948	.0238659	11.75	0.000	.2336184	.3271711
lnemp	.6862824	.0235588	29.13	0.000	.6401081	.7324568
_cons	2.564784	.1523396	16.84	0.000	2.266204	2.863364
Wx						
lnpcap	-.2768996	.0325504	-8.51	0.000	-.3406971	-.2131021
lnpc	-.1205317	.0335134	-3.60	0.000	-.1862167	-.0548466
Spatial						
rho	.3403802	.0260712	13.06	0.000	.2892815	.391479
Variance						
lgt_theta	-2.279328	.1303091	-17.49	0.000	-2.53473	-2.023927
sigma2_e	.0011731	.0000605	19.38	0.000	.0010544	.0012918

图 5-71

* 进行静态随机效应模型回归，见图 5-72 和图 5-73。

.xsmle lngsp lnpcap lnpc lnemp, re model(sdm) wmat(usaww) durbin(lnpcap lnpc)

①直接采用代码“xsmle lngsp lnpcap lnpc lnemp, re model(sdm) wmat(usaww) durbin(lnpcap lnpc)”并不能汇报出效应值。如果想汇报出效应值需要将原代码修改为“xsmle lngsp lnpcap lnpc lnemp, re model(sdm) wmat(usaww) durbin(lnpcap lnpc) effects”。

```
. xsmle lngsp lnpcap lnpc lnemp, re model(sdm) wmat(usaww) durbin(lnpcap lnpc) effects
Iteration 0:    Log-likelihood = -2300.8763  (not concave)
Iteration 1:    Log-likelihood = -1368.6335  (not concave)
Iteration 2:    Log-likelihood =  -1055.677  (not concave)
Iteration 3:    Log-likelihood = -342.73894  (not concave)
Iteration 4:    Log-likelihood = -27.973029  (not concave)
Iteration 5:    Log-likelihood =  468.77023  (not concave)
Iteration 6:    Log-likelihood =   1020.274  (not concave)
Iteration 7:    Log-likelihood =  1212.8393  (not concave)
Iteration 8:    Log-likelihood =  1310.3202
Iteration 9:    Log-likelihood =  1403.8364
Iteration 10:   Log-likelihood =  1461.2366
Iteration 11:   Log-likelihood =  1469.0979
Iteration 12:   Log-likelihood =  1469.1609
Iteration 13:   Log-likelihood =  1469.1609
Computing marginal effects standard errors using MC simulation...

SDM with random-effects                         Number of obs =        816

Group variable: state                         Number of groups =         48
Time variable: year                               Panel length =         17

R-sq:    within  = 0.9414
         between = 0.9908
         overall = 0.9897

Log-likelihood =  1469.1609
```

图 5-72

lngsp	Coef.	Std. Err.	z	P>|z|	[95% Conf.	Interval]
Main						
lnpcap	.0588823	.0227558	2.59	0.010	.0142817	.1034828
lnpc	.2803948	.0238659	11.75	0.000	.2336184	.3271711
lnemp	.6862824	.0235588	29.13	0.000	.6401081	.7324568
_cons	2.564784	.1523396	16.84	0.000	2.266204	2.863364
Wx						
lnpcap	-.2768996	.0325504	-8.51	0.000	-.3406971	-.2131021
lnpc	-.1205317	.0335134	-3.60	0.000	-.1862167	-.0548466
Spatial						
rho	.3403802	.0260712	13.06	0.000	.2892815	.391479
Variance						
lgt_theta	-2.279328	.1303091	-17.49	0.000	-2.53473	-2.023927
sigma2_e	.0011731	.0000605	19.38	0.000	.0010544	.0012918
LR_Direct						
lnpcap	.0358914	.0232343	1.54	0.122	-.0096469	.0814297
lnpc	.2768893	.0222396	12.45	0.000	.2333004	.3204782
lnemp	.7094146	.0221852	31.98	0.000	.6659324	.7528968
LR_Indirect						
lnpcap	-.365061	.0451407	-8.09	0.000	-.4535352	-.2765868
lnpc	-.0352	.036051	-0.98	0.329	-.1058586	.0354587
lnemp	.3310857	.0325878	10.16	0.000	.2672148	.3949565
LR_Total						
lnpcap	-.3291696	.0531511	-6.19	0.000	-.4333438	-.2249954
lnpc	.2416893	.0347364	6.96	0.000	.1736072	.3097714
lnemp	1.0405	.0379135	27.44	0.000	.9661911	1.114809

图 5-73

（1）dlag(1) 演示

* 进行时间滞后固定效应模型回归，输出结果见图 5-74 和图 5-75。

.xsmle lngsp lnpcap lnpc lnemp, fe model(sdm) wmat(usaww) dlag(1) effects

```
. xsmle lngsp lnpcap lnpc lnemp, fe model(sdm) wmat(usaww) dlag(1) effects
Warning: All regressors will be spatially lagged

Iteration 0:   Log-likelihood =  1672.5024
Iteration 1:   Log-likelihood =  1749.9751
Iteration 2:   Log-likelihood =  1756.8453
Iteration 3:   Log-likelihood =  1756.9488
Iteration 4:   Log-likelihood =   1756.949
Computing marginal effects standard errors using MC simulation...

Dynamic SDM with spatial fixed-effects               Number of obs =        768

Group variable: state                             Number of groups =         48
Time variable: year                                   Panel length =         16

R-sq:     within  = 0.8863
          between = 0.9911
          overall = 0.9888

Mean of fixed-effects = -0.2443

Log-likelihood =  1714.0883
```

图 5-74

lngsp	Coef.	Std. Err.	z	P>|z|	[95% Conf.	Interval]
Main						
lngsp L1.	.6369192	.023851	26.70	0.000	.5901722	.6836663
lnpcap	-.0653019	.0207287	-3.15	0.002	-.1059293	-.0246744
lnpc	-.0396989	.0209419	-1.90	0.058	-.0807443	.0013465
lnemp	.4176631	.026899	15.53	0.000	.3649421	.4703841
Wx						
lnpcap	.0479857	.0344206	1.39	0.163	-.0194774	.1154488
lnpc	-.1330679	.0279193	-4.77	0.000	-.1877888	-.078347
lnemp	-.5745619	.0406404	-14.14	0.000	-.6542157	-.4949081
Spatial						
rho	.6821185	.028796	23.69	0.000	.6256794	.7385577
Variance						
sigma2_e	.0005639	.000029	19.43	0.000	.000507	.0006208
SR_Direct						
lnpcap	-.0651131	.0221698	-2.94	0.003	-.1085652	-.0216611
lnpc	-.0817185	.0223566	-3.66	0.000	-.1255366	-.0379005
lnemp	.3358998	.0297178	11.30	0.000	.2776541	.3941456
SR_Indirect						
lnpcap	.0112037	.0866149	0.13	0.897	-.1585585	.1809658
lnpc	-.4624718	.0911145	-5.08	0.000	-.6410528	-.2838907
lnemp	-.8441201	.1436873	-5.87	0.000	-1.125742	-.5624983
SR_Total						
lnpcap	-.0539095	.0982901	-0.55	0.583	-.2465546	.1387356
lnpc	-.5441903	.102679	-5.30	0.000	-.7454374	-.3429432
lnemp	-.5082203	.159576	-3.18	0.001	-.8209835	-.195457
LR_Direct						
lnpcap	-.0807492	.6368042	-0.13	0.899	-1.328863	1.167364
lnpc	.1339133	1.660738	0.08	0.936	-3.121073	3.3889
lnemp	.9061099	1.55662	0.58	0.560	-2.14481	3.95703
LR_Indirect						
lnpcap	.1394542	.6314893	0.22	0.825	-1.098242	1.377151
lnpc	.4078524	1.663311	0.25	0.806	-2.852178	3.667883
lnemp	-.412181	1.551395	-0.27	0.790	-3.45286	2.628498
LR_Total						
lnpcap	.058705	.1025482	0.57	0.567	-.1422857	.2596957
lnpc	.5417657	.0849397	6.38	0.000	.3752869	.7082445
lnemp	.4939289	.1020041	4.84	0.000	.2940047	.6938532

图 5-75

（2）dlag(2) 演示

* 进行时空滞后固定效应模型回归，输出结果见图 5-76、图 5-77。

.xsmle lngsp lnpcap lnpc lnemp, fe model(sdm) wmat(usaww) dlag(2) effects

```
. xsmle lngsp lnpcap lnpc lnemp, fe model(sdm) wmat(usaww) dlag(2) effects
Warning: All regressors will be spatially lagged

Iteration 0:   Log-likelihood =  1525.3645
Iteration 1:   Log-likelihood =   1528.799
Iteration 2:   Log-likelihood =  1588.7655
Iteration 3:   Log-likelihood =  1589.8437
Iteration 4:   Log-likelihood =  1589.8503
Iteration 5:   Log-likelihood =  1589.8503
Computing marginal effects standard errors using MC simulation...

Dynamic SDM with spatial fixed-effects               Number of obs =       768

Group variable: state                              Number of groups =        48
Time variable: year                                    Panel length =        16

R-sq:     within  = 0.9406
          between = 0.9859
          overall = 0.9849

Mean of fixed-effects =  1.9297

Log-likelihood =  1589.0908
```

图 5-76

lngsp	Coef.	Std. Err.	z	P>|z|	[95% Conf.	Interval]
Main						
Wlngsp						
L1.	.000201	.0421559	0.00	0.996	-.0824231	.082825
lnpcap	-.0525549	.0256442	-2.05	0.040	-.1028165	-.0022933
lnpc	.1251225	.024937	5.02	0.000	.076247	.1739981
lnemp	.8248093	.0274674	30.03	0.000	.7709742	.8786445
Wx						
lnpcap	-.1151679	.0423032	-2.72	0.006	-.1980807	-.0322551
lnpc	.0107187	.0366541	0.29	0.770	-.061122	.0825594
lnemp	-.3803192	.0530091	-7.17	0.000	-.4842152	-.2764232
Spatial						
rho	.5391949	.0342723	15.73	0.000	.4720224	.6063674
Variance						
sigma2_e	.0009122	.000045	20.27	0.000	.000824	.0010004
SR_Direct						
lnpcap	-.0788764	.0254446	-3.10	0.002	-.1287468	-.0290059
lnpc	.1415841	.02373	5.97	0.000	.0950742	.188094
lnemp	.8346106	.0256322	32.56	0.000	.7843725	.8848488
SR_Indirect						
lnpcap	-.2861857	.0730984	-3.92	0.000	-.429456	-.1429155
lnpc	.1567193	.06615	2.37	0.018	.0270676	.286371
lnemp	.1248275	.0876008	1.42	0.154	-.0468668	.2965218
SR_Total						
lnpcap	-.3650621	.0828253	-4.41	0.000	-.5273968	-.2027274
lnpc	.2983034	.0725551	4.11	0.000	.1560981	.4405087
lnemp	.9594381	.0947015	10.13	0.000	.7738266	1.14505
LR_Direct						
lnpcap	-.0788936	.0254464	-3.10	0.002	-.1287676	-.0290196
lnpc	.141597	.0237312	5.97	0.000	.0950848	.1881093
lnemp	.8346466	.0256341	32.56	0.000	.7844047	.8848885
LR_Indirect						
lnpcap	-.2863286	.0731307	-3.92	0.000	-.4296621	-.1429951
lnpc	.1568375	.0661792	2.37	0.018	.0271286	.2865464
lnemp	.1252121	.0876419	1.43	0.153	-.0465628	.296987
LR_Total						
lnpcap	-.3652222	.0828633	-4.41	0.000	-.5276312	-.2028132
lnpc	.2984345	.0725894	4.11	0.000	.1561619	.4407071
lnemp	.9598587	.0947498	10.13	0.000	.7741525	1.145565

图 5-77

（3）dlag(3) 演示

* 进行时间滞后和时空滞后固定效应模型回归，输出结果见图 5-78 和图 5-79。

.xsmle lngsp lnpcap lnpc lnemp, fe model(sdm) wmat(usaww) dlag(3) effects

```
. xsmle lngsp lnpcap lnpc lnemp, fe model(sdm) wmat(usaww) dlag(3) effects
Warning: All regressors will be spatially lagged

Iteration 0:   Log-likelihood =  1713.0685
Iteration 1:   Log-likelihood =  1861.2238
Iteration 2:   Log-likelihood =  1904.9667
Iteration 3:   Log-likelihood =   1912.879
Iteration 4:   Log-likelihood =  1912.9655
Iteration 5:   Log-likelihood =  1912.9655
Computing marginal effects standard errors using MC simulation...

Dynamic SDM with spatial fixed-effects              Number of obs =       768

Group variable: state                            Number of groups =        48
Time variable: year                                  Panel length =        16

R-sq:     within  = 0.9629
          between = 0.9975
          overall = 0.9968

Mean of fixed-effects =  0.8634

Log-likelihood =  1902.5570
```

图 5-78

lngsp	Coef.	Std. Err.	z	P>|z|	[95% Conf.	Interval]
Main						
lngsp L1.	.8448095	.0226303	37.33	0.000	.8004549	.889164
Wlngsp L1.	-.7421332	.0325048	-22.83	0.000	-.8058413	-.678425
lnpcap	-.0809788	.016192	-5.00	0.000	-.1127146	-.0492431
lnpc	-.0719862	.01656	-4.35	0.000	-.1044432	-.0395292
lnemp	.2706978	.0227883	11.88	0.000	.2260335	.315362
Wx						
lnpcap	-.0061676	.0268452	-0.23	0.818	-.0587832	.046448
lnpc	.1126784	.0233389	4.83	0.000	.066935	.1584218
lnemp	-.0740777	.0354844	-2.09	0.037	-.1436258	-.0045296
Spatial						
rho	.7243479	.0231159	31.34	0.000	.6790416	.7696543
Variance						
sigma2_e	.0003603	.000018	19.97	0.000	.0003249	.0003957
SR_Direct						
lnpcap	-.0994158	.0176229	-5.64	0.000	-.133956	-.0648756
lnpc	-.0535291	.0174926	-3.06	0.002	-.0878139	-.0192443
lnemp	.3083307	.0222713	13.84	0.000	.2646798	.3519817
SR_Indirect						
lnpcap	-.2119728	.0793719	-2.67	0.008	-.3675389	-.0564067
lnpc	.1990257	.0648363	3.07	0.002	.071949	.3261024
lnemp	.4062081	.0852238	4.77	0.000	.2391726	.5732436
SR_Total						
lnpcap	-.3113886	.0891586	-3.49	0.000	-.4861362	-.136641
lnpc	.1454966	.0727465	2.00	0.045	.0029161	.2880771
lnemp	.7145388	.0936917	7.63	0.000	.5309065	.8981712
LR_Direct						
lnpcap	-.5127745	.1023999	-5.01	0.000	-.7134746	-.3120744
lnpc	-.4873599	.1133698	-4.30	0.000	-.7095606	-.2651593
lnemp	1.759525	.14838	11.86	0.000	1.468705	2.050344
LR_Indirect						
lnpcap	.0108108	.1630415	0.07	0.947	-.3087446	.3303662
lnpc	.7210266	.1472759	4.90	0.000	.4323712	1.009682
lnemp	-.60755	.2236306	-2.72	0.007	-1.045858	-.169242
LR_Total						
lnpcap	-.5019637	.1484094	-3.38	0.001	-.7928408	-.2110866
lnpc	.2336667	.1170698	2.00	0.046	.0042141	.4631192
lnemp	1.151975	.1669949	6.90	0.000	.8246708	1.479279

图 5-79

5.5.3 合理选择空间计量模型

如何科学合理地选择常见的空间计量模型（如 SEM 模型、SLM 模型及 SDM 模型）是困扰很多空间计量初学者的难题。对此，本节将主要阐述空间截面数据模型的 LM 检验、空间面板数据模型的 LR 检验以及 Wald 检验，并对结果进行讨论。

1. 空间截面数据模型的 LM 检验

进行空间截面数据模型的 LM 检验的目的在于解决选择截面数据 SEM 模型还是 SLM 模型的问题。这部分内容比较简单，国内教材已有比较详细的论述，此处仅进行简单讨论。

在截面数据 SEM 模型和 SLM 模型中作选择需秉持的原则如下。①如果 LM-ERR 与 LM-LAG 两个统计量都不显著，则采用 OLS 模型。②如果仅有一个统计量显著，例如，LM-ERR 显著，则采用 SEM 模型；反之，LM-LAG 统计量显著，则采用 SLM 模型。③如果两个统计量都显著，则比较 RLM-ERR 与 RLM-LAG 两个统计量。若 RLM-ERR 统计量更显著，则采用 SEM 模型；若 RLM-LAG 统计量更显著，则采用 SLM 模型。

相关命令及其程序如下。

```
* 安装空间诊断命令 spatdiag。
.ssc install spatdiag
* 进行 OLS 回归。
.reg ti tec vati rti umcti fdi
* 截面数据空间相关性诊断。
.spatwmat using winv.dta,name(winv) standardize
.spatdiag,weights(winv)
```

2. 空间面板数据模型的 LR 检验

```
* 导入数据和空间权重矩阵、面板数据设定。
.use FISCAL_POLICY&INDUSTRIAL_STRUCTURE_281.dta, clear
.spmat use idisswm using idisswm.spmat
.xtset city year
* 选择空间面板数据模型，进行 SDM 模型回归，输出结果见图 5-80。
.xsmle ti tec vati rti umcti fdi, fe model(sdm) wmat(idisswm) type(both,leeyu) nolog effects
.est store sdm
* 进行 SAR 模型回归，输出结果见图 5-81。
.xsmle ti tec vati rti umcti fdi,fe model(sar) wmat(idisswm) type(both,leeyu) nolog effects
.est store sar
```

```
. xsmle ti tec vati rti umcti fdi, fe model(sdm) wmat(idisswm) type(both,leeyu) nolog effects
Warning: Suboption -both- will be replaced with -ind-
Lee and Yu (2010) spatial fixed-effects transformation will be applied
Warning: All regressors will be spatially lagged

Computing marginal effects standard errors using MC simulation...

SDM with spatial fixed-effects                    Number of obs =      3934

Group variable: city                           Number of groups =       281
Time variable: year                                Panel length =        14

R-sq:    within  = 0.0820
         between = 0.0204
         overall = 0.0300

Mean of fixed-effects =  0.0501

Log-likelihood =  3721.5643
------------------------------------------------------------------------------
          ti |      Coef.   Std. Err.      z    P>|z|     [95% Conf. Interval]
-------------+----------------------------------------------------------------
Main         |
         tec |   .0513211   .0191347     2.68   0.007     .0138178    .0888243
        vati |  -.1138669   .0281774    -4.04   0.000    -.1690936   -.0586402
         rti |   .0251786   .0113483     2.22   0.027     .0029363     .047421
       umcti |   .0691428   .0196511     3.52   0.000     .0306274    .1076583
         fdi |    -.00453   .0017278    -2.62   0.009    -.0079164   -.0011436
-------------+----------------------------------------------------------------
Wx           |
         tec |    -.11355   .0610601    -1.86   0.063    -.2332256    .0061256
        vati |   .3452878   .1182874     2.92   0.004     .1134487    .5771268
         rti |  -.0979894   .0728644    -1.34   0.179    -.2408009    .0448222
       umcti |  -.2562323   .0738868    -3.47   0.001    -.4010477   -.1114168
         fdi |   .0228135   .0131586     1.73   0.083    -.0029769    .0486039
-------------+----------------------------------------------------------------
Spatial      |
         rho |    .827319   .0340576    24.29   0.000     .7605674    .8940706
-------------+----------------------------------------------------------------
Variance     |
    sigma2_e |   .0087372   .0001974    44.25   0.000     .0083503    .0091242
-------------+----------------------------------------------------------------
LR_Direct    |
         tec |   .0505174   .0195168     2.59   0.010     .0122651    .0887696
        vati |  -.1095802   .0272123    -4.03   0.000    -.1629154    -.056245
         rti |   .0246363    .010602     2.32   0.020     .0038568    .0454158
       umcti |   .0654982    .018903     3.46   0.001      .028449    .1025473
         fdi |  -.0041257   .0016873    -2.45   0.014    -.0074327   -.0008188
-------------+----------------------------------------------------------------
LR_Indirect  |
         tec |  -.3976378   .3326663    -1.20   0.232    -1.049652    .2543762
        vati |   1.437012   .6434435     2.23   0.026     .1758858    2.698138
         rti |  -.4626838   .4104302    -1.13   0.260    -1.267112    .3417446
       umcti |  -1.130156   .4061646    -2.78   0.005    -1.926224   -.3340885
         fdi |   .1112037   .0723085     1.54   0.124    -.0305182    .2529257
-------------+----------------------------------------------------------------
LR_Total     |
         tec |  -.3471204   .3318917    -1.05   0.296    -.9976162    .3033754
        vati |   1.327432   .6456882     2.06   0.040     .0619061    2.592957
         rti |  -.4380475   .4094757    -1.07   0.285    -1.240605    .3645101
       umcti |  -1.064658   .4051151    -2.63   0.009    -1.858669   -.2706473
         fdi |    .107078   .0726585     1.47   0.141      -.03533    .2494861
------------------------------------------------------------------------------

.
. est store sdm

.
```

图 5-80

```
. xsmle ti tec vati rti umcti fdi,fe model(sar) wmat(idisswm) type(both,leeyu) nolog effects
Warning: Suboption -both- will be replaced with -ind-
Lee and Yu (2010) spatial fixed-effects transformation will be applied
Computing marginal effects standard errors using MC simulation...

SAR with spatial fixed-effects                       Number of obs =      3934

Group variable: city                              Number of groups =       281
Time variable: year                                  Panel length =        14

R-sq:    within  = 0.0279
         between = 0.0629
         overall = 0.0021

Mean of fixed-effects =  0.0251

Log-likelihood =  3712.2035
------------------------------------------------------------------------------
          ti |     Coef.   Std. Err.      z    P>|z|     [95% Conf. Interval]
-------------+----------------------------------------------------------------
Main         |
         tec |  .0346202   .0153404     2.26   0.024     .0045536    .0646868
        vati | -.0653026   .0254811    -2.56   0.010    -.1152446   -.0153606
         rti |  .0163933   .0101131     1.62   0.105    -.0034279    .0362145
       umcti |  .0368709   .0175536     2.10   0.036     .0024665    .0712754
         fdi | -.0045309    .001697    -2.67   0.008     -.007857   -.0012049
-------------+----------------------------------------------------------------
Spatial      |
         rho |  .8838192   .0237901    37.15   0.000     .8371915    .9304469
-------------+----------------------------------------------------------------
Variance     |
    sigma2_e |  .0087527   .0001978    44.25   0.000      .008365    .0091404
-------------+----------------------------------------------------------------
LR_Direct    |
         tec |  .0362633   .0162496     2.23   0.026     .0044147    .0681119
        vati |  -.068342   .0253872    -2.69   0.007       -.1181    -.018584
         rti |   .017999   .0100031     1.80   0.072    -.0016067    .0376047
       umcti |  .0386484   .0176666     2.19   0.029     .0040225    .0732743
         fdi | -.0047036   .0016716    -2.81   0.005    -.0079798   -.0014273
-------------+----------------------------------------------------------------
LR_Indirect  |
         tec |  .2885445   .1593424     1.81   0.070    -.0237608    .6008499
        vati | -.5482777   .2855667    -1.92   0.055    -1.107978    .0114228
         rti |  .1444623   .0969725     1.49   0.136    -.0456003    .3345249
       umcti |  .3094568   .1775026     1.74   0.081    -.0384419    .6573556
         fdi | -.0374263   .0183069    -2.04   0.041    -.0733072   -.0015454
-------------+----------------------------------------------------------------
LR_Total     |
         tec |  .3248078   .1732774     1.87   0.061    -.0148097    .6644253
        vati | -.6166197   .3061876    -2.01   0.044    -1.216736    -.016503
         rti |  .1624613   .1057941     1.54   0.125    -.0448913    .3698138
       umcti |  .3481052   .1927392     1.81   0.071    -.0296567    .7258672
         fdi | -.0421298   .0196375    -2.15   0.032    -.0806186    -.003641
------------------------------------------------------------------------------

.
. est store sar
```

图 5-81

* 进行 SEM 模型回归，输出结果见图 5-82。

.xsmle ti tec vati rti umcti fdi,fe model(sem) emat(idisswm) type(both,leeyu) nolog effects

.est store sem

```
. xsmle ti tec vati rti umcti fdi,fe model(sem) emat(idisswm) type(both,leeyu) nolog effects
Warning: Option -effects- is redundant
Warning: Suboption -both- will be replaced with -ind-
Lee and Yu (2010) spatial fixed-effects transformation will be applied

SEM with spatial fixed-effects                          Number of obs =      3934

Group variable: city                                  Number of groups =      281
Time variable: year                                       Panel length =       14

R-sq:     within  = 0.0000
          between = 0.0366
          overall = 0.0187

Mean of fixed-effects =  0.2687

Log-likelihood =  3715.9530
```

ti	Coef.	Std. Err.	z	P>|z|	[95% Conf.	Interval]
Main						
tec	.047591	.0186896	2.55	0.011	.0109601	.0842219
vati	-.0970657	.0276838	-3.51	0.000	-.1513249	-.0428065
rti	.0223898	.010825	2.07	0.039	.0011732	.0436063
umcti	.0576076	.0192303	3.00	0.003	.0199168	.0952984
fdi	-.0044321	.0017269	-2.57	0.010	-.0078167	-.0010475
Spatial						
lambda	.8773537	.0238689	36.76	0.000	.8305716	.9241359
Variance						
sigma2_e	.0087396	.0001975	44.26	0.000	.0083526	.0091267

```
.
. est store sem

.
```

图 5-82

* 假设：SAR 模型嵌套在 SDM 模型中。检验结果见图 5-83。

.lrtest sdm sar

```
. lrtest sdm sar

Likelihood-ratio test                                 LR chi2(5)  =      18.72
(Assumption: sar nested in sdm)                       Prob > chi2 =     0.0022
```

图 5-83

* 假设：SEM 模型嵌套在 SDM 模型中。检验结果见图 5-84。

.lrtest sdm sem

```
. lrtest sdm sem

Likelihood-ratio test                                 LR chi2(5)  =      11.22
(Assumption: sem nested in sdm)                       Prob > chi2 =     0.0471
```

图 5-84

3.Wald 检验

* 导入数据、空间权重矩阵。

.use FISCAL_POLICY&INDUSTRIAL_STRUCTURE_281.dta, clear

.spmat use idisswm using idisswm.spmat

* 面板数据设定。

.xtset city year

* 进行回归。

.xsmle ti tec vati rti umcti fdi, fe wmat(idisswm) model(sdm) nolog

检验是否会退化为 SLM 模型，见图 5-85。根据图 5-85 中检验结果可以看出，程序拒绝了“该模型会退化为 SLM 模型”的原假设，故选择 SDM 模型。

```
. test [Wx]tec= [Wx]vati =[Wx]rti=[Wx]umcti =[Wx]fdi =0

 ( 1)  [Wx]tec - [Wx]vati = 0
 ( 2)  [Wx]tec - [Wx]rti = 0
 ( 3)  [Wx]tec - [Wx]umcti = 0
 ( 4)  [Wx]tec - [Wx]fdi = 0
 ( 5)  [Wx]tec = 0

           chi2(  5) =   19.42
         Prob > chi2 =    0.0016
```

图 5-85

检验是否会退化为 SEM 模型，见图 5-86。根据图 5-86 中检验结果可以看出，程序拒绝了“该模型会退化为 SEM 模型”原假设，故选择 SDM 模型。

```
. testnl  ([Wx]tec=-[Spatial]rho*[Main]tec) ([Wx]vati=-[Spatial]rho*[Main]vati) ([Wx]rti=-[Spat
> ial]rho*[Main]rti) ([Wx]umcti=-[Spatial]rho*[Main]umcti) ([Wx]fdi=-[Spatial]rho*[Main]fdi)

  (1)  [Wx]tec = -[Spatial]rho*[Main]tec
  (2)  [Wx]vati = -[Spatial]rho*[Main]vati
  (3)  [Wx]rti = -[Spatial]rho*[Main]rti
  (4)  [Wx]umcti = -[Spatial]rho*[Main]umcti
  (5)  [Wx]fdi = -[Spatial]rho*[Main]fdi

               chi2(5) =       11.54
           Prob > chi2 =        0.0417
```

图 5-86

4. 结果讨论

不管是采用空间面板数据模型的 LR 检验，还是采用 Wald 检验，得出的结论都很明显：此时应该采用 SDM 模型。

5.5.4 采用 SDM 模型进行实证研究的规范步骤

经典的空间计量模型有三种：SEM 模型、SLM 模型、SDM 模型。现在越来越多的研究者采用 SDM 模型进行相关研究，主要原因在于：① SDM 模型是空间计量经济学中最基本的模型，它包含 SEM 模型和 SLM 模型（LeSage et al.，2009）；②与直接使用回归系数解释经济问题的其他模型相比，SDM 模型通过对直接效应、间接效应及总效应的测度来解释经济问题，偏误可能较小（孙攀等，2019）。

那么，采用 SDM 模型进行实证研究的规范步骤有哪些呢？下面将进行相关讨论。

采用 SDM 模型进行实证研究的规范步骤主要有：①进行空间自相关检验（即给出使用空间计量模型的依据）；②检验 SDM 模型是否会退化为 SLM 模型或 SEM 模型；③豪斯曼检验（即确定采用固定效应模型还是随机效应模型）；④进行地区、时间及双固定效应的选择检验；⑤稳健性检验；⑥内生性讨论。

① 进行空间自相关检验

进行空间自相关检验的最常见的方法是求全局莫兰指数。具体步骤可参见第 4 章，这里不再赘述。

② 检验 SDM 模型是否会退化为 SLM 模型或 SEM 模型

此时进行的检验有 2 种方法：一是基于 Lee et al.（2010）的 LR 检验，二是基于 Wald 检验。LR 检验的原假设是 SDM 模型会退化为 SEM 模型或 SLM 模型。如果 p 值在 10% 或其以下显著性水平上拒绝了原假设，则说明应该采用 SDM 模型。具体操作参见 5.5.3 节，这里不再赘述。

③ 豪斯曼检验

豪斯曼检验的命令及程序示例如下：

```
. qui xsmle pm25 scitech ti edu fdi, wmat(idisswm) dlag model(sdm) durbin(ti) nolog noeffects
. estimate store re
. qui xsmle pm25 scitech ti edu fdi, wmat(idisswm) dlag model(sdm) durbin(ti) nolog noeffects fe
. estimate store fe
. hausman fe re
```

④ 进行地区、时间及双固定效应的选择检验

具体参见 5.5.1 节，这里不再赘述。

⑤ 稳健性检验

进行稳健性检验的方法有很多，例如，逐渐增加控制变量数目、变量替代、引入计算机虚拟变量等等。

⑥ 内生性讨论

可以采用很多种方法控制内生性问题，例如，引入被解释变量的空间滞后项作为工具变量，可以在一定程度上控制内生性问题；或者尽可能多地增加控制变量，从而在一定程度上减少遗漏变量导致的内生性问题。

小结：学术研究是一种动态演进的行为、过程及结果。在当前看来规范的研究步骤，会随着技术的进步而不断变化。因此，对于所谓的规范研究步骤，我们应该不断地进行完善。

5.6　双权重空间计量模型的设定和实现

5.6.1　spm 命令讲解

目前国内仅有一篇较为详细地讲解了 spm 命令的文章，但是很遗憾，在该篇文章中作者并没有说明如何才能够获取双权重 SDM 模型效应值的程序。关于上述文章，感兴趣的读者可以在网上检索到。本节将比较系统地讲解如何基于 spm 命令获取双权重 SDM 模型效应值，这可能是国内外空间计量类教材的首次尝试。

spm 命令只能对 SAR 模型、SEM 模型及 SDM 模型进行回归，Stata 官方程序如下：

Spatial Autoregressive (SAR) Model

```
spm depvar [indepvars] [if] [in] [weight] [, SAR_options]
Spatial Error Model (SEM)
spm depvar [indepvars] [if] [in] [weight] , model(sem) [SEM_options]
Spatial Durbin Model (SDM)
spm depvar [indepvars] [if] [in] [weight] , model(durbin) [DURBIN_options]
```

5.6.2 模型设置说明

1. 模型设置

自 Cliff et al.（1973）的开创性论文问世以来，基于空间相关数据的很多种模型已经被提出。Manski（1993）提出了空间计量模型的一般形式，可以写成：

$$\boldsymbol{y}_{it}=\boldsymbol{\alpha}+\rho_w\sum_{j=1}^{n}w_{ij}^{w}\boldsymbol{y}_{jt}+\rho_b\sum_{j=1}^{n}w_{ij}^{b}\boldsymbol{y}_{jt}+\boldsymbol{x}_{it}\boldsymbol{\beta}+\sum_{j=1}^{n}w_{ij}^{w}\boldsymbol{z}_{jt}\theta_w+\sum_{j=1}^{n}w_{ij}^{b}\boldsymbol{z}_{jt}\theta_b+\boldsymbol{d}_t+\mu_i+\boldsymbol{v}_{it} \quad (5\text{-}28)$$

$$\boldsymbol{v}_{it}=\lambda_w\sum_{j=1}^{n}m_{ij}^{w}\boldsymbol{v}_{jt}+\lambda_b\sum_{j=1}^{n}m_{ij}^{b}\boldsymbol{v}_{jt}+\boldsymbol{\varepsilon}_{it},i=1,\ldots,n;t=1,\ldots,T \quad (5\text{-}29)$$

其中，$\boldsymbol{y}_{it}$表示i地区在t年的$\boldsymbol{y}$（被解释变量，又被称为因变量），w_{ij}^{w}、w_{ij}^{b}、m_{ij}^{w}及m_{ij}^{b}表示已知空间权重矩阵$\boldsymbol{W}_w$、$\boldsymbol{W}_b$、$\boldsymbol{M}_w$及$\boldsymbol{M}_b$中的第i行第j列的元素，$\boldsymbol{x}_{it}$是所选协变量（解释变量，又被称为自变量）的向量，$\boldsymbol{z}_{jt}$是选定的空间滞后协变量的向量（$\boldsymbol{z}_{it}$可以等于$\boldsymbol{x}_{it}$），$\psi=(\boldsymbol{\beta},\rho_w,\rho_b,\theta_w,\theta_b,\lambda_w,\lambda_b)$表示待估参数，$\boldsymbol{\varepsilon}_{it}$表示随机扰动项，$\boldsymbol{d}_t$表示一个$1\times D$的总时间变量向量（被看作是非随机的），$\boldsymbol{\mu}_i$表示一个$1\times D$的地区向量。

当$\lambda_w=\lambda_b=0$时，上述模型为 SDM 模型；当$\rho_w=\rho_b=0$时，上述模型为 SDEM 模型；当$\theta_w=\theta_b=\lambda_w=\lambda_b=0$时，上述模型为 SAR 模型；当$\rho_w=\rho_b=\theta_w=\theta_b=0$时，上述模型为 SEM 模型；当$\theta_w=\theta_b=0$时，上述模型为 Kelejian and Prucha（1998）模型，简称 KPM 模型。

2. 模型说明

SAR 模型有两个空间权重矩阵：空间自回归项第一个矩阵 sarwmat()；空间自回归项第二个矩阵 sarw2mat()。程序中的 type() 表示采用的固定效应，括号中为 ind 代表个体固定效应，为 time 代表时间固定效应，为 both 代表双固定效应。程序中的 drobust() 表示使用矩阵计算双重聚类标准误差。

SEM 模型有两个空间权重矩阵：空间自回归随机扰动项第一个矩阵 semwmat()；空间自回归随机扰动项第二个矩阵 semw2mat()。程序中的 type() 的意义与 SAR 模型相同。

SDM 模型有两个空间权重矩阵：空间自回归项第一个矩阵 sarwmat()；空间自回归项第二个矩阵 sarw2mat()。程序中的 type() 的意义与 SAR 模型相同。SAR 模型、SEM 模型及 SDM 模型说明详见表 5-1。

表 5-1　SAR 模型、SEM 模型及 SDM 模型说明

模型	空间矩阵	固定效应	其他
SAR 模型	空间自回归项第一个矩阵 sarwmat()；空间自回归项第二个矩阵 sarw2mat()	程序中的 type() 表示采用的固定效应，括号中为 ind 代表个体固定效应，为 time 代表时间固定效应，为 both 代表双固定效应	程序中的 drobust() 表示使用矩阵计算双重聚类标准误差
SEM 模型	空间自回归随机扰动项第一个矩阵 semwmat()；空间自回归随机扰动项第二个矩阵 semw2mat()	程序中的 type() 的意义与 SAR 模型相同	—
SDM 模型	空间自回归项第一个矩阵 sarwmat()；空间自回归项第二个矩阵 sarw2mat()	程序中的 type() 的意义与 SAR 模型相同	—

5.6.3　官方案例程序

```
Examples
Setup
. use "http://www.econometrics.it/stata/data/spm_demo.dta", clear
. mata mata matuse "http://www.econometrics.it/stata/data/W1.mmat", replace
. mata st_matrix("W1",W1)
. mata mata matuse "http://www.econometrics.it/stata/data/W2.mmat", replace
. mata st_matrix("W2",W2)
. xtset id t
Durbin model
. spm y x1, model(durbin) sarwmat(W1) sarw2mat(W2)
```

5.6.4　案例演示

1. 固定效应模型回归演示

```
* 调入矩阵。①
mata
```

①spm 使用的空间权重矩阵是 mmat 格式而非 dta 格式数据，程序前几行应改为：

```
mata
mata clear
mata stata use W2.dta,clear
W2=st_data(.,.)
W2
end
mata st_matrix( "W2",W2)
```

```
mata clear
mata stata use W1.dta,clear
W1=st_data(.,.)
W1
end
mata st_matrix("W1",W1)
mata
mata clear
mata stata use W2.dta,clear
W2=st_data(.,.)
W2
end
* 调入数据。
use spm_demo.dta,clear
* 面板数据设置。
xtset id t
* 进行实证回归，默认为地区固定效应模型回归，见图 5-87。
.spm y x1, model(durbin) sarwmat(W1) sarw2mat(W2) nolog
```

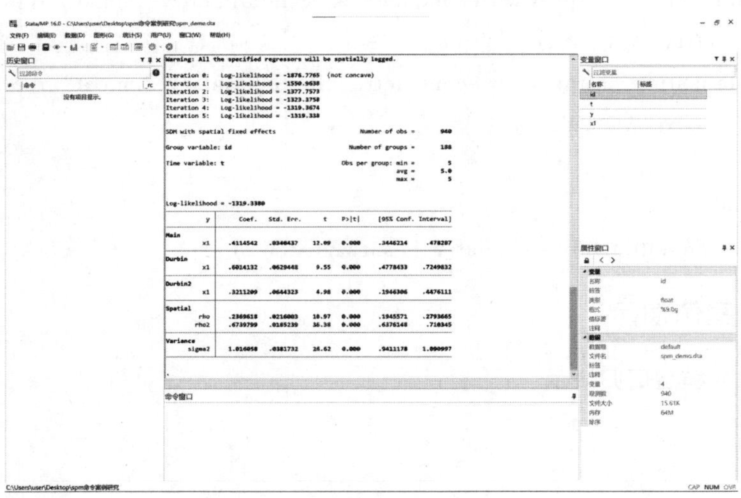

图 5-87

```
* 进行个体固定效应模型回归，输出结果见图 5-88。
.spm y x1, model(durbin) sarwmat(W1) sarw2mat(W2) type(ind)
```

```
. spm y x1, model(durbin) sarwmat(W1) sarw2mat(W2) type(ind)

Warning: All the specified regressors will be spatially lagged.

Iteration 0:   Log-likelihood = -1876.7765  (not concave)
Iteration 1:   Log-likelihood = -1550.9638
Iteration 2:   Log-likelihood = -1377.7573
Iteration 3:   Log-likelihood = -1323.3758
Iteration 4:   Log-likelihood = -1319.3674
Iteration 5:   Log-likelihood =  -1319.338

SDM with spatial fixed effects                  Number of obs    =        940

Group variable: id                            Number of groups   =        188

Time variable: t                              Obs per group: min =          5
                                                             avg =        5.0
                                                             max =          5

Log-likelihood = -1319.3380
```

y	Coef.	Std. Err.	t	P>|t|	[95% Conf.	Interval]
Main						
x1	.4114542	.0340437	12.09	0.000	.3446214	.478287
Durbin						
x1	.6014132	.0629448	9.55	0.000	.4778433	.7249832
Durbin2						
x1	.3211209	.0644323	4.98	0.000	.1946306	.4476111
Spatial						
rho	.2369618	.0216003	10.97	0.000	.1945571	.2793665
rho2	.6739799	.0185239	36.38	0.000	.6376148	.710345
Variance						
sigma2	1.016058	.0381732	26.62	0.000	.9411178	1.090997

.

图 5-88

```
* 进行时间固定效应模型回归。
. spm y x1, model(durbin) sarwmat(W1) sarw2mat(W2) type(time)
* 进行双固定效应模型回归。
. spm y x1, model(durbin) sarwmat(W1) sarw2mat(W2) type(both)
```

2. 双重聚类标准误差回归

```
* 使用 W1 矩阵计算双重聚类标准误差回归，输出结果见图 5-89。
.spm y x1, model(durbin) sarwmat(W1) sarw2mat(W2) drobust(W1)
```

```
. spm y x1, model(durbin) sarwmat(W1) sarw2mat(W2) drobust(W1)

Warning: All the specified regressors will be spatially lagged.

Iteration 0:   Log-likelihood = -1876.7765  (not concave)
Iteration 1:   Log-likelihood = -1550.9638
Iteration 2:   Log-likelihood = -1377.7573
Iteration 3:   Log-likelihood = -1323.3758
Iteration 4:   Log-likelihood = -1319.3674
Iteration 5:   Log-likelihood =  -1319.338

SDM with spatial fixed effects                  Number of obs =        940

Group variable: id                              Number of groups =     188

Time variable: t                                Obs per group: min =     5
                                                               avg =   5.0
                                                               max =     5


Log-likelihood = -1319.3380
```

y	Coef.	Std. Err.	t	P>|t|	[95% Conf.	Interval]
Main						
x1	.4114542	.037749	10.90	0.000	.3373473	.4855611
Durbin						
x1	.6014132	.0668082	9.00	0.000	.4702588	.7325677
Durbin2						
x1	.3211209	.0775795	4.14	0.000	.1688207	.473421
Spatial						
rho	.2369618	.0212403	11.16	0.000	.195264	.2786597
rho2	.6739799	.0182776	36.87	0.000	.6380982	.7098616
Variance						
sigma2	1.016058	.0385776	26.34	0.000	.940324	1.091791

.

图 5-89

* 使用 W1 矩阵计算双重聚类标准误差回归，并汇报 AIC 和 BIC 值，输出结果见图 5-90。

. spm y x1, model(durbin) sarwmat(W1) sarw2mat(W2) drobust(W1)

.estat ic

```
. estat ic

Akaike's information criterion and Bayesian information criterion
```

Model	N	ll(null)	ll(model)	df	AIC	BIC
.	940	.	-1319.338	6	2650.676	2679.751

Note: BIC uses N = number of observations. See **[R] BIC note**.

图 5-90

3. SAR 模型、SEM 模型及 SDM 模型回归演示

(1) SAR 模型回归演示

* 进行 SAR 模型回归，输出结果见图 5-91。

.spm y x1, model(sar) sarwmat(W1) sarw2mat(W2)

```
. spm y x1, model(sar) sarwmat(W1) sarw2mat(W2)
Iteration 0:   Log-likelihood = -2008.1247  (not concave)
Iteration 1:   Log-likelihood = -1631.7851
Iteration 2:   Log-likelihood =  -1608.973
Iteration 3:   Log-likelihood = -1410.6768
Iteration 4:   Log-likelihood = -1378.7923
Iteration 5:   Log-likelihood =   -1378.57
Iteration 6:   Log-likelihood = -1378.5699

SLM with spatial fixed effects                  Number of obs    =       940

Group variable: id                              Number of groups =       188

Time variable: t                                Obs per group: min =       5
                                                               avg =     5.0
                                                               max =       5


Log-likelihood = -1378.5699
```

y	Coef.	Std. Err.	t	P>|t|	[95% Conf.	Interval]
Main						
x1	.4335926	.0355193	12.21	0.000	.3638631	.503322
Spatial						
rho	.3062212	.0201995	15.16	0.000	.2665668	.3458756
rho2	.6602167	.0177184	37.26	0.000	.625433	.6950004
Variance						
sigma2	1.120639	.0423002	26.49	0.000	1.037598	1.20368

图 5-91

（2）SEM 模型回归演示

* 进行 SEM 模型回归，输出结果见图 5-92。

. spm y x1, model(sem) semwmat(W1) semw2mat(W2)

```
. spm y x1, model(sem) semwmat(W1) semw2mat(W2)
iteration 1:  diff =  .1452415505
iteration 2:  diff =  .0003996953
iteration 3:  diff =  3.20150e-11

SEM with spatial fixed effects                  Number of obs    =       940

Group variable: id                              Number of groups =       188

Time variable: t                                Obs per group: min =       5
                                                               avg =     5.0
                                                               max =       5


Log-likelihood = -1421.1262
```

y	Coef.	Std. Err.	t	P>|t|	[95% Conf.	Interval]
Main						
x1	.2676675	.0355762	7.52	0.000	.1978263	.3375087
Spatial						
lambda	.3092441	.022002	14.06	0.000	.266051	.3524371
lambda2	.6684981	.0192505	34.73	0.000	.6307066	.7062895
Variance						
sigma2	.9719551	.0460156	21.12	0.000	.8816197	1.06229

图 5-92

（3）SDM 模型回归演示

*进行 SDM 模型回归，输出结果见图 5-93。

.spm y x1, model(durbin) sarwmat(W1) sarw2mat(W2) durbin(x1, indirect)

```
. spm y x1, model(durbin) sarwmat(W1) sarw2mat(W2)  durbin(x1, indirect)
Iteration 0:   Log-likelihood = -1876.7765  (not concave)
Iteration 1:   Log-likelihood = -1550.9638
Iteration 2:   Log-likelihood = -1377.7573
Iteration 3:   Log-likelihood = -1323.3758
Iteration 4:   Log-likelihood = -1319.3674
Iteration 5:   Log-likelihood =  -1319.338

SDM with spatial fixed effects                    Number of obs =        940

Group variable: id                              Number of groups =        188

Time variable: t                               Obs per group: min =          5
                                                              avg =        5.0
                                                              max =          5

Log-likelihood = -1319.3380
```

y	Coef.	Std. Err.	t	P>|t|	[95% Conf.	Interval]
Main						
x1	.4114542	.0340437	12.09	0.000	.3446209	.4782874
Durbin						
x1	.6014132	.0629448	9.55	0.000	.4778425	.724984
Durbin2						
x1	.3211209	.0644323	4.98	0.000	.1946298	.4476119
Spatial						
rho	.2369618	.0216003	10.97	0.000	.1945568	.2793668
rho2	.6739799	.0185239	36.38	0.000	.6376146	.7103453
Variance						
sigma2	1.016058	.0381732	26.62	0.000	.9411173	1.090998
Direct_effects						
x1	.7901253	.0506983	15.58	0.000	.6905963	.8896543
Indirect_effects						
x1	5.816742	.5679633	10.24	0.000	4.701738	6.931746
Total_effects						
x1	6.606867	.6020651	10.97	0.000	5.424916	7.788819

.

图 5-93

5.7 空间联立方程模型

5.7.1 reg3 命令和 gs3sls[①] 命令回归结果的一致性检验

1. 数据的排列方式

Stata 和 MATLAB 的面板数据排列方式是不一样的。Stata 的面板数据排列方式是“先

①reg3 命令:用于联立方程组的三阶段估计。gs3sls 命令：用于 GS3SLS 模型的空间截面数据模型回归，本教材将其拓展为空间面板数据模型回归。

n 后 t"，即面板数据由 n 个时间序列数据堆砌而成。

* 调用 stata.dta，展示 Stata 的数据内部结构，见图 5-94。

. use stata.dta, clear

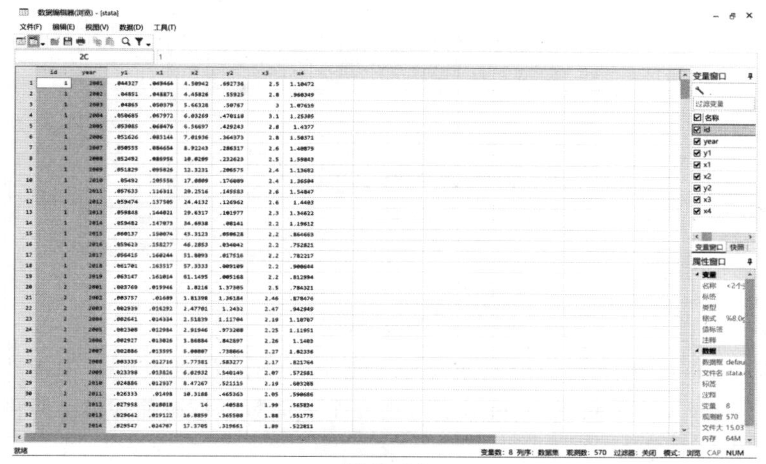

图 5-94

Stata 默认的面板数据设定方式为 xtset id year，见图 5-95。

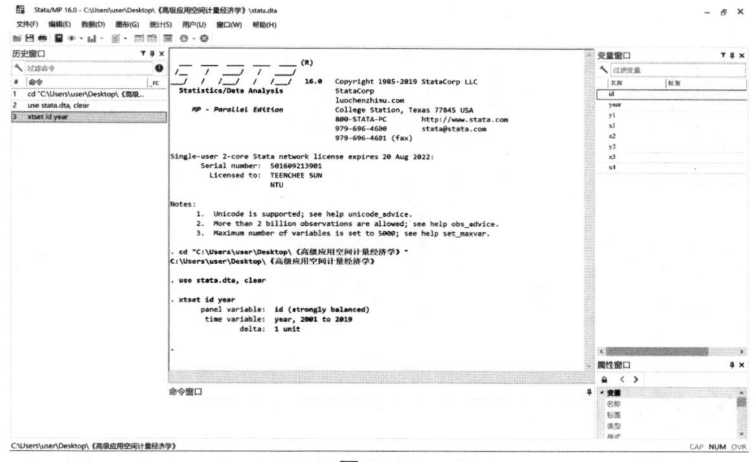

图 5-95

如果强制性进行 xtset year id，则会出现错误：此时面板变量为 year，时间变量为 id，见图 5-96；此时，程序会出现"panel variable: year(strongly balanced)""time variable: id, 1 to 30"。显然，面板变量不可能是时间，时间变量不可能是 id。因此，此时进行的 xtset year id 是错误的。

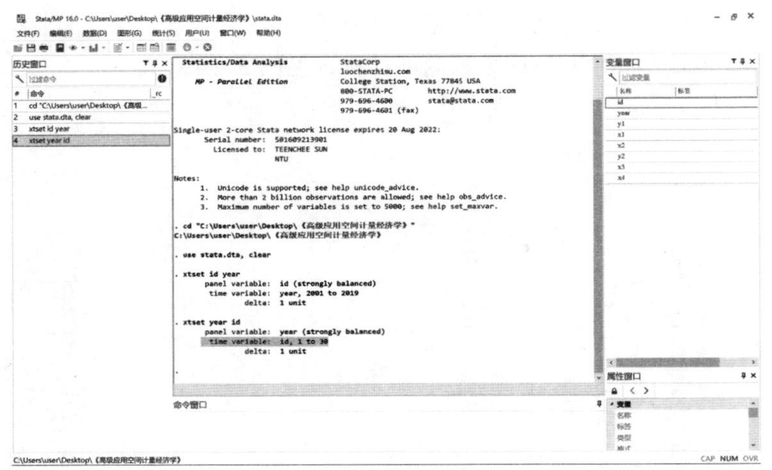

图 5-96

由此可知 Stata 面板数据的排列方式是“先 n 后 t”；而 MATLAB 面板数据排列方式是“先 t 后 n”，即 MATLAB 的面板数据是由 n 个截面数据堆砌而成的，见图 5-97。

570x8 table

	1 year	2 id	3 y1	4 x1	5 x2	6 y2	7 x3	8 x4
1	2001	1	0.0443	0.0495	4.5094	0.6927	2.5000	1.1047
2	2001	2	0.0038	0.0159	1.8216	1.3731	2.5000	0.7843
3	2001	3	4.3700e-04	8.4800e-04	0.4166	2.2914	2.6100	0.0873
4	2001	4	7.5000e-05	7.2400e-04	0.3200	6.5390	2.9000	0.0792
5	2001	5	2.8000e-05	0.0036	0.3121	3.6556	2.8000	0.1231
6	2001	6	8.3900e-04	0.0081	1.0606	1.8049	2.9000	0.3274
7	2001	7	3.2600e-04	0.0042	0.5362	2.1148	3	0.1223
8	2001	8	0.0052	0.0033	0.4907	1.6333	3.6000	0.0828
9	2001	9	0.0168	0.0202	3.2194	0.8768	2.1000	0.9587
10	2001	10	8.9100e-04	0.0056	0.8369	0.9478	2.5000	0.4495
11	2001	11	6.0400e-04	0.0046	1.7577	0.8012	2.8000	0.3935
12	2001	12	2.6100e-04	0.0020	0.2086	1.9349	2.9200	0.0918
13	2001	13	0.0056	0.0034	0.9567	0.5414	2.5000	0.4599
14	2001	14	9.1900e-04	0.0029	0.2387	1.1881	2.7000	0.0583
15	2001	15	0.0011	0.0035	0.7438	1.2070	2.7000	0.2607
16	2001	16	0.0051	0.0038	0.2702	1.6853	3.4000	0.0418
17	2001	17	0.0010	0.0087	0.3895	1.5709	3.4000	0.0764
18	2001	18	4.6000e-04	0.0077	0.3640	1.0700	2.9000	0.0596
19	2001	19	0.0050	0.0045	4.1724	0.5020	3.4000	1.2046
20	2001	20	1.6700e-04	0.0017	0.2295	0.9775	3.7000	0.0654
21	2001	21	1.5500e-04	0.0145	0.3807	1.3612	2.3000	0.2518
22	2001	22	4.8400e-04	0.0144	0.4231	1.3581	4.5000	0.0753
23	2001	23	0.0134	0.0029	0.4123	1.0830	3.2000	0.0598
24	2001	24	0.0012	5.3000e-05	0.1690	4.5509	4	0.0475
25	2001	25	1.5900e-04	0.0119	0.3142	1.4502	3.1000	0.0770
26	2001	26	0.0048	0.0042	0.3707	1.5582	4.2000	0.0850
27	2001	27	3.1500e-04	0.0024	0.2029	2.2943	4.8000	0.0562

图 5-97

2. 数据准备和矩阵生成

准备好以上两种数据排列方式的数据文件（dta 格式），分别为 stata.dta 和 MATLAB.dta。在本次演示数据中 n=30，t=19。

（1）Stata 数据格式矩阵的生成

* 调入原始截面矩阵并基于 Stata 生成面板数据空间权重矩阵①，见图 5-98。

.use 原始截面矩阵 .dta,clear

.spcs2xt wbin*, time(19) matrix(Wspcs2)

①Stata 生成面板数据空间权重矩阵的计算依据是：$\boldsymbol{W}_{xt}=(\boldsymbol{W}\otimes\boldsymbol{I}_T)$。

```
. use 原始截面矩阵.dta,clear

.
. spcs2xt wbin*, time(19) matrix(Wspcs2)
****************************************************
*** Cross Section Weight Matrix (Wspcs2)
*** Panel Weight Matrix         (Wspcs2xt)
*** Panel Weight Matrix File    (Wspcs2xt.dta)
****************************************************
C:\Users\user\Desktop\reg3&gs3sls&spcs2xt_ASEF
```

图 5-98

（2）MATLAB 数据格式矩阵的生成

MATLAB 的数据对应的矩阵，由 MATLAB 软件生成比较方便。代码为 A=kron(T,W)，其中 T 为时间矩阵[①]，W 为截面矩阵。生成的面板数据空间权重矩阵见图 5-99。

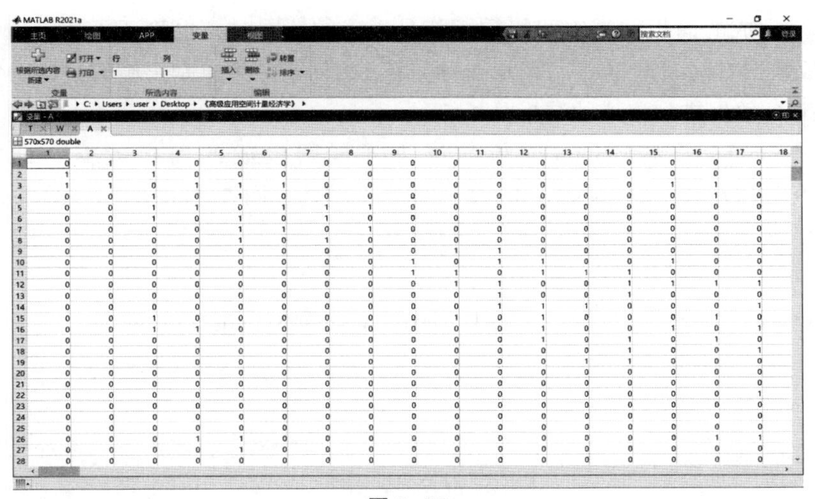

图 5-99

注：MATLAB 生成面板数据空间权重矩阵的计算依据是：$\boldsymbol{W}_{xt}=(\boldsymbol{I}_T \otimes \boldsymbol{W})$。

3. 数据排列格式与矩阵的关系

我们运用空间权重矩阵就是为了得到空间滞后项（$\boldsymbol{WY}$、$\boldsymbol{WX}$）。以第一年的空间滞后项为例，空间滞后项就是空间权重矩阵乘第一年的截面数据，则第二年的空间滞后项为空间权重矩阵乘第二年的截面数据，依此类推；那么如果处理的是面板数据，怎么一起求出空间滞后项呢？这就需要先按照“先 t 后 n”的方式把数据堆积起来，这种数据的堆积方式就是 MATLAB 数据的堆积方式，然后生成一个面板数据矩阵［此面板数据矩阵是 kron(T,W)，是把截面数据空间权重矩阵的元素按时间在对角线上排列得到的］。

但是这个时候要注意到，传统的 Stata 面板数据的排列方式是“先 n 后 t”，这样便与上述思路产生了矛盾，这个时候可以把每个地区的 t 年数据看成一个元素，例如，将北京市 2001–2019 年数据（19 行 1 列数据）看成矩阵 $\boldsymbol{A}$ 里的一个元素（此时的元素是一个矩阵），对应地，截面数据空间权重矩阵中的每个元素也必须是包含时间元素（2001–2019

---

① 在本案例中时间矩阵为 19*19 的单位矩阵，其中 19 为考察期。

年）的矩阵，也就是相当于将时间单位矩阵包含在内（原理也是克罗内克积，可以用 spcs2xt 命令生成）。此时再令面板数据矩阵乘面板数据即可得到面板数据的空间滞后项。

总而言之，MATLAB 面板数据所采用的矩阵就是 kron(T,W)，对应的数据排列格式是“先 t 后 n”；Stata 的数据排列格式是“先 n 后 t”，对应的面板数据矩阵就是 kron(W,T)，可以采用 spcs2xt 求出。

4. 回归结果分析

在使用同一数据的情况下，为了方便比较基于 Stata、MATLAB 两款软件生成的不同面板数据的空间权重矩阵，采用 reg3、gs3sls 两种不同命令估计同一个模型的结果是否一致，我们令变量滞后阶数都取 order(1)，除此之外，不再附加其他条件。通过图 5-97、图 5-98 及图 5-99 可以看出 reg3、gs3sls 的估计结果是一致的。这验证了基于 spcs2xt 命令生成的面板数据空间权重矩阵是正确的，同时，也验证了基于 spcs2xt 命令生成的面板数据空间权重矩阵、采用 gs3sls 作出的回归结果也是正确的。详细分析如下。

（1）Stata 数据排列格式的结果分析

* 采用 gs3sls 对基于 Stata 面板数据排列规则生成的面板数据空间权重矩阵 Wspcs2xt.dta 进行回归，Wspcs2xt.dta 矩阵的内部结构见图 5-100[①]，回归结果见图 5-101 和图 5-102。

```
.use stata.dta,clear
.gs3sls_asef y1 x1 x2, var2(y2 x3 x4) wmfile(Wspcs2xt) eq(1) order(1)
```

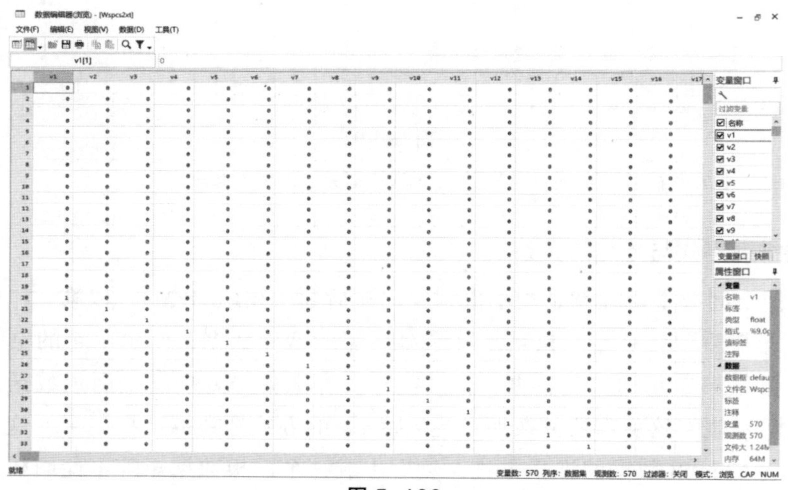

图 5-100

① 可以与 MATLAB 计算出的空间权重矩阵进行对比。

```
. gs3sls_asef y1 x1 x2, var2(y2 x3 x4) wmfile(Wspcs2xt) eq(1) order(1)

 Current Matrix Size = (496)
 matsize must be >= Sample Size (570)
 matsize increased now to = (570)
==============================================================================
*** Binary (0/1) Weight Matrix: 570x570 (Non Normalized)
==============================================================================
==============================================================================
* CZH: Generalized Spatial Three Stage Least Squares (GS3SLS)
==============================================================================
  y1 = w1y_y1 + w1y_y2 + y2 + x1 + x2
------------------------------------------------------------------------------
  y2 = w1y_y2 + w1y_y1 + y1 + x3 + x4
------------------------------------------------------------------------------

Three-stage least-squares regression
----------------------------------------------------------------------
Equation             Obs   Parms        RMSE    "R-sq"       F-Stat        P
----------------------------------------------------------------------
y1                   570       5    .0064567    0.7049       325.46   0.0000
y2                   570       5    .9956833    0.3308        51.85   0.0000
----------------------------------------------------------------------

------------------------------------------------------------------------------
             |      Coef.   Std. Err.      t    P>|t|     [95% Conf. Interval]
-------------+----------------------------------------------------------------
y1           |
      w1y_y1 |   .0195793   .0111679     1.75   0.080    -.0023328    .0414915
      w1y_y2 |   .0000399   .0001067     0.37   0.709    -.0001694    .0002491
          y2 |  -.0040102   .0007937    -5.05   0.000    -.0055675   -.0024529
          x1 |   .2791154   .0151996    18.36   0.000     .2492927    .3089381
          x2 |   .0003365   .0000372     9.04   0.000     .0002635    .0004095
       _cons |   .0100023   .0011204     8.93   0.000     .0078041    .0122006
-------------+----------------------------------------------------------------
y2           |
      w1y_y2 |   .0448206   .0144564     3.10   0.002     .0164562     .073185
      w1y_y1 |  -6.657444   1.633683    -4.08   0.000    -9.862843   -3.452044
          y1 |  -12.86051   5.682913    -2.26   0.024    -24.01078   -1.710245
          x3 |   .2238283   .0805859     2.78   0.006     .0657132    .3819434
          x4 |  -.7706114   .1444824    -5.33   0.000    -1.054096    -.487127
       _cons |   1.049936   .2482407     4.23   0.000     .5628711    1.537002
------------------------------------------------------------------------------
Endogenous variables:  y1 y2 w1y_y1 w1y_y2
Exogenous variables:   x1 x2 x3 x4 w1x_x1 w1x_x2 w1x_x3 w1x_x4
------------------------------------------------------------------------------
EQ1: R2= 0.7049 - R2 Adj.= 0.7023  F-Test =   268.998   P-Value> F(5, 563)
   LLF =   2068.524   AIC =-4125.048   SC =-4098.974   Root MSE =   0.0065

EQ2: R2= 0.3308 - R2 Adj.= 0.3249  F-Test =    55.673   P-Value> F(5, 563)
   LLF =   -803.313   AIC = 1618.626   SC = 1644.700   Root MSE =   0.9957
   Yij = LHS Y(i) in Eq.(j)
```

图 5–101

```
------------------------------------------------------------------------------

- Overall System R2 - Adjusted R2 - F Test - Chi2 Test
```

Name	R2	Adj_R2	F	P-Value	Chi2	P-Value
Berndt	0.8272	0.8257	541.1166	0.0000	1.0e+03	0.0000
McElroy	0.7665	0.7645	370.9921	0.0000	829.1681	0.0000
Judge	0.3309	0.3250	55.8797	0.0000	229.0252	0.0000

```
 Number of Parameters         =         12
 Number of Equations          =          2
 Degrees of Freedom F-Test    =     (10, 1130)
 Degrees of Freedom Chi2-Test =         10
 Log Determinant of Sigma     =     10.4729
 Log Likelihood Function      =  -4602.3637
------------------------------------------------------------------------------

 y1 = w1y_y1 + w1y_y2 + y2 + x1 + x2
------------------------------------------------------------------------------
 Sample Size          =         570
 Wald Test            =   1627.2873   |   P-Value > Chi2(5)         =     0.0000
 F-Test               =    325.4575   |   P-Value > F(5 , 564)      =     0.0000
(Buse 1973) R2        =      0.7049   |   Raw Moments R2            =     0.8438
(Buse 1973) R2 Adj    =      0.7023   |   Raw Moments R2 Adj        =     0.8424
 Root MSE (Sigma)     =      0.0065   |   Log Likelihood Function = 2068.5239
------------------------------------------------------------------------------
- R2h= 0.7126   R2h Adj= 0.7101  F-Test =  279.70 P-Value > F(5 , 564) 0.0000
- R2v= 0.8683   R2v Adj= 0.8671  F-Test =  743.64 P-Value > F(5 , 564) 0.0000
------------------------------------------------------------------------------
          y1 |      Coef.   Std. Err.      t    P>|t|     [95% Conf. Interval]
-------------+----------------------------------------------------------------
y1           |
      w1y_y1 |   .0195793   .0111679     1.75   0.080    -.0023563     .041515
      w1y_y2 |   .0000399   .0001067     0.37   0.709    -.0001696    .0002494
          y2 |  -.0040102   .0007937    -5.05   0.000    -.0055691   -.0024512
          x1 |   .2791154   .0151996    18.36   0.000     .2492606    .3089702
          x2 |   .0003365   .0000372     9.04   0.000     .0002634    .0004096
       _cons |   .0100023   .0011204     8.93   0.000     .0078017    .0122029
------------------------------------------------------------------------------
 Rho Value  =  0.0196       F Test =     3.074    P-Value > F(1, 564)  0.0801
------------------------------------------------------------------------------
```

图 5-102

（2）MATLAB 数据排列格式的结果分析

* 采用 gs3sls 对基于 MATLAB 面板数据排列规则生成的面板数据空间权重矩阵 TW.dta 进行回归，TW.dta 矩阵的内部结构见图 5-103，回归结果见图 5-104 和图 5-105。

.use matlab.dta,clear

.gs3sls_asef y1 x1 x2, var2(y2 x3 x4) wmfile(TW) eq(1) order(1)

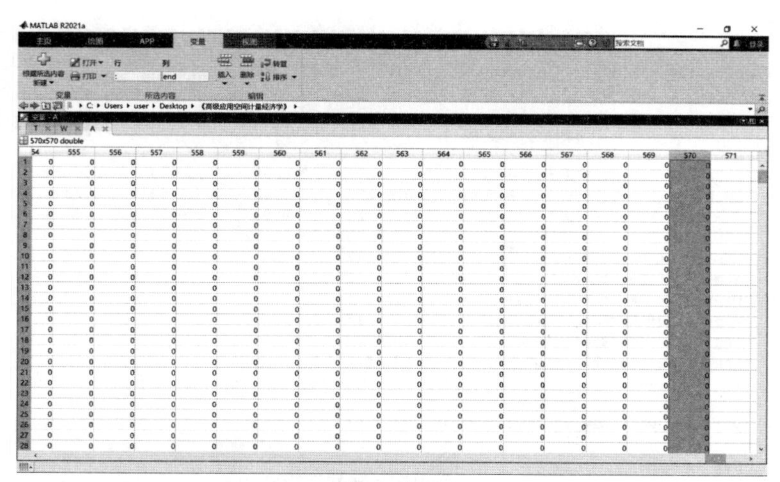

图 5-103

```
. gs3sls_asef y1 x1 x2, var2(y2 x3 x4) wmfile(TW) eq(1) order(1)

==============================================================================
*** Binary (0/1) Weight Matrix: 570x570 (Non Normalized)
==============================================================================
==============================================================================
* CZH: Generalized Spatial Three Stage Least Squares (GS3SLS)
==============================================================================
  y1 = w1y_y1 + w1y_y2 + y2 + x1 + x2
------------------------------------------------------------------------------
  y2 = w1y_y2 + w1y_y1 + y1 + x3 + x4
------------------------------------------------------------------------------

Three-stage least-squares regression
----------------------------------------------------------------------
Equation             Obs   Parms        RMSE    "R-sq"       F-Stat        P
----------------------------------------------------------------------
y1                   570       5    .0064567    0.7049       325.46   0.0000
y2                   570       5    .9956833    0.3308        51.85   0.0000
----------------------------------------------------------------------

------------------------------------------------------------------------------
             |      Coef.   Std. Err.      t    P>|t|     [95% Conf. Interval]
-------------+----------------------------------------------------------------
y1           |
      w1y_y1 |   .0195794   .0111679     1.75   0.080    -.0023328    .0414915
      w1y_y2 |   .0000399   .0001067     0.37   0.709    -.0001694    .0002491
          y2 |  -.0040102   .0007937    -5.05   0.000    -.0055675   -.0024529
          x1 |   .2791154   .0151996    18.36   0.000     .2492927    .3089381
          x2 |   .0003365   .0000372     9.04   0.000     .0002635    .0004095
       _cons |   .0100023   .0011204     8.93   0.000     .0078041    .0122006
-------------+----------------------------------------------------------------
y2           |
      w1y_y2 |   .0448206   .0144564     3.10   0.002     .0164562     .073185
      w1y_y1 |  -6.657443   1.633683    -4.08   0.000    -9.862843   -3.452044
          y1 |  -12.86051   5.682913    -2.26   0.024    -24.01078   -1.710245
          x3 |   .2238283   .0805859     2.78   0.006     .0657132    .3819434
          x4 |  -.7706114   .1444824    -5.33   0.000    -1.054096    -.487127
       _cons |   1.049936   .2482407     4.23   0.000     .5628711    1.537002
------------------------------------------------------------------------------
Endogenous variables:  y1 y2 w1y_y1 w1y_y2
Exogenous variables:   x1 x2 x3 x4 w1x_x1 w1x_x2 w1x_x3 w1x_x4
------------------------------------------------------------------------------
EQ1: R2= 0.7049 - R2 Adj.= 0.7023  F-Test =  268.998   P-Value> F(5, 563)
   LLF =  2068.524   AIC =-4125.048    SC =-4098.974   Root MSE =  0.0065

EQ2: R2= 0.3308 - R2 Adj.= 0.3249  F-Test =   55.673   P-Value> F(5, 563)
   LLF =  -803.313   AIC = 1618.626    SC = 1644.700   Root MSE =  0.9957
   Yij = LHS Y(i) in Eq.(j)
```

图 5-104

```
------------------------------------------------------------------------------
- Overall System R2 - Adjusted R2 - F Test - Chi2 Test
```

Name	R2	Adj_R2	F	P-Value	Chi2	P-Value
Berndt	0.8272	0.8257	541.1165	0.0000	1.0e+03	0.0000
McElroy	0.7665	0.7645	370.9921	0.0000	829.1680	0.0000
Judge	0.3309	0.3250	55.8797	0.0000	229.0252	0.0000

```
 Number of Parameters         =         12
 Number of Equations          =          2
 Degrees of Freedom F-Test    =     (10, 1130)
 Degrees of Freedom Chi2-Test =         10
 Log Determinant of Sigma     =     10.4729
 Log Likelihood Function      =  -4602.3637
------------------------------------------------------------------------------

 y1 = w1y_y1 + w1y_y2 + y2 + x1 + x2
------------------------------------------------------------------------------
 Sample Size         =        570
 Wald Test           =  1627.2874   |   P-Value > Chi2(5)        =    0.0000
 F-Test              =   325.4575   |   P-Value > F(5 , 564)     =    0.0000
(Buse 1973) R2       =     0.7049   |   Raw Moments R2           =    0.8438
(Buse 1973) R2 Adj   =     0.7023   |   Raw Moments R2 Adj       =    0.8424
 Root MSE (Sigma)    =     0.0065   |   Log Likelihood Function  = 2068.5239
------------------------------------------------------------------------------
- R2h= 0.7126   R2h Adj= 0.7101  F-Test =  279.70 P-Value > F(5 , 564) 0.0000
- R2v= 0.8683   R2v Adj= 0.8671  F-Test =  743.64 P-Value > F(5 , 564) 0.0000
```

y1	Coef.	Std. Err.	t	P>|t|	[95% Conf.	Interval]
y1						
w1y_y1	.0195794	.0111679	1.75	0.080	-.0023563	.041515
w1y_y2	.0000399	.0001067	0.37	0.709	-.0001696	.0002494
y2	-.0040102	.0007937	-5.05	0.000	-.0055691	-.0024512
x1	.2791154	.0151996	18.36	0.000	.2492606	.3089702
x2	.0003365	.0000372	9.04	0.000	.0002634	.0004096
_cons	.0100023	.0011204	8.93	0.000	.0078017	.0122029

```
 Rho Value  =  0.0196        F Test =      3.074    P-Value > F(1, 564)  0.0801
------------------------------------------------------------------------------
.
```

图 5-105

（3）以 MATLAB 数据排列格式生成，用 reg3 验证

* 调入包含 GS3SLS 估计产生的空间滞后项的新数据文件 matlab_data_wx_wy.dta。

.use matlab_data_wx_wy.dta,clear

* 用传统的 reg3 命令进行回归验证，输出结果见图 5-106。

.reg3(y1 w1y_y1 w1y_y2 y2 x1 x2) (y2 w1y_y2 w1y_y1 y1 x3 x4),endog(y1 y2 w1y_y1 w1y_y2) exog(x1 x2 x3 x4 w1x_x1 w1x_x2 w1x_x3 w1x_x4),3sls

```
Three-stage least-squares regression

Equation          Obs   Parms        RMSE    "R-sq"       chi2        P

y1                570       5    .0064226    0.7049    1627.29   0.0000
y2                570       5    .9904289    0.3308     259.27   0.0000

             |      Coef.   Std. Err.      z    P>|z|     [95% Conf. Interval]
y1           |
      w1y_y1 |   .0195794    .0111679    1.75   0.080    -.0023092    .0414679
      w1y_y2 |   .0000399    .0001067    0.37   0.709    -.0001692    .0002489
          y2 |  -.0040102    .0007937   -5.05   0.000    -.0055658   -.0024546
          x1 |   .2791154    .0151996   18.36   0.000     .2493247    .3089061
          x2 |   .0003365    .0000372    9.04   0.000     .0002635    .0004094
       _cons |   .0100023    .0011204    8.93   0.000     .0078065    .0121982
y2           |
      w1y_y2 |   .0448206    .0144564    3.10   0.002     .0164867    .0731545
      w1y_y1 |  -6.657443    1.633683   -4.08   0.000    -9.859403   -3.455484
          y1 |  -12.86051    5.682913   -2.26   0.024    -23.99882   -1.722209
          x3 |   .2238283    .0805859    2.78   0.005     .0658829    .3817737
          x4 |  -.7706114    .1444824   -5.33   0.000    -1.053792   -.4874312
       _cons |   1.049936    .2482407    4.23   0.000     .5633937    1.536479

Endogenous variables:  y1 y2 w1y_y1 w1y_y2
Exogenous variables:   x1 x2 x3 x4 w1x_x1 w1x_x2 w1x_x3 w1x_x4
```

图 5–106

5. 结论

通过图 5–104 及图 5–106 可以得出：①虽然由于 MATLAB、Stata 它们的数据排列规则不同，计算出的空间权重矩阵不同，但是它们最终基于 Stata 的 gs3sls 命令输出的实证结果相同；②基于 reg3 命令和 gs3sls 命令回归面板数据空间联立方程模型的结果一致。

5.7.2　制作面板数据 GS3SLS 估计的空间权重矩阵的方法 ①

* 调入截面数据空间权重矩阵；生成面板数据空间权重矩阵 winv_wfiscalext.dta，并保存到当前文件夹里，输出结果见图 5–107 和图 5–108。

.use winv_wfiscale.dta, clear

.spcs2xt winv_wfiscale*, time(16) matrix(winv_wfiscale)②

```
. spcs2xt winv_wfiscale*, time(16) matrix(winv_wfiscale)
****************************************************
*** Cross Section Weight Matrix (winv_wfiscale)
*** Panel Weight Matrix         (winv_wfiscalext)
*** Panel Weight Matrix File    (winv_wfiscalext.dta)
****************************************************
C:\Users\user\Desktop\应用空间计量经济学\2021年7月14日\2021年7月14日上午\3-如何进行面板数据的GS
> 3SLS估计？—软件、命令及程序的演示
```

图 5–107

① 很长一段时间内，gs3sls 估计命令仅仅只能用于估计空间截面数据模型。这种局面在 2021 年 6 月 2 日被打破了。应用空间计量经济学论坛（Applied Spatial Econometrics，ASEF；微信号：APPL_SPAT_ECONOMET）团队成员原广东省委党校经济学教研部研究生陈子厚，东北林业大学经济管理学院陈振环博士，原中国人民大学环境学院蒋姝睿博士以及南通大学经济与管理学院孙攀博士攻破了 gs3sls 估计命令仅仅只能用于估计空间截面数据模型的难关，将 GS3SLS 估计扩展至空间面板数据模型。

② 不能将该程序中的“wfiscale*”写成“wfiscale1*”，否则，生成的将不是 n*n（496*496）的空间权重矩阵；后文操作时，Stata 会报错：“Matrix is not square”。

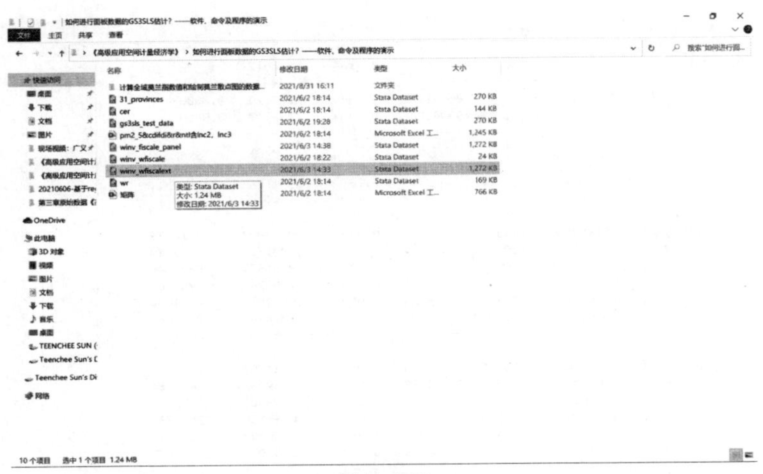

图 5-108

* 显示已经创建的面板数据空间权重矩阵的尺度，并将其重新命名为 winv_fiscale_panel，输出结果见图 5-109。

.spatwmat using winv_wfiscalext, name(winv_fiscale_panel)

```
. spatwmat using winv_wfiscalext, name(winv_fiscale_panel)


The following matrix has been created:

1. Imported non-binary weights matrix winv_fiscale_panel
   Dimension: 496x496
```

图 5-109

* 保存面板数据空间权重矩阵，输出结果见图 5-110 至图 5-112。

.clear

.svmat winv_fiscale_panel

```
. clear

.
. svmat winv_fiscale_panel
number of observations will be reset to 496
Press any key to continue, or Break to abort
number of observations (_N) was 0, now 496
```

图 5-110

.save winv_fiscale_panel

```
. save winv_fiscale_panel
file winv_fiscale_panel.dta saved
```

图 5-111

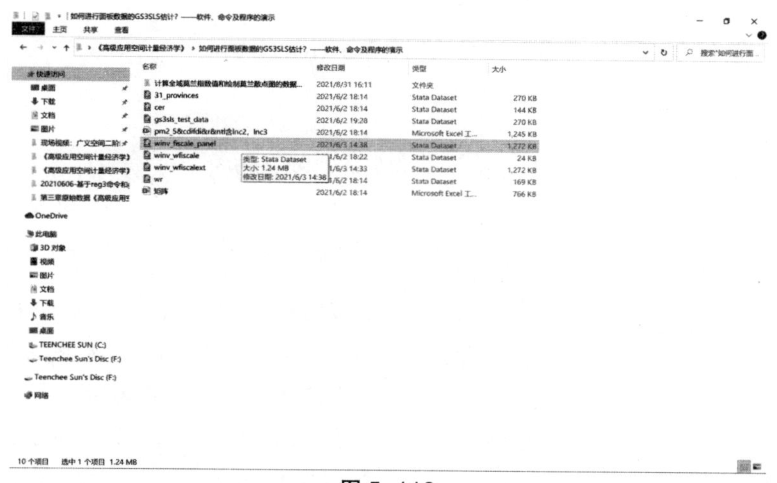

图 5-112

实际上，winv_wfiscalext.dta 与 winv_fiscale_panel.dta 是同一个空间权重矩阵，只是名字不一样而已。矩阵内部结构详见图 5-113 和图 5-114。

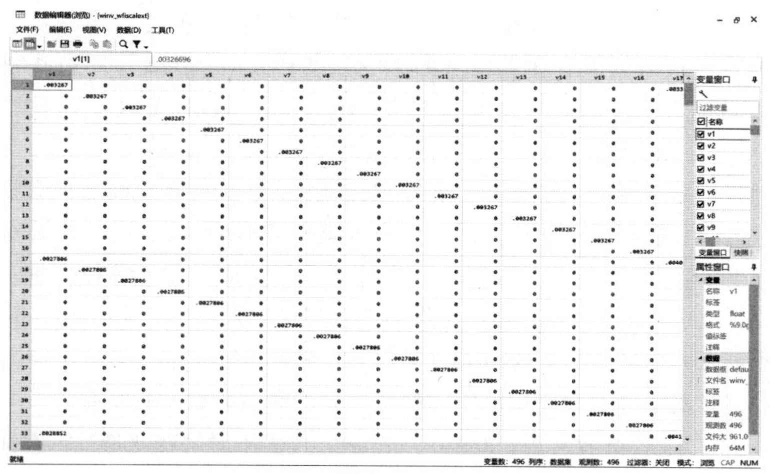

图 5-113

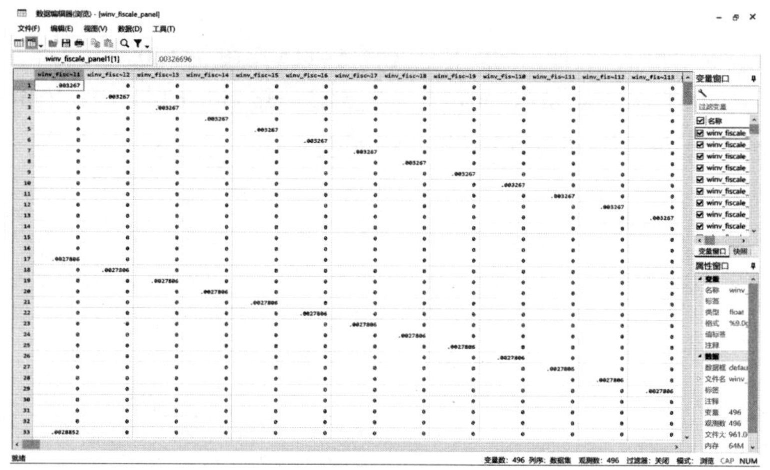

图 5-114

5.7.3 面板数据的 GS3SLS 估计：order(0)

本案例的模型如下：

$$\begin{cases} cdifdi2_{it} = \alpha_0 + \alpha_1 \sum_{j=1}^{n} w_{ij} cdifdi2_{jt} + \alpha_2 \sum_{j=1}^{n} w_{ij} gdppc_{jt} + \alpha_3 gdppc_{it} + \alpha Z_{it} + u_i^1 + v_t^1 + \varepsilon_{it} & (5\text{-}30) \\ gdppc_{it} = \beta_0 + \beta_1 \sum_{j=1}^{n} w_{ij} gdppc_{jt} + \beta_2 \sum_{j=1}^{n} w_{ij} cdifdi2_{jt} + \beta_3 cdifdi2_{it} + \beta X_{it} + u_i^2 + v_t^2 + \eta_{it} & (5\text{-}31) \end{cases}$$

其中，α_0、β_0为常数；i表示样本省域；$cdifdi2_{it}$表示i省域在t年的双向 FDI 协调发展水平；同理，$cdifdi2_{jt}$则表示j省域在t年的双向 FDI 协调发展水平。$gdppc_{it}$表示i省域在t年的经济增长；同理，$gdppc_{jt}$则表示j省域在t年的经济增长。X_{it}、Z_{it}表示控制变量，包括普通高中在校学生数（nrhss）、普通小学在校学生数（nsoes）、雾霾污染 pm2_5（pm_2.5）、人均资本存量（kl）、就业水平（emp）、企业所得税（oeit）、人口密度（popd）、产业结构升级（r）、城镇化水平（ul）、公共交通（ame）；ε_{it}、η_{it}表示无法观测的因素；α_1表示周边省域双向 FDI 协调发展空间溢出的估计系数，表征双向 FDI 协调发展空间溢出效应的强度和方向；β_1表示周边省域经济增长空间溢出的估计系数，表征经济增长空间溢出效应的强度和方向；α_2、β_2用以检验本省域和周边省域的空间交互影响，α_2表示周边省域经济增长对本省域双向 FDI 协调发展的影响强度和方向；β_2表示周边省域双向 FDI 协调发展对本省域经济增长的影响强度和方向；α_3、β_3表示双向 FDI 协调发展同经济增长的内生关系。u_i^1和u_i^2表示地区效应、v_t^1和v_i^2表示时间效应。

本教材融入了以下最新研究成果。①将 GS3SLS 估计扩展至空间面板数据模型，突破了 gs3sls 命令之前只能局限于估计空间截面数据模型的不足。②对 gs3sls 命令源代码存在的问题进行了勘误。具体而言，order(1) 回归中会自动在所有 ***x***（解释变量）前面乘以 ***w***（空间权重矩阵）的一阶、二阶，并将其作为工具变量引入回归。实际上，order(1) 回归中应该自动在所有 ***x***（解释变量）前面乘以 ***w***（空间权重矩阵）的一阶，并将其作为工具变量引入回归。③扩展了原有程序中的空间权重矩阵的滞后阶数——原有 order(1)、order(2)、order(3)、order(4)，本教材加入了 order(0)。order(0) 代表不对解释变量进行空间滞后。

```
* 调入实证数据。
.use gs3sls_test_data.dta,clear
* 进行 order(0) 回归，实证回归结果，见图 5-115 至图 5-120。
.gs3sls_asef2021 cdifdi2 nrhss nsoes pm2_5 kl emp oeit popd , var2(gdppc r ul ame) wmfile(winv_fiscale_panel) eq(1) order(0) mfx(lin) test
```

```
. gs3sls_asef2021 cdifdi2 nrhss nsoes pm2_5 kl emp oeit popd , var2(gdppc r ul ame) wmfile(winv
> _fiscale_panel) eq(1) order(0) mfx(lin) test

 Current Matrix Size = (400)
 matsize must be >= Sample Size (496)
 matsize increased now to = (496)
==============================================================================
*** 矩阵类型: Binary (0/1) Weight Matrix: 496x496 (Non Normalized)
==============================================================================
******************************************************************************
* ASEF估计方法为: Generalized Spatial Three Stage Least Squares (GS3SLS)
******************************************************************************
  cdifdi2 = w1y_cdifdi2 + w1y_gdppc + gdppc + nrhss + nsoes + pm2_5 + kl + emp + oeit +
          popd
------------------------------------------------------------------------------
  gdppc = w1y_gdppc + w1y_cdifdi2 + cdifdi2 + r + ul + ame
------------------------------------------------------------------------------
```

图 5–115

```
Three-stage least-squares regression
----------------------------------------------------------------------
Equation             Obs   Parms        RMSE    "R-sq"     F-Stat        P
----------------------------------------------------------------------
cdifdi2              496      10    .5203442    0.8759     377.90   0.0000
gdppc                496       6    9769.358    0.8561     483.55   0.0000
----------------------------------------------------------------------

------------------------------------------------------------------------------
             |      Coef.   Std. Err.      t    P>|t|     [95% Conf. Interval]
-------------+----------------------------------------------------------------
cdifdi2      |
 w1y_cdifdi2 |  -1.646276   1.032367    -1.59   0.111    -3.672196    .3796443
   w1y_gdppc |   .0000957   .0000551     1.74   0.083    -.0000124    .0002037
       gdppc |   .0000112   3.78e-06     2.96   0.003     3.76e-06    .0000186
       nrhss |  -.0082813   .0015088    -5.49   0.000    -.0112422   -.0053203
       nsoes |  -.0013852   .0002654    -5.22   0.000    -.0019059   -.0008644
       pm2_5 |  -.0070367   .0014807    -4.75   0.000    -.0099424    -.004131
          kl |   .0470206   .0080759     5.82   0.000     .0311725    .0628687
         emp |   .0005872   .0000543    10.82   0.000     .0004808    .0006937
        oeit |   .0029749    .000247    12.04   0.000     .0024902    .0034596
        popd |   .0000846   .0000168     5.02   0.000     .0000516    .0001177
       _cons |  -.1973891   .1485073    -1.33   0.184    -.4888202    .0940419
-------------+----------------------------------------------------------------
gdppc        |
   w1y_gdppc |   .5861483   1.069626     0.55   0.584    -1.512889    2.685185
 w1y_cdifdi2 |  -26916.95   20108.83    -1.34   0.181    -66378.58    12544.67
     cdifdi2 |   8347.057   451.4489    18.49   0.000     7461.133    9232.982
           r |   31899.55   5221.627     6.11   0.000     21652.62    42146.49
          ul |   638.8253   47.19785    13.54   0.000     546.2041    731.4465
         ame |   440.8263   134.1337     3.29   0.001     177.6019    704.0507
       _cons |  -85399.01   10772.28    -7.93   0.000    -106538.6   -64259.46
------------------------------------------------------------------------------
Endogenous variables:  cdifdi2 gdppc
Exogenous variables:   w1y_cdifdi2 w1y_gdppc nrhss nsoes pm2_5 kl emp oeit
     popd r ul ame
------------------------------------------------------------------------------
EQ1: R2= 0.8759 - R2 Adj.= 0.8734  F-Test =  341.704  P-Value> F(10, 484)
   LLF =  -374.212   AIC =  770.424    SC =  816.697  Root MSE =  0.5203

EQ2: R2= 0.8561 - R2 Adj.= 0.8543  F-Test =  483.743  P-Value> F(6, 488)
   LLF = -5257.024   AIC =10528.047    SC =10557.493  Root MSE = 9.8e+03
   Yij = LHS Y(i) in Eq.(j)
------------------------------------------------------------------------------

- Overall System R2 - Adjusted R2 - F Test - Chi2 Test
```

Name	R2	Adj_R2	F	P-Value	Chi2	P-Value
Berndt	0.9520	0.9513	1.2e+03	0.0000	1.5e+03	0.0000
McElroy	0.9097	0.9082	614.6343	0.0000	1.2e+03	0.0000
Judge	0.8561	0.8537	362.8072	0.0000	961.4488	0.0000

```
  Number of Parameters         =          18
  Number of Equations          =           2
  Degrees of Freedom F-Test    =      (16, 976)
  Degrees of Freedom Chi2-Test =          16
  Log Determinant of Sigma     =     -16.8965
  Log Likelihood Function      =   -5597.9068
------------------------------------------------------------------------------
```

图 5–116

```
cdifdi2 = w1y_cdifdi2 + w1y_gdppc + gdppc + nrhss + nsoes + pm2_5 + kl + emp + oeit +
          popd
------------------------------------------------------------------------------
 Sample Size        =        496
 Wald Test          =  3779.0457   |   P-Value > Chi2(10)       =     0.0000
 F-Test             =   377.9046   |   P-Value > F(10 , 485)    =     0.0000
(Buse 1973) R2      =     0.8759   |   Raw Moments R2           =     0.9368
(Buse 1973) R2 Adj  =     0.8734   |   Raw Moments R2 Adj       =     0.9355
 Root MSE (Sigma)   =     0.5203   |   Log Likelihood Function  =  -374.2122
------------------------------------------------------------------------------
- R2h= 0.8759   R2h Adj= 0.8734  F-Test =   342.41 P-Value > F(10 , 485)0.0000
- R2v= 0.8752   R2v Adj= 0.8726  F-Test =   340.03 P-Value > F(10 , 485)0.0000
------------------------------------------------------------------------------
     cdifdi2 |      Coef.   Std. Err.      t    P>|t|     [95% Conf. Interval]
-------------+----------------------------------------------------------------
cdifdi2      |
 w1y_cdifdi2 |  -1.646276   1.032367    -1.59   0.111    -3.674741    .3821888
   w1y_gdppc |   .0000957   .0000551     1.74   0.083    -.0000125    .0002039
       gdppc |   .0000112   3.78e-06     2.96   0.003     3.75e-06    .0000186
       nrhss |  -.0082813   .0015088    -5.49   0.000    -.0112459   -.0053166
       nsoes |  -.0013852   .0002654    -5.22   0.000    -.0019066   -.0008638
       pm2_5 |  -.0070367   .0014807    -4.75   0.000     -.009946   -.0041274
          kl |   .0470206   .0080759     5.82   0.000     .0311526    .0628886
         emp |   .0005872   .0000543    10.82   0.000     .0004806    .0006938
        oeit |   .0029749    .000247    12.04   0.000     .0024895    .0034602
        popd |   .0000846   .0000168     5.02   0.000     .0000515    .0001177
       _cons |  -.1973891   .1485073    -1.33   0.184    -.4891862    .0944079
------------------------------------------------------------------------------
 Rho Value  = -1.6463       F Test =     2.543    P-Value > F(1, 485)  0.1114
------------------------------------------------------------------------------

==============================================================================
* Model Selection Diagnostic Criteria
==============================================================================
- Log Likelihood Function                    LLF             =  -374.2122
---------------------------------------------------------------------------
- Akaike Information Criterion               (1974) AIC      =     0.2768
- Akaike Information Criterion               (1973) Log AIC  =    -1.2846
---------------------------------------------------------------------------
- Schwarz Criterion                          (1978) SC       =     0.3038
- Schwarz Criterion                          (1978) Log SC   =    -1.1913
---------------------------------------------------------------------------
- Amemiya Prediction Criterion               (1969) FPE      =     0.2768
- Hannan-Quinn Criterion                     (1979) HQ       =     0.2871
- Rice Criterion                             (1984) Rice     =     0.2770
- Shibata Criterion                          (1981) Shibata  =     0.2765
- Craven-Wahba Generalized Cross Validation  (1979) GCV      =     0.2769
------------------------------------------------------------------------------
```

图 5-117

```
==============================================================================
*** Spatial Aautocorrelation Tests
==============================================================================
  Ho: Error has No Spatial AutoCorrelation
  Ha: Error has    Spatial AutoCorrelation

- GLOBAL Moran MI           =   0.0132     P-Value > Z( 0.939)    0.3476
- GLOBAL Geary GC           =   0.8636     P-Value > Z(-2.141)    0.0323
- GLOBAL Getis-Ords GO      =  -0.0015     P-Value > Z(-0.939)    0.3476
------------------------------------------------------------------------------
- Moran MI Error Test       =   7.6273     P-Value > Z(470.900)   0.0000
------------------------------------------------------------------------------
- LM Error (Burridge)       =   0.5986     P-Value > Chi2(1)      0.4391
- LM Error (Robust)         =   3.3774     P-Value > Chi2(1)      0.0661
------------------------------------------------------------------------------
  Ho: Spatial Lagged Dependent Variable has No Spatial AutoCorrelation
  Ha: Spatial Lagged Dependent Variable has    Spatial AutoCorrelation

- LM Lag (Anselin)          =   0.0000     P-Value > Chi2(1)      1.0000
- LM Lag (Robust)           =   2.7788     P-Value > Chi2(1)      0.0955
------------------------------------------------------------------------------
  Ho: No General Spatial AutoCorrelation
  Ha:    General Spatial AutoCorrelation

- LM SAC (LMErr+LMLag_R)    =   3.3774     P-Value > Chi2(2)      0.1848
- LM SAC (LMLag+LMErr_R)    =   3.3774     P-Value > Chi2(2)      0.1848
------------------------------------------------------------------------------
```

图 5-118

```
==============================================================================
* Heteroscedasticity Tests
==============================================================================
 Ho: Homoscedasticity - Ha: Heteroscedasticity
------------------------------------------------------------------------------
- Hall-Pagan LM Test:      E2 = Yh     = 113.3150    P-Value > Chi2(1)  0.0000
- Hall-Pagan LM Test:      E2 = Yh2    = 104.6458    P-Value > Chi2(1)  0.0000
- Hall-Pagan LM Test:      E2 = LYh2   =  63.6696    P-Value > Chi2(1)  0.0000
------------------------------------------------------------------------------
- Harvey LM Test:       LogE2 = X      = 110.6468    P-Value > Chi2(2)  0.0000
- Wald LM Test:         LogE2 = X      = 273.0099    P-Value > Chi2(1)  0.0000
- Glejser LM Test:        |E| = X      = 246.2025    P-Value > Chi2(2)  0.0000
------------------------------------------------------------------------------
- Machado-Santos-Silva Test: Ev=Yh Yh2 = 142.4850    P-Value > Chi2(2)  0.0000
- Machado-Santos-Silva Test: Ev=X      = 166.1118    P-Value > Chi2(10) 0.0000
------------------------------------------------------------------------------
- White Test -Koenker(R2): E2 = X      = 162.5956    P-Value > Chi2(10) 0.0000
- White Test -B-P-G (SSR): E2 = X      = 413.8352    P-Value > Chi2(10) 0.0000
------------------------------------------------------------------------------
- White Test -Koenker(R2): E2 = X X2   = 194.6705    P-Value > Chi2(20) 0.0000
- White Test -B-P-G (SSR): E2 = X X2   = 495.4718    P-Value > Chi2(20) 0.0000
------------------------------------------------------------------------------
- White Test -Koenker(R2): E2 = X X2 XX= 264.4632    P-Value > Chi2(65) 0.0000
- White Test -B-P-G (SSR): E2 = X X2 XX= 673.1066    P-Value > Chi2(65) 0.0000
------------------------------------------------------------------------------
- Cook-Weisberg LM Test  E2/Sig2 = Yh  = 288.4073    P-Value > Chi2(1)  0.0000
- Cook-Weisberg LM Test  E2/Sig2 = X   = 413.8352    P-Value > Chi2(10) 0.0000
------------------------------------------------------------------------------
*** Single Variable Tests (E2/Sig2):
- Cook-Weisberg LM Test: w1y_cdifdi2      =   0.0005 P-Value > Chi2(1) 0.9828
- Cook-Weisberg LM Test: w1y_gdppc        =   0.0011 P-Value > Chi2(1) 0.9731
- Cook-Weisberg LM Test: gdppc            = 256.9471 P-Value > Chi2(1) 0.0000
- Cook-Weisberg LM Test: nrhss            =   0.0009 P-Value > Chi2(1) 0.9765
- Cook-Weisberg LM Test: nsoes            =   0.0035 P-Value > Chi2(1) 0.9527
- Cook-Weisberg LM Test: pm2_5            =   7.0718 P-Value > Chi2(1) 0.0078
- Cook-Weisberg LM Test: kl               = 279.4551 P-Value > Chi2(1) 0.0000
- Cook-Weisberg LM Test: emp              =  10.8856 P-Value > Chi2(1) 0.0010
- Cook-Weisberg LM Test: oeit             = 206.4474 P-Value > Chi2(1) 0.0000
- Cook-Weisberg LM Test: popd             =   2.3271 P-Value > Chi2(1) 0.1271
------------------------------------------------------------------------------
*** Single Variable Tests:
- King LM Test: w1y_cdifdi2               =   1.1926 P-Value > Chi2(1) 0.2748
- King LM Test: w1y_gdppc                 =   0.0791 P-Value > Chi2(1) 0.7785
- King LM Test: gdppc                     = 189.3864 P-Value > Chi2(1) 0.0000
- King LM Test: nrhss                     =   0.9552 P-Value > Chi2(1) 0.3284
- King LM Test: nsoes                     =   0.7806 P-Value > Chi2(1) 0.3770
- King LM Test: pm2_5                     =   7.6804 P-Value > Chi2(1) 0.0056
- King LM Test: kl                        = 122.0745 P-Value > Chi2(1) 0.0000
- King LM Test: emp                       =   2.0985 P-Value > Chi2(1) 0.1474
- King LM Test: oeit                      = 128.2686 P-Value > Chi2(1) 0.0000
- King LM Test: popd                      =   5.7476 P-Value > Chi2(1) 0.0165
```

图 5-119

```
==============================================================================
* Non Normality Tests
==============================================================================
 Ho: Normality - Ha: Non Normality
------------------------------------------------------------------------------
*** Non Normality Tests:
- Jarque-Bera LM Test                  = 216.1294     P-Value > Chi2(2) 0.0000
- White IM Test                        = 308.0948     P-Value > Chi2(2) 0.0000
- Doornik-Hansen LM Test               =  87.2822     P-Value > Chi2(2) 0.0000
- Geary LM Test                        =   0.6742     P-Value > Chi2(2) 0.7138
- Anderson-Darling Z Test              =   6.2239     P > Z( 7.580)     1.0000
- D'Agostino-Pearson LM Test           =  58.7619     P-Value > Chi2(2) 0.0000
------------------------------------------------------------------------------
*** Skewness Tests:
- Srivastava LM Skewness Test          =  18.7557     P-Value > Chi2(1) 0.0000
- Small LM Skewness Test               =  17.5144     P-Value > Chi2(1) 0.0000
- Skewness Z Test                      =   4.1850     P-Value > Chi2(1) 0.0000
------------------------------------------------------------------------------
*** Kurtosis Tests:
- Srivastava  Z Kurtosis Test          =  14.0490     P-Value > Z(0,1)  0.0000
- Small LM Kurtosis Test               =  41.2474     P-Value > Chi2(1) 0.0000
- Kurtosis Z Test                      =   6.4224     P-Value > Chi2(1) 0.0000
------------------------------------------------------------------------------
    Skewness Coefficient =  0.4763     - Standard Deviation =  0.1097
    Kurtosis Coefficient =  6.0904     - Standard Deviation =  0.2189
------------------------------------------------------------------------------
    Runs Test: (255) Runs -  (229) Positives - (267) Negatives
    Standard Deviation Runs Sig(k) = 11.0588 , Mean Runs E(k) = 247.5444
    95% Conf. Interval [E(k)+/- 1.96* Sig(k)] = (225.8690 , 269.2197 )
------------------------------------------------------------------------------

* Marginal Effect - Elasticity: Linear *
```

Variable	Marginal_Effect(B)	Elasticity(Es)	Mean
cdifdi2			
w1y_cdif~2	-1.6463	-0.1558	0.1357
w1y_gdppc	0.0001	0.2410	3612.0055
gdppc	0.0000	0.2857	36674.6615
nrhss	-0.0083	-0.4450	77.0535
nsoes	-0.0014	-0.3153	326.4548
pm2_5	-0.0070	-0.1932	39.3686
kl	0.0470	0.1473	4.4915
emp	0.0006	1.0103	2467.0918
oeit	0.0030	0.4122	198.6777
popd	0.0001	0.1505	2550.1470

```
Mean of Dependent Variable =      1.4340
```

图 5–120

5.7.4 面板数据的 GS3SLS 估计：order(1)

* 调入实证数据。

.use gs3sls_test_data.dta,clear

* 此程序将空间权重矩阵 ***wx*** 作为工具变量，引入空间联立方程模型中。需要注意的是，回归结果中并没有展示 ***wx*** 的回归系数。实证回归结果，见图 5–121 至图 5–125。

.gs3sls_asef cdifdi2 nrhss nsoes pm2_5 kl emp oeit popd , var2(gdppc r ul ame) wmfile(winv_fiscale_panel) eq(1) order(1) mfx(lin) test[①]

---

①mfx()，功能形式：线性模型 (lin) 或 Log–Log 模型 (log)，用于计算边际效应和弹性。

```
. gs3sls_asef cdifdi2 nrhss nsoes pm2_5 kl emp oeit popd , var2(gdppc r ul ame) wmfile(winv_fis
> cale_panel) eq(1) order(1) mfx(lin) test

==============================================================================
*** 矩阵类型: Binary (0/1) Weight Matrix: 496x496 (Non Normalized)
==============================================================================
******************************************************************************
* ASEF估计方法为: Generalized Spatial Three Stage Least Squares (GS3SLS)
******************************************************************************
  cdifdi2 = w1y_cdifdi2 + w1y_gdppc + gdppc + nrhss + nsoes + pm2_5 + kl + emp + oeit +
        popd
------------------------------------------------------------------------------
  gdppc = w1y_gdppc + w1y_cdifdi2 + cdifdi2 + r + ul + ame
------------------------------------------------------------------------------

Three-stage least-squares regression
----------------------------------------------------------------------
Equation             Obs   Parms        RMSE    "R-sq"       F-Stat        P
----------------------------------------------------------------------
cdifdi2              496      10    .5122382    0.8798       378.12   0.0000
gdppc                496       6    9806.454    0.8550       481.91   0.0000
----------------------------------------------------------------------

------------------------------------------------------------------------------
             |      Coef.   Std. Err.      t    P>|t|     [95% Conf. Interval]
-------------+----------------------------------------------------------------
cdifdi2      |
 w1y_cdifdi2 |  -2.459687   1.176556    -2.09   0.037    -4.768563   -.1508098
   w1y_gdppc |   .0001445   .0000639     2.26   0.024     .0000192    .0002699
       gdppc |   .0000169   3.46e-06     4.89   0.000     .0000101    .0000237
       nrhss |  -.0073856   .0014659    -5.04   0.000    -.0102624   -.0045089
       nsoes |  -.0011385   .0002562    -4.44   0.000    -.0016414   -.0006357
       pm2_5 |  -.0077314   .0014449    -5.35   0.000     -.010567   -.0048959
          kl |   .0386438   .0076185     5.07   0.000     .0236932    .0535945
         emp |   .0005407   .0000525    10.29   0.000     .0004376    .0006437
        oeit |   .0026175   .0002286    11.45   0.000      .002169     .003066
        popd |   .0000796   .0000166     4.81   0.000     .0000471    .0001121
       _cons |  -.3609547   .1540515    -2.34   0.019    -.6632657   -.0586436
-------------+----------------------------------------------------------------
gdppc        |
   w1y_gdppc |  -.3544702   1.247381    -0.28   0.776    -2.802334    2.093393
 w1y_cdifdi2 |  -11799.19   23016.58    -0.51   0.608    -56966.98     33368.6
     cdifdi2 |   8689.546   446.7292    19.45   0.000     7812.883    9566.208
           r |   30667.05   5160.568     5.94   0.000     20539.94    40794.16
          ul |   615.1586   46.59176    13.20   0.000     523.7269    706.5904
         ame |    434.605   132.3423     3.28   0.001     174.8961    694.3138
       _cons |  -80404.11    10704.6    -7.51   0.000    -101410.9   -59397.37
------------------------------------------------------------------------------
Endogenous variables:  cdifdi2 gdppc w1y_cdifdi2 w1y_gdppc
Exogenous variables:   nrhss nsoes pm2_5 kl emp oeit popd r ul ame w1x_nrhss
    w1x_nsoes w1x_pm2_5 w1x_kl w1x_emp w1x_oeit w1x_popd w1x_r w1x_ul
    w1x_ame
------------------------------------------------------------------------------
EQ1: R2= 0.8798 - R2 Adj.= 0.8773  F-Test =   354.148   P-Value> F(10, 484)
   LLF =   -366.425   AIC =   754.849    SC =   801.122   Root MSE =  0.5122

EQ2: R2= 0.8550 - R2 Adj.= 0.8532  F-Test =   479.476   P-Value> F(6, 488)
   LLF = -5258.903   AIC =10531.807    SC =10561.253   Root MSE = 9.8e+03
   Yij = LHS Y(i) in Eq.(j)
```

图 5-121

```
------------------------------------------------------------------------------

- Overall System R2 - Adjusted R2 - F Test - Chi2 Test

    Name        R2      Adj_R2        F     P-Value      Chi2    P-Value

   Berndt    0.9571    0.9564    1.4e+03    0.0000    1.6e+03    0.0000
  McElroy    0.9228    0.9215   728.7612    0.0000    1.3e+03    0.0000
    Judge    0.8550    0.8526   359.6069    0.0000   957.6891    0.0000

  Number of Parameters         =         18
  Number of Equations          =          2
  Degrees of Freedom F-Test    =     (16, 976)
  Degrees of Freedom Chi2-Test =         16
  Log Determinant of Sigma     =    -16.7858
  Log Likelihood Function      =  -5570.4543
------------------------------------------------------------------------------

  cdifdi2 = w1y_cdifdi2 + w1y_gdppc + gdppc + nrhss + nsoes + pm2_5 + kl + emp + oeit +
          popd
------------------------------------------------------------------------------
  Sample Size       =         496
  Wald Test         =   3781.2325   |   P-Value > Chi2(10)       =     0.0000
  F-Test            =    378.1233   |   P-Value > F(10 , 485)    =     0.0000
 (Buse 1973) R2     =      0.8798   |   Raw Moments R2           =     0.9388
 (Buse 1973) R2 Adj =      0.8773   |   Raw Moments R2 Adj       =     0.9375
  Root MSE (Sigma)  =      0.5122   |   Log Likelihood Function =   -366.4247
------------------------------------------------------------------------------
- R2h= 0.8798   R2h Adj= 0.8773  F-Test =  354.89 P-Value > F(10 , 485)0.0000
- R2v= 0.8825   R2v Adj= 0.8801  F-Test =  364.27 P-Value > F(10 , 485)0.0000
------------------------------------------------------------------------------
     cdifdi2 |      Coef.   Std. Err.      t    P>|t|     [95% Conf. Interval]
-------------+----------------------------------------------------------------
cdifdi2      |
 w1y_cdifdi2 |  -2.459687   1.176556    -2.09   0.037    -4.771463    -.14791
   w1y_gdppc |   .0001445   .0000639     2.26   0.024      .000019     .00027
       gdppc |   .0000169   3.46e-06     4.89   0.000     .0000101   .0000237
       nrhss |  -.0073856   .0014659    -5.04   0.000     -.010266  -.0045053
       nsoes |  -.0011385   .0002562    -4.44   0.000     -.001642   -.000635
       pm2_5 |  -.0077314   .0014449    -5.35   0.000    -.0105705  -.0048924
          kl |   .0386438   .0076185     5.07   0.000     .0236744   .0536132
         emp |   .0005407   .0000525    10.29   0.000     .0004375   .0006439
        oeit |   .0026175   .0002286    11.45   0.000     .0021684   .0030666
        popd |   .0000796   .0000166     4.81   0.000     .0000471   .0001121
       _cons |  -.3609547   .1540515    -2.34   0.020    -.6636454  -.0582639
------------------------------------------------------------------------------
  Rho Value  = -2.4597        F Test =     4.371     P-Value > F(1, 485)  0.0371
------------------------------------------------------------------------------

==============================================================================
* Model Selection Diagnostic Criteria
==============================================================================
- Log Likelihood Function                    LLF              =   -366.4247
---------------------------------------------------------------------------
- Akaike Information Criterion               (1974) AIC       =      0.2682
- Akaike Information Criterion               (1973) Log AIC   =     -1.3160
---------------------------------------------------------------------------
- Schwarz Criterion                          (1978) SC        =      0.2944
- Schwarz Criterion                          (1978) Log SC    =     -1.2227
---------------------------------------------------------------------------
- Amemiya Prediction Criterion               (1969) FPE       =      0.2682
- Hannan-Quinn Criterion                     (1979) HQ        =      0.2782
- Rice Criterion                             (1984) Rice      =      0.2685
- Shibata Criterion                          (1981) Shibata   =      0.2679
- Craven-Wahba Generalized Cross Validation  (1979) GCV       =      0.2683
---------------------------------------------------------------------------
```

图 5-122

```
==============================================================================
*** Spatial Aautocorrelation Tests
==============================================================================
  Ho: Error has No Spatial AutoCorrelation
  Ha: Error has    Spatial AutoCorrelation

- GLOBAL Moran MI            =   0.0238     P-Value > Z( 1.595)   0.1106
- GLOBAL Geary GC            =   0.8594     P-Value > Z(-2.356)   0.0185
- GLOBAL Getis-Ords GO       =  -0.0027     P-Value > Z(-1.595)   0.1106
------------------------------------------------------------------------------
- Moran MI Error Test        =  13.6174     P-Value > Z(840.063)  0.0000
------------------------------------------------------------------------------
- LM Error (Burridge)        =   1.9539     P-Value > Chi2(1)     0.1622
- LM Error (Robust)          =   7.6482     P-Value > Chi2(1)     0.0057
------------------------------------------------------------------------------
  Ho: Spatial Lagged Dependent Variable has No Spatial AutoCorrelation
  Ha: Spatial Lagged Dependent Variable has    Spatial AutoCorrelation

- LM Lag (Anselin)           =   0.0708     P-Value > Chi2(1)     0.7901
- LM Lag (Robust)            =   5.7651     P-Value > Chi2(1)     0.0163
------------------------------------------------------------------------------
  Ho: No General Spatial AutoCorrelation
  Ha:    General Spatial AutoCorrelation

- LM SAC (LMErr+LMLag_R)     =   7.7191     P-Value > Chi2(2)     0.0211
- LM SAC (LMLag+LMErr_R)     =   7.7191     P-Value > Chi2(2)     0.0211
------------------------------------------------------------------------------
```

图 5-123

```
==============================================================================
* Heteroscedasticity Tests
==============================================================================
 Ho: Homoscedasticity - Ha: Heteroscedasticity
------------------------------------------------------------------------------
- Hall-Pagan LM Test:      E2 = Yh      = 124.9950   P-Value > Chi2(1)  0.0000
- Hall-Pagan LM Test:      E2 = Yh2     = 119.0969   P-Value > Chi2(1)  0.0000
- Hall-Pagan LM Test:      E2 = LYh2    =  65.5155   P-Value > Chi2(1)  0.0000
------------------------------------------------------------------------------
- Harvey LM Test:       LogE2 = X       = 106.9365   P-Value > Chi2(2)  0.0000
- Wald LM Test:         LogE2 = X       = 263.8550   P-Value > Chi2(1)  0.0000
- Glejser LM Test:        |E| = X       = 226.6072   P-Value > Chi2(2)  0.0000
------------------------------------------------------------------------------
- Machado-Santos-Silva Test: Ev=Yh Yh2  = 140.8547   P-Value > Chi2(2)  0.0000
- Machado-Santos-Silva Test: Ev=X       = 156.0865   P-Value > Chi2(10) 0.0000
------------------------------------------------------------------------------
- White Test -Koenker(R2): E2 = X       = 153.3673   P-Value > Chi2(10) 0.0000
- White Test -B-P-G (SSR): E2 = X       = 338.8506   P-Value > Chi2(10) 0.0000
------------------------------------------------------------------------------
- White Test -Koenker(R2): E2 = X X2    = 179.9014   P-Value > Chi2(20) 0.0000
- White Test -B-P-G (SSR): E2 = X X2    = 397.4754   P-Value > Chi2(20) 0.0000
------------------------------------------------------------------------------
- White Test -Koenker(R2): E2 = X X2 XX= 243.4154   P-Value > Chi2(65) 0.0000
- White Test -B-P-G (SSR): E2 = X X2 XX= 537.8036   P-Value > Chi2(65) 0.0000
------------------------------------------------------------------------------
- Cook-Weisberg LM Test  E2/Sig2 = Yh   = 276.1649   P-Value > Chi2(1)  0.0000
- Cook-Weisberg LM Test  E2/Sig2 = X    = 338.8507   P-Value > Chi2(10) 0.0000
------------------------------------------------------------------------------
*** Single Variable Tests (E2/Sig2):
- Cook-Weisberg LM Test: w1y_cdifdi2      =   0.0071 P-Value > Chi2(1) 0.9328
- Cook-Weisberg LM Test: w1y_gdppc        =   0.0704 P-Value > Chi2(1) 0.7908
- Cook-Weisberg LM Test: gdppc            = 247.6845 P-Value > Chi2(1) 0.0000
- Cook-Weisberg LM Test: nrhss            =   0.1458 P-Value > Chi2(1) 0.7026
- Cook-Weisberg LM Test: nsoes            =   0.0559 P-Value > Chi2(1) 0.8131
- Cook-Weisberg LM Test: pm2_5            =   9.0970 P-Value > Chi2(1) 0.0026
- Cook-Weisberg LM Test: kl               = 182.0121 P-Value > Chi2(1) 0.0000
- Cook-Weisberg LM Test: emp              =  12.5909 P-Value > Chi2(1) 0.0004
- Cook-Weisberg LM Test: oeit             = 218.8412 P-Value > Chi2(1) 0.0000
- Cook-Weisberg LM Test: popd             =   0.8391 P-Value > Chi2(1) 0.3597
------------------------------------------------------------------------------
*** Single Variable Tests:
- King LM Test: w1y_cdifdi2               =   0.6970 P-Value > Chi2(1) 0.4038
- King LM Test: w1y_gdppc                 =   0.2864 P-Value > Chi2(1) 0.5926
- King LM Test: gdppc                     = 182.4037 P-Value > Chi2(1) 0.0000
- King LM Test: nrhss                     =   0.4805 P-Value > Chi2(1) 0.4882
- King LM Test: nsoes                     =   0.5022 P-Value > Chi2(1) 0.4785
- King LM Test: pm2_5                     =   9.8724 P-Value > Chi2(1) 0.0017
- King LM Test: kl                        = 105.3165 P-Value > Chi2(1) 0.0000
- King LM Test: emp                       =   2.7966 P-Value > Chi2(1) 0.0945
- King LM Test: oeit                      = 130.1066 P-Value > Chi2(1) 0.0000
- King LM Test: popd                      =   2.9983 P-Value > Chi2(1) 0.0834
```

图 5-124

```
==============================================================================
* Non Normality Tests
==============================================================================
 Ho: Normality - Ha: Non Normality
------------------------------------------------------------------------------
*** Non Normality Tests:
- Jarque-Bera LM Test                  = 140.6191    P-Value > Chi2(2) 0.0000
- White IM Test                        = 206.0992    P-Value > Chi2(2) 0.0000
- Doornik-Hansen LM Test               =  58.6142    P-Value > Chi2(2) 0.0000
- Geary LM Test                        =   1.2475    P-Value > Chi2(2) 0.5359
- Anderson-Darling Z Test              =   5.0163    P > Z( 6.745)     1.0000
- D'Agostino-Pearson LM Test           =  50.7055    P-Value > Chi2(2) 0.0000
------------------------------------------------------------------------------
*** Skewness Tests:
- Srivastava LM Skewness Test          =  19.7055    P-Value > Chi2(1) 0.0000
- Small LM Skewness Test               =  18.3198    P-Value > Chi2(1) 0.0000
- Skewness Z Test                      =   4.2802    P-Value > Chi2(1) 0.0000
------------------------------------------------------------------------------
*** Kurtosis Tests:
- Srivastava  Z Kurtosis Test          =  10.9961    P-Value > Z(0,1)  0.0000
- Small LM Kurtosis Test               =  32.3857    P-Value > Chi2(1) 0.0000
- Kurtosis Z Test                      =   5.6908    P-Value > Chi2(1) 0.0000
------------------------------------------------------------------------------
    Skewness Coefficient =  0.4882     - Standard Deviation =  0.1097
    Kurtosis Coefficient =  5.4188     - Standard Deviation =  0.2189
------------------------------------------------------------------------------
    Runs Test: (261) Runs -  (227) Positives - (269) Negatives
    Standard Deviation Runs Sig(k) = 11.0443 , Mean Runs E(k) = 247.2218
    95% Conf. Interval [E(k)+/- 1.96* Sig(k)] = (225.5748 , 268.8687 )
------------------------------------------------------------------------------

* Marginal Effect - Elasticity: Linear *
```

Variable	Marginal_Effect(B)	Elasticity(Es)	Mean
cdifdi2			
w1y_cdif~2	-2.4597	-0.2327	0.1357
w1y_gdppc	0.0001	0.3640	3612.0055
gdppc	0.0000	0.4333	36674.6615
nrhss	-0.0074	-0.3968	77.0535
nsoes	-0.0011	-0.2592	326.4548
pm2_5	-0.0077	-0.2123	39.3686
kl	0.0386	0.1210	4.4915
emp	0.0005	0.9301	2467.0918
oeit	0.0026	0.3626	198.6777
popd	0.0001	0.1416	2550.1470

```
Mean of Dependent Variable =      1.4340
```

图 5-125

5.7.5 面板数据的 GS3SLS 估计：order(4)

* 进行 order(4) 回归，回归结果见图 5-126 至图 5-130。

```
.gs3sls_asef cdifdi2 nrhss nsoes pm2_5 kl emp oeit popd , var2(gdppc r ul ame) wmfile(winv_fiscale_panel) eq(1) order(4) mfx(lin) test
```

```
. gs3sls_asef cdifdi2 nrhss nsoes pm2_5 kl emp oeit popd , var2(gdppc r ul ame) wmfile(winv_fis
> cale_panel) eq(1) order(4) mfx(lin) test

==============================================================================
*** 矩阵类型: Binary (0/1) Weight Matrix: 496x496 (Non Normalized)
==============================================================================
******************************************************************************
* ASEF估计方法为: Generalized Spatial Three Stage Least Squares (GS3SLS)
******************************************************************************
  cdifdi2 = w1y_cdifdi2 + w1y_gdppc + gdppc + nrhss + nsoes + pm2_5 + kl + emp + oeit +
        popd
------------------------------------------------------------------------------
  gdppc = w1y_gdppc + w1y_cdifdi2 + cdifdi2 + r + ul + ame
------------------------------------------------------------------------------

Three-stage least-squares regression
--------------------------------------------------------------------------
Equation             Obs   Parms        RMSE    "R-sq"       F-Stat      P
--------------------------------------------------------------------------
cdifdi2              496      10     .509563    0.8810       379.66  0.0000
gdppc                496       6     9839.15    0.8540       484.20  0.0000
--------------------------------------------------------------------------

------------------------------------------------------------------------------
             |      Coef.   Std. Err.      t    P>|t|     [95% Conf. Interval]
-------------+----------------------------------------------------------------
cdifdi2      |
 w1y_cdifdi2 |  -1.999033   1.110021    -1.80   0.072    -4.177342    .1792751
   w1y_gdppc |   .0001172   .0000596     1.97   0.050     1.55e-07    .0002342
       gdppc |   .0000217   3.14e-06     6.89   0.000     .0000155    .0000278
       nrhss |  -.0065205   .0014362    -4.54   0.000    -.0093388   -.0037021
       nsoes |  -.0009591    .000249    -3.85   0.000    -.0014478   -.0004704
       pm2_5 |  -.0083043   .0014236    -5.83   0.000     -.011098   -.0055106
          kl |   .0310815   .0072105     4.31   0.000     .0169316    .0452314
         emp |   .0005027   .0000511     9.83   0.000     .0004024    .0006031
        oeit |   .0023249   .0002107    11.04   0.000     .0019115    .0027383
        popd |   .0000753   .0000164     4.58   0.000     .0000431    .0001076
       _cons |  -.4034359   .1486809    -2.71   0.007    -.6952076   -.1116642
-------------+----------------------------------------------------------------
gdppc        |
   w1y_gdppc |  -.0244575   1.164269    -0.02   0.983    -2.309222    2.260307
 w1y_cdifdi2 |  -16969.53   21710.31    -0.78   0.435     -59573.9    25634.83
     cdifdi2 |   8979.485   439.1684    20.45   0.000      8117.66     9841.31
           r |   30053.56   5139.809     5.85   0.000     19967.19    40139.93
          ul |   593.2703   46.13117    12.86   0.000     502.7424    683.7982
         ame |    425.355   131.7496     3.23   0.001     166.8092    683.9007
       _cons |  -78664.56   10635.14    -7.40   0.000    -99534.98   -57794.14
------------------------------------------------------------------------------
Endogenous variables:  cdifdi2 gdppc w1y_cdifdi2 w1y_gdppc
Exogenous variables:   nrhss nsoes pm2_5 kl emp oeit popd r ul ame w1x_nrhss
     w1x_nsoes w1x_pm2_5 w1x_kl w1x_emp w1x_oeit w1x_popd w1x_r w1x_ul
     w1x_ame w2x_nrhss w2x_nsoes w2x_pm2_5 w2x_kl w2x_emp w2x_oeit w2x_popd
     w2x_r w2x_ul w2x_ame w3x_nrhss w3x_nsoes w3x_pm2_5 w3x_kl w3x_emp
     w3x_oeit w3x_popd w3x_r w3x_ul w3x_ame w4x_nrhss w4x_nsoes w4x_pm2_5
     w4x_kl w4x_emp w4x_oeit w4x_popd w4x_r w4x_ul w4x_ame
```

图 5-126

```
------------------------------------------------------------------------------
EQ1: R2= 0.8810 - R2 Adj.= 0.8786  F-Test =  358.385   P-Value> F(10, 484)
   LLF =  -363.828   AIC =  749.655     SC =  795.927   Root MSE =  0.5096

EQ2: R2= 0.8540 - R2 Adj.= 0.8522  F-Test =  475.755   P-Value> F(6, 488)
   LLF = -5260.554   AIC =10535.109    SC =10564.555   Root MSE = 9.8e+03
   Yij = LHS Y(i) in Eq.(j)
------------------------------------------------------------------------------

- Overall System R2 - Adjusted R2 - F Test - Chi2 Test
```

Name	R2	Adj_R2	F	P-Value	Chi2	P-Value
Berndt	0.9607	0.9600	1.5e+03	0.0000	1.6e+03	0.0000
McElroy	0.9319	0.9308	835.1297	0.0000	1.3e+03	0.0000
Judge	0.8540	0.8516	356.8162	0.0000	954.3872	0.0000

```
  Number of Parameters         =        18
  Number of Equations          =         2
  Degrees of Freedom F-Test    =     (16, 976)
  Degrees of Freedom Chi2-Test =        16
  Log Determinant of Sigma     =    -16.6977
  Log Likelihood Function      =  -5548.6287
------------------------------------------------------------------------------
```

cdifdi2 = w1y_cdifdi2 + w1y_gdppc + gdppc + nrhss + nsoes + pm2_5 + kl + emp + oeit + popd

```
------------------------------------------------------------------------------
  Sample Size          =        496
  Wald Test            =  3796.5509   |   P-Value > Chi2(10)       =     0.0000
  F-Test               =   379.6551   |   P-Value > F(10 , 485)    =     0.0000
 (Buse 1973) R2        =     0.8810   |   Raw Moments R2           =     0.9394
 (Buse 1973) R2 Adj    =     0.8786   |   Raw Moments R2 Adj       =     0.9382
  Root MSE (Sigma)     =     0.5096   |   Log Likelihood Function =  -363.8276
------------------------------------------------------------------------------
- R2h= 0.8810   R2h Adj= 0.8786  F-Test =   359.18 P-Value > F(10 , 485)0.0000
- R2v= 0.8886   R2v Adj= 0.8863  F-Test =   386.86 P-Value > F(10 , 485)0.0000
```

cdifdi2	Coef.	Std. Err.	t	P>|t|	[95% Conf.	Interval]
cdifdi2						
w1y_cdifdi2	-1.999033	1.110021	-1.80	0.072	-4.180078	.182011
w1y_gdppc	.0001172	.0000596	1.97	0.050	8.45e-09	.0002343
gdppc	.0000217	3.14e-06	6.89	0.000	.0000155	.0000278
nrhss	-.0065205	.0014362	-4.54	0.000	-.0093423	-.0036986
nsoes	-.0009591	.000249	-3.85	0.000	-.0014484	-.0004698
pm2_5	-.0083043	.0014236	-5.83	0.000	-.0111015	-.0055071
kl	.0310815	.0072105	4.31	0.000	.0169138	.0452492
emp	.0005027	.0000511	9.83	0.000	.0004023	.0006032
oeit	.0023249	.0002107	11.04	0.000	.001911	.0027388
popd	.0000753	.0000164	4.58	0.000	.000043	.0001076
_cons	-.4034359	.1486809	-2.71	0.007	-.695574	-.1112977

```
 Rho Value  = -1.9990        F Test =     3.243    P-Value > F(1, 485)  0.0723
------------------------------------------------------------------------------
```

图 5-127

```
==============================================================================
* Model Selection Diagnostic Criteria
==============================================================================
- Log Likelihood Function                      LLF            =    -363.8276
---------------------------------------------------------------------------
- Akaike Information Criterion                 (1974) AIC     =       0.2654
- Akaike Information Criterion                 (1973) Log AIC =      -1.3265
---------------------------------------------------------------------------
- Schwarz Criterion                            (1978) SC      =       0.2914
- Schwarz Criterion                            (1978) Log SC  =      -1.2332
---------------------------------------------------------------------------
- Amemiya Prediction Criterion                 (1969) FPE     =       0.2654
- Hannan-Quinn Criterion                       (1979) HQ      =       0.2753
- Rice Criterion                               (1984) Rice    =       0.2657
- Shibata Criterion                            (1981) Shibata =       0.2652
- Craven-Wahba Generalized Cross Validation    (1979) GCV     =       0.2655
------------------------------------------------------------------------------

==============================================================================
*** Spatial Aautocorrelation Tests
==============================================================================
  Ho: Error has No Spatial AutoCorrelation
  Ha: Error has    Spatial AutoCorrelation

- GLOBAL Moran MI           =   0.0204     P-Value > Z( 1.385)    0.1659
- GLOBAL Geary GC           =   0.8655     P-Value > Z(-2.319)    0.0204
- GLOBAL Getis-Ords GO      =  -0.0023     P-Value > Z(-1.385)    0.1659
------------------------------------------------------------------------------
- Moran MI Error Test       =  11.7052     P-Value > Z(721.927)   0.0000
------------------------------------------------------------------------------
- LM Error (Burridge)       =   1.4366     P-Value > Chi2(1)      0.2307
- LM Error (Robust)         =   6.4717     P-Value > Chi2(1)      0.0110
------------------------------------------------------------------------------
  Ho: Spatial Lagged Dependent Variable has No Spatial AutoCorrelation
  Ha: Spatial Lagged Dependent Variable has    Spatial AutoCorrelation

- LM Lag (Anselin)          =   0.0390     P-Value > Chi2(1)      0.8434
- LM Lag (Robust)           =   5.0741     P-Value > Chi2(1)      0.0243
------------------------------------------------------------------------------
  Ho: No General Spatial AutoCorrelation
  Ha:    General Spatial AutoCorrelation

- LM SAC (LMErr+LMLag_R)    =   6.5107     P-Value > Chi2(2)      0.0386
- LM SAC (LMLag+LMErr_R)    =   6.5107     P-Value > Chi2(2)      0.0386
------------------------------------------------------------------------------
```

图 5-128

```
==============================================================================
* Heteroscedasticity Tests
==============================================================================
 Ho: Homoscedasticity - Ha: Heteroscedasticity
------------------------------------------------------------------------------
- Hall-Pagan LM Test:      E2 = Yh     = 131.0088    P-Value > Chi2(1)  0.0000
- Hall-Pagan LM Test:      E2 = Yh2    = 129.6992    P-Value > Chi2(1)  0.0000
- Hall-Pagan LM Test:      E2 = LYh2   =  59.1729    P-Value > Chi2(1)  0.0000
------------------------------------------------------------------------------
- Harvey LM Test:       LogE2 = X      = 113.9167    P-Value > Chi2(2)  0.0000
- Wald LM Test:         LogE2 = X      = 281.0780    P-Value > Chi2(1)  0.0000
- Glejser LM Test:        |E| = X      = 214.9803    P-Value > Chi2(2)  0.0000
------------------------------------------------------------------------------
- Machado-Santos-Silva Test: Ev=Yh Yh2 = 142.9214    P-Value > Chi2(2)  0.0000
- Machado-Santos-Silva Test: Ev=X      = 154.8063    P-Value > Chi2(10) 0.0000
------------------------------------------------------------------------------
- White Test -Koenker(R2): E2 = X      = 147.0978    P-Value > Chi2(10) 0.0000
- White Test -B-P-G (SSR): E2 = X      = 305.5831    P-Value > Chi2(10) 0.0000
------------------------------------------------------------------------------
- White Test -Koenker(R2): E2 = X X2   = 169.2931    P-Value > Chi2(20) 0.0000
- White Test -B-P-G (SSR): E2 = X X2   = 351.6919    P-Value > Chi2(20) 0.0000
------------------------------------------------------------------------------
- White Test -Koenker(R2): E2 = X X2 XX= 232.8965    P-Value > Chi2(65) 0.0000
- White Test -B-P-G (SSR): E2 = X X2 XX= 483.8225    P-Value > Chi2(65) 0.0000
------------------------------------------------------------------------------
- Cook-Weisberg LM Test  E2/Sig2 = Yh  = 272.1595    P-Value > Chi2(1)  0.0000
- Cook-Weisberg LM Test  E2/Sig2 = X   = 305.5831    P-Value > Chi2(10) 0.0000
------------------------------------------------------------------------------
*** Single Variable Tests (E2/Sig2):
- Cook-Weisberg LM Test: w1y_cdifdi2       =   0.1110 P-Value > Chi2(1) 0.7390
- Cook-Weisberg LM Test: w1y_gdppc         =   0.1216 P-Value > Chi2(1) 0.7273
- Cook-Weisberg LM Test: gdppc             = 245.6888 P-Value > Chi2(1) 0.0000
- Cook-Weisberg LM Test: nrhss             =   0.5050 P-Value > Chi2(1) 0.4773
- Cook-Weisberg LM Test: nsoes             =   0.2394 P-Value > Chi2(1) 0.6247
- Cook-Weisberg LM Test: pm2_5             =  11.2985 P-Value > Chi2(1) 0.0008
- Cook-Weisberg LM Test: kl                = 121.4924 P-Value > Chi2(1) 0.0000
- Cook-Weisberg LM Test: emp               =  14.4564 P-Value > Chi2(1) 0.0001
- Cook-Weisberg LM Test: oeit              = 233.7522 P-Value > Chi2(1) 0.0000
- Cook-Weisberg LM Test: popd              =   0.2794 P-Value > Chi2(1) 0.5971
------------------------------------------------------------------------------
*** Single Variable Tests:
- King LM Test: w1y_cdifdi2                =   0.3044 P-Value > Chi2(1) 0.5812
- King LM Test: w1y_gdppc                  =   0.4341 P-Value > Chi2(1) 0.5100
- King LM Test: gdppc                      = 178.7239 P-Value > Chi2(1) 0.0000
- King LM Test: nrhss                      =   0.1943 P-Value > Chi2(1) 0.6594
- King LM Test: nsoes                      =   0.2389 P-Value > Chi2(1) 0.6250
- King LM Test: pm2_5                      =  11.9435 P-Value > Chi2(1) 0.0005
- King LM Test: kl                         =  95.3430 P-Value > Chi2(1) 0.0000
- King LM Test: emp                        =   3.5400 P-Value > Chi2(1) 0.0599
- King LM Test: oeit                       = 132.2909 P-Value > Chi2(1) 0.0000
- King LM Test: popd                       =   1.7449 P-Value > Chi2(1) 0.1865
```

图 5-129

```
==============================================================================
* Non Normality Tests
==============================================================================
 Ho: Normality - Ha: Non Normality
------------------------------------------------------------------------------
*** Non Normality Tests:
- Jarque-Bera LM Test                   = 116.2262     P-Value > Chi2(2) 0.0000
- White IM Test                         = 160.2550     P-Value > Chi2(2) 0.0000
- Doornik-Hansen LM Test                =  48.7921     P-Value > Chi2(2) 0.0000
- Geary LM Test                         =   1.3450     P-Value > Chi2(2) 0.5104
- Anderson-Darling Z Test               =   4.3661     P > Z( 6.246)     1.0000
- D'Agostino-Pearson LM Test            =  47.4619     P-Value > Chi2(2) 0.0000
------------------------------------------------------------------------------
*** Skewness Tests:
- Srivastava LM Skewness Test           =  20.2650     P-Value > Chi2(1) 0.0000
- Small LM Skewness Test                =  18.7912     P-Value > Chi2(1) 0.0000
- Skewness Z Test                       =   4.3349     P-Value > Chi2(1) 0.0000
------------------------------------------------------------------------------
*** Kurtosis Tests:
- Srivastava  Z Kurtosis Test           =   9.7960     P-Value > Z(0,1)  0.0000
- Small LM Kurtosis Test                =  28.6707     P-Value > Chi2(1) 0.0000
- Kurtosis Z Test                       =   5.3545     P-Value > Chi2(1) 0.0000
------------------------------------------------------------------------------
    Skewness Coefficient =  0.4951      - Standard Deviation =  0.1097
    Kurtosis Coefficient =  5.1548      - Standard Deviation =  0.2189
------------------------------------------------------------------------------
    Runs Test: (263) Runs -  (233) Positives - (263) Negatives
    Standard Deviation Runs Sig(k) = 11.0835 , Mean Runs E(k) = 248.0927
    95% Conf. Interval [E(k)+/- 1.96* Sig(k)] = (226.3691 , 269.8164 )
------------------------------------------------------------------------------

* Marginal Effect - Elasticity: Linear *
```

Variable	Marginal_Effect(B)	Elasticity(Es)	Mean
cdifdi2			
w1y_cdif~2	-1.9990	-0.1891	0.1357
w1y_gdppc	0.0001	0.2951	3612.0055
gdppc	0.0000	0.5537	36674.6615
nrhss	-0.0065	-0.3504	77.0535
nsoes	-0.0010	-0.2183	326.4548
pm2_5	-0.0083	-0.2280	39.3686
kl	0.0311	0.0973	4.4915
emp	0.0005	0.8649	2467.0918
oeit	0.0023	0.3221	198.6777
popd	0.0001	0.1339	2550.1470

```
 Mean of Dependent Variable =       1.4340

.
```

图 5-130

5.7.6　面板数据 GS3SLS 估计的小结

传统的 GS3SLS 估计的缺陷是只能估计空间截面数据模型，本教材将 GS3SLS 估计扩展至空间面板数据模型，突破了 gs3sls 命令之前只能局限于估计空间截面数据模型的不足。另外，对 gs3sls 命令源代码存在的问题进行了勘误。具体而言，order(1) 回归中会自

动在所有 ***x***（解释变量）前面乘以 ***w***（空间权重矩阵）的一阶、二阶，并将其作为工具变量引入回归。实际上，order(1) 回归中应该自动在所有 ***x***（解释变量）前面乘以 ***w***（空间权重矩阵）的一阶，并将其作为工具变量引入回归。

gs3sls 命令将空间权重矩阵 ***wx*** 作为工具变量，引入空间联立方程模型中进行回归，有利于进一步控制内生性问题。order() 取不同阶时，核心变量的回归结果见表 5-2，从中可以看出：随着工具变量的不断增加，核心变量的系数变化幅度不大，但是，其显著性有所降低。在论文写作时，建议同时将 order(1)、order(2)、order(3)、order(4) 的实证结果在论文中进行汇报，可以把它作为稳健性检验的一种方式。

表 5-2　order() 取不同阶时，核心变量的回归结果

变量	order(1)		order(2)		order(3)		order(4)	
	cdifdi2	gdppc	cdifdi2	gdppc	cdifdi2	gdppc	cdifdi2	gdppc
w* cdifdi2	−2.460**	−11799.19	−2.253**	−16959.88	−2.030*	−17729.38	−1.999*	−16969.53
	(−2.09)	(−0.51)	(−1.98)	(−0.76)	(−1.82)	(−0.81)	(−1.80)	(−0.78)
w* gdppc	0.0001**	−0.354	0.0001**	−0.052	0.0001**	0.002	0.0001**	−0.024
	(2.26)	(−0.28)	(2.18)	(−0.04)	(1.97)	(0.00)	(1.97)	(−0.02)

注：***、**、* 分别代表在 1%、5%、10% 水平上通过了显著性检验；() 里的是 t 值。

5.7.7　reg3、spregcs 及 gs3sls 命令对应的估计模型

（1）reg3 命令

reg3 命令可以进行的估计：三阶段最小二乘估计（3SLS）、GS3SLS、两阶段最小二乘估计（2SLS）、OLS 估计。reg3 命令对应的模型：一切联立方程组，包括空间联立方程模型和非空间联立方程模型。

（2）spregcs 命令

spregcs 命令不仅可以进行空间截面数据模型回归，还可以进行空间面板数据模型回归。spregcs 命令对应的模型：SAR、SEM、SDM、SAC、MSTAR、GWR、GS2SLS、GS2SLSAR、GS3SLS、GS3SLSAR、IVTOBIT、SARARGS、SARARIV、SARARML、SPGMM。

（3）gs3sls 命令

gs3sls 命令可以进行的估计主要为 GS3SLS。gs3sls 命令对应的模型：将空间权重矩阵 ***w*** 的 n 阶（n=1，2，3，4）乘以 ***x*** 作为工具变量引入回归的一切空间联立方程模型。

习　题

1. 常见的空间计量模型有哪些？

2. SAR 模型又被称为什么模型？SAC 模型又被称为什么模型？请写出上述两个模型的公式。

3. 采用SDM模型进行实证研究时，规范的步骤有哪些？

4. reg3命令、gs2slsxt命令及gs3sls命令对应的估计模型各是什么？

5. 已知有一份资料，包括：（1）2003-2019年长江三角洲地区41个地级及以上城市的面板数据，其中，变量有经济增长（GDP）、产业结构升级（r）等；（2）长江三角洲地区41个地级及以上城市的shapefile（包括dbf、prj、sbn、sbx、shp、shx文件）[①]。请基于Stata，采用SDM模型以此面板数据进行规范的实证研究，分析产业结构升级对经济增长的影响。

① 采用Stata的spmatrix命令，基于经纬度生成反经济距离空间权重矩阵，用于后面的实证分析。

致　谢

在《高级应用空间计量经济学》付梓之际，我心潮澎湃，思绪万千。这本教材从2018年3月开始写作，到2024年6月定稿，历时六年有余。在此期间，我经历了攻读博士学位、公派留学、入职南通大学经济与管理学院及创建应用空间计量经济学论坛（简称ASEF；微信公众号：APPL_SPAT_ECONOMET）四件大事。此处要感谢的人均直接参与了上述四件大事。下面按照上述四件大事由远及近的发生顺序进行致谢。

首先，感谢我的三位博士生导师。他们分别是原密歇根大学中国信息研究中心（China Data Center, the University of Michigan）主任鲍曙明教授、华东理工大学商学院吴玉鸣教授、密歇根大学李侃如－罗睿驰中国研究中心（Kenneth Lieberthal and Richard Rogel Center for Chinese Studies）邓岚教授。是他们给了我在这个领域进行快乐和深入研究的机会。本教材所用到的空间计量、空间统计及空间分析技术均直接或间接来源于三位导师。具体而言，我从鲍老师那里学习到了空间联立方程模型的设定及其估计方法；从吴老师那里学到了空间权重矩阵的生成方法，各种经典的空间单方程模型的设定及其估计方法；从邓老师那里学到了空间统计和空间分析的基础知识。

其次，感谢原南通大学副校长蒋乃华教授、商学院院长姜朝晖教授、原经济与管理学院党委书记蒋国宏教授、原经济与管理学院副院长宋超教授、商学院副院长沈小燕教授、江苏长江经济带研究院副院长杨凤华教授。他们在本教材的写作和出版过程中给予了很多的帮助和支持。同时，感谢南通大学商学院官方支持“应用空间计量经济学团队”的建设。受此利好消息的显著正向空间溢出效应影响，ASEF应运而生。

ASEF创建于2020年1月1日，专注于推送与空间计量经济学模型设定与应用相关的文章，致力于推动空间计量经济学在中国的发展。目前，ASEF共推送空间计量实操类原创文章400余篇，已经受到中国近300个城市，以及英国、美国、日本、加拿大、荷兰、韩国、澳大利亚、法国、新加坡、丹麦、瑞典、德国、奥地利、印度尼西亚、瑞士、马来西亚、意大利、摩洛哥、西班牙、以色列等70多个国家的科研爱好者的关注。ASEF已经晋升为国内知名的空间计量学术论坛。

最后，感谢ASEF团队的几位核心成员，他们是原广东省委党校经济学教研部政治经济学专业硕士生陈子厚、原中国人民大学环境学院博士生蒋姝睿及东北林业大学经济管理学院博士生陈振环。上述三位同学在开发绘制莫兰散点图的新命令moranplot，对gs3sls命令进行校正和扩展方面作出了突出贡献。

相对于其他同类教材，本教材有三大边际贡献：一是将空间计量与空间统计、空间分析深度结合，服务探索性空间数据分析和模型设定；二是与国内外其他教材相比，本教材首次较为详细地介绍了全新的绘制莫兰散点图的moranplot命令；三是对gs3sls命令进行了校正和扩展。一言以蔽之，ASEF 团队核心成员贡献了本教材的两大边际贡献。下面将展开介绍。

一方面，ASEF 团队核心成员陈振环开发了全新的绘制莫兰散点图的 moranplot 命令，并被 Stata 官方收录。从现有的 Stata 绘制莫兰散点图的命令来看，moranplot 命令至少有三大优势：一是一次可以绘制一个变量 n（$n\geqslant1$）年的莫兰散点图，且可以实现 graph combine；二是一次可以绘制出所有不同变量不同年份的莫兰散点图；三是可以实现对已绘制图片的自由编辑。

另一方面，ASEF 团队已经解决了面板数据 GS3SLS 估计的一大错误、两大难题。其中，一大错误是 Mr. Emad Abd Elmessih Shehata 的 gs3sls.ado 文件（即 gs3sls 命令的源代码文件）中有一处错误——order(1) 和 order(2) 的回归结果是一样的。陈子厚发现并纠正了该错误。一大难题是，长期以来，gs3sls 命令只能对截面数据空间联立方程模型进行估计，很多学者想把此命令的应用扩展到面板数据空间联立方程模型，但无果而终；蒋姝睿解决了此难题。另一大难题是 gs3sls 命令在进行估计时，会将面板数据空间权重矩阵的 n（n=1，2，3，4）阶乘以解释变量 x 作为工具变量引入回归。如果模型设定时不存在 x 的空间滞后项，那么，严格意义上来讲，此时则不能采用 gs3sls 命令进行回归。我发现了这一难题，并在陈子厚提供的技术支持下，成功解决了该难题。

一生只做一件事，并努力将之做好、做到极致。我和我的应用空间计量经济学团队将持续在空间计量经济学领域耕耘、探索，希望能为空间计量经济学在中国的发展贡献绵薄之力。

孙攀
于南通大学啬园校区
2024 年 6 月 12 日

参考文献

白冰，赵作权，张佩，2021. 中国南北区域经济空间融合发展的趋势与布局 [J]. 经济地理，41(2):1–10.

陈诗一，陈登科，2018. 雾霾污染、政府治理与经济高质量发展 [J]. 经济研究，53(2):20–34.

李蕾蕾，盛丹，2018. 地方环境立法与中国制造业的行业资源配置效率优化 [J]. 中国工业经济 (7):136–154.

林春艳，孔凡超，2016. 技术创新、模仿创新及技术引进与产业结构转型升级——基于动态空间 Durbin 模型的研究 [J]. 宏观经济研究 (5):106–118.

林光平，龙志和，吴梅，2006. 中国地区经济 σ – 收敛的空间计量实证分析 [J]. 数量经济技术经济研究，23(4):14–21+69.

刘修岩，李松林，秦蒙，2017. 城市空间结构与地区经济效率：兼论中国城镇化发展道路的模式选择 [J]. 管理世界 (1):51–64.

刘子晨，2022. 黄河流域生态治理绩效评估及影响因素研究 [J]. 中国软科学 (2):11–21.

邵帅，李欣，曹建华，2019. 中国的城市化推进与雾霾治理 [J]. 经济研究，54(2): 148–165.

孙攀，陈晓峰，2021. 长江三角洲地区产业结构升级时空动态评价体系的构建与应用 [J]. 南通大学学报（社会科学版），37(2):43–53.

孙攀，丁伊宁，吴玉鸣，2021. 中国双向 FDI 协调发展与经济增长相互影响吗？——基于“双循环”背景的实证检验 [J]. 上海经济研究 (2):98–111.

孙攀，吴玉鸣，鲍曙明，等，2019. 经济增长与雾霾污染治理：空间环境库兹涅茨曲线检验 [J]. 南方经济 (12):100–117.

王周伟，赵启程，李方方，2019. 地方政府债务风险价值估算及其空间效应分解应用 [J]. 中国软科学 (12):81–95.

余明桂，范蕊，钟慧洁，2016. 中国产业政策与企业技术创新 [J]. 中国工业经济 (12):5–22.

张征宇，朱平芳，2010. 地方环境支出的实证研究 [J]. 经济研究，45(5):82–94.

张志强，2014. 空间加权矩阵设置与空间面板参数估计效率 [J]. 数量经济技术经济研究，31(10):122–138.

赵璐，赵作权，王伟，2014. 中国东部沿海地区经济空间格局变化 [J]. 经济地理，34(2):14–18+27.

AMEMIYA T, 1971. The estimation of the variances in a variance-components model[J].International Economic Review,12(1):1–13.

ANDERSON T W, RUBIN H, 1950. The asymptotic properties of estimates of the parameters of a single equation in a complete system of stochastic equations[J]. The Annals of Mathematical Statistics,21(4):570–582.

ANSELIN L, KELEJIAN H H, 1997. Testing for spatial error autocorrelation in the presence of endogenous regressors[J]. International Regional Science Review,20(1–2): 153–182.

ANSELIN L, BERA A K, FLORAX R, et al, 1996. Simple diagnostic tests for spatial dependence[J]. Regional Science and Urban Economics, 26(1): 77–104.

ANSELIN L, BERA A K, 1998. Spatial dependence in linear regression models with an introduction to spatial econometrics[M]//ULLAH A. Handbook of applied economic statistics. Boca Raton, US: CRC Press.

ANSELIN L, FLORAX R J , 1995. New directions in spatial econometrics[M]. Berlin, Heidelberg: Springer Berlin, Heidelberg: 3–18.

ANSELIN L, HUDAK S, 1992. Spatial econometrics in practice: a review of software options[J]. 22(3): 509–536.

ANSELIN L, KIM Y W, SYABRI I, 2004. Web–based analytical tools for the exploration of spatial data[J]. Journal of Geographical Systems, 6(2): 197–218.

ANSELIN L, LE GALLO J, JAYET H, 2008. Spatial panel econometrics[M]//MÁTYÁS L, SEVESTRE P. The econometrics of panel data: fundamentals and recent developments in theory and practice, 3rd ed. Berlin, Heidelberg: Springer Berlin, Heidelberg.

ANSELIN L, REY S J, 2012. Spatial econometrics in an age of CyberGIScience[J]. International Journal of Geographical Information Science, 26(12): 2211–2226.

ANSELIN L, 1988a. Lagrange multiplier test diagnostics for spatial dependence and spatial heterogeneity[J]. Geographical Analysis, 20(1): 1–17.

ANSELIN L, 1990. Spatial dependence and spatial structural instability in applied regression analysis[J]. Journal of Regional Science, 30(2): 185–207.

ANSELIN L, 1988b. Spatial econometrics: methods and models[M]. Dordrecht, NL: Springer Dordrecht.

ANSELIN L, 2003. Spatial econometrics[M]//BALTAGI B H. A companion to theoretical econometrics. Oxford: Blackwell publishing.

ANSELIN L, 2006. Spatial econometrics[M]//MILLS T C, PATTERSON K. Palgrave handbook of econometrics. Vol 1: econometric theory. London: Palgrave MacM–illan London.

ANSELIN L, 2001. Spatial effects in econometric practice in environmental and resource economics[J]. American Journal of Agricultural Economics, 83(3): 705–710.

ANSELIN L, 2010. Thirty years of spatial econometrics[J]. Papers in Regional Science, 89(1): 3–26.

AQUARO M, BAILEY N, PESARAN M H, 2021. Estimation and inference for spatial models with heterogeneous coefficients: an application to US house prices[J]. Journal of Applied Econometrics, 36 (1): 18–44.

ARBIA G, 2006. Spatial econometrics: statistical foundations and applications to regional convergence[M]. Berlin, Heidelberg: Springer Berlin, Heidelberg.

ARELLANO M, BOND S, 1988. Dynamic panel data estimation using DPD98 for gauss: a guide for users[R]. London: Institute for Fiscal Studies.

ARELLANO M, BOND S, 1991. Some tests of specification for panel data: Monte Carlo evidence and an application to employment equations[J]. The Review of Economic Studies, 58(2): 277–297.

ARELLANO M, BOVER O, 1995. Another look at the instrumental variable estimation of error–components models[J]. Journal of Econometrics, 68(1): 29–51.

Association de science régionale de langue française,1967. L'efficacité des mesures de politique économique régionale[M].Namur, BE: Facultés universitaires N.–D. de la Paix.

AUDRETSCH D B, FELDMAN M P, 1996. R&D spillovers and the geography of innovation and production[J]. The American Economic Review, 86(3): 630–640.

AUTANT–BERNARD C, LESAGE J, 2011. Quantifying knowledge spillovers using spatial econometric models[J]. Journal of Regional Science, 51(3): 471–496.

BALL R, BROWN A, 1968. An empirical evaluation of accounting income numbers[J]. Journal of Accounting Research, 6(2):159–178.

BALESTRA P, NERLOVE M, 1966. Pooling cross–section and time series data in the estimation of a dynamic model: the demand for natural gas[J]. Econometrica, 34(3): 585–612.

BALLER R D, ANSELIN L, MESSNER S F, et al, 2001. Structural covariates of U.S. county homicide rates: incorporating spatial effects[J]. Criminology, 39(3): 561–588.

BALTAGI B H, FINGLETON B, PIROTTE A, 2014. Estimating and forecasting with a dynamic spatial panel data model[J]. Oxford Bulletin of Economics and Statistics, 76(1): 112–138.

BALTAGI B H, LI Q, 1991. A joint test for serial correlation and random individual effects[J]. Statistics & Probability Letters, 11(3): 277–280.

BALTAGI B H, LI Q, 1995. Testing AR (1) against MA (1) disturbances in an error component model[J]. Journal of Econometrics, 68(1): 133–151.

BALTAGI B H, LIU L, 2011. Instrumental variable estimation of a spatial autoregressive panel model with random effects[J]. Economics Letters, 111(2): 135–137.

BALTAGI B H, SONG S H, JUNG B C, et al, 2007. Testing for serial correlation, spatial autocorrelation and random effects using panel data[J]. Journal of Econometrics, 140(1): 5–51.

BALTAGI B H, 2006. Random effects and spatial autocorrelation with equal weights[J]. Econometric Theory, 22(5): 973–984.

BASMANN R L, 2012. On finite sample distributions of generalized classical linear identifiability test statistics[J]. Journal of the American Statisical Association, 55(292): 650–659.

BELOTTI F, HUGHES G, MORTARI A P, 2011. XSMLE: Stata module for spatial panel data models estimation[EB/OL]. https://ideas.repec.org/c/boc/bocode/s457610.html.

BERA A K, DOĞAN O, TAŞPINAR S, 2018. Simple tests for endogeneity of spatial weights matrices[J]. Regional Science and Urban Economics, 69: 130–142.

BERA A K, SOSA–ESCUDERO W, YOON M, 2001. Tests for the error component model in the presence of local misspecification[J]. Journal of Econometrics, 101(1): 1–23.

BERTRAND M, 2004. How much should we trust differences–in–differences estimates [J]. Risk Management and Insurance Review,119(1):173–199.

BIDANSET P, MCCORD M, LOMBARD J R, et al, 2017. Accounting for locational, temporal, and physical similarity of residential sales in mass appraisal modeling: the development and application of geographically, temporally, and characteristically weighted regression[J]. Journal of Property Tax Assessment & Administration, 14(02): 5–13.

BLASQUES F, KOOPMAN S J, LUCAS A, et al, 2016. Spillover dynamics for systemic risk measurement using spatial financial time series models[J]. Journal of Econometrics, 195(2): 211–223.

BOCKSTAEL N E, 1996. Modeling economics and ecology: the importance of a spatial perspective[J]. American Journal of Agricultural Economics, 78(5): 1168–1180.

BOX G E P, PIERCE D A, 1970. Distribution of residual autocorrelations in autoregressive integrated moving average time series models[J]. Journal of the American Statisical Association, 65(332): 1509–1526.

BREUSCH T S, PAGAN A R, 1980. The lagrange multiplier test and its applications to model specification in econometrics[J]. The Review of Economic Studies, 47(1): 239–253.

BREUSCH T S, 1978. Testing for autocorrelation in dynamic linear models[J]. Australian Economic Papers, 17(31): 334–355.

BRITT C L, 1994. Crime and unemployment among youths in the United States, 1958–1990[J]. The American Journal of Economics and Sociology, 53(1): 99–109.

BRUECKNER J K, 2003. Strategic interaction among governments: an overview of empirical studies[J]. International Regional Science Review, 26(2), 175–188.

BRUNDSON C, FOTHERINGHAM A S, CHARLTON M E, 1996. Geographically Weighted Regression: A Method for Exploring Spatial Nonstationarity[J]. Geographical Analysis, 28(4): 281–298.

BRUNDSON C, FOTHERINGHAM A S, CHARLTON M E, 1996. Geographically weighted regression: a method for exploring spatial nonstationarity[J]. Geographical Analysis, 28(4): 281–298.

BUSE A, 1973. Goodness of fit in generalized least squares estimation[J]. The American Statistician, 27(3): 106–108.

BUSE A, 1979. Goodness-of-fit in the seemingly unrelated regressions model: a generalization[J]. Journal of Econometrics, 10(1): 109-113.

CAMERON A C, GELBACH J B, MILLER D L, 2011. Robust inference with multiway clustering[J]. Journal of Business & Economic Statistics,29(2):238-249.

CASE A C, ROSEN H S, HINES J R, 1993. Budget spillovers and fiscal policy interdependence : evidence from the states[J]. Journal of Public Economics, 52(3):285-307.

CHAGAS A L S, AZZONI C R, ALMEIDA A N, 2016. A spatial difference-in-differences analysis of the impact of sugarcane production on respiratory diseases[J]. Regional Science and Urban Economics, 59: 24-36.

CHEN S L, WANG S S, YANG H S, 2015. Spatial competition and interdependence in strategic decisions: empirical evidence from franchising[J]. Economic Geography, 91(2): 165-204.

CLIFF A D, ORD J K, 1973. Spatial autocorrelation[M]. London: Pion.

CLIFF A, ORD J K, 1972. Testing for spatial autocorrelation among regression residuals[J]. Geographical Analysis, 4(3): 267 -284.

COOK R D, WEISBERG S, 1983. Diagnostics for heteroscedasticity in regression[J]. Biometrika, 70(1): 1-10.

CORRADO L, FINGLETON B, 2012. Where is the economics in spatial econometrics?[J]. Journal of Regional Science, 52(2): 210-239.

CRESSIE N,1993. Aggregation in geostatistical problems[M]//SOARES A. Geostatistics Tróia'92: Volume 1. Dordrecht, NL: Springer Dordrecht.

CRESSIE N, 2015. Statistics for spatial data, revised edition[M]. Hoboken, US: John Wiley & Sons.

CROW K, GOULD W, 2013. Working with spmap and maps [EB/OL]. http://www.stata.com/support/faqs/graphics/spmap-and-maps/.

CROW K, 2008. SHP2DTA: Stata module to converts shape boundary files to Stata datasets[EB/OL]. http://ideas.repec.org/c/boc/bocode/s456718.html.

DEBENEDICTIS L F, GILES D E A, 1998. Diagnostic testing in econometrics: variable addition, reset and fourier approximations[M]//ULLAH A, GILES D E A. Handbook of Applied Economic Statistics. Boca Raton, US: CRC Press.

DIAO M, LEONARD D, SING T F, 2017. Spatial-difference-in-differences models for impact of new mass rapid transit line on private housing values[J]. Regional Science and Urban Economics, 67: 64-77.

DRUKKER D M, EGGER P, PRUCHA I R, 2013. On two-step estimation of a spatial autoregressive model with autoregressive disturbances and endogenous regressors[J]. Econometric Reviews, 32(5-6): 686-733.

DRUKKER D M, PENG H, PRUCHA I R, et al, 2013. Creating and managing spatial-weighting matrices with the spmat command[J]. The Stata Journal, 13(2): 242-286.

DRUKKER D M, PRUCHA I R, RACIBORSKI R, 2010. A command for estimating spatial-au toregressive models with spatial-autoregressive disturbances and additional endogenous variables[J]. The Stata Journal, 13(2): 287-301.

DRUKKER D M, PRUCHA I R, RACIBORSKI R, 2013. Maximum likelihood and generalized spatial two-stage least-squares estimators for a spatial-autoregressive model with spatial-autoregressive disturbances[J]. The Stata Journal, 13(2): 221-241.

DU Z, WU S S, ZHANG F, et al, 2018. Extending geographically and temporally weighted regression to account for both spatiotemporal heterogeneity and seasonal variations in coastal seas[J]. Ecological Informatics, 43: 185-199.

DURBIN J, 1970a. An alternative to the bounds test for testing for serial correlation in least square regression[J], Econometrica, 38(3): 422-429.

DURBIN J, 1970b. Testing for serial correlation in least-squares regression when some of the regressors are lagged dependent variables[J]. Econometrica, 38(3): 410-421.

ELHORST J P, PIRAS G, ARBIA G, 2010. Growth and convergence in a multiregional model with space-time dynamics[J]. Geographical Analysis, 42(3): 338-355.

ELHORST J P, 2012. Matlab software for spatial panels[J]. International Regional Science Review, 37(3): 389-405.

ELHORST J P, 2014. Spatial econometrics: from cross-sectional data to spatial panels[M]. Berlin, Heidelberg: Springer Berlin, Heidelberg.

ELHORST J P, 2009. Spatial panel data models[M]//FISHER M M, GEITS A. Handbook of applied spatial analysis: software · tools, methods and applications. Berlin, Heidelberg: Springer-Verlag.

ELHORST J P, 2004. Unconditional maximum likelihood estimation of linear and log-linear dynamic models for spatial panels[J]. Geographical Analysis, 37(1): 85-106.

ERTUR C, KOCH W, 2007. Growth, technological interdependence and spatial externalities: theory and evidence[J]. Journal of Applied Econometrics, 22(6): 1033-1062.

FAMA E F, MACBETH J D, 1973. Risk, return, and equilibrium: empirical tests[J]. Journal of Political Economy, 81(3): 607-636.

FINGLETON B, 2006. A cross-sectional analysis of residential property prices: the effects of income, commuting, schooling, the housing stock and spatial interaction in the English regions[J]. Papers in Regional Science, 85(3): 339-361.

FINGLETON B, LE GALLO J, 2008. Estimating spatial models with endogenous variables,a spatial lag and spatially dependent disturbances:finite sample properties[J].Regional Science, 87(3):319-339.

FLORAX R J G M, FOLMER H, REY S J, 2003. Specification searches in spatial econometrics: the relevance of Hendry's methodology[J]. Regional Science and Urban Economics, 33(5): 557-579.

FOTHERINGHAM A S, CRESPO R, YAO J, 2015. Geographical and temporal weighted regression (GTWR)[J]. Geographical Analysis, 47(4): 431-452.

FOTHERINGHAM A S, YANG W B, KANG W, 2017. Multiscale geographically weighted regression (MGWR)[J]. Annals of the American Association of Geographers, 107(6): 1247–1265.

FOUCAULT T, FRESARD L, 2014. Learning from peers'stock prices and corporate investment[J]. Journal of Financial Economics, 111(3): 554–577.

FRANZESE R J, Jr, HAYS J C, 2017. Spatial econometric models of cross-sectional interdependence in political science panel and time-series-cross-section data[M]. Cambridge, UK: Cambridge University Press.

FUJITA M, KRUGMAN P, VENABLES A J, 2001. The spatial economy: cities, regions, and international trade[M]. Cambridge, US: MIT press.

GEARY R C, 1970. Relative efficiency of count of sign changes for assessing residual autoregression in least squares regression[J]. Biometrika, 57(1): 123–127.

GEARY R C, 1947. Testing for normality[J]. Biometrika, 34(3–4): 209–242.

GEARY R C, 1954. The contiguity ratio and statistical mapping[J]. The Incorporated Statistician, 5(3): 115–141.

GEOGHEGAN J, WAINGER L A, BOCKSTAEL N E, 1997. Spatial landscape indices in a hedonic framework: an ecological economics analysis using GIS[J]. Ecological economics, 23(3): 251–264.

GIBBONS S, OVERMAN H G, 2012. Mostly pointless spatial econometrics?[J]. Journal of Regional Science, 52(2): 172–191.

GINI C, 1997. Concentration and dependency ratios[J]. Rivista di Politica Economica, 87: 769–790.

GODFREY L G, 1978a. Testing for higher order serial correlation in regression equations when the regressors include lagged dependent variables[J]. Econometrica, 46(6): 1303–1310.

GODFREY L G, 1978b. Testing for Multiplicative Heteroskedasticity[J]. Journal of Econometrics, 8(2): 227–236.

GREENE W H, 1993. Econometric analysis[M]. 6th ed. London: Macmillan Publishers.

GRIFFITH D A, PAELINCK J H P, 2011. Non-standard spatial statistics and spatial econometrics[M]. Berlin, Heidelberg: Springer Berlin, Heidelberg.

GUJARATI D N, 1995. Basic Econometrics[M]. New York: McGraw Hill.

HAINING R, 1993. Spatial data analysis in the social and environmental sciences[M]. Cambridge, UK: Cambridge University Press.

HAINING R, 2003. Spatial data analysis: theory and practice[M]. Cambridge, UK: Cambridge University Press.

HAINING R, 1990. The use of added variable plots in regression modelling with spatial data[J]. The Professional Geographer, 42(3): 336–344.

HARRIS P, BRUNSDON C, CHARLTON M, 2011. Geographically weighted principal components analysis[J]. International Journal of Geographical Information Science, 25(10): 1717–1736.

HARVEY A, 1990. The econometric analysis of time series[M]. 2nd ed. Cambridge, US: MIT Press.

HAUSMAN J A, TAYLOR W E, 1983. Identification in linear simultaneous equations models with covariance restrictions: an instrumental variables interpretation[J]. Econometrica, 51(5): 1527–1549.

HAUSMAN J A, 1978. Specification tests in econometrics[J]. Econometrica, 46(6): 1251–1271.

HAUZENBERGER N, MICHAEL P, 2021. Bayesian state-space modeling for analyzing heterogeneous network effects of US monetary policy[J]. The Scandinavian Journal of Economics, 123(4): 1261–1291.

HAYS J C, AYA K, FRANZESE R J, Jr, 2010. A spatial model incorporating dynamic, endogenous network interdependence: a political science application[J]. Statistical Methodology, 7(3): 406–428.

HERRERA-GÓMEZ M, 2017. Spatial econometrics methods using stata[EB/OL]. https://www.researchgate.net/publication/313736408_Spatial_Econometrics_Methods_using_Stata.

HORDIJK L, 1979. Problems in estimating econometric relations in space[J]. Papers of the Regional Science Association, 42: 99–115.

HORDIJK L, 1974. Spatial correlation in the disturbances of a linear interregional model[J]. Regional and Urban Economics, 4(2): 117–140.

HUANG B, WU B, BARRY M, 2010. Geographically and temporally weighted regression for modeling spatio-temporal variation in house prices[J]. International Journal of Geographical Information Science, 24(3): 383–401.

JARQUE C M, BERA A K, 1987. A test for normality of observations and regression residuals[J]. International Statistical Review, 55(2): 163–172.

JEANTY P W, 2010. SPWMATRIX: Stata module to generate, import, and export spatial weights[R/OL]. https://ideas.repec.org/c/boc/bocode/s457111.html.

JUDG G G, HILL R C, GRIFFITHS W R, 1993. Learning and practicing econometrics[M]. Hoboken, US: John Wiley & Sons.

JUDGE G G, GRIFFITHS W E, LÜTKEPOHL H, et al, 1991. The theory and practice of econometrics[M]. 2nd ed. Hoboken, US: John Wiley & Sons.

KAPOOR M H, KELEJIAN H H, PRUCHA I R, 2007. Panel data models with spatially correlated error components[J]. Journal of Econometrics, 140(1): 97–130.

KEANE M, NEAL T, 2020. Climate change and U.S. agriculture: accounting for multidimensional slope heterogeneity in panel data[J], Quantitative Economics, 11(4): 1391–1429.

KELEJIAN H H, PIRAS G, 2014. Estimation of spatial models with endogenous weighting matrices, and an application to a demand model for cigarettes[J]. Regional Science and Urban Economics,46: 140–149.

KELEJIAN H H, PRUCHA I R, 1999. A generalized moments estimator for the autoregressive parameter in a spatial model[J]. International Economic Review, 40(2): 509–533.

KELEJIAN H H, PRUCHA I R, 1998. A generalized spatial two stage least squares procedure for estimating a spatial autoregressive model with autoregressive disturbances[J]. The Journal of Real Estate Finance and Economics, 17: 99–121.

KELEJIAN H H, PRUCHA I R, 2001. On the asymptotic distribution of the Moran I test statistic with applications[J]. Journal of Econometrics, 104(2): 219–257.

KELEJIAN H H, PRUCHA I R, 2010. Specification and estimation of spatial autoregressive models with autoregressive and heteroskedastic disturbances[J]. Journal of Econometrics, 157(1): 53–67.

KELEJIAN H H, PRUCHA I R, 2007. The relative efficiencies of various predictors in spatial econometric models containing spatial lags[J]. Regional Science and Urban Economics, 37(3): 363–374.

KELEJIAN H H, ROBINSON D P, 1992. Spatial autocorrelation: a new computationally simple test with an application to per capita county police expenditures[J]. Regional Science and Urban Economics, 22(3): 317–331.

KMENTA J, 1997. Elements of econometrics[M]. 2nd ed. Ann Arbor, US: University of Michigan Press.

KOENKER R, 1981. A note on studentizing a test for heteroskedasticity[J]. Journal of Econometrics, 17(1): 107–112.

KOLAK M, ANSELIN L, 2019. A spatial perspective on the econometrics of program evaluation[J]. International Regional Science Review, 43(1–2): 128–153.

KRUGMAN P, 1998. What's new about the new economic geography?[J]. Oxford Review of Economic Policy, 14(2): 7–17.

KUERSTEINER G M, PRUCHA I R, 2020. Dynamic spatial panel models: Networks, common shocks, and sequential exogeneity[J]. Econometrica, 88(5): 2019–2146.

LAI P C, SO F M, CHAN K W, 2008. Spatial epidemiological approaches in disease mapping and analysis[M]. Boca Raton, US: CRC Press.

LE GALLO J, ERTUR C, 2003. Exploratory spatial data analysis of the distribution of regional per capita GDP in europe, 1980–1995[J]. Papers in Regional Science, 82: 175–201.

LEARY M T, ROBERTS M R, 2014. Do peer firms affect corporate financial policy?[J]. The Journal of Finance, 69(1): 139–178.

LEE L F, LIU X D, LIN X, 2010. Specification and estimation of social interaction models with network structures[J]. The Econometrics Journal, 13(2): 145–176.

LEE L F, LIU X D, 2009. Efficient GMM estimation of high order spatial autoregressive models with autoregressive disturbances[J]. Econometric Theory, 26 (1): 187–230.

LEE L F, YU J H,2010. A unified estimation approach for spatial dynamic panel data models: stability, spatial co-integration, and explosive roots[M]//ULLAH A, GILES D E A (eds.).Handbook of empirical economics and finance. Boca Raton, US: Chapman and Hall/ CRC:397–434.

LEE L F, YU J H, 2014. Efficient GMM estimation of spatial dynamic panel data models with fixed effects[J]. Journal of Econometrics, 180(2): 174–197.

LEE L F, YU J H, 2010. Estimation of spatial autoregressive panel data models with fixed effects[J]. Journal of Econometrics, 154(2): 165–185.

LEE L F, 2004. Asymptotic distributions of quasi–maximum likelihood estimators for spatial autoregressive models[J]. Econometrica, 72(6): 1899–1925.

LEE L F, 2007. GMM and 2SLS estimation of mixed regressive, spatial autoregressive models[J]. Journal of Econometrics, 137(2): 489–514.

LEENDERS R T A J, 2002. Modeling social influence through network autocorrelation: Constructing the weight matrix[J]. Social Networks, 24(1): 21–47.

LESAGE J P, PACE R K, 2008. Spatial econometric modeling of origin–destination flows[J]. Journal of Regional Science, 48(5): 941–967.

LESAGE J P, PACE R K, 2014. The biggest myth in spatial econometrics[J]. Economet-rics, 2(4): 217–249.

LESAGE J P, POLASEK W, 2008. Incorporating transportation network structure in spatial econometric models of commodity flows[J]. Spatial Economic Analysis, 3(2): 225–245.

LESAGE J P, 2014a. Spatial econometric panel data model specification: a Bayesian approach[J]. Spatial Statistics, 9: 122–145.

LESAGE J P, 2014b. What regional scientists need to know about spatial economet-rics[J]. The Review of Regional Studies, 44(1): 13–32.

LESAGE J, PACE R K, 2009. Introduction to spatial econometrics[M]. Boca Raton, US: CRC Press.

LIU X, LEE L F, 2013. Two–stage least squares estimation of spatial autoregressive models with endogenous regressors and many instruments[J]. Econometric Reviews, 32(5–6): 734–753.

LONG J S, 2008. The workflow of data analysis using Stata[M]. Texas, US: Stata Press.

MATHERON G, 1963. Principles of geostatistics[J]. Economic Geology, 58(8): 1246–1266.

MANSKI C F, 1993. Identification of endogenous social effects: the reflection prob-lem[J].The Review of Economic Studies,60(3):531–542.

MEI C L, CHEN F, WANG W T, et al, 2020. Efficient estimation of heteroscedastic mixed geographically weighted regression models[J]. The Annals of Regional Science, 66:185–206.

MORAN P A P, 1948. The interpretation of statistical maps[J]. Journal of the Royal Statistical Society, Series B: Statistical Methodology, 10(2): 243–251.

NATHANIEL B, SKREDE G K, KYLE B, 2006. Space is more than geography: using spatial econometrics in the study of political economy[J]. International Studies Quarterly, 50(1): 27–44.

NERLOVE M, 1971. A note on error components models[J]. Econometrica, 39(2): 383–396.

OSHAN T M, FOTHERINGHAM A S, 2017. A comparison of spatially varying regression coefficient estimates using geographically weighted and spatial-filter-based techniques[J]. Geographical Analysis, 50(1): 53–75.

PAELINCK J H P, KLAASSEN L H, 1979. Spatial econometrics[M]. Farnborough, UK: Saxon House.

PAELINCK J H, NIJKAMP P, 1975. Operational theory and method in regional economics[M]. Aldershot, UK: Saxon House.

PAELINCK J, 1978. Spatial econometrics[J]. Economics Letters, 1(1): 59–63.

PAGAN A R, HALL A D, 1983. Diagnostic tests as residual analysis[J]. Econometric Reviews, 2(2): 159–218.

PARENT O, LESAGE J P, 2011. A space-time filter for panel data models containing random effects[J]. Computational Statistics & Data Analysis, 55(1): 475–490.

PARENT O, LESAGE J P, 2010. A spatial dynamic panel model with random effects applied to commuting times[J]. Transportation Research Part B: Methodological, 44(5): 633–645.

PARKS R W, 1967. Efficient estimation of a system of regression equations when disturbances are both serially and contemporaneously correlated[J]. Journal of the American Statistical Association, 62(318): 500–509.

PARSONS C A, SABBATUCCI R, TITMAN S, 2020. Geographic lead-lag effects[J]. The Review of Financial Studies, 33(10): 4721–4770.

PARTRIDGE M D, BOARNET M, BRAKMAN S, et al, 2012. Introduction: whither spatial econometrics?[J]. Journal of Regional Science, 52(2): 167–171.

PEARSON E S, AGOSTINO R D B, Bowman K O, 1977. Tests for departure from normality: comparison of powers[J]. Biometrika, 64(2): 231–246.

PESARAN M H, YANG C F, 2020. Econometric analysis of production networks with dominant units[J]. Journal of Econometrics, 219(2): 507–541.

PIRINSKY C, WANG Q H, 2006. Does corporate headquarters location matter for stock returns?[J]. The Journal of Finance, 61(4): 1991–2015.

PISATI M, 2008. MIF2DTA: Stata module to convert MapInfo interchange format boundary files to Stata boundary files[EB/OL]. http://ideas.repec.org/c/boc/bocode/s448403.html.

PISATI M, 2006. SPMAP: Stata module to visualize spatial data[EB/OL]. https://ideas.repec.org/c/boc/bocode/s456812.html.

QU X, LEE L F, 2015. Estimating a spatial autoregressive model with an endogenous spatial weight matrix[J]. Journal of Econometrics, 184(2): 209–232.

QU X, WANG X L, LEE L F, 2016. Instrumental variable estimation of a spatial dynamic panel model with endogenous spatial weights when T is small. The Econometrics Journal, 19(3): 261–290.

RAMSEY J B, 1969. Tests for specification errors in classical linear least–squares regression analysis[J]. Journal of the Royal Statistical Society, Series B: Statistical Methodology, 31(2): 350–371.

ROBERT F E, 1982. Autoregressive conditional heteroscedasticity with estimates of variance of United Kingdom inflation[J]. Econometrica, 50(4): 987–1007.

SARGAN J D, BHARGAVA A, 1983. Testing residuals from least squares regression for being generated by the Gaussian random walk[J]. Econometrica, 51(1): 153–174.

SARGAN J D, 1958. The estimation of economic relationships using instrumental variables[J]. Econometrica, 26(3): 393–415.

SEN A, SMITH T E, 1995. Gravity models of spatial interaction behavior[M]. Berlin, Heidelberg: Springer Berlin, Heidelberg.

SEO H J, 2021. Peer effects in corporate disclosure decisions[J]. Journal of Accounting and Economics, 71(1): 101364.

SHI W, LEE L F, 2017. Spatial dynamic panel data models with interactive fixed effects[J]. Journal of Econometrics, 197(2): 323–347.

TOBLER W R, 1970. A computer movie simulating urban growth in the Detroit region[J]. Economic Geography, 46(Sup 1): 234–240.

WHITE H, 1980. A heteroskedasticity–consistent covariance matrix estimator and a direct test for heteroskedasticity[J]. Econometrica, 48(4): 817–838.

WOOLDRIDGE J M, 2010. Econometric analysis of cross section and panel data[M]. Cambridge, US: The MIT Press.

YANG Z, LI C W, TSE Y K, 2006. Functional form and spatial dependence in dynamic panels[J]. Economics Letters, 91(1): 138–145.

YU J, DE JONG R, LEE L F, 2008. Quasi–maximum likelihood estimators for spatial dynamic panel data with fixed effects when both n and T are large.Journal of Econometrics, 146(1): 118–134.